모터사이클 세계일주

2015년 2월 17일 초판 1쇄 펴냄
2015년 5월 10일 초판 2쇄 펴냄

지은이　정두용
디자인　윤지영
발행인　김산환
편집인　조동호
책임편집　정다움
마케팅　신경국
펴낸곳　꿈의지도
인쇄　다라니
종이　월드페이퍼
출력　태산아이

주소　경기도 파주시 광인사길 68 성지문화사빌딩 401호
전화　070-7535-9416
팩스　031-955-1530
홈페이지　www.dreammap.co.kr
출판등록　2009년 10월 12일 제82호

ISBN 978-89-97089-52-9 14980
ISBN 978-89-97089-51-2 14980 (세트)

- 이 책의 저작권은 지은이와 꿈의지도에 있습니다. 지은이와 꿈의지도 허락 없이는 어떠한 형태로도 이 책의 전부, 일부를 이용할 수 없습니다.
- 잘못된 책은 바꾸어 드립니다.

모터사이클
세계일주

정두용 지음

prologue

도대체 어떻게 정보를 찾아야 할까? 모터사이클 세계여행이 대중화되지 않은 우리나라에서는 모터사이클 세계여행에 관한 정보를 찾는 것은 너무도 어렵다. 나 역시 여행하는 동안 작은 정보 하나하나에 매우 목말랐기 때문에, 훗날 모터사이클 여행을 떠날 이들을 위해 경험한 것들을 기록으로 남기려 했고, 그간의 기록들이 이제 세상에 나오게 되었다.

다만 이미 세상에 숱하게 나와 있는 정형화된 설명과 감상 대신, 내가 아니면 아무도 알려줄 수 없는 정보들을 쓰고자 했다. 여행기이기보다 가이드북에 더 가까운 이 책은 여행 준비부터 마침까지 17개월 동안 겪은 수많은 일들 중에서도 여행을 준비하는 이들에게 필요하다고 생각되는 것들 위주로 담은 것이다. 바이크 여행이 이뤄지는 과정, 앞으로 기다리고 있는 난관들과 시행착오 등을 가감 없이 보여주어, 이 글을 읽는 이들이 보다 쉽게 모터사이클 세계여행의 꿈을 이룰 수 있도록 돕는 것이 이 책의 목적이다.

글을 쓰는 내내 마음 속에 새겨두었던 원칙이 바로 간결, 정확, 솔직함이다. 글 짓는 능력이 부족하고 경험이 일천해 얼마나 제대로 표현이 되었는지 모르겠다. 부족함이 있다면 넓은 아량으로 이해해 주시길 바란다. 또한 책에서 소개한 모든 정보는 시간 앞에 무력하기 때문에, 개별적인 정보보다는 여행을 만들고 문제를 해결하는 방법들을 봐주길 바란다. 나의 여행이 모범답안은 아니겠지만, 최소한 반면교사로서의 역할이 될 수 있을 것이다.

여행하는 동안 네이버 카페 '이륜차타고 세계여행(이하 이타세)'에 구름여행이라는 닉네임으로 여행기를 올렸다. 내 뒤를 따르는 이들을 위해 나의 여행 정보를 최대한 공유하고자 노력했고, 이 책은 이타세에 올렸던 글들을 다듬어 나온 것이다. 부족하지만 〈모터사이클 세계일주〉가 바이크 일주를 꿈꾸는 이들의 작은 손전등이 되길 바란다.

2014년 12월 제주 한동리에서.

일러두기

1. 환율과 가격, 비자, 에이전시, 도로상태 등 책에 수록된 모든 정보는 저자의 여행 기간(2012년 4월~2013년 8월)을 기준으로 작성된 것으로 추후 변경될 수 있습니다.
2. 비자 및 여행을 위한 출입국 관련정보의 변동사항은 외교부 홈페이지 www.mofa.go.kr에서 확인할 수 있습니다.
3. 대륙별 이동 경로 지도는 저자의 여행 루트가 기준이며, 총 이동 거리는 각 도시 내에서의 이동 거리를 포함하고 있습니다.
4. 모든 지도는 정북 방향으로 작성되었습니다.
5. 시베리아 횡단, 유럽 일주, 아프리카·남미·북중미 종단 요약의 이동 거리(km)는 항공·해상 교통수단과 버스, 기차 등을 제외한 바이크 이동 거리만을 기록하였습니다.
6. 지역별 숙소 가격과 바이크 수리비용, 페리 탑승료, 에이전시 이용료 등은 당시에 지불한 화폐를 기준으로 작성하였습니다.

모터사이클 세계일주 여정

주행 로그

여행 기간 509일(주행 224일/휴식 및 정비 285일)
주행 거리 100,008km
1일 평균 주행 거리 446km
방문 국가 45개국
전체 경비 47,686USD(한화 5,140만원)
1일 평균 경비 93.5USD(한화 10만750원)

달려온 나라들

유라시아 러시아, 에스토니아, 핀란드, 노르웨이, 스웨덴, 덴마크, 독일, 체코, 오스트리아, 리히텐슈타인, 스위스, 이탈리아, 프랑스, 모나코, 영국, 아일랜드, 스페인, 포르투갈, 그리스, 터키
아프리카 이집트, 수단, 에티오피아, 케냐, 탄자니아, 말라위, 모잠비크, 남아프리카공화국
아메리카 아르헨티나, 칠레, 볼리비아, 페루, 에콰도르, 콜롬비아, 파나마, 코스타리카, 니카라과, 온두라스, 엘살바도르, 과테말라, 벨리즈, 멕시코, 쿠바, 미국, 캐나다

여행 일정

2012년 4월 1일 대한민국 동해항 출발
2012년 5월 5일 시베리아 횡단, 러시아 모스크바
2012년 5월 22일 유럽 대륙 최북단, 노르웨이 노르카프
2012년 8월 21일 유라시아 대륙 최서단, 포르투갈 로카 곶
2012년 9월 7일 유럽 일주 끝, 터키 이스탄불
2012년 12월 12일 아프리카 대륙 남서단, 남아프리카공화국 희망봉
2012년 12월 30일 아프리카 종단 끝, 남아프리카공화국 요하네스버그
2013년 1월 30일 아메리카 대륙 최남단, 아르헨티나 우수아이아
2013년 7월 16일 판 아메리칸 하이웨이 최북단, 미국 알래스카 프루도 만
2013년 8월 21일 아메리카 종단 끝, 미국 캘리포니아 샌프란시스코
2013년 8월 22일 귀국, 대한민국 인천공항
2013년 9월 25일 바이크 통관 완료, 대한민국 인천항

프롤로그 ·· 004
모터사이클 세계일주 여정 ·· 006

여행 준비

라이딩 코스 BEST 10 ·· 014
그래, 지금 떠나자! ·· 016
모터사이클 세계여행에 필요한 것들 ······························ 021
모터사이클의 종류 ·· 029
바이크의 선택 기준 ·· 032
모터사이클 안전 유의사항 ··· 036
바이크 안전 장비 ··· 037
캠핑 준비 ·· 044
까르네 ··· 048
여행루트는 어떻게 정할까? ·· 056
모터사이클 여행의 어려움 ··· 076
바이크 여행만의 매력 ··· 078
장기여행의 어려움 ··· 080
모터사이클 세계여행에 대한 오해 ································· 081
경비는 얼마나 필요할까? ··· 084
GPS 위도/경도 좌표 위치정보 사용법 ··························· 086

시베리아 횡단

- 시베리아 횡단 루트 ... 090
- 시베리아의 도시들 ... 092
- 바이크 통관하기 ... 097
- 러시아 키릴 문자 ... 104
- 러시아 주유소에서 기름 넣기 ... 108
- 어떤 지도를 사용할까 ... 111
- 경찰을 대하는 우리의 자세 ... 124
- 시베리아의 도로 ... 127
- 바이크 정비 ... 134
- 시베리아 횡단 요약 ... 137
- 시베리아 숙소 ... 138

유럽 일주

- 유럽 일주 루트 ... 144
- 유럽 일주 추천 루트 ... 147
- 유럽의 도시들 ... 148
- 러시아에서 유럽연합으로 입국하다 ... 152
- 그린카드 ... 154
- 노르카프 가는 길 ... 158
- 도버 해협 건너 영국으로 ... 178
- 로카 곶 가는 길 ... 188
- 대한민국의 모터사이클 차별 정책 ... 194
- 유럽 각국의 고속도로 ... 196
- 유럽연합에서 비자 주의사항 ... 198
- 바이크 정비 ... 206
- 유럽 일주 요약 ... 207
- 유럽 숙소 ... 209

아프리카 종단

아프리카 종단 루트 — 219
아프리카 종단 추천 루트 — 221
아프리카의 나라들 — 222
터키에서 이집트로 — 225
바이크 통관 일지 — 227
수단 비자 발급 — 236
와디할파에서의 하루 – 외국인등록 — 245
수단 여행에 필요한 서류들 — 252
케냐 비자 발급 — 258
지옥의 380km 비포장도로 — 264
케냐 나이로비의 정글 정션 — 268
탄자니아 비자 발급 — 270
탄자니아의 국립공원들 — 272
말라위 비자 발급 — 280
까다로운 모잠비크 비자 발급 — 281
케이프타운에서 더반으로 — 300
바이크 정비 — 300
아프리카 일주 요약 — 312
아프리카 숙소 — 314

남미 종단

남미 종단 루트 — 324
남미 종단 추천 루트 — 326
남미의 나라들 — 327
우수아이아로 가는 길, 루타 3 — 335
스페인어 필수 어휘&회화 — 340
칠레 입국, 푼타아레나스 — 341
칠레에서 다시 아르헨티나로 — 345

환상의 섬. 이스터 섬에 다녀오다 354
가짜 같은 진짜 소금사막, 우유니 364
볼리비아 수도, 라파스를 향해 368
또 다른 천국, 갈라파고스로의 여행 380
다리엔 갭을 건너자! 386
인디펜던스호 항해일지 389
바이크 정비 398
남미 종단 요약 399
남미 숙소 401

북중미 종단

북중미 종단 루트 408
북미 종단 추천 루트 411
북중미의 도시들 412
파나마운하 414
추락-이렇게 여행이 끝나는 건가 421
황량한 멕시코 북부 427
로키산맥을 따라 미국을 종단하다 435
미서부 국립공원 입장료 440
북서부 아메리카의 고속도로 446
한국으로 바이크를 어떻게 보내지 456
미국에서 외국국적 바이크 운행하기 456
북중미 종단 요약 458
북중미 숙소 460
인천항 바이크 통관 465

에필로그 466

여행 준비

'창백한 푸른 탑'이라는 뜻의 토레스델파이네 국립공원은 진정 선계仙界였다.
남미 최고의 비경과 함께한, 여행 중 가장 행복했던 라이딩이었다.

토레스델파이네 국립공원. 칠레

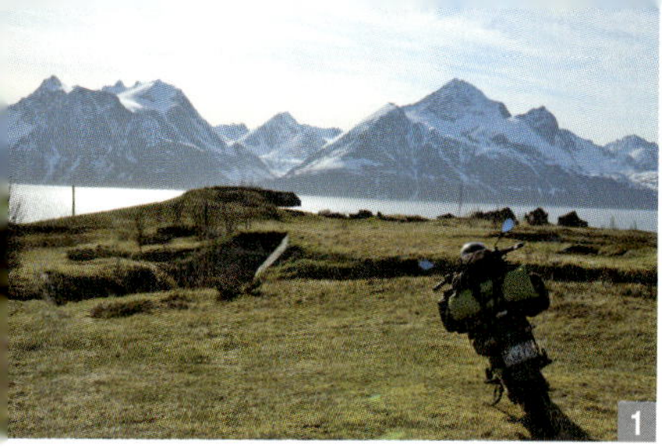

1

2

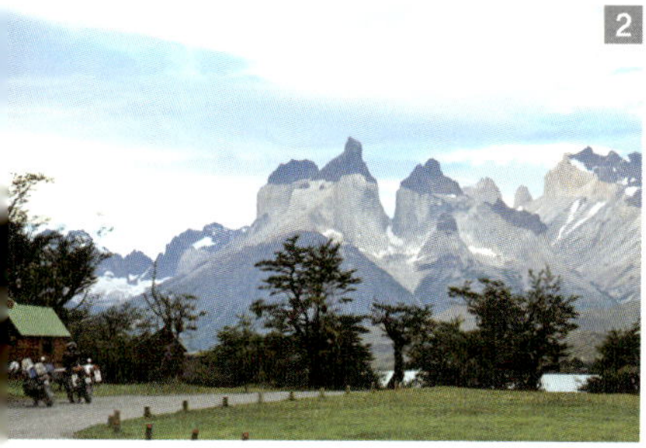

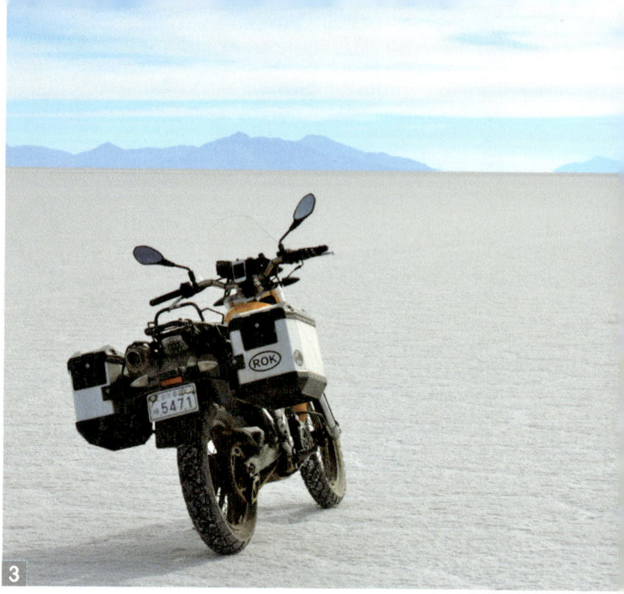

3

4

라이딩 코스 BEST 10

바이크와 하나가 되어 달리는 순간순간, 가슴이 시리도록 감동이 벅차오르는 때가 있다. 때로는 비에 온몸이 젖고 추위에 몸부림을 치며 달릴지라도, 어느 샌가 나타나 온몸을 전율하게 하는 환상적인 길들이 있기에 나는 달리는 것을 멈출 수 없었다. 여행 기간 나를 행복하게 만들어 주었던 수많은 길들. 그 중에서도 가장 감동적이었던 BEST 10 루트를 꼽아본다.

5

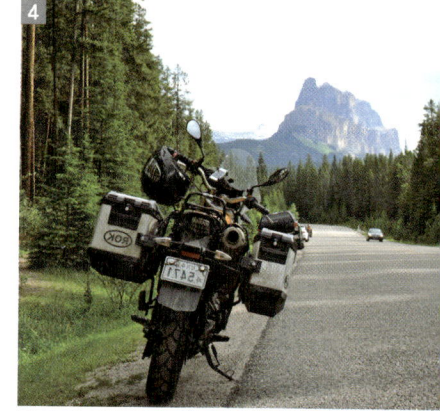

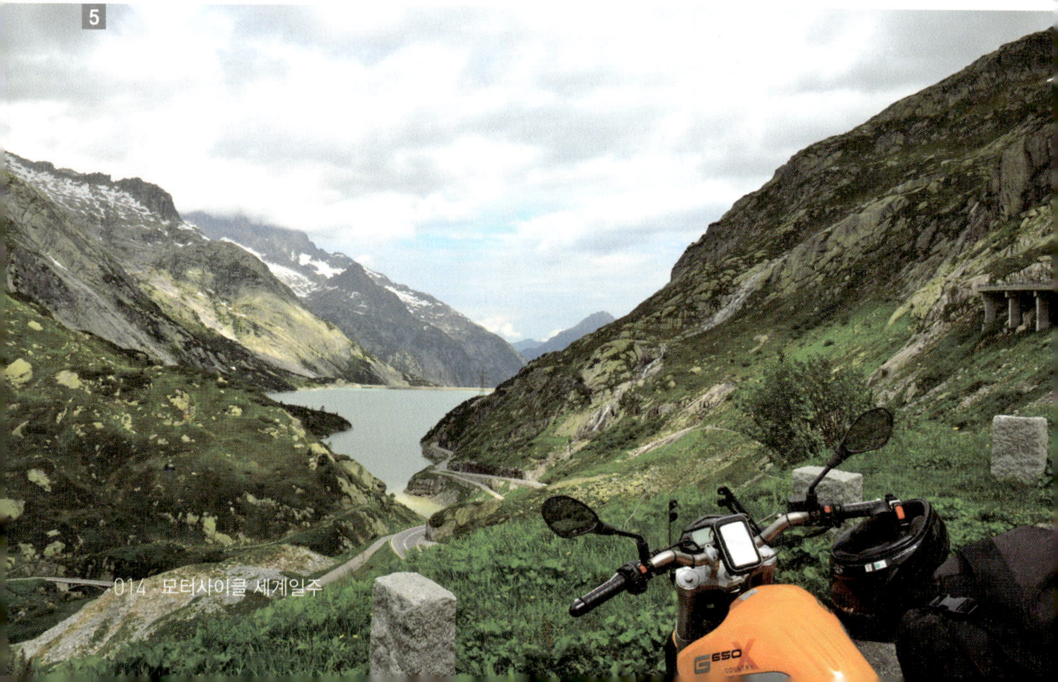

1. 노르웨이 로포텐 제도
2. 칠레 토레스델파이네 국립공원
3. 볼리비아 우유니 소금사막
4. 캐나다 아이스필드 파크웨이
5. 스위스 알프스
6. 스코틀랜드 하이랜드
7. 이탈리아 아말피 해안도로
8. 페루 와라스 안데스 산맥
9. 남아프리카공화국 희망봉
10. 알래스카 달튼 하이웨이

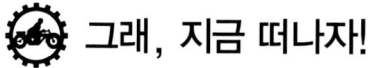 그래, 지금 떠나자!

"여행 준비는 얼마나 오래하셨어요?"
이런 질문을 받은 적이 있다. 새로운 여행을 떠나기 위해서 어떤 사람은 짧은 시간에 번갯불에 콩 구워 먹듯 준비하기도 하고, 또 누군가는 몇 년에 걸쳐서 고민에 고민만을 거듭하기도 한다.

글쎄… 뭐라고 대답을 해야 할까? 잘 모르겠다. 어렸을 때부터 언젠가는 세계일주를 하겠다고 마음속으로 다짐해왔고 나도 모르게 하나하나 준비를 하고 있었던 셈이니 10년도 넘게 준비해 왔다고 해야 할까? 떠나는 길에 홀가분하기 위해 커다랗고 불필요한 것들은 최대한 사지 않았고, 여행에 필요할 거란 생각에 조금씩 영어 공부를 하고, 체력을 기르려 꾸준히 운동을 해왔다. 10여년 일을 하며 돈을 모았고, 여행을 하면서도 돈을 벌 수 있는 방법을 고민했다. 보통 사람들처럼 매일매일 출퇴근을 해야 하는 직장인의 삶에서 이런 장기여행은 불가능하다는 것을 잘 알고 있기 때문에 처음부터 자유롭게 내 시간을 가질 수 있는 일을 찾았었다. 그러니 언젠가는 떠나게 될 여행. 그 세계여행의 준비기간은 사회생활을 시작했던 10년도 더 전이라고 이야기할 수도 있지 않을까?

그렇지만 일단 막상 떠나자고 결심한 시점으로부터, 그러니까 마음속으로 이제 떠날 때가 되었다고 결심한 것은 홍대 앞, 살고 있던 오피스텔의 계약기간이 만료되기 두 달 전이었다. 2012년 2월 초, 여행을 떠나기 두 달이 채 남지 않았을 때였다. 부동산에서 전화가 왔다. 계약기간을 연장할 것인지, 아니면 이사를 할 것인지 나의 의사를 묻는 전화였다. 그때쯤의 나는 대학원 졸업이 확정된 상태에서 이미 연구실에 있던 짐을 빼내 내 자리를 정리한 터였다. 하고 싶었던 공부를 하기 위해 대학원에 들어가면서부터 이미 하고 있던 일은 대부분 정리 하였고, 대학원을 다니기 위해 학교 근처에 오피스텔을 얻었던 터라 집세도 비싼 홍대 앞에서 더 이상 거주할 이유를 찾을 수 없었다. 이미 수원의 본가에는 내 자리가 없어진 지 오래. 그럼 새로 살아야 할 곳을 찾아야 할 텐데 어느 곳에서 살아갈지 아직 정해둔 일이 없었다. 문득 정신이 들었다. 나는 이미 그 동안 꿈꿔왔던 나의 버킷리스트. 세계일주 여행을 떠날 모든 조건을 완벽하게 준비한 것이다. 출퇴근을 해야 하는 직장에 얽매인 것도 아니고 책임질 사람도 없으니, 이제 온전히 나만의 꿈을 따라 떠나도 아무것도 걸릴 것이 없었다. 바로 부동산에 전화해서 두 달 후 계약대로 방을 빼겠다고 했다. 그리고 준비를 시작했다.

일단 어떻게 갈 것인가? 어떤 여행을 할 것인가? 그 질문마저도 명확하지 않아 다시 곰곰이 생각했다. 나는 늘 저 너머에, 혹은 저 길의 끝에는 무엇이 있을지 궁금했고, 과연 내가 어디까지 갈 수 있는지를 알고 싶었다. 비행기를 타고 도시에서 도시로, 점을 찍으며 날아다니는 여행은 내가 원하는 여행이 아니었다. 지금은 마음만 먹으면 비행기를 타고 하루만에도 세계일주가 가능한 시대다. 점과 점을 점프하는 일차원적인 여행이 아닌 온전히 나의 힘으로 길을 따라 달려내 나의 한계를 시험해 보고 싶었다. 아마도 그런 여정을 위한 최고의 선택은 내 발로 걷는 것이겠지만, 도보여행을 감행하기엔 세상은 너무나 넓었고 평생을 걸으면서 살수는 없는 일이었다. 그렇다면 자전거를 여행수단으로 선택하면 어떨까? 나는 자전거를 타는 것을 매우 좋아한다. 자전거 타기는 몇 안 되는 내 취미 중 하나이다. 그렇지만 긴 여정을 위한 짐을 한 가득 자전거에 싣고 매일매일 육체를 혹사하며 길을 달리고 싶진 않았다. 게다가 그런 여행을 감당할 만한 체력도 내겐 준비되어 있지 않았다.

그런 고민의 와중에 결정한 것이 이륜차, 모터사이클 여행이었다. 여럿이라면 모르겠지만 혼자 여행에 사륜차는 너무 경제적 부담이 너무 크지 않은가? 모터사이클이라면 어차피 혼자서 타는 것인데다가, 사륜차보다 비용도 적게 들 것이고, 자전거보다 편리하면서 사륜차 못지않은 속도로 여행을 할 수 있을 것이라 생각했다. 돌이켜 생각해보면 이때까지의 나는 모터사이클을 단순하게 여행의 교통수단으로만 생각하고 있었다. 그 동안 한 번도 모터사이클을 타 본적이 없던 나는 모터사이클 라이딩의 매력과 모터사이클 여행의 즐거움은 전혀 인식하고 있지 못했다. 일단 모터사이클 여행을 결정했다. 그렇다면 어떻게 가야하는가? 어떻게 준비해야 하는가? 나는 모터사이클 여행에 대해서 아무것도 아는 것이 없었다. 모터사이클 여행에 대한 정보가 필요했다. 컴퓨터 앞에 앉아 넓고 깊은 인터넷 세계에서 정보를 찾아 서핑을 시작했다. 모터사이클 세계여행에 필요한 정보는 아래 사이트들에서 찾을 수 있었다.

호라이즌스 언리미티드 (Horizons Unlimited 이하 HU)
www.horizonsunlimited.com
HU는 전 세계 모터사이클 여행자들의 성지이다, 한국어가 아닌 영어로만 되어있다는 것이 아쉬울 뿐, 오랜 기간 동안 전 세계의 모터사이클 여행자들이 축적해놓은 정보가 가득하다. 라이더 여행자들에게 필요한 정보는 무엇이든 찾을 수 있다.

네이버카페 이륜차 타고 세계여행 (이하 이타세)
cafe.naver.com/motorcycletraveller
대한민국 최대 규모의 모터사이클 세계 여행자들을 위한 카페다. 한 달에 한 번씩 정기캠핑을 개최하며 회원간의 친목을 도모한다. 풍부한 경험을 가진 대한민국 모터사이클 세계여행자들의 생생한 이야기들을 보고 듣고 배울 수 있다.

가장 먼저 국내에서 가장 많은 정보를 얻을 수 있는 이타세에 가입했다. 그동안 축적되어있는 많은 이들의 여행기를 읽으며 정보를 모았다. 인터넷 세상의 파도타기와 함께 도서관과 서점에 가서 관련 책들을 찾아보았다. 생각 외로 내 속을 시원하게 긁어주는 정보, 꼭 필요한 것들을 알려주는 책은 찾기 쉽지 않았지만 그렇게 조금씩 모은 정보들 덕분에 하나하나 여행 준비를 해나갈 수 있었다. 먼저 길을 떠났던 모든 선배들에게 감사드린다. 등불이 되어주신 선배들이 없었다면, 나는 감히 도전할 수 없었을 것이다.

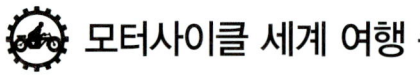# 모터사이클 세계 여행 준비

01 나의 여행 스타일을 찾자

60억이 넘는 사람들 모두 저마다의 인생과 취향이 있다. 살아온 인생의 경험과 가치관이 제각각인 만큼 원하는 여행 스타일은 모두 다를 수밖에 없다. 유명한 맛집을 찾아다니며 그 지방 음식을 맛보는 것을 여행 일순위로 생각하는 사람도 있고, 역사와 문화의 교양을 중시해서 유적지, 박물관과 미술관을 순례하는 사람들도 있다. 도시의 활기를 좋아하는 사람도 있는 반면 시골의 한가로움을 좋아하는 사람도 있다. 북미의 잘 정비된 도로를 달리고 싶은 사람도 있고 몽골의 거친 평야를 질주하고 싶은 사람도 있다. 자신의 여행 스타일은 무엇인지, 여행을 통해 얻고자 하는 것이 무엇인지 한 번쯤 질문을 던져 보고 여행 콘셉트와 목표가 명확하게 정해지면 여행을 준비하도록 하자.

02 어디로 떠날까?

여행의 즐거움은 지도를 바라보는 데서 시작된다. 세계지도를 펼쳐놓고 각 대륙과 나라들을 차분히 살펴보자. 고민해두었던 자신의 여행 콘셉트와 목표에 맞게 어느 대륙 어느 나라를 가야 할지 지도 속 나라들과 도시들을 하나씩 훑어보자. 평소에 관심 있게 보아두었던 여행지나 흥미를 끄는 여행지가 있다면 하나씩 추가하는 방식으로 여행 루트를 정하자. TV에서 방영되는 여행 프로그램이나 단행본 혹은 여행 잡지, 블로그 등을 참고하면 더욱 좋다.

03 정보를 수집하자

여행 루트를 정했다면 이제 필요한 정보를 모을 차례다. 여행을 통해 지나는 거의 모든 곳들은 처음 가보는 전혀 낯선 곳이다. 아는 만큼 보이고 감동을 느낄 수 있다. 정보의 중요성은 아무리 강조해도 지나치지 않는다. 저렴한 숙소부터 여러 가지 주의사항까지, 여행의 안전과 경비 절약을 위해서도 정보는 필수적이다. 정보 수집의 가장 기본은 가이드북이다. 자신의 여행 루트에 해당되는 가이드북을 찾아보고 최대한 미리 공부해두자. 여행의 짐 부피를 줄이기 위해 전자서적으로 구매하거나, 미리 PDF 파일 등으로 변환하여 노트북 등의 메모리에 저장해 두는 것도 좋은 방법이다. 그 밖에 여행 블로그나 카페, 각종 여행 관련 홈페이지 등에서 여행 정보를 최대한 검색하고 찾아두자.

04 내 발이 되어줄 바이크를 준비하자

가고자 하는 여행 루트에 맞게 바이크를 선택하고 구매하자. 북미나 유럽의 잘 정비된 길이라면 아메리칸 스타일의 모터사이클을 선택해도 좋지만, 몽골이나 아프리카, 시베리아 등 거친 비포장도로를 달릴 계획이라면 오프로드 주행이 가능한 엔듀로나 듀얼퍼포스 모델을 선택하는 것이 현명하다. 각종 리뷰와 여행기들을 참고하여 바이크를 선택, 구매한 후 여행을 대비하여 미리 정비를 마치고 소모품을 교환하도록 하자.

05 대략적인 일정을 정하자

가고자 하는 여행 루트를 바탕으로 대략적인 일정을 짜보자. 총 여행 기간은 얼마나 길게 할 것인가? 여행의 출발지와 도착지는 어디로 할 것인가? 모터사이클 운송은 어디에서 어떻게 할 것인가 등등, 전체적인 여행의 개요를 구성한다는 생각으로 일정의 뼈대를 먼저 세우자.

06 각종 서류를 발급하자

여권, 비자, 국제운전면허증, 영문 이륜차등록증, 까르네(필요한 경우), 국제학생증 등 필요한 서류를 신청한다. 국제운전면허증의 경우 신청 당일에도 발급이 가능하지만 여권, 비자, 영문 이륜차등록증, 까르네 등은 발급기간이 며칠에서 1~2주 이상 걸릴 수 있으므로 미리 신청해 두도록 하자. 필요한 경우를 대비해 발급받은 서류들은 출발 전에 사본을 몇 장 복사해두고 스캔해서 이미지 파일로도 만들어두자. 증명사진도 필요할 경우를 대비해 여유 있게 준비하는 것이 좋다.

07 페리 또는 비행기 등 운송수단을 예약하자

여행 기간과 출국일을 정했다면 페리나 비행기를 예약하자. 특히 여행기간이 성수기에 걸쳐있다면 더욱 서두르는 것이 좋다. 일본과 시베리아로 향하는 페리는 바이크를 싣고 함께 이동할 수 있으니 절차가 비교적 간단하지만 북미나 유럽, 호주 등 먼 곳으로의 여행이라면 선적 절차가 복잡해진다. 바이크를 비행기나 해상화물로 먼저 운송한 뒤, 도착에 맞춰 자신이 현지로 날아가도록 비행기 티켓을 구해야 한다.

08 세부 일정을 짜보자

먼저 준비한 대략적인 일정을 세밀하게 보완한다는 느낌으로 세부 일정을 구성해 보자. 하루 이동거리를 예상하여 거쳐 갈 도시를 결정하고, 지나쳐갈 도시와 며칠 머물며 재충전할 도시 등을 결정하자. 도시 별 방문 명소, 숙소 등도 구체적으로 계획해 보자. 변수가 많은 모터사이클 여행에서 자세한 세부일정은 늘 변경된다. 하지만 세부 일정을 정리하다보면 앞으로 머물게 될 곳의 정보를 다시 한 번 점검해볼 수 있어, 여행을 위한 충실한 준비작업이 된다.

09 예방접종, 여행자 보험에 가입하자

장기간의 모터사이클 여행 동안 어떤 일이 일어날지 알 수 없다. 낯선 외국 땅에서 무슨 일이 벌어질지, 어떤 병이 걸릴지는 아무도 모를 일이다. 만일의 사고에 대비한 여행자 보험 하나쯤은 가입해 두자. 아프리카, 중남미 등 열대지역을 계획하고 있다면 필수 예방접종도 미리 받아두자.

10 환전, 국제현금 카드를 만들자

장기 여행의 모든 경비를 현금으로 들고 다니는 것은 바보짓이다. 현지 현금자동인출기(ATM)에서 현지화폐를 인출할 수 있는 국제현금 카드를 미리 발급받자. 공항 등은 환율이 좋지 않다. 현지에서 인출하기까지 필요한 만큼의 현금은 미리 가지고 있는 것이 좋다. 도착하는 나라의 현금을 미리 소량 환전해두도록 하자. 그 외에 미국 달러화도 최소 2~3일 정도 사용할 수 있을 만큼은 비상용으로 환전해서 가지고 다니도록 하자.

11 미리 짐을 꾸려서 국내에서 연습 여행을 떠나보자

출발 직전 급히 짐을 챙기다 보면 꼭 빠뜨리는 것이 생긴다. 여행을 준비하면서 꼭 가져가야 할 목록을 작성하고, 추가해야 할 물건이 생각날 때마다 틈틈이 추가하도록 하자. 그렇게 작성해 둔 목록을 보고 짐을 싸서 하루 이틀 정도의 국내 점검 여행을 떠나보자. 점검 여행을 통해 준비했던 짐의 양이 적당한지도 판단할 수 있고, 덜어내야 할 것과 추가해야 할 것들을 체크할 수 있다. 글로벌한 세계, 사람이 사는 곳은 거의 비슷하다. 세계 어느 나라를 가더라도 구하지 못할 물건들은 없다. 현지에서도 쉽게 구할 수 있는 물건들은 짐의 무게를 줄이기 위해 덜어내도록 하자.

모터사이클 세계여행에 필요한 것들

여행을 떠나기 한 달 반쯤 전부터 준비를 시작했다. 그때쯤에야 2종 소형 면허에 합격하고 바로 바이크를 구매했기 때문이다. 그리고 여행을 출발하기 전까지 틈틈이 바이크를 타고 이리저리 돌아다니면서 주행 연습을 했다. 그래서 1,000km쯤 라이딩 연습을 하고서 바로 동해항에서 출발할 수 있었다. 한 달 반 정도의 기간 동안 필요한 서류들을 준비하고, 여행용품을 구매하고, 집 정리하고 자료를 조사하고… 참 바빴던 기억이 난다. 바쁜 준비과정, 과연 내가 잘 해낼 수 있을지 확신할 수 없는 가운데서도 하루하루를 두근대는 마음으로 살았었다. 그렇게 하나하나 준비하는 준비과정에서 벌써 여행은 시작된 것이다. 그러니 힘내서 준비 과정을 즐겨보도록 하자.

1. 여권
해외여행 준비의 시작은 당연히 여권발급이다. 유효기간이 얼마 안 남았거나 전자여권이 아니라면 다시 발급받도록 하자.

2. 2종소형 면허 운전학원 등록비 268,000원
우리나라에서는 자동차 운전면허를 가지고 있는 사람이라면 누구나 125cc 이하의 저 배기량 모터사이클 혹은 스쿠터를 운전할 수 있다. 125cc 이상의 고배기량 모터사이클을 운전하기 위해선 2종 소형 면허를 취득하여야 한다. 그러나 자동차 면허만으로도 125cc 이하의 모터사이클을 운전할 수 있는 것은 우리나라에서나 해당되는 이야기일 뿐 외국으로 나가게 되면 이야기는 달라진다.

외국에서 자동차 혹은 모터사이클을 운전하기 위해선 국제 운전면허가 필요하다. 국제 운전면허증에는 이를 소지한 운전자가 운전할 수 있는 자동차의 종류가 항목별로 표시 되어있고, 운전자가 소지하고 있는 면허의 종류에 따라 그에 맞는 운전가능 항목에 스탬프를 날인하여 표시를 해준다. 이 항목에는 모터사이클 항목이 따로 구분되어 있고, 2종 소형 면허를 가지고 있지 않다면 모터사이클(이륜차) 항목에는 스탬프를 받을 수가 없다. 이륜차 항목에 스탬프를 받지 않은 채로 외국에서 모터사이클을 운전하는 것은 엄연히 무면허 불법운행이다. 외국에서 모터사이클을 운행하고자 한다면, 그 모터사이클의 배기량이 몇 cc인가와는 무관하게, 무조건 2종 소형 면허를 취득해야만 한다. 2종 소형 면허 없이는 외국에서 모터사이클을 운전할 수 없다. 나의 경우에는 일단 1종 보통 면허를 가지고 있었기 때문에 2종 소형 면허를 취득하기 위한 필기시험은 면제되었고, 실기시험만으로 2종 소형 면허를 취득할 수 있었다.

그때까지 나는 모터사이클이라는 것을 평생 한번 타 본적도 없는 상태였기 때문에 어떻게 운전을 해야 하는지, 어떤 것이 브레이크레버인지, 어떤 것이 클러치 레버인지도 모르는 상태였다. 내 주위에는 모터사이클을 타는 사람이 아무도 없었다. 물어볼 수 있는 사람도, 조언을 구할 사람도 없었다. 무작정 면허시험을 보러 면허시험장을 찾아가 면허시험을 접수했다. 그리고 집으로 돌아와 바로 모터사이클 운전 방법을 검색했다. 오른쪽 악셀스로틀, 앞 브레이크레버, 왼쪽 클러치레버, 오른 다리 뒷바퀴 풋브레이크, 왼 다리 변속기어, 시동 켜기, 시동 끄기, 2종 소형 시험 굴절 코스, S자 코스, 직진, 장애물 코스 공략하는 법 등… 바이크 위에 한 번 올라 앉아 보지도 못한 채 동영상을 보며 순서를 외우고, 스로틀 잡는 시늉을 하며 이미지 트레이닝을 했다. 그렇게 대충 준비해서 다음날 시험을 보러 면허시험장을 찾아갔다.

시험장 대기실에서 다른 응시생들과 함께 한참을 기다리며 사람들이 시험 치르는 것을 지켜보았다. 합격하기 어렵다고 하는 이야기대로 역시나. 그날 나와 함께 2종 소형 시험에 응시한 20여 명 정도 되는 응시생 중에서 합격한 사람은 단 2명뿐이었다. 내 차례가 되어 시험장 교관의 지시에 따라 바이크 앞으로 나가 모터사이클에 착석하였다. 그것이 내 평생 처음 모터사이클 위에 앉아본 것이었다. 이미지 트레이닝을 했던 대로 침착하게 1단 기어를 넣고 신호에 맞춰서 굴절 코스로 진입하려 하였으나, 역시 바이크는 내 마음대로 움직이지 않았다. 긴장감에 나도 모르게 스로틀을 과하게 당긴 때문인지 출발과 동시에 바이크가 튀어 나갔고, 좌우로 흔들흔들 조정을 내 맘대로 못하는 채로 굴절코스로 진입, 첫 번째 꺾이는 코스에서 바로 탈선과 함께 넘어지지 않으려 바닥에 발을 디뎠다. 탈락이었다. 시험관의 지시대로 바이크에서 하차해서 바이크를 시험관에게 넘겨주고 나니, 면허시험장에서의 내 첫 번째 바이크 라이딩은 시작한지 10초도 안 되어서 그렇게 끝나고 말았다.

터덜터덜 시험장을 나오면서 이대로는 안 되겠다는 생각을 했다. 바이크도 없는 상태에서 이렇게 계속 시험장에서 시험을 치며 연습하는 것만으로 2종 소형 면허에 합격한다는 것은 꽤나 오랜 시간이 걸릴 것이 분명했다. 하루라도 빨리 면허를 취득해서 출발준비를 해야 하는 나로서는 그렇게 느긋하게 준비할 수는 없었다. 다들 어째서 비싼 돈을 주고 학원을 다니는 것인지 이해할 수 있게 되었다.

바로 집에서 가까운 운전면허 학원으로 가서 2종 소형 면허 과정에 등록하였다. 10시간여 실습과 몇 시간의 이론수업을 마치고 실습시간에 연습하던 바이크로 학원에서 자체 시험에 응시했다. 면허시험장에서의 합격률은 10%정도밖엔 안 되지만 운전면허학원에서는 합격률이 90%에 이른다니 쉽게 합격할 수 있으리라.

이후 4일에 걸쳐 학원을 방문하여 이론수업을 수강하고, 10시간의 실습을 무사히 이수하였다. 바로 학원에서 2종 소형 면허시험에 응시했다. 감점 없이 쉽게 합격. 2종 소형 면허를 취득하였다. 이제 나도 대형 바이크까지 마음대로 운전할 수 있는 자격이 생긴 것이다.

3. 비자 발급 여행사 비자발급 대행료 284,000원

비자는 여행루트를 어떻게 정하느냐에 따라 필요할 수도 아닐 수도 있다. 먼저 여행루트를 정하고, 그 다음에 가야 할 나라들이 비자가 필요한지, 필요하다면 미리 발급받아야 하는지, 아니면 국경에서 도착비자가 가능한지 등을 최대한 조사해야 한다. 외교부홈페이지(www.mofa.go.kr)에 보면 우리나라 국민이 입국 시에 비자가 필요한 나라들, 도착비자 가능여부 등을 자세히 정리해 놓았다. 자세한 내용은 외교부에서 작성한 [세계 각국의 입국허가 요건] 문서를 참조하자. 천천히 찾아보면 어떻게 해야 하는지 알 수 있다.

대개 아메리카, 유럽은 거의 대부분 비자가 필요 없고, 아프리카 나라들은 필요한 나라들이 많지만 대부분 도착비자나 근처 나라에서 비자를 받기 쉬우니 크게 염려할 것은 없다. 비자 발급이 다소 까다로운 구소련 연방이나 중동 국가 정도만 신경 쓰면 대부분은 큰 문제가 없다. 그래도 미리미리 자세히 확인해둘 필요가 있다. 도착 비자나 현지 근처에서 비자 받는 것이 여의치 않으면 한국에서 미리 받아갈 수 있도록 하자.

러시아에서부터 세계일주를 시작할 경우 2014년 1월1일부터 한국-러시아 간 무비자 입국이 가능한 양국 협정에 의해 시베리아 횡단의 또 하나의 걸림돌이 사라졌다. 미리 비자를 발급받을 필요 없이 60일간 러시아 무비자 체류가 가능하기 때문에 시베리아로의 길이 보다 편리하게 열려 여행이 더욱 쉬워졌다. 즐거운 일이다.

4. 국제운전면허증 발급 발급비 7,000원

외국에서 모터사이클을 운전하기 위해 반드시 필요하니 면허시험장에 가서 발급받아야 한다. 국제면허증은 1년 기한으로만 발급되고 기한 연장도 안 되는 터라 여행 출발하기 직전에 발급받는 것이 유리하다. 여행을 시작한지 1년에 다다를 쯤 국제운전면허증의 유효기간 만료를 앞두고 가족에게 연락을 하였다. 인터넷으로 위임장 등 국제운전면허 대리발급 서류를 준비해 한국에서 새로 국제운전면허를 대리발급 받았나. 발급 받은 국제운전면허증은 아르헨티나 부에노스아이레스의 우체국에서 우편으로 수령했다.

5. 예방접종 + 말라리아 예방약 국립중앙의료원 189,150원

여행을 출발할 때만 해도 내가 어디까지 갈 수 있을지 아무것도 알 수 없었다. 일단 시베리아 횡단만이라도 무사히 마칠 수만 있다면 바랄 바가 없겠다 생각하고 있었지만, 그렇다고 그 다음을 아무 준비 없이 갈 수는 없는 일. 아프리카를 달릴지, 동남아 혹은 인도를 다시 헤매게 될지 무엇 하나 확실한 것이 없는 상황에서 필요할지 모를 예방접종을 모두 받고 가기로 했다. 국립중앙의료원에 방문하여 예방 접종을 받고 예방약을 받아왔다. 진료해 주시던 의사선생님께 모터사이클을 타고 세계여행을 갈 예정이니 필요한 예방주사는 전부 처방해달라고 했다. 파상풍, A형간염, 황열병, 그 외에도 몇 가지 예방주사를 놔주는 대로 한 번에 다 맞았다. 하도 많이 주사를 맞아서 몇 개였는지 잘 기억도 안 난다. 아프리카나 중남미의 몇몇 나라 입국 시에 필요하다는 황열병 예방접종 카드(노란색이라서 보통 옐로카드 Yellow Card라고 부른다)도 만들었다. 아프리카와 중남미의 국경에서 몇 번 사용하였다.

한편 말라리아는 예방접종이 따로 없다. 때문에 예방약 라리암을 따로 처방해 주었다. 말라리아 예방약은 위험국 입국 전 2주 전부터 매주 복용시작, 위험국가 내 매주, 위험국 출국 후 4주간 한 알씩 복용하라는 설명도 들었다. 이 말라리아 예방약은 아프리카를 지날 때 복용했었고, 중남미에서는 복용하지 않았다.

6. 증명사진 22,000원

일부 나라들의 경우 비자 발급 등에 증명사진을 요구한다. 그 외에도 여행 중에 이런저런 이유로 증명사진이 필요할 경우가 자주 생기게 된다. 사진을 요구 받을 때마다 사진관을 찾아다니며 사진을 찍을 수는 없는 일. 여행 중에 필요할 경우를 대비해 사진관에서 미리 사진을 충분히 인화해서 가지고 다니기로 했다. 반명함판 24장, 여권사진 24장. 20장씩만 하려했는데 8장이 한 세트란다. 여행 중 실제 사용은 절반 정도 하였다.

7. 국제현금카드 & 신용카드

여행경비를 현금으로만 가지고 다닌다는 것은 너무도 위험한 일이다. 도난의 위험도 높을 뿐더러 분실하였을 때 대책이 없다. 한편 여행자수표는 도난이나 분실 시에 대처할 수 있다는 장점이 있지만, 여행자 수표를 취급하는 은행이 많지 않아 매번 현금으로 환전하기 번거로워 점점 구시대의 유물이 되어가고 있다. 그렇기 때문에 많은 여행자들이 현금카드를 이용해 외국의 현지은행 자동현금인출기(ATM)에서 그때그때 필요한 만큼의 현금을 인출해 사용한다.

국내 은행에서 발급받은 현금카드라도 VISA 또는 Mastercard, American Express 등의 외국계 신용카드회사 마크가 붙어있는 카드라면 해당 마크가 붙어있는 ATM에서 문제없이 현지 화폐 인출이 가능하다. 현지 은행의 모든 ATM에는 사용 가능한 카드 종류가 표시되어 있으니 본인의 카드 종류를 먼저 확인하고 사용하면 된다. 대부분의 ATM은 영어 지원이 된다.

해외에서 현지 화폐를 인출하는 경우 당일 환율을 적용한 액수와 수수료가 국내 계좌에서 빠져나간다. 은행과 현금카드의 종류 등에 따라 인출되는 수수료의 액수는 천차만별이지만, 국내에서 현지 화폐로 환전할 때의 환전 수수료와 큰 차이는 없다.

한편 시티은행 국제현금카드가 글로벌 은행이라 해외에서 지점, ATM을 찾기 쉽고, 여러 사람들의 후기가 비교적 좋다. 가까운 시티은행 지점을 찾아가 국제현금카드 계좌를 개설하고, 바로 카드를 발급받았다. 이후 여행기간 동안 수단과 쿠바를 제외한 모든 나라에서 시티은행 현금카드를 이용하여 문제없이 현지 화폐를 인출하여 사용할 수 있었다. 하지만 국내 은행 현금카드라도 VISA나 Mastercard 마크가 붙어있는 카드라면 거의 대부분의 외국 은행 ATM에서 사용가능 하다. 하나하나 검색해보고 수수료나 조건을 비교해서 만들어 두자.

해외에서 사용 가능한 신용카드도 준비하자. 요새는 어디에서나 신용카드 사용이 일반화 되어서 신용카드만 들고 다녀도 충분히 여행할 수 있다. 급할 때는 현금서비스를 받을 수도 있고, 비상용으로라도 하나쯤 준비해 가는 게 좋다. 비행기 표 예약이나 바이크 수리 등으로 큰 지출이 생길 때 주로 신용카드로 결제했다.

8. 영문번호판 제작 & ROK 스티커 번호판 30,000원 / 스티커 3,000원

외국에서 바이크를 운행하기 위해서는 영문번호판과 ROK 스티커를 부착하고 다녀야 한다고 하는 이야기를 들었다. 직접 만들 수는 없어서 동네 간판 집에 찾아가 만들어 달라고 제작을 의뢰했다. 내차 번호판의 치수를 줄자로 재고 직접 대략적인 디자인을 그려서 간판 집에 가지고 갔다. 간판 집에서 일하는 직원 아가씨가 내가 그려서 가지고 간 번호판 디자인을 참고해서 자신의 프로그램으로 다시 그려 만들어 주었다.

국내 등록된 차량을 다른 나라에서 운행하려면 차량에 국가식별기호를 부착해야 한다. 국가 식별기호 스티커도 간판 집에서 검은색 손바닥만 한 크기의 아스테이지로 만들어, 우리나라의 국가식별 기호 ROK(Republic of Korea)를 기입했다. 국가식별 기호의 경우 GB는 Great Britain, D는 Deutschland, I는 Italy 이런 식이다.

간판 가게에서 제작한 영문번호판

영문번호판이나 국가식별기호의 형식은 딱히 정해진 것이 없다. 그 내용만 알아볼 수 있다면 그냥 자기 마음대로 만들어도 아무 문제가 없다. 영문번호판과 국가식별기호 스티커를 제작할 때는 혹시 하는 마음에 돈을 들여서 정성껏 제작하였지만, 여행 중에 만난 모든 세관원, 국경검사에서도, 경찰들도 그런 것들을 신경 쓰는 사람은 아무도 없었다. 다시 여행을 준비한다면 영문번호판은 아예 만들지도 않거나, 만들더라도 아주 간단하게 A4용지에 원래 번호판 정도 크기로 'JA 5471'만 큼직하게 인쇄해서 문방구에 가서 코팅해서 가지고 다니겠다. ROK스티커는 얼마 하지 않으니 했던 대로 동네 간판 집에서 제작하면 된다. 그리고 태극기 스티커를 사서 붙이고 다니겠다. 태극기 한 장 안 붙이고 다녔던 게 늘 아쉬웠다.

9. 영문 이륜자동차등록증서 Vehicle Registration Certificate

국경에서 세관에서 보험사에서 경찰에게… 언제나 바이크 등록서류를 제출하여야 한다. 우리나라의 국문 이륜차등록증서도 물론 가지고 다녀야 하지만 한글을 배운 적이 없는 외국인들에게 한글로 작성된 서류를 들이밀어 봐도 그들이 이해할 수 없는 것은 당연한 일이다.

그래서 외국인들에게 보여줄 영문으로 작성되어진 바이크 등록서류를 준비해야 한다.
하지만 우리 정부의 모터사이클 대접이 늘 그러하듯, 우리나라에는 국문서류 외에 공식적인 바이크 영문 등록서류 양식이 없다. 영문 이륜자동차등록증서로 대부분 사용하고 있는 부관훼리 홈페이지에 나와 있는 서류 역시 공식적인 문서양식은 아니다. 아마도 예전에 부관훼리 혹은 여행을 떠났던 누군가가 임의로 만들어 놓은 양식을 계속 사용하고 있는 것이라 생각된다. 구청이나 관청에 가서 바이크 영문서류를 만들어 달라고 하면, 담당 공무원들 역시 그런 공식 문서가 없기 때문에, 알아서 만들어 오라고 하든지 아니면 예전에 사용했었던 양식들을 인터넷 등에서 찾아 대충 만들어주곤 한다.

내가 여행을 시작하기 전 바이크 영문서류를 만들기 위해 내 바이크의 등록지인 수원 장안구청을 찾아갔을 때에도 그랬다. 담당 공무원은 그런 서류의 존재 자체를 아예 몰랐고, 일 처리를 담당하던 공익근무요원에게 알아서 만들어주라고 했다. 일 년 넘게 근무했다던 그 공익 친구도 그런 서류는 처음 만들어본다며, 전임자에게 전화해서 물어보았다. 전임자가 2년쯤 전인가에 한번 만들어 본적이 있다고 하며 가르쳐줘서 컴퓨터로 어찌어찌 서류 양식 찾아서 다운 받아서 만들어 주었더랬다. 그 서류가 바로 부관훼리에 올라와있는 서류 양식이다. 그 서류 파일에 내 정보들 영어로 입력하고 출력한 후 구청장 도장을 찍어서 받아왔고, 그 영문이륜자동차등록증서를 가지고 17개월여 동안 이 나라 저 나라 돌아다녔다.

이 영문 서류만으로도 사실 돌아다니는 데에 큰 문제는 없다. 하지만 아프리카, 중남미를 돌아다니다 보니 서류에 부족한 점, 추가해야 할 부분들이 자꾸 보인다. 영문 번역도 그리 만

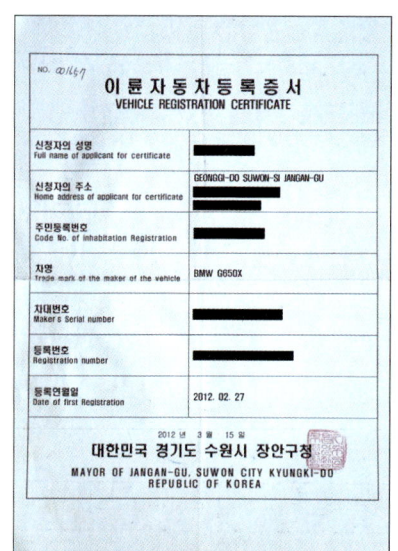

오랜 기간 여행으로 너덜너덜해진
내 영문이륜자동차등록증서

내가 새로 작성한 영문 이륜자동차
등록증서 양식

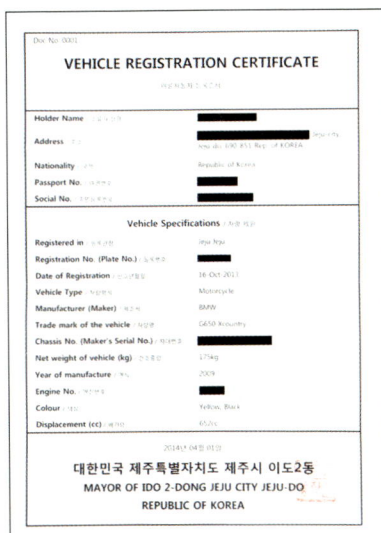

등록관청에서 공인 받은 내 영문 이륜자동차등록 증서

족스럽지 않고, 매번 국경 세관에서 서류에 없는 부분을 물어볼 때마다 말로 따로 설명해 주어야 하는 것이 귀찮기도 했다. 그래서 내가 다음에 다시 여행을 시작할 때에는 좀 더 제대로 갖춰진 서류를 만들어 다녀야겠다고 생각했다. 어차피 비공식적인 서류이기 때문에 내용만 제대로 갖추어져 있다면 누가 만들어 사용하던 아무 문제도 생기지 않는다. 생각해보면 당연한 일이다. 다른 나라 관리들이 우리 나라의 서류 양식이 어떻게 생겼는지 알 도리가 없지 않은가. 미진한 부분을 보충해 새로 만든 이륜차영문등록증서 양식이 블로그(www.motorcycletour.kr)에 있으니 찾아 사용하기 바란다.

새로 만들 영문등록증서에 필수적으로 포함해야 하는 부분

이름	Holder Name	등록번호	Registration No. (Plate No.)
여권번호	Passport No.	등록연월일	Date of Registration
주소	Address	제작연도	Year of manufacture
국적	Nationality	총 중량	Net weight of vehicle(kg)
제조사	Manufacturer (Maker)	엔진번호	Engine No.
차명	Trade mark of the vehicle	차량색상	Color
차대번호	Chassis No. (Maker's Serial No.)	배기량	Displacement(cc)

10. 기타 준비할 사항들

바이크의 반입에 무관세 통행증 '까르네'를 요구하는 나라들을 여행할 예정이라면 이를 미리 발급받아 놓자(p.048 참조). 일정 등이 확실치 않아서 미리 만드는 것이 여의치 않다면 나중에 현지에서 만들 수도 있다. 한편 우리나라에서 출국할 때 세관에서 '일시반출입' 서류를 작성한다. 서류의 유효기간은 2년이며, 이 서류를 가지고 출국한지 2년 이내에 돌아와야 재입국할 때 바이크 관세가 면제된다. 잃어버리지 말고 잘 가지고 다니다가 재입국시 세관에 제출하면 된다. 준비한 서류들은 여행 중에 사용할 수 있도록 미리 몇 장씩 복사해두고, 스캔하거나 촬영해 파일로 만들어 두자. 보험서류 등은 현지에 도착한 후 세관 등지에서 통관 작업을 하며 그때그때 만든다. 그리고 몇 달 혹은 1년 이상 장기 여행자라면 국내의 바이크 보험을 해약하고 환불받는 것이 좋다. 장기간 국내에서 바이크 운행을 할 일이 없기 때문에 보험을 해약하고 나중에 재가입하는 것이 현명하다.

 **촬영 장비**

비록 사진을 제대로 공부한 적도 없고 잘 찍을 줄도 모르지만, 여행하면서 기록을 남길 필요는 있겠다는 생각이 들었다. 어떠한 카메라를 가지고 갈 것인가? DSLR 카메라를 준비할 필요가 있을까? 디지털카메라로도 충분하지 않을까? DSLR은 비싼 가격과 상대적으로 무거운 무게 등 여행용 카메라로는 여러 단점을 가지고 있지만, 촬영 후 얻게 되는 사진의 차이는 그 모든 단점들을 기꺼이 감수하도록 만든다. 언제나 그렇듯 원하는 결과를 얻기 위해서는 치러야 하는 대가가 있는 법이다. 많은 고민 끝에 결국 인터넷으로 DSLR 카메라와 렌즈를 구매했다. 짐의 무게는 늘어났지만, 덕분에 이후 여행기간 내내 좋은 사진을 찍을 수 있었다. 잘한 선택이라고 생각한다.

카메라 니콘 D5100 바디 + 16G 샌디스크 768,000원
렌즈 니콘 AF-S DX NIKKOR16-85mm F3.5-5.6GED VR (중고) 670,000원

여행 중에 가지고 다닌 카메라는 니콘 D5100 이었다. 스위스 제네바에서 한 번 떨어뜨려서 렌즈필터가 부서지고 액정에 금이 가기는 하였지만 여행이 끝날 때까지 아무 문제없이 사용할 수 있었다. 여행 중 찍은 거의 모든 사진은 이 D5100을 사용하여 촬영하였지만 보조 카메라로 가끔 아이폰을 사용하기도 했다. 비가 와서 카메라 보호를 위해 DSLR을 꺼낼 수 없을 때, 또 주위의 분위기가 고가의 DSLR을 꺼내기가 위험하다고 생각될 때, 급하게 스냅 샷을 찍어야 할 때, 아이폰은 훌륭한 보조카메라 역할을 해 주었다.

라이딩을 하는 동안에는 고프로GoPro와 같은 스포츠 캠을 샀으면 좋았을 거라는 생각을 많이 했다. 바람 부는 시베리아 벌판을 달릴 때, 스위스에서 이탈리아로 알프스를 넘어갈 때, 비바람을 맞으며 노르웨이 해안 절경을 달릴 때… 그 외에도 수없이 많은 순간순간 액션 캠으로 영상을 기록해두고 싶다는 욕심을 참기 힘들었다. 정말로 좋은 경치와 절경을 보여주는 곳에서는 멈춰서 카메라를 들 수 없는 경우가 많기 때문에 스포츠 캠을 가지고 있으면 달리면서도 촬영이 가능하였을 테니, 이번 여행에서 찍은 사진들보다도 더 나은 사진들을 만들 수 있었을 텐데 참 아쉽다.

여행을 준비하는 이들에게는 DSLR 1대, 간편한 스냅을 찍을 디지털카메라(방수되는 것으로) 1대, 그리고 라이딩 중 촬영이 가능한 스포츠 캠 1대를 추천한다.

모터사이클의 종류

세계 여행을 떠나기에 최적의 모터사이클은 무엇일까? 어려운 질문이다. 정답이 없기 때문이다. 세계 여행을 할 수 없는 모터사이클은 없다. 걸어서도 여행을 하고 자전거를 타고서도 세계일주를 한다. 세상에 존재하는 모든 모터사이클은 전부 세계일주 여행이 가능하다. 치킨, 피자를 배달하는 배달용 스쿠터도, 퀵 서비스 아저씨들의 모터사이클도, 폭주족들이 몰고 다니는 요란스런 레플리카들도, 그 어떤 바이크라도 세계 여행을 떠날 수 있다. 배기량이 얼마나 커다란지. 바퀴가 큰지 작은지, 튜브타입인지 튜브리스인지, 스쿠터인지 R차인지. 그런 것이 여행을 준비할 때 고민되는 건 당연한 것이겠지만, 절대적인 정답은 없다. 자기 주머니 사정에 맞게, 자기가 좋아하는 스타일에 맞게 고르면 된다.

세계일주 여행에 필요한 모터사이클을 알려달라는 질문을 들을 때마다 생각나는 이야기가 있다. 예전 네팔 안나푸르나 트레킹을 갔을 땐 허접해 보이는 조리를 신고 뛰어다니는 현지인 아저씨들도 봤다. 공사장 자재를 운반하는 인부 아저씨였다. 나는 좋은 운동화를 신고 작은 배낭 하나 메고서도 헉헉대며 걷고 있는데, 그 아저씨는 거의 자기 키만한 돌덩이를 등에 지고 조리를 신은 채 휙휙 달려갔다. 빠르게 앞질러가는 그 아저씨를 보며 한없이 부끄러워졌던 기억이 난다.

누군가는 등산화를 신고, 누구는 운동화를 신은 채 산을 오른다. 조리를 신고 뛰어다니기도 하고, 샌들을 신고 도전하기도 한다. 하려고만 하면 사실 무엇이든 가능하다. 다만 얼마나 편하고 싶은가, 얼마만큼 비용을 지불할 수 있는가의 문제일 뿐이다. 산을 오르는 데는 당연히 등산화가 가장 적합하다. 튼튼하고 여러 기능이 들어간 만큼 비싸다. 그런 비용을 지불하기 힘들다면 일상생활에서 신는 운동화로도 사실 보통 등산에는 별 무리가 없다. 가격도 상대적으로 저렴하다. 반면에 조리나, 샌들은 집 근처에 마실 갈 때 신는 신발이다. 당연히 등산하기엔 적합하지 않다. 샌들을 신고 등산을 한다면 가장 힘들 것이다.

세계 여행을 떠날 바이크를 고른다는 것도 사실 비슷하다. 여행을 떠나지 못할 바이크는 없다. 간단히 어떤 바이크가 좋은지 물어본다면 "비싼 바이크가 좋은 거야"라고 이야기할 수밖에 없다. 그래도 어떤 바이크가 등산화고 또 어떤 바이크가 조리나 샌들인지는 알아보도록 하자.

모터사이클의 종류

1. 스쿠터 & 언더본 Scooter & Underborn

스쿠터는 배기량이 50cc 정도부터 100cc 정도 되는 작고 가벼운 바이크다. 언더본도 크게 보면 스쿠터의 일종이라 볼 수 있는데, 자동변속이라 운전이 어렵지 않고 저렴한 가격에 고장 수리도 간단하다. 환상적인 연비, 가벼운 무게, 저렴한 가격 같은 장점에 더해 600cc가 넘는 고배기량 빅 스쿠터도 출시되어 선택의 폭이 넓어졌다. 이미 많은 사람들이 스쿠터를 타고 세계여행에 도전해 성공했지만 스쿠터는 장거리 여행에 적합하도록 제작된 바이크가 아니기 때문에 최소 250cc 이상 배기량의 스쿠터를 선택하고, 포장도로 주행 위주의 루트로 계획하는 것이 좋다.

1.우리나라에선 보기 드물지만 유럽에 상당히 많은 삼륜 바이크, 피아지오 MP3 2.최고의 스쿠터라 칭송받는 혼다 커브 3.이탈리아 감성 스쿠터 베스파

2. 레플리카 Replica

레플리카(또는 R차)라는 모터사이클은 두카티 Ducati 나 가와사키 Kawasaki 같은 브랜드가 가장 유명하다. 레이싱 경주에서 달리는 모터사이클 같은 디자인에 바이크의 모든 설정이 빠른 속도를 내는 것에 맞춰져 있다. 복제를 뜻하는 이름처럼 고성능 경주용 바이크의 특징을 그대로 가져왔다. 공기저항을 최소화하기 위해서 앞에 카울이 달려있고, 탑승하는 라이더의 자세도 거의 엎드린 채로 공기저항을 줄이며 타게 되어있다. 이런 레플리카 역시 장거리 여행에 선택할 만한 바이크는 아니다. 속도에 초점을 맞추다 보니 연비가 나쁘고 바이크도 비싸다. 자세가 불편해서 오래 달리기도 무척 힘들다. 오프로드 라이딩도 거의 불가능하고, 짐을 싣기에도 적당하지 않다. 빠르고 멋지긴 하지만 장거리 여행에 가장 부적합한 바이크라고 생각한다.

마니아층이 두터운 대표적인 레플리카 바이크, 가와사키 닌자

3. 네이키드 Naked

화려한 외관의 네이키드 바이크, 두카티 몬스터

레플리카에서 카울을 떼어내 엔진 룸이 외부로 노출되어있어 네이키드라 부른다. 레플리카에서 속도를 적당히 포기하되 좀 더 다목적을 위해 설정한 것이 특징이다. 우리가 모터사이클을 떠올릴 때 생각하는 바이크의 이미지에 가장 부합하는 모양의 모터사이클. 라이딩 자세도 편한 편이라 장거리 라이딩에 피로도가 덜하고, 포장도로 위주이긴 하지만 오프로드도 적당히 달릴 수 있고, 짐 적재도 그럭저럭 괜찮다. 여행용 바이크로 그리 나쁘지 않은 선택이다.

4. 아메리칸 American

할리데이비슨 바이크를 생각하면 된다. 비교적 우람한 덩치에 앞바퀴가 앞쪽으로 길게 나와 있는 바이크. 왠지 가죽재킷에 청바지를 입고 문신이 가득한 근육질 팔뚝으로 핸들을 잡고, 검은 선글라스, 독일군 헬멧을 쓰고 스카프를 휘날리며 달려야 할 것 같은 바이크. 미국, 캐나다를 달리다 보면 할리데이비슨을 타는 터프한 아저씨 아줌마들을 많이 볼 수 있다. 역시 이런 아메리칸 바이크는 북미에서 타야 한다. 앞바퀴가 앞으로 튀어 나와 있어 길게 쭉 뻗은 직선도로를 달리기에 가장 좋다. 직진성이 강한 것인데, 바꿔 말하면 조향성은 떨어진다는 뜻이다. 여기저기 구덩이가 패어진 도로를 요리조리 피하면서 달린다든지, 자갈이 깔린 울퉁불퉁한 비포장도로를 달리기엔 힘들다. 시트고가 낮고 앉은 자세가 편해서 장거리 운행에는 상당히 편하다. 짐 적재하기도 좋다. 만약 북미나 유럽 같은 선진국, 도로 상태가 좋고 비포장도로를 달릴 일이 없는 나라를 여행할 생각이라면 아메리칸 스타일도 꽤 좋은 선택이다.

가죽재킷과 반모가 어울리는 할리데이비슨 팻보이

5. 투어러 Tourer

아메리칸 스타일보다 더 장거리 여행에 적합하게 만든 바이크가 투어러 바이크다. 그야말로 모터사이클 여행을 위해 제작된 바이크. 투어러는 거의 자동차라고 생각해도 될 만큼 온갖 편의시설들이 달려있고, 적재공간도 많고, 자세도 편안하다. 그런데 이런 장점을 모두 덮어 버릴 단점이 있다. 바로 가격. 무지무지 비싸다. 그리고 너무 무겁고 덩치가 커서 웬만해서는 다루기 쉽지 않다. 그 커다란 덩치 때문에 역시 북미 혹은 유럽처럼 도로상태가 좋은 곳에서나 타기 쉽지 시베리아나 아프리카 남미 등을 여행할 때 선택할 만한 바이크는 아니라고 생각한다.

안락한 여행을 위한 투어러 바이크, 혼다 골드윙

6. 엔듀로 & 듀얼퍼포스 Enduro & Dualpurpose

모터크로스 Motorcross나 트라이얼 Trial 같은 오프로드용 바이크를 기반으로, 온로드 라이딩도 가능하도록 만든 바이크가 바로 엔듀로 타입이다. 오프로드용 바이크는 묘기를 부린다든가 바위산을 오르락내리락하면서 즐기기 위한 목적으로 제작된 바이크들인데, 빠른 속도보다는 강한 힘을 내기 위해 바이크의 특성이 설정되어 있다. 가볍고 작은 차체에 높은 시트고, 오프로드용 타이어(깍두기 타이어)를 달고, 배기량도 그리 크지 않다. 하지만 공도주행을 위한 편의장치, 좌우 방향지시 등이나 헤드라이트가 없기도 해 여행용으로 적합하지 않다. 엔듀로는 이 점을 보완해 보통 온로드 80%, 오프로드 20% 정도의 비율로 설정돼 있다. 듀얼퍼포스 타입도 좀 더 어드벤처 라이딩에 적합하게 세팅이 되어 있는 차이가 있지만 엔듀로와 비슷한 기종이라 생각해도 무방하다.

1. 오프로드 라이딩의 강자 엔듀로 바이크, KTM 950 Super Enduro R
2. 최강의 듀얼퍼포스 바이크, BMW F800GS

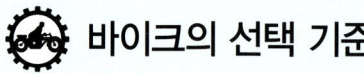 **바이크의 선택 기준**

1. 배기량

배기량이 적으면 연비가 좋아지고 바이크가 가벼워져서 좋다. 그만큼 가격도 싸진다. 반대로 배기량이 크면 연비가 나빠지고 바이크가 무거워진다. 그만큼 가격도 비싸지만 힘이 세고 빠른 속도로 많은 짐을 싣고 무리 없이 달릴 수 있다. 장단점이 분명하다. 고속도로에서 교통흐름을 방해하지 않고 무리 없이 자동차들 사이를 운행하기 위해선 최소 250cc에서 450cc 이상의 배기량 크기여야 한다고 생각한다. 대부분의 외국에서는 우리나라와 달리 바이크의 고속도로 운행을 제한하지 않지만 일부 국가에서는 배기량 제한이 있다. 이탈리아는 225cc 이상의 바이크만 고속도로의 진입을 허용한다. 그 정도의 배기량 이상이면 고속도로 운행에 지장이 없다는 뜻이다. 너무 큰 배기량도 좋지는 않다. 실제로 장기 여행을 하는 라이더들 중에서 1,000cc 이상의 바이크 운전자는 많이 보지 못했다. 200km/h 이상의 속도로 달릴 일도 없을뿐더러 대배기량일수록 크고, 무겁고, 기름 많이 먹고, 게다가 비싸기 때문이다.

2. 브랜드

브랜드 역시 바이크를 고르는 기준 중 하나가 될 수 있다. 글로벌 브랜드의 경우 믿을 수 있는 품질과 세계 어디서든 대리점과 정비소를 찾아 부품을 구하고 정비할 수 있다. 일본의 혼다, 야마하, 스즈끼나 독일의 BMW Motorrad, 오스트리아의 KTM, 미국의 할리데이비슨, 이탈리아 베스파, 두카티, 그 외에도 몇몇 브랜드가 있지만 각 브랜드마다 특징이 분명하고, 개인 취향에 따라 호불호도 갈리는 편이다. 결국은 브랜드별 제품들을 열심히 찾아보고 공부하며 본인에게 가장 끌리는 바이크로 선택하는 것이 정답이다.

3. 속도

모터사이클 세계여행에서 200km/h 이상의 고속도는 아무짝에도 쓸모없다. 교통흐름에 지장을 주지 않는 정도의 속도 이상으로만 달릴 수 있다면 어느 바이크라도 좋다. 안정적인 고속 라이딩이 가능하도록 최고속도는 최소한 120km/h 이상이어야 한다. 그 이하의 속도를 낼 수 없는 바이크는 바이크 세계여행용으로 추천할 수 없다. 속도가 빠르지 않다는 건 위험하다는 뜻이다. 언뜻 생각하면 느린 바이크가 더 안전할 것 같겠지만, 사실은 정반대다. 시내 외곽의 쭉 뻗은 도로에서 기본 100km/h가 넘는 속도로 달리는 자동차, 트럭들과 함께 달리려면 비슷한 속도로 달려줘야 무리 없이 정상적인 운행이 가능하다. 하지만 스쿠터 같은 저배기량 바이크는 도로의 흐름을 따라갈 만한 속도를 내지 못해 어쩔 수 없이 차량 운행을 방해하게 된다. 그리 관대하지 않은 트럭, 자동차들은 도로 위의 장애물을 신경

질적으로 앞질러 가며 위협하기도 한다. 지속적으로 추월해가는 커다란 차량들 옆을 휘청거리며 주행하는 건 상당히 위험한 일이다. 이를 피하려 도로 갓길 가까이 붙어 달리는 것도 위험하긴 매한가지다. 갓길 쪽엔 돌멩이나 못 등 장애물도 많고, 지나치는 차량들이 만들어내는 바람에 휘청거리는 것은 마찬가지니까.

4. 주유 탱크 용량

휘발유 탱크 용량은 크면 클수록 좋다. 한번 주유로 최소 300km는 달릴 수 있어야 하고, 400~500km를 달릴 수 있다면 그보다 더 좋을 수 없다. 아프리카 말라위에서 만났던 라이더에게 독일 부부 라이더 이야기를 들은 적이 있다. 부부가 디젤 엔진을 올려 개조한 모터사이클을 타고 다니더라고 엄청나게 부러워했다. 디젤 연료가 구하기도 훨씬 쉽고, 휘발유보다 훨씬 싼데다 연비도 상당히 좋아서 한번 풀 탱크 주유로 700km이상을 달릴 수 있었다고 했다. 정말 꿈의 바이크가 아닐 수 없다. 주유소가 많지 않은 험한 곳들을 달릴 때도 훨씬 마음이 편하다. 바이크의 기름 탱크 용량이 작지 않더라도 비상용으로 보조 기름통을 준비해 다니는 게 좋은데, 50km에서 100km 정도의 용량이면 충분하다. 1L~1.5L짜리 페트병 한두 개에 비상용 휘발유를 담아서 다니는 것도 요령이다.

유럽이나 북미 쪽은 주유소간 거리가 거의 우리나라만큼 가까운 편이라 걱정할 필요가 없다. 말라위와 케냐, 탄자니아에서 기름 떨어져 문제가 한 번씩 있기는 했지만, 아프리카에 주유소가 드물어서이기보다는 나라 전체에 휘발유 공급이 어렵거나 본인이 주유를 미처 신경 쓰지 못했기 때문이었다. 시베리아, 특히 바이칼 호수 동쪽 극동 시베리아는 원체 마을 사이가 멀어 주유소 구경이 어려운데 보통 100km, 조금 멀어도 200km 정도 거리엔 주유소가 있다.

5. ABS 장착

ABS를 장착하면 충돌이나 슬립 등의 사고 발생을 줄일 수 있다. 빙판길, 젖은 도로, 급박한 상황에서 브레이크를 잡으면 모터사이클은 쉽게 미끄러지며 사고로 이어지기 쉽다. ABS(Anti Lock Brake System)는 급정거 시 브레이크를 완전 록Lock 시키지 않음으로써 운전자의 핸들 조작을 가능하게 하고, 정지 거리를 줄여주어 사고를 효과적으로 방지한다.

TIP

모터사이클 선배들의 선택을 참고하자

보통 다른 사람들이 많이 선택하는 모델들을 살펴보자. 다른 여행자들이 많이 선택하는 데는 다 이유가 있는 법이고, 여행을 했다는 것은 그만큼 바이크의 성능이 검증 되었다는 뜻이기도 하다. BMW의 GS 모델, 혼다의 아프리카 트윈, 스즈끼의 DR, 야마하의 테레네, KTM의 어드벤쳐까지 전 세계의 바이크 여행자들이 선택하는 베스트셀러 모델 중에서 선택한다면 문제없다.

6. 기타

- **연비** 높을수록 좋다.
- **타이어** 튜브타이어가 타이어 손상에 강하지만, 혹시 모를 타이어 펑크가 걱정된다면 수리가 용이한 튜브리스타이어를 선택하자.
- **휠** 캐스팅 휠은 강성이 크고, 스포크 휠은 충격 흡수와 안정성이 높다.
- **시트고** 편안한 라이딩 자세를 유지할 수 있도록 본인의 신장에 적합해야 한다.
- **적재공간** 많을수록 좋다. 탑 케이스, 패니어 케이스등 추가 구성품이 충실할수록 좋다.
- **윈드실드** 주행풍으로 인한 피로도를 감소시켜준다.
- **바퀴사이즈** 작은 사이즈는 장거리 주행에 어려움이 많다.
- **체인구동 / 벨트구동 / 샤프트구동** 가장 튼튼하고 교환주기가 긴 샤프트 구동이 좋지만, 샤프트구동은 너무 무거워 고배기량 바이크에만 적용된다. 벨트구동도 교환주기가 길고 안정적이지만 모래 등 이물질이 많은 비포장 도로 주행에 부적합하다. 체인구동은 가장 보편적인 구동방식이다. 가장 저렴하고 가볍다. 하지만 교환주기가 짧고 고장이 잦다.

내가 선택한 모터사이클 BMW Motorrad G650 Xcountry ⇨ 할인가 9,700,000원
바이크 등록비 (등록세 + 수입인지 + 번호판 + 보험료 + 수수료) ⇨ 1,029,010원

2종 소형 면허를 취득하였으니 이제 여행을 함께할 바이크를 구할 차례였다. 어떠한 바이크를 구할 것인지 다른 이들의 여행기들을 이리저리 검색해가며 고민하고 또 찾아보았지만 이렇다 할 결정을 하지 못하고 있었다. 가격부터 성능까지 너무나도 다양한 바이크들 중에 한 가지를 선택하라는 것은 바이크와 바이크 여행에 관해 아무것도 알지 못하는 당시의 나에게는 너무나 어렵기만 한 일이었다. 며칠 동안 충무로 중고바이크 매장들과 혼다, 야마하, 할리데이비슨 등 모터사이클 매장들을 방문해 어떤 바이크가 나에게 맞는지 찾아보며 돌아다녔다.

BMW 매장에 들어갔을 때는 사실 BMW 바이크를 사겠다는 생각은 별로 없었다. 그냥 어떤 바이크들이 있는지 구경삼아 찾아간 것이었는데 그만 그곳에서 꼭 마음에 드는 BMW G650 Xcountry(엑스컨트리)를 찾은 것이다. 그곳에 있던 부담스러운 크기의 대배기량 바이크들과는 다르게 비교적 아담한 사이즈여서 안장에 앉았을 때 몸에 꼭 맞는 듯 했고, 노란 생김새도 예뻤다. 또 이 녀석의 이름, Xcountry는 '크로스 컨트리'라고도 읽는데, 나라를 종횡으로 넘나든다는 의미가 왜인지 내가 가고자 하는 길에 꼭 어울린다는 생각이 들어 더 이상 고민하지 않고 바로 구매계약을 하였다.

장점

❶ **주행 성능** 잘 달리고, 잘 서고, 마음먹은 대로 조작하기 쉽다. 첫 번째 바이크라서 비교 대상이 없기는 하지만, 달리면서 온로드와 오프로드를 가리지 않고 맘껏 잘 달려주기에 믿음직하게 타고 여행했다.
❷ **무게** 178kg의 비교적 가벼운 무게라서 조작이 쉽고, 넘어지거나 끌고 가야 할 때도 부담이 적다.
❸ **품질** 10만km가 넘는 주행거리, 아프리카와 시베리아, 남미 등의 온갖 험한 길에도 큰 고장 없이 여행할 수 있었다. 바이크의 완성도와 튼튼함은 100% 만족.

단점

❶ **연비** 윈드실드를 달기 전까지 연비가 20km/L 정도로 그다지 좋지 않았다. 베를린에서 윈드실드를 장착한 후 연비가 25~30km/L로 좋아졌다.
❷ **주유** 탱크 용량 9.5L 연료통에 2L가 남으면 주유경고등이 들어온다. 적은 용량 때문에 주유를 자주 하느라 상당히 귀찮았다. 많이 달리던 날은 하루에 3~4번까지 주유하고 다녔다. 한 번의 주유로 달릴 수 있는 거리가 짧기 때문에 러시아, 아프리카, 남미 등 주유소 간 거리가 다소 먼 곳에서는 예비 기름통을 필수로 가지고 다녀야 했다.
❸ **정비 비용** BMW 바이크의 공통적인 특성으로, 정비 비용이 비싸다. 최소한의 예산을 지향해야 하는 여행자 입장에서 상당한 부담이 된다.
❹ **부품 수급** 많이 팔리지 않은 흔치 않은 모델이라 부품 수급이 어려울 때가 많다. 칠레의 산티아고에서는 주문했던 부품이 도착하는데 3주의 시간이 걸렸다. 많이 판매된 글로벌 모델이었다면, 부품수급에 어려움이 없어 오랜 시간을 기다리지 않아도 되었을 것이다.
❺ **전조등** 스위치가 없다. 시동을 켜면 무조건 전조등과 후미등이 켜진다. 추운 날씨에 열선장비까지 연결해서 전기를 사용하면, 배터리 방전위험이 배로 늘어나서 배터리 전압을 계속 체크하면서 주행해야 했다. 그래서 열선재킷을 사용할 때는 퓨즈박스에서 전조등, 상향등, 후미등 퓨즈를 빼고 다녔다.
❻ **윈드실드** 옵션으로 따로 구매해서 달아야 한다.
❼ **리어 러기지 랙** 옵션이지만 흔치 않은 모델이라 한국에서는 옵션 부품을 구할 수도 없었다. 한국에서 출발할 때 목공소에서 나무판으로 짐받이를 자체 제작해 사용하다가, 파리에서 패니어 케이스를 구매해 장착했다.
❽ **배기통** 배기통이 높게 달려있어 소프트 사이드 백을 달 경우 가방이 열기에 녹을 수 있다. 이를 해결하고자 집 근처의 철물점에서 스테인리스 파이프를 구입해 철사로 묶어 가드를 만들고, 그 위에 아크릴로 제작한 국제번호판도 달아 나름 최대한 열기를 차단했다. 파리에서 패니어 케이스를 달고 나서야 걱정하지 않게 되었다.

출발 전 제작해 사용 했던 나무 짐받이

모터사이클 안전 유의사항

모터사이클은 자동차와 달리 라이더의 신체가 그대로 외부에 노출되어 있다. 그런데도 모터사이클은 자동차와 같은 속도로, 때로는 훨씬 빠른 속도로 도로 위를 달린다. 사고가 발생하면 거의 모든 충격을 신체로 받아내기 때문에 치사율도 높다. 그렇기 때문에 안전 장비의 필요성은 백 번을 강조해도 지나치지 않는다. 영화에서 경주용 바이크를 타고 레이싱을 하던 중 사고가 나서 바이크는 저 멀리로 날아가고, 라이더는 아스팔트 바닥에 수십 번 구르고 구석에 처박혔는데도 이상하게 멀쩡히 벌떡 일어나서 바이크로 걸어가는 장면을 본 적 있을 것이다. 이는 모두 라이딩 기어, 헬멧 같은 안전 장비들을 제대로 갖춰 입었기 때문이다. 만약 청바지에 운동화 같은 일상복 차림이었다면, 바닥에 튕겨진 순간 옷가지들은 이미 걸레조각에 피부가 그대로 아스팔트 바닥에 갈려서 피범벅이 되었을 거고, 운동화는 날아가서 발목이나 정강이뼈가 부러졌을 것이다. 바이크를 타 본 경험상 절대 그렇게 벌떡 일어날 수가 없다.

하지만 안전 장비가 그토록 중요함에도 불구하고 이를 갖추지 못해 크게 다치는 이유는 역시 안전 장비들이 상당히 비싸기 때문이다. 사실 모터사이클 중에도 안전벨트가 달린 스쿠터 형태의 바이크가 있고, 라이딩 기어 중에는 사고 시 옷에서 에어백이 부풀며 라이더를 보호해주는 제품도 있다. 너무나 부담스런 가격이라 대부분은 사용할 수 없다는 게 문제라면 문제. 가장 기본적인 안전 장비들만 골라도, 헬멧, 라이딩 재킷, 바지, 장갑, 부츠 정도일 텐데, 이것들만 그나마 써먹을 수 있을 만한 것들로 구하려 해도 오십만 원, 백만 원은 우습게 넘는다. 게다가 라이딩 장비들은 꽤 불편하기까지 하다. 중세시대 갑옷을 입고 다니는 느낌이 이럴까? 움직이기도 성가시고, 상당히 무겁다. 비싼 가격에 불편함까지 감수해야 하는 셈이다.

하지만 안전 장비는 선택이 아니라 필수다. 여행 중 도로를 달리다보면 길가에서 풀을 뜯던 소가 갑자기 달려들기도 하고, 미끈하게 잘 빠진 고속도로 한가운데 갑자기 폭탄이라도 터진 마냥 맨홀만한 구덩이가 튀어나오기도 한다. 잘 가던 옆 차선 차량이 느닷없이 밀고 들어오는가 하면, 마주 오던 컨테이너 트럭이 갑자기 추월한답시고 내 차선으로 밀고 들어오기도 한다. 이 모든 것이 모터사이클 여행 중 매일매일 겪었던 일들이다. 그런 상황에서 운전자를 구해 주는 건 항상 긴장하고 도로의 모든 상황에 집중하는 것. 그리고 무엇보다 최후에 라이더를 보호해주는 안전 장비들이다. 안전 장비 없는 라이딩은 생각도 하지 말아야 한다. 불편한데다 멋있어 보이지 않더라도 무조건 제대로 갖춰 입고 라이딩을 해야 한다. 언젠가는 그 안전 장비들이 목숨을 구해준다.

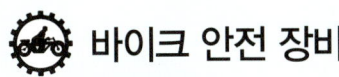 바이크 안전 장비

- HALF FACE — 하프 페이스 : 군대 헬멧이나 공사장 안전모 같은 헬멧
- OPEN FACE — 오픈 페이스 : 하프 페이스에서 뒤통수와 귀 아래 부분까지 커버해주는 헬멧
- OFF ROAD — 오프로드 : 풀 페이스 헬멧과 비슷하지만 위쪽에 챙이 달려있고, 많은 경우 고글 사용이 필요
- FULL FACE — 풀 페이스 : 기본 헬멧으로, 턱까지 덮어 보호면적이 넓고 방한에도 훨씬 유리
  * 시스템 헬멧 풀 페이스 타입인데 턱 부분이 개폐되는 것이 특징. 대신 비싼 가격과 무게, 큰 공기 풍절음이 단점

1. 헬멧

가장 중요한 안전 장비를 단 하나만 고르라면 단연 헬멧이다. 다른 안전 장비들을 모두 포기하더라도 헬멧만은 절대 포기해선 안 된다. 각자의 예산과 취향에 맞는 제품을 구입하면 된다.

장기 여행을 하다보면 헬멧과 실드의 플라스틱 일부분이 깨지기도 하고 실드 고정도 잘 안 되어 덜렁거린다. 여행 중 지나는 도시에서 부품을 교체하려 해도, 헬멧 브랜드에 따라 부품 공급이 어려울 수 있다. 따라서 전 세계 어디에나 있는 홍진HJC, 아라이Arai, 쇼에이Shoei, BMW 등의 글로벌 브랜드에서 베스트 셀러 모델을 구입한다면, 여행지에서 부품을 구하기 어렵지 않을 것이다.

그 외에도 몇 가지 조건들을 보자면, 실드는 무조건 투명을 추천한다. 스모크나 미러 실드는 야간 주행을 할 때 앞이 안 보여 매우 위험하다. 시베리아에서 서쪽으로 계속 달릴 때는, 매일 오후 내내 태양을 마주보고 달리면서 선바이저 달린 헬멧을 꼭 사겠다고 다짐했다. 한편 안티포그 필름이 부착되어있는 헬멧도 좋은데, 없을 경우 따로 사서 붙여도 된다. 매번 물을 마시고 사진을 찍을 때마다 헬멧을 벗었다 썼다 하는 게 너무 귀찮아서 다음엔 꼭 시스템 헬멧을 사야겠다고 생각하기도 했다. 그런데 문제는 이런 조건들을 모두 만족하는 헬멧을 구하려면 너무 비싸진다는 것. 그래서 늘 선택이 필요하다.

> **내가 선택한 헬멧** OGK FF-R3 블랙 ⇨ 230,000원
>
> 집 근처 바이크 숍에서 구매했다. 헬멧 역시 몇 만 원짜리 저가형에서 100만 원이 넘는 고가까지 선택의 폭이 너무 넓어 어떤 것을 골라야 하는지 알 수가 없었다. 바이크 숍 매니저에게 적당한 가격에 성능 좋은 헬멧을 물어보니 추천해준 제품. 가격 대비 성능과 품질, 착용감까지 만족스러웠다. 다만 글로벌 브랜드가 아니다보니 해외에서는 부품 판매처를 찾을 수 없었고, 결국 한국에서 구입해 남미로 배송해야 했다.

2. 라이딩 기어

헬멧 다음으로 중요한 안전 장비는 라이딩 기어다. 비싼 가격 때문에 구입이 망설여지지만 수영할 때 수영복을 입는 것처럼 바이크 라이딩을 할 때는 라이딩 기어를 입는 것이 안전을 위한 기본. 고속으로 라이딩 하다가 사고가 나면 아스팔트 바닥에 내동댕이쳐진 채 수십 미터를 구르고 미끄러지기 때문에, 청바지나 무릎 보호대, 팔꿈치 보호대 등의 장비들로는 제대로 신체보호가 되질 않는다. 청바지 위에 착용한 보호대 같은 것들은 금세 뜯어지고 떨어져 나가지만, 라이딩 기어는 도로 바닥과의 마찰에 견딜 수 있는 재질의 원단으로 만들어진다. 그러니 고민하지 말고 좋은 라이딩 기어를 사도록 하자. 그래야 후회하지 않는다.

라이딩 기어는 다이네즈, 레빗, 알파인스타 등 브랜드도 많고 품질도 기본적으로 상향평준화 되어있다. 바이크 숍에 가서 착용해보고 맘에 드는 것으로 고르되, 오랫동안 두고두고 사용하는 제품이므로 가능하면 최대한 좋은 것으로 구매하도록 하자. 장기 여행자라서 라이딩 기어를 두세 개씩 들고 다니기 어렵다면 사계절용 라이딩 기어가 있다. 나는 겨울용 점퍼 등의 외투를 들고 다니지 않으려고 일부러 평소에도 입을 수 있는 무난한 디자인으로 골랐는데, 라이딩 기어 안에 들어있는 보호대만 분리하면 일반 재킷처럼 입을 수 있는 제품이었다. 덕분에 여름엔 시원하지 않고 겨울에 따뜻하진 않았지만, 그런 불편함은 어쩔 수 없는 선택이었다고 생각한다.

> **내가 선택한 라이딩 기어**
> BMW Boulder2 Jacket, City2 Trousers
> ⇨ 1,160,000원
>
> 원래는 BMW 라이더들 사이에서 교복으로 통한다는 Rallye3를 살까 하고 무척 고민했으나 200만 원 이상이라는 너무 부담되는 가격과 취향에 맞지 않는 스타일 때문에 Boulder2 재킷과 City2 바지로 결정. 기능성은 확실히 Rallye3가 좋다는데 과연 어떨지는 써보지 않았으니 모르겠다.

- **보호기능** 안전성은 너무나 당연한 것이니까 논외로 하자.
- **방수성** 여행 중 비를 맞는 일은 허다하다. 매번 우비를 입었다 벗었다 하다보면 상당히 짜증나고 귀찮다. 방수기능이 탁월해서 잠시 스치는 비 정도는 라이딩 기어만으로도 가뿐히 달릴 수 있는 제품을 추천!
- **통기성** 벤틸레이션이 하나도 없는 라이딩 기어는 한여름 땡볕 아래를 달릴 때 통기가 안 되어 땀에 절게 된다. 바이크 엔진의 열기가 허벅지에서부터 그대로 올라오는데, 그래도 쌩쌩 달리고 있을 때는 괜찮다. 꽉 막히는 시내에서 자동차들 사이에 갇혀있을 땐 정말 죽을 맛이다. 찜질방 불가마 속에 갑옷 입고 들어가 있는 느낌이랄까. 여름용 라이딩 기어를 고민해볼만 하다.

3. 부츠

부츠 역시 보호기능이 충실히 고려된 라이딩 전용으로 준비하자. 바이크 사고 시에 특히 많이 부상을 입는 부위는 아마도 발목과 다리 부분일 것이다. 이러한 부상을 방지하기 위해 바이크 라이딩 부츠를 신어야 한다. 부츠는 강한 외부 충격으로부터 발을 보호하기 위해 최소한 군화 정도 높이와 튼튼한 바닥 밑창을 가지고 있어야 한다. 보호기능이 가장 뛰어난 제대로 된 오프로드 부츠는 완전 갑옷인데, 딱딱한 하드 타입 외에도 상대적으로 부드러운 소프트 타입이 있다. 한편 여행 중에 라이딩 부츠 외의 운동화는 짐이 될 수 있기 때문에 따로 준비하지 않았는데, 그렇기 때문에 평소에도 신을 수 있는 편안한 부츠를 찾으려 했다.

- **보호기능**
- **방수성** 비 올 때마다 부츠를 건조시키는 일이 쉽지 않으니 방수기능을 갖춘 제품을 구입하자.
- **부츠커버** 꼭 별도 구매해서 비 오는 날 부츠 위에 씌울 것을 추천!

내가 선택한 부츠 할리데이비슨 FXRG 부츠 ⇨ 335,000원

일반 운동화보다는 무겁고 불편하지만 그래도 평소 신고 다닐 수 있을 만큼은 편하면서, 전형적인 바이크 부츠보다는 보호기능이 떨어지지만 그래도 비교적 안정적으로 라이딩에서 신을 수 있다고 생각하는 제품. 한남동 할리데이비슨 매장에 가서 직접 신어보고 구매했다. 방수원단 제품이었음에도 방수기능이 점점 사라져, 부츠커버를 구입해 사용했다.

4. 장갑

장갑도 꼭 구비해야 한다. 손가락은 한번 다치면 제대로 회복되기도 참 힘들므로, 여행을 떠나는 계절과 필요에 맞게 여러 개 구입하면 된다. 나는 여름용 장갑 1개, 비올 때 쓸 방수 장갑 1개, 열선장갑 1개를 준비해 떠났는데, 시베리아를 지날 때는 너무 추운 탓에 여름용 장갑만으로는 버틸 수 없어 겨울용 장갑을 따로 하나 사서 썼다.

내가 선택한 장갑 알파인스타즈 SP-X GLOVE ⇨ 142,500원

라이딩용 장갑이다. 매쉬 재질이라 여름철에 시원하게 사용할 수 있으리라 생각하고 구매했지만, 막상 시베리아를 건너갈 때는 너무 추워서 거의 사용하지도 못했다. 여름이 되어 유럽에서부터 아프리카로 들어가 잘 사용하다가 케냐에서 잃어버렸다. 주유소에서 기름을 넣으며 장갑을 벗어 바이크 계기판 위에 올려두었는데 잠시 화장실을 다녀오니 사라져 있었다. 아마도 주위에 있던 누군가가 슬쩍 했겠지만 알 수 없는 일. 좀 더 긴장하고 항상 조심했어야 했는데, 결국 내 잘못이다. 이후 남아공까진 맨손으로 그냥 버티다가 남아공에서 여름용 장갑을 하나 새로 장만했다.

5. 수리 공구 & 바이크 부품

바이크 숍에 조언을 구해 본인의 바이크 종류와 정비 실력에 맞는 공구를 준비하자. 또한 여행 경비 절감과 비상시 대처를 위해 기본적인 정비 기술은 꼭 배우고 가는 것이 좋다. 여행을 하다보면 엄청난 양의 짐을 한가득 바이크에 싣고 다니는 바이크 여행자들을 볼 수 있는데, 들여다보면 대부분 타이어를 비롯한 수많은 공구와 바이크 부품을 싣고 있다. 그들에 비하면 나는 가지고 다닌 게 거의 없다고 봐야겠다. 처음 출발할 때는 원래 바이크에 포함되어있던 기본 공구들과 철사 몇 미터, 덕 테이프 외에는 따로 준비한 부품과 공구가 하나도 없었다. 그렇다보니 그때그때 필요할 때마다 철물점이나 공구상에 들러 구입을 했고, 철사를 자르기 위한 롱 노즈 플라이어, 에어필터와 엔진오일 교체를 위해 별모양 렌치 세트를 샀다. 예카테린부르크에서는 엔진오일을 교체하러 갔다가 정비공에게 체인 클리너와 루브 사용법을 배워 여행 중에 가끔 체인 청소도 해주곤 했다. 케냐에서는 에어필터를 교체하는 것도 배워서 나중엔 새 부품만 사서 직접 교체하고 다녔다. 엔진오일 교환은 미국에서 배우고, 지금은 혼자서 할 수 있게 되었다. 시애틀에선 브레이크패드 교환 방법도 배웠다. 노르웨이 노르카프를 향하던 길에선 주행 중 전구가 고장 났었다. 덕분에 새것을 구해서 교환할 때까지 터널 통과와 저녁 주행에 꽤 애를 먹었는데, 그 이후로는 교체용 비상 전구를 꼭 가지고 다녔다. 스파크플러그, 에어필터, 브레이크패드도 하나씩 교환용으로 가지고 다녔다.

그리 대중적인 모델의 바이크가 아니었기 때문에 보통 바이크 숍은 물론이고 BMW 매장에서도 맞는 부품을 구하기가 어려웠기 때문이다.

부품 구하는데 편리한 것을 생각하면 바이크는 많이 팔린 베스트셀러 모델로 타는 게 제일 좋다. 부품이 도착하길 기다릴 필요 없이 세계 어디서든 부품을 구하기가 비교적 쉽기 때문이다. 부품 때문에 칠레 산티아고에서만 3주를 기다린 적도 있었다. 그렇다고 해서 작은 부품 외에 크고 무거운 바이크 부품들까지 가지고 다니는 것은 그리 현명하지 않다. 타이어 같은 것들은 세계 어디서든 충분히 구할 수 있고, 글로벌 브랜드의 베스트셀러 모델이라면 부품을 구하는 것은 어렵지 않다. 쾌적하고 효율적인 여행을 위해서는 짐의 양을 줄이는 것이 중요하다. 짐의 무게가 곧 여행과 인생의 무게가 되므로 꼭 필요한 것만 최소한 챙겨 중간에 대도시에서 한 번씩 바이크 정비를 하도록 하자.

전 세계 어디든 모터사이클 정비소, 자동차 정비소는 흔하게 있다. 공구가 필요하면 지나가는 길에 잠시 들러 빌려 쓸 수 있다. 길을 달리다가 고장이 나서 오도 가도 못하는 상황이라면 길에 바이크를 세워놓고 지나가는 트럭을 세워 도움을 요청하면 된다. 트럭 드라이버 아저씨들은 바이크 여행자의 가장 든든한 친구고 동지다(도로를 함께 달리는 연대감 같은 게 있다). 게다가 화물트럭은 우리가 필요로 하는 공구들을 거의 다 싣고 다닌다. 꼼짝도 못할 정도로 바이크 상황이 심각하면 다음 마을 혹은 도시까지 바이크를 싣고 운반해달라고 부탁하거나(또는 적당한 운반비용을 지불하고 거래를 한다), 다음 마을로 가서 정비소에 연락해 사람을 보내달라고 하거나, 그도 아니면 정비소에 전화 좀 해달라고 하면 된다. 어떻게든 빠져나갈 길이 있으니 쓸지 안 쓸지도 모를 공구들을 전부 준비해 다닐 필요는 없다.

| 전조등 전구 | 스파크플러그 | 브레이크패드 | 덕 테이프 |
| 에어필터 | 공구키트 | 체인 클리너 & 루브 |

내가 선택한 바이크 일반 장비

1. 디스크락
| Xena 디스크락 | 63,240원 |

바이크 자체의 잠금 장치만으로는 바이크를 노리는 도둑들로부터 충분한 대비가 되진 않는다. 그렇다고 무겁고 거추장스러운 두꺼운 체인 사슬을 이고지고 다닐 수도 없는 일. 비교적 작고 가벼운 무게에 도난 걱정을 덜 수 있는 디스크락을 준비했다. 경보기 기능까지 달려있어 시베리아나 아프리카 등지에서 안심하고 사용할 수 있었다.

2. 케이블락
| Pacsafe 4dial cable lock | 24,190원 |

배낭이나 도난이 걱정되는 물건들을 지키기 위한 아이템. 바이크를 세워두고 잠시 자리를 비울 때 헬멧을 바이크에 묶어두기 위해 구매했다. 매번 유용하게 잘 사용했던 아이템.

3. 스로틀 어시스트
| Progrip TR001 | 24,000원 |

장거리 운행 시 손목 피로감을 줄이기 위해 구입했다. 우리나라는 바이크를 타고 고속도로를 달릴 수도 없고, 스로틀을 당기며 장거리를 쉼 없이 달릴 일이 많지 않지만 하지만 외국에 나가면 사정은 달라진다. 땅덩어리가 워낙 넓은 나라들이 많아 쉼 없이 몇 시간을 달리기도 하고, 특히 시베리아, 북미, 남미 등 광활한 대륙의 지평선 끝을 넘어 이어지는 'Never Ending Road'를 달려갈 때면 몇 시간 혹은 하루 종일 스로틀을 감아 당긴 채 달려야 한다. 그렇게 팔목을 꺾은채 힘주어 달리고 나면 금세 손목에 통증이 오기 때문에 스로틀이 매우 유용하다.

4. 바이크 커버
| 토루나 Light Bikecover | 38,000원 |

도난방지 겸 우천 시 주차를 위해 구입했다. 건물생심이란 말도 있듯이, 바이크를 주차해 놓을 때 바이크 커버만 씌워 놓아도 도난 사고의 대부분은 방지할 수 있다고 생각한다.

5. 열선재킷
거빙스 열선 이너재킷	340,000원
열선 이너장갑	130,000원
12V 액세서리플러그	25,000원
분할플러그	14,000원

과연 열선 재킷이 필요할지 많이 고민했다. 무엇보다 과연 4월 시베리아 날씨가 어떨지 감이 잡히지 않았기 때문이다. 꽤 부담되는 가격에도 불구하고 일단은 대비하자는 생각에 열선재킷과 장갑을 준비했는데 정말 잘한 선택이었다. 열선장비들이 없었다면 시베리아에서 얼어 죽었을지도 모른다.

6. 우비
| 코미네 RK-535 NEO RAIN WEAR | 95,000원 |

바이크를 타고 여행하려면 비가 오나 눈이 오나, 심지어 우박이 쏟아져도 달려야 한다. 날씨가 좋아서 아침에 기분 좋게 가벼운 마음으로 출발하여도 하루 500km~700km를 달리다 보면 날씨가 수십 번도 더 바뀌기 때문에 우비를 필수적으로 준비해야 하는 것이다. 우비는 비올 때를 대비할 뿐만 아니라 추위를 막아주는 데에도 제 몫을 톡톡히 한다. 시베리아 횡단할 때, 스칸디나비아반도에서 북극해를 보러 달려갈 때 모두 비가 오지 않아도 추위를 막기 위해 거의 매일 비옷을 입고 달렸다. 그런데 달리던 중에 갑자기 비가 온다든가 하는 이유로 도로 한쪽에서 비옷을 입게 되는 경우가 상당히 많으므로, 구매하려는 제품이 라이딩 부츠를 신은 상태에서도 입고 벗기 쉬운 제품인지 살펴보자. 매번 부츠를 벗었다 신었다 하는 일이 가장 불편하다.

7. 웜 마스크
| 코미네 네오프렌 웜 마스크 | 25,000원 |

시베리아의 강추위, 칼바람에 얼굴과 목을 보호하기 위하여 안면부를 보호해줄 마스크를 구매했다.

8. 가방
| 울프맨 Beta Plus Rear Bag | 169.99달러 |
| 기비 100% 방수 리어백 40L | 130,000원 |

가져갈 짐들을 최소화 한다고 했지만 그럼에도 들고 가야 할 짐들이 너무 많았다. 여행 직전까지 탑 케

1. 제나 디스크락 2. 팩세이프 케이블락 3. 프로그립 TR001 스로틀 어시스트 4. 거빙스 열선 이너 재킷 5. 거빙스 열선 장갑 6. 울프맨 베타 플러스 리어백 7. 기비 100% 방수 리어백 40L

스와 패니어 케이스를 만들거나 구매해보려고 이리저리 알아보았지만, 내 바이크에 적당한 케이스, 패니어 시스템은 국내에서 구할 수 없었다. 유럽에 가면 쉽게 구할 수 있을 거라 생각하고 나중에 구해서 장착하기로 하고, 일단 바이크용 가방을 구매했다. 적당한 가방을 찾아 검색한 후에 울프맨Wolfman 가방이 마음에 들어 찾아보았으나 국내에선 판매하는 곳이 없어, 외국 사이트에서 주문했다. 짐들을 넣고 결속해보니 울프맨 가방만으로는 부족하여 기비GIVI 가방을 하나 더 구매했다.

9. 가방 받침대 제작   40,000원

기비 방수백과 울프맨 리어백을 함께 바이크에 싣고 결속하기 위해 목공소에서 합판으로 받침대(32cm*60cm)를 만들었다. 알루미늄으로 된 BMW 정품 받침대를 장착할까 하였으나, 매장에 문의해보니 가격은 30만원 이상. 게다가 국내에 재고가 없어 독일에 주문해 받으려면 배송까지 보름이 넘게 걸릴 거라고 했다. 출발이 며칠 안 남았으니 정품은 가볍게 포기하고 목공소에서 제작했다.

10. 방수 배낭 커버   45,000원

비른 맞으며 라이딩 할 때 가방의 방수를 위해 배낭 커버가 필요하다. 여행용품 전문 사이트에서 구입했다.

11. GPS 장치

여행을 한 단계 업그레이드 시킬 수 있는 GPS 사용은 이젠 선택이 아닌 필수. 대부분의 바이크 오버랜더들이 사용하는 가민Garmin GPS는 언제나 진리다. 나의 경우 아이폰 GPS로도 충분하다는 판단으로 MotionX GPS 같은 어플을 받아 사용했고, 여행에 큰 문제가 없었다. 하지만 매번 지도를 내려 받기 불편하고 주변 검색이 여의치 않았던 점들을 고려해, 다음 여행에는 가민 GPS를 장착할 생각이다.

12. 스마트폰

아이폰이든 안드로이드 폰이든 스마트폰은 필수. 카메라, 사전, 회화, 지도, 내비게이션, 은행, 메모, 시계, 스카이프 등 사용 용도가 정말 많다.

 캠핑 준비

캠핑 준비가 꼭 필요할까?

모터사이클을 타고 세계여행을 할 때 꼭 캠핑 장비를 준비하여야만 하는 것은 아니다. 에베레스트 산이나 남북극을 탐험할 생각이 아니라 도로가 닦여있는 길로만 여행할 생각이라면 여행자가 많지 않은 시베리아나 아프리카의 오지를 가더라도 현지인들이 묵어가는 숙소는 세계 어디에나 준비되어 있다. 짐을 줄이기 위해 캠핑 장비를 챙기지 않아도 여행에 아무 지장이 없다.

하지만 캠핑 장비를 가지고 다니면 여행의 시야와 경험의 폭이 넓어지는 장점도 있다. 무엇보다도 여행경비를 절감할 수 있다. 준비된 캠핑장이 아닌 길가의 공원이나 숲속 등에서 캠핑을 한다면 숙박비가 전혀 들지 않으며, 준비된 캠핑장을 이용한다 하더라도 일반 숙박비용의 절반 정도의 비용으로 하룻밤 쉬어갈 수 있다. 둘째로 자연에 보다 가까이 머물 수 있는 캠핑은 매우 즐거운 경험이다. 대부분의 국립공원과 해안가, 산과 계곡 등 자연이 아름다운 곳에는 캠핑장이 있다. 숲과 나무, 호숫가의 아름다운 경치를 즐길 수 있는 캠핑은 그 자체로 여행의 즐거움이 된다. 셋째로 숙소를 찾기 힘든 곳에서도 자유롭게 여행할 수 있다. 시베리아나 남미, 아프리카 등 사람이 많이 살지 않는 오지에서는 숙소 찾기가 쉽지 않다. 캠핑 장비를 지니고 있다면 숙소를 찾는 부담에서 자유로워진다. 넷째로 지방 소도시에서 현지인들과의 교류를 더욱 쉽게 만들어준다. 현지인들과 보다 가까이 머물 수 있으므로 더 많은 만남과 대화가 가능하다.

칠레, 토레스델파이네 국립공원

어디에서 캠핑을 할까?

유료 캠핑장을 이용하거나 숲 속 공터에서의 와일드 캠핑이 가능한데, 여러 가지 면에서 안전하고 화장실, 샤워부스 등의 시설이 구비된 유료 캠핑장을 추천한다. 가격은 보통 호스텔 도미토리 숙박료의 절반 정도로 저렴한 편. 유럽과 북미 지역은 캠핑장이 워낙 발달해 캠핑장 찾는 것도 전혀 어렵지 않고 관리도 훌륭하게 잘 되어있는 편이다. 아프리카나 중남미도 유럽만큼은 아니지만 캠핑장들이 어느 정도는 있어서 캠핑만으로도 여행하기 어렵지 않다. 또한 캠핑장은 인원수가 아니라 텐트 당의 가격을 지불하기 때문에 함께 이용하는 인원이 많을수록 비용적인 면에서 이익이다. 하지만 유럽 캠핑장은 보통 세탁, 샤워, 전기 사용에 대한 비용을 따로 덧붙이기도 하니 혼자 텐트를 사용할 경우 호스텔 도미토리에서 묵는 것보다 그리 많이 저렴하지 않을 수도 있다. 텐트를 펴고 접기도 성가시고, 비라도 내리면 젖

에티오피아, 아와사

케냐, 이시올로

미국, 옐로스톤 국립공원

미국, 데날리 국립공원

은 것들을 모두 말려야 한다. 게다가 캠핑장은 보통 시 외곽에 위치하기 때문에 시내 구경을 하려면 한참을 이동해야 한다. 숙소에서는 거의 무료 사용하던 인터넷 Wi-Fi도 캠핑장에서는 불가능하다.

한편 인가 근처 공터 같은 곳에서 머무는 와일드 캠핑은 이용료가 전혀 없다. 경비 절감이 최우선이라면 어쩔 수 없는 선택이다. 특히 시베리아처럼 캠핑장도 거의 찾기 힘든 곳에서는 오버랜더 라이더들이 길을 달리다 인근의 자작나무숲 속으로 들어가 인적이 드문 곳에 텐트를 치고 머문다. 하지만 이런 와일드 캠핑은 자칫 잘못하면 위험한 상황을 맞닥뜨릴 수 있다. 곰이나 늑대 같은 야생동물도 위험하지만 외진 곳에서 당할 수 있는 강도 역시 여행자들이 반드시 조심해야할 부분이기 때문이다. 내가 시베리아를 건너고 나서 한 달쯤 후인 2012년 5월, 일본인 라이더가 숲 속에서 와일드 캠핑을 하다가 살해당한 사건이 있었다. 강도짓을 하러 온 동네 양아치 두 녀석에게 당한 사고였다. 이렇다보니 사실 와일드 캠핑을 해도 안전하다 싶은 동네는 북유럽밖에 없다. 굳이 와일드 캠핑을 한다면 사람이 많이 다니고 완전히 드러난 곳에서 하거나, 완전히 아무도 오지 않는 곳에서 해야 한다. 어설프게 숨어있는 으슥한 곳이 가장 위험하다. 시베리아 같은 곳에서 와일드 캠핑을 할 생각이라면 동네 주민에게 양해를 구하고 마당에 텐트를 치든가 주유소나 식당, 경찰서와 같이 사람들이 계속 돌아다니는 곳에서 하는 것 좋다.

취사? 식사는 어떻게 하고 다녀야 할까?

여행경비를 조금이라도 아끼기 위해서는 사먹는 것보다 어떻게든 조리해 먹는 것이 낫다. 국가별로 차이가 있겠지만 유럽이나 북미처럼 물가가 높은 곳에서는 되도록 만들어 먹는 것이 좋고, 물가가 저렴한 아프리카나 중남미를 여행할 때엔 사먹는 것도 괜찮다. 건강엔 별로 좋지 않겠지만 대용량 라면수프를 구입해 가지고 다니면서 면만 동네에서 사면 라면을 끓여먹을 수 있다(면을 구하는 것도 어렵지 않다). 계란을 많이 삶아서 가지고 다니며 하루 몇 개씩 계란만 먹으며 다닐 수도 있다. 식빵, 커다란 햄, 치즈 등으로 샌드위치를 만들어 먹는 것도 애용하는 방법이다. 또한 밤늦은 시간 마을에 도착해 문을 연 식당이 없을 수 있으니 과일, 초코바, 시리얼, 삶은 계란, 소시지, 육포, 라면, 빵 등으로 두 끼, 세 끼 정도 해결할 수 있는 먹거리를 늘 비축하고 있어야 한다.

하지만 취사도구를 꼭 챙겨야 할 필요는 없다. 배낭여행자들이 많이 이용하는 호스텔, 게스트하우스에는 거의 대부분 부엌시설이 준비되어 있기 때문에 얼마든지 음식을 조리해 먹을 수 있다. 오히려 고급 호텔이나 모텔로 가면 취사시설이 없는 경우가 많다. 캠핑을 할 때도 취사도구 없이 얼마든지 지낼 수 있다. 캠핑을 아주 좋아하고 캠핑을 하면서 요리하는 것을 무척 즐기기 때문에 취사도구 및 캠핑장비 일체를 준비해서 여행을 하겠다면 말리진 않겠다. 이 역시 여행의 훌륭한 방법 중 하나이고, 여행의 즐거움을 풍부하게 해주는 데에 중요한 역할을 한다는 것을 잘 알고 있다. 하지만 조금이라도 짐 무게를 줄이고 가볍게 여행을 다니고 싶다면 취사도구는 생략하는 것이 좋다. 식사도구와 식재료만 덜어내도 짐의 양이 많이 줄어들어 훨씬 여유 있게 여행을 할 수 있다. 내가 여행기간 내내 단출한 짐을 유지할 수 있었던 비결이기도 하다.

캠핑 장비

캠핑의 기본 준비물은 텐트와 침낭, 바닥매트, 랜턴, 취사도구(버너, 코펠)이다. 바이크 여행에서 무엇보다도 중요한 것은 짐 무게와 부피를 줄이는 것이므로 캠핑 장비는 무조건 소형, 경량으로 구매한다. 캠핑 장비들도 가격대와 성능이 천차만별인데 필수 장비 외에도 수없이 다양한 제품들이 있다. 캠핑 전문 사이트를 보면서 자신에게 필요한 것이 무엇인지 알아보자.

캠프타운 포커스 텐트
161,000원
최소형, 초경량 1인용 텐트

프리머스 옴니 퓨얼 스토브
288,000원
등유, 휘발유, 가스 겸용 캠핑용 버너

코베아 자충식 에어매트
109,000원
1인용 가장 작은 것으로 구매했지만 넓은 제품을 추천

그라나이트 기어 슬리핑 백
172,900원
캠핑의 필수 아이템 침낭. 좋은 것으로 구매할 것

코베아 솔로2 코펠
29,440원
최소형 1인용 코펠

캠프타운 그라운드시트 GSP-2421(240cm x 210cm)
22,080원
텐트 설치 시 바닥에 깔아 습기를 막는 그라운드시트

헤드랜턴
26,000원
작은 등산용으로 구입

까르네 Carnet de Passages en Dounane(CPD)

1. 까르네란?

바이크 혹은 자동차도 국경을 넘을 때 여권과 비자에 해당하는 서류가 필요한데 이것이 바로 까르네이다. 정확한 명칭은 프랑스어로 Carnet de Passages en Dounane인데 줄여서 CPD 까르네라고 부른다. 번역하자면 '세관검사 시 제출하는 무관세 통행증' 정도. 비자는 나라별로 각각 발급받아야 하지만 까르네는 까르네 협약Carnet Convention이라는 국제협약에 가입된 국가 어디에서든 1번의 발급으로 다른 나라에서 사용 가능하다. 국내에서는 대한상공회의소에서 까르네를 발급해주고 있지만, 개인 여행자가 아닌 상업적 용도의 기업 대상 발급만 이뤄지고 있다. 그렇기 때문에 외국 자동차협회의 것을 발급받아 여행해야만 한다. 까르네를 발급받기 위해선 일종의 보증금 제도처럼 모터사이클 가격에 상응하는 예치금을 발급기관에 보내야 한다. 여행이 끝나고 모터사이클이 본국으로 돌아왔다는 세관 확인 스탬프를 받으면 까르네를 발급기관으로 돌려보내고 예치금을 돌려받는다.

2. 까르네가 필요한 나라들

비자와 마찬가지로 까르네 역시 발급이 필요한 나라와 그렇지 않은 나라로 나뉜다. 유럽에서는 까르네를 요구하지 않으며 중동, 아프리카, 인도, 오스트레일리아, 아시아의 일부 국가에서 바이크(자동차) 통행에 까르네 서류를 요구한다. 해당 국가를 바이크로 여행할 계획이 아니라면 굳이 비싼 돈을 들여 까르네를 발급받을 필요가 없다.

- **아시아**
  중동 바레인, 방글라데시, 인도, 인도네시아, 이란, 쿠웨이트, 네팔, 파키스탄, 카타르, 싱가포르, 스리랑카, 말레이시아(공식적으로는 까르네가 필요하지만 육로를 통한 바이크 통관엔 요구하지 않음)

- **오세아니아**
  호주, 바누아투

- **아프리카**
  브룬디, 카메룬, 콩고, 지부티, 콩고민주공화국, 이집트, 가봉, 잠비아, 가나, 기니, 기니비아우, 케냐, 리비아, 말라위, 나이지리아, 세네갈(5년 이상 된 차량), 남아프리카관세동맹(보츠와나, 나미비아, 레소토, 스와질랜드, 남아프리카공화국), 수단, 탄자니아, 토고, 우간다

- **아메리카**
  까르네를 필수로 요구하는 나라는 없다. 하지만 육로가 아니라 항만, 공항 등으로 바이크를 통관할 경우에 간혹 까르네를 요구할 수도 있다(브라질). 한 나라 안에서도 세관에 따라 까르네를 요구하거나 하지 않기도 하는 등 상황이 달라진다. 덧붙여 까르네를 소지하고 있는 대부분의 오버랜드 여행자들은 까르네를 사용해 편리하게 통관을 거칠 수 있다.

3. 까르네 적용 원리

모터사이클 여행자에게 까르네를 요구하는 이유는 바이크 수출입으로 얻을 수 있는 이득 때문이다. 상품 판매를 위한 고가의 물품이 통관을 거치려면 해당 국가에서 산정한 관세를 물어야 하기 때문이다. 하지만 여행자는 모터사이클을 판매 목적이 아니라 여행 목적으로 가지고 온 것이므로 이를 증명하는 서류를 준비하는 것이다. 특히 전산망이 제대로 갖춰지지 않았거나 일시수출입 절차에 민감해 보증을 필요로 하는 나라들은 국제 협약에 맞게 발급된 까르네를 요구해서 만약에 있을지 모를 사태를 대비하고자 한다.

까르네를 요구하는 나라에 입국하면 세관에서 입국 스탬프를 받아야 하고, 무사히 바이크를 가지고 출국을 할 때 역시 세관에서 출국 스탬프를 까르네에 받아야 한다. 까르네에 입국 스탬프를 받았는데 출국 스탬프를 받지 못했다면, 까르네 발급기관에선 이에 대한 적절한 해명이나 확인이 이뤄질 때까지 예치금을 돌려주지 않는다. 만약 사고로 인한 파손, 혹은 도난 사유로 모터사이클을 가지고 나올 수 없었다면 경찰서 등 해당 기관에서 공식문서를 요청해 까르네 발급기관에 증명해야 한다.

만일 해외에서 모터사이클을 판매하거나 다른 이유로 바이크 없이 출국하게 되면, 해당국은 관세 등에 해당하는 비용을 까르네 발급기관에 청구하며, 예치된 보증금에서 세관이 요구하는 비용이 차감된다. 나라에 따라서는 까르네가 입국시 필수 가입해야하는 자동차보험 역할을 하기도 한다.

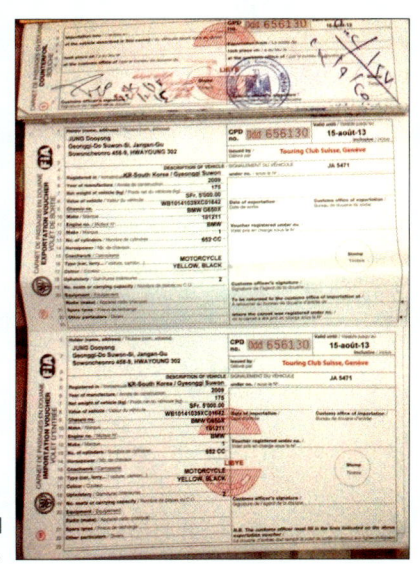

수없이 많은 나라 세관원들의 스탬프와 사인만이
긴 여행을 증명해주고 있다.

4. 까르네 발급 방법

구글에서 '나라 이름 + Automobile Association'으로 검색해보면 각 나라들의 자동차협회 사이트를 찾을 수 있고 해당 협회의 사이트를 잘 찾아보거나 메일을 보내 문의하면 외국인을 대상으로 까르네 발급이 가능한지 알아볼 수 있다. 모터사이클 여행 선배들을 통해 스위스 자동차협회에서 외국인에게도 까르네를 발급해준다는 정보를 얻었고, 스위스 외에도 여행 예정인 여러 유럽 국가의 자동차협회에 메일을 보내게 되었다. 예상대로 대부분은 자국민에게만 발급해준다고 하고, 몇 군데는 답변이 없었다. 그리고 스위스와 영국, 캐나다, 오만 자동차협회 등으로 추려졌다(영국은 보증금의 50%만 반환해준다). 물론 이외에도 찾아보면 더 많은 곳을 찾을 수 있을 것이다.

- 스위스 자동차협회 www.tcs.ch
- 캐나다 자동차협회 www.caa.ca
- 오만 자동차협회 www.omanauto.org

오만, 스위스 협회에서 발급 가능하다는 회신을 받고 구체적인 절차를 더 문의했다. 스위스 쪽에선 회신이 빠르게 착착 진행되었는데, 오만 쪽은 연락이 잘 안되었다. 어차피 스위스 제네바에 가보고 싶기도 했고, 겸사겸사 제네바에 위치한 스위스 자동차협회에 들러서 직접 까르네를 수령하면 되겠다 싶어 발급을 진행하게 되었다. 메일만 수십 번 주고받으며 필요한 서류를 보내고, 송금하고, 확인하는 과정이 반복됐다. 그리고 스위스 제네바에 들렀을 때 자동차협회에 직접 방문해 그동안 메일로만 연락을 주고받았던 담당 직원을 만나서 사용법과 주의사항을 듣고 까르네를 수령했다. 우편요금까지 송금하면 직접 방문하지 않고서도 EMS나 DHL을 통해 세계 어느 곳에서나 까르네를 받을 수 있다.

까르네 발급을 위해서는 담당자와 영어로 이메일 혹은 전화를 주고받아야 하는데 이에 어려움을 느끼는 이들이 많으리라 생각한다. 하지만 겨우 서바이벌 수준의 영어 실력으로도 일단 해보면 서류 발급에 필요한 의사소통을 얼마든지 가능하니 직접 도전해보길 바란다. 블로그(www.motorcycletour.kr)에서 스위스 자동차협회의 까르네 발급 담당자 에블린 Evelyne(cpd@tcs.ch) 양과 주고받았던 이메일 전문과 까르네 신청서 작성법을 확인하면 더욱 쉽다.

TIP

까르네 발급에 필요한 서류
까르네 발급 신청서, 운전면허증(국내·국제) 복사본, 여권 신상정보면 복사본
바이크(영문·국문) 등록 서류 복사본, 바이크 번호판 사진

까르네 발급 비용
서류 발급 330CHF(환급 불가) + 예치금(환급)

5. 까르네 사용 방법

까르네를 요구하는 나라에서는 국경 세관원들이 익숙하게 일처리를 해주기 때문에, 까르네를 제출하면 알아서 스탬프를 날인하고 바우처를 뜯어 사인 후 돌려준다.

주의 사항

- 까르네를 수령하면 각 면의 번호와 차대번호 등에 어긋남이 없는지 확인한 후 앞면 소유자 서명을 하자.
- 각 장마다 번호가 표시되어있기 때문에 한 장이라도 잃어버리면 안 된다.
- 입국 시 까르네에 스탬프를 받았으면 출국 스탬프도 잊지 말고 꼭 받아야 예치금을 돌려받을 수 있다.
- 본국으로 귀국 시, 바이크 귀환 확인을 위해 까르네 마지막 장에 세관의 스탬프 확인을 받아야 한다.
- 발급 시 까르네 개시일을 지정할 수 있으며, 유효기간은 1년(유료로 연장 가능)이다.

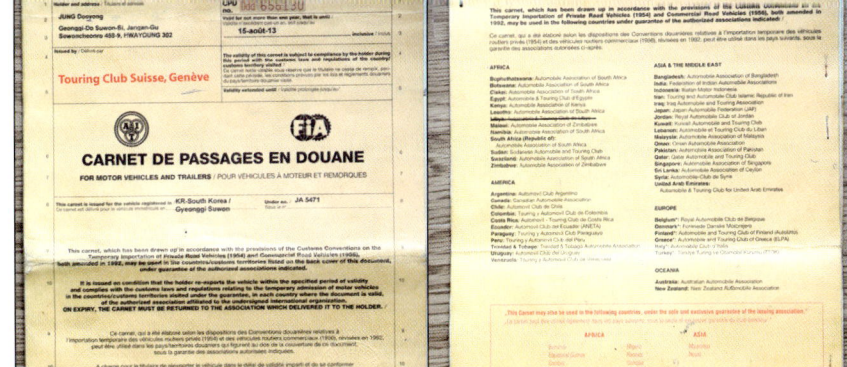

긴 여행으로 인해 너덜너덜 해진 까르네

까르네 신청서 작성 양식

touring club suisse schweiz svizzero

TCS – Customs Documents
Chemin de Blandonnet 4
1214 Vernier/Genève
Tél: +41 58 827 12 53 / Fax: +41 58 827 50 17
cpd@tcs.ch

Application Form for a Carnet de passages
(Please enclose copy of passport, registration license and driving license)

① Surname
② First name
③ Address

④ E-Mail Address
⑤ Phone numbers

⑥ Nationality
⑦ Place and date of birth
⑧ Passport No. **(JOIN COPY)**
⑨ **I would like:**
  ☐ 1 Carnet de passages with 5 sheets (CHF 330.-)
  ☐ 1 Carnet de passages with 10 sheets (CHF 330.-)
  ☐ 1 Carnet de passages with 25 sheets (CHF 330.-)
⑩ Valid for following countries:

⑪ Validity starting on:

VEHICLE SPECIFICATIONS
⑫ Registration-Nr.
⑬ Country of registration **(JOIN COPY OF CAR LICENCE)**
⑭ Year of manufacture
⑮ Net weight of vehicle (kg)
⑯ Value of vehicle in CHF
⑰ Chassis No.
⑱ Make
⑲ Engine No.
⑳ Make
㉑ Nr. of cylinders
㉒ Horsepower or cm^3
㉓ Type (Car, Camping Car...)
㉔ Color
㉕ Upholstery
㉖ No. of seats
㉗ Radio / Make
㉘ No. of spare tires
㉙ Other particulars

COMMITMENT AND DECLARATION

I am not principally resident in any of the countries I propose to visit and confirm that the particulars given by me are correct.

I will comply with the Customs laws and regulations of the country visited governing temporary importation of motor vehicles, particularly all instructions applying to the use of the Carnet de passages (entry visa, exit visa, etc.).

I will not place the vehicle at the disposal of a person or firm having a residence or business in the country of temporary importation, nor use the vehicle between points within that country for transport of local goods or passengers against remuneration or other considerations unless specifically authorised by the Customs authorities. (Exceptionally if it is necessary to put the vehicle at the disposal of a third party non-resident in the country of temporary importation I will contact the guarantor organisation or the Touring Club (TCS) for instructions.

I will re-export the vehicle and any items listed by the TCS on the Carnet from the visited country or countries within the time limit prescribed by the national Customs legislations and will ensure, when leaving the visited country, that the Carnet which remains the property of the TCS has been discharged by the Customs Administration.

I will notify the TCS or the guarantor organisation in the country visited as soon as possible of any circumstances (damage, confiscation, etc.) preventing or delaying exportation of the imported vehicle and/or other items listed on the Carnet.

The TCS as a customs document issuer, has assumed guarantee towards the competent domestic and international authorities, the national and international automobile clubs and other institutions with regards to all obligations resulting from Carnets and this contract. TCS is obliged to pay any claims resulting from the use of a carnet and is not entitled to examine the reason and the size of the claims raised. The customs charges raised by the foreign customs authorities in the case of cancellation of the customs document which is incorrect or not within the deadline, as rule is far above the current market value of the vehicle in the country of issue. The TCS has taken out insurance against the customs risk with Lloyd's of London. Lloyd's have authorised the Company R. L. Davison & Co. Ltd., London to raise any claims from the insurance contract in their own name. The TCS issues customs documents only, if the absolute guarantee below is given:
To cover the risk created for the TCS due to the issue of the customs document I hereby apply for the assumption of an absolute guarantee by the Company R.L. Davison & Co., Bury House, 31 Bury Street, London EC3A 5AH, England.

I accept this commitment:

....
(Place and date)

I will ensure that the Carnet is discharged by the Customs Administration before selling the vehicle, or modifying its characteristics, or if it has been written off for any reason, or destroyed under Customs control. (The holder must return the Carnet, after having it properly discharged to the TCS should the bearer's status no longer conforms with the requirements of the Customs Administration in the country visited regarding the temporary importation of motor vehicles, for example, transfer abroad the holder's principal residence, destruction or abandonment of the vehicle under the Customs control, etc.)

I will return the Carnet to the TCS after having it properly discharged as soon as possible after use or at the latest at the expiry date of the Carnet's validity.

I will provide the TCS with a completed Certificate of Location – see the last page of the Carnet – before the Carnet is returned to the TCS even if it has been properly discharged by the Customs of the last country in which it was used for temporary importation.

In the event of the Carnet being lost, I will provide the TCS with a completed Certificate of Location made out by the authorities of the country of registration or final importation dated beyond the expiry date of the Carnet.

I will provide if required by the TCS after expiry date of the Carnet (in order to protect the TCS and myself) a completed Certificate of Location in the country of registration or final importation in order to avoid any dispute regarding the authenticity of a Customs exit visa.

I will reimburse the TCS upon presentation of an account for any expenses (including the payment of Customs taxes) under TCS guarantee, including costs arising from any incorrect information supplied by me **up to CHF**
(in letters, minimal amount CHF 3000.-)

....

I authorise the TCS to obtain from any public or private authority details of my address and any other information necessary to deal effectively with any enquiry arising from my use of a carnet or other Customs document issued under the TCS guarantee.

I authorise the TCS to take at my expense all reasonable legal steps to avoid payment of Customs duties and/or charges and to use any deposit/guarantee held for this purpose.

I understand that the TCS cannot be held responsible for the effects of any charges in temporary importation regulations which have either not been officially communicated to the Alliance International de Tourisme or are amended after issue of the Carnet.

....
(Signature)

① Surname 성
② First name 이름 여권의 영문 성과 이름을 대문자로 정확하게 쓴다.
③ Address 주소 바이크 영문등록서류상의 영문주소를 동일하게 쓴다.
④ E-Mail Address 이메일주소 본인이 연락받을 이메일주소를 쓴다.
⑤ Phone numbers 전화번호 연락받을 수 있는 전화번호를 쓴다.
⑥ Nationality 국적 본인의 국적. 대한민국 국민이라면, Republic of Korea 혹은 South Korea라 적는다.
⑦ Place and date of birth 출생지와 출생일 여권상의 출생일과 동일하게 쓴다.
⑧ Passport No. 여권번호 소지하고 있는 여권번호를 쓴다.
⑨ I would like :
1 Carnet de passages with 5 sheets (CHF 330.-)
1 Carnet de passages with 10 sheets (CHF 330.-)
1 Carnet de passages with 25 sheets (CHF 330.-)

몇 페이지짜리 까르네를 발급받고자 하는지 해당 칸에 v자로 표시한다. 까르네 페이지에 관계없이 발급비용은 330스위스프랑으로 동일하므로 25장짜리 칸을 선택하는 것이 좋다.

⑩ Valid for following countries 까르네를 이용해서 방문하고자 하는 나라들 대략의 여행경로를 예상해서 나라들의 이름을 적는다.
⑪ Validity starting on 까르네 유효기간 시작일 발급된 까르네의 유효기간은 시작일로부터 1년이다.

VEHICLE SPECIFICATIONS
바이크 관련사항

⑫ Registration Nr. 등록번호 바이크 번호판의 등록번호를 영문으로 적는다.
⑬ Country of registration 바이크 등록국 대한민국 차량이라면, Republic of Korea 혹은 South Korea라 적는다.
⑭ Year of manufacture 생산연도 바이크의 생산연도를 적는다.

⑮ Net weight of vehicle(kg) 건조중량 바이크의 건조중량을 적는다. 잘 모른다면 대충 적어도 괜찮다.
⑯ Value of vehicle in CHF 바이크 가격 까르네의 보증금에 직접 연관되므로 바이크의 가격을 적는다. 중고가로 적당히 계산하여 스위스 프랑으로 환율을 적용하여 적으면 된다.
⑰ Chassis No. 차대번호 서류와 바이크의 차대에 붙어있는 번호를 확인하여 정확하게 적는다.
⑱ Make 바이크 제조사 BMW, Honda, Suzuki 등 바이크 제조사의 이름을 적는다.
⑲ Engine No. 엔진번호 엔진에 각인되어 있는 번호를 적는다. 이란 정도를 제외하면 보통 국경에서는 엔진번호까지 확인하는 일은 거의 없다. 잘 모르겠으면 대충 적거나 비워두어도 별일은 없다.
⑳ Make 엔진 제조사 따로 엔진 제조사가 있지 않다면, 보통은 바이크 제조사와 동일하다.
㉑ Nr. of cylinders 실린더 수 엔진의 실린더 수를 적는다. 단기통이라면 1, 2기통이라면 2를 적는다.
㉒ Horsepower or cm3 마력 또는 배기량 배기량을 cc단위로 적는다.
㉓ Type(Car, Camping Car...) 차량종류 Motorcycle이라 적으면 된다.
㉔ Color 색상 바이크 카울의 색상을 적는다.
㉕ Upholstery 실내장식 특별한 것이 없다면 공란으로 비워둔다.
㉖ No. of seats 좌석수 보통의 바이크라면 2 또는 1을 적는다.
㉗ Radio / Make 무선통신장치 특별한 것이 없다면 공란으로 비워둔다.
㉘ No. of spare tires 보조 타이어 수 특별한 것이 없다면 공란으로 비워둔다.
㉙ Other particulars 기타 사항 특별한 것이 없다면 공란으로 비워둔다.

돌아온다고 약속할 수 있어요?

아니.
하나 돌아온다면
전과 같진 않을 거야.

영화 〈호빗 : 뜻밖의 여정〉

우유니 소금사막으로 가는 길. 볼리비아

여행 루트는 어떻게 정할까?

장기 여행을 처음부터 끝까지 계획하기란 사실 불가능하다. 또한 그럴 필요도 없다. 상황은 늘 변하고, 현장에 도착해보면 출발할 때의 생각들이 쓸모없게 되는 경우도 다반사이기 때문이다. 계획은 변하기 마련이고 중요한 건 그때그때 정확한 상황 판단과 바뀐 상황에 맞게 밀고 나가는 추진력이다. 하지만 미리 모든 것을 정해 두지는 않더라도 기본적인 틀이 있느냐 그렇지 않느냐의 차이는 있다. 적어도 출발지와 도착지, 대략적인 루트 정도는 정해야 한다. 필요한 예산과 일정도 어느 정도 생각해두어야 한다. 모든 것들을 타이트하게 자로 잰 듯 정하지 말고, 다양한 변화에 대응할 수 있는 여유를 염두에 두도록 하자.

여행 루트를 고민하고 있다면 먼저 자신이 하고자 하는 여행 목적, 여행으로 무엇을 얻고자 하는지를 먼저 생각해봐야 한다. 콘셉트가 확실해야 어디로 가야 할지도 알 수 있을 테니까. 나의 여행 목적은 '나의 한계는 어디까지 인가? 저 너머에는 무엇이 있을까?' 하는 호기심을 푸는 것이었다. 사람 사는 갖가지의 모습들이 궁금했고, 과연 내가 어디까지 갈 수 있는지도 알고 싶었다. 그러다 보니 자연스레 세상 끝에서 끝으로 달리게 되었다. 누군가는 고대 문명과 우리 역사의 뿌리를 찾으려는 목적으로 중동의 실크로드를 횡단하기도 하고, 누군가는 독도 문제를 세상에 널리 알리기 위해 여행을 한다. 아프리카에서 만났던 한 친구는 '가장 순수에 가까운 원시의 인간사를 보고 싶어서' 아프리카를 누비고 있었다. 거창한 무언가는 필요 없다. 그저 세상을 둘러보고 싶은 호기심도 충분히 훌륭한 이유가 된다. 목적을 분명히 했다면 여행을 하면서 무엇을 보고 얻으려 하는지 진지하게 생각해봐야 한다. 충분한 시간을 두고 구체적인 도시와 목적을 결정하다보면 여행 루트가 자연스레 그려질 것이다.

그러나 모터사이클 여행과 보통 배낭여행의 루트는 완전히 달라야 한다. 점을 찍는 여행과 선을 이어가는 여행의 차이다. 역설적이게도 배낭여행은 몸이 가볍기에 이동이 자유롭다. 언제 어디서든 비행기를 타고 날아갈 수 있다. 한국에서 유럽으로 유럽에서 남미로… 마음만 먹는다면 어디에서든 하루 만에 대륙을 넘나드는 것이 어렵지 않다. 모터사이클 여행자는 점과 점을 찍으며 여행할 수가 없다. 앞에 산맥이 나타나도, 바다가 가로막아도 모터사이클과 함께 달려야만 한다. 배낭여행자는 앞길에 분쟁지역, 혹은 비자를 받지 못한 나라가 있어 비행기를 타고 다른 나라로 넘어간다면, 모터사이클 여행자는 어떻게든 그곳을 뚫고 가든가 멀리 빙 돌아가야만 한다.

그렇기 때문에 모터사이클 여행의 루트를 결정하기 위해 필요한 조건은 첫째도 정보, 둘째도 정보다. 육로의 도로상황에서부터, 도시 사이의 거리, 지나는 루트의 숙박 가능 지역들, 분쟁 여부, 국경 통과가 가능한지, 까르네 등 추가 서류는 필요한지 등, 가고자 하는 루트를 결정했다면 자신이 찾을 수 있는 최대한의 정보를 수집하자. 결정한 루트에 대한 정보 수집은 여행의 출발 전뿐 아니라 여행 중에도 끊임없이 해야 한다. 숙소의 여행자들 혹은 길에서 만나는 현지인들에게 앞으로 계획한 경로의 길 상태와 더 가볼만한 곳 등을 끊임없이 묻고 체크해야 한다.
여행루트를 고민하고 정보를 찾는 과정은 즐거운 일이다. 정보를 찾으며 보고 들었던 장소들을 하나하나 달려가 눈으로 직접 확인하고 그곳의 공기를 피부로 느끼며 하루하루를 현실의 여행으로 만들어 나간다. 그런 과정 전체가 여행이다. 여행루트를 구성하는 즐거움을 마음껏 누려보자.

바이크 여행을 할 수 없는 나라들

루트를 정하기에 앞서 가장 먼저 알아두어야 할 것은 여행 할 수 없는 나라들이다. 2015년 1월 현재 우리나라 외교부에서 테러, 분쟁으로 인해 여행금지국으로 지정한 나라는 아프가니스탄, 소말리아, 시리아, 이라크, 예멘, 리비아까지 6개국이다. 이곳은 일반인의 여권사용이 제한되고 정부의 허가 없이 입국하면 여권법에 의해 처벌을 받는다. 북한 또한 자유롭게 여행할 수 없다. 그 외에는 법적으로 문제되지 않지만 나라마다 상황이 쉽 없이 변하므로 계속해서 정보를 찾고 확인하는 자세가 필요하다. 북아프리카의 리비아만 해도 내전 당시 여행금지국이었다가 내전이 종식되자 여행금지국에서 해제되었지만 최근 IS(이슬람국가) 사태로 인해 다시 여행금지국에 지정되었다. 그 외에도 전쟁의 여파로 주변국들의 치안이 불안정하다거나, 에볼라 등 전염병이 발병한 서아프리카 등 위험한 나라들이 많기 때문에 여행 가능 여부를 끊임없이 점검해야 한다. 내가 지날 길이 위험한지, 혹시 테러 위험 지역은 아닌지 확인하고 대비하는 자세를 갖도록 하자.

시베리아

북한과 중국으로의 육로가 막혀있는 까닭에 모터사이클 세계여행을 꿈꾸는 사람들이 가장 많이 선택하는 곳이 바로 러시아의 시베리아다. 우리나라에서 바이크와 함께 배를 타고 갈 수 있는 나라는 중국, 일본, 그리고 러시아 블라디보스토크(자루비노)뿐이다.
우리나라에선 보통 블라디보스토크에서부터 시베리아 횡단을 시작하지만, 사실 시베리아의 가장 동쪽 끝(바이크로 달려갈 수 있는) 도시는 캄차카반도의 마가단이다. 구소련 시절 정치범들의 유배지로 이름이 높았던 만큼 척박하기로 이름난 오지중의 오지, 시베리아 횡단 루트에서도 가장 고된 루트가 바로 이쪽 야쿠츠크, 마가단으로 이어지는 길이다. 그러나 블라디보스토크에서 바로 이어지는 길이 없어 북서쪽 바이칼호수 방향으로 가다가 다시 북동쪽으로 방향을 틀어야 하는데다, 마가단에 도착하더라도 막다른 외길이기 때문에 왔던 길을 다시 되돌아 나와야만 한다. 이런 이유로 보통 라이더들은 마가단까지 가지 않는다.
국내에서는 이 길을 달린 라이더가 아직 없다고도 하고, 완전한 지구 한 바퀴 루트를 완성할 수 있겠다 싶어 세계일주의 종착지를 마가단으로 정하고 싶었다. 알래스카에서 베링해를 건너 마가단으로 간 다음, 다시 남쪽으로 내려와 블라디보스톡에서 배를 타고 동해항으로 귀국할 생각이었다. 그러나 아무리 찾아도 알래스카나 미국, 캐나다에서 마가단으로 건너갈 방법이 없었다. 알래스카 앵커리지에서 마가단을 이어주던 항공루트가 2006년에 폐쇄된데다 알래스카와 마가단을 잇는 배편마저 찾을 수 없었다. 아쉬움을 남기고 포기할 수밖엔 없었다. 언젠가는 다시 기회가 있으리라.

현재 블라디보스토크까지 출항하는 배는 DBS훼리(www.dbsferry.com)가 유일하다. 2013년에 동춘해운의 속초-자루비노 노선이 스테나대아라인(www.stenadaea.com)으로 변경되어 운행 재개되었으나, 2014년 6월부터 운영 적자로 인해 다시 무기한 운행 중지된 상태이다. 북방항로 여건 변화를 지켜본 뒤 상황이 호전되면 운항을 재개한다는 계획이지만, 구체적인 일정은 미지수이다. 블라디보스토크에선 바이크 통관이 3~4일 소요되는데 비해 자루비노에서는 도착 당일에 통관이 가능하다.

시베리아 횡단 루트

일단 러시아에 들어온 다음 중국과 맞대고 있는 국경을 따라 바이칼까지 달리는 길은 외길 코스다. 그 코스 중 하바롭스크에서 치타까지 2,100km의 구간이 시베리아에서 가장 위험하기로 악명 높은 루트다. 험난하고 척박한 곳이라서인지 1~2년에 한 번씩은 여행자를 대상으로 강력사건이 일어난다. 2012년에 일본인 라이더가 살해당한 곳도 이 구간이고 그 전해에 독일인 라이더가 총을 맞았다는 곳도 이곳이다. 도로 상태도 부실하고 전반적인 인프라도 가장 부족하다. 이 구간만 무사히 지나면 그 다음부터는 비교적 수월하게 다닐 수 있다. 치타를 지나서 바이칼 호수에 도착하면 이제 길이 갈라진다. 모스크바를 향해 계속 서진할

수도 있고, 남쪽 몽골로 들어가 울란바토르로 향할 수도 있다. 모스크바로 향할 경우 극동 시베리아에 비해 모든 것이 수월해진다. 나는 블라디보스토크에서 모스크바까지 한 달을 달렸는데, 당시 초보 라이더였던 점을 감안하면 능숙한 라이더는 3주로 충분하리라 생각된다. 러시아의 땅덩이가 워낙 넓다보니 하루 주행 거리도 남다를 수밖에 없는데, 현지 라이더 중에는 하루 1,000km를 우습게 달리는 사람들도 있다. 갈 길이 멀긴 하지만 초장거리 라이딩으로 축적되는 몸의 피로는 다음날 컨디션에도 영향을 미치기 때문에 권하고 싶지 않다. 장거리 여행에서 컨디션을 해치는 과욕은 금물이다.

갈림길에서 몽골을 선택했다면 울란바토르에서 서쪽으로 길도 없는 대초원을 달려야 한다. 초원을 지나 몽골을 벗어나면 다시 러시아를 거쳐 카자흐스탄으로 들어가 구소련연방 국가들로 다니거나, 카스피해 너머 아제르바이잔과 터키를 거쳐 유럽으로 이동한다. 푸른 하늘과 맞닿는 드넓은 몽골 초원을 바이크로 달려보는 특별한 경험을 위해 몽골 루트를 선택하는 라이더들도 많다. 다만 국경들을 통과할 때마다 시간이 소요되고, 도로 정비가 비교적 잘 돼있는 러시아에 비해 비포장도로 비중이 훨씬 높아 하루 동안 달릴 수 있는 거리가 상당히 줄어든다. 그렇기 때문에 모스크바 직진 루트에 비해 2주에서 4주 이상의 여정이 더 필요하다.

한편 러시아와 카자흐스탄, 우즈베키스탄 등 중앙아시아 지역을 여행하려면 거주 등록을 해야 한다. 거주 등록이란 러시아 및 중앙아시아 국가를 방문하는 모든 외국인이 해당 여행지에 도착한 후 일정 기간 이내에 거주지를 등록하는 제도다(우즈베키스탄 3일, 카자흐스탄 5일, 러시아 7일 등 나라마다 상이). 만일 거주 등록을 하지 않고 여행을 하면 경찰 검문, 혹은 출국 시 여권 검사 시에 문제가 발생할 수 있다. 법령위반으로 억류되어 수백 달러에서 수천 달러에 이르는 벌금을 내야 하는 경우도 생길 수 있으므로 거주 등록을 반드시 하자. 보통 관광객의 경우 호텔이나 호스텔 등 자신이 머무는 숙박시설에서 거주 등록을 하면 된다. 큰 규모 호텔인 경우 체크인 수속 시 요청하면 데스크에서 거주 등록을 대행해 주기도 하며, 작은 규모의 숙소인 경우 해당 지역 경찰서 혹은 이민국 등으로 방문하여 거주 등록을 하면 된다.

TIP

유라시아 비자 정보

무비자		러시아(60일), 카자흐스탄(30일), 키르기스스탄(60일), 조지아(360일), 터키(90일)
비자 필요	도착비자 가능	투르크메니스탄, 아제르바이잔, 이란
	도착비자 불가	몽골, 우즈베키스탄, 타지키스탄, 아르메니아

* 비자에 관한 자세한 내용은 외교부 해외안전여행(www.0404.go.kr) 참고

 유럽

유럽은 도로 등 인프라도 잘 준비되어 있고 여행자들도 많기 때문에 여행하는 데에 아무 어려움이 없다. 유럽 내 대부분 나라는 무비자라 국경 넘는 데에도 별 문제가 없다. EU 국가 중에 쉥겐조약국 내에서는 국경검사조차 없기 때문에 마치 한 나라를 여행하는 것처럼 느껴질 정도다. 전라도에서 경상도로 넘어가는 느낌으로 여러 유럽 국가를 넘나든다 생각하면 이해하기 쉽다. 도로도 사방팔방으로 연결되어 있기 때문에 가고 싶은 곳 어디든 루트에 넣을 수 있다.

쉥겐 조약 시행국

유럽 횡단 루트

유럽 횡단 루트를 정할 때 주의할 점은 쉥겐 가입국 내 체류기간 제한과 그린카드 정도이다. 쉥겐 조약은 가입국 간의 국경 출입 검문을 없애 자유로운 이동이 가능하지만, 외국인 체류자는 쉥겐국 최초 입국일로부터 180일 동안 쉥겐국에 머물 수 있는 날을 90일로 제한하고 있다. 최초 입국일로부터 90일 이내에 쉥겐국 밖으로 나가게 되면 괜찮지만, 90일을 넘길 경우 문제가 발생할 수 있으므로 유럽 루트를 계획할 때 특히 이를 염두에 두어야 한다. 쉥겐 가입국에서 입출국을 해야 한다면 우리나라와 무비자 협정을 체결한 나라면서 쉥겐 조약보다 양자협약을 우선적으로 적용하는 곳을 선택하는 것이 유리하다.

그린카드Green Card는 유럽연합 내 바이크(자동차) 보험이다. 최근 EU 내 운행 차량의 그린카드 의무가입 조항이 폐지되었다고 하니 꼭 가입할 필요는 없지만, 보험은 만약을 대비하는 것이므로 가능하면 미리 들어두는 게 좋겠다.

TIP

유럽 비자 정보

무비자 (쉥겐 가입국)	벨기에, 프랑스, 독일, 룩셈부르크, 네덜란드, 이탈리아, 포르투갈, 스페인, 그리스, 오스트리아, 덴마크, 핀란드, 아이슬란드, 노르웨이, 스웨덴, 키프로스, 체코, 에스토니아, 헝가리, 리트비아, 리투아니아, 몰타, 폴란드, 슬로바키아, 슬로베니아, 스위스, 불가리아, 루마니아, 모나코, 리히텐슈타인 * 최초 입국일 이후 180일 내에 90일 체류 가능
무비자	영국(최대 6개월), 아일랜드(90일), 우크라이나(90일), 몰도바(90일), 루마니아(90일), 불가리아(90일), 안도라(90일), 알바니아(90일), 마케도니아(90일), 몬테네그로(90일), 세르비아(90일), 보스니아헤르체고비나(90일), 크로아티아(90일), 코소보(90일)
비자 필요	벨라루스

아프리카

① 카이로-다카르
② 알제리-라고스
③ 트리폴리-케이프타운
④ 카이로-케이프타운
⑤ 다카르-라고스

아프리카 종단 루트

시베리아와 함께 가장 위험하고 여행하기 힘든 곳 중 하나가 바로 아프리카이다. 그나마 시베리아는 러시아로 일단 입국하고 나면 여행 중에 국경 통과나 비자 문제 때문에 까다로울 일은 없다. 하지만 아프리카 대륙을 종단하려면 워낙 많은 나라들을 거쳐야 하기 때문에 비자와 국경 통과가 꽤 번거롭다. 게다가 많은 나라들이 바이크 통관을 위해 까르네를 요구하기 때문에 아프리카 여행을 생각한다면 까르네는 필수 조건이다. 아프리카 나라들은 대부분 입국 시에 비자를 요구하는데, 시간과 경비를 들이면 거의 모든 나라에서 비자 발급이 그리 어렵지 않다. 다만 국경과 입국심사관마다 기준과 방침이 제각각인 경우가 많으므로, 도착비자가 가능하더라도 가급적 인접국에서 미리 비자를 발급받는 것이 좋다.

TIP

아프리카 비자 정보

무비자		남아프리카공화국(90일), 라이베리아(90일), 레소토(90일), 모리셔스(16일), 보츠와나(90일), 세네갈(전자비자발급, www.visasenegal.sn), 세이셸(30일), 스와질란드(60일), 튀니지(30일)
비자 필요	도착비자 가능	가보베르데, 감비아, 기니비사우, 니제르, 부르키나파소, 이집트, 우간다, 잠비아, 지부티, 카메룬, 짐바브웨, 케냐
	도착비자 불가	가나, 기니, 코트디부아르
	비자 필요	가봉, 나미비아, 나이지리아, 남수단, 르완다, 마다가스카르, 말라위, 말리, 모잠비크, 베냉, 부룬디, 상투메프린시페, 수단, 시에라리온, 알제리, 앙골라, 에리트레아, 에티오피아, 적도기니, 중앙아프리카공화국, 차드, 코모로, 콩고공화국, 콩고민주공화국, 탄자니아, 토고

아프리카 종단 루트

보통 유럽 라이더들이 아프리카를 여행한다고 하면 스페인에서 지브롤터해협을 건너서 북서부 아프리카, 사하라 인접국들을 돌고 오거나, 이집트에서 동부해안 나라들을 지나 남아공까지 내려가는 동부 해안루트를 선택한다. 이 두 가지 루트는 많은 바이크 라이더 뿐 아니라 4WD 차량이나 트럭으로 여행하는 투어 팀들도 많이 다니는 대중적 루트라서 비교적 수월하게 다닐 수 있다. 동부루트에 비해 서부해안루트는 상당히 난이도가 높다. 지나야 하는 나라들도 너무 많아서 비자문제나 국경통과에서 문제가 생기기 쉽고, 나이지리아 등 내전이나 테러 등으로 위험하기로 소문난 나라들이 몇몇 있어서 아무래도 그리 많은 이들이 달리는 길은 아니다. 아프리카의 최남단 아굴라스에서 서쪽 루트를 종단했다는 헝가리 라이더를 처음으로 만났는데, 그에게 서쪽 해안 루트는 어떤지 물었더니, 긴 한숨을 푹 쉬면서 나에게 "터프해"라고 딱 한마디만 했다. 그 표정을 보고 더 이상 물어보지 않았다.

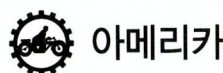 # 아메리카

아메리카 대륙은 그리 많이 고민할 필요 없다. 거의 모든 나라에서 비자가 면제되고, 까르네가 필수인 곳도 없으니 바이크 때문에 따로 무언가를 준비할 것도 없다. 도로 같은 인프라도 비교적 잘 돼있는 편이라 라이딩이 그리 어렵지 않다. 다만 남미에는 바이크로 달리기 어려운 부분이 두 군데 있는데 그 중 하나가 바로 브라질 내륙 아마존 밀림지역이다. 말 그대로 열대우림 지역이라 도로가 제대로 없어 아마존 횡단을 계획한다면 상당히 많은 준비가 필요하다. 다른 한 곳은 파나마와 콜롬비아 국경에 접한 악명 높은 늪지대 다리엔 갭Darien Gap이다. 이곳 역시 길이 없기 때문에 남미에서 중미로 넘어가는 오버랜더들은 배편이나 항공편으로 다리엔 갭을 건너야만 한다. 다리엔 갭 구간만 이어지면 아메리카를 남북으로 가로지르는 판 아메리칸 하이웨이가 완성될 텐데 아쉬운 일이다.

아르헨티나 우수아이아를 향하던 3번 국도에서, 주유소 창문에 붙어있던 오버랜더 라이더들의 흔적

아메리카 종단 루트

남미를 달리는 오버랜더들은 보통 안데스 산맥을 따라서 달리는 남북 종단루트를 선택한다. 가장 많이 달리는 길이고 또 볼거리도 가장 풍부하기 때문이다. 중미는 폭이 좁은 외길이라 고민할 바가 없고, 북미에선 워낙 사방팔방으로 마음껏 달릴 수가 있으니 또 선택이 문제일 뿐 별로 고민할 이유가 없다. 안데스 산맥과 로키 산맥을 따라 달리는 코스도 많은 오버랜더들이 선택하는 루트이다. 아메리카 대륙의 남쪽 끝 우수아이아에서 북쪽 끝 알래스카 프루도 만까지 남북을 잇는 셈이다. 만약 아메리카 여행만을 고려한다면 남북아메리카 전체를 8자 코스로 도는 것도 좋은 생각이다. 실제로 이 코스로 베스파를 타고 2년 넘게 아메리카 대륙을 여행한 라이더도 있다(www.vespanda.com). 40년도 넘은 1970년산 베스파로 말이다. 대단하지 않은가?

한편 중남미 지역을 여행함에 있어 가장 많이 고민이 되는 부분은 아마도 안전에 관한 부분일 것이다. TV 등 여러 매체에서 보도되는 중남미 마약상의 실태, 마치 전쟁 지역을 보는 듯 테러가 발생하는 모습 등을 보면 중남미 여행에 불안감이 드는 것이 당연하다. 하지만 시베리아와 아프리카, 남미에서 중미 또 북미에 이르는 아메리카 대륙을 종단하고 나서 중남미의 안전도를 돌아보니 그간의 인식이 상당히 많이 부풀려졌음을 알 수 있었다. 물론 중남미 지역이 유럽이나 북미 등 선진국만큼 안전하다고 말할 수는 없겠지만, 여행이 불가능할 만큼 위험하진 않기 때문이다. 실제로 중남미는 원주민과 정복자의 문화가 융합돼 만들어진 독특한 분위기와 열기, 원초적인 자연의 아름다움, 정겨운 사람들과 여행에 편리한 인프라 때문에 여행 코스로 절대 후회 없는 곳이다. 이미 지나온 여행지들을 돌아보더라도 가장 첫손에 꼽을 만큼 추천하는 곳이기도 하다.

TIP

아메리카 비자 정보

무비자	북미 미국(전자여행허가ESTA 사전승인 시 무비자 90일), 캐나다(6개월), 파라과이(30일)
	남미 가이아나, 과테말라, 니카라과, 도미니카, 멕시코, 베네수엘라, 브라질, 수리남, 아르헨티나, 에콰도르, 엘살바도르, 온두라스, 우루과이, 칠레, 코스타리카, 콜롬비아, 파나마, 페루 (모두 90일)
비자 필요 (도착비자 가능)	벨리즈, 볼리비아, 쿠바

 # 일본

멀고도 가까운 나라 일본은 우리나라에서 페리를 타고 바이크와 함께 건너갈 수 있는 세 나라 중 한 곳이다. 하지만 중국은 바이크 반입이 가능하되 국제운전면허로의 중국 내 운행이 불가능하다. 따라서 근접성과 경제적, 절차적 편리함을 고려했을 때 일본이 해외여행을 꿈꾸는 많은 바이크 라이더들의 1차적 선택이 되곤 한다. 실제로 바이크 해외여행자들의 가장 주요한 행선지가 바로 일본이다.

일본 페리 운항 루트

TIP

우리나라에서 일본을 오가는 페리

운항업체	노선	바이크 운임(왕복)*	홈페이지
부관훼리	부산 → 시모노세키	370,000원(운전자 포함) 125cc 미만 운송 불가	www.pukwan.co.kr
팬스타	부산 → 오사카	640,000원(운전자 포함)	www.panstar.co.kr
고려훼리 (카멜리아라인)	부산 → 후쿠오카	379,000원(운전자 포함)	www.koreaferry.co.kr
DBS 크루즈훼리	블라디보스토크 → 동해 → 사카이미나토	600USD(500cc 미만) 800USD(500cc 이상) 운전자 운임별도	www.dbsferry.com

* 항만이용료, 유류할증료, 터미널이용료, 관우회수수료, 일시수출입신고료,
  일본 내 보험료, 일본 일시수입보증료 별도

일본 루트

• 1주 : 규슈, 시코쿠 섬 일주
시모노세키 혹은 후쿠오카를 통해 규슈 섬에 도착해서 나가사키로 이동 후 하루를 보낸다. 구마모토를 거쳐 아소산에서 즐거운 라이딩 후, 유후인에서 산책, 벳푸에서 지옥(온천) 순환하며 규슈 온천에서 피로를 풀자. 페리를 타고 시코쿠 섬으로 이동, 마쓰야마에서 마쓰야마성과 도고온천을 둘러본다. 고토하라에서는 고토하라궁을 살핀 후 곤파라온천에서 피로를 푼다. 남쪽 해안으로 달려가 고치에서 고치성을 관람하고 여정을 마무리 하자.

• 2주 : 규슈, 시코쿠, 혼슈 남부 오사카 주변 일주
1주 일정을 마친 후 오사카로 이동해 돌아보고 나라, 교토에서 며칠을 보낸다. 혼슈 섬 남부해안을 달리며 둘러보며 히로시마를 거쳐 시모노세키나 후쿠오카로 돌아간다.

• 1개월 : 규슈, 시코쿠, 혼슈 섬 전역, 홋카이도 일주
2주 일정에 더해 혼슈 섬 북부로 여행을 계속한다. 오사카에서 나고야를 지나 도쿄로 이동, 도쿄에서 며칠 동안 메트로폴리탄 도쿄를 탐험한다. 도쿄에서 혼슈 북부해안을 따라 니가타, 아키타를 거쳐 아오모리로 이동, 아오모리에서 일본 라이더들의 성지 홋카이도로 진입한다. 하코다테와 삿포로를 둘러보고 홋카이도 북단 와카나이에서 동단 네무로 반도까지 홋카이도를 일주한 후 다시 혼슈 섬으로 돌아온다.

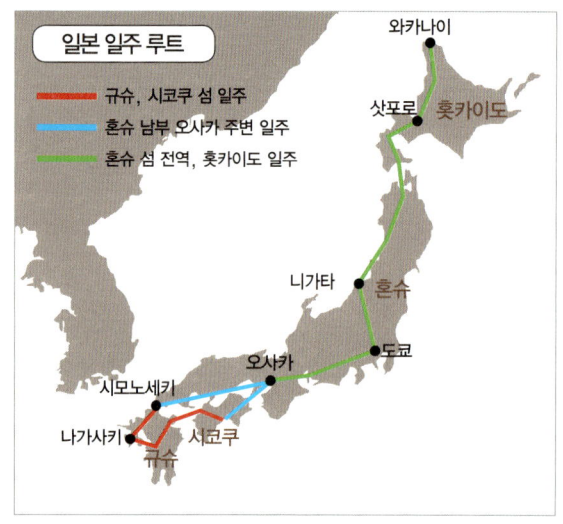

TIP

바이크 운송에 필요한 서류

여권, 국제운전면허증, 영문자동차등록증, 이륜자동차등록필증

각각의 서류 원본과 사본, 영문번호판을 준비해 항구 세관으로 찾아가면 '자동차 일시 수출입 신고서'를 만들어준다. 일본에 도착해서 알려주는 대로 일본 측 세관으로 이동해 관련서류들을 제출하면 세관원이 알아서 일본 측 일시수출입 신고서를 만들어주고, 일본 내 책임보험에도 가입시켜준다. 직원의 안내를 따르면 절차에 큰 어려움이 없다.

일본 바이크 여행지도 투어링매플

일본 간단 정보

- **도로** 일본 내 도로는 우리와 반대로 좌측통행이다. 신호·속도위반 등 교통법규 위반으로 인한 범칙금이 비싸므로 교통법규를 지키며 안전운행을 하자. 고속도로에서는 250cc 이상 바이크 운행이 가능하며, 우리나라에 비해 고속도로 요금이 상당히 비싸다. 톨게이트에선 신용카드 결제가 가능하다.
- **주유소** 홋카이도를 제외하면 주유소 시설이 충분하므로 걱정할 일이 거의 없다. 휘발유는 레귤러(보통)와 하이오크(고품질) 두 가지가 있으며, 가격은 160~170엔/L 정도.
- **환전** 은행도 많고 ATM도 많으니 국제현금카드로 현금을 인출하기 편하다. 일본 항구에서 사용해야 할 금액은 출국 전에 미리 환전해 두는 것이 좋다.
- **지도** 일본 바이크 여행지도의 바이블은 투어링매플Touring Mapple이다. 국내 인터넷서점에서도 구매 가능하지만, 일본 현지에서 구매하는 것이 더 저렴하다. 일본 내 바이크 여행을 위한 모든 정보가 충실히 담겨진 투어링매플만으로도 하나의 문화로 성장한 일본 바이크 투어의 면모를 볼 수 있다. 물론 GPS를 사용한 디지털 지도를 사용하는 것도 가능하다. 데이터로밍 비용을 감당할 수 있는 선에서 데이터무제한을 신청해 사용하는 것도 나쁘지 않은 선택이다.

동남아 & 인도

동남아시아에서는 바이크를 타고 관광객들의 손이 닿지 않은 시골 풍경과 현지인들의 따뜻한 인심을 느끼며 자유롭게 여행할 수 있다. 장기 모터사이클 세계여행을 떠나기 전의 연습으로써, 또는 아직 개발의 파도가 몰아치지 않은 열대 동남아 바이크여행 그 자체로써 동남아의 여러 나라를 여행하는 경험도 강력히 추천할 만하다. 하지만 미얀마, 베트남 등은 바이크 통관이 까다롭고 바이크 반입이 불가능하다는 이야기도 있을 만큼 동남아 쪽은 바이크로 돌아다니기에 그리 만만한 동네가 아니다. 게다가 중국이란 땅덩어리가 가로막고 있어서 우리나라에서 가려면 바이크를 비행기에 싣고서 싱가포르나 방콕으로 날아가든가, 시베리아를 건너 유럽 쪽으로 빙 돌아와야만 한다. 한편 유럽에서 출발할 경우 동유럽과 러시아, 터키를 거쳐 이란과 파키스탄까지 내려오면 인도로 가는 것이 그리 어렵지 않다. 인도에서 다시 배를 타면 인도네시아와 말레이시아를 비롯한 동남아시아를 일주할 수 있다. 인도네시아에서 배를 타고 호주로 갈 수도 있다.

여러모로 생각해 봤을 때 초보 여행자가 도전하기에 적당한 곳은 아니지만, 굳이 동남아를 바이크로 달리고 싶다면 비행기를 타고 날아가 현지에서 바이크를 렌트하는 것이 훨씬 좋은 방법일 것이다. 선진국에 비해 상대적으로 가격 부담이 적고, 국경을 넘을 때마다 대여와 반납을 반복하면 되므로 국경에서 문제될 일들도 없다. 베트남 하노이와 호치민, 캄보디아 프놈펜과 앙코르와트, 라오스 비엔티안, 태국 방콕, 말레이시아 쿠알라룸푸르 등 각국 수도나 관광객들이 많이 모이는 도시는 모터사이클 대여점도 많다. 배기량과 바이크 연식, 상태에 따라 대여료가 천차만별이지만 최신형의 번쩍이는 대배기량 바이크만 고집하지 않는다면 상당히 저렴한 가격에 바이크를 대여할 수 있다.

인도는 면적이 세계 7위, 한반도의 14배에 달하는 거대한 나라이기 때문에 최소 3주에서 한 달 이상 일정으로 인도 바이크 여행을 계획하는 것이 좋다. 인도 뭄바이나 뉴델리와 같은 도시의 모터사이클 대여점에서 바이크를 렌트해 여행하는 것도 가능한 일이지만, 인도의 국민바이크 로얄 엔필드 같은 제품을 현지에서 중고로 구입해 타고 다니다가 출국할 때 다시 파는 방법도 경비 절감이 되고 편리하다. 자기 명의의 바이크를 반입할 때 만들어야 하는 까르네 서류가 필요 없다는 점도 큰 장점이다. 뉴델리 등지에서 4~5년 연식의 로얄 엔필드 350cc를 1백만 원대 후반에서 2백만 원 정도 가격에 구매할 수 있다. 약간의 추가 정비를 하고 인도 전역을 1개월 혹은 그 이상 자유로이 여행한 후에는 구매 가격보다 30~40만 원 다운된 가격으로 되팔 수 있다. 단순한 구조의 로얄 엔필드는 크게 고장이 나지 않고, 자잘한 문제가 생기더라도 인도 어디에서나 정비가 쉽기 때문에 인도 여행에 가장 적합한 선택이다.

TIP

동남아 & 인도 비자 정보

무비자	네팔(150일, 1개월 단위로 연장), 라오스(15일), 말레이시아(90일), 베트남(15일), 브루나이(30일), 싱가포르(90일), 태국(90일), 필리핀(30일)
비자 필요	미얀마, 방글라데시, 부탄(부탄 지정여행사Tour Operator에서 비자 발급, www.tourism.gov.bt), 스리랑카(www.eta.gov.lk에서 사전발급), 인도, 인도네시아, 파키스탄

 # 중국

일본과 함께 가장 가까운 나라로서 드넓은 중국대륙을 바이크로 달린다는 것은 생각만으로도 두근거리는 일이다. 예전 버스와 트럭을 얻어 타고 돌아다녔던 카라코람 하이웨이, 타클라마칸 사막, 티베트 고원지대의 척박하고 광활했던 원시 풍경들. 그곳을 바이크를 타고 다시 한 번 돌아다니며 라이딩 할 수 있다면 더 없이 좋겠다는 생각을 늘 가지고 있다. 하지만 아쉽게도 중국은 원칙적으로 여행자용 모터사이클 반입이 불허되는 나라다. 게다가 중국은 국제운전면허 협약에 가입되지 않았기 때문에 중국에서 운전을 하려면 중국 면허를 취득하는 수밖에 없다.

원칙적으로 여행용 바이크 반입도 불가능한데, 가이드와 함께 바이크를 싣고 운반할 트럭을 구해 한쪽 국경에서 반대쪽 국경까지 운반하면 바이크를 중국으로 가지고 들어갈 수 있다. 가이드 일당과 트럭운임까지 지불해야 하니 물론 돈이 많이 든다. 국제면허로 운전을 할 수 없기 때문에 당연히 바이크는 트럭에 계속 싣고 가야하고, 내려서 라이딩을 할 수도 없다. 물론 경찰이 계속 붙어서 감시하는 것이 아니기 때문에 국경지역을 벗어나면 바이크를 운전할 수 있는데, 단속에 걸리거나 사고가 나지 않는다는 보장이 없으니 조심할 수밖에 없다.

그러니 꼭 중국에서 바이크 여행을 해야만 한다면 중국 내 면허를 만들어야 한다. 우리나라 면허를 가지고 있다면 중국 차량관리소에서 신체검사와 필기시험을 통해 중국면허를 발급받을 수 있다. 서류 번역과 접수 등에 어려움이 있기는 하지만 필기시험은 우리말로 응시할 수 있으므로 그리 어렵지 않게 합격할 수 있다. 그렇지 않으면 중국 북경여유국(여행국)에서 1개월짜리 임시면허증 발급이 가능하며, 최소 한 달 전에 서류를 접수해야 한다.

이렇게 중국 내 면허를 취득했다 하더라도 자신이 바이크를 가지고 중국 내에서 운행하는 것은 사실 쉽지 않다. 가장 간편하고 합리적인 방법은 바이크 대여 숍에서 중국 바이크를 대여해 라이딩하는 것이다. 그 외에 만약 중국 내 지인이 있다면 지인 이름으로 바이크를 구매하여 라이딩을 하는 방법이 있을 텐데 역시 일반인들에겐 쉬운 일이 아니다.

TIP

중국운전면허 서류
한국운전면허증, 면허증 사본, 여권, 비자 복사본, 거류등기, 거류등기 사본, 면허증 번역서류, 신체검사 서류

임시면허증 서류
한국 운전면허증 사본, 해석본, 여권, 비자 복사본, 수수료 2,500위안

호주

글 이타세 론더 roander

호주 라이딩 여행을 위해 이타세 카페 회원 론더님이 도움을 주었다. 현재 호주에 거주 중인 론더님은 2013년 초 모터사이클을 타고 1만km에 걸친 호주 절반을 여행했다. 같은 해 하반기에는 1만 2천km에 달하는 두 번째 호주 일주를 마쳤다. 그리고 부분적으로 태즈메이니아까지 쭉 둘러보았으니, 사실상 호주 전역을 바이크로 모두 둘러보았다고 할 수 있다.

호주는 넓은 대륙이지만 하나의 국가이기 때문에 서류 문제로 복잡할 것이 없고, 모터사이클 세계일주를 준비하기에도 좋은 연습코스다. 경험상 호주 최고의 도시는 시드니였고, 여행의 출발과 끝도 시드니가 적당한 듯하다. 오페라 하우스에서 하버 브리지를 바라보면서 앞날의 결의를 다지고, 여행을 마친 후에 킹스크로스 클럽에서 지난날을 축하한다면 정말 괜찮을 것 같다.

1. 호주 일주에 적합한 모터사이클

호주 전역을 일주할 예정이라면 적어도 400cc 이상 모터사이클을 권한다. 일정에 어드벤처 트랙이 포함되어 있다면, 적어도 듀얼 이상 오프로드 주파 능력을 가진 모터사이클을 타는 것이 좋다. 개인적인 견해론 온로드만 이용할 시 혼다 CB400 모델 정도가 적합하고(중고가 3,500AUD), 어드벤처 트랙이 포함되었다면 스즈키 DR650, 가와사키 KLR650 같은 모델을 권한다(중고 4,000AUD). 1AUD = 0.94USD.

2. 모터사이클 등록

워킹홀리데이비자, 학생비자는 자동차나 모터사이클을 등록할 수 있는 자격이 있지만 관광비자는 확실하지 않다. 관광비자로 모터사이클을 등록하려는 경우 신청자의 거주지 등록을 확인하기 위해 관할기관에서 은행 거래내역서나 핸드폰 등록서류를 요구한다. 관광비자로 핸드폰을 개통할 수는 있지만 은행 계좌 개설은 불확실하므로, 어떻게 거주지 확인 증명서를 제출할 것인지가 핵심이다.
한국은 중고 자동차나 모터사이클을 팔 때 등록을 폐지하고 판매하는데 반해, 호주는 등록을 그대로 둔 상태에서 명의자만 바꿀 수 있다. 보통 이 등록을 레지Regi라고 하는데, 가급적 돈을 좀 더 주더라도, 레지 기간이 남은 것을 사는 것이 좋다. 레지 기간이 지난 차량은 등록 전에 차량검사를 실시하는데, 재수 없으면 이때 수리비가 나올 수 있다. 레지를 받을 때도 물론 돈을 지불한다.

3. 호주에서 중고 모터사이클 구매

중고 구매 방법은 보통 두 가지가 있는데, 가장 흔한 방법은 검트리(www.gumtree.com.au)를 이용하는 방법이다. 호주 중고나라 같은 사이트로 모터사이클뿐만 아니라 온갖 중고물품을 구할 수 있다. 단 한국 중고나라와 같이 물건 상태를 잘 살펴봐야 할 필요가 있다. 아니면 한국에서처럼 모터사이클 센터를 방문해 구입할 수 있다. 어느 정도 정비를 끝낸 모터사이클을 팔기 때문에 고장 난 물건을 살 확률이 적고, 딜러가 등록까지 대행해주기 때문에 수고를 덜 수 있다. 하지만 그만큼 가격도 비싸다. 여행을 마치고 바이크를 되팔려면 역시 검트리나 센터를 이용하면 된다. 모터사이클 대여도 있지만(www.bikeroundoz.com.au), 장거리 여행이라면 금액 지불이 만만치 않기 때문에 개인적으로는 검트리를 가장 추천한다.

4. 여행 일정과 시기

호주를 빙 둘러보고 중간에 울룰루까지 들르는 약 18,000km의 코스는 60~75일의 기간이 적당하다. 현지인들은 호주를 일주하는 데 보통 3~4개월 정도를 생각하는데, 어드벤처 트랙이 포함되지 않았다면 조금 빠듯하게 2개월, 여유롭게 3개월로 가능하다. 다만 지루한 것이 싫고, 오랜 라이딩 경력과 1200cc 이상 투어러 모터사이클을 사용하고, 어드벤처 트랙은 가지 않고, 천천히 관람하는 게 목적이 아니라면 한 달 안에도 가능하다.

몇몇 어드벤처 트랙을 제외한다면 어느 지역이건 모든 시기에 모터사이클 여행을 할 수 있다. 다만 북부지방은 11월부터 3월 까지는 여름 우기이기 때문에 비가 자주 내려 덥고 습하다. 그래서인지 호스텔 같은 곳은 비수기의 저렴한 가격으로 나오는데다 방을 구하기도 쉽다. 남부 및 중부, 서부 지방은 전체적으로 날씨가 괜찮은 편이지만 6월부터 9월까지는 밤에 꽤나 쌀쌀하다.

5. 여행 경비

경비는 1일당 식비 20AUD, 숙박 20AUD로 정하고 주유비는 리터당 1.7AUD를 기준으로 자신의 모터사이클 연비에 대입하면 된다. 그리고 모터사이클 수리비 약 500AUD(기종에 따라 탄력적으로 가감), 기타 경비 500AUD, 이렇게 준비하면 무리 없는 호주 모터사이클 일주를 할 수 있을 것이다.

호주 물가는 무척이나 비싸다. 도시에서는 그나마 대형마트를 이용할 수 있지만, 외곽으로 갈수록 물가가 더 비싸진다. 도시나 큰 타운에 있는 대형마트 콜스Coles, 울워스Wool Warth, IGA 같은 곳에서는 한국과 큰 가격 차이 없이 물건을 구입 할 수 있다. 그런데 외곽 로드하우스나 작은 타운으로 가면 초코바 1개가 3AUD(약 2,800원), 1.5리터 음료수 1병이 5AUD(약 4,700원)를 육박한다. 맥도날드나 헝그리 잭스(버거킹)는 같다. 맥도날드 빅맥 세트는 8AUD 정도. 보통 한 사람이 여행할 경우 하루에 넉넉잡아 20AUD 정도 식비를 계산한다면 충분할 것 같다. 간혹 보이는 식당들은 너무 비싸니, 몇몇 경험하고 싶은 음식을 찾는 게 아니라면 가지 말자. 물은 보통 수돗물을 그냥 마시는데, 가끔 로드하우스에서 물을 팔기도 하니 큰 물통을 준비해 항상 가지고 다니길 권한다(1리터 3~5AUD).

숙소 역시 도시와 외곽의 편차가 크다. 대도시에서는 하루 20~30AUD 정도에 저렴한 호스텔을 이용할 수 있는 반면, 작은 타운이나 로드하우스에서는 50AUD가 넘어갈 정도로 매우 비싸다. 캠핑장은 10AUD에서 20AUD 정도. 대도시에서는 값싼 호스텔에 머물고 다른 곳에서는 캠핑장에 머문다면 하루에 20AUD 정도의 예산이 가능하다.

따라서 식비와 숙소가 하루에 40AUD가 필요하다는 것인데, 레스토랑에 전혀 들어가지 않고 대형마트에서 한꺼번에 음식을 사서 취식한다면 많은 돈을 절약할 수 있다. 또한 몰래 공원 같은 곳에서 와일드 캠핑을 하거나, 고속도로 중간에 있는 무료캠핑장을 이용하는 것도 방법이다. 다만 와일드 캠핑을 하다 걸리면 벌금을 물기도 하는 것 같다. 무료캠핑장은 샤워를 포기해야 하고, 동부해안 이외 지역에서는 물도 구하기 어렵다. 그리고 밤이 되면 무섭다.

한편 호주는 휘발유의 고급 정도를 나타내는 옥탄가Octane Number로 기름을 판매한다. 보통 91, 95, 98인데 91만 넣어도 큰 문제는 없다. 91을 기준으로 보면 기름 값은 도시보다 고속도로의 로드하우스가 더 비싸다. 남부 해안에서는 리터당 1.5AUD, 동부 해안에서는 리터당 1.5~1.6AUD 정도 하다가 북부에서는 약 1.7AUD 정도. 북부로 갈수록 비싸진다. 서부 퍼스 지역은 1.5AUD인데 그 외 로드하우스 같은 곳은 1.8AUD 정도 된다. 그리고 몇몇 어드벤처 트랙 오지의 로드하우스에서는 2.0AUD를 넘기는 경우가 허다한데, 리터당 최고 2.5AUD까지 봤다.

6. 호주의 도로 상태

도시에서는 한국과 비슷하지만 고속도로는 조금 다르다. 전체적인 도로 상태는 양호하나 표면이 굉장히 거칠다. 가방을 한 번 떨어뜨려 50m 정도 끌고 간 적이 있었는데, 가방은 물론이고 안에 노트북까지 다 갈려버렸을 정도. 따라서 혹시나 있을 슬립 사고에 대비해 반드시 라이딩 재킷과 팬츠를 착용하는 것을 권한다. 도로 표면이 거칠고 햇빛은 강하다 보니 타이어 마모도 굉장히 빠르게 일어난다. 또 하나 주의할 점은 고속도로에 자주 출몰하는 야생동물이다. 동물원에 가지 않고도 야생동물을 볼 수 있지만 충돌 사고에는 항상 주의해야 한다.

7. 주유소 간격

어드벤처 트랙을 제외한 정규고속도로에는 거의 200km 안으로 주유소가 있지만, 서부 쪽에서 320km 가량 주유소가 없었던 구간을 딱 한 번 본적이 있다. 따라서 350km 정도 거리를 달릴 수 있는 정도로 기름이 있다면 문제없다.

8. 모터사이클 수리 및 공임

호주는 공임비가 굉장히 비싸다. 공구가 없어서 125cc 모터사이클 엔진오일을 센터에서 교환한 적이 있는데, 무려 82AUD의 공임비를 내야 했을 정도. 따라서 가급적 웬만한 정비기술은 익혀오는 것이 좋다. 작은 타운의 모터사이클 센터에서는 부품을 구하기 어려울 수 있고, 거칠고 뜨겁게 달궈진 도로 표면 때문에 타이어 마모가 빨리 일어난다는 점도 유의해야 한다.

9. 교통 법규

호주는 국제운전면허증 사용이 가능하다. 시드니 같은 도시의 주차 표지판은 굉장히 복잡한데, 주차 벌금을 물면 한 번에 100AUD씩 내야 한다. 몇몇 주차금지 구역은 260AUD까지 낸다고 들었다. 태즈메이니아에서는 일행이 15km 속도위반을 했는데 150AUD 벌금 딱지를 맞았다. 운전면허 불소지시에는 100AUD, 헬멧 미착용 시에는 400AUD이다.
모터사이클 헬멧 뒤통수 부분에 보면 은색과 빨간색이 섞인 스티커가 붙어 있는데, 들은 바에 의하면 이 스티커가 붙어 있지 않을 시 벌금을 문다고 한다. 그러나 그동안 이걸로 문제 삼는 경우는 한 번도 보지 못했고, 호주 현지인들도 스티커가 붙지 않은 헬멧을 착용하면 벌금을 무는지에 대해 잘 모른다. 한 가지 요령은 경찰 단속에 걸렸을 때 재빨리 헬멧부터 벗고 뒤통수 부분을 가슴에 대고 있는 것이다. 시드니를 기준으로 설명하자면 일단 한국에 비해 경찰의 공권력이 굉장히 강하고 무례하다. 그러나 딱히 문제되는 행동을 하지 않을 시 경찰과 마주칠 일은 거의 없다. 많은 이들이 궁금해 하는 것 중 하나가 벌금을 내지 않고 귀국하면 어떻게 되는가이다. 실제로 관광비자로 와서 주차위반, 속도위반 한 번씩 걸렸지만 과태료를 내지 않고 무사히 귀국한 사람이 있지만, 나중에 재입국 시엔 어떻게 될지 모르겠다.

10. 치안 및 인종차별

요즘 호주에서 한인 피살 사건이 종종 일어났다고는 하지만, 호주에 있으면서 인종차별 및 위협을 받은 적이 한 번도 없다. 내 인상이 좀 그래서인지 모르겠지만, 경험상 굳이 위험한 곳을 찾아가지 않는 이상 크게 문제되진 않는 것 같다. 단 몇몇 호주 원주민들이 위협하진 않더라도 담배를 달라거나 술을 사달라고 말을 걸어오기도 하니 주의를 요하자.

11. 오프로드 및 어드벤처 트랙
호주는 오프로드가 굉장히 다양하고 많다. www.exploroz.com.au를 방문하면 웬만한 호주 오프로드 트랙에 관한 정보는 다 구할 수 있다. 그러나 몇몇 지역은 통행허가서가 필요하고, 주유소간 거리가 아주 멀거나, 인적이 드물기도 하다. 따라서 사이트를 이용해 정보를 충분히 숙지해야 한다. 개인적으로는 오프로드 라이딩을 특별히 좋아하거나, 어떤 도전정신을 갖지 않는다면 오프로드 트랙을 추천하지 않는다. 호주 외곽에 나가면 온로드라 해도 그냥 아스팔트만 덮어놓고 주변은 온통 황무지, 사막, 정글, 열대우림인 곳들인지라, 굳이 오프로드 트랙을 가지 않더라도 충분히 관광하는 데에는 부족함이 없기 때문이다. 호주 온로드 추천도로는 www.bestbikingroads.com을 참조하면 된다.

12. 지도
구글맵 위주로 사용했는데, 큰 지장 없이 잘 다녔다. 오프로드 트랙에 가지 않는다면 구글맵으로 충분할 것 같다. 서점, 또는 로드하우스에서 큰 지도책을 파는 아틀라스에 들러 지도를 하나 구입해도 좋고, 없어도 문제가 되진 않는다. 가격은 보통 20~30AUD.

13. 핸드폰
핸드폰 통신사는 텔스트라Telstra를 권장한다. 큰 타운을 벗어나면 전화가 안 터지는 호주에서 텔스트라만큼은 어디서든 터진다. 단 가격이 조금 비싼데, 한 달에 50달러 안으로 괜찮은 요금제에 가입이 가능하다.

14. 한인 시장
주요 도시에 가면 한인 마켓이 반드시 있다. 한인 마켓에 가면 한국과 거의 비슷한 가격에 김치를 비롯한 한국 식품을 구할 수 있다. 그리고 시드니, 멜버른, 브리즈번 같은 대도시 한인 마켓에서는 역송금이라는 환전 시스템이 있는데, 환율에서 큰 이득을 볼 수 있다.

15. 인포메이션 센터 & 도서관
호주에는 각 타운마다 인포메이션 센터가 있다. 파란 바탕에 노란색 알파벳 i가 적혀 있는데, 에어컨과 화장실이 있고, 이곳에서 지역 기념품을 구입하거나 여행정보를 얻을 수도 있다. 웬만한 타운에 다 있는 도서관도 여행자들의 좋은 쉼터이다. 마실 물을 구할 수 있고, 깨끗한 화장실과 에어컨 사용은 물론 전기 충전까지 가능하다. 작은 타운에 들러 쉴 곳을 찾는다면 도서관부터 찾자.

TIP

노던 테리토리Northern Territory 주는 날씨도 매우 건조하고 햇볕이 강하다. 물에서는 짠맛이 나 수돗물을 그냥 마실 수 없고, 파리 떼도 미친 듯이 많다. 퀸즐랜드Queensland 주에서는 모기떼가 극성이니 얼굴에 망이 달린 부니 햇Boonie Hat 같은 것을 준비하는 것이 좋다. 한편 웨스턴 오스트레일리아Western Australia 주는 들어가는 경계선에서 농수산물 검사를 한다. 가진 농수산물을 전부 버려야 들어갈 수 있으니 유의하자.

호주 전자(ETA)비자(90일), 뉴질랜드 무비자(90일)

 모터사이클 여행의 어려움

바이크 여행을 하면서 힘든 일이 참 많았을 텐데 어떻게 극복하였는가. 17개월 동안 여행을 하다 보면 어려웠던 고비도 있지 않나. 이런 질문을 받은 적이 있다. 힘들었던 경험은 물론 많다. 잠시만 생각해도 여러 날들이 떠오른다. 케냐 모얄레에서 이시올로까지 380km 오프로드 도로를 달렸을 때, 끝없이 이어지는 진흙탕 길에서 미끄러지고 엎어지고, 비 오듯 쏟아지는 땀에 절어 온몸에 힘이 다 빠진 채 길 옆에 주저앉아 헉헉대던 생각도 나고. 러시아 이르쿠츠크에 도착하던 날엔 속옷과 가방까지 흠딱 젖은 채 빗줄기를 뚫고 전쟁터처럼 달려대는 자동차들 사이를 요리조리 피하며 숙소를 찾아 이리저리 헤매던 기억도 난다.

경험을 돌아보건대 바이크 여행에서 라이더를 힘들게 하는 주된 요인은 바로 날씨다. 눈과 비, 우박, 바람과 추위를 무릅쓰더라도 달리면 달릴수록 힘들어진다. 바이칼호수를 지나 우랄산맥으로 달리던 중, 어느 날엔가 날씨가 맑아 상쾌한 기분으로 출발했다가 점심 무렵이 지나자 비가 오기 시작했다. 비 오는 것쯤이야 늘 있는 일이니까 그러려니 하고 달렸는데, 날씨가 점점 추워지더니 비가 눈으로 바뀌어갔다. 눈인지 비인지 모를 것들을 한참 맞으면서 달렸다. 우비를 입고 있었지만 점차 속옷까지 물기가 침투하고 있었고, 부츠는 벗어서 뒤집으면 물이 한 바가지 쏟아질 만큼 이미 흠뻑 젖어 있었다. 장갑은 이미 젖은 지 오래. 손가락 끝에서부터 점차 감각이 사라져가고 있었고 발가락 끝도 이제 슬슬 한계가 오나 싶었다. 앞에서 달리는 트럭이 커다란 바퀴로 뿌려대는 흙탕물로 온몸을 샤워하며 달리다 보니 바이크와 헬멧, 온몸은 비와 눈, 진흙이 섞인 흙탕물 슬러시로 코팅이 돼 있었.

빗물과 흙탕물로 잘 보이지도 않는 시야 때문에 연신 헬멧 실드를 닦아내고 달리다 보니 문득 여기가 어딘지 확인하고 잠시 쉬었다 가자는 생각이 들었다. 주유 경고등도 들어왔고, 점심도 거르고 달려온 터라 배도 고프고, 먹구름 때문인지 날도 이제 곧 저물 것처럼 어두컴컴해지고 있었다. 갓길에 바이크를 세우고 장대같이 쏟아지는 빗물 속에서 아이폰 GPS로 내 위치를 확인했다. 원래 가야 할 길에서 100km쯤 벗어나 있었다. 아마 트럭이 뿌려대는 흙탕물에 도로 표지판이 가려져 보지 못했거나, 정신이 없어 어딘가에서 표지판을 잘못 보고 그냥 달렸던 모양이었다. 대충 보니 근처에 큰 마을도 없는 허허 벌판이라 얼마나 가야 주유소나 쉴 곳이 나올지 감도 오지 않았다. 지도를 보니 왔던 길을 100km 가량 다시 돌아가야 했는데, 주유경고등까지 들어와 비상용 휘발유를 써도 돌아갈 수 있을지 없을지 아슬아슬했다. 곧 어두워져 밤이 찾아오려는 때, 대체 여기서 뭐하자고 이런 짓을 하고 있나 싶은 오만가지 생각들이 머릿속을 헤집어 놓았다. 그날 이후로도 비슷한 일들은 자주 있었고, 그때마다 생각했다. '그래도 지금 상황은 그날보단 낫잖아. 적어도 지금은 길을 잃지는 않았잖아. 적어도 지금은 기름이 가득 차 있어서 주유소 걱정은 안 해도 되잖아. 괜찮아. 이 정도는 별거 아니야. 그날도 잘 버텨냈잖아.'

수단 사하라 사막의 메로이 피라미드 유적

날씨, 그 중에서도 특히 비가 문제라면 잠시 쉬었다 갈 수 있지 않을까? 답은 지역과 시기에 따라 달라진다. 아프리카에서 이집트에서 모잠비크로 내려갈 때까지 두 달이 넘는 기간 동안 비 한 방울 내리지 않는 대신 무척 더웠다. 스페인-포르투갈-프랑스-이탈리아 등 지중해 연안을 달릴 때도 한창 더울 때라 태양에 지쳐 비가 좀 내렸으면 좋겠다고 생각했을 정도였다. 날씨로 가장 고생한 곳은 단연 시베리아였다. 4월임에도 영하권을 오가는 강추위에 거의 매일같이 비나 눈이 내렸다. 처음 출발하면서 세웠던 몇 가지 원칙들은 현실적으로 철저히 지켜지기 어려웠다(비나 눈이 올 땐 달리지 않는다든가, 야간엔 라이딩을 하지 않든가, 하루 10시간 이상 달리지 않고 2시간을 달리면 30분은 쉬어준다든가 하는 약속들). 가능하면 원칙을 지키고 달려야 컨디션 유지에 도움이 되겠지만, 도통 종잡을 수 없는 날씨를 어떡한단 말인가. 아예 출발할 때부터 비나 눈이 펑펑 오고 있다면 아예 쉬어버릴 수 있으니 좋겠는데, 그런 경우는 거의 없다. 출발할 때는 화창하다가도 달리다 보면 날씨는 수도 없이 변한다. 당연한 일이다. 서울에서 부산만 해도 날씨가 다른데, 하루 평균 500km 이상을 달리면서 날씨가 그대로인 것이 오히려 이상한 일이다. 달리는 중에 비가 온다고 해서 바로 멈추고 그곳에서 하루를 보내는 식으로 여행을 할 수는 없다. 비가 오든 눈이 오든 가야만 하고, 또 가다보면 언제 그랬냐는 듯 쨍쨍한 하늘이 나오기도 한다. 앞길에 무엇이 있을지는 신이 아닌 이상 알 수가 없다. 그저 좀 더 상황이 좋아지기를 바라며 달리는 것뿐이다.

 바이크 여행만의 매력

바이크 여행은 참 어려운 일이다. 고생스러울 수밖에 없다. 그럼에도 불구하고 바이크 여행을 계속 하는 것은 다른 무엇과도 비할 수 없는 바이크 여행만의 매력 때문이다. 바이크를 타고서 바람을 가르고 달려 본 사람이라면 누구나 알 수 있을 것이다. 쾌청한 하늘 아래 끝없이 뻗어있는 지평선 끝에서 끝까지 곧게 뻗은 도로 위를 온전히 혼자가 되어 바람과 함께 달릴 때의 상쾌함. 문득 나타나는 절경들. 이세상이 아닌듯한 풍경 속에 마음껏 누빌 때의 기쁨. 그럴 때면 정말 바이크로 여행을 다니길 잘 했다는 생각이 든다. 힘들고 지치는 순간들 뒤에 찾아오는 그런 달콤함은 마약과 같아 벗어날 수가 없다. 라이딩 자체의 즐거움 말고도 바이크 여행만의 장점들도 무척 많다. 별 특별할 것 없는 시골길의 정취, 관광객 상대의 닳고 닳은 가식과 친절이 아니라 촌마을의 투박한 정을 만날 수 있다는 것만으로도 바이크 여행은 충분히 매력적이다. 누구나 바라는 여행. 관광이 아닌 여행. 그래서 많은 이들이 바이크 여행을 꿈꾸고 있다.

게다가 전 세계의 모든 바이크 라이더들은 어떤 동질감이나 형제애 같은 연대감이 있다. 서로 잠시 스쳐 지날 뿐인 라이더들끼리도 항상 손을 흔들어 인사하며 지나고, 길에서 만난 라이더들은 현지인이건 여행 중이건 간에 여행자를 만나면 거의 대부분 형제를 대하듯 도와주려 한다. 집에 초대하기도 하고, 자신이 알고 있는 다른 도시의 친구들 연락처를 알려주며 그곳에 들르면 꼭 쉬었다 가라고 이야기해주기도 한다. 문제가 생겨 길가에서 어쩔 줄 몰라 허둥대고 있으면 지나던 라이더들은 항상 멈춰서 무언가 도움이 필요한지 서로 살펴준다. 여행을 떠나기 전에는 전혀 상상조차 하지 못했던 일이다.

바이크는 그 자체로도 사람의 마음 문을 여는 열쇠가 되기도 한다. 바이크를 타고 여행한다

미국 그랜드티턴 국립공원

는 자체만으로도 보통 여행자들보다 특별한 관심을 받게 되고, 현지인들에게 다가가기도 쉬워진다.

바이크로 여행을 한다는 것만으로도 일반 여행보다 열 배쯤은 더 충실한 여행을 할 수 있다. 예를 들어 보통 외국인 톰이 한국에 여행을 왔다고 가정해보자. 그럼 어떻게 여행을 할까? 일단 인천공항으로 입국해서 서울로 숙소를 찾아갈 것이다. 인사동이나 홍대 어디쯤 게스트하우스

아프리카대륙 최남단,
남아프리카공화국 케이프 아굴라스

에 짐을 풀고, 서울 구경을 할 것이다. 인사동, 북촌한옥마을, 경복궁, 명동, 남산 정도를 며칠 동안 돌아다니며 구경하고 밤엔 이태원이나 홍대에서 다른 여행자들과 어울려 술도 한 잔할 것이다. 그리곤 DMZ 투어를 갔다가 지방 다른 도시로 구경을 간다. KTX를 타고서 경주나 부산으로 이동해 석굴암, 불국사 등을 보던지 자갈치시장, 해운대 등의 주요 관광지를 며칠 동안 구경한다. 시간이 좀 더 있다면 비행기를 타고 제주도도 다녀올 수 있겠다. 한라산을 올랐다가 민속마을이나 일출봉, 해수욕장 한군데쯤 들러본 후에 비행기를 타고 다시 서울로 돌아온다. 그리곤 다시 인천공항을 통해 비행기를 타고 출국. 일주일 혹은 열흘 정도 일정을 마무리하고 집으로 돌아간다. 그리고 톰은 한국 여행을 다녀와서 한국을 모두 보고 왔다고 친구들에게 자랑을 할 것이다. 이런 여행이 우리가 보통 배낭을 메고 외국에 나가서 하는 방법이다.

그럼 톰이 바이크를 타고 여행을 하면 어떻게 다를까? 서울을 구경하고 경주나 부산을 구경하는 것은 사실 그리 다르지 않을 것이다. 하지만 바이크를 타고 이동을 한다는 건, 점과 점으로 건너뛰는 여행이 아니라 점과 점을 이어주는 선을 만들며 다니는 것이다. 서울을 벗어나서 한가로운 시골 국도를 다니면서 휴게소에서 우동이나 자장면을 사먹을 수도 있고, 경주로 달려가는 중 천안의 시골길을 달리다가 호두과자도 사먹고, 가게 아저씨와 손짓 발짓으로 수다를 떨 수도 있겠다. 안동을 지날 때는 지나가다 갑자기 나타난 한옥마을에 호기심이 일어서 바이크를 멈추고 한옥 구경을 할 수도 있고, 만약 누가 하회마을이나 병산서원이 좋으니 들렀다 가라고 추천해주면 가던 길을 돌려서 하루 이틀 민박집에 머물고 갈 수도 있다. 그러다가 마을 할머니들이 신기해서 말이라도 걸어주면 할머니들과 넉살 좋게 친해져서 저녁도 얻어먹을 수 있겠다. 부산에 와서는, 바이크를 몰고 나온 부산 바이크 클럽 회원 김 씨 아저씨가 주렁주렁 짐을 매달고 외국번호판을 단 모터사이클 위의 톰을 보고 신기해 쫓아와 인사를 할 수도 있다. 그리곤 김 씨 아저씨가 우리 집에 와서 하루 쉬었다 가라고 초대해주고, 부산 바이크 클럽 회원들과 좋은 시간을 가질 수도 있겠다. 톰이 제주도에 내려간다 하면 아저씨는 제주도에 자기 동생이 살고 있으니까 꼭 연락해보라고 전화번호를 줄지도 모른다. 어떤가? 이런 것이 바이크 여행이다. 실감이 안 날 수도 있겠지만 실제로 외국을 여행하는 여러 라이더들의 모습이다.

 장기여행의 어려움

여행의 가장 어려운 점은 항상 긴장하고 있어야 한다는 점이다. 매일매일 다른 새로운 곳을 달리고, 매일 전혀 다른 곳에서 잠을 자고, 매일 다른 음식을 먹고, 매일 다른 사람들을 만난다. 그것이 곧 여행의 즐거움이지만, 여행의 불안함이기도 하고 위험에 노출되어있다는 뜻이기도 하다. 세상 어디에나 좋은 사람도 있고 나쁜 사람도 있기 마련이다. 100명 중에 좋은 사람이 99명이고 1명만이 나쁜 사람이라고 하더라도 100명을 만나면 그 중 한 명은 나쁜 사람을 만나게 된다는 이야기인 셈이다. 좋은 사람 99명은 우리 여행을 풍요롭고 즐겁게 만들어주지만, 나쁜 사람 한 명은 순식간에 여행을 끝내 버릴 수도 있고, 생명을 위험하게 만들 수도 있다. 나쁜 놈들이 주변에 늘 숨어서 나의 빈틈을 호시탐탐 노리고 있다고 생각해야 한다. 몸을 숨기고 먹이를 노리는 늑대에게 당하지 않으려면 그들에게 틈을 주지 않는 수밖에 없다.

아프리카를 종단하는 100일 동안엔 늘 항상 긴장하고 있었다. 미지의 세계라는 두려움과 언제 어디서나 빈곤에 지쳐 나를 바라보는 퀭한 눈빛들은 검은 그들의 피부색과 함께 나에겐 상당히 위협적으로 느껴졌다. 아무도 모르는 척박한 아프리카 광야에서 나 하나 사라져 버려도 아무도 찾을 수 없을 터였다. 석 달 동안 검은 대륙의 남쪽을 향해 달려 케이프타운에 도착하고 바이크 운송을 위해 아프리카 대륙 마지막 도시 더반에 도착해서는 그 동안의 긴장이 일순 풀어졌다. 바이크 운송계약을 위해 운송업체 사무실로 가던 날, 딱 하루 긴장이 풀어진 찰나에 주위를 살피지 않고 길을 걷다가 바로 강도를 만났다. 마지막의 마지막 도시인데다 대낮이었고, 왕복 8차선이 넘는 큰 도로가여서 나도 모르게 주위를 둘러볼 생각을 하지 못했다. 칼을 들고 있는 두 놈하고 싸웠는데 다치지 않은 게 천만 다행이었다.

비단 아프리카뿐만 아니라 언제 어디서든 항상 긴장을 놓으면 안 된다. 바티칸 뒷골목에서 조차 강도를 만났다는 사람도 있으니 안전한 곳은 절대 없다. 나쁜 놈들은 긴장하고 조심하는 사람에겐 무리해서 달려들지 않을 뿐이다. 물론 언제나 긴장하고 불안한 마음으로 생활하는 건 쉬운 일이 아니다. 하루 이틀 긴장하고 사는 건 누구나 할 수 있다. 한두 달도 괜찮다. 그런데 긴장감을 일 년이 넘게 지속적으로 유지하고 여행한다는 건 결코 쉬운 일이 아니다. 한 달 내내 집중해서 달리다가도 잠시 멍하니 딴 생각하는 것만으로도 여행에 종지부를 찍는 사고가 날 수 있다.

그렇기 때문에 장기여행의 가장 중요한 덕목이자 실천하기 가장 어려운 자세는 자기관리와 절제라고 생각한다. 지속적으로 긴장감을 유지하고 몸 컨디션이 정상상태를 유지할 수 있도록 자신을 관리하고 절제해야 한다. 무리하지 말고, 컨디션이 나쁘면 적당히 휴식을 취해주고, 매일 하루 여행을 정리하고, 다음날 떠날 곳 정보를 찾고, 매일 짐을 싸고 풀고. 그래야만 긴 여행을 지속할 수 있기 때문이다.

모터사이클 세계여행에 대한 오해

1. 외국에서의 모터사이클 운전은 어렵다?

익숙한 우리나라 도로가 아닌 생면부지 외국에서 자동차 혹은 모터사이클을 운전하는 것이 생소하고 두렵게 느껴지는 것은 당연하다. 하지만 외국에서 운전이라고 우리나라 운전과 크게 다를 것은 없다. 비록 수많은 표지판은 해당국 언어로 쓰여 있어 해석이 필요하지만 거의 모든 교통지시 표지는 그림과 간단한 기호로 누구나 직관적으로 알기 쉽게 표시되어 있다. 보통 지각만 있는 사람이라면 특별한 교육이나 공부가 없이도 쉽게 적응할 수 있다. 50개국 넘는 나라에서 지금까지 달려본 경험에 비춰볼 때, 세계 도로교통표지는 거의 동일하게 규격화 되어있다. 언어만 다를 뿐 우리가 우리나라 도로에서 매일 보던 교통표지판과 해외표지판은 거의 동일하다. 또 우리나라와 동일한 정도의 상식적인 수준에서 운전을 하면 법규상으로도 크게 문제될 일은 없다. 이집트와 러시아 등 몇 개 나라를 제외한 거의 대부분의 나라 운전자들은 우리나라에 비해 여유와 양보가 생활화 되어있었다. 오히려 우리나라에서의 운전보다 편하게 느껴질 때도 많았다. 유럽과 북미 등 선진국의 경우 모터사이클 문화가 바람직하게 정립되어 있어서 우리나라에 비해 훨씬 안전하고 편리했다.

2. 외국어를 잘해야 한다?

물론 잘하면 좋다. 전 세계 공용어인 영어와 함께 스페인어까지 할 수 있다면 중남미 여행은 물론이고 전 세계를 여행하기에도 큰 불편함이 없을 것이다. 하지만 능숙한 외국어 실력은 여행을 조금 더 편리하게 해줄 뿐 필수조건이라 생각하지는 않는다. 중학생 수준의 영어 실력만으로도 단순히 세계를 여행하기에는 부족함이 없다. 출입국 심사나 세관에서 사용하는 영어는 그리 어렵지 않으며 한두 번만 경험해보면 영어에 익숙하지 않더라도 누구나 수월하게 출입국 과정을 진행할 수 있다. 때로는 한마디 대화도 없이 여권과 서류들을 들이밀고 빙그레 웃고 있는 것만으로도 국경을 넘어 새로운 나라로 진입할 수 있다. 숙박업소와 식당, 주유소 등 여행하며 들러야 할 모든 곳들에서도 실제 영어 등 언어를 사용하지 않아도 대부분 용건을 해결 할 수 있다. 식당에 들어서면 당연히 음식을 먹으러 온 것인 줄 누구나 알아챈다. 한마디 말도 없이 손가락으로 가리키는 것만으로도 음식을 주문해 먹을 수 있다. 언어 능력의 부족함에 여행을 망설이고 있다면 필수적인 문장들 몇 가지만 익히고 다니는 것만으로도 충분히 여행을 할 수 있다고 이야기 하고 싶다. 두려워하고 망설일 것 없다. 언어라는 것은 쓰다 보면 늘게 마련이다. 다만 여행지에서 만나는 수많은 여행자들, 현지인들과 보다 깊은 대화와 교류를 나누기 위해서 언어능력이 필요함은 분명하다.

3. 바이크 정비를 능숙하게 할 수 있어야 한다?

이 역시 물론 잘 하면 좋다. 정비공으로 활동할 수 있을 만큼 바이크 정비와 수리가 가능하다면 바이크 세계여행을 하는 데에 훨씬 유리할 것이다. 하지만 바이크 정비를 할 줄 모른다고 해서 여행을 하지 못하는 것은 아니다. 실제 나의 경우만 해도 타이어 펑크 수리는 커녕 엔진오일 교체, 전조등 전구 교체도 한 번 해본 적 없이 여행을 떠났다. 여행 중간 바이크 숍에서 모터사이클을 정비하면서 정비공들의 어깨너머로 배운 덕에 지금은 가장 기본적인 정비나마 할 수 있게 되었지만, 출발 전부터 기본적인 것들을 미리 배워두었다면 더욱 좋았을 거란 생각을 한다.

그럼 바이크 정비 기술이 필수인가? 도움은 되지만 단연코 필수는 아니라고 이야기해주겠다. 우리나라에서도 바이크 정비 하나 할 줄 모르면서 바이크를 즐기는 사람들이 얼마나 많은가? 자동차 보닛 한 번 열어 본 적 없는 사람들도 운전해서 여행을 잘만 다닌다. 중간에 바이크나 자동차에 문제가 생기면 가까운 정비소를 찾아가거나 연락해서 이동 수리 등을 한다. 외국이라고 해서 다르지 않다. 남극이나 북극 혹은 아마존 밀림지대 등 길도 없는 곳을 억지로 찾아다니는 어드벤처 여행을 하지 않는 이상 우리는 적어도 도로를 통해 달리게 된다. 인구밀도와 도시 사이 거리 등에 따라 멀고 가깝고의 차이는 있겠지만, 길이 있는 곳에는 마을이 있고, 길 위를 달리는 자동차와 모터사이클이 있다면 필연적으로 정비소가 있을 수밖에 없다.

4. 특별한 사람만이 도전할 수 있는 여행이다?

그렇지 않다. 나 역시 여행을 좋아하는 그저 평범한 남자일 뿐이며 여행 전까지는 모터사이클을 타 본적도 없던 초보자였다. 정확한 통계는 없지만 바이크로 세계여행을 떠나는 이들 중에는 바이크 경력이 긴 라이더 보다는 오히려 처음 바이크 핸들을 잡아본 초보자들이 많은 것 같다. 경력이 길수록 많은 정보와 고민들이 얽혀 여행을 떠날 수 없는 수백 가지의 이유를 만드는 것인지도 모르겠다. 떠나기로 결심했다면, 때로는 돌아보지 않는 용기만으로 과감하게 도전하는 열정이 필요하다. 20대 대학생, 30대 여성, 40대 아저씨, 50대 아줌마… 내가 여행하면서 만났던 수많은 오버랜더 라이더들은 모두 주변 어디에서나 볼 수 있는 그저 평범한 이들이었다. 다만 떠나지 못하는 이들과 아주 작은 차이가 있다면 조금 더 자신이 원하는 삶에 충실하게 살아가는 이들이었다는 것뿐일 것이다. 그도 하고 그녀도 한다. 나는 왜 안 되겠는가?

5. 여행 경비가 많이 든다?

사실이다. 일반 배낭여행을 다니는 것보다는 당연히 더 많은 경비가 든다. 물론 동일하게 혼자서 여행하는 것이라면 자동차를 타고 여행하는 것보다는 적은 경비가 든다. 둘 혹은 셋

이상이라면 네 바퀴 자동차로 여행하는 것이 더욱 저렴할 수도 있다. 모터사이클 여행에서는 기본적으로 바이크 부품과 정비, 주유 비용이 필수적이며 때로는 모터사이클 보험, 서류 발급비, 운송비등으로 꽤 많은 돈을 지출해야만 한다. 여행경비를 최소화 하는 것만이 목표라면 모터사이클 여행을 하면 안 된다. 오히려 배낭여행으로 아끼면서 다니는 것이 경비 면에선 훨씬 유리하다. 모터사이클 여행은 모터사이클 여행 그 자체 즐거움과 무한한 자유로움을 즐기기 위함이지 경비 절감을 위해 선택할 사항은 아니다.

대한민국 최초의 세계일주

대한제국 시대인 1896년 4월 1일(이로부터 정확히 116년 뒤인 2012년 4월 1일, 나의 세계일주 여행이 시작되었다.) 민영환은 고종의 명을 받아 러시아 특별대사로 임명되어 러시아 황제의 대관식에 참석하기 위해 인천항을 떠났다. 상하이와 일본을 거쳐 태평양을 너머의 밴쿠버에 도착한 민영환 일행은 북미를 횡단하여 뉴욕으로, 뉴욕에서 다시 배를 타고 대서양을 건너 유럽으로 이동했다. 그리고 영국, 프랑스, 독일을 지나 모스크바, 상트페테르부르크에서 러시아 황제 니콜라이 2세의 대관식에 참석했다. 일본 등 당시 제국주의 열강의 틈바구니에서 대한제국의 독립을 유지하기 위해 러시아의 군사원조를 얻기 위함이었다. 협상 테이블의 특별대사로서 외교임무를 수행한 민영환 일행은 당시 완공되지 않았던 시베리아 횡단열차와 마차 등을 이용해 시베리아를 횡단, 블라디보스토크에 도착해 부산과 인천으로 향하는 배에 올랐다. 그리고 여정에 오른 지 6개월 20일이 지난 1896년 10월 21일 다시 서울에 도착, 대한민국 최초의 세계일주 여행을 마치게 되었다.

미국 글래시어 국립공원

티봉 최봉락
현재 29살이며 바이크는 BMW F800GS.
키우고 있는 치와와와 함께 즐거운 라이프를
모토로 살아가고 있다.
홈페이지 bongrak.com
블로그 bongrak.tistory.com

Q1. 여행 루트와 기간, 라이딩 거리
러시아 1개월(11,224km), 북유럽 3주(6,850km), 서유럽 2주(3,200km),
인도 1개월(스피티밸리), 캄보디아 8일(1,000km)

Q2. 여행에 사용한 바이크 소개
혼다 PS250(스쿠터). 유라시아에서 고장 한번 없이 너무나 잘 달려준 애마. 비포장을 달릴 때는 조금
고생하기도. 혼다 XR250은 캄보디아의 짧은 여정동안 렌트했기 때문에 평가하기 어려우나
만족스러운 편. 진동이 조금 심했던 기억. 로얄 엔필드 Electra는 튼튼한 내구성으로 인도 여행 중
렌트해 큰 문제없이 ok.

Q3. 자신의 여행 스타일
아직 젊으니 먹고 자는 것에 대해선 무심할 정도로 돈을 아끼고, 보고 느끼고 즐기는 것에 중점을 둔다.

Q4. 대략적인 여행 경비
유라시아(2개월) 약 730만원(한국행 비행기 편도 티켓, 바이크 선적비 포함),
캄보디아(8일) 약 130만원(비행기 80만원, 바이크 대여 12만원, 유적 입장료 5만원 등)

Q5. 모터사이클 여행의 장단점
시간과 장소에 구애받지 않는 자유로운 여행 스타일, 현지 사람들의 환영, 다른 교통수단에 비해
폐쇄적이지 않고 열려있는 느낌이 장점. 추운 날씨와 비 등의 기상 악화에 취약하고, 특히 야간에 비는
내리고 도로 사정마저 좋지 않을 때 위험하다. 캠핑이 활성화돼있지 않은데다 숙소마저 부족한 지역에서
의 숙박 문제도 단점. 운전 중에는 활동에 제약이 따르므로 여행 대부분을 바이크 위에서 운전하며
보낸다는 것도 아쉬움 중 하나. 기차를 탄다면 그림을 그리거나 다른 취미활동이 가능할 텐데.

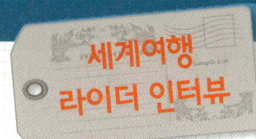

Q6. 가장 추천하고 싶은 여행지와 그 이유

인도 스피티밸리. 여름에만 열리는 이 곳은 길도 다이내믹하고 경치도 아름답고 여행자도 아직은 많지 않아 조용하면서 편안한 느낌을 받을 수 있다.

Q7. 바이크 여행 중 가장 기억에 남는 일

스피티밸리 여행 중 산사태로 길이 유실돼 길 보수 작업을 기다리던 중 만난 인도 현지인과 약 2주간 함께 여행을 했다. 밤마다 게임하고 술 마시며 인생에 대해 논했던 기억. 아름다운 스피티밸리에서 밤하늘의 별을 보며 행복한 순간을 만끽했다.
캄보디아 여행 중에는 시끌벅적한 음악 소리가 나기에 핸들을 돌려 찾아가보니 동네 주민의 결혼식이 한창 진행되는 중이었다. 다들 바이크를 타고 여행하는 나를 신기해 쳐다보더니, 결국 잔치에 초청되어 음식과 술을 배불리 먹고, 축의금도 내고, 함께 놀았던 기억.

Q8. 모터사이클 세계여행을 떠나는 이들에게 한마디

바이크 여행은 분명 장단점이 있다. 날씨의 조건만 맞는다면 여행 수단으로 항상 바이크를 택할 것 같다. 추위와 비에 취약하니 옷은 확실히 챙기자. 해외에서는 운전 문화도 조금씩 다르고, 길마다 노면 상태도 다르기 때문에 항상 위험에 노출돼있다 생각하면서 안전 장비를 단단히 챙겨야 한다.

Q9. 인도와 캄보디아에서의 바이크 렌탈 여행에 대한 조언

인도나 캄보디아 모두 물가가 높지 않아 크게 부담되지 않는다. 인도의 스피티밸리를 바이크로 여행할 계획이라면, 도착 전에 숍을 알아보고 예약까지 하는 걸 추천한다. 인도 뉴델리에서 바이크 대여점을 찾기가 쉽지 않고, 스피티밸리 여행이 가능한 여름에는 평판 좋은 숍의 예약이 모두 차있다. 결국 급한 대로 이웃한 숍에서 빌렸는데 나중에 반납할 때 조금 고생스러웠다.

경비는 얼마나 필요할까?

여행을 준비하는 이들이 가장 고민하고 궁금해 하는 부분은 아무래도 여행 예산일 것이다. 나의 경우 하루 평균 97USD의 경비를 사용했는데, 당시 환율로 계산하면 대략 10만 원 정도 사용한 셈이다. 숙식비와 주유비로 5만 원을 사용하였고, 나머지 5만원의 비용으로 바이크 정비 및 수리, 타이어, 부품 교체, 각종 입장료, 페리 요금, 항공권 요금, 바이크 운송료, 보험료 등을 해결했다. 조금씩 차이는 있을지언정 우리나라나 외국의 어느 나라나 물가 차이는 그다지 크지 않으니, 자신의 국내 바이크 여행 1일 경비를 기준으로 예산을 뽑아보는 것도 좋다.

총 여행 경비   47,686 USD

기간 2012년 4월 1일 ~ 2013년 8월 21일, 509박 510일 (주행 224일 / 휴식 및 정비 285일)
주행거리 100,008km

❶ 주유비	*5,222 USD	
❷ 숙박비	*9,381 USD	
❸ 식비	*5,356 USD	
❹ 기타 (비자, 통행료, 에이전트, 수수료 등)	*6,396 USD	

❺ 바이크 물품 구입 및 수리	*10,065 USD
패니어 시스템, 사이드 케이스 장착	1,022 EUR
윈드 실드 장착	129 EUR
엔진오일, 필터 교환	11회
에어필터 교환	4회
체인, 대/소 스프로킷 교환	4회
앞/뒤 타이어 교환	3회
앞/뒤 브레이크 패드 교환	4회
점화 플러그 교환	3회
사고로 인한 핸들바 교환	1회
뒷 브레이크 디스크 교환	1회

하루 평균 주행거리	446km
하루 평균 주유비	23.3 USD
하루 평균 숙박비	18 USD
하루 평균 식비	11 USD

❻ 바이크 운송비 *4,773USD

출발	도착	종류	비용
한국 동해항	러시아 블라디보스토크	페리	650 USD
터키 이스켄데룬	이집트 포트사이드	페리	230 USD
이집트 아스완	수단 와디할파	페리	265 EGP
남아공 요하네스버그	아르헨티나 부에노스아이레스	항공	2,505 USD
콜롬비아 카르타헤나	파나마 산블라스	요트투어	550 USD
미국 샌프란시스코	한국 인천항	컨테이너선박	800 USD

❼ **여객/항공 운임비** *6,493USD

출발	도착	종류	비용
한국 동해항	러시아 블라디보스토크	페리	230,000원
에스토니아 탈린	핀란드 헬싱키	페리	41 EUR
노르웨이 로포텐	노르웨이 보도	페리	274 NOK
노르웨이 송네 피오르	노르웨이 송네 피오르	페리	425 NOK
프랑스 칼레	영국 도버	페리(왕복)	56 EUR
스코틀랜드	북아일랜드 벨파스트	페리	42 GBP
아일랜드 더블린	영국 리버풀	페리	69 GBP
스페인 바르셀로나	이탈리아 로마	페리	177 EUR
이탈리아 브린디시	그리스 파트라스	페리	55 EUR
터키 이스켄데룬	이집트 포트사이드	페리	160 USD
이집트 아스완	수단 와디할파	페리	283 EGP
남아공 요하네스버그	이탈리아 로마	항공	609 USD
이탈리아 로마	아르헨티나 부에노스아이레스	항공	868 USD
칠레 산티아고	칠레 이스터 섬	항공(왕복)	909 USD
에콰도르 과야킬	에콰도르 갈라파고스	항공(왕복)	483 USD
에콰도르 갈라파고스	에콰도르 갈라파고스	요트투어	1,005 USD
콜롬비아 카르타헤나	파나마 산블라스	요트투어	550 USD
멕시코 칸쿤	쿠바 아바나	항공(왕복)	330 USD
미국 샌프란시스코	한국 인천공항	항공	582 USD

여행 경비를 줄이는 방법

경비를 절약하려면 방법은 얼마든지 있다. 캠핑이나 카우치서핑(www.couchsurfing.org), 웜샤워(www.warmshower.org) 같은 무료숙박 네트워크를 주로 이용하고, 음식도 직접 취사하면 된다. 바이크도 연비가 좋은 것을 구입하고, 주요 소모품은 별도로 준비해 직접 수리할 수 있도록 정비 기술을 배우는 것도 도움이 된다. 또한 비용이 많이 나가는 갈라파고스나 쿠바, 이스터 섬, 북유럽 루트 등을 포기하면 경비가 훨씬 절감될 것이다.

GPS 위도/경도 좌표 위치정보 사용법

지구상 모든 장소의 위치는 위도Latitude와 경도Longitude의 두 숫자로 나타낼 수 있다. 물론 전통적인 방법, 주소체계를 이용해 위치를 표현하는 것이 우리에게 익숙하고, 우편물을 보낼 때나 현지인들에게 물어물어 길을 찾을 때도 더 유리하긴 하다. 하지만 위도와 경도로 위치를 표시하는 것도 장점이 많다.

- 주소가 존재하지 않는 산속이나 심지어 바다 한가운데라도 위치를 표시할 수 있다.
- 단순한 두 개의 숫자만으로 위치 표시가 가능하다.
- 필요한 경우 구글맵을 이용해 주소를 알아낼 수 있다.
- GPS 내비게이션 사용에 적합하다.
- 전 세계 공통이므로 세계 어디서든 누구에게든 정보를 기록하고 전달하기 편리하다.

사용 방법도 간단하다. 가민Garmin 같은 GPS 장치나 스마트폰 GPS 어플에서 위도와 경도 좌표를 입력해 검색할 수 있고, 컴퓨터로 구글맵(maps.google.com)에 접속해 검색 창에 위도/경도 좌표를 입력하는 방법도 있다. 구글맵은 대부분 원하는 장소의 주소까지 화면에 보여준다.

좌표 표시방법을 간단히 알아보자. 좌표 앞의 알파벳 E, W, S, N은 동서남북을 의미한다. 위도는 적도를 기준으로 남과 북의 위치를 각각 0°~90°로 나타내고, 경도는 영국 그리니치 천문대를 지나는 자오선을 기준으로 동과 서로 나누어 0°~180°로 표현된다. 위도와 경도는 도Degree, 분Minute, 초Second를 활용해 세 가지 방법으로 표현한다.

1도 = 60분 (1°=60')
1분 = 60초 (1'=60")
1도 = 60분 = 3,600초 (1°=60'=3600")

시간체계의 60분법이 그대로 사용되니 이해하기 쉽다. D는 각도를 도 단위로만 나타낸 것이다. DM은 소수점 앞의 숫자는 그대로 사용하고 소수점 이하의 숫자는 분 단위로 표현한 것이다. 그러므로 0.5°는 30'으로, 0.576016°는 34.5610'으로 변환된다. DMS는 분의 소수점 앞을 그대로 사용하되 소수점 이하는 초 단위로 변환한 것이다. 그러면 0.5'는 30"으로, 0.5610'는 34"로 바뀐다. 구글맵과 대부분의 GPS 기기, 어플들은 D, DM, DMS 표현을 함께 사용하므로 어떤 형식으로도 바른 위치를 찾을 수 있다.

서울 광화문의 위도·경도 좌표

구분	D(Degree)	DM (Degree-Minute)	DMS (Degree-Minute-Second)
위도	N 37.576016°	N 37° 34.5610'	N 37° 34' 34"
경도	E 126.976922°	E 126° 58.6153'	E 126° 58' 37"

열대의 바오밥나무 아래에서. 탄자니아

시베리아를 횡단하는 라이더들의 필수 포토 포인트
모스크바-블라디보스토크 고속도로 건설기념탑

시베리아 횡단
Siberia

표지판 뒤쪽은 온통 똥밭이었다. 근처에 화장실이 없기 때문이다. 크든 작든 주행 중 볼일은 언제나 길가 으슥한 곳에서. 시베리아를 횡단하는 오버랜더들에게 제대로 된 화장실은 사치다.

과연 시베리아 횡단을 해낼 수 있을까? 처음 출발할 때 나는 자신이 없었다. 모터사이클 여행이란 것은 처음이었다. 2종 소형면허를 취득한지 한 달이 갓 넘은 초보 라이더가 생애 첫 모터사이클을 타고 시베리아를 도전한다는 것은 성공보다는 실패할 확률이 훨씬 높은 게임이었다. 블라디보스토크를 출발할 때의 목적지는 모스크바였다. 4월 초, 눈발 흩날리는 시베리아의 강추위는 주위를 둘러보며 달리는 여유를 내게 허락해주지 않았고, 그저 모스크바만을 바라보며 스로틀을 당기는 수밖에 없었다. 그리고 5월 초, 봄꽃이 만개했던 모스크바에 도착하기까지 시베리아의 끝없는 북방수림과 타이가의 자작나무 숲을 달렸다. 한 달 동안 10,000km를 달리며 지구 최대의 호수 바이칼을 지나 유럽과 아시아의 경계 우랄산맥을 넘었다.

지금 생각해보면 많은 아쉬움이 남는다. 끝없는 자작나무 숲만 달릴 것이 아니라 조금 더 다양

한 루트를 고려했어야 했다. 바이칼 호수에서 몽골의 대초원으로 내려가 몽고마들과 함께 달렸다면 어땠을까. 몽골 '초원의 길'을 지나 알타이산맥의 고원지대를 넘어 카자흐스탄, 키르기스스탄, 우즈베키스탄 등의 구소련 연방들을 지났다면 더 재미있었을 것 같다. 북부 초원의 길은 남부 타클라마칸 사막을 횡단하는 실크로드와 함께 동서를 연결하는 고대의 중요한 교역로였다. 또한 유라시아를 횡단한 이들이 때 묻지 않은 자연의 풍광과 척박한 환경에서도 아름답고 소박하게 살아가는 이들의 모습에서 감동을 받았다고 이야기하는 루트이기도 하다. 시베리아 횡단을 준비할 당시에는 중앙아시아의 거친 비포장도로를 달려낼 자신이 없었다. 비자도 미리 준비하지 못했기에 모스크바만 바라보며 달릴 수밖에 없었다. 하지만 유라시아 대륙을 다시 횡단하게 된다면 초원의 길을 달리고 싶다.

시베리아의 도시들

블라디보스토크 Владивосток

오랜 기간 외지인들에게 금단의 땅이었던 블라디보스토크는 1856년 반도 북부의 땅이 러시아인에게 '발견'된 후 동해 연안 최대의 항구도시 겸 군항으로 발전했다. '동방(보스톡)을 지배(블라디)한다'는 이름에서부터 이 도시의 역사를 읽을 수 있다. 현재는 극동함대의 해군기지이자 시베리아 횡단열차의 종점이다.

하바롭스크 Хабаровск

극동 시베리아의 최대 도시이자 아무르 강과 우수리강을 끼고 있는 아름다운 강변 도시. 철도와 수운이 발달한 교통의 요지여서 19세기 후반에는 청나라와 일본, 러시아 제국과 소비에트 혁명군이 각축전을 벌이던 곳이기도 하다.

치타 Чита

인고다강과 치타강이 합류하는 지점. 하바롭스크부터 2,100km 이상의 험난한 길을 달려야 겨우 만날 수 있는 도시 다운 도시다. 시베리아 횡단 루트에서도 가장 척박하며 위험한 루트를 잔뜩 긴장한 채 달린 후에야 치타를 만날 수 있다.

울란우데 Улан-Удэ

바이칼호수 동쪽의 도시 울란우데는 부랴트-몽골 소비에트 사회주의 자치공화국의 수도였다. 지금도 몽고인들이 많이 살고 있어 마치 러시아와 몽골 간 문화의 용광로 같다. 중앙광장에는 울란우데의 상징인 레닌 두상이 있는데, 이는 세계에서 가장 큰 두상이다.

이르쿠츠크 Иркутск

시베리아 횡단열차의 중간 기착지로서 바이칼호수를 방문하는 이들의 베이스캠프 역할을 한다. 중국, 우즈베키스탄 등과의 국경무역이 번성했고, 제정러시아 말기에는 서부 러시아에서 끌려온 죄인들과 정치범들의 유형지였다.

크라스노야르스크 Красноярск

예니세이강 하류에 위치한 인구 100만 도시. 금광이 발견되고 시베리아 철도가 개통되면서 중공업 도시로 급격한 발전을 이루었다. 크라스노야르스크는 토착민이었던 투르크족의 말로 '붉은 언덕'이라는 뜻인데, 이름 그대로 예니세이 강 건너 이어지는 붉은 언덕에 건설되어 시베리아 중부 문명의 오아시스와 같았다.

예카테린부르크 Екатеринбург

우랄산맥과 맞닿은 예카테린부르크는 수십 개의 부도심으로 이뤄진 도시권의 중추지역이다. 산업과 문화, 과학의 중심지면서 우랄 지방 최대의 중공업도시이기도 하다. 하지만 러시아 여행자들에게는 러시아 황가가 볼셰비키 혁명 이후 비극적인 최후를 맞은 곳으로 더 유명하다.

모스크바 Москва

서울시의 3배쯤 되는 면적. 1,000만이 넘는 인구가 살고 있는 모스크바는 러시아의 수도이자 유럽에서 인구가 가장 많은 거대 도시이다. 14세기에서 18세기까지 러시아 제국의 수도였고, 그 후 표트르 대제에 의해 수도가 상트페테르부르크로 옮겨지긴 했지만 러시아 혁명 이후 다시 소비에트 연방의 수도가 되었다. 붉은 광장과 레닌 묘, 바실리 사원 등 모스크바의 풍경은 러시아의 상징이다.

상트페테르부르크 Санкт-Петербург

러시아의 가장 아름다운 도시 상트페테르부르크는 네바강 하구 델타지대의 수많은 섬 위에 세워진 도시다. 러시아 제국의 황제 표트르 대제가 1703년 건설해 1918년까지 러시아 제국의 수도였으며, 이탈리아의 베네치아처럼 운하와 수로가 많은 것이 특징이다. 레닌이 죽은 1924년에는 레닌그라드로 이름이 바뀌었다가, 소비에트연방이 붕괴된 1991년 옛 이름인 상트페테르부르크를 되찾았다.

이제 시작이다. 출국

2012년 3월의 마지막 날
오전에 서울을 출발하여 강원도 동해로 달려왔다. 동해바다 텅 빈 해수욕장엔 찬바람만 쌩쌩 불어댈 뿐 사람은 그림자조차 찾을 수 없었다. 남도에는 봄이 성큼성큼 다가오고 있다지만 강원도 바다까지는 봄 처녀의 손길이 아직 미치지 않은 모양이다. 겨울 바다의 쓸쓸함만이 느껴지는 작은 민박집을 찾아 출국 전 마지막 밤을 보냈다.

2012년 4월 1일 오전
민박집을 나와 동해항 여객 터미널로 이동했다. 예약해 두었던 티켓을 발권하고 바이크를 싣기 위해 세관검사를 받았다. 세관에서는 자동차-일시 수출입신고서(신고필증)을 주며, 일시 수출입의 유효기간이 2년이라고 했다. 2년 내에 바이크를 다시 가지고 돌아오면 관세가 면제되지만, 2년 이후에 귀국하면 바이크의 수입관세를 물어야 반입이 된다는 이야기다. 2년이라… 그 정도까지 나의 여정이 계속될 수 있을까? 아니, 얼마의 시간이 걸리더라도 과연 이대로 무사히 돌아올 수나 있을까? 어쩌면 다시 돌아올 수 없을지도 모른다는 두려움과 불안함이 엄습했다.

바이크 운송비 650USD
여객 운임(3등실) 110USD

동해항에서 블라디보스토크까지의 하루 동안의 운임이 미국에서 한국까지 태평양을 건너오는 2주 이상의 운송비와 별 차이가 안 나다니. 여객운임이야 그렇다고 치더라도 바이크 운송비는 너무 과하다. 이런 것이 바로 독점의 폐해 아닐까 하는 생각이 들었다. 속초-자루비노 노선이 다시 재개되어야 할 텐데, 아쉽다.
바이크를 배에 싣기 위해 보안검사를 다시 받은 다음 바이크를 직접 몰고 페리의 화물칸으로 이동했다. 바이크에 캠핑 가방을 묶어 헬멧과 함께 화물칸에 실은 후에는 카메라 가방과 옷가방만을 챙겨 들고 이스턴 드림호Eastern Dream 승객실로 이동했다.

출발 직전, 가방 두 개를 장착한 바이크.
이때만 해도 무척 깨끗했다.

객실은 가장 저렴한 이코노미 티켓으로 발권했다. 2층 침대가 있는 12인실에 짐을 옮기고 방에 앉아 잠시 숨을 돌리고 있는데, DBS훼리의 직원분이 나를 찾아왔다. 바이크 선적 내내 친절하게 도와주셨던 그분은 나에게 고생했으니 먼 길 가는 동안 편히 가라며 4인실을 혼자 쓰게끔 배려해주셨다. 덕분에 널찍한 방에서 혼자 편한 하루를 보냈다. 어디에나 친절하고 감사한 분들이 있다. 나도 누군가에게 그런 사람이 될 수 있기를. 짐을 풀고, 라이딩 기어를 벗어 편한 옷으로 갈아입고 배 구경을 했다. 휴대폰을 꺼내어 출발 전 지인들에게 마지막 인사를 남겼다. 이스턴 드림호의 엔진 소리가 우렁차다. 뿌우~ 뱃고동 소리가 들린다. 출발! 배 갑판으로 올라갔다. 출발과 함께 멀어져가는 동해항의 모습을 뒤돌아보았다. 이것이 마지막으로 보는 우리나라의 모습일 수도 있다는 생각이 들었다. 고국 산하에 마음속으로 작별 인사를 보냈다.

배에 싣기 직전 바이크의 누적 마일리지 1,355km. 여행을 결정하고 바이크를 구매해 한 달 동안 연습한 거리다.

'안녕. 다녀올게. 부디 다시 볼 수 있기를…'

이제 시작이다.
두근대는 심장과 함께.

러시아 간단 정보

- **수도** 모스크바
- **영토** 17,098,242km²
- **인구** 약 1억4천2백만명
- **통화** 루블화 (1USD = 36RUB)
- **비자** 2014년부터 60일간 무비자 시행.
- **거주 등록** 모든 외국인은 입국 7일 이내에 레기스뜨라찌야 Регистрация라는 체류 등록을 해야 한다. 머물게 되는 숙소에 '레기스뜨라찌야' 해달라고 부탁하면 된다.
- **환전** 웬만큼 큰 거의 대부분의 마을에 은행과 현금자동인출기가 있어 현금 인출이 가능하다. 하지만 극동지방에선 마을 사이의 거리가 워낙 멀기 때문에 어느 정도의 현금은 항상 가지고 다니자.
- **도로** 대부분의 도로가 포장되어있고, 모스크바에 가까워질수록 도로상태가 좋아진다. 하지만 극동 시베리아에서는 잘 포장된 것처럼 보이는 도로라도 느닷없이 움푹 파인 구멍들과 안내판도 없는 공사구간이 갑자기 튀어 나오므로 항시 조심하도록 하자. 고속도로는 무료이다.
- **숙박** 하바롭스크에서 치타 사이의 구간을 제외하면 호텔이나 가스찌니짜 ГОСТИНИЦА 등의 숙소를 찾기가 그리 어렵진 않다. 도로상의 휴게소 역할을 하는 카페(러시아의 카페는 찻집이라기보다는 식당에 더 가깝다.)에서 숙박업을 겸하는 경우가 많다. 화물 트럭 기사들이 쉬어가는 곳들을 유심히 살펴보자.

러시아 입국

2012년 4월 2일
이스턴 드림호는 러시아 블라디보스토크 항구에 무사히 도착했다.

1. 하루 동안의 밤샘 항해 끝에 드디어 블라디보스토크 항구가 멀리 보이기 시작했다. 2. 러시아 극동함대의 군항 블라디보스토크 3. 이스턴 드림호 갑판에서 바라 본 블라디보스토크 여객터미널 4. 2012년 9월의 APEC 행사를 앞두고 도시 전체가 공사판이었던 블라디보스토크

삐걱거리는 호스텔 도미토리의 철재 이층침대 위에서 러시아의 첫날이 무사히 지나간다.

오후 3시반경 하선을 시작해 입국심사와 짐 검사를 받았다. 비자는 한국에서 미리 받아온 터라 여권에 스탬프를 받고 러시아 입국과정을 마무리했다. 일단 몸은 무사히 러시아에 입국했지만 바이크 통관은 어찌해야 하는지 아는 것이 하나도 없으니, 터미널 출구로 나와 무작정 터미널에 있는 DBS 사무실로 찾아갔다. 다행히 사무실에 한국인 직원분이 있어 바이크 통관 절차를 문의했더니, 에이전트를 통해 서류작업을 해야 한다며 전화로 러시아인 브로커 유리를 불러줬다. 블라디보스토크를 거쳐 가는 바이크 라이더는 거의 유리에게 바이크 통관 에이전트를 대행한다고 한다. 영어가 능통한 유리와 함께 차를 타고 보험사 사무실로 이동했다. 그리고 러시아에서 바이크 운행에 필요한 3개월짜리 바이크 보험(1,859루블)에 가입했다. 보험사 바로 옆의 유리 사무실에서 통관절차를 위해 필요한 서류들을 복사해 유리에게 주었다. 이틀 후에는 1시쯤 통관 처리를 위해 세관에 가야 한다고 한다. 그러면 당일 저녁 또는 다음날 즈음에 바이크를 찾을 수 있을 거라고 했다. 숙소를 씨 유 호스텔See You Hostel에 예약했다고 하니, 가는 길이라며 호스텔까지 나를 데려다 주었다. 덕분에 편하게 호스텔 도착해 체크인을 하고 짐을 풀었다. 바로 근처 가게에서 먹을거리(러시아 사발면, 케이크, 바나나, 주스)를 사서 호스텔 식당에서 대충 저녁을 먹고, 세탁기에 빨래도 돌렸다.

바이크 통관하기

2012년 4월 4일
DBS 사무실에서 만났던 에이전트 유리와 오후 1시쯤 바이크 통관 서류를 처리하러 가기로 약속했었다. 늦은 아침을 먹고 숙소에서 기다렸지만, 약속 시간이 지나도 유리는 오지 않는다. 오후 2시가 넘어서야 호스텔로 전화가 왔다. 오늘은 무슨 일 때문에 못 가게 되었다며 내일 오전에 가자고 한다. 젠장, 좀 빨리 연락하든가. 이게 러시아 스타일인 건가. 버스라도 타고 나가서 블라디보스토크 시내 구경이나 다녀야겠다.

2012년 4월 5일
오전 내내 기다리다가 1시 반 넘어 호스텔로 찾아온 에이전트 유리와 함께 통관을 처리하러 세관(혹은 경찰청 혹은 교통과? 정확하게는 잘 모르겠다.)으로 찾아갔다. 복사해 놓았던 서류들과 유리가 작성한 바이크 통관 서류들을 제출하고, 이런 저런 도장을 받으니 두 시간에 걸친 서류작업이 마무리 되었다. 그리고는 유리와 함께 여객터미널로 바이크를 찾으러 갔다. 바이크 하역료 3,000루블을 지불하고(뭐 이리 비싸!), 하역장 주차장에서 바이크를 찾았다. 그런데 바이크 키홀더로 연결해 두었던 멀티 툴이 열쇠고리에서 사라졌다. 아마 누군가 훔쳐간 듯하다. 그 외에 없어진 것은 없어서 수업료를 냈다 생각하기로 했다. 좋은 건데 아깝다. 떼어내서 따로 보관했어야 했는데 바보 같았다. 다행히 맥가이버 칼은 따로 있으니까 당장 곤란할 일은 없지만, 철사 자를 니퍼가 나중에 필요하게 될지도 모르니 따로 하나 사야겠다. 마지막으로 유리에게 에이전트 수수료 5,000루블을 지불하고(이것도 너무 비싸다!) 유리와 헤어졌다.

여객터미널에서 호스텔까지 바이크를 몰고 왔다. 러시아에서의 첫 운행이다. 두근대는 마음을 부여잡고 조심조심 천천히 달렸다. 오는 길에 보이는 자동현금인출기에 들러 8,000루블을 인출했다. 호스텔에 도착 후 바이크에 묶어놨던 짐을 풀고, 호스텔 매니저 유리(에이전트도 유리, 호스텔 매니저도 유리… 러시아에서 가장 흔한 이름인가?)에게 바이크 주차에 관해 물어보니, 근처 주차장에 하면 된단다. 유리가 나와 주차장 관리인 사이에서 통역을 해주어 50루블에 바이크를 주차했으니 일단 안심이다. 드디어 시베리아를 달리는 일만 남았다.

- 러시아 바이크 보험료(3개월) 1,859루블
- 바이크 하역료 3,000루블
- 통관 대행 수수료 5,000루블

처음 만난 러시아. 블라디보스토크

블라디보스토크의 첫인상은 무척 추운 부산 같았다. 아침에 일어나니 밤새 눈이 내려있었고, 창밖으로 보이는 바다도 얼었는지 수면 위로 하얗게 눈이 쌓여있었다. 게다가 무섭게 쌩쌩 몰아치는 바람…

바다가 얼어서 빙판이다. 젠장. 추울 거라 생각은 했지만 막상 이렇게 눈으로 보고, 몸으로 느껴보니 강도가 정말 다르다. 무엇보다도 눈 때문에 빙판길이 되는 것은 아닌지 걱정이다. 씻고 나와 전날 사왔던 바나나와 주스를 대충 먹고 밖으로 나섰다. 일단 밤새 내린 눈으로 골목길들은 살짝 빙판길인 상태. 하지만 주요 도로들은 젖어있긴 해도 빙판 상황은 아니다. 골목길만 조심한다면 바이크 운행에 큰 문제는 없을 듯싶다. 하지만 이 미친 듯한 추위와 쌩쌩 불어대는 바람은 또 다른 문제다. 한국에서 구입을 망설였던 열선 재킷과 장갑은 준비해오길 정말 잘했다는 생각이 들었다. 좀 많이 춥긴 하지만 가지고 있는 옷들을 껴입고 열선 장비들까지 사용한다면 어찌어찌 운행할 만큼은 될 듯하다. 또 다른 문제는 도로 교통사정이다. 일단 러시아 운전자들은 상당히 터프했다. 도로에 신호체계가 잘 되어있지 않았고, 도로 포장도 각오했던 것 보다는 나아 보였지만 그래도 우리나라에 비하면 꽤 엉망이었다. 도시를 벗어나 시외로 나가면 훨씬 더 터프해진다고 하니 각오를 단단히 하는 것이 좋겠다고 생각했다.

시내 구경을 마치고 숙소에 돌아와 쉬는데, 숙소 매니저 유리가 CUCKOO 나이트클럽(블라디보스토크의 최대 클럽)에 놀러 가자고 꼬인다. 자기가 세컨드 잡으로 그곳에서 웨이터를 하고 있단다. 어차피 오늘은 나 말고 호스텔에 아무도 없으니 와서 재미있게 놀라고 했다. 12시에 문을 연다고 하니 오가는 길에 택시를 타야 했다.

1. 블라디보스토크 시내 2. 시베리아 횡단철도의 종착역이자 시발역인 블라디보스토크 기차역 3. 러시아 어디에서나 볼 수 있는 레닌 동상 4. 블라디보스토크의 러시아 정교회 성당

심심하던 차에 재미있겠다 싶어 새벽까지 클럽 구경을 다녀왔다. 러시아에서도 블라디보스토크 아가씨들의 미모가 출중하기로 소문이 자자하다더니 그 말이 사실인가보다. 그런데 클럽 같은 곳은 아무래도 나하고는 맞지가 않는다. 술에 취해, 음악에 취해 자신을 놓아버리고 낯선 사람들 사이에서 어색하게 몸을 흔들어대는 건 취향에 맞지 않았다. 두 시간을 물잔 속에 떨어진 한 방울 기름처럼 둥둥 떠다니다가 숙소로 돌아왔다. 착한 몸매, 바람직한 얼굴의 금발 아가씨들이 뿜어대는 향기에 취해 잠시 즐거웠으니 딱 그만큼 감사할 뿐이다. 그리고 다음날, 찬바람이 몰아치던 블라디보스토크를 떠나 모스크바를 향해 스로틀을 당겼다.

4월의 시베리아

어찌하다보니 4월의 시베리아 횡단을 앞두고 있었다. 그런데 아무리 국내외 라이더들의 수많은 여행기를 읽어보아도, 4월에 시베리아를 횡단했다는 얘기는 찾을 수가 없었다. 대부분의 라이더들은 여름철 6~8월에 시베리아를 횡단하기 때문이다. 시베리아는 한창 더운 여름에도 곳에 따라 눈발이 날리기 때문에 한여름에도 추위에 고생했다는 라이더들의 이야기를 많이 들었다. 시베리아는 그런 동네다. 기온을 검색해보니 4월 기온이 대충 우리나라 한겨울 정도라는 건 알고 출발했지만, 과연 바이크 여행이 가능한지 어떤지 감이 잘 오질 않았다. 출발하기 전만 해도 설마 4월인데 하는 마음과 도로가 빙판길이면 어쩌지 하는 걱정, 열선장비들을 준비해야 하나 말아야 하나 싶은 고민들이 머릿속에서 복닥거렸지만 일단 떠나고 보자는 마음으로 출국하였다.

4월 6일 블라디보스토크를 출발하여 5월 5일 시베리아 횡단의 목적지였던 모스크바에 도착했다. 타이가 지대인 시베리아 4월 하순까지의 날씨는 1월 즈음 한겨울의 강원도와 비슷하다. 기온은 영하와 영상을 왔다 갔다 하는데, 칼바람이 장난이 아니다. 처음 블라디보스토크에 도착했을 때도 바다가 얼어있었지만, 모스크바로 향하는 중에도 여전히 강줄기들은 꽁꽁 얼어있었고 4월 말에서야 겨우 조금씩 녹기 시작했다. 바이칼에서 이르쿠츠크로 갈 때는 날이 따뜻해져 주룩주룩 내리는 비에 쫄딱 젖어 라이딩을 했고, 크라스노야르스크에 갈 때는 다시 추워져

1.시베리아 횡단열차가 지나가는 바이칼 호수 2.얼어붙은 호수를 피해 뭍으로 올라온 바이칼의 고기잡이 배

눈이 펑펑 오는 바람에 눈길 라이딩을 했다. 조금 따뜻해졌나 싶다가도 다시 찬바람이 쌩쌩 불어대고 날씨가 종잡을 수 없었다.

눈이 펑펑 내리는 4월의 시베리아

다행스럽게도 도로는 빙판이 아니었다. 엄청 건조한 동네라서 눈이 내려도 해만 뜨면 금방 녹고, 또 금방 말라버렸다. 자동차가 다니는 큰 도로는 운행에 아무 지장이 없었다. 다만 마을로 들어가는 비포장 길이나 마을 안의 골목길들은 빙판이거나 빙판이 녹아 질퍽한 상태였다. 조심조심 다니면 그럭저럭 다닐만한 정도는 되니 다행이었다.

만약 4월에 시베리아 횡단을 계획한다면 방한 대비를 제대로 해야 후회하지 않는다. 출발 전 많은 고민 끝에 열선 장비들을 준비해왔는데, 시베리아의 추위를 맞닥뜨리고 나니 준비를 하지 않았으면 어찌 되었을지 상상만으로도 끔찍하다. 블라디보스토크에서 쉬마놉스크까지의 추위는 그래도 어느 정도 견딜 만 했는데, 쉬마놉스크에서 울란우데까지는 정말 힘들었다. 울란우데로 오는 길, 열선 장비 연결 잭의 부품이 고장 나 장비를 사용하지 못하고 달렸더니 정말이지 얼어 죽을 것만 같았다. 달리면서 온몸이 떨리는데, 이빨은 덜덜덜 부딪히고 라이딩기어의 구석구석으로 새어 들어오는 바람에 살갗이 에이는 듯했다. 매일매일 열선 장비만으로는 모자라 우비를 포함해 가지고 있던 모든 옷을 껴입고 달렸다. 한편 열선 장비를 켜고 달릴 때는 마치 아이스크림 튀김이 되는 것 같았다. 열선의 온기가 닿는 피부는 뜨겁지만

4월 말, 바이칼 호수 위로 차를 몰고 가 얼음낚시를 하는 사람들

시베리아 횡단

뼛속 깊이 한기가 파고드는데, 양말에 장갑까지 두세 겹을 겹쳐 입어도 늘 손끝과 발끝이 얼어붙어 감각을 잃었다. 움직이기 불편할 정도로 껴입고 열선 장비까지 작동시켜도, 도로 위를 달릴 때면 늘 추위로 몸서리가 쳐졌다. 중간 중간 주유소에 멈춰 장갑을 벗을 때면 손가락이 얼어서 동전을 집지 못하곤 했다.

시베리아 주행 복장
속옷, 반팔 러닝, 긴팔 티셔츠 2장, 겨울 내복용 쫄쫄이, 추리닝 바지, 라이딩 재킷·바지(내피포함), 거빙스 열선 재킷, 우의 상하의, 축구 양말, 수면양말, 라이딩 부츠, 거빙스 열선 장갑, 방수방한 장갑, 넥워머, 웜 마스크, 헬멧

시베리아는 고위도 지역이라 해가 길다. 저녁 8시까지도 라이딩을 할 수 있을 만큼도 밝고, 9시나 되어야 해가 졌다. 하지만 나 스스로는 라이딩 한계를 5~6시로 정했다. 그 이후까지 달린다면 몸이 버티기 힘들 듯하고, 숙소 찾기와 짐 정리까지 생각하면 6시 이후의 라이딩은 굉장한 무리라는 생각이었다.

체르니쉡브스크에서 치타까지는 고위도인데다 고도도 높은 지대였다. 시베리아를 온통 뒤덮고 있던 자작나무 숲도 거의 보이지 않았고, 끝없이 펼쳐진 황무지에는 횡단도로만이 지평선 끝까지 이어져 있었다. 이렇게 거칠 것 없는 광야에서는 한두 시간을 달려도 자동차 한 대 마주치기가 쉽지 않다. 여기가 바로 시베리아라는 듯 매섭게 불어대는 바람만이 달리는 차체를 좌우로 격하게 흔들 뿐이었다. 당시 기온 자체는 견딜만해서 주유소에 잠시 정차했을 때 바람만 멎으면 약간은 따뜻하다는 느낌까지 들었을 정도였는데, 바람이 불고 특히 주행 중 맞바람을 맞을 때면 역시나 뼛속까지 시린 느낌이었다.

1.언덕 위에서 바라본 시베리아 횡단열차 2.3.이렇게 척박한 곳임에도 드문드문 마을들이 있다. 인간의 생명력이란 놀라울 뿐이다.

우랄산맥은 러시아 내에서 아시아와 유럽의 경계가 된다. 4월 하순이 되고, 우랄산맥을 넘으면서 날이 점점 따뜻… 아니 아직 따뜻함 까지는 아니고 덜 추워지고 있었다. 이제는 얼어붙은 강이나 쌓인 눈은 찾아볼 수 없고, 나무에 새순이 돋아나는 모습이나 푸른 싹이 올라와 푸르게 변해가는 평야를 볼 수 있었다. 우랄산맥을 넘으면 지리적으로 시베리아의 경계를 지난 것이다. 시베리아를 넘어 유럽으로 들어온 것을 축하라도 해주듯 날은 점점 포근해졌다.

추위가 어느 정도 가시니 이젠 비가 말썽이다. 계속 오다 말다 하는 비 때문에 우비를 계속 착용해야만 했다. 무엇보다도 빗속 라이딩은 상당히 위험하다. 흘러내리는 빗물을 연신 닦아내야 하고, 앞에서 달리는 차, 특히 트럭들이 튀겨대는 흙탕물을 온몸으로 뒤집어 써가며 달릴 때는 정말 짜증이 난다. 그래도 아스팔트 위를 달릴 때는 그나마 괜찮은데, 비오는 날 비포장도로나 흙탕물 범벅 된 오프로드는 정말 최악이다. 추위 때문인지 동쪽 지역이 원래 그런지는 모르겠지만, 이르쿠츠크 전까지는 빗방울 구경도 못했는데 바이칼을 지나면서부터는 거의 매일 빗줄기가 주룩주룩 쏟아졌다.

처음엔 추위와 빗속 라이딩 중 하나를 선택하라면 추위를 선택하고 싶을 정도였다. 빗속 라이딩은 위험한 것뿐만 아니라 서서히 젖어드는 옷가지들 때문에 숙소에 도착해서도 흙탕물을 닦아내고 세탁에 건조까지, 뒤 처리가 여간 귀찮은 것이 아니다. 오히려 시베리아의 추위는 이미 적응이 됐는지, 열선 장비와 우비까지 챙겨 입으면 덜덜 떨면서도 어떻게든 견딜 수 있을 듯했다. 하지만 나중엔 이마저도 적응이 되어, 처음 조심스럽게 빗속을 달릴 때와는 달리 '에라, 또 비야' 하는 생각으로 맑은 날과 별 차이 없이 달리게 되었다(앞에 트럭만 없으면 빗속 라이딩도 그럭저럭 할만하다). 심지어 이젠 헬멧에 부딪히는 빗소리도 라이딩이 새다른 즐거움이 된다.

5월이 되면서 날씨는 따뜻해졌다. 모스크바에 오니 사람들은 벌써 밖에서도 반팔을 입고 다니고 있었다. 어느새 한 계절이 지났다.

1. 봄기운이 완연한 4월 말의 예카테린부르크 2. 따뜻했던 5월초의 모스크바

러시아 키릴 Cyrillic 문자

러시아에서는 기본적인 영어회화가 거의 통하지 않는다. 심지어 세계일주를 하며 방문한 50여 개 나라들 중에서 영어가 가장 안 통했던 나라가 바로 러시아인 만큼, 기본적인 철자와 도움이 되는 어플, 매직 레터 등을 알아보고 가자.

러시아와 구소련 국가들에서는 영어 도로표지판을 찾아보기 어렵다. 그러니 목적지까지 어려움 없이 주행하려면 기본적인 지명 읽기가 도움이 된다. 기본 원리는 영어와 동일하니 영어 알파벳과 다른 점 위주로 키릴 문자를 외워둔다면 시베리아를 횡단하는 데에 많은 도움이 될 것이다.

Аа	Бб	Вв	Гг	Дд	Ее	Ёё	Жж	Зз	Ии	Йй	Кк
a	b	v	g	d	e	jo	ž	z	i	j	k
[a]	[b]	[v]	[g]	[d]	[ye]	[yo]	[ž]	[z]	[i]	[j]	[k]

Лл	Мм	Нн	Оо	Пп	Рр	Сс	Тт	Уу	Фф	Хх	Цц
l	m	n	o	p	r	s	t	u	f	x	c
[l]	[m]	[n]	[o]	[p]	[r]	[s]	[t]	[u]	[f]	[x]	[ts]

Чч	Шш	Щщ	Ъъ	Ыы	Ьь	Ээ	Юю	Яя
č	š	šč	'	y	"	è	ju	ja
[tç]	[š]	[ç]	-	[wt]	-	[e]	[yu]	[ya]

키릴문자

모음

대문자	소문자	발음	
А	а	а	아
Е	е	е	애
Ё	ё	ё	요
И	и	I	이
О	о	о	오(또는 아)
У	у	u	우
Ы	ы	y	으
Э	э	é	에
Ю	ю	yu	유
Я	я	ya	야

자음

대문자	소문자	발음		대문자	소문자	발음	
Б	б	b	ㅂ(영어 B)	П	п	p	ㅃ
В	в	v	ㅂ(영어 V)	Р	р	r	ㄹ(영어 R)
Г	г	g	ㄱ	С	с	s	ㅅ
Д	д	d	ㄷ	Т	т	t	ㅌ(또는 ㅉ)
Ж	ж	zh	ㅈ(쥐)	Ф	ф	f	ㅍ
З	з	z	ㅈ(지)	Х	х	kh	ㅎ
Й	й	î	이(짧게 이)	Ц	ц	ts	ㅉ
К	к	k	ㅋ,ㄲ	Ч	ч	ch	ㅊ
Л	л	l	ㄹ(영어 L)	Ш	ш	sh	ㅅ(쉬)
М	м	m	ㅁ	Щ	щ	shch	ㅅ(쉬)
Н	н	n	ㄴ				

부호

Ъ	ъ	경음 부호
Ь	ь	연음 부호

회화 & 번역 어플

- **Google 번역**

구글 번역기만 있으면 어떤 상황에서도 의사소통이 가능하다. 다만 오프라인에서는 번역이 안 되므로, 미리 필요할법한 문장을 번역해두는 것이 좋다. 한 번 번역해둔 문장은 어플을 초기화시키지 않는 이상 저장되어 있으므로 오프라인에서도 사용 가능하다. 100여 개 정도의 문장을 러시아어로 미리 번역해두었다가, 필요할 때 화면에 띄워 보여주면 된다.

- **네이버 글로벌회화**

러시아를 비롯해 유럽과 몽골까지, 여행에 필요한 거의 모든 나라의 상황별 회화를 제공한다. 간단한 요청이나 질문이 여러 가지 준비되어 있다.

매직 레터

스마트폰 어플보다 훨씬 요긴하게 쓸 수 있는 아이템이다. 여권 크기의 작은 수첩을 준비해 한쪽에는 영어 문장을 쓰고, 맞은편에는 블라디보스토크에서 만난 호스텔 매니저 유리에게 부탁해 러시아어로 번역을 했다. 매직 레터는 특히 숙소 잡을 때 매우 유용하다. 생전 처음 가보는 동네를 돌아다니다가 적당한 사람에게 매직 레터 숙소 부분을 보여주면서 "가스띠니짜(여관)"라고 이야기하면, 거의 대부분의 러시아인들은 친절하게 도와준다. 무뚝뚝하게 굳은 인상이었다가도 매직 레터를 보여주면 마치 마법에 걸린 것처럼 친절한 동네아저씨로 변하는 것이 매직 레터의 묘미.

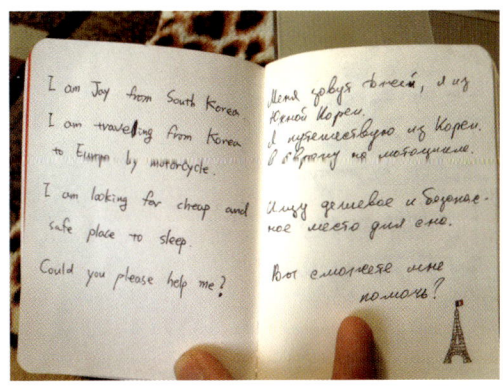

시베리아 횡단 여행 내내 가지고 다녔던 매직 레터

TIP

키릴문자는 외계어?

알아보기 힘들만큼 엉망으로 쓴 글씨, 혹은 아이들이 사용하는 이상한 말을 우리는 '외계어'라고 이야기한다. 그런데 유럽인들은 이상한 말을 들을 때 '그리스어 같다'라고 표현한다. 고대 로마의 라틴어에서 파생된 대부분의 유럽 언어들(영어, 프랑스어, 스페인어 등)은 서로의 언어를 정확히 모르더라도 대략적인 의미 파악이 가능하다. 한편 어족이 전혀 다르고 철자까지 상이한 그리스어는 대부분의 유럽인들에게 '외계어'와 같이 느껴진다. 그러니 그리스 철자를 다시 변형한 키릴 문자가 영어에 익숙한 이들에게 '외계어'로 느껴지긴 마찬가지 아닐까.

필수 러시아어

기본 단어

식당 кафе 카페
전화 телефон 쩰레쁜
약국 аптека 앞태카
병원 больница 발리차
경찰 полиция 빨리쨔
상점(슈퍼) магазин 마가진
모터사이클 мотоцикл 모토치클
호텔(여관) гостиница 가스찌니짜
주유소 АЗС(заправка) 아즈스(자쁘라프까)

숫자

1	아진	один
2	드바	два
3	뜨리	Три
4	취뜨리	четыре
5	빠찌	пять
6	쉐스찌	шесть
7	쎔	семь
8	보씸	восемь
9	제빗	девять
10	제샷	десять
20	드밧쌋찌	двадцать
30	뜨리쌋찌	тридцать
40	쏘럭	сорок
50	삐제샷	пятьдесят
60	쉐제샷	шестьдесят
70	씸제샷	семьдесят
80	보씸제샷	восемьдесят
90	제바노스떠	девяносто

기본 회화

- 네 Да 다
- 아니오 Нет 넷
- 안녕하세요 Здравствуйте 즈드랏스 부이째
- 죄송합니다, 실례합니다
  Извините 이즈비니째
- 감사합니다 Спасибо 스빠시바
- 제 이름은 홍길동입니다
  Меня зовут 홍길동 미냐 자붓 홍길동
- 한국에서 왔습니다 Иэ Корея 이즈 까레이
- 화장실어딨나요? Где туалет? 그재 뚜알렛?
- 얼마인가요?
  Сколько стоит? 스꼴리까 스또잇?
- 비싸네요 дорого 도로거
- 주유소가 어디 있나요?
  Где АЗС? 그제 아즈스?
- 주유소까지 멉니까?
  Далеко ли до АЗС? 달례꼬 리 더 아즈스?
- 여기에서 몇 킬로미터 먼가요?
  Сколько километров отсюда?
  스콜코 킬로메트로브 앗슈다?
- 호텔이 어디 있나요?
  Где ГОСТИНИЦА? 그재 가스띠니짜?
- 하룻밤에 얼마예요?
  Сколько стоит всутки?
  스꼴리꼬 스또잇 브숫뜨끼?
- 더 싼 가격은 없나요?
  У вас есть номера подешевле?
  우바쓰 노몌라 빠제쉐블례?
- 도와주세요 Помогите 빠마기쩨
- 구급차를 불러 주세요
  Вызовите скорую помощь!
  비조비쩨 스꼬루유 뽀모쉬
- 경찰을 불러 주세요
  Вызовите полицию 비조비쩨 빨리찌유

시베리아 주요 도시

블라디보스토크 Владивосток
자루비노 Зарубино
우수리스크 Уссурийск
하바롭스크 Хабаровск
비로비잔 Биробиджан
오블루치예 Облучье
쉬마놉스크 Шимановск
치타 Чита
울란우데 Улан-Удэ
울란바토르 Улаанбаатар
이르쿠츠크 Иркутск
크라스노야르스크 Красноярск
아친스크 Ачинск

케메로보 Кемерово
톰스크 Томск
예카테린부르크 Екатеринбург
노보시비르스크 Новосибирск
옴스크 Омск
첼랴빈스크 Челябинск
우파 Уфа
카잔 Казань
니즈니노브고로드 НижнийНовгород
블라디미르 Владимир
모스크바 Москва
상트페테르부르크 Санкт-Петербург

 **시티은행 국제현금카드**

러시아의 거의 모든 도시, 그냥 지나치는 마을에도 널린 게 은행. 어딜 가도 자동현금인출기가 있는데다 영어 메뉴를 선택할 수 있어 어렵지 않게 이용할 수 있다. 시티은행이 아니어도 VISA나 Mastercard 표시가 된 자동현금인출기를 찾으면 된다. 국제현금카드를 이용해 예금을 인출하면 해당국의 현지 화폐로 현금이 인출되고, 인출 당시의 환율이 적용된 금액(원)과 이체 수수료가 계좌에서 출금된다. 환전 업무를 따로 보지 않아도 되니 무척 편리하다.

ATM 간단 영어

Please insert your card
기드를 넣어주세요
Please enter your PIN
비밀번호를 눌러주세요

Balance Inquiry 잔액조회
Cash Withdrawal 현금인출 `Click`
Cash Advance 신용인출

Checking 수표
Savings 예금 `Click`
Current 정기예금
Credit Card 신용카드

Please enter amount
인출금액을 입력해주세요
Do you want a printed receipt?
영수증을 받겠습니까?

TIP
수수료가 일정하기 때문에 한 번에 최대 인출금액만큼 찾는 것이 수수료를 아끼는 방법이다.

러시아 주유소에서 기름 넣기

러시아의 주유소들은 거의 대부분 셀프주유를 하고, 신용 카드를 받지 않는 경우가 많은데 막상 한번 해보면 그리 어렵지 않다. 주유를 하기 위해서는 먼저 주유기 앞에 바이크를 세운 후 계산대로 간다. 대략 예상되는 주유 금액을 직원에게 현금으로 지불하면, 직원이 얼마나 주유할 것인지 물어본다. 하지만 영어가 통하지 않으므로 러시아어로 "가득"이라고 말할 수 있으면 좋으련만. 대신에 보디랭귀지로 손날을 목 가까이 대고 살짝 탁탁 쳐주면 된다. 그러면 직원이 지불한 액수만큼 해당 주유기의 전원을 넣어준다. 직접 주유기를 뽑아서 탱크를 가득 채운 다음에는 주유량의 금액을 확인하자. 지불한 돈보다 비용이 적게 들었을 경우, 다시 직원에게 가면 알아서 거스름돈을 거슬러준다.

우랄산맥을 넘어 시베리아 경계를 건너고 나면 도시 사이의 거리도 가까워지고, 여러 인프라가 비교적 잘 준비돼 있지만, 시베리아에서는 주유소 간 거리를 걱정하지 않을 수 없었다. 그래서 중간에 기름이 떨어져 오도 가도 못하는 상황에 처하지 않으려면 바이크 연비를 파악해 비상용 보조연료를 준비해야 한다.

BMW Xcountry는 한국에서 연비가 23km/L정도였는데, 보통 풀탱크로 주유하면 최대 200km 정도 주행 가능하고 160km부터 주유경고등이 들어왔다. 이를 기준으로 5리터 보조 연료통을 구입해 비상용 기름을 넣어가지고 다녔는데, 다행히 블라디보스토크에서 바이칼까지의 구간에서는 보조 연료를 한 번도 쓰지 않았다. 게다가 고속으로 쉬지 않고 달리면 연비가 더 좋아지기도 해, 나중에는 1리터 음료수 페트병 두 개로 비상 연료를 줄였다. 블라디보스토크에서 바이칼까지의 경로에 300km 넘도록 주유소가 없는 구간이 있다고 해 상당히 걱정했었지만, 막상 횡단하면서 가장 멀었던 주유소 간 거리는 200km 정도로 두 번 있었다. 가끔씩 150km 가량 떨어진 곳도 있었다. 블라디보스토크에서 하바롭스크 구간이나 치타에서 모스크바까지 가는 구간에는 주유소 간 거리가 전부 100km 이내였다.

아무런 정보가 없는 곳에서 어떻게 숙소를 찾을까?

야영을 각오하고 텐트랑 침낭, 버너, 코펠 등 야영장비도 한껏 준비해 여행을 출발했지만, 시베리아에서 야영은 한 번도 하지 않았다. 낮 동안 종일 달리며 추위에 덜덜 떨다보니, 잠만은 따뜻하게 자고 싶었다. 이런 추운 날씨에 야영은 미친 짓이 아닐까라는 생각도 들고, 혼자서 컴컴한 산속에서 밤을 보낼 생각을 하니 무섭기도 했다. 눈과 흙탕물이 범벅인 늪지 같은 숲 속으로 바이크를 끌고 갔다가 오도 가도 못하게 되면 어쩌나 걱정도 되었다. 그래서 모스크바까지는 가능하면 숙소에서 자기로 결정했다.

매번 가스띠니짜라는 곳에서 묵었는데, 이는 우리의 여관쯤 되는 러시아의 숙박업소다. 가격과 시설은 천차만별. 매번 생전 처음 가보는 동네를 돌아다니며 숙소를 찾아 들어가기가 큰일이었는데, 나중엔 적응이 되어서 그런지 그럭저럭 할 만 했다. 중간에 들르는 마을마다 웬만하면 가스띠니짜가 다 있어서, 잘 찾는다면 야영 없이도 충분히 시베리아를 횡단할 수 있다.

하지만 최대한 미리 검색하고 뒤져서 적당한 숙소 위치와 주소를 알고 가는 것이 최선이다. 호스텔월드 같은 사이트에 방문해 예상 경로별 호스텔 정보를 1~2개씩 PDF로 정리

가스띠니짜 간판

해두면 된다. 물론 모든 도시에 호스텔이 있는 것도 아니고, 달리다보면 예정에 없던 마을에서 가스띠니짜를 찾아야 하는 경우도 생긴다. 특히 블라디보스토크에서 울란우데 사이에는 호스텔이 하나도 없어서 마을 사람들에게 매번 묻고 물어 가스띠니짜를 찾아가야 했다. 가스띠니짜라는 단어를 알고 가더라도 간판만으로는 찾기 어렵기 때문에, 동네 주민들에게 도움을 청하는 것이 훨씬 빠르고 간단하다(왠지 친절할 것 같고, 자동차나 바이크를 타고 있거나 근처에서 쉬거나 볼일을 보고 있으며, 한가해 보이고, 나이는 어느 정도 있는 아저씨나 할아버지가 가장 좋다).

길가의 한가해 보이는 아저씨들에게도 많이 물어보고 다녔지만, 이런 조건에 가장 잘 맞는 건 경찰이었다. 부패다 뭐다 말은 많지만, 경찰만큼 확실한 사람을 찾는 것도 힘든 게 사실. 한가하게 순찰 중이거나 뭔가 사건 안 터지나 지루해하는 경찰이 가장 좋다. 혹은 차를 몰고 나와 가게에 잠시 들르는 것 같은 할아버지도 좋다. 이런 사람들에게 다가가 바이크를 옆에 세우고 웃으며 인사를 한 다음, 매직레터를 꺼내 숙소 면을 펼쳐 보여준다. 처음에 '이 놈은 뭐하는 녀석인가?' 하는 눈빛으로 경계하던 사람들도 매직레터를 보고는 다들 재미있어 한다. 그리고는 어떻게 도와줘야 할지 곰곰이 생각한 후 친절하게 가르쳐 준다. 처음엔 이렇게 저렇게 가면 된다고 열심히 러시아어로 설명을 해주지만 반쯤은 못 알아듣게 되는데, 그러면 답답한지 80~90%의 사람들은 자기 차로 데려다줄 테니 바이크로 뒤 따라 오라고 한다. 직접 안내를 받기 어려운 경우라면 지도 어플을 켜서 가스띠니짜의 위치 표시를 부탁할 수 있다.

TIP
경찰에게 물어보면 거의 대부분 숙소까지 데려다준다. 특히 대도시에서는 경찰만큼 확실한 이도 찾기 어렵다. 하지만 비싼 숙소로 안내하는 경향이 있으므로, 저렴한 곳을 원할 경우 의사표현을 잘 해야 한다.

서쪽으로 이동해 모스크바에 가까워질수록 모든 상황이 나아진다. 완전 오프로드는 찾아볼 수 없고, 도로 상태도 비교적 괜찮다. 물론 공사 중이거나 움푹 팬 곳들이 꽤 많았지만, 시베리아 도로에 이미 적응된 탓인지 어렵지 않았다. 서쪽에선 숙소도 무척 쉽게 찾을 수 있다. 이르쿠츠크를 지나고부터는 숙소를 잡기 위해 매직레터를 쓴 일이 없다. 길을 달리다 보면 수도 없이 많은 카페(러시아의 카페는 식당에 더 가깝다)가 늘어서있고, 그 중에 상당수가 가스띠니짜를 겸하고 있다. 적당한 시간이 되어 숙소를 잡아야겠다 싶으면, 길가의 카페를 유심히 살피며 가스띠니짜 간판을 찾으면 된다. 트럭 기사들은 싸고 좋은 곳을 잘 알지 않을까 싶어, 트럭이 많이 세워진 곳들을 이용하기도 했다. 사실 바이칼 이전의 동쪽 구간에서도 카페들은 많이 있었을 것이다. 하지만 미처 가스띠니짜를 찾을 생각을 하지 못했고, 만약 알았더라면 숙소를 잡기가 좀 더 수월하지 않았을까 생각해본다.

1. 하룻밤 묵었던 길가의 숙소. 가스띠니짜(여관), 마가진(마켓), 카페(식당) 간판이 보인다.
2. 카페를 겸하던 도로가의 가스띠니짜. 트럭 기사들과 함께 하룻밤을 쉬었다.

유형의 땅 시베리아, 안전할까?

러시아에서도 극동 시베리아는 오지 중의 오지이다. 척박한 환경만큼 사람들이나 전반적인 생활수준이 여유롭지 못하다. 그런 이유로 소련 시절 정치범들의 공식적인 유배지이기도 했다. 이런 시베리아를 횡단하는 라이더들에게 가장 악명이 높은 구간은 하바롭스크에서 치타까지의 2,100km 구간이다. 거의 외길이라서 다른 길을 선택할 여지도 거의 없다.
블라디보스토크의 호스텔 매니저 유리에게 시베리아를 횡단해서 모스크바로 떠나는 중이라고 말했을 때, 유리의 얼굴은 꽤나 심각했다. 이 코스가 가장 위험하고, 몇 년 전에도 독일인 라이더가 주유소에서 주유 중 총에 맞아 살해당한 적이 있다는 것이다. 그런 위험 때문에라도 웬만하면 중간에 쉬지 않고 빠르게 통과해야 하는데, 그러기엔 거리가 너무 멀다. 자작나무 평야만 끝없이 이어진 길에 마을도 기본 100km 이상씩 떨어져 있어, 주유소 간 거리도 꽤 멀다. 시속 100km로 몇 시간을 달려도 마주 오는 차량은 한두 대밖에 없는 그런 황량한 길. 이런 곳에서 나 하나 사라져 버린다 해도 아무도 찾지 못하겠구나 하는 생각마저 든다. 그리고는 이 길을 지나간 지 한 달 정도 됐을 무렵, 같은 길로 모터사이클을 타고 시베리아를 횡단하던 30세의 일본인 남성이 야영 중 살해당한 사건이 발생했다. 서른 번도 넘게 칼에 찔려 사망한 끔찍한 사건이었다. 며칠 후 경찰에 잡힌 두 명의 범인은 동네 양아치들이었는데, 숲에서 야영하던 그를 발견하고 물건을 훔치러 갔다가 살해하게 됐다고 했다.

캠핑장이 거의 없는 시베리아에서 바이크 오버랜더들은 황량한 벌판을 달리다가 길가의 어느 자작나무 숲 으슥한 곳에 숨어 와일드 캠핑을 하기 마련이다. 하지만 어설프게 외진 곳에서의 와일드 캠핑은 상당히 위험한 선택이다. 오히려 사람들이 많이 다니는 곳에 텐트를 치거나, 사람이 아무도 오지 않는 깊고 깊은 곳으로 들어가는 것이 낫다. 24시간 열려있는 식당 앞이나, 주유소 한 편에 주인의 양해를 구하고 텐트를 치면 대부분 허락해준다.

용기가 필요한 것은 출발하기까지다. 일단 길을 나섰다면 겁쟁이가 되어야 한다. 살아서 돌아가야 하지 않겠는가. 러시아라고해서 특별하게 더 위험하거나 나쁜 사람들이 산다고는 생각하지 않는다. 원체 무뚝뚝하고 터프한데다 거의 대부분 알코올을 입에 달고 사는 사람들이라 때때로 움츠러들 때도 많았지만, 사람 사는 곳은 어디나 비슷하다. 절대 다수의 사람들은 선량하고 친절하며, 그것은 러시아 시베리아도 예외가 아니었다. 방심이 위험을 부를 뿐, 스스로의 안전을 위해 위험한 행동을 삼가고 조심한다면 아무런 문제도 생기지 않을 것이다.

어떤 지도를 사용할까?

스마트폰 지도 어플이 있으면, 반드시 내비게이션이나 GPS 기기를 준비할 필요는 없다. 다만 GPS 장치가 따로 있으면 지도를 미리 다운받아놓지 않아도 되니 편하고, 방수나 진동 등에 취약한 스마트폰을 혹사시키지 않아도 되어 부담이 적은 것이 사실이다. 게다가 가민Garmin GPS같이 여행용으로 많은 이들이 사용하는 GPS는 주변 숙소나 주유소 등의 정보를 충실히 담고 있어 여행의 질을 한 단계 더 업그레이드 시켜준다. 다만 기기 가격이 만만치 않고 지도를 받기 위해 별도의 결제가 필요하다.

스마트폰 GPS 어플

iPhone ≫ MotionX-GPS
지도의 축척을 선택할 수 있어 중요한 대도시에서는 자세한 도로 지도를 볼 수 있다. 이동 경로를 GPS 경로로 기록할 수 있으며, 내비게이션처럼 차량의 움직임을 확인하며 운전하기 편하다. 다만 오프라인에서 사용하려면 지도를 미리 다운받아야 하고, 지도가 고배율일수록 용량이 늘어나므로 다운로드 시간도 오래 걸린다.

iPhone ≫ Direct U Asia & Russia
아시아와 러시아 외에도 유럽, 독일, 아프리카, 호주, 남미 등 다양한 곳들이 어플로 나와 있다. 어플 자체에 지도가 내장돼 있어 오프라인 사용이 쉽다는 것이 장점. 지도 수준도 괜찮다.

Android ≫ OsmAnd+, Navfree
어플의 평가가 비교적 좋은 편이다. 자신의 취향에 맞게 선택해 미리 사용해 보자.

카제 안성민
누가 봐도 대한민국 평균 이하(^^)의 외모와 능력을 가진 83년생.
온라인에서는 '카제'라는 아이디로 활동 중.
블로그 blog.naver.com/heavenmaker

Q1. 여행 루트와 기간, 라이딩 거리

제가 달린 거리는 26,000km 정도입니다. 루트는 러시아 → 우크라이나 → 루마니아 → 헝가리 → 오스트리아 → 체코 → 폴란드 → 독일 → 베네룩스 3국 → 이탈리아 → 스위스 → 프랑스 → 스페인 → 포르투갈. 이렇게 돌았네요. 기간은 5개월 정도. 중간에 길에서 만난 현지인들과 놀다 보니 그렇게 됐습니다.

Q2. 여행에 사용한 바이크 소개

대만 SYM에서 나온 WOLF 125cc 중고 바이크입니다. 중고 매물로 180만 원 정도에 구입했습니다. 시베리아도 달려주고 피레네산맥도 넘어주고, 알프스도 올라 주었으니 제법 괜찮은 놈 같네요.

Q3. 자신의 여행 스타일

사람 냄새 안 나는 관광지보다는 지방 작은 도시에서 현지인들과 웃고 떠들며 세상 사는 이야기를 하는 것이 좋더라고요. 지도도 없이, 가이드북도 없이 그냥 달렸습니다. 삼십 평생 사회가 만든 기준에 따르면서 산 탓인가, 여행만큼은 나만의 기준을 따라 달렸습니다. 저의 여행은 사람입니다.

Q4. 대략적인 여행 경비

러시아에서 처음 출발할 때, 700만 원을 지니고 여행을 시작했습니다. 야영하며 달려서 그런지 하루에 쓴 돈은 많지 않았습니다. 고정비용으로 나가는 기름 값 등을 제외하면 가끔 길에서 만난 친구들이 고마워 술을 사줄 때만 돈을 썼습니다. 돌아올 때 비행기 값까지 사용하고 나니 5개월 후 귀국 시에는 50만 원 정도 남았었습니다.

Q5. 모터사이클 여행의 장단점

바이크… 흠… 참 신기 하죠. 어려서 배낭여행 다닐 때는 그냥 가이드북을 쫓는 평범한 관광객이자 이방인이었는데, 바이크를 타고 떠나는 여행은 저를 현지인 삶 속에 어우러지는 형제이자 방랑자로 만들어 주었습니다. 단점이라… 고추가 아프고 춥고 덥다. 이 정도 아닐까요.

Q6. 가장 추천하고 싶은 여행지와 그 이유

딱히 없는데요. 어차피 사람마다 느끼는 게 다르니까. 사람들이 좋았던 곳은 러시아, 루마니아, 체코, 폴란드, 프랑스, 이탈리아… 너무 많네요. 처음 보는 왜소한 체구의 동양인에게 따듯한 말과 잠자리를 제공해준 지구별 형제들이 있는 곳이라면 어디든 추천입니다.

Q7. 바이크 여행 중 가장 기억에 남는 일

갈비뼈가 부러진 저를 품어 준 체코의 노부부. 외로움에 지친 나와 미친 듯이 놀아준 러시아의 나이트 울브즈와 옴스크 모스키토 형제들. 오스트리아에서 만나 프랑스에서 나를 품어준 존과 샨드린. 나의 프랑스 가족들. 아우토반에서 엔진이 퍼져 여행을 포기할 뻔한 나를 세워준 독일의 펠릭스와 친구들. MOTO GP 선수였다고 우기던 이탈리아 작은 마을의 귀여운 루치아노와 그의 친구들. 그 외에 여행 중에 소통했던 모든 이들이 너무도 생생히 기억에 남네요.

Q8. 모터사이클 세계여행을 떠나는 이들에게 한마디

조언이라… 저에 대해서 말씀 드리죠. 저는 흔히 말하는 지방전문대 건축과를 졸업했습니다. 처음의 직장에서 연봉 1,800을 받았습니다. 키는 160cm, 몸무게 58kg에 손에는 다한증까지 있어 군복무를 공익으로 갔답니다. 영어는 날림으로 배웠기 때문에 문법이나 고급 단어는 알지도 못하고 사용할 줄도 모릅니다. 서른 살, 여행을 떠날 당시 학자금 융자다 뭐다 빚을 갚다보니 수중에는 퇴직금을 포함해 1,300만 원이 전부였습니다. 당신이 누구든지 어떤 상황이든지 당신은 할 수 있습니다. 장담할 수 있습니다. 이런 저도 해냈으니까요.

Q9. 여행을 마친 후 달라진 점

여행 전의 저는 언제나 제 자신을 탓하며 부족하기만 한 자신을 저주하기도 했습니다. 지금의 저는 제 자신을 정직한 눈으로 평가하고, 남들이나 사회에서 만든 잣대를 스스로에게 들이대지 않습니다. 남들이 살아가는 삶의 평범한 과정들이 꼭 해답은 아니라는 것을 많은 지구별 형제들에게 배웠기 때문입니다. 대신에 저는 자신만의 삶의 잣대를 가진 미친놈이 되어 있습니다. 사는 건 역시 힘들지만, 이제는 웃고 있네요.

긴장이 풀어질 때, 사고는 찾아온다

바이칼호수를 지나 주행 거리가 8,000km를 넘어가면서 라이딩에 자신감이 붙었다. 오프로드, 돌무더기길, 고갯길, 빗길, 눈길, 흙탕물길… 무지막지한 길들을 경험하면서 어느새 바이크 라이딩이 익숙해졌다 할까. 아니면 험난했던 동쪽 구간을 지나 모든 상황이 좋아지는 서쪽으로 접어드니 라이딩이 만만해졌다고 할까. 나도 모르게 자만해진 것이다.

처음 오프로드나 빗길을 달릴 때는 한껏 긴장해서 속도도 확 줄이고 조심조심 운행했었다. 집채만 한 트럭이 옆으로 휭 지나가며 바람 싸대기를 때릴 때면, 휘청대는 바이크를 붙잡으며 긴장감에 몸을 떨기도 했다. 하지만 어느 순간부터 위험 요소가 일상으로 바뀌면서, 겁도 없이 내리 달리고 있었다. 반대 차선에서 달려오는 트럭과 그 트럭을 앞지르려 내 차선으로 밀고 들어오는 트럭을 정면으로 마주보며 달린 적도 많았다. 그렇다보니 급히 속도를 줄이고 겨우 갓길로 피했을 때에는 가슴을 쓸어내리며, 이거 죽을 뻔했다고 안도의 한숨도 쉬기도 했다. 하지만 이 역시 하루에도 한두 번씩 매일 겪다보니 나중에는 그냥 "또야…" 하는 정도의 무덤덤한 일이 돼버렸다.

원래 사고는 이렇게 어느 정도 익숙해졌다고 자만할 때 나는 법인가 보다. 예카테린부르크로 향하던 어느 날, 지금까지 넘어지거나 사고 난 일 없이 달려왔기에 내심 "이거 슬립 한 번 없이 시베리아 완주하는구나!"라고 혼자 뿌듯해하고 있었다. 예카테린부르크에 도착하는 날, 출발부터 비가 주룩주룩 내리고 있었다. 숙소에서 하루 더 쉴까 고민도 잠시 했으나 숙소가 그다지 맘에 들지 않았다. 빗길 주행도 많이 해본 터라 어느 정도 익숙해졌고, 가다 보면 날씨가 변할 수도 있다는 생각에 출발을 강행했다.

출발한 지 1시간 정도 지났을 무렵, 결국 슬립 사고가 일어났다. 백 퍼센트 내 실수였다. 원형 커브 도로에서 서행하며 빠져나가는 트럭을 앞질러보겠다고 트럭 옆의 갓길로 들어가 버렸고, 마침 나타난 빗길 진흙탕에 핸들이 요동쳤다. 순간적으로 조종하지 못한 바람에 바이크는 도로로 거칠게 튀어 오르며 트럭 앞쪽으로 미끄러졌고, 나는 바이크에서 떨어져나가 몇 바퀴를 굴러 도로 한가운데 뻗어버렸다. 튕겨나간 바이크는 중앙선 너머 반대편 차선까지 날아가 바닥에서 윙윙대고 있었다. 천만다행으로 서행하던 트럭은 우리 앞에서 정차했고, 반대편 차선도 비어있었다. 만약 반대 차선에서 트럭이라도 오고 있었으면, 아니 추월하려던 트럭이 제때 멈추지 못했다면, 바로 여행 끝… 아니 어쩌면 인생 끝이었을 것이다.

얼른 일어나서 바이크 시동을 끄고 일으켜 세워서 갓길로 끌고 나가 한숨을 돌렸다. 트럭 기사는 운전석 창문을 내리고 나를 향해 뭐라 뭐라고 고함을 쳤다. 러시아어를 몰라도 알아들을 수는 있었다. 뭐 그 따위로 운전하느냐, 죽고 싶은 게냐, 뭐 그런 말들 아니었을까. 일단 몸 상태를 확인하니 왼쪽 무릎에 약간 통증이 있었지만 별것 아닌듯했다. 바이크도 크게 부서지거나 심각한 이상을 보이진 않았다. 다만 사이드미러 두 개가 충격에 제멋대로 돌아가 흔들대고 있었다. 가방 방수커버는 도로에 갈려 찢어져있었다. 비싼 건데… 다행히 가방은 괜찮아 보인다. 바이크를 세우는 지지대와 바이크의 이곳저곳이 아스팔트 바닥에 갈려 상처가 났고, 왼발로 조작하는 기어 변속 풋 레버도 충격에 약간 휘어졌지만 쓸 수는 있을듯했다. 시동은 걸리나? 걸린다. 정말 다행이다. 도로 옆 갓길, 후두둑 떨어지는 비를 맞으며 바이크를 토닥이고 껴안아 주었다. "정말 미안해… 내 잘못이야. 고장 안 나줘서 고마워" 정말, 정말, 정말 고마웠다.

마침 바로 앞쪽 마을 길가에 자동차 정비소가 보였다. 정비소를 향해 바이크의 기어를 넣고 천천히 몰고 갔다. 정비소의 사람들은 내가 슬립 후 갓길에 바이크를 세워 확인하는 것을 빗속 처마 밑 멀찍이서 보고 있었다. 정비소로 바이크를 몰고 가자 소파를 두드리며 들어와 누우라고 야단이다. 생각보다 몸이 너무 멀쩡해서 괜찮다고 했다. 일단 사이드미러 흔들리는 것을 보여주면서 이를 고정시키고 점검할 수 있게 공구 좀 쓰자고 했다. 정비소의 러시아 사람들이 일단 앉아 쉬라며 따뜻한 커피를 타다 준다. 그러면서 잠시 앉아 커피를 마시며 이야기를 나눴다. 늘 러시아 사람들과 하는 이야기. 까레이스끼… 블라디보스토크에서 모스크바로… 모터사이클 타고 혼자서… 늘 그렇듯이 이런저런 이야기를 듣곤 신기해하고 황당해하면서도 호기심에 야단스럽다.

잠시 쉬고, 정비소 안 공구 통을 뒤져서 스패너를 찾았다. 비를 맞으며 사이드미러를 조였다. 그리고 다시 천천히 꼼꼼하게 바이크 상태를 확인했다. 그렇게 튕겨 나가서 도로바닥에 긁어댔는데 핸들과 지지대가 긁히고, 기어변속 풋 레버가 약간 휜 것 외에는 정말 신기할 정도로 이상이 없었다. 원래 모든 바이크가 이런 건가? 아님 내가 운이 좋은 건가? 사고도 났고 하니 그냥 그곳 어디에서 하루를 더 쉬었다 갈까 잠시 생각했지만, 생각보다 모든 게 멀쩡한데다 예카테린부르크 BMW매장에 가서 제대로 점검을 받는 것이 더 좋을 것 같다는 생각에 다시 출발하였다.

처음 블라디보스토크에서 출발할 때는 익숙하지 않은 험난한 길에 늘 긴장하고 조심했었다 하지만 그런 길들에 익숙해지고, 여행이 편해지면 자만심이 생긴다. 처음의 신기하고 경이롭기까지 했던 풍경들도, 몇 주가 넘게 같은 길들이 계속되면 더 이상 별로 신기하지도 않게 된다. 빠르다고 느껴졌던 100km/h의 속도도 이젠 느리게 느껴져서 130~140km/h를 우습게 밟아대고, 최고 속도가 얼마나 나올지 궁금해 풀 스로틀로 미친 듯이 달려보기도 하고. 트럭들 사이를 요리조리 지나쳐 앞지르기까지 하며 달렸다. 그러나 한 번 슬립을 하고 나니 정신이 번쩍 들었다. 어쩌면 더 큰 사고를 막기 위한 예방주사를 맞은 건지도 모르겠다. 다시 초심으로까지는 아니더라도 안전제일, 안전제일, 되뇌며 달리기로 했다. 가장 중요한 건 무사히 집에 돌아가는 것이니까.

라이딩 기어는 최대한 좋은 것으로 준비해오기 바란다. 방심을 했건, 오프로드에서였건, 어찌되었든 누구나 한번 이상은 슬립을 하게 되는 것 같다. 가만히 생각해보니 어디 한 군데 까진 데도 없이 몸이 이리 멀쩡한 것은 그래도 나름 좋은 라이딩 기어를 입고 있었기 때문인 듯했다. 아스팔트에서 그리도 심하게 몇 바퀴를 굴렀는데, 우비는 갈리고 찢어졌지만, 라이딩 기어와 몸은 멀쩡했다. 안전에는 돈을 아끼지 말자.

예카테린부르크, 가장 강력한 것은 시간이다

그날도 어김없이 비가 많이 내렸다. 슬립 후 덜덜거리는 바이크가 몹시 불안했지만, 추적추적 내리는 비를 맞으며 조심스럽게 달려 예카테린부르크에 도착했다. 그리고는 미리 검색해두었던 호스텔에 짐을 풀고 침대에 쓰러진 채 곯아떨어져 버렸다. 이후 예카테린부르크에서의 며칠은 바이크 정비와 짐 정리, 컨디션 회복 등으로 바쁘게 지나갔다.

1.예카테린부르크의 풍경 2.러시아 정교회 성당

표트르 1세의 부인으로, 후에 여제女帝가 된 예카테리나 1세의 이름에서 명명된 도시 예카테린부르크. 볼셰비키 혁명 이후 공산혁명가 스베르들로프를 기념해 스베르들롭스크라는 이름으로 바뀌었다가, 1991년 9월 소비에트 연방의 해체와 함께 옛 이름을 되찾았다. 러시아와 소비에트 공산혁명의 역사에 관한 지식이 부족하여 그들의 행적을 자세히 알지는 못하지만, 푸르른 새순으로 나를 반겨주었던 이 도시의 이름은 스베르들롭스크보다 예카테린부르크가 훨씬 어울린다고 생각되었다.

우랄산맥에 맞닿아 있는 예카테린부르크는 수많은 위성도시를 거느린 거대 도시로서 우랄지방의 중심지, 교통의 요지이자 중공업도시이다. 현재로서는 상상하기 힘들지만, 한 세기 전의 이곳, 우랄산맥의 동편은 문명세계로부터 완벽하게 소외된 오지이자 동토의 유형지였을 뿐이다. 1차 세계대전과 러시아 혁명기를 거치며 우랄산맥 서편에서 동편 시베리아로 수많은 혁명가들과 권력투쟁의 패배자들이 추방되었다. 그들에겐 우랄 너머의 시베리아는 죽음의 땅일 뿐이었다.

그렇게 이곳으로 유배되었던 수많은 사람들 중, 가장 극적인 최후를 맞이한 이들은 아마도 러시아 로마노프 왕조의 마지막 황제, 니콜라이 2세와 그의 가족들일 것이다. 1894년 부황의 급작스러운 죽음으로 아무런 준비 없이 황제가 된 니콜라이 2세는 군주로서의 자질을 찾아보기 힘든 인물이었다. 소심한 천성과 부족한 지적 능력. 그저 군인 제복과 계급장, 행진 같은 것들만 좋아했던 그였다. 그런 그에게 18세기 말, 19세기 초 격변의 소용돌이는 무척 고된 시련이었는지도 모른다. 제국의 유지를 위해 선택한 시대착오적인 정치와 '악마의 사제'로 불리던 괴승 라스푸틴에 대한 의존은, 그 자신은 물론 로마노프 왕가의 몰락까지 불러왔다.

300년을 이어온 로마노프 왕가의 열네 번째이자 마지막 황제인 니콜라이 2세와 그의 가족들. 1918년 예카테린부르크에서 볼셰비키에 의해 모두 처형되었다.

하지만 이제 로마노프 왕가에 대한 철저한 부정의 시기는 지나갔다. 1991년 소비에트 연방의 붕괴와 함께 현재 러시아 곳곳에는 과거에 대한 향수가 살아나고 있었다. 니콜라이 2세 일가가 처형되었던 자리에는 그들을 기념하는 커다란 교회가 세워졌고, 비운의 마지막 황제 일가를 추모하러 찾아오는 추모객들은 과거의 영화를 그리워하는 듯 보였다. 나라를 혁명의 소용돌이로 몰아갔던 무능과 반동의 대상이었던 이들 역시 추억과 향수의 색을 덧입고 있었다. 과거의 잘못들은 모두 덮어지고 새로운 빛깔로 윤색된다. 역시 가장 강력한 것은 시간이다.

캠핑 장비 처분

슬립을 하면서 작은 가방에 주먹이 들락거릴만한 구멍이 생겼다. 그 전에도 배기통 열기에 살짝 녹아서 테이프로 막아놨었는데, 이번엔 훨씬 큰 구멍이 생겼다. 가방을 새로 사야 하나 어쩌나 고민하다가 차라리 짐을 처분하기로 결정했다. 출발하면서 필요할 것 같아 챙겨왔던 캠핑용품들은 어느새 애물단지가 되어 있었기 때문이다. 앞으로의 여정에서도 캠핑 없이 여행이 가능할지에 대한 고민을 해보니, 하게 되더라도 손에 꼽을 정도일 것 같았다. 러시아에서도 한 번도 사용하지 않았고, 유럽에 가서도 마찬가지일 것이라는 생각이었다. 게다가 캠핑 장비를 처분하면 짐 가방을 하나로 줄일 수 있으니 덜 수고롭고, 7kg 가량의 무게가 줄어드니 연비도 좋아져 라이딩도 수월해질 것이다. 반면 캠핑의 자유를 포기해야 하고, 숙박비는 좀 더 들게 된다.

결국 이런저런 고민 끝에 캠핑 장비를 정리하기로 결정했다. 텐트와 버너, 코펠, 랜턴 그리고 그때까지 한 번도 안 쓴, 앞으로도 안 쓸 것 같은 여러 물건들(도난방지용 그물망, 차량용 노트북 충전기. 종이테이프 등), 이제 더워지면 필요 없어질 두꺼운 옷까지. 침낭과 그라운드시트, 에어매트처럼 비상시 비박을 할 수 있을 정도의 장비만 남겨두고 모두 정리하기로 했다.

우선 캠핑 장비를 한국으로 보내기 위해서 호스텔 직원에게 부탁해 한국까지 소포를 보내달라는 내용의 러시아어 편지를 썼다. 마침 DHL 사무실이 근처에 있기에 찾아가서 짐을 싸고 무게를 측정해서 운송비가 얼마인지 알아보니 14,000루블이란다. 그 가격에 보낼 수는 없어서 짐들을 다시 챙겨들고 우체국의 위치를 물어 찾아 갔다. 적어간 편지를 이용해 몇 번을 묻고 물어서 소포 부치는 곳까지 찾아갔다. 소포 접수를 담당하는 우체국 직원에게 다시 편지를 보여주니 작성할 서류를 몇 장 주었다.

보내는 사람 이름, 주소(예카테린부르크 호스텔 주소를 적었다.)
받는 사람 이름, 주소, 보내는 물건 종류, 개수, 물건 가격

이렇게 영어로 적어주고, 캠핑 장비를 챙겨서 박스에 넣고, 무게를 측정해 우체국에 비치된 박스로 포장까지 한 후, 배송료 1,415루블을 현금으로 결제했다. 소포는 2주의 배송기간 끝에 무사히 집에 도착했다. 러시아에서 국내로 소포를 보내는 것도 그리 어려운 일은 아니니, 들고 다니기 힘든 기념품이나 짐들은 잘 정리해 한국으로 부쳐도 좋을 것이다.

캠핑 장비를 정리한 후 한결 단출해진 여행 가방

"모든 바이커들은 형제다!!"
아친스크^{Ачинск} 바이크 클럽

2012년 4월 24일 10시. 크라스노야르스크를 출발할 때부터 비가 살살 내리더니, 이내 폭우가 쏟아지기 시작했다. 2시간 정도 달려서 아친스크를 지날 무렵엔 입고 있던 우비가 무색하게 옷이 젖어 있었고, 완전 방수라던 장갑도 어느새 물먹은 솜처럼 축축해져 있었다. 게다가 마을 안에서 갈림길을 잘못 들었는지 방향까지 잃어버린지라 도로 한 쪽에 바이크를 세우고, 아이폰을 꺼내 지도를 확인하고 있었다.

그런데 쏟아지는 빗속에서 계속 달릴 수 있을지 걱정하고 차에, 지나던 자동차가 한 대 와서 선다. 여기저기 은색 징이 박힌 검은색 가죽 재킷, 쇠사슬이 주렁주렁 달린 짧은 머리의 러시아 청년들이 차에서 내린다. 20대쯤으로 보이는 건장한 녀석들이 나에게 다가오는 것을 보면서, '얼른 도망쳐야 하는 건가, 짐 속에 무기가 될 만한 게 뭐가 있나' 머릿속으로 수많은 생각이 스쳐갔다.

주먹을 꽉 쥐고 긴장하고 있는데, 차에서 내린 친구들은 해맑은 얼굴로 자기들도 바이커라며 반갑게 인사를 건네온다. 휴우… 속으로 한숨을 쉬었다. 어디서 왔냐고 묻기에 블라디보스토크에서부터 이러저러하게 여행하고 있다고 이야기해주었다. 한껏 터프해 보이는 청

년들, 자신들은 이곳 아친스크 바이크 클럽의 회원들이라며 아친스크의 바이커 포스트에 들렀다 가지 않겠냐고 한다. 잠시 고민했다. 그냥 믿고 따라가도 되는 걸까? 눈치껏 분위기를 살펴보니, 해맑은 눈빛에 악의는 보이지 않았다. 마침 발도 시려오고, 비를 피하며 잠시 쉬는 것도 좋겠다 싶어 이들을 믿어보기로 했다.

그 친구들을 따라 마을로 들어간 곳은 아친스크에 새로 생긴 바이커 클럽이었고, 정비소와 물품, 바이크 판매장이 함께 있는 장소였다. 사람들과 인사하고, 내 여행에 대해 이런저런 얘기를 하고, 뜨거운 차도 마시며 몸도 녹이며 바이크와 정비소 등을 구경했다.

매장에서 일하던 클럽 멤버 안톤이 오늘 자기 집에서 자라고 초대해주었다. 잠시 고민. 벌써 숙소를 잡기에는 너무 이르기도 했고, 크라스토야르스크에서 겨우 200km 정도도 안 되게 달린 터라 원래 계획했던, 톰스크까지의 반도 안 왔는데 여기서 하루 보내도 괜찮을 지. 하지만 일단 비가 많이 오고 있었고, 장갑과 옷가지들이 젖은 채로 계속 달리는 것보다는 하루 쉬는 것이 좋을 것 같았다. 또 처음 러시아 현지인 친구 집에 초대받은 건데, 한 번 이렇게 어울려 보는 것도 괜찮겠다 싶어 초대에 감사히 응했다.

바이크는 정비소에 세워놓고, 안톤과 함께 그의 집을 향했다. 나보다도 한참 어린 이십대 중반의 안톤은 이미 결혼한 유부남이었다. 안톤네 신혼집에서 안톤 와이프 제냐와도 인사하고, 제냐가 점심으로 만들어준 파스타도 먹었다. 러시아에서 먹은 음식 중 단연 최고였다! 잠시 휴식 후에는 아친스크 시내로 나와 천천히 걸으며 구경을 시켜주었다. 아친스크는 인구도 적고 우리의 읍면 정도 되는 마을이라 크게 볼만한 구경거리는 없었지만 자신이 나고 자란 고장을 사랑하는 안톤의 마음은 충분히 느낄 수 있었다. 시베리아 횡단철도의 건설

인부였다는 안톤의 부모님 댁에 가서 인사도 하고, 안톤과 함께 아친스크의 외곽까지 라이딩을 했다.

매번 혼자서만 달리다가 처음으로 다른 바이커와 함께 달려보니 그도 나름 재미있었다. 날이 어두워졌고 정비소로 돌아오니 마침 아친스크 바이크클럽 멤버들도 모두 모여 있다. 멀리서 손님이 왔다고 환영회를 해준단다. 맥주와 보드카, 각종 안주들이 끊임없이 공수된다. 다들 영어는 잘 안되지만, 술잔이 앞에 있으니 그래도 대화가 된다. 모터사이클을 탄지 얼마 안 되어 여행을 출발한 나였기에, 이렇게 많은 라이더들과 함께 어울리는 것은 처음이었다. 최초로 느껴보는 라이더들의 연대감이었다.

"모든 바이커들은 형제다!"

클럽 멤버들과의 대화하면서 가장 많이 들었던 말이다. 말로만 그러는 것이 아니다. 바이커라는 이유만으로 이리 친절한 대접을 받으니, 바이커들의 유대라는 건 뭔가 남다르다는 것을 가슴 깊이 느낄 수 있었다. 다른 많은 나라에서도 마찬가지이지만, 러시아의 바이크 라이더들은 동지애가 특히나 강했다. "모든 바이커들은 형제다!"라는 모토가 가장 잘 어울리는 곳이 러시아라 생각된다. 이처럼 시베리아를 횡단하는 거의 모든 바이크 오버랜더들은 언제 어디서든 러시아 라이더 형제들의 친절을 몸소 체험하게 된다. 무뚝뚝하고 터프한 러시아 남자들이지만 라이더 여행자에 대한 계산 없는 순수한 친절 때문인지, 알면 알수록 그들에게 빠져들게 만든다.

클럽 자체가 생긴 지 얼마 안 되었고, 내가 처음 방문한 외국인 손님이라 했다. 바이크를 무료로 점검, 정비해주겠다고 했지만, 바로 어제 크라스노야르스크에서 점검을 했는지라 고맙지만 사양을 했다. 클럽 스티커도 받아 바이크에 붙이고, 같이 사진 찍고, 방명록도 적고… 유쾌하고 재미있는 하루였다. 함께 술을 마시며 이야기하던 중에 어떤 친구(이름은 까먹었다)가 러시아에서 꼭 사용하길 바란다며, 선물이라고 내 손에 무언가를 꼭 쥐어주었다. 뭔가 하고 손을 펴보니… 고맙다고 하고, 한참을 같이 웃었다.

밤늦게 안톤과 제냐의 신혼집에 자러 갔는데, 원룸 형식이라 한 방에서 셋이 자야했다. 원래 둘이 쓰던 침대는 나에게 내어주고, 둘은 옆의 거실 바닥에 자리를 깔고 자는데, 이래도 되나 싶으면서도 딱히 거절하기 뭐하기도 하고. 이 친구들의 마음이 너무 고마웠다.

다음날 아친스크를 떠날 때 클럽 회장 곱이 떠나는 나를 마중해 주었다. 모스크바로 향하는 M53도로의 400km쯤 앞에 케메로보가 있는데, 곱이 케메로보의 바이크 클럽에 연락을 해 마중 나올 수 있도록 해주겠다며 케메로보 라이더들의 연락처를 준다. 하지만 크라스노야르스크에서 만났던 아가씨가 톰스크에 산다고 해 들렀다 가기로 한지라, 방향이 케메로보와 달랐다. 고맙고 아쉽지만 괜찮다고 하는 나를 걱정스런 얼

러시아 친구가 선물로 준 콘돔

굴로 보던 곱은, 그럼 톰스크에 무사히 도착하면 꼭 전화하라고 한다. 약속한대로 톰스크에 도착한 뒤 그에게 전화를 걸었고, 그는 내가 무사히 다음 목적지에 도착한 것을 확인하자 끝까지 안전하게 여행하라며 축복해주었다. 고마운 친구들이다.

전형적인 러시아 여성인 제냐도 꽤 터프한 러시아 라이더였다.

떠돌이맹 한명선
86년생. 어릴 적 꿈을 위해 2012년 9월 바이크를 타고 유라시아 대륙을 횡단.
블로그 blog.naver.com/tramp_m
페이스북 www.facebook.com/myeongseon.han

Q1. 여행 루트와 기간, 라이딩 거리

여행 루트는 러시아 → 몽골 → 카자흐스탄 → 키르기스스탄 → 우즈베키스탄 → 아제르바이잔 → 그루지아 → 아르메니아 → 터키 → 불가리아 → 세르비아 → 헝가리 → 오스트리아 → 체코 → 독일 → 스위스 → 이탈리아이며, 4개월 간 23,000km를 달렸습니다.

Q2. 여행에 사용한 바이크 소개

제가 사용한 바이크는 S&T모터스의 RX125SM입니다. 125cc의 저배기량 바이크지만 듀얼 바이크를 표방하고 있기 때문에 배기량에 따른 조금의 답답함 말고는 대륙을 횡단하는데 큰 문제가 없었습니다. 또한 단순한 단기통 공랭엔진인 엑시브의 엔진을 이식 받은 바이크이기 때문에 튼튼한 엔진 내구성과 손쉬운 정비가 강점입니다.

Q3. 자신의 여행 스타일

대략적인 방향과 나라만 정했을 뿐, 목적지까지는 가고 싶은 방향으로 마음대로 움직이며 여행했습니다. 현지 사람들이나 다양한 국적의 여행자들과 어울리는 것을 좋아하며, 건축물이나 역사에 관한 것보다는 자연을 선호합니다.

Q4. 대략적인 여행 경비

하루 경비는 숙박을 어디에서 하느냐에 따라 달라지지만, 대체로 기름 값 포함 5~6만원이었습니다.

Q5. 모터사이클 여행의 장단점

저는 평소 여행을 할 때 자동차를 선호하지 않습니다. 그 이유는 목적지로 가는 길이 재미없기 때문입니다. 대륙을 여행할 때도 마찬가지로, 바이크를 타는 것이 주변 환경에 조금 더 가까워질 수 있고 스스로 나아간다는 느낌을 얻을 수 있다는 점이 강점이라 생각합니다. 반면에 기후에 따라 컨디션이 좌우된다는 것은 단점입니다. 비, 추위, 체력 소모 등 바이크를 타고 여행하면 기후에 영향을 많이 받는 것 같습니다. 또한 적은 적재용량으로 인해 수납의 어려움도 있습니다.

세계여행
라이더 인터뷰

Q6. 가장 추천하고 싶은 여행지와 그 이유

몽골입니다. 이것은 개인적인 차이가 있겠지만, 광활한 자연과 아무도 없는 느낌의 몽골에서의 라이딩은 그 당시나 지금이나 가장 좋았던 기억으로 남아있습니다.

Q7. 바이크 여행 중 가장 기억에 남는 일

추석이 되던 날 밤, 12시에 몽골에서 길을 잃고 울고 싶었던 일입니다. 분명 저 멀리 불빛이 보이는데 그쪽으로 달려가 보면 불빛은 사라지고 다시 어둡고 광활한 수렁에 빠져 있는 기분이었습니다. 결국 새벽 2시가 되어서 길을 찾는 것을 포기하고 어딘지도 모르는 황량한 곳에서 텐트를 치고 잠을 잤었습니다.

Q8. 모터사이클 세계여행을 떠나는 이들에게 한마디

너무 많은 걱정은 하지 마시길 바랍니다. 언제나 그렇듯 직접 해보면 사실 별것 아닙니다. 기본적인 준비만 되어있고 뜻이 있다면 길은 열린다고 생각합니다.

Q9. 여행루트 중 몽골 및 스탄 국가들에서의 비자와 통관 절차

러시아는 이미 무비자 국가이고, 카자흐스탄도 곧 무비자 입국이 가능할 것 같기 때문에 비자에 대한 부담감은 많이 줄었다고 생각합니다. 또한 키르기스스탄은 오래 전부터 무비자 입국이 가능했습니다. 그렇기 때문에 러시아를 시작으로 중앙아시아를 거쳐 지나가는데 비자에 대한 큰 부담은 없다고 생각합니다. 우즈베키스탄 비자가 까다롭기 때문에 대략적인 일정에 맞춰 미리 한국에서 비자를 발급받아 가는 것도 좋은 방법이라 생각합니다. 현지에서 초청장을 요청하고 대사관에서 비자를 신청하는 것 때문에 어려움을 겪는 여행자들을 꽤 많이 봤습니다. 바이크의 통관 과정에서 몽골과 카자흐스탄은 처음 입국 시에 보더 근처에서 보험을 들라고 먼저 다가와서 말을 건넵니다. 꼭 필요하지 않을 수 있지만 비싸지 않으니 보험을 드는 게 나을 것 같습니다. 대략 만 원 이내였던 걸로 기억합니다.

Q10. 유럽에서 한국으로 바이크를 운송했던 방법

저는 이탈리아의 '코탈리아'라는 업체를 이용했습니다. 한국 분들이 상주해 계시기 때문에 절차에 대한 걱정은 하지 않으셔도 될 것 같습니다. 코탈리아의 위치는 이탈리아의 밀라노입니다. 해상으로 한국에 도착하는데 40일 정도 걸렸습니다. 비용은 크기나 무게에 따라 다르겠지만 저의 바이크 운송비용은 대략 160~170만원 정도였습니다. '코탈리아'는 따로 홈페이지가 없었고, 메일(yuni@cotalia.com)로 연락하고 제가 직접 찾아갔습니다.

경찰을 대하는 우리의 자세

러시아는 길에서 검문하는 경찰들이 정말 많다. 시베리아를 달리면서 하루 평균 한 번 정도 검문을 받았을 정도. 도로를 따라 달리다가 검문하는 경찰들의 신호에 따라 갓길에 바이크를 세우고 경찰들의 검문을 받는다. 보통은 여권으로 신원만 확인하고 보내주었고, 가끔은 국제운전면허까지 요구하기도 했다. 러시아의 보험증과 통관 서류 등까지 몽땅 검사하자고 해서 보여주었던 것은 딱 한 번이었다. 간단한 검문인 경우, 여권 등 서류를 대충 확인하고 보내주는데 한 5분, 10분 정도 걸렸다. 신나게 달리다가 이렇게 자주 검문을 받는 것도 그리 달가운 일은 아니다. 하지만 어쩌겠는가? 쌩하니 도망갈 수는 없으니 얌전히 지시에 따르는 수밖에. 공권력의 힘이 강력한 공산권 국가에서뿐 아니라 어떤 경우에도

우파를 지나던 길에 검문하던 경찰들과 함께

경찰, 군인 등의 공무원들에게 뻐딱하게 구는 것은 현명하지 못한 일이다. 언제나 미소 띤 얼굴로 능글맞게 대하는 것이 핵심이다.

잘 달리고 있는데 마주 오는 반대편 차선의 차들이 상향등 플래시를 깜박거려주고, 앞을 달리는 차량들이 별 이유 없이 속도를 줄인다면 저 앞쪽에 경찰차가 있다는 뜻이다. 이건 우리나라와 똑같다. 운전자들끼리의 협동심은 러시아도 비슷하다. 처음엔 이 경고 신호를 인식조차 못 했는데, 설마 러시아도 그럴 줄이야! 시베리아 횡단 초반의 어느 날, 속도 내기 딱 좋은 길에서 차들이 갑자기 속도를 줄이고 차량들의 꼬리도 길어졌다. '별거 없는 거 같은데, 뭐야 이거 왜이래?' 하면서 속도를 내 차량들을 앞질러 가니, 전면에서 단속 중이던 경찰에 딱 걸릴 수밖에… 웬일로 영어를 좀 하는 경찰이었는데, 내 여권과 국제면허증을 살펴보면서 말하길 과속이란다. 웃으면서 "I'm sorry. I didn't know…" 하고서 '벌금내야 하나, 젠장' 하고 있는데, 장거리 여행 중이니 다음부턴 조심해서 다니라며 나를 그냥 보내주었다. 이런저런 트집을 잡아 돈을 뜯어내려는 부패경찰이 많다는 이야기를 자주 들었는데, 이렇게 신사적인 러시아 경찰도 있었구나! 러시아 경찰에 대한 인상이 확 좋아지는 경험이었다.

모스크바에서 얼마 멀지 않은 도시 우파 근처를 지날 때였다. 하루 600~700km를 달리던 와중이라, 그날도 앞만 보며 신나게 주행하고 있었다. 그러던 중 앞쪽에 트럭 3대가 일렬로 죽 늘어서서 90~100km/h 정도 속도로 천천히 가는 것을 보았다. 양방향 2차선 도로라, 그럴 때는 반대 차선으로 오는 차들을 잘 보다가 140~150km/h 정도의 속력으로 빠르게

후다닥 앞질러가야 한다. 그렇게 트럭들을 앞지르고 있는데, 트럭들 옆을 지나면서 슬쩍 보니 트럭들 사이에 경찰차가 한 대 끼어있었다. 몰랐다. 알았으면 그리 달리지는 않았을 것을. 그렇다고 거기서 멈출 수도 없어서 '에라~ 모르겠다!' 하면서 쌩 하고 지나 한참 가는데, 아까의 경찰차가 뒤를 따라오더니 내 옆을 스쳐 횡 하고 지나갔다. '휴~ 그냥 지나가나 보다' 했었다.

그렇게 달리기를 한참… 앞쪽에 검문하는 경찰들이 서있고, 그곳 경찰들이 지나가던 나를 잡아 세웠다. 슬쩍 주위를 둘러보니 내 앞을 지나간 경찰차도 그곳에 있었다. 바이크를 세우고 여권과 국제면허를 꺼내서 보여주니 바이크는 그냥 두고 저쪽에 서있는 경찰차에 타라고 한다. 보통은 그냥 바이크 옆에 선채로 신원 확인만하고 보내주는데 말이다. 속으론 젠장… 하면서, 겉으론 살살 웃으며 경찰차 보조석에 앉으니 한국면허증도 달란다. 꺼내 줬다. 면허증을 대충 확인하더니 작은 책자를 꺼내서 보여준다. 교통 위반 사례집인지 법규 책인지 뭐 그런 것 같은데, 하는 얘길 대충 들어보니 내가 이런저런 교통 법규를 위반했다는 이야기다. 속도가 빨랐는지, 앞지르기 금지 구간이었는지, 아니면 깜빡이를 안 켜고 앞지른 것이 잘못인지. 아님 경찰차를 앞지르면 안 되는 건지, 도통 알 수가 있나. 그러더니 여권과 국제면허는 돌려주고 한국면허증을 자기가 챙겨 운전석 앞에 꽂아놓는다. 그것도 달랬더니, 압수라고 한다. 우편으로 한국에 보낸다나. 대신 압수증 같은 걸 써줄 테니 가져가라고 한다. 말도 안 된다고, "나 그거 가지고 유럽까지도 가야 하는데 돌려 달라"고 하니, 실실 웃으며 "그럼 벌금 내~"라고 한다. '오호라~ 이것이 말로만 듣던 경찰 삥 뜯기인가. 어찌 이런 일 한 번 안 겪고 지나간다 했더니 드디어 나한테도 이런 일이 생기는구나' 했다. 이럴 땐 심각하게 반응해서 좋을 것 하나 없다. 최대한 능글맞게 웃으며 대해야 한다. 일단 상대의 목적이 삥 뜯기라면, 이젠 물건 값 흥정하는 것과 다를 바 없다. 여유 있게 웃어가면서 흥정을 잘해야 한다. 미소를 머금으며 "그래서 벌금이 얼마냐?" 물으니, 달러로 200을 부른다. 유로나 엔화도 받는단다. 가진 달러가 없으니(사실 있지만 짐 속에 묻혀 있어 꺼내기 귀찮았다) 루블로 내겠다고 하자, 그럼 5,000루블을 내란다. 우리 돈으로 20만원이 넘는 액수다. 이게 미쳤나 싶다. 누굴 호구로 보나? 돈 없다며 300루블을 불렀다. 안 된다고 한다. 당연히 그러겠지. 옥신각신 밀고 당긴다. 이럴 땐 여유 있게 시간을 끌수록 유리하다. 목이 마르니 물을 좀 달라고 했다. 뒷자리에 있던 물병을 가져다준다. 마셨다. 화장실을 갔다 온다 했다. 갔다 오라고 한다. 뒤쪽 나무들 사이에서 볼일을 보면서, 품 안의 지갑을 꺼내 1,000루블 지폐 한 장과 잔돈들만 남기고 모두 몸 안쪽에 숨겼다. 돈 없다고 보여줄 요량이었다. 갔다 와서 다시 흥정하니 값은 그새 또 3,000루블로 내려간다. "나 돈 없다. 지갑 봐라. 이걸로 가서 먹고 자고 해야 한다. 그 돈을 어떻게 내냐?" 하며 500루블을 다시 제시했다. 또 한참 동안의 실랑이.

그러다가 나의 여행 이야기를 하게 되었다. 블라디보스토크에서 모스크바 지나 이곳까지, 또 유럽으로. 앞으로 갈 곳은 있냐? 주유소는 얼마나 머냐? 길은 괜찮으냐? 오프로드는 없냐? 이런 쓸데없는 얘기들을 하면서 시간을 끌었다. 이 친구들도 얼른 삥 뜯고 다른 사람을 찾아야할 테니 조급하지 않게 시간을 끄는 것이 좋다. 한참을 그러고 나니, 그럼 2,000루블을 내란다. 난 600루블을 내겠다고 했다. 또 한참 실랑이를 했다. 그러다가 경찰 핸드폰 바탕화면에 보이는 아들 얘기도 물어보고, 통성명도 했다. 어디 사는지, 한국에 대해 아는지, 어느새 1,500루블로 내려갔다. 난 700루블. 또 한참 왔다 갔다. 할 말 떨어지면 미치겠다는 듯이 옆에 앉아서 한숨 쉬고 가만히 있기도 했다. 결국 800루블에 합의를 보기까지 한 시간 반 정도 걸렸다. 지갑에서 1,000루블을 꺼내 주니 200루블을 거슬러 주었다. 어차피 이들의 뒷주머니로 들어갈 것을 알기에 단속 서류나 벌금 영수증 등을 달라는 이야기는 꺼내지도 않았다. 꽤 오랜 시간 실랑이를 했던 경찰과 악수를 하고, 잘 가라는 인사와 함께 면허증을 돌려받고 나왔다.

혹시라도 이런 일을 겪게 되면, 경찰이라고 쓸데없이 쫄지 말자. 웃으면서 능글맞게 어깨도 툭툭 치며 흥정하면 된다. 시장에서 물건 사는 것과 별로 다르지 않다. 얼른 빠져 나가야겠다고 생각하지 말고 여유 있게 느긋하게 버티면 된다. 무엇보다 중요하게 명심하고 있어야 되는 것은, 절대 화를 내고 짜증을 내서 상대방의 성질을 건드리면 안 된다는 점이다. 여행에서 만나게 되는 모든 공무원들, 경찰, 세관원, 국경검사관, 군인들, 모든 이들에게 항상 웃는 얼굴로 살갑게 대하는 것이 여행자의 기본자세라고 생각한다. 화를 내고 싸우는 것은 문제를 해결하는 데에 아무런 도움이 되지 않는다. 공무원들과 절대 싸우지 말 것! 꼭 기억해두자.

모스크바 시내에서
검문하던 BMW 바이크 경찰

시베리아의 도로

러시아의 시베리아 횡단 도로는 언제나 공사 중이다. 계속된 포장공사로 인해 도로 포장률은 좋다. 주행 중 만난 길들은 95% 이상이 아스팔트 도로였고, 5% 가량 공사 구간이었다. 작은 마을 내의 길들은 당연히 흙길이지만 시베리아의

1. 끝나지 않을것만 같았던 시베리아 횡단 도로
2. 대부분 비포장 흙길 이었던 극동 시베리아의 작은 마을내 도로
3. 일반 시골 국도에 더 가까웠던 시베리아의 고속도로

주요 도로는 거의 모두 포장 공사가 완료되어 있다. 러시아의 그 광활한 넓이를 생각하면 그렇게 길고도 긴 도로를 거의 모두 포장했다는 것만으로도 러시아 도로 공사에 감사하게 된다. 도로의 상태가 좋고 나쁘고를 따질 차원이 아니다. 포장 상태의 질을 논하기 전에 그렇게 끝없이 이어지는 시베리아의 도로에 흙이나 자갈이 아닌 아스팔트가 깔려 있다는 사실만으로도 러시아인들은 자부심을 가질 만하다. 하지만 시베리아의 도로는 겨울과 여름, 극단적인 기온 변화를 견뎌야 하는데다가, 러시아 공무원들의 심각한 부정부패 때문에 도로 공사가 제대로 진행되기는 어렵다. 그래서 새로 포장된 도로일지라도 쉽게 망가지는데, 그 긴 거리를 일일이 수리하고 좋은 상태를 유지하는 것도 결코 쉬운 일은 아니다.

도로 공사를 위해 파헤쳐 놓거나 자갈을 깔아놓은 길들도 물론 달리기 힘들지만, 러시아 도로에서 가장 위험한 것은 지뢰밭 도로다. 물론 진짜 지뢰가 깔린 길은 아니다. 말끔하게 포

지뢰밭이 언제 나올지 모르는 시베리아의 포장도로

장된 비단길 도로를 달리다가도 갑자기 불쑥불쑥 맨홀 크기의 구멍들이 나타나는데, 마치 폭격이라도 맞은 듯한 모양새다. 도대체 어떻게 해야 그런 구멍이 생기는지도 모르겠다. 바퀴가 착착 감기는 좋은 도로에서 신나게 100km/h 넘는 속도로 달리다가, 갑자기 폭탄이라도 터진 듯 패어있는 구멍을 만나면 아무리 주의를 하고 있어도 피하기 어렵다. 피하려고 갑작스레 핸들을 꺾는 것도 사고의 위험을 불러올 수 있다. 그런 지뢰밭이 튀어나와 어쩔 수 없을 때는 순간적으로 판단해야 한다. 그냥 달리는 수밖에 없다 싶어 그냥 진행하면, 쿵 하는 충격이 허리까지 전해지곤 했다. 제발 타이어와 바퀴 휠이 무사해야 할 텐데, 기도하며 달릴 뿐이었다.

또 하나의 위협은 갑자기 튀어나오는 오프로드다. 비단길 같은 도로를 주행하는데 느닷없이 오프로드 자갈밭이 튀어나온다. 자갈밭 자체는 별것 아니라 서행하면 되지만, 문제는 느닷없이 튀어나와 감속할 겨를이 없다는 것. 100km/h 이상으로 달리다 갑자기 오프로드 자갈밭이 시작되면 속도를 줄인다 해도 너무 빠른 속도로 자갈밭에 진입하게 되어 핸들 컨트롤이 잘 되지 않아 위험하다. 아예 비포장 길이거나 험한 길이라면 차라리 낫다. 아프리카나 남미에서 수많은 비포장도로를 달렸지만, 비포장도로 자체는 그리 위험하지 않다. 다만 속도를 낼 수 없어 시간이 더 걸리고 이리저리 방향을 조절하느라 좀 더 피곤할 뿐, 위험하진 않다. 고속 주행 중 불시에 나타나는 지뢰밭이나 갑자기 튀어나오는 동물들이 비포장도로 보다 100배는 더 위험하다. 그런 면에서 아프리카의 진흙길보다 시베리아의 포장도로가 더 위험할지도 모르겠다.

순간적인 위험 요소에 조금이라도 대비하기 위해서 가능한 한 자동차나 트럭을 앞쪽에 멀찌 감치 두고 뒤따라 달리는 것이 좋다. 앞서 달리는 차량의 휘청거림이나 브레이크 등을 신호 삼아 미리 대비할 수 있기 때문이다. 시베리아를 횡단하며 하루하루 죽을 뻔했던 고비를 넘길 때마다 바이크 실력과 요령이 쑥쑥 느는 듯하다.

10,000km를 달려 모스크바에 도착하다

딱 한 달이 걸렸다. 블라디보스토크를 출발한지 한 달 만인 5월 5일 어린이날에 무사히 모스크바에 도착하였다. 도착 다음날 바로 크렘린 궁, 성 바실리스크 사원을 찾았다. 테트리스에서 질리게 보았던 알록달록 사원을 잔뜩 기대하고 찾았지만, 크렘린 전체가 5월 9일에 있을 '승전기념일' 행사 준비로 출입이 제한되고 있었다. 내부로 들어가 볼 수는 없으니 외관을 보는 것만으로 만족하는 수밖에… 제2차 세계대전 중 독일이 러시아에 항복한 5월 9일은 러시아의 국경일로, 마치 우리의 8.15 '광복절'과 비슷하다. 하지만 수많은 희생 끝에 찾아온 평화를 기념하려는 마음이 동일한 데 반해, 평화를 얻기까지의 역사가 너무도 다르다는 생각이 든다. 수많은 피를 흘려가며 싸워 자신들의 힘으로 적을 물리치고 '승리'를 쟁취한 러시아. 억압에 신음하던 중 일제의 패망으로 '해방'이 주어진 우리나라. '승리'와 '해방'의 간극이 결국 자신들의 힘으로 만들어가는 역사와 타국의 간섭 아래 전쟁과 분단으로 이어지는 종속적인 역사의 차이로 발전하게 된 것이다. 항상 당당하고 터프한 러시아 사람들의 기개는 바로 이런 역사 속에서 만들어진 자신감일 것이다. 한숨부터 나오는 우리나라 근대 역사의 고리는 언제쯤에야 끊어낼 수 있을까?

모스크바 크렘린 궁전

1. 모스크바의 상징 바실리 성당 2. '스탈린의 7자매' 중 하나인 '러시아 외무성' 건물 3. 모스크바 강가의 풍경 4. 모스크바의 공원 풍경

모스크바는 더웠다. 계절이 여름을 향해 달려가고 있었다. 모스크바는 지금껏 달려왔던 러시아 동쪽과 딴판이었다. 로마나 피렌체 같은 분위기의 건물들이 많았고, 바이크도 상당히 많아서 동쪽으로 진행하는 듯한 여행자들도 몇몇 스쳐 지나갔다. 시내에서도 고배기량 바이크를 어렵지 않게 볼 수 있었다. 며칠 동안 모스크바 시내를 구경하고, 밤이 되면 매일매일 다음 루트를 어디로 정할지 고민했다. 모스크바까지의 여정조차도 성공할 수 있을지 장담할 수 없는 주제에 그 이후를 계획하는 것은 쓸데없는 걱정이라는 생각이었다. 어쨌든 나는 무사히 모스크바에 도착했고, 시베리아 횡단 목표를 이루었다. 이제 다음 여정을 고민해야 했다.

당시 가장 와 닿았던 길은 모스크바에서 남쪽으로 달려가는 조지아-터키 루트였다. 이 루트를 선택하면 러시아 소치, 조지아에서 분리 독립한 압하지아Abkhzia를 지나 조지아로 들어간 다음 다시 터키로 가야 했다. 그런데 정보를 검색해보니 압하지아에서 조지아로 넘어가는 길이 독립전쟁인지 여파로 폐쇄되어 통행이 불가능했다. 아제르바이잔과 아르메니아 국경은 우리나라 휴전선 같은 분위기인 모양이고, 러시아-조지아로 넘어가는 길은 소수민족 분쟁지역이라는 이야기가 있어서 위험할 것 같았다. 어떻게 할지 이리저리 알아보니, 소치에서 배를 타고 흑해를 건너 터키의 트라브존으로 들어가는 방법이 있는 듯 했다. 일단 운임과 바이크 운송, 일정 등을 알아보기 위해 선박회사에 메일을 보내 놓고 한참을 기다렸다.

'스탈린의 7자매' 중 하나인 모스크바 국립대학교 건물. 33km의 복도와 5천 개의 강의실, 240m 높이의 거대한 규모로, 1988년까지 유럽에서 가장 높은 건물이었다.

가끔 밖에 나가서 모스크바 시내를 걸으며 구경도 하고, 사진도 찍고, 바이크 몰고 나가도 보았는데, 차들로 막히는 시내 주행은 정말 힘들었다. 고속으로 달리는 것보다 이런 시내에서 가다 서다 하면서 요리조리 차량 사이를 달리는 게 훨씬 힘들고 스트레스 받는다. 사고 위험도 몇 배는 되는 것 같고. 그래서 대도시에서는 웬만하면 걸어서 구경 다니기로 했다.

한편 모스크바 곳곳을 돌아다니다 보면 고딕 양식의 마천루들이 눈길을 끈다. 이는 제2차 세계대전 후 모스크바의 재건을 도모하고자 했던 스탈린의 지휘 하에 세워져, '스탈린의 7자매'로 이름 붙여진 건물들이다. 스탈린은 하늘을 찌를 듯 높이 솟은 일곱 채의 건물들로 '스탈린 고딕 양식'을 완성하고자 했다. 그 결과로 탄생한 '7자매'의 모습만 봐도 스탈린이라는 사람이 무엇을 생각하는 사람인지, 그가 기획하고 실행한 소비에트 연방의 정치 체제가 어떠했을지 짐작할 수 있다. 크렘린의 탑과 유럽의 고딕 양식을 결합했다는 '스탈린 고딕' 건물들은 부드러운 인상과 거리가 멀다. 압도적으로 위압감을 주는 독재자의 모습이 그대로 반영된 듯, 모스크바 시내 여기저기 포진해있는 똑같은 모습의 '7자매'들은 모스크바 시내 어느 곳에서든 7자매의 시선에서 벗어날 수 없게 만든다. 자유를 억압하고 감시했던 공산국가의 잔상이 여전히 남아있는 것이다.

며칠간의 검색과 고민 끝에 남쪽 루트를 포기하고 북유럽 루트를 선택했다. 우선 러시아 최고의 아름다움을 자랑하는 상트페테르부르크를 그냥 지나쳐 가는 것이 아쉬웠고, 언제나 발전된 복지국가의 전형으로 추앙되는 스칸디나비아 반도의 북유럽 국가들을 실제 내 눈으로 확인하고도 싶었다. 또 시베리아를 건너 이렇게 고위도 지역까지 달려온 이상, 그 길의 끝은 어떠한지 달려가보고 싶었다. 그래서 다음 목적지는 북쪽으로 향하는 길의 종점, 노르웨이의 노르카프Nordkapp로 정했다. 다음 목적지를 결정했으니, 이제 달리기만 하면 된다.

 # 상트페테르부르크

북유럽으로 향하기 위해 모스크바에서 700km를 달려 상트페테르부르크로 갔다. 러시아 제2의 도시, 학술과 문화의 중심지 상트페테르부르크는 모스크바보다 조금 더 쌀쌀하고, 조금 더 우아하지만 조금 덜 번잡한 느낌이었다. 모스크바가 로마라면, 상트페테르부르크는 베네치아 같았다.

1. 상트페테르부르크의 상징. 그리스도 부활 성당
2. 아무것도 없던 늪지대에 상트페테르부르크를 건설한 표트르대제의 기마상 3. 세계 3대 박물관 중의 하나인 '에르미타주 박물관'과 '겨울 궁전' 앞 광장
4. 네바 강가의 상트페테르부르크 전경

5. 표트르 대제가 수호신 성 이삭을 기념하기 위해 세운 이삭 성당 6. 차르 시대의 전통 의상을 입은 러시아 사람들 7. 고대 그리스 양식의 구 증권거래소 건물 8. 상트페테르부르크의 운하

바이크 정비

러시아 크라스노야르스크 BMW Motorrad
N 56° 2.6720′
E 92° 53.8393′

바이크 매장과 자동차 매장이 같이 있다. 영어가 가능한 직원도 있어서 의사소통에도 지장이 없었다. 규모도 크고, 한국 매장과 별반 다르지 않았다. 들어가서 대충 어떻게 여기 왔는지 설명하고, 엔진오일 갈고, 클러치 레버가 흔들거리니 그것도 좀 점검해 달라고 했더니 지하 주차장 정비실로 바이크를 끌고 가서 알아서 점검 수리를 해주었다.

엔진오일, 클러치 레버 / 총 4,358RUB

러시아 예카테린부르크 Bike House
N 56° 48.6688′
E 60° 37.7215′

예카테린부르크로 오는 길에 슬립하면서 충격을 받아 휘어진 기어 시프트 풋 레버를 수리할 필요가 있었다. 아무래도 사고를 한 번 겪은지라 바이크 상태가 좀 불안하기도 하고 해서, 다시 점검수리를 받고자 미리 찾아둔 예카테린부르크의 매장으로 찾아갔다. 그런데 매장의 규모는 크지만 주로 BMW 자동차를 취급해

바이크는 딱 한 대만 전시되어 있었다. 게다가 바이크 정비팀도 없다고 하면서, 바이크 전문 매장을 소개해주었다. 바이크하우스라는 곳인데, 알려주는 대로 찾아가보니 규모도 꽤

TIP

여행을 떠나기 전 한국에서 미리 세계 각지의 BMW 바이크 딜러샵 주소와 전화번호를 검색해 두었다. 구글이나 BMW Motorrad 공식 홈페이지에서 쉽게 찾을 수 있었다. 마찬가지로 혼다, 스즈끼 등 다른 브랜드 바이크들도 딜러샵의 위치를 찾는 것은 어렵지 않다. 만약을 위해 미리 위치와 연락처 등의 정보를 최대한 알아보고 출발하자.

나 큰 바이크 전문점이었다. 예카테린부르크 근처 지역에서 최대 규모의 매장 겸 정비 전문점이라 한다.

바이크하우스에 찾아가 수리하려는 부분을 이야기하고 정비를 부탁하니, 엔지니어 알렉세이가 친절하게 도와주었다. 세 시간 넘게 차근차근 수리와 점검을 받았고, 지하 매장에서는 찢어져 못쓰게 돼버린 우비 바지를 대신해 새로운 제품도 구입했다. 슬립을 하는 바람에 쓸데없는 지출이 생긴 것 같아서 아깝기는 하지만, 이 정도에 그친 것이 다행이라고 생각했다. 영어를 잘하는 직원은 없었지만, 기본적인 일 처리는 다 할 수 있을 정도의 의사소통은 된다. BMW외에도 거의 모든 바이크를 다 취급한다.
바이크 수리 및 점검 / 총 3,180RUB

러시아 모스크바 BMW Motorrad
N 55° 41.3083′
E 37° 24.8460′

엔진오일을 교체하기 위해 모스크바에서 BMW 매장을 찾아갔다. 모스크바에는 BMW 매장도 몇 개나 되어서, 검색해두었던 곳들 중에서 묵고 있던 호스텔에서 비교적 가까운 곳으로 갔다. 영어하는 직원도 있어서 의사소통도 잘 되었고, 비교적 수월하게 바이크 점검을 받을 수 있었다.

엔진오일, 오일필터, 바이크 점검 / 총 4,706RUB

러시아 상트페테르부르크 BMW Moto Park
N 56° 56.2993′
E 60° 12.8470′

슬립한 후 충격을 받아 흔들거리던 왼쪽 사이드미러가 완전히 고장나버렸다. 풀어서 확인해보니 고정하는 암나사 부분의 나사산이 완전히 뭉개져버렸다. 달리다 보면 제멋대로 돌아가는 탓에 부품교체를 해야겠다 싶었다. 그런데 검색해두었던 상트페테르부르크 BMW 매장에 찾아가니, 바이크는 취급하지 않는다고 한다. 간판에는 분명히 BMW Motorrad라고 떡하니 적어놓고서는 말이다. 그럼 정비할 수 있는 다른 곳을 가르쳐달라니까, 잘 모르겠다고 한다. 뭐 어떻게 되겠지 하는 생각에 바이크를 몰고 나와 시내 구경도 하면서, 혹시 길가에 바이크 매장이나 정비소가 없나 둘러보았다.

그러다가 바이크 정비소는 보이지도 않고, 꽉 막히는 길도 짜증나 그냥 호스텔로 돌아갈까 하던 참에, 지나가던 웬 혼다 바이크 라이더가 인사를 한다. 마침 잘되었다 싶어, 바이크 세우고 이런저런 이야기를 하다가 사이드미러가 고장 난 이야기를 하고 정비소를 물었다. 그러자 일단 자기가 바이크를 정비하는 클럽으로 가자해서 앞장선 그를 졸졸 따라갔더니, 토요일 오후라 문을 닫았다. 그럼 다른 곳에 가보자해서 또 막히는 차들 사이를 이리저리 뚫고 졸졸 따라가서 정비소에 도착. 정비사에게 교체할 부분을 보여주니, 이건 부품교체를 해야 하는데, 자기네는 당연히 부품이 없고, 임시로 고정시켜줄 수는 있다고 한다. 그렇게라도 할까 어쩔까 하고 있는데, 이 친구가 또 이것저것 검색하고 여기저기 전화해보더니 정비 가능한 BMW 매장을 찾아내 가르쳐주었다. 일이 있어서 직접 데려다 줄 수가 없다며, 대신 지도에 위치를 표시해주고 매장에 전화해서 바이크의 고장 난 부분까지 설명해주어, 나는 그냥 찾아가기만 하면 되었다. 나 때문에 벌써 두 시간여를 허비한 셈인데 정말 미안하기도 하고, 몇 번이나 고맙다 이야기하고 헤어져 그가 가르쳐준 BMW Motorrad 매장을 찾아갔다. 상트페테르부르크에는 BMW Motorrad 매장이 두 군데 있는데, 그 중 하나라고 한다.

커다란 건물 이층의 조그만 매장이었다. 찾기가 그리 쉽지는 않은데, 건물을 한 바퀴 돌다 보면 BMW 마크가 작게 붙어있는 것을 볼 수 있다. 건물 앞에 바이크를 세우고 매장으로 들어가니, 기다리고 있었다며 반겨주었다. 엔지니어와 함께 바이크의 상태를 정확하게 다시 확인하고 부품도 확인을 했는데, 이곳에도 재고 부품이 없어서 임시로 고정해주겠다고 했다. 정비실에서 뚝딱뚝딱 하더니 금세 수리해서 가져다주었다. 대충 보니 튼튼하게 고정해놔서 부품 교체 없이 그냥 다녀도 되겠다는 생각이 들었다. 수리비가 얼마인지 물어봤더니, 별거 아니니 괜찮다며, 여행 잘 하라고 한다. 고마운 친구들이다.

시베리아 횡단 요약

번호	경로	거리
120331	서울 → 동해항	270km
120401	동해항 → 블라디보스토크	
120402	블라디보스토크	
120403	블라디보스토크	
120404	블라디보스토크	
120405	블라디보스토크	
120406	블라디보스토크 → 키로브스키	300km
120407	키로브스키 → 하바롭스크	420km
120408	하바롭스크 → 오블루치에	350km
120409	오블루치에 → 쉬마놉스크	440km
120410	쉬마놉스크	
120411	쉬마놉스크 → 스코보로디노	420km
120412	스코보로디노 → 체르니쉐브스크	640km
120413	체르니쉐브스크 → 치타	310km
120414	치타 → 울란우데	700km
120415	울란우데	
120416	울란우데	
120417	울란우데 → 이르쿠츠크	490km
120418	이르쿠츠크	
120419	이르쿠츠크	150km
120420	이르쿠츠크 → 니즈네우딘스크	450km
120421	니즈네우딘스크 → 크라스노야르스크	550km
120422	크라스노야르스크	
120423	크라스노야르스크	
120424	크라스노야르스크 → 아친스크	200km
120425	아친스크 → 톰스크	450km
120426	톰스크	
120427	톰스크 → 바라빈스크	590km
120428	바라빈스크 → 이쉼	695km
120429	이쉼 → 예카테린부르크	650km
120430	예카테린부르크	
120501	예카테린부르크	
120502	예카테린부르크 → 심	491km
120503	심 → 아시야노보	535km
120504	아시야노보 → 데르진스크	830km
120505	데르진스크 → 모스크바	400km
120506	모스크바	
120507	모스크바	
120508	모스크바	
120509	모스크바	
120510	모스크바 → 상트페테르부르크	725km
120511	상트페테르부르크	
120512	상트페테르부르크	
120513	상트페테르부르크	
120514	상트페테르부르크 → 탈린(에스토니아)	400km

시베리아 횡단 여행 경비

기간 2012년 4월1일 ~ 2012년 5월14일
43박 44일(주행 20일 / 휴식 및 정비 23일)
주행거리 11,300km

하루 평균 주행거리 560km
하루 평균 주유비 9.6 USD
하루 평균 숙박비 23 USD
하루 평균 식비 10 USD

❶ 주유비 413 USD
❷ 숙박비 999 USD
❸ 식비 447 USD
❹ 바이크 관련 비용 698 USD
❺ 기타 (소포 배송료, 교통 범칙금) 410 USD

총 여행 경비 2,968 USD

시베리아 숙소

*가스띠니짜ГОСТИНИЦА의 러시아어 상호명은 기록하지 못함

블라디보스토크
Владивосток
See You Hostel
N 43°5.2999′
E 131°51.4746′
650RUB

www.hostelworld.com에 나오는 유일한 블라디보스토크 호스텔. 바이크 통관을 대행해 준 유리가 항구 터미널에서 데려다 줌. 그럭저럭 깨끗한 4인실 도미토리. 많은 외국인 배낭여행자들 묵어가는 곳. 시내에서 한참 벗어난 외곽이라 시내 이동에 좀 불편. 친절. 호스텔이 있는 아파트 앞에 공용 주차장에 하루 50RUB에 주차 가능. 추천.

키로브스키 Кировский
ГОСТИНИЦА
N 45°5.5327′
E 133°30.1629′
1,500RUB

블라디보스토크를 출발 첫날이라 무리하지 않고 살살 달려 저녁 6시쯤 300km정도 거리의 작은 마을 키로브스키 도착. 길가에서 지나는 사람 붙잡고 매직레터 보여주며 숙소를 물어보니 데려다 준 곳. 화장실과 샤워부스 딸린 싱글룸. 깨끗함. 말은 안 통하지만 친절하게 챙겨 줌. 주차장은 따로 없어서 건물 정문 안에 바이크 들여 놓아서 주차.

하바롭스크 Хабаровск
Versailles Hotel
N 48°29.2255′
E 135°4.2737′
2,000RUB

화장실과 샤워부스 딸린 싱글룸. 비싸다. 날도 슬슬 어두워지고, 숙소 찾으러 흙탕물길 헤매고 싶지 않아서 하루 묵음. 중심가에 위치한 외국인들도 많이 묵어가는 꽤 큰 호텔. 깨끗하고 친절. 비싼 가격만 빼고 괜찮음. 호텔 안 마당에 안전하게 주차.

오블루치에 Облучье
ГОСТИНИЦА
N 49°1.1594′
E 131°3.7117′
1,200RUB

더블룸 혼자 사용. 화장실/샤워부스 공용. 그럭저럭 깨끗함. 바이크는 건물 안에 들여놓을 수 없어, 어떤 주차장인지 고물상인지 모를 곳에 50RUB 주고 디스크락과 커버 씌워 주차. 외국인들은 절대 안 올 러시안 숙소.

쉬마놉스크 Шимановск
ГОСТИНИЦА
N 52°0.0041′
E 127°40.0954′
1,000RUB

저녁 5시반 경 쉬마놉스크 도착. 나름 큰 도시 분위기가 남. 한 바퀴 둘러보며 숙소를 찾다가 물어물어 가스띠니짜 도착. 침대 3개짜리 도미토리 혼자 쓰게 해줌. 리모델링 공사를 하는 중이었는데, 상당히 깨끗하고 괜찮았음. 화장실/욕실 공용. 방 안에 세면대 있고 내부 식당은 없음. 근처 좀 떨어진 고물상인지 창고인지 모를 곳에 안내해줘서 바이크 주차. 디스크락, 커버 씌워놓음. 괜찮아 보임.

스코보로디노
Сковородино
ГОСТИНИЦА
N 53°58.5911′
E 123°55.5591′
1,400RUB

스코보로디노 마을에 도착해서 경찰차 발견, 가스띠니짜 물어보니 안내해주어 묵어간 곳. 건물 안쪽 입구에 바이크 무료 주차. 2인실 도미토리. 저녁을 먹으려고 식당을 물었더니 한 건물에 있는 중국식당으로 안내해 주어서, 뭔지 모르고 대충 아무거나 시켰더니 밥 한 그릇, 돼지고기볶음, 차 해서 470RUB이 나옴. 좀 비싸다 했는데, 나온 양을 보니 2인분 정도. 그냥 저녁 먹을 만한 정도는 됨. 푸짐하게 식사.

체르니쉐브스크
Чернышевск
ГОСТИНИЦА
N 52°30.8984′
E 117°0.7786′
552RUB

찾아간 가스띠니짜에서 숙박이 어렵다고 해 불러준 택시를 타고 도착한 숙소. 간판도 제대로 없어서 혼자서는 절대 못 찾을 듯. 침대 3개짜리 방 혼자 사용. 그다지 깨끗하진 않음. 외국인들은 절대 오지 않을 러시안 숙소. 화장실/샤워부스 공용. 건물 정문 안에 바이크 들여놓아서 안전하게 주차.

치타 Чита

Montblanc Hotel
N 52°2.1273′
E 113°30.1643′
2,450RUB

위험하다고 소문난 구간을 지나 치타에 도착하니 긴장이 풀어진 데다, 오랜만에 만나는 큰 도시라서 하루 묵어간 곳. 경찰이 가르쳐준 곳인데 너무 으리으리한 현대식 큰 건물에 비싼 럭셔리 호텔. Wi-Fi가 가능하다는 점에 넘어가 하루 묵어감. 러시아에서 묵은 숙소 중 가장 럭셔리. 화장실, 샤워부스 딸린 더블 베드룸 혼자 사용. 가격만 빼곤 최고. 지하주차장에 500RUB 내고 안전하게 주차.

울란우데 Улан-Удэ

Travellers Hostel
N 51°50.1852′
E 107°35.0512′
600RUB

티피와 채의 여행기에서 보고 찾아간 곳으로 배낭여행자들이 많이 묵는 숙소. www.hostelworld.com에서도 찾을 수 있음. 6인실 도미토리에 적당히 깨끗하고 친절. 시내 중심가에 위치해서 걸어서 구경 다니기 좋음. 무료 Wi-Fi. 취사 가능. 호스트 데니스가 주차하는 차고에 하루 100RUB 내고 안전하게 주차. 추천.

이르쿠츠크 Иркутск

Baiokaler Hostel
N 52°16.8864′
E 104°16.9140′
600RUB
www.hostelworld.com에서 검색. 4인실 도미토리. 깨끗하고 친절. 시내 중심가에 위치해 걸어서 구경 다니기 좋음. 배낭여행객들 많이 묵어가는 곳. 취사 가능. 무료 Wi-Fi. 추천. 건물 뒤편 안마당에 디스크락, 커버 씌워서 주차.

니즈네우딘스크 Нижнеудинск

ГОСТИНИЦА
N 54°55.1532′
E 99°0.3738′
650RUB

크라스노야르스크를 향해 달리던 중 날이 저물어가서 길가에 보이는 가스띠니짜에서 하루 묵어 감. 5인실 혼자 사용. 화장실/샤워부스 공용. 그럭저럭 깨끗하고 하루 묵을 만함. 아래층 카페에서 식사 가능. 문 안쪽 주차장에 무료 주차.

크라스노야르스크 Красноярск

Kiwi Hostel
N 56°1.8678′
E 92°55.2915′
450RUB

www.hostelworld.com에서 검색. 시내 중심에선 좀 떨어져있는 주택가 아파트. 4인실 도미토리 혼자 사용. 영어 잘 통함. 무료 Wi-Fi. 무척 깨끗함. 친절. 취사가능. 아파트 앞 주차장에 디스크락, 커버 씌워서 주차. 안전해보임. 강력 추천!!

톰스크 Томск

8 floor Hostel
N 56°27.9094′
E 84°58.2926′
450RUB
www.hostelworld.com에서 검색. 시내에서 살짝 외곽에 있는 주택가의 아파트 8층. 침대 8개짜리 도미토리 룸. 영어 잘 통함. 무척 깨끗하고 친절. 넓은 휴게실. 저렴한 가격. 무료 Wi-Fi. 취사 가능. 러시아에 온 후 처음 만나는 제대로 된 유럽식 호스텔. 강력 추천!!! 아파트 앞 주차장에 디스크락, 커버 씌워서 주차. 안전해 보임.

바라빈스크 Барабинск

ГОСТИНИЦА
N 55°19.0833′
E 78°23.2692′
800RUB

옴스크 가는 길에 날이 저물어가고, 어느덧 500km를 넘게 주행하고 있어 중간 마을 바라빈스크 길옆의 카페 겸 가스띠니짜에 숙소를 잡고 묵음. 2인실 혼자 사용. 화장실/샤워부스 공용. 서쪽임을 생각하면 비싸다 싶고, 동쪽과 비교하면 싼 듯싶고. 함께 영업하는 카페에서 저녁식사. 먹을 만 함. 마당에 디스크락, 커버 씌워서 주차.

이쉼 Ишим

ГОСТИНИЦА
N 56°09.6633′
E 69°33.9019′
650RUB

달리던 중에 길가에서 보이는 가스띠니짜에 들어가 묵음. 싱글룸. 공용 화장실. 샤워부스는 따로 없고 밖에 반야를 이용하라는데 그냥 세수만 하고 잠. 마당에 디스크락, 커버 씌워서 주차.

예카테린부르크

Екатеринбург

Europe Asia Hostel
N 56°48.5510′
E 60°37.2476′
550RUB
www.hostelworld.com에서 검색. 침대 4개짜리 도미토리 룸. 20평쯤 돼 보이는 작은 아파트. 취사 가능. 무료 Wi-Fi. 너무 좁고 지저분함. 아파트 앞 주차장에 디스크락, 커버 씌워서 주차. 별일은 없었지만 그리 안전해 보이진 않았음. 좁은 집에 커다란 개도 한 마리 길러서 왔다 갔다 하기 불편. 비추천.

심 Сим

ГОСТИНИЦА
N 55°27.4657′
E 54°41.4544′
550RUB
달리던 중에 언덕 위에서 바라본 마을 풍광이 너무 마음에 들고 산장 같은 분위기의 가스띠니짜도 무척 마음에 들어 하루 묵어 간 곳. 퀸 사이즈 침대 싱글룸. 화장실/샤워부스 공용. 뒤편 주차장에 안전하게 무료주차. 가격 착하고 깨끗함. 친절. 카페 음식도 괜찮고 상당히 마음에 들었던 곳. 강력 추천!!

데르진스크 Дзержинск

Motel
N 56°17.9551′
E 43°27.7104′
1,000RUB
모스크바를 향해 달리다보니 어느새 날이 저물어 들어간 길가 모텔. 침대 두 개짜리 방 혼자 사용. 화장실/샤워부스 공용. 바로 앞마당에 오픈된 주차장도 있지만, 사람들 왔다 갔다 하는 것이 그리 안전해 보이지 않아 근처 자동차정비소 창고 안에 100RUB 주고 안전하게 주차. 영어가 통하지 않는 전형적인 러시안 숙소. 깨끗하고 편히 쉬기는 좋았지만 비싼 편.

모스크바 Москва

3 Penguin Hostel
N 55°46.0921′
E 37°37.0205′
650RUB
6인실 도미토리 룸. 깨끗하고 매우 친절. 무료 Wi-Fi. 유명한 곳은 아니라 외국인보다는 러시아인들이 더 많이 찾는 곳. 건물 안쪽 마당에 안전하게 주차. 취사 가능. 저렴한 가격에 아주 맘에 들었던 곳. 추천.

상트페테르부르크

Санкт-Петербург

Apple Hostel
N 59°56.1772′
E 30°20.2780′
600RUB
www.hostelworld.com에서 검색. 6인실 도미토리 룸. 건물 안마당에 디스크락 걸고 커버 씌워서 주차. 떠들썩한 분위기의 배낭여행자들 많이 찾는 곳. 비교적 깨끗하고 친절. 무료 Wi-Fi. 시내 중심가에 위치해서 여기저기 걸어서 구경 다니기 괜찮음. 추천.

오토바이로 여행하게 되면 승용차 좌석에 앉아서는 결코 맛볼 수 없는 자연 풍광을 바라보고 그 내음을 맡을 수 있다. 자신이 바로 자연의 일부가 되는 것이다. 느끼고, 보고, 맛보고, 듣고, 숨 쉬는 것이다. 이것은 완전한 자유다. 대부분 여행자들에게 여정이란 목적지까지 가기 위한 수단일 뿐이다. 하지만 오토바이를 타게 되면 여정 그 자체가 목적이 된다. 지금까지 가본 적이 없는 곳을 지나게 되고, 새로운 경험을 하고, 새로운 사람을 만나고, 비로소 모험을 하게 되는 것이다. 정말 이보다 더 좋을 수는 없다.

짐 로저스, 《월가의 전설 세계를 가다》, 굿모닝북스

유럽 일주

Europe

『모든 길은 로마로 통한다.』

밤이 되어서야 겨우 로마에 도착했다.
대한민국을 떠난 지 5개월.
시베리아를 건너고 유럽을 일주한 후에야 자신 있게 말할 수 있게 되었다.
"모든 길은 로마로 통한다!"

콜로세움, 이탈리아 로마

5월 중순. 봄바람이 따뜻하던 상트페테르부르크를 출발했다. 아직 겨울의 냉기가 느껴지는 북극권 스칸디나비아 반도의 최북단 노르카프Nordkapp를 향해 달렸다. 겨우내 내린 눈이 두툼하니 쌓여있던 노르카프를 떠나 유럽 본토로 이동, 봄기운 따스하던 중부 유럽을 일주하고 도버 해협에서 영국으로 페리를 타고 건너갔다. 스코틀랜드의 북쪽 끝 트루소와 아일랜드 섬을 돌아본 후 다시 프랑스로 건너왔다. 프랑스를 종단해 피레네 산맥을 넘어 스페인으로 건너 포르투갈의 로카 곶Cabo da Roca에 도착했다. 스페인 안달루시아 지방 남부 지중해안을 돌아 바르셀로나로 이동, 이탈리아 반도로 향하는 페리를 탔다. 시실리 섬을 지나 로마로, 다시 로마에서 브린디시를 지나 그리스 아테네, 터키 이스탄불까지 달려갔다. 터키의 이스켄데룬에서 아프리카를 향해 떠난 9월 하순까지 130여 일 동안 25,000km를 유럽에서 달린 셈이다.

시베리아를 처음 출발하면서 모스크바 이후의 여행은 구체적으로 계획하지 않았다. 모스크바에 도착하고, 시베리아 횡단을 마치며 눈앞에 펼쳐진 유럽을 어떤 루트로 여행할지 많이 고민했었다. 크게 세 가지 방향이 가능했다. 꼭 한번 가보고 싶었던 터키를 향해 흑해 연안으로 내려가는 남쪽 루트. 그대로 서쪽으로 동유럽을 통과하는 서쪽 루트. 그리고 북유럽으로 북극권을 향해 올라가는 북쪽 루트. 모스크바에서 보낸 며칠 동안 매일 컴퓨터를 들여다보며 세 루트에 대한 정보를 찾았고, 결국 북쪽 루트로 결정했다. 북쪽 루트로 방향을 정한 가장 중요한 이유는 내가 달릴 수 있는 한계지점이 어디인지를 알고 싶었기 때문이다. 세상의 끝. 시베리아를 횡단하며 달려온 길의 끝을 보고 싶었다.

북쪽 세상의 끝, 노르카프에 도달하고 나선 베를린을 향해 달렸다. 그동안 고생했던 내 바이크의 고향 베를린에서 바이크 상태를 총 점검하고, 부품과 패니어케이스 등 필요한 것들을 구매할 생각이었다. 알프스를 한 바퀴 돌아 프랑스 리옹을 향했던 것은 나를 초대해준 사무엘 가족을 방문하기 위해서였다. 리옹 이후 파리를 지나 영국으로 이동, 꼭 달려보고 싶었던 스코틀랜드와 아일랜드를 돌아보았고, 다시 유럽 본토로 돌아와 유럽의 서쪽 끝 포르투갈 로카 곶을 향했다. 로카 곶에서 그리스 아테네로 향한 것은 아테네에서 다시 만나기로 약속했던 티피와 채를 만나고 터키 이스탄불에 들어가기 위해서였다.

매일 시간 단위로 계획된 일정 속의 여행은 내가 원하는 여행이 아니다. 하루의 여정 속에서 만나는 사람들, 겪게 되는 우연 속에서 그저 물이 흐르듯 자연스럽게 흘러가는 여행이 나의 여행이다. 나의 여행 루트는 전혀 계획적이지 않았다. 돌이켜보면 왜 그때 그곳을 가지 않았을까 하는 후회도 많고, 무지함으로 인해 미처 챙기지 못한 좋은 곳들과 의미 있지만 지나쳐버린 곳들도 많다. '나중에 다시 찾는다면 어디 어디는 꼭 찾아가리라' 하고 다짐도 한다. 하지만 다음의 여행을 아무리 충실하게 준비하고 계획하여 여행하더라도 또 다른 후회는 남을 것이다. 가보지 않은 길에 대한 미련은 늘 남게 마련이고, 밟지 않은 길은 언제나 더 멋져 보이기 때문이다. 중요한 것은 그저 내게 주어진 하루하루를 얼마나 더 충실하게 살았는가가 아닐까?

유럽 일주 추천 루트

오랜 역사만큼이나 유럽에는 유적도 많고 도시도 많다. 욕심껏 가보고 싶은 곳들을 모두 둘러보려면 몇 년이 넘는 시간이 필요하다. 한정된 시간과 예산으로 유럽을 여행할 때, 결국 자신이 원하는 여행 장소를 정하고 그에 맞춰 필수적으로 방문해야 할 곳과 포기해야 할 곳들을 선택하는 것이 중요하다.

1. 스칸디나비아 루트

모스크바에서 상트페테르부르크를 거쳐 북유럽 최북단 노르카프로 달려 북극권의 거친 자연을 만난다. 노르웨이 해안을 따라 남하해 베르겐, 스톡홀름을 거쳐 함부르크 유럽본토로 이동, 프라하 뮌헨을 거쳐 알프스를 넘는다. 밀라노 바르셀로나를 지나 포르투갈 리스본으로 향한다.

2. 북부 루트

모스크바에서 상트페테르부르크를 거쳐 발트3국의 중세풍 도시들을 지난다. 폴란드와 체코를 지나며 동유럽의 변화를 느끼고, 독일을 지나 암스테르담에서 페리를 타고 런던으로 이동 후 다시 도버해협을 건너 유럽 본토의 파리로 돌아온다. 스페인 북동부 피레네 산맥을 넘어 스페인 산티아고 순례 길을 탐방, 포르투갈로 달린다.

3. 중부 루트

모스크바에서 우크라이나를 횡단, 동유럽의 문화가 선명한 헝가리를 지나 오스트리아로 향한다. 오스트리아, 스위스를 거치며 알프스 산맥의 아름다움을 만끽하고 바르셀로나, 마드리드를 지나 스페인 내륙을 횡단하여 포르투갈로 향한다.

4. 남부 루트

유럽의 관문 이스탄불 혹은 남부 이즈미르에서 아테네로 페리를 타고 이동한다. 아테네에서 불가리아 소피아를 거쳐 크로아티아 두브로브니크로 간다. 아드리아해의 눈부신 해안을 따라 북진, 베네치아를 돌아 천년 도시 로마로 달린다. 로마에서 지중해 연안을 따라 친퀘테레, 제노바, 니스를 돌아 바르셀로나로 이동, 지중해의 푸른 바다를 돌아 스페인 안달루시아 지방을 거쳐 포르투갈로 향한다.

과거의 영광을 간직한 유럽 문명의 진수를 경험하고자 한다면 이탈리아, 프랑스, 영국의 도시들을 방문하자. 강렬한 태양아래 눈부시게 파란 바다가 보고 싶다면 지중해안을 달려야 한다. 그림 같은 초원과 험준한 바위산의 절경을 굽이굽이 달리고 싶다면 스위스와 이탈리아를 아우르는 알프스 산맥으로 가야 한다. 광활하고 척박한 자연을 만나고 싶다면 노르웨이 북부, 스코틀랜드 북부의 빙하 침식 지형을 보러 가자. 부담 없는 물가와 때 묻지 않은 순수함이 남아있는 편안한 시골의 유럽을 보고 싶다면 동유럽으로 가자.

유럽의 도시들

오슬로 Oslo
노르웨이의 수도. 잘 정돈되고 깨끗한 오슬로는 크리스털 같았다. 반짝이는 아름다움을 가졌지만 차가운 느낌이었다.

헬싱키 Helsinki
핀란드 사람들의 순수함과 생기발랄함이 가득했던 헬싱키. 거리에서 마음껏 뛰어 노는 아이들의 모습이 인상적이었다.

스톡홀름 Stockholm
별 기대 없이 달려간 스톡홀름은 진정 아름다웠다. 바다에 반사되어 영롱하게 빛나던 스톡홀름의 야경을 잊을 수 없다.

탈린 Tallinn
에스토니아의 수도. 유네스코 세계문화유산으로 지정된 탈린의 구시가. 미로처럼 얽힌 골목, 작은 장난감 같은 집들. 요정의 나라에 온듯한 기분이었다.

트론헤임 Trondheim
노르웨이 세 번째로 큰 도시 트론헤임은 젊음의 열기가 넘친다. 봄을 맞아 강가의 잔디밭에서 햇볕을 즐기는 시민들과 함께 한나절을 보냈다.

베르겐 Bergen
일곱 언덕과 일곱 피오르로 둘러싸인 노르웨이 제2의 도시. 베르겐의 삐죽삐죽 목조주택과 언덕위에서 내려다본 알록달록한 전경은 유럽 최고였다.

코펜하겐 Copenhagen
유서 깊은 역사의 도시 코펜하겐은 스칸디나비아의 도시 중 가장 자유로운 분위기였다. 흐린 하늘 아래, 뉘하운Nyhavn의 운하를 바라보며 난간에 걸터앉아 맥주를 마셨다.

베를린 Berlin
분단 독일의 상징이었던 베를린 장벽은 이제 관광 기념물이 되었다. 세계에서 몰려든 사람들의 용광로. 오랜 시간 베를린의 활기를 즐겼다.

리옹 Lyon
프랑스 제2의 광역도시. 프랑스 요리의 본산, 구불구불 리옹의 구시가에서 길을 잃었었다. 어두운 골목을 헤매다 하늘을 올려다보았다. 리옹의 보물은 좁은 골목길들 사이에 숨어있었다.

루체른 Lucerne

스위스 도시의 아름다움. 그 전형을 보려면 루체른으로 가야 한다. 카펠 다리를 건너 소란스런 구시가의 거리를 걸었다.

함부르크 Hamburg

독일 최대의 항구도시. 함부르크 중심가엔 불타버린 성당을 그대로 보존되어있다. 2차 대전의 교훈을 잊지 않으려는 독일인들의 의지를 느낄 수 있었다.

모나코 Monaco

프랑스 안의 풍요로운 작은 나라. 한적한 지중해안 느닷없이 나타나는 초고층 빌딩 숲. 왠지 길을 걷다 보면 모나코의 왕자와 공주를 만날 수 있을 것 같았다.

제네바 Geneva

시민의 45%가 외국인인 진정한 국제도시 제네바. 고급스럽고 세련된 아름다움이 가득한 제네바의 아담한 시내를 걸어서 산책했다.

파리 Paris

세계의 유행을 창조하는 매혹적이고 세련된 '빛의 도시' 파리. 무슨 설명이 더 필요한가?

빈 Wien

음악과 예술의 도시. 클림트의 '입맞춤'이 전해준 감동만으로도 빈을 방문할 이유는 충분하다.

프라하 Prague

신비로운 프라하. 끊임없이 몰려오는 관광객의 물결을 피해 조용한 언덕에 숨어 올라 프라하의 맥주를 즐겼다.

인터라켄 Interlaken
스위스 알프스에서 즐길 수 있는 모든 액티비티의 성지. 산악 기차를 타고 융프라우의 놀라운 경치를 보러 다녀왔다. 알프스의 위용에 숨이 멎을 듯했다.

리버풀 Liverpool
비틀즈의 고향으로만 기억되기엔 리버풀은 너무 아깝다. 머지 강변의 장엄한 경관과 리버풀 성당의 스테인드글라스가 보여주는 환상적인 빛의 쇼는 감동이었다.

런던 London
영국의 수도. 해가 지지 않는 제국의 심장 런던. 세계 제국으로서 과거 영광은 퇴색되었지만 그 위용은 여전했다.

맨체스터 Manchester
산업 혁명의 중심지였던 맨체스터는 이제 영국 축구의 중심지로서 더욱 빛을 발하는 듯했다.

바르셀로나 Barcelona
아름다운 바르셀로나! 카탈루냐의 꽃. 바르셀로나의 모든 곳에선 가우디의 향기가 난다.

벨파스트 Belfast
북아일랜드의 수도. 수십 년간 분쟁으로 얼룩진 기억은 과거로 흘려보내고, 벨파스트의 현재는 활기가 넘쳤다.

리스본 Lisboa
구불구불 이어지는 리스본의 언덕, 수백 년도 넘었을 돌조각으로 포장된 리스본의 구시가는 태양의 열기가 가득했었다.

마드리드 Madrid
강렬한 태양의 마드리드에서 구시가의 골목길은 먹음직스런 타파스와 파에야 냄새가 넘실대고 매혹의 에너지가 넘쳤다.

더블린 Dublin
아일랜드의 수도. 리피 강 북쪽 '빛의 기념물Monument of Light'를 잊을 수 없을 것이다.

글래스고 Glasgow
예술적 영감이 가득한 글래스고는 낮보다 밤거리의 풍경이 더욱 흥겨웠다.

로마 Roma

도시 전체가 박물관. 천년의 고대 제국 로마. 관광객들로 북적이는 낮의 열기가 가라앉은 밤의 로마는 신비로움을 더한다. 로마는 낮보다 밤이 더 아름답다.

제노바 Genova

피사, 나폴리, 베네치아와 함께 4대 해양 도시국가였던 제노바. 높은 언덕위로 굽이굽이 올라가 보았던 항구 제노바의 전경은 가슴을 뻥 뚫리게 하였다.

아테네 Athens

신들의 도시. 도심의 번잡함을 벗어나 신들이 사는 언덕, 아크로폴리스에서 신화 속의 신들을 느꼈다.

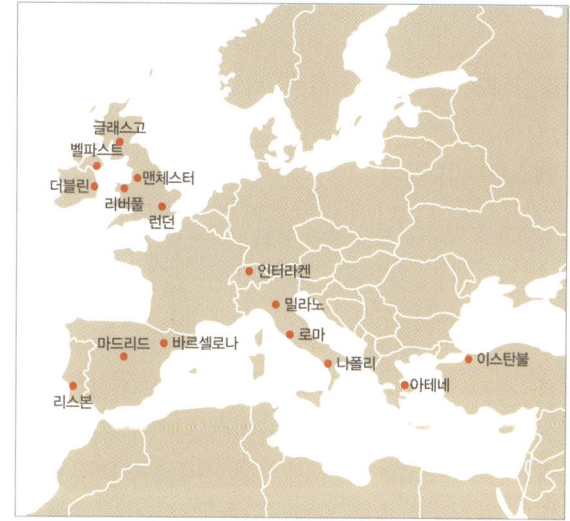

밀라노 Milano

이탈리아 경제, 패션의 중심지. 밀라노 대성당의 지붕 위에 올랐다. 레오나르도 다빈치의 〈최후의 만찬〉이 보고 싶다면 미리 예약을 해야 한다. 나와 같이 밀라노까지 찾아갔지만 못 보는 수가 생긴다.

나폴리 Napoli

나폴리 구시가의 도로는 꽤 매력적이었지만, 피자는 실망스러웠다. 베수비오 화산이 분화했을 때 만약 바람이 반대로 불었다면, 우리는 지금 폼페이 피자를 먹고 나폴리 유적지를 방문했을지도 모른다.

이스탄불 Istanbul

동양과 서양은 이스탄불에서 하나가 되었다. 아야 소피아와 블루 모스크의 날카로운 미학을 오랫동안 감상했다.

유럽 일주 151

러시아에서 유럽연합으로 입국하다

2012년 5월 14일

러시아 상트페테르부르크에서 20번 국도를 따라 에스토니아와의 경계인 나르바Narva국경으로 달렸다. 바이크를 탄 채 육로 국경을 넘는 것은 처음이었기 때문에 상당히 긴장한 채로 도로를 달려 국경을 향해 진입하였다. 나르바 국경을 향해 진입하면 먼저 러시아 측 출국 심사를 거치게 된다. 바이크를 출입국사무소Immigration 건물 앞에 세우고, 바이크 서류와 여권 등을 챙겨 들고 출국심사 부스로 갔다. 출국 심사관에게 여권을 제출하니 비자와 입국 스탬프를 확인 후 별말 없이 간단하게 출국 스탬프를 찍어준다. 바로 세관Custom 부스로 가서 바이크 영문서류와 블라디보스토크 세관에서 받았던 바이크 일시반출입서류를 함께 제출하였다. 서류를 간단히 점검하고 세관원과 함께 바이크로 가서 바이크의 차대번호를 확인하고 출국 과정이 마무리되었다. 이제 가도 되냐고 물어보니 끝났다고 에스토니아로 건너가면 된다고 한다. 줄 서서 기다린 시간까지 포함해 30분도 채 안 걸렸다.

에스토니아 입국

바이크를 타고 러시아 측을 출발, 나르바강에 걸려있는 다리를 건너 에스토니아로 건너갔다. 에스토니아 역시 EU 가입국이며 동시에 쉥겐조약 가입국이기 때문에 에스토니아 국경의 입국심사만으로 전체 쉥겐국을 아무런 국경 검사 없이 자유롭게 여행할 수 있다. 출입국사무소 건물 앞에 바이크를 세우고 바로 서류를 챙겨서 입국심사관에게 입국심사를 받았다. 에스토니아는 우리나라와 3개월 무비자 협정이 체결된 나라이므로 입국시의 여권확인만으로 무비자 입국이 가능하다. 간단한 확인만으로 쉽게 여권에 스탬프를 받을 수 있었다. 바로 옆의 세관으로 이동해서 바이크서류를 제출하였다. 그린카드(바이크보험)의 의무가입이 폐지되었다는 정보를 듣고 온 터라 그린카드를 따로 만들지 않고 바로 에스토니아 국경으로 달려왔다. 별 문제 없으리라 생각하고 바이크서류를 세관원에게 제출하고 통관을 기다리는데, 세관원이 그린카드는 가지고 있냐고 물어본다. EU내 그린카드는 더 이상 의무사항이 아닌 것을 알기 때문에 그린카드를 만들어오지 않았다고 이야기 했지만, 세관원들은 들은 척도 하지 않았다.

"우리는 법이 바뀌었다는 이야기를 들은 바가 없다. 에스토니아에 바이크를 가지고 오기 위해선 바이크 운행을 위한 보험, 그린카드가 필요하다. 그린카드 없이는 바이크 통관을 시켜줄 수 없다."

그린카드를 만들어야 바이크 입국을 시켜주겠다는 세관원들. 유럽에서는 이제 그린카드가 의무가 아닌 것으로 법이 바뀌었다는 이야기를 하고 통과시켜 달라 계속 요청하였지만 요지부동이었다. 일선 검사관과는 이야기가 통하지 않는 듯하여 책임자를 불러달라고 하니 부대장쯤 되어 보이는 간부를 불러다 주었다. 간부에게도 차근차근 법이 바뀌었다는 이야기를 하며 통과를 요청하였지만, 공식적으로 규정이 바뀌었다는 지침을 받은 적이 없기 때문에 임의로 통과시켜줄 수는 없다고 했다. 국경의 공무원들답지 않게 이곳의 국경 경비대원들은 친절했고 강압적인 분위기는 절대 아니었지만, 정해진 규칙은 지키려는 의지가 단호했다.

한 시간 정도의 실랑이 끝에 결국 그린카드를 만들기로 하였는데 에스토니아의 그린카드는 러시아보다 3배는 비싸므로, 러시아로 다시 돌아가서 그린카드를 만들어 오는 것이 나을 거라 한다. 이미 러시아 출국을 하였고, 내 비자는 단수비자라 재입국을 할 수 없다고 하니 러시아 측에 전화해줘서 임시로 재입국을 시켜주겠단다. 고맙다고 하고 다시 바이크를 되돌려 러시아로 재입국했다. 에스토니아 측에서 전화를 해준 덕에 별 검사 없이 입국심사관은 통과하였으나, 세관은 또 관할이 달라서 다시 러시아입국용 바이크 임시통관 서류를 다시 작성하고 바이크 검사를 받았다. 러시아 세관을 지나 세관원이 가르쳐준 국경 검문소 바로 너머에 있는 보험사 부스로 찾아갔다. 보험사 부스에 가서 EU용 그린카드를 만들러 왔다고 하니, 자기 회사의 그린카드는 러시아인들에게만 발급해 준다고 한다. 난 러시아인이 아니므로 발급불가라고. 헐… 뭐 이런… 목구멍까지 욕이 튀어나온 것을 겨우 참았다. 이제 어찌해야 하는가? 다시 에스토니아로 가서 사정을 설명하고 통과시켜 달라고 해야겠다.

다시 러시아 출국. 에스토니아 입국심사로 가서 이러해서 그린카드를 못 만들었다고 이야기했다. 그럼 어떻게 해야 하나 물어보니, 상트페테르부르크나 모스크바에 되돌아가면 아마도 만들 수 있을 것이라고 이야기 한다. 그렇다면 또 다시 러시아 국경을 건너 100km를 되돌아가서 상트페테르부르크로 가야 한다는 이야기. 그렇다고 상트페테르부르크에서 확실히 그린카드를 만들 수 있다는 보장도 없는 상황인데, 만약 상트페테르부르크에서도 실패한다면 모스크바까지 또 700km를 되돌아 달려가야 하는가? 짐작 그리 이야기해주던가. 그러면서 하는 말이, 좋지 않은 상황이고 미안하지만 그린카드 없이 통과시켜 줄 수는 없단다. 미안하다며 원칙이 그렇다고 사과하는 모습이 꽤 친절하다. 곰곰히 생각하고 나서 보장 없이 되돌아가기보다는 에스토니아에서 임시로라도 그린카드를 만들어 입국하는 것이 좋겠다고 판단했다. 결국 에스토니아에서 그린카드 만들기로 하고, 유로가 없어서 카드 결재해야 한다고 하니, 경비대원이랑 같이 차를 타고 마을로 나가 은행 ATM에서 유로 현금을 찾으면 된다고 한다. 결국 국경수비대원과 함께 마을로 들어가 ATM에서 돈을 찾고 국경 세관원에서 그린카드를 만들었다. 보험 기간은 얼마로 할 거냐 묻기에, 가격이 얼마냐고 물었다. 한 달에 300유로, 거기서 한 달 추가마다 150유로라고 한다. 300유로!! 약 45만원, 더럽게 비싸다. EU 가입국 전체를 커버하는 한 달 기한의 그린카드를 만들어 국경을 통과했다. 결국 3시간 정도 걸려 에스토니아 입국과정을 마무리했다.

> **그린카드** Green Card
>
> 차량이나 바이크를 타고 유럽연합(이하 EU)의 국경을 통과하는 것은 하나도 어렵지 않다. 우리나라와 EU의 거의 모든 국가는 무비자협정을 맺고 있기 때문에 비자 때문에 골치 아플 일도 없다. EU내 외국 국적의 차량을 운행하는 것 역시 국제 운전면허증만 가지고 있다면 아무런 문제가 없다. 주의할 일은 단 한 가지뿐이다. 바이크(혹은 자동차)의 책임보험이다. 외국의 모터사이클을 들여와 국내의 도로에서 운행하는 이들에게 혹시 있을지 모를 사고를 대비한 책임보험을 요구하는 것은 당연한 일이다. 이미 국가 간의 경계가 의미 없어진 EU이기 때문에 이런 책임보험도 발행국뿐 아니라 EU내의 다른 국가에서의 사고까지 보장해주는 상품이 우리 같은 바이크 여행자들에겐 필요하다. 유럽 내 대부분의 보험회사는 EU전 국가를 커버하는 보험을 판매한다. 국내 전용보험에 비해 당연히 더 비싸다. 보험증의 종이 색이 보통 녹색이기 때문에 이런 책임보험을 그린카드라고 부른다. 예전엔 비EU국의 바이크, 차량이 EU국으로 입국할 때, 그린카드를 필수로 요구하였지만, 2011년 그린카드 의무가입이 폐지되었다고 한다.

이제 본격적인 유럽이다. 드디어 유럽연합의 땅에 들어왔다. 나르바 국경을 벗어나 에스토니아 수도 탈린을 향해 달렸다.

이후 한 달 여의 시간 동안 유럽을 여행하면서 그린카드를 사용할 일은 한 번도 없었다. 쉥겐국 내에서만 여행한 터라 따로 국경검사를 받지도 않았고, 사고도 없었기에 보험이 필요할 일도 없었다. 그린카드의 만료일이 다가오면서 그린카드를 재가입할 것인지 많이 고민하였다. 그린카드는 더 이상 의무가입이 아니라는 정보는 사실인 듯하고, 또 경찰검문 등 어디서도 나에게 그린카드를 요구하지는 않았지만, 아마도 국경을 통과할 때 마다 그린카드 문제가 생길 듯했다. 서유럽에서야 국경검문이 사실 없으니 별 상관이 없겠지만, 나중에 영국 입국할 때에, 그리고 EU이지만 혹시 쉥겐 가입국이 아닌 루마니아, 불가리아라든가 그리스 쪽을 지나게 될 때는 또 다시 그린카드 문제가 생기지 않을까 걱정되었다. 또 라이딩 중 마주칠 경찰 검문에서 그린카드 문제가 생기지는 않을지도 미지수였다. 그린카드를 만들 것인가 말 것인가 고민한 결과, 필수는 아닐지라도 그린카드를 만들기로 결정하였다. 국경이나 경찰 근처를 지날 때 마다 조마조마 마음 졸이는 것 보다는 그냥 마음 편히 다니고 싶었고, 또 어차피 보험이라는 것은 쓸 일이 없기를 바라며 만드는… 말 그대로 만약을 대비한 보험이니까. 만의 하나 정말 사고가 생길 수도 있는 것이기 때문에 그에 대비해 두는 것이 좋겠다는 생각이었다.

HU에서 그린카드로 검색해 본 결과, 가장 싼 그린카드는 불가리아 보험회사라는 정보를 찾았다. 석 달 유효기간 그린카드가 140유로였다.

모토캠프 불가리아 (Motocamp Bulgaria)
motosapiens.org
motocampbg@yahoo.com

불가리아에서 라이더하우스 겸 캠핑장을 운영하고 있는 바이크 라이더 폴리Poly와 더그Doug의 홈페이지다. 바이크 세계여행을 다니는 오버랜더 라이더로서 바이크 여행자들을 위한 에이전트 사업을 병행하는 친구들이다. 시베리아를 횡단하고 한국에도 들러서 이타세의 회원들과 자리를 함께한 적도 있다. 믿을 수 있는 친구들이라 판단되어, 위의 메일주소로 그린카드를 만들어달라고 연락했다. 메일을 주고받으며, 3개월 기한 140유로로 그린카드를 만들기로 했고, 바이크등록서류, 여권정보면, 국제운전면허증 등의 서류

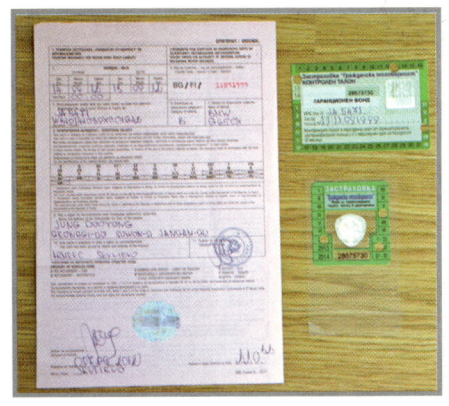

모토캠프 불가리아에서 만든 그린카드와 차량부착용 스티커

사진들 메일로 보내 수수료비용까지 총 147.5유로를 송금해주었다. 비용을 송금하고 연락하니, 다음 날 그린카드 가입서류를 스캔해서 메일로 보내주었고, 오리지널은 우편으로 보내주기로 했다(출력해서 가지고 다니는 것만으로도 아무 문제없다고 한다). 베를린의 호스텔에서 우편으로 받아보기로 했는데, 주소가 잘못되었는지 반송되어서 베를린에서 받을 수 없었다. 나중에 프랑스 렌틸리의 사무엘 집에서 오리지널 그린카드를 무사히 받아볼 수 있었다. 이후 그리스에서 터키로 EU를 출국하면서 그린카드의 유효국가를 떠나기까지 3개월 동안 무사히 유럽 여행을 계속하였고, 다행히 그린카드를 사용해야 할 일은 일어나지 않았다. 보험료가 아깝기도 하였지만, 잘한 일이라 생각하기로 했다.

'유럽여행에서 그린카드는 과연 필수인가?'라고 묻는다면 필수는 아니라고 생각된다. 유럽 전역을 여행할 때, 프랑스에서 영국 입국할 때나 영국에서 프랑스로 입국할 때, 이탈리아에서 그리스로 입국할 때, 경찰 검문을 받았을 때도, 유럽 내 4개월의 긴 여행 동안 한 번도 그린카드의 제출을 요구 받은 적이 없었다. 핀란드로 유럽에 들어온 다른 라이더들의 경우도 그린카드는 요구 받지 않았다고 하는 것을 보니, 아마도 그린카드를 요구했던 에스토니아 국경세관이 좀 이상한 것이었거나, 아니면 잘 모르거나 한 것 아닐까 한다. 하지만 비록 의무 가입사항은 아니더라도 바이크 보험이 필요하다는 것에는 의심의 여지가 없다. 만약의 위험을 대비하는 보험으로서의 그린카드의 역할은 여전히 필요하며 금전적 여유가 많지 않더라도 그린카드를 만들어 다니는 것이 더 현명한 일일 것이다.

탈린

탈린에서부터는 진짜 유럽이다. 어디서나 영어가 잘 통하고, 도로 상태나 주변 풍경도 편안했다. 즐거운 라이딩이 무언지 느끼게 해준다. 주유 방법은 러시아랑 별반 차이 없었지만, 기름 값은 리터당 1.3유로 정도로 비싸졌다. 별 생각 없이 한번 들러보자는 느낌으로 에스토니아로 넘어왔는데, 에스토니아는 꽤 마음에 드는 나라였다. 중세의 향취를 그대로 느낄 수 있었던 탈린도 번잡스럽지 않은 것이 마음에 들었다. 러시아 어느 도시에서도 한번 살아보고 싶다는 느낌은 들지 않았는데, 탈린에서는 한번 살아봐도 좋겠다는 생각이 들었다.

1. 탈린의 정겨운 사람들 2. 동화 속 나라 같은 탈린 시내
3. 구시가의 옛 교회 4. 탈린 구시가의 풍경

헬싱키로 가는 페리

자동차 여행, 바이크 여행이 활성화 되어있는 유럽이기 때문에 바이크와 함께 페리를 타고 이동하는 데에 아무런 어려움이 없었다. 유럽에서만 바다를 건너다니는 페리를 9번을 탔다.

유럽에서 탑승했던 페리들
에스토니아(탈린) → 핀란드(헬싱키) : 41EUR
노르웨이(로포텐) → 노르웨이(보되) : 274NOK
노르웨이(송네피오르) : 425NOK
프랑스(칼레) → 영국(도버) 왕복 : 56EUR
스코틀랜드 → 북아일랜드(벨파스트) : 42GBP
아일랜드(더블린) → 영국(리버풀) : 69GBP
스페인(바르셀로나) → 이탈리아(로마) : 177EUR
이탈리아(브린디시) → 그리스(파트라스) : 55EUR

탈린에서 헬싱키까지 탑승했던 페리

2012년 5월 17일

에스토니아 탈린에서 핀란드 헬싱키로 페리를 타고 이동했다. 탈링크Tallink라는 회사의 커다란 페리였고, 운임은 사람+바이크 합계 41유로였다. 터미널의 매표소에서 가장 싼 티켓으로 달라고 했다. 탈린항구의 D 터미널 입구로 들어가 2층으로 올라가면 티켓부스가 있다. 역시 유럽이라 영어가 매우 잘 통한다. 러시아와 달리 의사소통 따위 이젠 문제되지 않았다. 러시아에서의 답답함이 뻥 뚫리는 느낌이었다.

배에 바이크 선적할 때는 출발시간 한 시간 일찍 가서, 차량 들어가는 입구로 바이크 몰고 들어갔다. 미리 예매를 했던 터라 들어가는 중간의 입구 게이트에서 여권을 보여주니 티켓을 바로 내어 주다 차량들과 함께 들어가며 다른 차들과 같이 기다렸다가 배를 타고 올라가 인도해주는 위치에 주차하면 된다. 하나 어려운 것도 없고, 검사도 없다. 이것이 국경 없는 유럽연합이다. 여행자들에겐 천국 같다.

핀란드 헬싱키에 도착해서도 아무런 검사, 검문도 없다. 여권 한번 보여주지도 않고, 다른 차들 따라서 바이크를 몰고 나가니 바로 헬싱키 시내였다. 아무 출입국 검사도 없이 핀란드에 입국한 것이다.

헬싱키는 기대보단 못한 느낌이었다. 비싼 물가도 그다지 마음에 안 들었고, 나에겐 매력 있게 느껴지진 않았다. 다만 도시 여기저기 다양한 운동 시설들과 자전거, 조깅, 스케이트보드 등을 즐기는 사람들, 여유 있는 아이들의 모습은 무척이나 부러웠다. 사람들의 일상이 무척 활기차고 건강해 보여서 복지천국, 살기 좋은 나라라는 것이 조금은 느껴졌다.

헬싱키 시내 전경

노르카프 가는 길

시베리아 횡단을 마치고 모스크바에서 다음 루트를 어디로 향할지 많이 고민했었다. 이 길의 끝이 어디까지 이어지는지 항상 궁금했다. 나는 과연 어디까지 갈 수 있을까? 그래서 갈 수 있는 한 끝까지 가보기로 했다. 이왕 북쪽으로 올라온 이상, 달릴 수 있는 북쪽 끝까지 올라가본다. 그래서 유럽의 최북단. 노르카프를 목표로 달려갔다.

유럽 최북단 노르카프 Nordkapp, 노르웨이
N 71° 10.3349′
E 25° 48.1595′

1. 그림 같은 작은 호수 2. 핀란드 북부 도로에서 만난 사슴 3. 핀란드를 종단하는 길, 얼어붙은 강물 4. 북극권으로 들어와 핀란드 북부에서 새벽 1시쯤

헬싱키를 출발해 핀란드를 북쪽으로 종단했다. 빙하의 침식작용 때문인지 핀란드에는 참 호수가 많았다. 5월 중순임에도 북쪽으로 올라갈수록 점점 추워졌다. 시베리아를 달릴 때처럼 다시 방한장비들을 착용하고 달렸다. 호수와 길가에는 눈들이 아직 녹고 있었다. 엘크 Elk인지 사슴인지 달리다 보면 여기저기서 툭툭 튀어나왔다. 사진을 찍으려고 하면 후다닥 달아나버려 사진 찍기 힘들었다.

북쪽으로 온 이상 오로라(북극광)를 꼭 보고 가야겠다 싶었다. 오로라가 보이는 지역까지 와서 이제 볼 수 있으려나 했는데… 백야현상. 24시간 해가 지질 않는다. 밤부터 새벽까지 태양이 지평선을 따라서 옆으로만 이동할 뿐 땅 아래로 내려가질 않는다. 배워서 알고는 있

었지만 이렇게 실제로 경험하니 신기할 뿐이다. 낮과 밤의 구분이 없어지니 생체리듬이 엉클어졌다. 오로라 관측은 실패다. 물어보니 오로라는 한겨울에 와야 볼 수 있다고 한다. 그때는 해가 뜨질 않아서 오로라 관측하기 좋다 한다.

카라스작Karasjok에서 핀란드-노르웨이 국경을 넘었다. 검문소랑 표지판이

있기는 하지만 그냥 통과하면 된다. 지나가건 말건 아무도 신경 쓰지 않는다.

북부 북극권의 노르웨이는 북쪽나라의 위엄을 제대로 보여주었다. 5월 중순이라는 날짜가 무색하게 시베리아 이후 오랜만에 손끝, 발끝이 얼고 이가 덜덜 떨렸다. 춥다. 고지대와 저지대의 기온 차이가 컸지만 그냥 겨울이었다.

시베리아를 거쳐 오며 겪은 경험 때문인지 그럭저럭 견딜 만 했지만 방한준비를 제대로 하고 와야 할 듯했다. 북부쪽은 무척 춥고, 남쪽으로 내려가며 조금씩 따뜻해지는 건 맞지만, 남쪽에서도 지형에 따라 산을 하나 넘을 때마다 기후가 한겨울과 여름을 왔다 갔다 한다. 주행하다 보면 하루에 사계절의 변화를 몇 번이나 느낄 수 있었다. 높은 산을 넘어갈 때는 미친 듯이 춥고, 산 아래로 내려오고 날만 좋으면 순식간에 따뜻한 기운에 봄을 지나 여름인가 하는 느낌까지 들었다.

1.핀란드에서 노르웨이 국경을 넘자 나타난 북구의 설산 2.5월 중순 노르웨이 북부의 눈 터널 3.이런 설산들을 넘고 넘어 북극권으로 달려갔다. 4.눈 덮인 산을 넘자 나타난 봄의 풍경

여기가 유럽 최북단. 절벽 아래의 바다가 바로 북극해다. 더는 올라갈 곳이 없다. 여기가 북쪽 길 끝이다.

노르웨이엔 널린 게 피오르, 강변도로, 해안도로다. 노르웨이를 달리는 내내 어디나 절경, 환상적인 드라이브 코스였다. 우리나라에서 경치가 가장 좋다는 동해안 7번 국도나 제주 해안도로가 노르웨이의 거의 모든 도로라고 보면 된다. 내 여행 중 최고의 라이딩 루트를 고르라면 단연 노르웨이 북부 해안을 따라 달리는 길이라고 하겠다.

드디어 도착한 유럽대륙의 최북단 노르카프. 입장료 235NOK. 더럽게 비싸다. 주차장 한편에서 무료 캠핑이 가능하였지만, 얼어 죽긴 싫어서 아랫마을 호스텔에서 묵었다. 하지만 풍광은 최고다.

독일에서 왔다는 라이더들과 함께. 독일에서 올라오는 길에 과속 단속에 걸려서 몇 십만 원정도 벌금 물게 생겼다고 투덜댔었다. 이쪽에선 절대 과속하지 말라고 나에게 신신당부 해준 덕분에 조심조심 달렸고, 경찰 검문 한 번 없이 북유럽을 지날 수 있었다.

북유럽 간단 정보 핀란드, 노르웨이, 스웨덴, 덴마크

- **도로상태** 한국보다 좋다. Perfect!! 노르웨이의 다리는 오르락내리락 경사진 곳이 많았다. 다리도 많고, 터널도 매우 많아 운전이 익숙하지 않다면 주의해야 한다.
- **치안** 대도시엔 집시나 노숙인 같은 외국인 체류자가 많지만, 전반적인 치안은 아주 훌륭하다. 바이크를 아무데나 세워놔도 별 걱정이 안 된다.
- **주유** 주유소는 한국만큼 많다. 셀프로 먼저 주유하고 숍에서 계산하거나, 혹은 카드로 계산하면 된다. 거의 모든 주유소에서 카드결제 가능. 셀프란 것만 빼면 한국과 거의 같다.
- **숙소** 캠핑장은 정말 많고, 그 외 호스텔이나 숙소들도 길을 가다 보면 많이 볼 수 있다. 도시를 벗어나면 캠핑을 할 만한 장소들도 많아서, 캠핑카를 끌고 다니며 여기저기 돌아다니는 사람들도 부지기수다. 문제는 가격이 참 무섭다는 것. 물가만 좀 착하면 환상적일 텐데 아쉽다. 북유럽에서 나는 캠핑 장비를 가지고 다니지 않았기 때문에 전 일정을 주로 호스텔에서 묵었다. 장비를 준비해서 캠핑을 적극적으로 이용하면 숙박비 절감에 큰 도움이 될 것이다.
HI호스텔스는 핀란드의 새로운 호스텔 멤버십인데, 기존에 사용하던 호스텔월드보다 북유럽 가맹 호스텔 수가 훨씬 많았다. 다음 일정에 따른 숙소를 검색할 때는 HI호스텔스와 호스텔월드닷컴을 이리저리 검색하며 싸고 적당한 거리, 위치 등을 고려해 적합한 호스텔 정보를 두세 군데씩 찾아서 저장해 놓고 다녔다. 비수기 평일에는 예약 없이 다녀도 침대잡기가 어렵지는 않았는데, 토요일 밤엔 종종 빈 침대가 없어 토요일 밤만 미리 예약을 하고 다녔다.
HI호스텔스 www.hihostels.com (10% 할인)
호스텔월드 www.hostelworld.com
- **물가** 북유럽의 물가는 매우 비싸다. 무엇을 상상하던 그 이상으로 비쌀 것이다. 특히 노르웨이는 전 세계 최고 물가를 자랑한다. 맥도날드에서 가장 기본적인 햄버거 세트를 시키면 2~3만 원 정도가 나온다. 먹거리 물가가 너무 비싸서 라면과 계란 같은 것만 먹고 다녔다. 세계최고 물가라고 다들 말한다. 돈 낼 때마다 비싸다고 투덜대면, 노르웨이 사람들도 다들 그런다. "그래 노르웨이는 원래 비싸~" 좀 재수 없었다. 역시 자원부국의 위엄. 하여간 부럽다. 우리나라도 석유나 천연가스가 펑펑 나면 좋을 텐데…

노르웨이

가장 아름답고 평화로우며 바이크 라이딩하기 좋은 나라를 하나만 고르라면, 나는 노르웨이를 들겠다.
최고의 자연환경과 안전하고 풍요로운 북유럽 특유의 여유가 라이딩의 즐거움을 배가시켜 준다.
단 하나의 치명적인 단점은 세계 최고를 자랑하는 물가. 무엇을 상상하든 그 이상의 물가를 겪을 것이다.

1. 노르웨이 제2의 도시 베르겐은 번잡하지 않고, 아기자기하고, 색감이 예쁜 도시였다. 2. 베르겐의 상징인 아기자기한 목조주택들 3. 여기는 트론헤임. 노르웨이 세 번째로 큰 도시라던데, 워낙 인구가 적은 나라라 대도시의 느낌은 아니었다. 아기자기하고 살기 좋은 복지국가의 소도시, 여유와 매력이 넘쳤다. 4. 송네 피오르의 장관 5. 노르웨이 수도 오슬로의 궁전 6. 오슬로 오는 길에 지난 24.5km 길이의 세계최장거리 터널도로. 가도 가도 터널이 끝나질 않았다. 긴 것 빼고는 다른 터널과 별로 다르진 않은데, 중간에 세군데 정도 이런 조명구간이 있었다. 놀이동산 환상터널에라도 들어간 느낌이다. 7. 오슬로 항구 8. 베르겐에서 유네스코 세계문화유산으로 지정된 중세 역사지구 브리겐Bryggen 9. 베르겐으로 가던 중 주유소에서 만난 1976년산 할리데이비슨 10. 오슬로 공원의 한가로운 오후

스웨덴

스웨덴 스톡홀름은 그다지 기대하지 않았는데 상당히 매력적인 도시였다. 스칸디나비아 반도 최대의 도시답게 화려하면서도 고풍스런 건물들과 활기찬 사람들. 북방의 베네치아라는 말이 과장된 것이 아니었다. 체감물가도 오슬로나 코펜하겐보다 더 낮아서 북유럽에선 그나마 봐줄만한 정도가 아니었나 싶다.

1. 스톡홀름의 야경 2. 현대 건축이 옛 건물들과 조화를 이룬 스톡홀름

스웨덴 스톡홀름은 노벨상의 도시다. 스웨덴인 알프레드 노벨은 화학자이자 다이너마이트 발명가로 엄청난 부를 쌓았다. 자신의 발명이 전쟁의 참혹함에 이바지하는 모습에 참을 수 없었던 그는 자신의 재산에서 생기는 이자로 해마다 물리학, 화학, 생리 및 의학, 문학, 평화의 다섯 부문에 공헌이 있는 사람에게 상을 주라는 유언을 남겼다. 그것이 노벨상이다. 그의 재산은 스웨덴 과학 아카데미에 기부되어 이곳에서 매년 인류에 이바지한 이들에게 노벨상을 수상한다. 노벨의 생애와 노벨상 역대 수상자들을 볼 수 있는 노벨 박물관이 스톡홀름에 있다.

노벨 박물관에서 발견한 고 김대중 전 대통령의 편지

역대 각 분야 노벨상 수상자들의 기념품들을 전시해 놓은 부스에서 눈길을 잡아끄는 것이 있었다. 글씨가 빽빽하게 써진 작은 엽서, 편지 두 장 이었다. 이런 곳에 와서 한글 편지를 보게 될 줄은 생각도 못했다. 노벨 평화상을 수상한 고 김대중 대통령의 옥중 편지였다. 사형선고를 받고 수감생활 하던 중 부인 이희호 여사에게 보낸 편지였다. 30분이나 저 앞에 서 저 빽빽한 글자를 한자 한자 읽어보았다. 옥중에서 함께할 수 없는 가족을 생각하는 사형수의 절절한 마음…

덴마크

덴마크 코펜하겐은 북쪽의 다른 도시들보다 좀더 동적이고 활기찬 느낌이었다. 셰익스피어의 희곡 햄릿의 무대가 되었다는 성이 코펜하겐 근처 외곽에 있다기에 바이크를 타고 다녀왔다. 날이 흐려서인지 음울해 보였던 중세의 성 여기저기에 고뇌하는 햄릿 왕자의 모습을 투영해보려 노력했지만 그리 쉽진 않았다. 나의 비루한 감수성을 탓할밖에…

덴마크 코펜하겐

티피 & 채

바이크로 여행을 시작하기 한 해 전인 2011년 가을에 125cc 혼다 PCX 스쿠터를 타고 시베리아를 지나 유럽으로 건너간 친구들이 있었다. 티피와 채다. 자그마한 체구의 여성인데다 바이크를 처음 타는 초보자이면서도 온갖 어려움을 헤쳐 가며 바이크를 달렸다. 이타세카페와 블로그(blog.naver.com/jgoodall)에 그들의 여행이야기를 연재했고, 많은 사람들이 이들의 이야기를 보며 감탄과 용기를 얻었다. 나 역시 여행 출발 전 이들의 여행기에서 많은 정보를 얻었고, 또 용기를 다질 수 있었다. 그들도 해내는데, 나는 왜 안 되겠는가? 유럽으로 들어왔을 때, 그들이 추위를 피해 영국에서 겨울을 보냈고, 여름이 되어 한국으로 돌아가기 위해 다시 바이크를 타고 영국을 출발했다는 소식을 들었다. 독일 베를린에서 주문한 부품을 기다리는 중에 마침 북유럽으로 올라가던 티피와 채를 함부르크의 캠핑장으로 찾아가 만났다.

두 달 반이 지나 북유럽으로 갔다가 동유럽으로 아드리아해를 따라서 남하, 그리스 아테네에 도착한 티피와 채를 다시 만났다. 아테네에서 13개월의 긴 여행을 마무리하고 이제 한국으로 돌아간다고 했다. 긴 대장정을 무사히 마치는 그녀들을 그 동안 수고했다고 꼬옥 안아주었다. 여행을 마치고 한국으로 귀국한 티피와 채는 나보다 먼저 제주에 정착해 이제는 나의 이웃사촌이 되었다.

이렇게 작고 가냘파 보이는 친구들이 참 대단하다. 추운 북유럽에서도 부디 무사히, 사고 없이 안전하기를… 따뜻한 남쪽에서 다시 만날 수 있기를 바랐다.

 독일

독일은 그동안 상상해왔던 모습에서 크게 다르지 않았다. 다만, 다양한 인종의 사람들이 모여 사는 국제화된 모습과 나치 시절의 잘못을 기억하고 끊임없이 반성하며 후세에 이를 전하려 노력하는 모습들은 상당히 인상적이었다.

1. 철거 후 일부 보존되고 있는 베를린 장벽 2. 베를린 장벽의 브란덴부르크 문 3. 동베를린으로 넘어가는 관광객들에게 여권 스탬프를 찍어주는 입국심사관 4. 베를린 시내 풍경 5. 나치의 만행을 잊지 않기 위한 노력이 엿보이는 베를린 전시관

티피 최준유(우측)&채 김채윤(좌측)
티피와 채는 현재 삼십 대 중반의 여성이라는 것 외에는 교집합이 크게 없는 두 사람. 그럼에도 죽이 잘 맞아 함께 여행했고, 여행 후 제주도로 내려와 지금까지 같이 살고 있는 두 여자. 삶의 가치관이 비슷해서겠지요.
블로그 Tipichae.com

Q1. 여행 루트와 기간, 라이딩 거리

여행 기간 2011년 8월 6일 ~ 2012년 9월 8일
여행 루트 대한민국 → 러시아 → 우크라이나 → 헝가리 → 슬로베니아 → 이탈리아 → 프랑스 → 스페인 → 영국 → 웨일즈 → 아일랜드 → 스코틀랜드 → 영국 → 프랑스 → 벨기에 → 룩셈부르크 → 네덜란드 → 독일 → 덴마크 → 스웨덴 → 노르웨이 → 핀란드 → 노르웨이(노르카프) → 핀란드 → 에스토니아 → 라트비아 → 리투아니아 → 폴란드 → 체코 → 오스트리아 → 슬로베니아 → 크로아티아 → 몬테네그로 → 알바니아 → 그리스 (총 40,000km)

Q2. 여행에 사용한 바이크 소개

혼다 PCX. 125cc 스쿠터로 1년이 넘는 기간 동안 잔고장이나 자체 결함 없이 여행할 수 있었습니다. 러시아에서 물 섞인 기름을 주유한 뒤 바이크 이상이 있었지만 수리 후 컨디션을 회복하였습니다. 엔진만큼은 최강이라고 평가합니다. 연비 역시 좋아서 기름 탱크를 가득 채우면(6리터) 250~350km를 주행할 수 있고, 최고 속력 130km/h까지 낼 수 있습니다. 덩치와 무게도 여성이 감당하기 무리 없을 정도입니다.

Q3. 자신의 여행 스타일

티피와 채의 여행스타일이 비슷합니다. 그렇기에 1년 넘게 함께 여행할 수 있었겠죠. 대도시나 역사적인 유적지보다는 현지인의 삶이 녹아있는 작은 도시들과 빛나는 자연을 더욱 좋아합니다. 한번 자리 잡으면 한동안 머무르며 주변을 둘러보고 산책을 나가고 작은 음식점에서 밥을 먹고 커피를 마시며 망중한을 즐기는 스타일입니다.

Q4. 대략적인 여행 경비

주유비 포함 둘이서 하루에 6~10만 원 정도 사용한 것 같아요.

세계여행 라이더 인터뷰

Q5. 모터사이클 여행의 장단점

모터사이클 여행의 장점은 두 바퀴의 낭만이겠죠. 떠나고 싶을 때 떠나고, 멈추고 싶을 때 멈출 수 있다는 것. 차에 비해 오픈 되어 있어 현지인과의 교류가 쉽다는 것. 현지 모터사이클 라이더들의 무한한 애정과 응원을 경험할 수 있다는 것. 자전거에 비해 기동력이 좋다는 점. 단점이라면 생각만큼 여행 경비가 적게 들진 않는다는 점. 많은 짐을 실을 수 없어 할인 마트에 가도 넉넉한 식량을 비축하기 어렵다는 점. 비바람과 추위에 그대로 노출된다는 점. 러시아 같은 광활한 땅에서 연료탱크가 비었을 때 주유소를 찾을 수 없다면?!

Q6. 가장 추천하고 싶은 여행지와 그 이유

모든 나라의 숨은(잘 알려지지 않은) 도시를 추천합니다. 어느 나라건 관광지가 아닌 소도시에서 현지인과 교류해 보기를. 그들의 역사와 고민과 기쁨을 함께 나누기를.

Q7. 바이크 여행 중 가장 기억에 남는 일

너무 많아 손꼽기가 어렵습니다. 곤경에 빠졌을 때마다 슈퍼맨처럼 나타나준 그 많은 사람들의 이름과 일화를 이야기하자면 몇 날 밤을 새도 모자랄 테고, 또 다른 가족이 되어버린 각국 친구들과의 첫 만남을 얘기하자면 누굴 먼저 말해야 할지 모르겠습니다. 여자라는 이유로 경험했던 불쾌하고 황당하고 두려웠던 순간들 역시 셀 수 없고, 사기를 당해 망연자실 했던 순간들도 이제는 웃으며 넘기는 추억거리가 되었습니다. 정말로 어떤 순간을 입 밖에 낼 수 있을지 모르겠네요.

Q8. 모터사이클 세계여행을 떠나는 이들에게 한마디

여행을 준비하며 느끼는 두려움들은 여행을 시작하면 사라진답니다. 모든 여행이 좋은 여행은 아니지요, 좋은 여행이란 뭘까요? 좋은 질문을 던지면 좋은 답이 나올 겁니다.

Q9. 모터사이클 세계여행을 꿈꾸는 여성들에게 하고픈 말

살아오면서 꿈꾸던 환상들이 바로 내 손 끝, 내 눈 앞에 놓여 있는 순간을 만나게 될 거에요. 무슨 말이 더 필요할까요? 감당할 수 있는 모터사이클을 선택하세요. 짐을 실은 모터사이클이 수십 번 넘어져도 수십 번 일으켜 세울 수 있는 모터사이클. 감당할 수 있는 만큼의 짐을 꾸리세요. 한 달에 한번 오는 생리가 매우 불편하므로 여행 전 의사와 상담하여 호르몬을 조절해주는 약을 처방 받아 조제해 가세요. 무엇보다 여행 전 체력 관리와 더불어 마인드 관리!

체코

따뜻해진 날씨와 함께 부드러운 햇살이 내리쬐던 체코 프라하의 모습은 푸근하고 편안했다. 프라하는 손에 꼽히는 관광 도시답게 어딜 가나 관광객들… 순수 체코인 들보다도 관광객들의 수가 훨씬 더 많은 관광도시 딱 그대로의 모습이었다.

1. 경비대 차림의 프라하 사람 2. 블타바 강 너머 보이는 프라하 성 3. 매시 정각마다 12사도 인형이 나왔다 들어가는 프라하 구시가지 광장의 천문 시계 4. 프라하의 구시가지 풍경

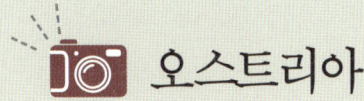
오스트리아

알프스 산자락을 따라 달렸던 오스트리아는 너무나 아름다운 나라였다.
오스트리아의 모든 곳에선 클래식의 선율이 흐르는 듯 마음이 편안해졌다.

1. 빈 시청사 **2.** 성 슈테판 대성당. 오스트리아 빈 **3.4.** 빈에서 알프스 산맥 자락을 따라 스위스로 달리던 길 **5.** 지그문트 프로이드 공원 Sigmund Freud Park **6.** 빈의 거리 풍경 **7.** 화가 클림트의 작품〈키스〉를 볼 수 있는 벨베데레 궁전

유럽 일주 171

스위스

고지대 알프스에서 척박한 자연환경을 이겨내고 세계 최고의 아름다운 나라를 일구어낸 스위스. 알프스 자락을 굽이굽이 돌았던 라이딩은 유럽 최고의 즐거움이었다.

1. 융프라우 산으로 올라가는 산악 열차에서 바라본 알프스 산맥 2. 스위스 옆의 작은 국가 리히텐슈타인 3. 알프스 산자락을 달리는 산악 열 4. 루체른으로 달려가는 길 5. 이탈리아를 향해 알프스의 그림젤 패스Grimsel Pass를 넘는 길

 # 프랑스

세련된 도시를 조금만 벗어나면 한적한 시골의 정취가 살아있는 프랑스. 세계 문화의 수도 파리는 바이크 라이더들에게 천국이었다. 스쿠터와 모터사이클의 운행을 배려해주는 문화가 정착되어 복잡한 파리의 시내주행도 비교적 편안했다.

1. 파리의 상징 에펠탑의 야경 2. 완만한 구릉의 평야지대가 쭉 이어지는 프랑스 중부 3. 에펠탑에서 바라본 센 강과 파리 전경 4. 베르사유 궁전 5. 에펠탑 아래에서

패니어 시스템 장착

독일 남부 슈투트가르트 한참 아래에 있는 투라텍 본사 매장에 패니어 케이스 주문을 넣었다. 한 달을 기다려야 한다고 했지만 사용하고 있던 가방보다는 패니어 케이스가 낫겠다는 생각에 부품을 기다리는 동안 체코, 오스트리아, 스위스, 이탈리아, 프랑스 등지를 돌아보기로 했다. 그래서 독일 남부를 중심으로 주변국을 한 바퀴 도는 이상한 코스가 되었고, 프랑스 리옹에서 투라텍으로부터 연락을 받아 다시 독일로 찾아갔다.

투라텍 본사 매장은 다양한 바이크부품을 전문적으로 생산하는 메이커답게 다양한 바이크 여행용품, 부품들을 진열해놓고 있었는데, 지금껏 봐온 바이크 용품 매장 중 단연 최고였다. 매장 직원이 가져다 준 주문한 부품을 확인해보니 내 바이크는 G650 Xcountry인데, 부품은 G650 Xchalenge용이었다. 어떻게 된 것인지 물으니, 엑스컨트리나 엑스챌린지나 동일한 프레임을 사용하는 형제 바이크이므로 아무 문제없이 장착할 수 있다고 한다. 그런데 엑스챌린지용 부품을 엑스컨트리에 장착해보지 않았기 때문에, 혹시 발생할지 모를 책임 문제 때문에 투라텍에서 장착해줄 수는 없다고 한다. 좀 전에는 동일 프레임이라 아무 문제없다더니… 그럼 다른 방법을 알아봐달라고 하니, 주변의 정비소 연락처 목록을 준다. 일단 매장을 나와 여러 정비소들에 다음날까지 연락해보고 찾아가기도 했지만, 투라텍과 마찬가지 이유로 거절하거나 예약이 꽉 잡혀있어 일주일 이상 기다려야 한다고 했다. 결국 장착해줄 정비소를 찾지 못하고 깔끔하게 투라텍 제품을 포기하면서, 투라텍 매장을 향해 가운데 손가락을 한 번 올려주고 독일을 떠났다.

그동안 투라텍에 주문해 놓은 터라 생각도 안하고 있었는데, 또 다른 바이크용품 전문 메이커 헵코&베커의 사이드 패니어 케이스를 독일 함부르크에서 봤던 것이 생각나 다시 검색해보니 엑스컨트리용 패니어 시스템이 있었다. 프랑스 파리에 도착해 시내의 바이크 숍을 찾아가 헵코&베커 패니어 시스템 장착이 가능한지 알아보았다. 너무도 간단하게 주문 후 일주일만 기다리면 된다고 한다. 헐… 진작 헵코&베커로 알아볼 것을, 나는 왜 그런 바보짓을 한 것인가. 바로 주문을 넣고 일주일을 파리에서 기다린 후 패니어 시스템과 사이드 케이스를 장착할 수 있었다.

투라텍Touratech www.touratech.de
헵코&베커Hepco&Becker www.hepco-becker.de

헵코&베커 패니어 시스템, 패니어 케이스 장착 / 총 1,022EUR

프랑스 리옹에서 만난 사무엘 가족

러시아를 횡단 중이던 지난 4월, 바이칼 호수 근처의 이르쿠츠크의 호스텔에서 사무엘 가족을 만났다. 프랑스 남부의 리옹 근처의 조그만 마을 렌틸리에 살고 있는 사무엘 가족은 시베리안 횡단 열차를 타고 바이칼을 지나 몽골을 거쳐 베이징까지 여행을 하는 중이었다. 사무엘과 부인 니리수, 부부의 세 아이들, 니리수의 부모님까지 삼대가 한 달 간의 휴가로 시베리아 횡단에 나선 길이었다. 조용하던 호스텔에서 유난스레 부산을 떨며 젖은 옷가지를 말리고 있는 내 모습이 사무엘의 아이들의 눈에는 꽤나 신기하게 보였나 보다. 잠시 아이들과 몇 마디를 나누며 정리를 마치고 나니 배꼽시계가 요란하게 음식을 재촉했고, 마침 식사를 준비하던 사무엘과 니리수가 음식을 나눠주면서 서로의 여행 이야기를 나누게 되었다. 곧 시베리아를 지나 유럽으로 갈 예정이라 말하니 만약 나중에 프랑스에 오게 되면 꼭 리옹근처의 자기 집에 들러서 쉬었다 가라고 나를 초대해주었다.

베를린에서 주문한 바이크 부품을 기다리는 동안 오스트리아, 스위스, 북부 이탈리아를 돌게 되면서 지중해안을 따라 마르세유를 거쳐 렌틸리의 사무엘 가족의 집에 찾아갔다. 렌틸리는 현지인들이 사는 작은 마을일뿐이었지만, 실제 프랑스인들의 삶과 생활을 가까이에서 볼 수 있는 좋은 기회였다. 때마침 니리수 부모님의 결혼 50주년 파티가 스위스 제네바 근처, 니리수 부모님 댁에서 있다고 하여 덩달아 초대도 받았다. 그런 기회를 놓칠 수는 없는 일. 기꺼운 마음으로 사무엘 가족과 함께 제네바로 달려가 파티 구경도 하고, 제네바 외곽의 시골 마을에서도 푹 쉬었다.

앞쪽에 앉은 친구가 사무엘, 오른쪽 끝에서부터 사무엘의 부인 니리수와 니리수 무모님, 아이들이다.

독일 슈베닝겐 크리스토프 가족

투라텍 본사 매장이 있는 슈베닝겐까지 찾아가 숙소를 찾아 근처 마을을 돌아다니던 중, 길가에 잠시 바이크를 세워두고 지도 확인을 하고 있었다. 지나가던 자동차가 옆에 와서 서더니 독일인 아저씨가 내린다. 독일인 크리스토프였는데, 역시 바이크를 타는 라이더였다. 내 바이크의 뒤를 따라서 달리다가 우리나라 번호판이 신기하였던지 차를 세우고 인사를 건넨 것이었다. 간단히 인사하고 여행이야기 등 이런저런 이야기를 하다가, 자기 집에서 쉬었다 가라며 초대해 주었다. 그렇게 만난 크리스토프 집에서도 이틀을 신세 졌다. 세상엔 참 고마운 사람들, 좋은 사람들이 많다.

크리스토프와 그의 아내 맨디. 맨디는 홍콩인이지만 한국음식 마니아여서 한국 식료품을 많이 가지고 있었다. 덕분에 한국 출발한 후 처음 한국 라면을 먹을 수 있었다.

영국

사람 많고 북적이는 런던을 얼른 벗어나 좀 조용한 동네로 가야겠다는 생각에 삼일 묵고 런던을 떠났다. 우선 스코틀랜드 북쪽 끝까지 갔다가 아일랜드로 건너가서 한 바퀴 돌고 다시 잉글랜드로 돌아올 생각이었다. 런던 시내를 벗어나 달리는 시골길들은 어딘지 모르게 참 소박하고 정겨운 아름다움이 있었다. 우중충하니 종일 우울하다는 영국 날씨 이야기를 많이 들었지만, 막상 실제로 겪어보니 정말 우울증에 걸릴 것 같았다. 매일 매일 비가 내리고 또 그치기를 반복하는데다 우비를 입고 조금 지나면 금방 그치고, 벗으면 또 다시 금방 비가 오고. 바이크 라이딩 하기에 그리 좋은 날씨는 아니었다.

1. 스코틀랜드 글래스고 2. 무척 사랑스러운 영국 시골 마을 3. 영국에서 많이 볼 수 있는 클래식 카와 멋쟁이 아저씨 4. 스코틀랜드 북쪽 올라가는 길 5. 런던 국회의 사당 빅벤 6. 안개와 비구름이 짙어 운전하는 내내 현실 감이 떨어지던 북부 해안 7. 스코틀랜드 북쪽 끝에 도착 8. 타워브리지 앞 잔디공원에서 올림픽 경기를 관람하는 시민들 9. 런던의 처칠상

유럽 일주 177

도버 해협 건너 영국으로

2012년 7월 26일

프랑스에서 영국으로 입국할 때 프랑스 칼레와 영국 도버 사이를 운행하는 P&O페리(www.poferries.com)를 이용하였다. 기차에 실어서 도버터널을 통과하는 길도 있기는 하지만, 기차보다 페리가 더 싸고 좋다는 이야기가 있어서 페리를 이용하였다. 워낙 많이 다니는 항로라 예약 없이 그냥 가도 큰 상관은 없을 듯 하지만, 올림픽 시즌인데다 입국심사를 할 때 영국 출국 페리 예약 티켓이 필요할 듯도 하여 미리 예약하고 항구로 달려갔다.

프랑스 칼레항 입구와 영국 입국심사 게이트

페리 티켓은 에이페리 사이트에서 칼레-도버 왕복으로 예약하였고, 승객+바이크 왕복운임으로 56유로를 결제했다. 날짜와 시간에 따라 가격 변동의 폭이 크다. 카드로 결제하고 나니 메일로 예약번호가 날아왔고, 칼레에 도착해서 항구로 승선하러 바이크 몰고 들어갈 때 게이트에서 예약번호 보여주니 바로 티켓을 주었다. 티켓을 받기도 전에 바로 항구 입구로 진입하니 바로 입국심사 게이트가 나오고 그곳에서 영국 입국심사를 했다. 영국과 아일랜드는 쉥겐조약 가입국이 아니기 때문에 입국 시 심사관에게 입국심사를 받아야 한다. 그래도 프랑스 땅에서 프랑스 출국심사도 안하고 바로 영국 입국 심사라니 생각도 못한 일이다.

페리에 싣고 건너기

섬나라인 영국으로 건너가기 위해서는 당연히 바다를 건너야 한다. 유럽 대륙(프랑스, 네덜란드, 벨기에 등)에서 영국과 아일랜드의 수많은 항구들로 수많은 정기 페리가 운항하고 있다. 각 항로들의 승선권과 경로에 대한 자세한 정보들은 아래의 페리사이트들에서 찾을 수 있다. 일정보다 일찍 예매할수록 티켓 값이 저렴하다. 거의 모든 페리들은 차량 및 모터사이클을 함께 운송한다.

페리부커 Ferry Booker www.ferrybooker.com
디렉트페리 DirectFerries www.directferries.co.uk
페리세이버스 Ferry Savers www.ferrysavers.com
에이페리 aFerry www.aferry.com
페리스 Ferries www.ferries.co.uk

기차에 싣고 건너기

도버Dover 해협 해저 터널이 개통되면서 영국과 프랑스를 기차로 이동할 수 있게 되었다. 차량운행이 가능한 터널이 아니므로 자동차와 모터사이클은 기차에 싣고 이동해야 한다. 프랑스 칼레Callais에서 기차에 모터사이클을 싣고, 터널을 통과해 영국 포크스턴Folkeston에 도착하면 바이크를 내려 원하는 목적지로 이동하면 된다. 유로터널을 이용하여 도버를 건너는 것이 페리를 이용하는 방법에 비해 더 빠르고 간단하나 페리에 비해 운임이 비싸다.

유로터널 www.eurotunnel.com
운행시간 06:00~22:00(1시간 4회), 22:00~06:00(1시간 1회)
소요시간 35분

1. 도버로 향하는 페리 주차장에 고정해 놓은 모터사이클들
2. 도버로 이동하는 한 시간여 동안 여객실에서 다른 승객들과 함께 기다려 도버에 도착

입국 심사관에게 여권을 보여주니 영국에 입국하는 목적, 숙소, 직업, 월급 등에 관한 간단한 질문 몇 가지를 한다. 올림픽 구경과 여행, 호스텔, 회사원 등등 대충대충 대답해주니 트집 잡지 않고 입국도장과 6개월 체류도장을 여권에 찍어주었다. 입국심사가 까다롭다는 말을 많이 들었기 때문에 은행잔고 증명서까지 준비했었는데, 여권 말고는 뭐 하나 보여준 게 없다. 바이크 관련된 질문은 단 한 개도 없었다. 러시아에서 에스토니아로 들어올 때, 그렇게 까다롭게 그린카드라든지 바이크 서류를 검사하던 건 다 뭐였던 건가.

영국 입국심사에서 문제가 생겨 거부당하는 이들도 많고, 다른 나라들에 비해 영국은 입국이 좀 까다로운 편이다. 범죄자라던가 테러범 등이 아니라면, 여행자로서 영국에 입국하는 이들이 별 문제없이 영국에 입국하기 위해서는 한 가지 요건만 충족하면 된다. 영국의 입국심사관들이 입국심사에서 중요하게 입국승인 여부를 판단하는 근거는 바로 얼마나 돈이 많은가 이다. 경제적인 여유가 있어 보인다면 영국 입국에 별 어려움은 없어 보였다. 아마도 내 바이크가 상대적으로 고가 브랜드인 BMW였다는 점도 입국심사를 수월하게 통과하는데에 한 몫을 하였을 것이다. 만약 이름 없는 저가 브랜드의 저배기량 바이크를 타고 꼬질꼬질한 차림새로 입국 심사장에 들어섰다면 입국심사관의 질문도 더 날카로웠을지 모른다. 이런저런 갑디한 생각들을 하면서 입국 심사장을 나와 안내를 따라 페리를 향해 달렸다.

긴장했던 것에 비해 너무 허탈하게 입국심사를 마치고, 페리승선 대기하는 차량들 사이에 잠시 대기하다가 바이크 몰고서 페리 내부의 주차장으로 이동했다. 바이크를 고정하고 승객실로 이동하고 이내 출발한 페리 안에서 영국 도착을 기다렸다.

도버항에 도착 후 바로 바이크 몰고 하선했다. 어떤 검사도 없이 그냥 항구 출구를 빠져 나와 바로 런던을 향해 달렸다. 영국부터는 유럽 대륙과 우리나라와 달리 좌측통행이다. 조금 생소하기는 했지만 반대 차선으로 달리는 것도 그럭저럭 할 만 했다. 하지만 혹시 실수할까 두려워 항상 앞차를 졸졸 따라 다녔다.

드디어 영국 도버의 하얀 절벽이 보인다.

올림픽을 보러 올 생각은 하나도 없었는데, 런던에 도착한 바로 다음날이 올림픽 개막일이었다. 덕분에 영국에서의 일정이 거의 올림픽 기간과 겹치게 되었다. 당연하게도 런던은 온통 올림픽 분위기로 들떠있었다. 늘 그렇듯 관광객들로 북적였지만, 런던 시내 곳곳에 군인과 경찰들의 삼엄한 경계는 유럽 본토의 분위기와는 전혀 다른 느낌이었다. 테러나 사고 방지를 위해서겠지만, 시내엔 온통 경찰이 눈을 번뜩이며 사방을 감시하고 있었다. 런던에 도착한 첫날, 유럽에 와서 처음으로 러시아를 떠난 지 거의 석 달 만에 경찰 검문을 받았다. 런던 시내의 호스텔에 숙소를 정하고 바이크를 주차하려고 동네의 길가 공용주차장 근처에서 이리저리 주차 위치를 재보고 있었다. 한참을 주차장에

시내 곳곳에 삼엄하게 경비가 펼쳐지던 올림픽 기간의 런던

서 왔다 갔다 하며 어디가 더 안전할지, 여기에 그냥 주차해도 되는지, 무료인지 유료인지 등을 살펴보고 있었다. 한참 주차장 근처를 뱅뱅 돌고 있는데 어디선가 사이렌 소리와 함께 경찰차 두 대가 나타났고, 서너 명의 경찰이 차에서 내려 나를 둘러쌌다. 여기서 뭐하고 있는지 묻기에 주차장을 찾고 있다고 이야기 했더니 여권을 검문하고 바이크의 짐들도 열어서 살펴보았다. 어떻게 알고 출동한 건지 물으니, 한쪽에 설치된 CCTV로 보고 있었단다. 여권까지 보여줬는데도 몸수색에 소지품 검사까지 꼼꼼히 당했다. 내가 어딜 봐서 테러범처럼 보이는지… 주차장 찾아 돌아다니는 내 모습이 어디 폭탄이라도 설치하러 돌아다니는 테러범처럼 보였나보다. 내가 그리 꾀죄죄해 보이는 몰골이었던가? 하긴… 그럴 만 하기도 했겠다 싶다.

영국 라이딩 간단 정보

- **좌측통행** 영국은 우측 통행의 우리와는 반대로 좌측통행이다. 추월차선도 왼쪽 끝이 아니라 오른쪽 끝이고, 라운드어바웃에서도 유턴 시에도 시계방향으로 회전한다. 적응하기까지 시간이 걸리기 때문에 항상 주의하면서 달려야 한다. 붐비는 길에서 다른 차량을 따라갈 때는 큰 문제 없이 차선을 지켰지만 한적한 길에서 혼자 달리던 중에 나도 모르게 오른 차선으로 달린 적이 있었다. 멀리 앞에서 마주 오던 차량이 크락션을 울려주어 황급히 정신차리고 차선을 바꾸기는 했지만 무의식 중에 익숙한 방향으로 달리게 되는 습관은 어쩔 수 없다. 습관이 될 때까진 항상 긴장해야 할 일이다.
- **제한속도** 영국의 거리단위는 킬로미터가 아닌 마일이다. 도로의 속도제한 역시 kph(km/hour)가 아니라 mph(mile/hour)이므로 주의가 필요하다. 보통 시내에선 30mph(50km/h), 간선도로 60mph(100km/h), 고속도로는 70mph(110km/h) 정도가 제한 속도이다.
- **도로** 영국의 도로는 갓길이 상당히 좁았고, 많은 국도에선 갓길이 거의 없는 곳도 있었다. 달리다가 경치가 좋거나 잠시 쉬어가기 위해 정차할 만한 곳을 찾기가 어려웠다. 고속도로의 갓길에 잠시 정차하는 것도 비상시가 아니라면 역시 허용되지 않으므로 주의해야 한다. 지도상에서 고속도로는 M으로 표시된다. 고속도로의 통행료는 몇몇 특별한 다리나 구간을 제외하면 기본적으로 무료다.
- **날씨** 영국은 멕시코난류가 올라오는 서안해양성 기후의 특성 그대로 여름에 많이 덥지 않고 겨울에도 영하로 거의 떨어지지 않는 온화한 기후다. 하지만 하루 안에 사계절을 모두 경험한다고 할 만큼 날씨변화가 변덕스럽기 때문에 다양한 날씨에 대비한 복장 및 장비준비는 필수다. 영국에 있는 동안 비를 맞지 않고 달린 날이 하루도 없었다. 하지만 비가 내리더라도 그리 많은 폭우가 쏟아지지는 않고 금세 그치는 편이라 우비를 입을 것인가 잠시 비를 맞고 달릴 것인가 항상 고민스러웠다.

벨파스트의 무지개 시위대

2012년 8월 3일

스코틀랜드에서 북아일랜드 벨파스트Belfast로 건너가기 위해 에이페리에 검색해보니 스트랜라Stranraer에서 벨파스트로 가는 항로가 있어서 그 배를 이용하여 북아일랜드의 벨파스트로 건너갔다. 스트랜라에는 페리 터미널이 5km정도 떨어져서 두 군데가 있는데, 북쪽 터미널이 벨파스트로 가는 터미널이고, 남쪽 터미널은 아일랜드 더블린으로 가는 곳이다. 예매하지 않고 출항 시간만 확인해 놓고 시간 맞춰 그냥 터미널로 달려 갔다. 페리를 타려는 차량들 사이에 줄을 서서 게이트에서 바로 티켓을 구매(42파운드)하고, 아무런 검사나 여권 확인도 없이

벨파스트 호스텔 입구에 놓여 있던 아일랜드의 일기예보

바로 승선하였다. 페리를 타고 2~3시간 정도 바다를 달려 북아일랜드 벨파스트 도착. 역시 아무 검사 없이 바로 바이크를 타고 항구를 빠져 나와 벨파스트 시내로 진입하였다.
날씨가 우중충해서 우울증 걸릴 것 같다는 이야기를 들을 때는 별 감흥이 없었는데, 매일매일 빗방울이 날리는 흐린 날만 계속되니 영국의 날씨 때문에 우울증 걸린다는 말이 이해가 되었다. 벨파스트에 머물던 며칠 동안 열심히 벨파스트 시내를 구경 다녔다. 별 생각 없이 벨파스트의 시내 거리를 헤매고 있던 어느 날 무지개 깃발과 온갖 코스튬, 피켓 등으로 무장한 사람들의 행진을 만났다. 시위대였다. 동성애 문화를 상징하는 대표적인 표식인 무지개 깃발을 들고 성소수자들의 권리 확대와 동성애에 대한 사회적 편견을 버릴 것을 주장하는 시위였다.
이번 세계일주 여행을 하는 동안 많은 동성애자들을 만났다. 노르웨이 송네 피오르에서 만났던 프랑스 레즈비언 커플은 참 당차 보였다. 20대 초반으로 보이는 그들은 프랑스에서 유럽 전역을 히치하이킹 하면서 여행하고 있었다. 벙거지 모자를 푹 눌러쓴 작은 몸집의 두 아가씨들이 시커멓게 때가 묻고 이것저것 주렁주렁 매달려있는 배낭을 등에 짊어지고 걸어서 또 차를 얻어 타가며 세상 구경을 다니고 있었다. 그런 용기와 대담함, 내가 만났던 프랑스 여자들은 대부분 그랬다. 프랑스 여성들의 특징인 것인지도 모르겠다.

북아일랜드 수도 벨파스트

러시아 예카테린부르크에서는 이탈리아에서 온 게이 커플을 만난 적이 있었다. 호스텔의 도미토리 룸에 들어오는 50대 아저씨 두 명을 보았던 처음에는 그냥 친구들끼리 여행을 왔나 보다 생각했다. 밤에는 러시아 보드카를 나눠 마시며 꽤 많은 이야기를 나누었다. 북이탈리아 알프스 산자락의 스키장 근처에서 숙박업소를 운영한다는 그들은 여름시즌의 비수기가 되면 매년 숙소 문을 닫고 세계 여기저기를 여행 다닌다고 했다. 오랫동안 함께 한 게이 커플이 같이 살아가며 늙어가는 모습은 자식들만 없을 뿐, 보통의 부부들과 별 다를 것이 없었다.

그리 우락부락 하지 않고, 조곤조곤 이야기하는 스타일인 나는 게이들에게 꽤나 인기 있는 스타일인가 보다. 아니 어쩌면 혼자서 돌아다니는 내 품새가 게이처럼 보였는지도 모르겠다. 프랑스 파리에서 샤르트르를 만나러 몽파르나스 묘지에 들렀었다. 땡볕 아래 샤르트르와 보들레르를 찾느라 묘지를 헤매다 지쳐 벤치에 잠시 앉아 쉬고 있었다. 지나가던 남자 경찰이 다가와 어디 불편한

데 있는지 묻는다. 별 일 없다, 괜찮다고 이야기해주니 돌아다니다 보라며 내 손에 묘지 지도를 한 장 쥐어주고는 일이 있다며 사라졌다. 프랑스의 경찰관도 꽤나 친절하네 하고 놀라며 전해준 지도를 살펴보니 무언가 글씨가 쓰여 있었다. 급히 쓴 듯한 필체의 짧은 메모였다. 그랬다. 나는 남자에게 대시를 받은 것이었다. 재미있는 경험이네 하고 하하 웃고 말았지만, 터키 파묵칼레에서 두 번째로 게이에게 적극적으로 대시를 받을 때는 진지하게 생각해보았다. 과연 내게 그런 성향이 있는 것인가? 그래서 그 친구들이 접근하는 걸까? 그 다음부터 게이 친구들의 접근에는 별다른 감흥이 없어지기는 하였지만, 서양인들의 개방적이고 적극적인 사고방식과 행동에는 언제나 놀라게 된다. 그 중에서도 동성애자들은 좀 더 적극적이지 않을까 싶다. 편견으로 가득 찬 세상에서 소수자가 되어 자신을 드러내고 싸워나가는 모습만으로도 이미 충분히 그들의 적극성과 당당함을 느낄 수 있지 않은가. 그들의 삶을 응원한다.

> 나는 xxx에서 일하는 xxx입니다.
> 당신은 참 핸섬하고 스타일이 멋지네요.
> 만약 필요하다면, 파리의 여행을 내가 도와줄 수 있습니다. 원한다면 우리 집에 원하는 만큼 머물러도 좋습니다.
> 오늘 저녁에 좋은 식당에서 술 한 잔 하면서 이야기하면 어떨까요?
> 관심이 있다면 연락주세요.
> 전화번호 ####### / 이메일 ************

아일랜드

아일랜드도 우리와 마찬가지로 기구한 역사를 가지고 있다. 잉글랜드의 식민지가 되었던 역사도 비슷하고 현재 북아일랜드와 아일랜드로 분단되어 있는 점 역시 우리와 닮았다. 그래선지 아일랜드 인들에 새겨진 정서는 우리의 그것과 유사하다. 오랜 지배 끝에 아일랜드인들의 전통문화가 사라져가며 아일랜드인들 고유의 언어가 소멸해버린 현재 상황은 안타깝다. 일제의 식민지배

더블린으로 향하던 길의 숲길

가 더 오래되었다면, 우리 역시 지금 일본어를 사용하고 있었을지도 모를 일이다. 한 가지 다행인 것은 비록 북아일랜드와 아일랜드로 분단은 되었지만 최근 테러와 무장투쟁의 시기가 지나 평화가 정착되어간다는 점일 것이다. 북아일랜드와 아일랜드의 국경은 존재하였지만 우리의 휴전선처럼 완전한 단절되어 총부리를 겨누고 있는 상황이 아니라는 점 또한 우리보다 더 좋다. 적어도 하나의 민족이 강제로 찢어져 있지는 않으니 말이다.

원래는 아일랜드를 크게 한 바퀴 돌려고 했었는데, 워낙 날씨가 우중충하니 맘에 안 들어서 조금만 돌고 바로 아일랜드의 수도 더블린으로 달려갔다.

1. 더블린 강가의 조형물. 조각가 로완 길레스피 Rowan Gillespie의 〈대기근 추모상〉 2. 더블린의 상징이 되어버린 바늘 탑 스파이어Spire.

더블린 ⇨ 리버풀

더블린에서 잉글랜드로 다시 입국하기 위해 페리를 알아보았다. 에이페리 사이트에서 검색해보니 더블린에서 잉글랜드로 가는 배는 두 가지 경로가 있는데, 하나는 웨일스의 홀리헤드Holyhead로 가는 페리, 또 하나는 리버풀로 가는 P&O페리가 있었다. 리버풀 행 P&O페리로 예약을 하려고 하였더니, 일반 승객과 모터사이클은 탑승이 불가하다고 나온다. 차량이나 캠핑카, 트럭은 티켓구매가 가능한데 승객/바이크는 안 된다니, 아마도 화물전용 페리인가보다 싶었다. 그렇지만, 마침 항구도 가까운데, 차량이 가능한데 바이크 한 대 타는 건 별 문제 안 되지 않을까 하는 생각도 들고, 아무래도 직접 가서 물어보고 예매를 하는 것이 나을 듯싶어 항구로 직접 찾아가 보았다.

항구에 있는 P&O페리의 사무실로 찾아가 모터사이클로 리버풀로 갈 수 있는지 물어보았더니 담당 직원이 전화를 해서 상급자에게 물어보고는 바로 OK라고 한다. 역시 직접 부딪혀보는 것이 정답이다. 아침 9시에 출발하는 배가 좀더 싸다고(69파운드) 해서 바로 예매를 했다. 다음날 항구로 가서 페리를 보니 지금까지 타왔던 페리와는 좀 다른 느낌이었다. P&O페리를 비롯한 지금까지의 페리들이 관광버스의 느낌이라면, 이번 배는 화물트럭의 느낌이었다. 하지만 리버풀까지 7시간 항해 동안 제법 괜찮은 조식·중식이 무료로 제공되었고, 항해 동안 승객들이 머물 휴게실도 그 정도면 만족스러웠다. 역시 승선할 때나 하선할 때 아무 검사 없이 바로 바이크를 탑승한 채 리버풀로 진입하였다.

리버풀에서 웨일스를 종단, 웨일스의
수도 카디프를 지나 남쪽 해안까지

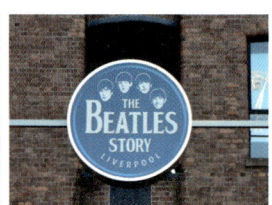

더블린에서 다시 배를 타고 건너온,
비틀즈의 도시 리버풀

웨일스를 지나 다시 잉글랜드 남부로 가는 길에 스톤헨지도 들러보았다. 영국이 역사에 처음 등장한 것은 2000여 년 전 로마 카이사르의 브리타니아 원정으로부터다. 카이사르로부터 다시 2000여 년을 거슬러 올라간 신석기시대, 선사시대의 브리타니아 사람들이 만든 거석군 스톤헨지. 누가? 어떻게? 왜? 시간의 흐름 앞에 사라져간 사람들의 흔적은 지금도 불가사의로 남을 뿐이다.

영국 도버에서 프랑스 칼레까지

2012년 8월 12일

프랑스에서 영국으로 다시 건너올 때 왕복으로 예매해 두었던 페리 티켓 시간보다 너무 일찍 항구에 도착했지만, 몇 시간을 근처에서 보내기 아까워서 그냥 터미널 게이트로 진입했다. 게이트에서 일찍 왔으니 앞 시간 페리로 바꿔달라고 하니 별말 없이 바로 다음 출항하는 2시간여 앞 시간의 페리로 바꿔주었다. 프랑스에서 영국 행 페리를 탈 때는 여권 검사하고, 입국도장도 받고 그랬는데, 다시 도버에서 칼레로 갈 때는 그런 것도 없었다. 여권조차도 한번 꺼내지도 않고 바로 통과해서 페리에 탑승할 수 있었다. 이래도 되나 모르겠다. 여권 상으로는 영국 입국 도장은 있지만 영국 출국 도장은 없는 게 되고, 프랑스는 아예 출국, 재입국 도장도 받지 않은 게 되어버렸다. 국경 개념이 거의 없어진 EU니까 가능한 이야기다. 중간에 짐 검사 하는 곳에선 형식적으로 검사하는 시늉만 한번 했다. 무기류를 소지했는지 묻고, 사이드 케이스를 열어 검사관이 그냥 스윽 한번 보더니 통과시켜 주었다.

남부 해안을 따라서 도버로

 # 스페인 & 포르투갈

스페인의 태양은 정말 뜨겁다. 다행히 습도는 낮아 후덥지근하지는 않았다. 그늘에 들어가 있으면 바람도 선선하게 불어서 금방 시원해졌다. 이런 게 전형적인 지중해 날씨인가. 바르셀로나에서 포르투갈까지 스페인의 중부 내륙을 횡단하였다. 강렬한 스페인의 태양과 건조한 기후 때문인지 내륙의 스페인은 숨이 턱턱 막히는 황무지였다. 중간에 쉴만한 나무그늘도 없어서 뜨거운 아스팔트 위를 달리는 내내 숨 쉬기가 어려웠다.

1.가우디의 도시 바르셀로나 2.사그라다 파밀리아 성당, 바르셀로나 3.구엘 공원, 바르셀로나 4.스페인 마드리드 5.스페인 중부 6.로마시대 수도교 유적, 포르투갈 7.리스본의 거리 8.코메르시오 광장의 트램

5

6

유럽 일주 187

저녁 무렵 도착한 유라시아 최서단 로카 곶

로카 곶 가는 길

노르카프에서 북쪽 끝에 도달한 후 서쪽 끝 낙타의 콧잔등으로 가기로 하고 다시 서쪽으로의 여정을 계속했다. 블라디보스토크에서 출발한 후 계속 태양을 따라 서쪽으로 달렸으니 대서양을 바라보는 대륙의 끝까지 가볼 요량이었다. 유라시아 대륙의 최서단은 포르투갈의 로카 곶이다.

2012년 8월 21일
리스본에서 해질 무렵 로카 곶에 다녀왔다. 저녁 무렵에 로카 곶으로 달려가 대서양을 붉게 물들이는 석양을 한참 멍하니 앉아서 보고 왔다.

유라시아 대륙 최서단 로카 곶 Cabo da Roca, **포르투갈**
N 38° 46.8250′
W 9° 29.9330′

4월 1일 동해를 출발한지 143일 만에, 태양을 따라서 서쪽으로, 서쪽으로 유라시아를 횡단했다. 동해에서 출발할 때 누적거리가 1,355km였으니, 31,154km를 달려서 유라시아의 서쪽 끝에 도착한 셈이다. 꽤나 멀리 왔다. 바이크를 타고 대서양을 건널 수는 없으니 더 이상 서쪽으로 달

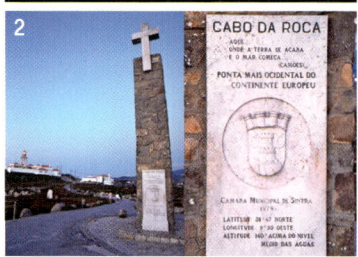

1. 로카 곶에서 바라본 대서양 2. 로카 곶이 유럽 최서단임을 나타내는 조형탑

릴 수는 없다. 이제 방향을 돌려보자. 이번 여행의 전환점. 태양을 따라 서쪽으로 달리기는 이제 일단 마무리다. 동쪽 끝에서 출발, 노르웨이에서 북쪽 끝, 그리고 여기 포르투갈에서 서쪽 끝에 도착하였다. 이제 남쪽 끝만 남았다. 남쪽으로 달려보자.

로카 곶에 도착했을 때의 누적거리
32,509km

지중해를 달리다

포르투갈 리스본을 떠나 지중해안을 따라 터키를 향해 달렸다. 다음 목적지는 아프리카의 남쪽 끝 남아프리카 희망봉이다. 희망봉을 향해 아프리카로 건너가기 위해 터키에서 아프리카로 건너갈 방법을 알아볼 생각이었다. 터키를 향하는 길에 스페인 지브롤터 해협의 도시 타리파를 지났다.

유럽대륙 최남단 타리파 Tarifa, **스페인**
N 36° 0.0899′
W 9° 29.9330′

지도상으로 볼 때는 유럽 최남단이 그리스 어디쯤이 아닐까 했었는데, 아니었다. 유럽의 최남단은 스페인의 지브롤터 해협에 있는 도시 타리파. 리스본에서 하루면 달릴 수 있는 거리라서 포르투갈을 종단해 내려가서 스페인으로 건너가 타리파에 가보았다. 도착해보니 이미 해가 떨어진 후인데다 동네 분위기도 그냥 해변 관광지 느낌이라 그다지 특별한 느낌이 들지는 않았다. 아마도 바로 앞에 지브롤터 건너 아프리카 모로코가 보이기 때문에 끝이라는 느낌이 덜하지 않았나 싶다. 여기서 바로 아프리카 모로코로 건너갈까 고민했지만, 내전이 끝난 지 얼마 지나지 않은 리비아를 가로지르며 사하라 사막을 횡단하는 것은 그리 내키지가 않았다. 전쟁에 사용되었던 무기들이 사방으로 퍼져 치안이 불안하다는 이야기를 많이 들었기 때문이다. 잠시 앉아 멀리 보이는 아프리카를 멍하니 바라보다 돌아 나왔다. 기다려라 아프리카. 금방 건너가 주마.

1. 바다 건너 멀리 아프리카 모로코의 불빛이 보인다.
2. 스페인 지중해안을 따라 가는 길

이탈리아 치비타베키아로 가는 페리

2012년 8월 26일

원래는 스페인-프랑스-이탈리아로 유럽 남부 지중해 해안선을 따라서 끝까지 완주해볼까 생각했었다. 하지만 지중해안을 따라 달리다 보니 생각이 바뀌었다. 계속 이어지는 비슷비슷한 지중해 풍경들이 지루한데다 이탈리아-프랑스 남부 해안은 이미 리스본으로 가는 길에 달렸기 때문이다. 너무나도 뜨거운 태양 아래에서 달리는 게 힘들었다. 내 사계절용 라이딩 기어는 미친 듯한 태양 열기를 받으며 조금만 달려도 땀이 줄줄 흘러서 금방 흠뻑 젖어버렸다. 아무튼 이런 저런 이유로 바르셀로나까지만 바이크를 타고 달려가 바르셀로나에서 페리를 타고 이탈리아로 바로 건너가기로 결정했다. 바르셀로나에서 이탈리아 치비타베키아Civitavecchia로 페리를 타고 가는 중간에 사르데냐 섬의 토레스Torres항에 잠시 들렀다 가는데, 사르데냐를 돌기 위해 가는 바이크 여행자들도 상당히 많았다.

에이페리 사이트에서 그리말디Grimaldi 해운의 페리 시간과 출발일을 검색해서 확인한 후에 예약하지는 않고 바로 바르셀로나 항으로 달려가서 터미널에서 바로 발권, 체크인 후 페리에 탑승했다. 바르셀로나에서 오후 10시 넘어서 출발, 다음날 정오 무렵 사르데냐에 잠시 정박, 저녁 8시쯤 이탈리아 로마에서 50km쯤 떨어진 치비타베키아항에 도착했다. 원래 오후 6시쯤 도착에서 총 22시간 정도 항해 예정이라 했는데, 2시간 정도 연착했다. 비용은 승객 운임과 바이크 운송비를 포함해 캐빈 없이 데크에서 머물면 120유로 조금 넘고, 4인실 캐빈에 침대 하나로 하면 170유로가 조금 넘는다. 스페인 남부를 10시간여 달려 씻지도 못한 채로 바로 복도에 널브러져 있기엔 너무 끔찍할 듯싶어 4인실 캐빈으로 발권했다. 4인실 도미토리에 샤워부스도 있어 편히 씻고 뒹굴며 푹 쉬었다. 하지만 밤이 되어도 날씨가 따뜻한데다 페리 안 여기저기에 소파와 의자도 많고 쉴 수 있는 곳이 충분해 많은 사람들이 레스토랑의 긴 의자 혹은 복도 구석자리에서 잘들 쉬면서 갔다. 미리 알았으면 그냥 싼 표를 샀을 텐데 좀 아깝기도 했다. 유럽 어디서나 그렇듯 여권검사, 짐 검사 따위 하나도 없다.

1,2. 바르셀로나에서 이탈리아까지 탑승했던 페리
3. 페리 내 바이크 주차장
4. 갑판 수영장에서 지중해의 햇볕을 즐기는 탑승객들

 # 이탈리아

나폴리에서 브린디시로 내려가는 길에 지중해안 절경으로 유명한 아말피 해안도로를 달렸다. 사실 브린디시로 향하는 길과는 반대방향으로 돌아야 하는 길이라서 아쉬운 마음을 접고 아말피에 들르지 않으려 마음먹고 달렸지만, 중간에 길을 잘못 들어서 어느새 아말피를 향하는 도로로 접어들고 말았다. 신의 계시인가 싶어 이렇게 된 것 좀 돌아가더라도 아말피 해안도로를 달리고 가자라고 마음을 고쳐먹고 달렸다. 굽이굽이 절벽 위 고도를 돌아가는 아말피 해안도로는 그 명성만큼 과연 절경이라 들리지 않고 지났으면 후회했을 뻔 했다. 좋은 경치를 버리고 가는 무지한 나를 향한 신의 배려였나 보다.

1. 바티칸 대성당 2. 미켈란젤로의 〈피에타〉, 바티칸 대성당 3. 콜로세움, 로마 4. 캄피돌리오 광장에서 바라본 노을, 로마 5. 나폴리 항구의 요트들 6. 화산재 속에 묻혀있던 고대도시 폼페이의 거리 7. 밀라노 대성당에서 바라본 밀라노 전경 8. 알프스를 넘어 밀라노로 향하던 길 9. 밀라노 거리 10. 밀라노 대성당 11. 제노바 해변 12. 제노바 항구 13. 아말피 해안도로 14. 아말피 층층마을에서 내려다본 지중해

유럽 일주 193

브린디시Brindisi ⇨ 파트라스Patras

2012년 9월 1일. 이탈리아 브린디시에서 그리스로 건너가기 위해 그리말디 해운의 파트라스로 가는 페리를 탔다. 에이페리에서 검색해 출발시간, 일정을 확인 후 예약 없이 2시간 정도 전에 항구 도착, 바로 터미널로 가서 발권하고 탑승할 수 있었다. 이번에는 20시간 정도 항해 예정이라서 캐빈 침대 없이 그냥 데크 표로 구매하였고, 가격이 참 착해서 승객과 바이크 포함 55유로밖엔 안 했다(하지만 3시간 연착해서 23시간 소요). 배 안에서 종일 음악을 듣고 이리저리 돌아다니다가, 밤엔 레스토랑 긴 좌석 소파에 누워서 잠시 눈을 붙였다. 그럭저럭 편안하니 나름 괜찮다. 저녁 5시쯤 브린디시를 출발해 새벽 5시쯤 그리스 북부 이구메니차에 잠시 들렸다가, 아테네에서 200km쯤 떨어진 파트라스에 오후 3시 넘어 도착했다. 여기도 역시 여권 검사 짐 검사 뭐 하나도 없었다. 바로 항구 빠져나와서 신나게 아테네로 달렸다.

1.아크로폴리스의 원형극장 2.헤파이스토스 신전 3.파르테논 신전 4.너무 어렸던 거리의 악사

대한민국의 모터사이클 차별 정책

우리나라는 모터사이클에 대한 차별과 편견이 심각하다. 운전 방법이 전혀 다름에도 자동차면허만으로 125cc이하의 바이크를 운전할 수 있게 만들어진 운전면허 체계부터, 실제 모터사이클 운전에는 별 도움이 될 것 같지 않은 운전면허 실기시험도 괴상하기는 하지만, 가장 어이없으면서도 심각한 제한과 차별은 고속도로와 자동차 전용도로 진입금지법이다.

도로교통법 제63조(통행 등의 금지)
자동차(이륜자동차는 긴급자동차만 해당한다) 외의 차마의 운전자 또는 보행자는 고속도로등을 통행하거나 횡단하여서는 아니 된다.

처음부터 모터사이클의 고속도로 진입이 금지였던 것은 아니다. 1968년 우리나라의 첫 번째 고속도로인 경인고속도로가 개통되었을 때는 250cc 이상의 모터사이클은 고속도로를 통행할 수 있었다. 그러다 1972년 사고율이 높다는 이유로 삼륜차와 함께 모터사이클의 고속도로 진입이 금지되었던 것이 지금까지 40년이 넘게 이어지고 있다. 고속도로의 진입 금지만으로도 모터사이클에 대한 차별과 천대가 부족하였던지, 자동차 전용도로라는 전세계 어디서도 찾아보기 힘든 도로체계까지 고안하여 우리나라의 모터사이클을 질식시키고 있는 것이 우리나라의 현실이다. 고속도로를 피해 국도를 달리다가도 느닷없이 나타나는 고가도로, 터널 등의 자동차 전용도로 표시는 모터사이클 라이더라면 누구나 시정을 요구하는 대표적인 악법이다. 서울에서 부산까지 고속도로를 달리면 4~5시간이면 갈 수 있는 여정을 이러한 통행금지는 하루가 꼬박 걸리는 대단한 여행으로 만들어버린다.

모터사이클의 고속도로 통행 사고율이 실제로 높은가? 그렇지 않다. 모터사이클 사고는 고속도로보다는 도심의 복잡한 도로에서가 훨씬 많다. 모터사이클이 고속도로 통행에 방해가 되는가? 250cc 이상의 바이크라면 고속도로의 통행에 지장을 주지 않을 만큼 속도를 낼 수 있다. 고속도로가 바이크 폭주족의 무대가 될 것이 걱정되는가? 이는 단속과 계도로서 해결할 문제지 이렇게 기본권을 제한할 바는 아니다. 만약 백인들에 비해 흑인들의 범죄율이 높으니 흑인들의 도심지 통행을 금지한다는 법률이 제정된다면, 또는 심야시간 여성들을 대상으로 하는 성폭행 범죄율이 높으므로 여성들의 심야 통행을 금지한다는 법규가 실시된다면 당신은 어떻게 생각하겠는가? 많은 나라들에서 과거 실시되었던 이런 인간의 기본권을 제한하는 말도 안 되는 법률들과 현재 우리나라의 모터사이클의 고속도로 통행금지법은 무엇이 다른가? 모터사이클은 엄연히 이륜 '자동차'로 분류되며 자동차세를 내는 차량이다. 전 세계 어디서도 찾아보기 힘든 이러한 모터사이클에 대한 근거 없는 차별과 편견은 사라져야 한다. 내가 여행했던 50개가 넘는 나라들 중 어느 나라도 모터사이클의 고속도로 진입에 제한을 두는 국가는 없었고, 자동차 전용도로라는 이름으로 모터사이클의 운행을 차별하는 나라도 없었다. 실제 전 세계적으로 모터사이클의 고속도로 운행에 제한을 두는 나라는 인도네시아와 베네수엘라 등 우리보다 낙후된 몇 개 나라뿐이다. 거의 대부분의 나라는 사실상 모터사이클의 고속도로 운행제한이 없으며, 있다 해도 50cc 이상의 배기량 제한 등으로 고속주행이 불가능한 바이크의 운행을 제한하는 것일 뿐, 우리처럼 저배기량과 고배기량에 관계없이 무조건적인 모터사이클의 운행 금지 차별은 찾을 수 없다. 선진국으로 가는 길목에서 글로벌 스탠더드를 추구하고 있는 현재 이렇게 말도 안 되는 규제와 차별은 철폐되어야 마땅하다.

앞서 이야기 했듯, 우리나라와는 달리 전 세계의 거의 모든 나라는 모터사이클의 고속도로 통행이 자유롭다. 시베리아뿐 아니라 유럽 등 전 세계에서 라이딩하며 고속도로와 국도를 번갈아 가며 달렸다. 유럽에서는 북유럽과 독일까지는 주로 고속도로를 많이 이용하였고, 독일 이후부터는 국도를 많이 이용하였다. 다른 나라로 들어가서 고속도로를 달릴 때마다 통행료가 어찌되는지 검색도 하고 경찰들에게 물어도 보고, 그냥 달리기도 하였다.

유럽 각국의 고속도로

러시아
통행료 무료. 이게 과연 고속도로인가 싶은 도로들이라 당연한 걸지도…

에스토니아, 핀란드, 스웨덴
고속도로 통행료 무료. 바이크 통행이 자유롭고 유럽부터는 도로 관리가 잘 되어있다.

영국, 아일랜드
좌측통행만 주의하면 어려울 것 없다. 몇몇 다리만 제외하면 고속도로 통행료는 기본적으로 무료이며 톨게이트 없이 진출입이 자유롭다.

노르웨이
대부분의 고속도로는 무료이지만 가끔 유료 구간이 있다. 달리다 보면 우리나라 하이패스처럼 자동결제카드를 인식하는 유료도로가 나온다. 고속도로를 달리던 중 유료도로가 나와 얼떨결에 쌩 지나쳐 달렸더랬다. 나중에 검색해보니 자동차는 유료지만 바이크는 무료라고. 그러고 나선 유료도로 상관없이 맘 편하게 잘 다녔다.

덴마크
기본적으로 모두 무료이지만 스웨덴에서 코펜하겐으로 넘어가는 다리 구간, 그리고 코펜하겐과 섬들을 잇는 다리 구간에서 다리 통행료를 받는데 꽤 비싸다. 경치도 꽤나 장관인지라 중간에 멈춰 사진이라도 꼭 찍고 싶었는데, 비바람이 워낙 거센데다가 다리 중간에 바이크를 세우고 사진을 찍기엔 너무 위험해서 바람에 휘청휘청 대면서 그냥 달렸더랬다.

스페인
입구 톨게이트에서 요금 계산하고 진입한다. 매뉴얼Manual이라고 표시된 톨게이트에서 현금 계산이 가능하다. 늦은 시간에 바르셀로나로 건너오는 내내 고속도로로 달렸는데, 모두 진입 시 계산하는 방식이었다. 좀 달리다 보면, 톨게이트가 자꾸 나오는데다 요금도 꽤나 비싼 거 같아서 짜증났다. 스페인 중부를 횡단하다 보니, 입구에서 티켓을 뽑고 출구에서 결재하는 구간도 있었고, 상당히 긴 거리인데도 톨게이트 없이 무료로 달린 구간도 있었다. 아마 미리 알아보면 무료로 달릴 수 있는 고속도로도 많지 않을까 생각한다.

독일
그 이름도 유명한 아우토반! 속도 무제한, 역시 이름값 한다. 톨게이트 따위 없고, 도로 상태도 너무 훌륭해서 다 좋은데, 도로 위를 달리는 차들의 속도는 '정말 여기가 아우토반이다'라고 말한다. 기본 130~140km/h에 추월 한 번 해보려면 160~170km/h 정도는 내 줘야 한다. 나는 여기서 내 바이크의 최고 속도를 측정해봤다. 180km/h까지 달려봤는데, 그 이상은 잘 안 올라갔다. BMW 공식 자료엔 최고속도 160km/h 정도로 나오던데 그 이상 올라가니 대견할 뿐이다. 고속 라이딩을 즐기고 싶다면 아우토반으로! 독일은 비넷Vignette 사용 국가이기는 하지만 가벼운 차량(바이크 포함)은 무료다. 비넷은 고속도로 운행 허가증 같은 것으로, 일정 기간의 톨 스티커 비넷을 구매해 바이크나 차량 번호판에 부착하면 해당 기간 동안 횟수에 관계없이 고속도로를 이용할 수 있다. 톨게이트나 확인 장소가 따로 없기 때문에 비넷을 사지 않더라도 고속도로를 달리는 데는 아무런 지장이 없다. 다만 비넷 없이 고속도로를 달리다가 경찰 검문에 적발되면 엄청난 벌금이 부과된다. 유럽 내에서는 오스트리아, 불가리아, 체코, 프랑스, 독일, 헝가리, 몬테네그로, 루마니아, 슬로바키아, 슬로베니아, 스위스가 비넷 제도를 시행 중이다.

체코
체코의 바이크와 자동차들은 번호판에 비넷 스티커를 붙이고 다닌다. 비넷을 사야 하나보다 하던 차에 지나가던 경찰한테 물어봤더니 바이크는 아마 필요 없을 거라고 했다. 그래도 왠지 찜찜하기도 하고, 국도로 살살 달리면서 보는 경치가 너무 좋아서 주로 국도로만 달렸다. 시간이 없어서 고속도로도 두 번인가 들어가서 달렸었는데 경찰 검문을 받은 일이 없어서 아무 문제는 없었다.

오스트리아, 스위스

비넷을 사서 붙여야 하며, 주유소에서 판매한다. 난 계속 국도로만 경치 구경하면서 달려서 사지 않고 달렸다. 중간에 길을 잘못 들어서 잠깐 고속도로 달리기도 했는데 다행히 걸리지는 않았다. 경찰 검문이 거의 없는 편이라 주로 국도로 달릴 거라면 굳이 비넷을 구매하지 않아도 좋다고 생각된다.

이탈리아

우리나라 고속도로와 비슷하다. 고속도로 입구와 출구에 톨게이트가 있어서 입구에서 카드를 뽑고 출구에서 결제하기도 하고, 고속도로 입구에서 통행료를 징수하기도 한다. 물론 텔레패스 Telepass라는 무정차 카드도 있다. 유럽의 다른 나라들과 달리 이탈리아는 225cc 이상의 모터사이클만 고속도로 이용할 수 있는 배기량 제한을 둔다.

프랑스, 포르투갈

우리나라와 거의 같다. 짧은 거리 고속도로는 간단히 입구 톨게이트에서 요금 내고 진입하기도 하고, 긴거리 고속도로는 입구 톨게이드에서 티켓 뽑고, 출구 톨게이트에서 계산한다. 현금, 선불카드, 신용카드. 모두 가능하다.

터키

톨게이트에서 선불카드로 지불한다. 톨게이트에는 카드 인식기만 있고, 현금이나 카드로 통행료를 결재할 수 없다. 고속도로 진입 전에 미리 톨게이트 근처의 카드 판매소에서 선불카드를 구매해야 한다.

1. 오스트리아의 1년용 모터사이클 비넷. 32.9EUR
2. 비넷 간판이 세워진 오스트리아 주유소
3. 터키의 고속도로 선불카드

유럽연합에서 비자 주의사항

우리나라는 유럽의 여러 국가들과 무비자 협정을 맺고 있고, 유럽연합의 많은 국가들이 국가 간 통행을 자유로이 하는 쉥겐 조약을 맺고 있어 여행자가 유럽 곳곳을 자유로이 다니는 것은 어렵지 않다. 하지만 장기간의 유럽여행자에겐 조심해야 할 부분이 있다. 쉥겐국을 여행할 때는 쉥겐국에 최초 입국한 날부터 180일 기간 중 최장 90일간만 무비자 체류가 가능하기 때문이다. 쉥겐국 내에 머무는 일정이 최대 90일을 넘지 않아야 한다. 대부분의 쉥겐 가입국과 3개월 무비자 협정 등의 양자협정을 체결한 우리나라의 경우, 유럽 내 전체 체류 가능 기간이 줄어들어버린 것이다. 예전엔 독일에서 3개월, 프랑스에서 3개월, 스페인에서 3개월 체류가 가능했던 것이 이제는 독일, 프랑스, 스페인 등 모든 쉥겐국 체류 기간을 합산해서 90일로 축소된 것이다. 그렇기 때문에 쉥겐국 내에서 90일 이상 체류할 경우, 어디에서 출국할 것인지 고민해야 한다. 쉥겐국 내에서 육로로 이동할 때에는 실제 국경 검문 자체가 존재하지 않기 때문에 아무 문제가 없겠지만, 쉥겐국에서 비 쉥겐국으로 출국할 때에는 여권 검사를 하면서 문제가 생길 수 있다. 이 같은 문제가 발생할 경우, 쉥겐 조약과 양자 협약 중 무엇을 우선으로 적용할 것인지는 나라마다 상이하다.

쉥겐 조약 적용	스위스, 라트비아, 리히텐슈타인, 슬로베니아
입장 유보	네덜란드, 룩셈부르크, 슬로바키아, 포르투갈, 프랑스
양자 협약 적용	독일, 리투아니아, 벨기에, 스페인, 오스트리아, 체코, 폴란드, 헝가리, 이탈리아, 몰타, 그리스, 노르웨이, 덴마크, 스웨덴, 아이슬란드, 핀란드, 에스토니아

위와 같이 스위스, 라트비아, 슬로베니아는 쉥겐 조약 적용국이기 때문에 이 나라들에서 90일을 넘겨서 출국하면 문제가 생긴다. 쉥겐 조약을 어겨서 불법 체류한 것이 되므로 엄청난 벌금을 물어야 하고, 차후 입국금지 당할 수도 있다. 특히 스위스에서는 천만 원 단위의 벌금을 물은 사람도 있다고 들었다. 입장 유보국은 문제가 생길 수도 있고 아닐 수도 있고, 운에 따라 다를 거란 이야기이다. 그러므로 간단히 정리하면 양자 협약 적용국에서 출국하는 것이 유리한 셈이다. 만약 양자협약 적용국에서 출국할 때에도 태클을 건다면, 그 나라에서 90일 이상 머물지 않았음을 증명하면 된다. 쉥겐국 내 여행 기간이 120일이 넘지만, 그 중 30일 이상을 다른 나라에서 머물렀다는 증거(숙박 영수증이나 카드 영수증 등)를 제시하면 된다. 유럽 여행 중 사용한 숙박 영수증, 페리 티켓, 주유소 영수증 등을 모두 모아 두면 도움이 된다. 또 쉥겐국을 양자협약 적용국을 통해 떠나기 위해 루트를 그리스에서 터키로 넘어가는 길로 결정하였다.

쉥겐 조약 Schengen Agreement

쉥겐 조약의 골자는 유럽 각국이 공통의 출입국 관리 정책을 사용하여 국경 시스템을 최소화해 국가 간 통행에 제한을 없애는 것이다. 협약을 맺은 나라는 국경검문소가 폐지되어 아무런 출입국절차 없이 국가 간 이동이 가능하다. 마치 경기도에서 충청도를 자유로이 넘나드는 것처럼 쉥겐국 사이를 이동할 수 있다. 2013년 현재 쉥겐 가입국은 30개국이다.

쉥겐국 내에선 국경 검문이 생략된 채, 이렇게 간판 하나 지나는 것만으로 새로운 나라에 들어서게 된다.

그리스 ⇨ 터키 국경 넘기

2012년 9월 5일

그리스의 테살로니키를 떠나 그리스-터키 국경을 통과했다. 5월 14일에 에스토니아로 입국해 쉥겐 조약 90일을 이미 예전에 넘기고 120일 정도쯤 되었던 터라, 그리스에서 출국할 때 문제가 생기지는 않을지 살짝 걱정도 되었다. 물론 중간에 영국엘 2주정도 다녀왔지만, 여권 상에는 영국 입국도장만 있을 뿐이고, 프랑스 출입국 도장은 하나도 받질 않은데다가 영국 체류기간을 빼더라도 이미 90일은 한참 넘었기 때문이다. 이리저리 알아보고 준비는 하였지만, 세상일이 또 어찌될지 모르며, 문제를 삼으려면 또 얼마든지 문제 삼을 수 있을 테니까. 하지만 결과적으로는 아무 문제없이 그리스를 출국할 수 있었다. 그리스 출국 심사 때, 여권과 바이크 서류를 출국 심사관에 제출하니 이리저리 살펴보더니 허탈할 정도로 별말 없이 스탬프를 날인하고 통과시켜 주었다. 다행이라고 속으로 한숨을 내쉬었다.

터키 입국도 큰 문제는 없었다. 여권, 바이크 서류랑 가지고 있던 그린카드를 제출했다. 유럽 내의 그린카드는 터키에서 사용할 수 없다. 알고 있었지만 혹시나 하고 줘봤다. 세관에서는 예상대로 면세점 쪽의 보험사 부스에 가서 터키의 모터사이클 보험을 만들어 오라고 했다. 3개월에 24유로짜리 터키 바이크 보험을 만들어 서류를 받고 입국심사관에게 가니 입국 도장을 간단하게 찍어준다. 짐 검사는 하나도 안 했다. 소요시간은 줄 서서 기다린 시간까지 약 한 시간 이상.

아시아로 통하는 관문 터키가 나를 환영해 주었다.

터키

다양한 자연환경과 동양과 서양의 색체가 교차하는 터키는 그 자체로 훌륭한 여행지다. 리터당 3,000원에 육박하던 기름 값과 꽤 부담되던 고속도로 통행료, 그리고 복잡했던 이스탄불의 도로주행만 빼면 터키의 바이크 라이딩은 더할 수 없을 만큼 매력적이다.

1. 이스탄불 토프카프 궁전에서 바라본 보스포러스 해협
2. 이스탄불의 상징 블루 모스크 3. 자연이 만들어낸 세계 최고의 수영장 파묵칼레

파묵칼레

석회질 지하수가 용출되는 파묵칼레는 석회질 침전물들이 축척 되어 세상 어디서도 찾기 힘든 파묵칼레만의 새하얀 아름다움을 만들어낸다. 높은 언덕에서 솟구치는 지하수는 언덕 전체를 하얗게 뒤덮어 푸른 물빛과 새하얀 작은 연못들로 만들어진 천연 수영장을 만들었다. 석회질 푸른 물에 몸을 뉘인 채 아래의 파묵칼레 언덕을 내려다보며 즐기는 물놀이는 파묵칼레만의 특별한 경험을 선사한다.

히에라폴리스

비잔틴시대에까지 성스러운 도시라는 이름에 걸맞게 번성하였던 히에라폴리스는 1354년의 대지진으로 폐허가 되어버렸다. 무너져버린 도시의 흔적 속에 물이 차올라 천연의 수영장을 만들었고, 천 년의 기억을 간직한 폐허 기둥 사이를 헤엄치며 수영을 즐기는 사람들에게 시간의 흐름은 무상하기만 하다.

4. 〈스타워즈〉의 조지 루카스 감독이 외계행성의 영감을 얻었다는 카파도키아의 버섯마을 괴레메 5. 파묵칼레 언덕 뒤편에 잠들어있는 고대 로마시대의 도시 히에라폴리스 6. 슬로베니아에서 왔다는 바이커들과 함께 7. 괴레메의 아침을 여는 열기구 투어의 장관

형제의 나라 터키

터키 이스탄불을 떠나 보스포러스 대교를 건너서 아시아로 넘어왔다. 터키의 수도 앙카라, 파묵칼레, 카파도키아를 지나고, 이집트로 넘어가기 위해 남쪽 항구도시 이스켄데룬으로 달려 터키를 내륙으로 종단하였다.

별로 볼 것 없기로 유명한 앙카라지만, 앙카라에 머물며 아프리카를 지나는데 필요한 비자문제들을 해결하기 위해 각국 대사관 순례를 했고, 바이크 정비를 받았다. 그리고 꼭 방문해보고 싶었던 아타튀르크의 묘에 참배하였다.

아타튀르크는 '터키의 아버지'라는 뜻으로 1934년 터키 국회에서 초대 대통령인 그에게 헌정한 칭호이다. 본명은 무스타파 케말Mustafa Kemal. 오스만제국의 유능한 군인이었던 그는 제1차 세계대전 패배 후 붕괴된 모국이 열강들에 의해 분할 점령되자 터키의 독립전쟁을 지휘해 승리하고, 터키공화국을 수립해 초대 대통령에 취임하였다. 그는 국민의 99%가 이슬람인 오스만제국의 구습을 개혁하고 종교적 다양성이 보장되는 민주공화제 국가를 건설하고자 했다. 여성참정권을 비롯한 남녀평등권의 도입, 술탄제도 폐지, 정교분리로 종교의 다양성 보장, 정당정치 확립, 아랍문자 대신 로마자로 터키어를 표현하는 문자개혁 등, 그가 세상을 떠나기까지 18년간 대통령에 재임하며 이루어낸 개혁과 개방정책은 이슬람 세계의 맹주였던 오스만튀르크를 완벽한 서구식 민주주의 공화제 국가로 재탄생시켰다. 가히 국가의 아버지라는 호칭이 부끄럽지 않다.

오늘날의 터키를 살펴보면 국민의 99%가 이슬람을 종교로 하는 이슬람 국가라는 사실을 실감하기 힘들다. 터키와 주변의 이슬람 국가들, 이란, 이라크, 사우디아라비아 등을 비교해보라. 터키의 여자들은 검은 천으로 온몸을 꽁꽁 감싸 매고 눈만 내놓고 살지도 않고, 남녀가 동등하게 교육받고 정치에 참여하며, 종교인들이 국가의 정책을 결정하지도 않는다. 아타튀르크가 없었다면, 터키는 주변 열강들에게 분할되어 터키라는 나라가 존재하지 못했을 수도, 지금의 이란이나 아프가니스탄과 같은 종교인들이 국가를 지배하는 모습이었을 수도 있다. 이러한 주변나라들의 모습을 생각해보면 터키의 모든 곳에 그의 사진과 그림이

1. 그리스 신전을 모티브로 만든 듯한 아타튀르크의 묘. 터키 앙카라 2. 터키 어디에서나 볼 수 있는 아타튀르크의 모습. 그에게 바치는 터키인들의 존경은 우리가 세종대왕 혹은 이순신 장군께 보내는 그것과 같다.

걸려있는 것과 그를 터키의 아버지라 부르며 그를 향한 존경을 마음에 새기는 터키인들의 모습에 고개를 끄덕일 수밖에 없다.

심장 위에 태극기를 새긴 터키인

터키에 도착한 첫날 복잡한 이스탄불 시내에서 바이크를 타고 숙소를 찾아 헤매어 다니고 있었다. 퇴근시간 거리로 쏟아져 나온 차량들로 이스탄불의 거리는 꽉 막혀 사방으로 촘촘한 자동차들 사이에서 가다 서다를 반복하고 있었다. 얼마나 더 가야 길이 좀 뚫릴까 한숨을 쉬면서 신호등에 멈춰선 자동차 뒤에서 매연을 마시고 있는데, 지나가던 KTM 바이크가 한대 옆으로 와 멈춰 섰다. 내 바이크에 붙어있는 우리나라의 번호판이 신기했던지 어디에서 왔느냐고 내게 물어본다. 코리아에서 왔다고 이야기해주니 굉장히 반가워하면서 옷깃을 풀어 가슴팍을 보여준다. 뜬금없이 무슨 짓인가 하며 당황하는 사이, 헤쳐 낸 가슴팍에 선명하게 문신으로 새겨진 익숙한 그림이 보인다. 태극기였다. 세상에, 헐! 우리나라 사람도 태극기를 몸에 새긴 이를 아직 한 명도 못 봤는데 이런 이역만리 타국에서 외국인 몸에 새긴 태극기 문신이라니! 그에게 어째서 태극기가 왼쪽 가슴팍, 심장 위에 있는 거냐며 놀라움과 호기심을 담아 물어보았다. 그가 말하길, 자신의 할아버지가 한국전쟁 참전군이었고, 한국에서 한 쪽 다리를 잃었다고 했다. 그 기억을 잊지 않기 위해 자신의 심장 위에 태극기를 새겼다고 이야기해주었다. 잠시 그런 이야기를 나누는 사이, 무심하게 신호등의 색깔이 바뀌었고, 출발하는 차량들 속에서 더 이상의 이야기는 나누기 못하고 길이 갈려 헤어졌다. 그와 더 많은 이야기를 나누지 못하고, 이름이 무엇인지도 모른 채 사진 한 장 같이 찍지 못하고 엇갈려버린 사실이 두고두고 아쉬웠다.

여행이 끝나고 한국으로 돌아온 어느 날, 이타세 카페의 회원이신 시골쥐님이 올려주신 이스탄불을 여행기 글을 보다가 우연히 낯익은 얼굴, 가슴팍의 태극기 사진을 보았다. 그였다. 컴퓨터 너머의 여행기에서 처음 그의 이름을 알게 되었다. 사도Sado 씨였구나. 내가 이스탄불에서 우연히 만났던 사람을 또 다른 회원이 다시 우연히 만나다니, 참 좁은 세상이다.

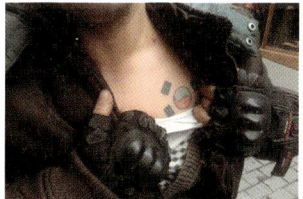

이스탄불 바이커 사도 씨
(사진제공 이타세 시골쥐)

칸카르데쉬, 피를 나눈 형제

파묵칼레에서 카파도키아로 가는 길은 무척 더웠다. 내륙의 터키는 건조했고 강렬한 태양에 금세 목이 말랐다. 한적한 시골길 중간 중간엔 동네 과수원에서 수확 했음직한 과일들을 길가에 내다 놓고 지나는 차량들에게 파는 과일 노점상들이 참 많았다. 한참을 달리다가 몇 번을 멈춰 서서 과일도 사먹고, 더위를 피해 한참을 아저씨들하고 수다도 떨며 쉬엄쉬엄 달렸다.

과일을 먹으며 수다를 떨었던 과일가게 아저씨들. 하얀 셔츠의 아저씨는 당신 아버지가 6.25 한국전 참전했었다고 하며 나를 무척 반가워 해주셨다.

터키 사람들에게 한국에서 왔다고 이야기해주면 터키인들의 반응은 대체로 상당히 친근하다. 이스탄불과 같은 엄청난 관광지에서야 장삿속이나 어떤 의도를 가진 친절함이 주를 이루겠지만, 관광지를 한참 벗어난 보통의 시골마을에서 만나는 평범한 터키인들 역시 우리나라에 대해 상당한 친밀감을 가지고 있다고 느꼈다. 우리의 옛 역사에도 등장하는 돌궐민족이 서쪽으로 이동해서 튀르크 민족이 되었고, 그 때문에 터키인들은 고구려인들의 후손인 우리들을 형제처럼 생각한다는 이야기가 사실인지 아닌지 나는 역사학자가 아니기 때문에 알 수는 없다. 하지만 그렇게 먼 과거의 이야기보다 현재의 터키인들에게 남아있는 한국과 터키와의 유대감의 정체는 주로 한국전쟁의 터키인 참전 군인들로부터 비롯된 것이다. 한국전쟁이 한창이던 1951년 터키는 전체 참전국 중 세 번째로 많은 1만5천명의 군인을 한국에 파병했고, 이중 721명이 전사, 168명이 실종되어 고국으로 돌아가지 못하였다. 시간의 흐름에 밀려 비록 실제 참전용사들은 서서히 역사로 사라져가고 있지만, 그들의 후손들은 여전히 터키의 곳곳에서 한국과의 인연을 기억하고 있었다.

이집트로 건너가는 페리를 타기 위해 항구도시 이스켄데룬으로 달려갔다. 이스켄데룬으로 찾아가는 도로에서 스쿠터를 타고 가던 우밋Umit이라는 친구(바이크 정비공)를 만났다. 이스켄데룬에 관한 아무런 정보도 없이 찾아 가는 터라 이스켄데룬에 싸게 묵을 만한 숙소가 있는지 물어보았다. 나는 그저 혹시 아는 곳이 있는가 싶어 별 뜻 없이 물어보았을 뿐인데, 우밋은 그 후 몇 시간 동안 자기 일도 제쳐둔 채 나를 도와주었다. 여기저기 호텔에 전화해서 물어봐 주고, 몇몇 호텔을 같이 찾아가 통역과 방값 협상까지 함께 해주었다. 과한 도움이 고마워 저녁이라도 대접할 요량으로 식사나 같이 하자 하였더니, 자신의 집으로 초대해주어서 가족들과 함께 거하게 저녁도 대접받고, 친구들과 바닷가로 놀러 나가 맥주도 한잔했다.

지나가다 우연히 만난 나를 위해 하루 종일 분에 넘치는 친절을 베풀어준 우밋. 그의 호의가 모든 바이커는 형제이기 때문인지, 내가 형제의 나라에서 온 피를 나눈 형제이기 때문인지, 아니면 그가 친절한 사람이기 때문인지는 모르겠다. 하지만 확실한 사실은 그의 친절과 터키 사람들의 친근한 미소, 환대가 내 기억 속 터키를 더욱 그리운 나라로 만들어 주었다는 것이다.

'칸카르데쉬', 피를 나눈 형제라는 뜻이다. 형제의 나라 터키라는 말은 많이 들었지만 실제로 와서 겪어 보니 느낌이 남다르다. 터키, 터키 사람들… 형제의 나라라는 말을 처음 들었을 때, 흔한 립 서비스이겠거니 생각했는데, 지금은 그 이상의 무언가가 있다는 것에 동의한다. 어디에서든 터키 사람들에게 더 잘해줘야겠다. 이제 아프리카로 건너간다.

한국에서 다시 만나기로 약속한 우밋. 바이크를 타고 시베리아를 횡단해서 한국으로 찾아오기로 했다. 언젠가 그가 긴 여정을 무사히 달려올 수 있기를 바란다.

🔧 바이크 정비

에스토니아 탈린 BMW Motorrad
N 59° 25.3879′
E 24° 29.9330′

에스토니아 탈린에서 사이드미러 부품을 교체하기 위해서 BMW매장을 찾아갔다. 검색해서 찾아간 매장은 자동차 전문이었고, 바이크는 취급하지 않는다며, 바이크를 취급하는 매장을 가르쳐줘서 다시 또 찾아갔다. 부품 재고를 확인해보니, 다행히 딱 하나 있었다.

사이드미러 부품 / 15.42EUR

독일 베를린 Riller & Schnauck Motorrad
N 52°27.2266′
E 13°18.8683′

베를린에 도착하니 주행거리가 20,000km가 넘었고, 바퀴나 체인상태 등을 보니 아무래도 갈아야 할 때가 된 것 같아 숙소에서 가까운 곳으로 찾아갔다. 이런저런 교체 및 점검을 부탁하니 부품 주문이 일주일 이상 소요된다고 한다. 독일이라서 금방 부품을 구할 수 있을 거라 기대했는데 실망이다. 정비 예약 후 일주일 넘게 베를린에서 시간을 보낸 뒤, 부품이 도착했다는 연락을 받고 매장으로 찾아가 총 점검과 부품 교체를 하였다.

엔진오일, 오일필터, 체인, 대/소 스프로킷, 스파크플러그, 에어필터, 앞뒤 타이어, 앞뒤 브레이크패드 교체,
윈드실드 장착 / 총 1,191EUR

유럽 일주 여행 경비

기간 2012년 5월 14일 ~ 2012년 9월 23일
146박 147일(주행 65일 / 휴식 및 정비 81일)
주행거리 25,400km

- 하루 평균 주행거리 390km
- 하루 평균 주유비 14.3 USD
- 하루 평균 숙박비 24 USD
- 하루 평균 식비 13 USD

❶ 주유비 2,087 USD
❷ 숙박비 3,553 USD
❸ 식비 1904 USD
❹ 바이크 관련 비용 4,169 USD
❺ 기타 2,977 USD

총 여행 경비 14,690 USD

유럽 일주 요약

번호	경로	거리
120514	상트페테르부르크 → 탈린	400km
120515	탈린	
120516	탈린	
120517	탈린 → 헬싱키	
120518	헬싱키	
120519	헬싱키 → 하우키푸다스	730km
120520	하우키푸다스 → 카마넨	560km
120521	카마넨	60km
120522	카마넨 → 노르카프	400km
120523	노르카프 → 센야	660km
120524	센야 → 스탐순	430km
120525	스탐순	100km
120526	스탐순 → 트론헤임	810km
120527	트론헤임	
120528	트론헤임 → 솔본	410km
120529	솔본	60km
120530	솔본 → 베르겐	200km
120531	베르겐	
120601	베르겐 → 오슬로	540km
120602	오슬로	
120603	오슬로	
120604	오슬로 → 스톡홀름	550km
120605	스톡홀름	
120606	스톡홀름	
120607	스톡홀름 → 코펜하겐	700km
120608	코펜하겐	
120609	코펜하겐	100km
120610	코펜하겐 → 함부르크	490km
120611	함부르크	
120612	함부르크	
120613	함부르크 → 베를린	335km
120614	베를린	
120615	베를린	
120616	베를린	
120617	베를린	20km
120618	베를린	
120619	베를린 → 함부르크	360km
120620	함부르크 → 베를린	360km
120621	베를린	20km
120622	베를린 → 프라하	460km
120623	프라하	
120624	프라하	
120625	프라하	50km
120626	프라하 → 빈	300km
120627	빈	
120628	빈	40km
120629	빈 → 잘츠부르크	360km
120630	잘츠부르크 → 펠트키르히	320km
120701	펠트키르히	40km
120702	펠트키르히	
120703	펠트키르히 → 루체른	160km
120704	루체른 → 인터라켄	110km
120705	인터라켄 → 밀라노	325km
120706	밀라노	
120707	밀라노	
120708	밀라노 → 제노바	160km
120709	제노바	20km
120710	제노바 → 마르세유	430km
120711	마르세유 → 렌틸리	350km
120712	렌틸리	
120713	렌틸리 → 레 비우	270km
120714	레 비우	60km
120715	레 비우 → 슈베닝겐	360km
120716	슈베닝겐	40km
120717	슈베닝겐 → 파리	600km
120718	파리	45km
120719	파리	
120720	파리	

120721	파리	50km		120823	리스본 → 알헤시라스	740km
120722	파리			120824	알헤시라스 → 알리칸테	620km
120723	파리			120825	알리칸테 → 바르셀로나	560km
120724	파리			120826	바르셀로나 → 로마	70km
120725	파리			120827	로마	
120726	파리 → 런던	430km		120828	로마	
120727	런던			120829	로마	40km
120728	런던			120830	로마 → 폼페이	270km
120729	런던 → 맨체스터	350km		120831	폼페이 → 브린디시	390km
120730	맨체스터			120901	브린디시 → 아테네	230km
120731	맨체스터 → 글래스고	370km		120902	아테네	
120801	글래스고 → 트루소	520km		120903	아테네	20km
120802	트루소 → 글래스고	580km		120904	아테네 → 테살로니키	510km
120803	글래스고 → 벨파스트	140km		120905	테살로니키 → 이스탄불	600km
120804	벨파스트			120906	이스탄불	
120805	벨파스트 → 슬리고	400km		120907	이스탄불	
120806	슬리고 → 더블린	200km		120908	이스탄불	
120807	더블린			120909	이스탄불 → 앙카라	480km
120808	더블린 → 리버풀	15km		120910	앙카라	
120809	리버풀			120911	앙카라	50km
120810	리버풀 → 베투스	210km		120912	앙카라	
120811	베투스 → 도버	480km		120913	앙카라 → 파묵칼레	495km
120812	도버 → 파리	300km		120914	파묵칼레	
120813	파리	60km		120915	파묵칼레 → 괴레메	685km
120814	파리 → 브라이브	530km		120916	괴레메	
120815	브라이브 → 바르셀로나	560km		120917	괴레메	50km
120816	바르셀로나			120918	괴레메	
120817	바르셀로나			120919	괴레메	70km
120818	바르셀로나 → 마드리드	620km		120920	괴레메 → 이스켄데룬	470km
120819	마드리드			120921	이스켄데룬	
120820	마드리드 → 리스본	650km		120922	이스켄데룬	
120821	리스본	100km		120923	이스켄데룬 → 포트사이드	
120822	리스본					

 **유럽 숙소**

에스토니아 Estonia
1EUR = 1.37USD

탈린 Tallinn

Monk's Bunk Hostel
N 59°25.9412'
E 24°44.7921'
10EUR

8인실 도미토리. 비수기에 널찍한 방에서 혼자 쾌적하게 묵음. 착한 가격에 시설 훌륭하고 깨끗함. 친절. 무료 Wi-Fi. 취사 가능. 건물 옆 주차장에 디스크락, 커버 씌워서 무료 주차. 너무 복잡한 올드타운 한가운데를 살짝 벗어나 조용한 분위기의 동네에 위치. 하지만 탈린 자체가 그리 크지 않아서 걸어서 구경 다니기 좋음. 강력 추천!

핀란드 Finland

헬싱키 Helsinki

Stadion Hostel
N 60°11.2355'
E 24°55.6457'
20EUR

헬싱키 올림픽 때의 메인 스타디움을 개조해서 만든 큰 규모의 호스텔. 6인실 도미토리 룸. 비교적 청결. 커다란 규모의 유스호스텔 분위기. 무료 Wi-Fi. 주차장 한 편에 창고로 이용하는 펜스 안쪽에 안전하게 무료 주차.

하우키푸다스 Haukipudas

Virpiniemi Hiking Hostel
N 65°8.0525'
E 25°15.2246'
23EUR

시설 훌륭하고 깨끗함. 무료 Wi-Fi. 샤워장에서 핀란드 식 사우나가능. 비수기라 사람이 없어서 도미토리 룸에 혼자 묵음. 한적한 리조트, 캠핑장 분위기의 해안가 호스텔. 쉬어가기 좋은 곳. 추천.

카마넨 Kaamanen

Kaamanen Jokitorma
N 69°5.6596'
E 27°11.3871'
20EUR

노르웨이 북쪽 끝을 향해 달리던 중간에 쉬어간 곳. 한적한 시골 산길을 따라 달리다가 나오는 산장분위기의 호스텔. 캠핑 가능. 군인이었는지 선장이었는지 은퇴하신 나이 지긋하신 노부부가 운영하는 편안한 펜션 분위기. 시설 훌륭하고 깨끗함. 친절. 꽤 훌륭한 아침식사 포함. 무료 Wi-Fi. 손님이 아무도 없어서 도미토리 룸 혼자 편하게 묵음. 여기에서부터 백야가 시작되었음. 오로라 한번 보러 거기까지 간 건데, 밤에도 대낮같이 환해서 오로라 따윈 보이지 않았음. 추천.

노르웨이 Norway
1NOK 노르웨이크로네 = 0.17USD

노르카프 Nordkapp

Nordkapp Vandrerhjem
N 70°59.8282'
E 25°57.6607'
297NOK

노르카프 올라가는 바로 직전 마을에 있는 큰 규모의 호스텔. 4인실 도미토리 룸. 무료 Wi-Fi. 취사 가능. 깨끗하고 친절. 시설 훌륭함. 건물 앞 넓은 주차장에 주차. 추천. 마을에 작은 규모의 숙소들 많아서 묵을 곳 찾기는 어렵지 않음.

센야 Senja

Vandererhjen Skoghus
N 69°16.3433'
E 17°56.1259'
410NOK

노르카프에서 해안을 따라서 남쪽으로 내려가다가 하루 묵어간 곳. 손님이 없어서 도미토리 룸 혼자 묵음. 나무로 지은 산장 분위기의 멋스러운 건물. 시설 깨끗하고 훌륭함. 취사 가능. 다 좋은데 비싼 가격이 문제.

스탐순 Stamsund

Stamsund Lofoten Hostel
N 68°7.8125'
E 13°51.1281'
160NOK

좋다는 추천을 듣고 남쪽으로 내려가다가 며칠 묵어간 곳. 최고의 풍경들, 환상적인 해안선, 섬들, 피오르, 빙하침식 지형이 이어지는 완벽한 라이딩 코스. 노르웨이 모든 곳들이 아름답지 않은 곳이 없지만, 그 중에서도 단연 최고였던 라이딩 코스. 다리로 이어진 섬들 중 한 곳에 위치한 작고 허름해 보이지만 따뜻한 어촌 인심과 재미있는 사람들이 있는 호스텔. 작은 어촌 마을의 어부가 살던 집을 개조해서 운영하는 곳이라 노르웨이의 한적한 어촌 마을 분위기를 물씬 느낄 수 있음. 착한 가격, 친절하고 정감 있는 사람들. 무료 Wi-Fi. 마당 안쪽에 무료 주차. 취사 가능. 강력 추천!!!

트론헤임 Trondheim

Trondheim Vandrerhjem AS
N 63°26.0306′
E 10°25.4726′
245NOK

중북부에 위치한 노르웨이 3번째로 큰 도시. 검색해서 찾아간 남쪽으로 가던 중 묵어간 곳. 유스호스텔 분위기의 커다란 규모의 호스텔. 취사가능, 무료 Wi-Fi. 도시자체가 그리 큰 규모가 아니라서 걸어서 구경 다니기 좋음. 4인실 도미토리 룸. 깨끗. 시설 훌륭. 수학여행이라도 온 듯한 큰 버스의 학생 단체도 많이 묵는 곳이라서 떠들썩한 분위기. 조용히 쉴 분위기는 아님. 훌륭한 아침 식사 포함. 마당 주차장 한쪽에 자동차들과 함께 주차. 추천.

솔본 Solvorn

Eplet Bed & Apple
N 61°18.1101′
E 7°14.6810′
200NOK

좋다는 추천을 듣고 검색해서 찾아간 곳. 호숫가 한적한 작은 마을의 사과농장에서 운영하는 호스텔. 캠핑가능. 도미토리 룸. 무료 Wi-Fi. 사과 농장체험 가능. 산악자전거 무료 대여. 자전거 트래킹도 좋고, 주변의 작은 산길들을 따라 걷는 트래킹 코스도 좋음. 마음이 편안해지는 작은 시골마을의 풍경들도 너무나 아름답고, 잘 꾸며놓고 정성껏 관리하는 농장과 숙소의 분위기도 너무 마음에 들어서 예정보다 길게 머물면서 푹 쉬었던 곳. 마당 한 쪽에 주차. 강력 추천!!

베르겐 Bergen

YMCA Hostel
N 60°23.6552′
E 5°19.6326′
190NOK

노르웨이 중서부 해안가 노르웨이의 두 번째로 큰 아름다운 도시. 검색해서 찾아간 곳. 대규모 30인실 도미토리. 취사 가능. 많은 백패커들이 묵어가는 저렴한 숙소. 무료 Wi-Fi. 주차장이 따로 없어서 숙소 앞 공터 길가 옆 한쪽에 디스크락, 커버 씌워서 주차. 베르겐이 그리 크지 않은 도시기도 하지만, 시내 중심에 위치해서 걸어서 구경 다니기 좋음.

오슬로 Oslo

Hostel Apartments
N 59°54.8136′
E 10°46.6456′
300NOK

검색해서 찾아간 곳. 호스텔보단 호텔에 더 가까움. 더 싼 도미토리 룸은 빈자리가 없어, 좀 더 비싼 침대 3개 도미토리 룸에 묵음. 아침 포함. 깨끗하고 훌륭한 시설, 다 좋은 데 비싼데다, 유료 Wi-Fi라서 하루 묵고 다른 곳으로 옮김. 시내 중심가에 위치해서 걸어서 구경 다니기는 좋음.

Youth Hostel Haraldsheim
N 59°56.4503′
E 10°47.3228′
265NOK

시내에서 좀 외곽의 주택가에 위치한 큰 규모의 호스텔. 걸어서 구경 다니긴 좀 불편. 도미토리 룸. 깨끗. 친절. 훌륭한 시설. 무료 Wi-Fi. 마당 안 주차장에 자동차들과 함께 주차. 추천.

스웨덴 Sweden

1SEK 스웨덴크로나
= 0.15USD

스톡홀름 Stockholm

Chapman & Skeppsholmen
N 59°19.5174′
E 18°4.8563′
215SEK

아름다운 해안가에 위치한 꽤 큰 규모의 호스텔. 도미토리 룸. 훌륭한 시설. 아침 포함. 무료 Wi-Fi. 친절. 시내 중심에 가까워서 걸어서 구경 다니기 좋음. 바로 앞에 정박해 있는 배의 선실에서 묵을 수도 있음. 가장 좋았던 건, 밤에 보는 훌륭한 야경. 건물 앞 주차장에 주차. 강력 추천!

덴마크 Denmark

1DKK 덴마크크로네
= 0.18USD

코펜하겐 Copenhagen

Generator Hostel
N 55°40.9849′
E 12°34.9615′
249DKK

유럽 주요 도시들에 지점을 갖춘 꽤 큰 규모의 체인형 기업호스텔. 도미토리 룸. 훌륭한 시설. 깨끗. 잘 관리되고 정리된 대규모의 이런 기업형 호스텔이 편하기는 하지만, 나는 작은 규모의 정감 있는 호스텔이 더 좋음. 식당 겸 바도 있어서 저녁 내내 떠들썩한 분위기. 주차장은 따로 없어서 건물 앞 길가 한쪽에 디스크락 걸고 주차.

독일 Germany

함부르크 Hamburg

MEININGER Hamburg City Center Hostel
N 53°33.2589′
E 9°56.2934′
12EUR, 20EUR

역시 유럽 주요 도시들에 지점을 갖춘 꽤 큰 규모의 체인형 기업호스텔. 도미토리 룸. 훌륭한 시설. 깨끗. 친절. 무료 Wi-Fi. 시내 중심에선 좀 떨어진 주택가 근처에 위치. 예약 없이 가서 첫날 싼 방에 묵었다가 다음날은 빈자리가 없어 좀 좋은 방으로 옮김. 건물 앞 길가로 나있는 주차장에 자동차들 옆 한구석에 주차.

베를린 Berlin

Heart of Gold Hostel
N 52°31.4673′
E 13°23.5077′
20EUR, 15EUR

바이크 정비 때문에 꽤 오래 머물렀던 곳. 4인실, 6인실 도미토리 룸. 그럭저럭 깨끗함. 무료 Wi-Fi. 일층에 바도 겸하고 있어서 종일 떠들썩한 분위기. 주차장은 따로 없어서 건물 앞 길가에 디스크락 걸어 주차.

슈베닝겐 Schwenningen

Christopher's Home
N 48°3.7###′
E 8°32.6###′

투라텍에 주문해 놓았던 패니어 시스템 때문에 투라텍 본사 매장에 찾아가던 중, 길에서 만난 크리스토프가 초대해 주어서 크리스토프 집에서 이틀 신세 짐. 이것저것 많이 도와주었던 크리스토프. 맛있는 거 많이 만들어주었던 크리스토프 아내 맨디, 아프리카로 간다 하니 눈물까지 흘리시며 걱정해 주셨던 크리스토프 어머니. 보고 싶네…

체코 Czech

프라하 Praha

행복한 프라하 한인민박
N 50°4.6462′
E 14°25.5023′
20EUR

민박다나와에서 검색해서 찾아갔던 곳. 호스텔로 갈까 하다가 유럽 내 다른 도시들에 비해 착한 가격에다가 아침저녁 제공이니 호스텔에 묵는 것과 그다지 비용이 차이 나지도 않고, 제대로 된 한식이 너무 먹고 싶어서 여행 출발 후 처음으로 한인민박에 며칠 묵음. 정감 있고 친절한 사장님. 실장님. 무료 Wi-Fi. 깨끗함. 너무 복잡한 시내 중심에선 살짝 떨어진 걸어서 구경 다니기 좋은 위치. 건물 안 작은 마당에 안전하게 주차. 역시 우리말로 편하게 대화하니 오랜만에 산 것 같았음. 추천.

오스트리아 Austria

빈 Wien

Brigittenau Hostel
N 48°14.6697′
E 16°22.7368′
18EUR

수학여행 온 듯한 학생단체들도 많이 묵는 유스호스텔 분위기의 커다란 규모의 호스텔. 4인실 도미토리 룸. 손님이 없어 혼자 사용. 깨끗. 친절. 잘 관리된 훌륭한 시설. 건물 앞 길가 공용주차장 한 편에 자동차들 옆에 주차. 시내 중심에선 꽤 떨어진 위치라 시내 구경 가려면 트램이나 바이크를 타고 가야 하는 게 유일한 단점. 환상적인 아침식사 포함. 무료 Wi-Fi. 강력 추천!

잘츠부르크 Salzburg

Etop Hotel
N 47°47.6508′
E 12°59.1542′
52EUR

잘츠부르크에 묵을 곳을 몇 군데 검색해서 갔었으나, 비수기라서 문을 닫았거나, 위치정보가 잘못 되었는지 찾아간 곳에서 찾을 수가 없고.. 해서 시내를 이리저리 돌아다니며 묵을 곳을 찾아 한참을 헤매 다님. 전반적으로 잘츠부르크가 비싸서 저렴한 곳은 찾지 못하고, 묻고 물어서 그나마 저렴하다고 해서 찾아가 묵음. 화장실, 샤워실 달린 더블룸 혼자 사용. 시설 훌륭하고 깨끗함. 무료 Wi-Fi. 다 좋은데 가격이 무제… 건물 주차장 이용

펠트키르히 Feldkirch

Feldkirch-Levis Hostel
N 47°14.9936′
E 9°36.7662′
13.5EUR

오스트리아에서 리히텐슈타인-스위스로 넘어가는 국경 근처에 있는 작고 아름다운 시골마을. 작은 산장분위기의 지은 지 2,3백년쯤 된 클래식한 분위기의 건물. 오래된 건물이라 그다지 훌륭한 시설은 아니지만 이정도 착한 가격에다가 아름다운 잔디밭 정원에 앉아서 예스러운 분위기, 시골의 정취를 느끼며 마음 편히 한가하게 쉬어가기 좋은 곳. 10인실 도미토리 룸. 방안은 비좁

스위스 Switzerland

루체른 Lucerne
쌍둥이 한인민박
N 47°2.4611′
E 8°19.2775′
30EUR

스위스 물가가 전반적으로 너무 비싸서 그나마 저렴한데다 한인민박이라 해서 찾아감. 도미토리. 보통의 한인민박보다는 호스텔 분위기. 식사 제공 없음. 깨끗하고 그럭저럭 괜찮은 시설. 무료 Wi-Fi. 맘에 안 드는 가격. 건물 앞 길가에 주차.

인터라켄 Interlaken
Balmers Herberge
N 46°40.8606′
E 7°51.8360′
24EUR

융프라우를 올라가기 위해 찾아가서 묵었던 곳. 물가 비싼 스위스에선 그나마 저렴한 가격. 10인실 도미토리. 너무 좁아서 답답했음. 무료 Wi-Fi. 그럭저럭 하루 묵어갈 만은 함. 바에선 저녁 내내 술 먹고 떠드는 소리로 시끌벅적. 조용히 쉬어갈 분위기는 아님. 마당 안쪽에 주차.

레 비우 Les Bioux
Van Beek's Home
N 46°37.9###′
E 6°17.5###′

제네바 근처의 한가롭고 아름다운 작은 마을. 프랑스 리옹에서 신세 졌던 사무엘, 니리수 가족과 함께 니리수 부모님의 결혼 50주년 기념 파티에 참석하러 찾아간 니리수 부모님 집. 외국 관광객들은 거의 오지 않는 아름답고 환상적인 전형적인 스위스의 작은 시골마을. 좋은 사람들과 흥겹고 행복했던 50주년 기념 파티. 다시 보고 싶네…

이탈리아 Italy

밀라노 Milano
Pietro Rotta Hostel
N 45°29.0271′
E 9°8.4397′
21EUR

스위스에서 알프스를 넘어가 오후 늦게 밀라노에 도착해 찾아간 곳. 시내 중심에선 좀 떨어진 외곽에 위치한 큰 규모의 호스텔. 도미토리 룸. 무료 Wi-Fi. 간단한 아침식사 포함. 깨끗함. 마당 안 주차장에 주차.

제노바 Genova
YHA Ostello per la Gioventu Genoa
N 44°25.6805′
E 8°55.7614′
17EUR

제노바가 한눈에 내려다보이는 전망 좋은 산자락 언덕 위에 위치. 6인실 도미토리. 괜찮은 시설. 깨끗하고 친절. 무료 Wi-Fi. 착한 가격에 좋은 전망. 타는 듯이 쨍한 지중해 햇살에 지쳤을 때, 시원한 그늘에 앉아서 제노바의 전망과 함께 선선히 불러오는 바람을 맞으며 며칠 묵 쉬었던 곳. 강력 추천!!

로마 Roma
Angel Aurelia 한인민박
N 41°53.8718′
E 12°25.8362′
25EUR

아침저녁 제공임에도 착한 가격에 한식이 먹고 싶어서 며칠 묵었던 곳. 무료 Wi-Fi. 깨끗하고 정갈한 시설. 정감 있게 이것저것 챙겨주신 친절하신 이모님. 시내 중심에선 좀 벗어난 주택가에 위치. 버스 타고 시내 다니기 그리 나쁘지 않음. 무엇보다 해주셨던 음식들이 너무 좋았음. 편하게 푹 쉬어갔던 곳. 강력 추천!

폼페이 Pompei
Easy Bed Hostel
N 40°45.1319′
E 14°28.6197′
15EUR

폼페이 유적 입구 바로 앞에 있는 작은 리조트 같은 호스텔. 작은 풀장도 있고, 뜨거운 햇살에 지쳤을 때, 나무 그늘에 누워 쉬기 좋은 한적한 분위기. 도미토리. 무료 Wi-Fi. 친절. 마당 안 주차장에 주차. 식당에서 상당히 훌륭한 정통 이탈리안 식사 가능. 추천.

프랑스 France

마르세유 Marseille
London Connection Hostel
N 43°18.1308′
E 5°23.1400′
25EUR

토요일이어서 검색 후 예약해서 찾아간 곳. 마르세유 숙소 물가도 상당히 비싼 편이어서 그나마 제일 싼 곳으로 찾아감. 너무 비좁은 방에 너무 많은 침대. 도미토리 룸. 3층 침대는 처음 보았음. 가격도 비싼데다 좁고, 유료 Wi-Fi. 깨끗하지도 않음. 주차장도 없어서 길가 주차. Worst Hostel.

렌틸리 / 리옹 Lyon / Lentilly
Samuel's Home
N 45°49.3###′
E 4°39.5###′
이르쿠츠크에서 만났던 사무엘 가족이 프랑스에 오게 되면 들렸다 가라고 초대해줘서 찾아간 사무엘, 니리수 가족의 집. 리옹근처의 아름다운 작은 프랑스의 시골마을. 편안한 풍경, 좋은 사람들… 다시 볼 수 있기를…

파리 Paris
Grand Hotel Leveque
N 48°51.4465′
E 2°18.3764′
56EUR
오랜 라이딩 후에 해지고 나서 늦게 파리에 도착. 호텔들은 너무 많지만, 저렴한 호스텔이나 게스트하우스들은 찾을 수가 없어서 그나마 저렴한 곳에서 하루 묵음. 싱글룸. 훌륭한 시설. 무료 Wi-Fi. 깨끗하고 친절. 건물 앞에 **주차**. 기억 빼곤 다 좋았음.

마메종 한인민박
N 48°55.1314′
E 2°13.5615′
18EUR
민박다나와에서 검색. 물가 비싼 파리에서 한식 아침 제공에 이정도 가격이면 괜찮겠다 싶어 찾아간 곳. 파리 시내에선 한참 떨어진 주택가에 있어 시내로 가려면 바이크를 타거나 버스, 지하철을 타고 가야 함. 일반 가정집 2층에 깨끗한 도미토리. 친절한 사장님. 무료 Wi-Fi.

브라이브 Brive
Brive Hostel
N 45°9.6642′
E 1°32.4285′
15EUR
파리를 떠나 스페인 바르셀로나로 향하던 길에 중간에 하루 묵어간 곳. 손님이 없어 2인실 방을 혼자 사용. 깨끗하고 친절. 무료 Wi-Fi. 아침식사 포함. 마당 안 주차장에 주차. 추천.

영국 & 아일랜드
UK & Ireland
1GBP 영국파운드 = 1.7USD

런던 London
St. Christopher's Hammersmith
N 51°29.5950′
W 0°13.4710′
14GBP
시내 중심에선 좀 떨어진 외곽지역에 위치. 6인실 도미토리. 일층 바에선 밤늦게까지 시끌벅적. 조용히 쉴 분위기는 아님. 무료 Wi-Fi. 그럭저럭 지낼 만. 따로 주차장이 없어서 한 블록 정도 떨어진 공용 주차장에 이동해서 주차.

맨체스터 Manchester
Aston House Hostel
N 53°29.3211′
W 2°14.3158′
14GBP
좀 삭막한 분위기의 외곽지역에 위치. 20인실 도미토리. 주차장 따로 없어서 건물 앞 길가에 주차. 좀 불안.

글래스고 Glasgow
EUR Hostel Glasgow
N 55°51.3920′
W 4°15.4341′
16GBP
시내 중심가 강변에 위치한 큰 규모의 호스텔. 도미토리. 그럭저럭 깨끗함. 무료 Wi-Fi. 주차장이 따로 없어 바로 옆 대로변 바이크 주차장에 주차했는데, 사람 많은 큰길가인지라 다소 불안.

트루소 Thruso
Sandra's Backpackers Hostel
N 58°35.6448′
W 3°31.3303′
16GBP
스코틀랜드 북쪽 끝까지 갔다가 하루 묵어간 곳. 그리 크지 않은 한적한 마을 작은 호스텔. 4인실 도미토리. 비교적 깨끗하고 친절. 무료 Wi-Fi. 담장 안 마당 안쪽에 들여놓아 안전하게 주차.

벨파스트 Belfast
City Backpacker
N 54°34.8430′
W 5°56.5435′
14GBP
시내 중심에서 좀 떨어진 외곽 주택가에 위치. 걸어서 구경 다니기 그리 나쁘진 않음.
8인실의 깨끗한 도미토리. 친절. 무료 Wi-Fi. 건물 앞에 디스크락 걸고 주차.

슬리고 Sligo
Gyreum
N 54°6.2052′
W 8°20.1349′
15EUR
더블린으로 가던 중에 하루 묵어간 곳. 큰 길에서도 한참 들어간 시골의 마을의 산중턱쯤 언덕배기에 위치. Eco House라서 호스텔보다는 산장에 가깝고, 분위기도 상당히 특이하고 신선한 곳. 정갈한 분위기와는 거리가 멀고, 인도를 헤매면서 요가수련이라도 하는 자유로운 영혼의 사람들이 와서 묵으면 좋아할만한 분위기. 널찍한 앞마당에 주차. 신기하고 재미있는 곳을 찾는다면 추천.

더블린 Dublin
Abigail's Hostel
N 53°20.7760′
W 6°15.6733′
12EUR
시내 중심가 걸어서 구경 다니기 좋은 곳에 위치한 큰 규모의 호스텔. 6인실 도미토리. 저렴한 가격에 백패커들 북적대는 곳. 주차장 따로 없어서 근처 길가에 디스크락 걸고 주차.

리버풀 Liverpool
YHA
N 53°23.8740′
W 2°59.1464′
13GBP
시내에서 살짝 외곽에 위치했지만 걸어 다니기 나쁘지 않음. 복잡하지 않고 널찍하고 한적해서 좋았음. 6인실 도미토리. 깨끗하고 친절. 무료 Wi-Fi. 담장 안 마당 안 주차장에 안전하게 주차. 추천.

베투스 Bettws
Betws Eco Lodge
N 51°34.1780′
W 3°35.4075′
20GBP
카디프 근처의 작은 시골 마을에 새로 지은 깨끗한 오두막. 높은 곳에 위치한 마을이라 전망 좋음. 훌륭한 시설. 친절. 깨끗함. 무료 Wi-Fi. 취사 가능. 도미토리. 손님이 없어 혼자 묵음. 가격만 빼면 아주 맘에 들었던 곳. 마당 안쪽에 안전하게 주차. 추천.

도버 Dover
Dover Backpackers
N 51°7.5254′
E 1°18.9524′
15GBP
오래되어 작고 허름한 호스텔. 프랑스로 건너가는 페리를 타기 위해 하루 묵어간 곳. 도미토리. 좁고 그리 깨끗하지 않음. 무료 Wi-Fi. 일층 바에서 간단한 음식, 맥주 등 가능. 건물 앞 길가에 주차.

스페인 Spain

바르셀로나 Barcelona
Alberg Barcelona Pere Terres
N 41°23.2982′
E 2°8.0068′
18EUR
볼거리들 모여 있는 곳에선 좀 떨어진 곳에 위치한 큰 규모의 호스텔. 6인실 도미토리. 무료 Wi-Fi. 깨끗하고 친절. 훌륭한 시설. 백패커들 많이 찾는 떠들썩한 분위기. 지하 주차장에 안전하게 주차. 추천.

마드리드 Madrid
Mad Hostel
N 40°24.7078′
W 3°42.1401′
17EUR
시내 중심가. 걸어서 구경 다니기 좋은 골목길에 위치한 작은 규모의 호스텔. 도미토리. 무료 Wi-Fi. 그럭저럭 지낼 만 함. 주차장이 따로 없어 근처 길가 한 쪽에 디스크락 걸고 주차.

알헤시라스 Algeciras
Albergue Inturjoven Sur de EURpa
N 36°4.5783′
W 5°30.6684′
21EUR
리스본에서 지중해안을 따라서 동쪽으로 진행하다가 하루 쉬어간 곳. 마을에서 한참 떨어진 외곽에 위치한 지중해안가의 전망이 아름다운 리조트. 화장실, 샤워실 있는 더블룸 혼자 사용. 깨끗하고 친절. 유료 Wi-Fi라고 했는데 무료 Wi-Fi 신호가 잡혀 그냥 썼음. 풀장에서 수영도하고 한적한 지중해 풍광을 즐기면서 며칠 푹 쉬었다 가기 좋은 분위기. 담장 안 널찍한 주차장에 안전하게 주차. 추천.

알리칸테 Alicante
Old Center Hostel
N 38°20.6880′
W 0°28.8481′
18EUR
스페인 남부 지중해안가의 큰 도시. 관광객들 많이 찾는 휴양지라 떠들썩한 관광지 분위기의 중심가에 위치. 지중해안 따라서 이동하다가 하루 쉬어간 곳. 에어컨도 없고 바람도 잘 안 통해서 더위에 잠들기 힘들었던 곳. 무료 Wi-Fi. 친절. 간단한 취사 가능. 숙소 앞 공용주차장에 주차.

포르투갈 Portugal

리스본 Lisbon
Old Town Hostel
N 38°42.5359′
W 9°8.6673′
16EUR
리스본 자체가 위아래 굴곡이 많은 동네라서 오르락내리락 걸어 다니기 좀 불편한 경사진 언덕배기에 위치. 걸어서 구경 다니기 좋은 중심가. 8인실 도미토리. 널찍하고 바람도 잘 통해서 더운 날임에도 묵기 좋았음. 도착해보니 호스텔 매니저가 훈민정음 티셔츠를 입고 있는데다 우리나라 신랑각시 인형도 보이고 해서 무척 반가웠던 곳. 한국인 친구가 주었다고. 친절. 무료 Wi-Fi. 비교적 깨끗. 추천. 문 앞에 디스크락 걸고 주차. 추천.

그리스 Greece

아테네 Athens

Pellagra Inn
N 37°58.6299'
E 23°43.4248'
15EUR

아크로폴리스가 창문 밖으로 보이는 시내 중심가에 위치. 걸어서 구경 다니기 좋은 곳. 복잡. 한적하진 않음. 4인실 도미토리. 무료 Wi-Fi. 친절. 저렴한 가격에 백패커들 많이 묵어가는 곳. 건물 문 앞 길가에 디스크락 걸고 주차.

테살로니키 Thessaloniki

Studios Arabas Hostel
N 40°38.6557'
E 22°56.6874'
12EUR

아테네에서 터키로 넘어가는 중간에 하루 묵어간 곳. 테살로니키도 그리스 제2의 도시라 볼거리도 많은 큰 도시였는데, 그냥 잠만 자고 바로 떠나서 좀 아쉬웠던 곳. 언덕 위 올라가는 경사진 길 중간에 위치해서 올라가기 좀 힘들었음. 도미토리. 무료 Wi-Fi. 그리 깨끗하진 않음. 한 방에 미국에서 온 여자애들과 같이 묵었는데, 이 친구들이 밤에 술 먹고 들어와서 홀딱 벗고 자는 바람에 잠들기 힘들었음. 숙소 문 앞에 다른 바이크들과 함께 주차.

터키 Turkey
1TRY 터키리라 = 0.48USD

이스탄불 Istanbul

Orient Hostel
N 41°0.3623'
E 28°58.8606'
10EUR

안 그래도 복잡하고 꽉 막히고 오르막 내리막길 종횡 하는 이스탄불 거리를 밤중에 헤매고 다니느라 찾아가기 힘들었던 곳. 우리의 인사동 골목쯤 될법한 관광객들 몰려드는 복잡한 중심가에 위치. 걸어서 구경 다니기는 좋지만 한적하게 지내기는 좋지 않음. 30인실 도미토리. 저렴한 가격에 백패커들 많이 묵어가는 곳. 항상 북적북적. 깨끗하진 않음. 무료 Wi-Fi. 꽤 괜찮은 아침 포함. 옥상 테라스에서 보이는 전망도 꽤 좋음. CCTV 달린 건물 뒤편 골목 길가에 주차.

앙카라 Ankara

Deeps Hostel
N 39°55.3020'
E 32°51.6326'
15EUR

개업한지 얼마 안 되었는지 상당히 깨끗하고 지내기 편했던 곳. 4인실 도미토리. 친절. 무료 Wi-Fi. 꽤 괜찮은 시설. 취사 가능. 4층짜리 단독주택 호스텔. 담장 안 좁은 마당 안쪽에 주차. 추천.

파묵칼레 Pamukkale

Ozbay Hotel
N 37°54.9955'
E 29°7.3097'
20TRY

싼 가격에 적당히 묵어갈 만한 곳. 6인실 도미토리. 무료 Wi-Fi. 숙소 앞마당 주차장에 주차.

괴레메 Goreme

Nomad Cave Hotel
N 38°38.4436'
E 34°49.7143'
10EUR

워낙 호텔, 호스텔이 넘쳐나서 묵을 곳을 고르기 힘들 정도. 괴레메에 왔으니 동굴 숙소에도 한번 묵어보고 싶어서 찾아갔던 곳. 12인실 도미토리. 아침 포함. 무료 Wi-Fi. 친절. 그럭저럭 깨끗함. 동굴 속에 만든 방이라서 한낮에도 서늘해서 시원하게 있었던 곳. 호텔 앞 마당에 디스크락 걸고 주차. 추천.

이스켄데룬 Iskenderun

Altindisler Hotel
N 36°35.3886'
E 36°10.2429'
50TRY

화장실, 샤워실 있는 더블룸 혼자 사용. 깨끗하고 친절. 무료 Wi-Fi. 간단한 아침 식사 포함. 가격 대비 괜찮은 수준의 숙소. 추천. 시내 중심가에 위치해 여기저기 다니기 좋음. 바로 근처 공용 주차장에 주차비 5TRY에 안전하게 주차.

아프리카 종단

Africa

케냐 북부의 이시올로 가는 길.
3년 전만 해도 모래와 자갈이 뒹굴어 우기가 되면 폭우에 끊어지기
일쑤였던 이곳이 어느새 절반 가까이 깔끔한 아스팔트로 포장되어 있었다.
하지만 현대화의 물결이 휩쓸아치는 중에도 소와 양을 치는
마사이족 목동들은 여전히 전통의상을 입고 옆구리에 칼을 찬 채
흙탕물을 마시며 황야에 살고 있었다.
폐타이어 조각을 잘라 만든 그들의 신발이 인상적이었다.

아프리카 종단 루트

포트사이드 → 요하네스버그 17,300km

- 포트사이드 → 카이로 210km
- 카이로 → 하르툼 2,430km
- 하르툼 → 아디스아바바 1,510km
- 아디스아바바 → 나이로비 1,580km
- 나이로비 → 블랜타이어 3,035km
- 블랜타이어 → 마푸토 1,980km
- 마푸토 → 케이프타운 2,650km
- 케이프타운 → 요하네스버그 2,385km

포르투갈의 로카곶에 도착하고 로카곶 너머의 대서양을 바라보며 저물어가는 태양을 한참 동안 멍하니 바라보았다. 유라시아의 동쪽 끝에서 출발하여 서쪽의 끝까지 달려와 대서양이 가로막아 더는 서쪽으로 달릴 수 없었다. 도망가는 태양을 더는 쫓아갈 수 없었다. 유럽까지의 여정을 마무리하고 이곳에서 여행을 끝내기엔 아쉬움이 컸다. 게다가 대서양은 너무나 넓지만 지중해는 건너갈 수 있을 만큼 가까웠다. 그래서 유럽을 떠나 남쪽 끝까지 아프리카 대륙을 종단해 달리기로 결정했다.

지브롤터 해협을 건너 모로코, 그리고 모리타니아를 통해 사하라를 종단해 내려갈까도 생각했지만 그 루트로는 지나야 하는 나라가 너무 많았다. 아프리카의 비자문제 등을 고려할 때, 너무 많은 국경을 넘는 것은 그리 좋은 선택이 아니다. 게다가 아프리카 서부 해안 루트에는 나이지리아 등 위험하기로 소문난 나라들도 있고, 내전 중이거나 민족 분규로 정세가 불안정한 나라가 많다. 지브롤터를 건너 사하라를 횡단해 이집트 동부 해안 루트로 내려가는 길도 가능하겠지만, 당시의 리비아는 내전이 끝난 지 얼마 되지 않았을 때였다. 리비아의 독재자였던 카다피가 사망하면서 리비아 내전이 종식되고 여행금지국가에서도 해제되기는 했지만, 내전의 상처가 아직 아물지 않았을 뿐 아니라 내전에 사용되었던 무기들이 리비아 및 주변국가로 확산되어 치안이 불안정했다. 그렇기 때문에 안전을 고려하면서도 유럽 일주를 하면서 들르지 못했던 이탈리아 로마와 그리스, 터키까지 둘러보기 위해 이집트로 들어오는 아프리카 동부 해안 루트로 결정하게 되었다.

에티오피아 고원지대를 넘으며

아프리카 종단 추천 루트

누구나 알고 있듯이 아프리카는 뜨겁다. 7~8월 한여름의 강렬한 태양과 소말리아, 나이지리아 등 치안이 불안한 나라를 피해 종단 계획을 세우도록 하자.

1. 동부 해안 루트

아프리카를 종단하는 많은 이들이 선택하는 코스다. 그럴 수밖에 없는 이유는 이 코스가 가장 종단하기 쉬우며 또 성공 가능성이 높기 때문이다. 아프리카 지도를 펼쳐보면 알겠지만, 아프리카를 종단하는 서쪽 루트와 중앙 루트는 지나야 할 나라가 너무나 많은데다 내전 중이거나 비자 발급이 까다로운 곳도 많다. 그런 점에서 동부 해안 루트는 누구에게나 가장 최선일 것이다.

2. 칼라하리 사막 루트

동부 해안을 따라 이집트에서 탄자니아까지 내려온 뒤에는 두 가지 코스로 진행 방향이 나뉜다. 많은 수의 오버랜더들이 선택하는 칼라하리 사막 루트는 탄자니아에서 말라위, 잠비아, 나미비아까지 횡단해 남아프리카공화국의 케이프타운으로 내려오는 코스다. 동쪽 인도양에서 시작해 서쪽 대서양으로 넘어간 후 다시 남쪽으로 내려오는 방향이다. 사막 루트는 길을 달리기에도 좋지만 비를 맞으며 달릴 걱정이 없다는 점이 장점이다. 아프리카 종단 투어 상품으로도 많이 있어 여행하기에 까다롭지도 않다. 또한 사막 특유의 척박한 풍경이 아프리카의 향기를 물씬 풍기기 때문에 더욱 재미있는 라이딩을 기대할만하다.

3. 동남 해안 루트

말라위 → 모잠비크 → 스와질란드 → 남아프리카공화국(더반 → 포트엘리자베스 → 케이프타운)으로 이어지는 코스다. 인도양에 맞닿은 아프리카 동남 해안을 일주하는 것으로, 사막 루트에 비해 오버랜더들이 많지는 않다. 산지가 이어지는 해안일주 코스라 풍경은 무척 아름답지만 비를 맞으며 달릴 일이 많기 때문이다. 대신 북아프리카에서 햇볕에 쩌죽을 것만 같은 사막이 지겨워졌다면 시원하게 비를 맞으며 달리는 것도 나쁘지 않다.

아프리카의 나라들

이집트 Egypt

어떻게든 한 푼이라도 더 뜯어내겠다는 이집트인들의 집요하고 끈질긴 의지에는 두 손을 들 수밖에 없다. 피라미드와 스핑크스, 수천 년의 세월 속에도 건재하게 자리를 지키고 있는 유물들이 전해준 감동이 없었다면 이집트는 최악의 국가로 기억되었을 것이다.

수단 Sudan

가장 친절한 사람들이 살고 있는 나라를 고르라면 바로 이곳. 여행자를 극진히 대접하는 이슬람 국가답게, 눈이 마주치는 어디에서나 손을 흔들어주고 무엇이든 도움을 주려 하는 이들이 무척 친근하다.

에티오피아 Ethiopia

아프리카 최고의 고원지대기 때문에 상당히 시원하고 대지는 풍요로워 보인다. 에티오피아의 대기근과 같은 재앙은 어쩌면 부정부패와 잘못된 정책, 결국 인간의 탐욕 때문인지 모른다.

케냐 Kenya

이틀에 걸쳐 380km의 온갖 비포장도로를 달린 후에야 만나게 된 아스팔트 포장도로. 비단처럼 매끄러운 도로에 감히 올라서지 못하고 멈추었다. 경건한 마음으로 아스팔트 도로를 매만지고 나서야 감히 도로 위를 달릴 수 있었다.

탄자니아 Tanzania

우리가 상상하는 아프리카는 이곳에 있다. 케냐와 함께 아프리카의 진수를 보여주는 탄자니아에는 수많은 국립공원이 있다. 사자와 기린, 하마가 뛰노는 세렝게티, 아프리카의 최고봉 킬리만자로를 보고 싶다면 탄자니아로!

말라위 Malawi

일상화된 정전, 심각한 물자 부족, 현대화된 세계에서 혼자만 과거에 머물러있는 양, 말라위는 마치 타임머신을 타고 60년대의 우리 시골로 돌아간 듯하다. 피부색이 조금 더 짙을 뿐, 순박한 얼굴들과 편안한 풍경은 마음을 편하게 해준다.

모잠비크 Mozambique

모잠비크 동해안을 남쪽으로 달렸다. 인도양 해안의 황홀한 풍경에 잠시 멈췄다. 길을 지나던 동네 청년들이 내 바이크를 신기해하며 요리조리 살펴본다. 타보고 싶으면 한번 앉아보라 했더니 덥석 올라타고 사진을 찍어 달라한다.

남아프리카공화국 South Africa

지금껏 달려온 아프리카와는 확연히 다르다. 도로는 깨끗하게 관리되고, 푸른 초원과 광활한 대지는 마치 북미대륙의 어딘가를 달리는 느낌.

이집트

터키에서 아프리카 이집트로 가는 경로를 많이 고민했다. 가장 간편한 육로는 시리아-요르단-이스라엘을 거쳐 이집트로 건너가는 방법인데, 실제로도 아프리카를 종단하는 많은 유럽인들이 지나는 길이다. 하지만 비자 발급도 수월해 가장 편함에도 불구하고 한 가지 결정적인 문제가 가로막고 있으니 바로 시리아다. 2011년 8월 이후 시리아는 우리 정부의 여행금지국 목록에 올라있다. 여행금지국은 여권법에 의해서 해당국내 여권 사용이 제한되며, 이를 어길 시에는 법에 의해 처벌받기 때문에 다시 말하면 정상적인 방법으로는 시리아를 통과할 수 없다는 이야기다.

2011년부터 리비아, 이집트, 시리아 등 중동과 북아프리카 지역에 거센 민주화·반독재 운동의 바람이 불었고, 유혈사태로 인해 많은 사상자가 발생했다. 내전 중에는 리비아도 여행금지국이었지만, 카다피의 사망과 함께 내전이 종식되고 리비아 정국이 안정되어감에 따라 현재는 여행금지국에서 제외되었다. 하지만 시리아는 여전히 시위와 내전으로 인한 테러 위협에 노출되어 있다. 이집트로 가는 배에서 시리아 사람들을 만나게 될 때마다 당시의 시리아 상황을 묻곤 했는데, 그때마다 다들 하는 이야기가 '위험하니 지금은 시리아를 가지 않는 것이 좋겠다'는 것이었다. 결국 시리아를 통과할 수 없다면 이라크를 지나거나 이란 → 두바이 → 아랍에미리트연합UAE → 사우디아라비아를 거쳐 갈 수 있겠지만, 그마저도 이라크가 여행금지국에 속해있는데다 사우디아라비아는 관광비자가 존재하지 않기 때문에 불가능하다. 혹시나 하는 마음에 로마, 앙카라 등지에서 사우디아라비아 대사관을 방문해 비자 발급을 문의했지만, 역시나 불가하다는 대답밖에는 들을 수 없었다.

결국 터키에서 배를 타고 지중해를 건너 이집트로 가는 길이 당시로선 거의 유일한 방법이었다. 에이훼리닷컴(www.affery.com)에는 잘 나오지 않지만, 터키에서 이집트로 가는 꽤 많은 해상루트가 있다. 터키의 메르신Mersin과 이스켄데룬 항구에서 주로 출발해 이집트 알렉산드리아Alexandria나 포트사이드에 도착한다.

터키 ➡ 이집트 운항 페리
시사쉬핑 www.sisashipping.com **알코쉬핑** www.alcorshipping.com
메가마르 www.mega-mar.com **mnf키브리스** www.mnfkibris.com

자세한 내용은 각 사이트에서 확인할 수 있다. 위의 업체 외에도 몇 개의 다른 곳들이 있어 모두 문의 메일을 보내고 전화도 해 보았지만 회신이 없거나 선박 수리 때문에 운항이 중단되는 등의 문제들이 있었다. 그래서 가격과 운항 상황을 여러 면에서 비교해본 후에 제일 저렴한 시사쉬핑의 페리를 이용하게 되었다. 바이크 운임과 좌석Pullman Seat 운임을 합해 390달러로 티켓을 구매했다. 배 안에서는 음료수와 하루 세 끼 식사가 제공되니 따로 돈 들일 없이 나름 편했지만 무척 지루하게 지중해를 건너야 했다.

시사쉬핑 페리 이스켄데룬 ➡ 포트사이드
Open 주 2회 운항(수요일, 토요일) **Cost** 모터사이클 편도 230USD, 세금 50USD,
승객 편도(3식 포함) 2인실 캐빈 220USD, 좌석 110USD
E-mail saba.ipek@sisashipping.com, burak.dinc@sisashipping.com

터키에서 이집트로

2012년 9월 21일

예전부터 메일과 전화로 이리저리 확인해둔 시사쉬핑의 사바이펙Saba ipek 양에게 문의해 보았는데, 다른 곳과는 다르게 항구터미널에서 바로 티켓 구매가 불가능하다고 한다. 가르쳐준 은행계좌로 티켓 값을 송금하면, 메일로 E-ticket을 발부해 준다고 하여 은행을 찾아갔다. 겨우 돈 송금하는 건데 뭐가 그리 복잡한지, 이리저리 돌아다니느라 거의 4시간 정도 걸렸다. 은행 직원들이 도와줘서 겨우겨우 송금 완료. 배는 다음날 낮 12시에 출발해 19시간 후에 이집트에 도착할 예정이니 아침 9시까지 항구로 오라고 했었는데, 출발이 좀 연기되었다며 낮 12시까지 항구 터미널로 오면 된다고 했다.

2012년 9월 22일

다음날 아침을 먹고 호텔을 나서서 오전 11시에 항구 B게이트Lima B에 도착했다. 세관 경찰이 세관 사무소Tax Office에서 여권에 도장을 받아오라고 한다. 여권과 바이크 서류를 챙겨 버스를 얻어 타고 항구에서 두세 정거장 쯤 떨어진 세관 사무소에 도착하니 수위아저씨가 오늘은 토요일이라며 월요일에 다시 오라고 한다. 잠시 멍하다가 이내 아저씨를 붙잡고 오늘 이집트로 가는 배를 꼭 타야 한다며, 어떻게든 해달라고 한참 떼를 쓰니 아저씨가 이 사람, 저 사람 불러 물어봐준다.
그리고 어찌어찌 당직근무를 서고 있던 사람에게 데려다주어 겨우 도장을 받을 수 있었다. 하여간에 쉽게 되는 것이 없다. 확실하진 않지만 아마 무사고 증명 같은 것을 확인하는 것

1. 이스켄데룬 항구의 승객대기실
2. 이집트로 데려다 줄 페리

같다. 그렇게 다시 항구로 돌아와 세관 경찰을 지나 터미널 승객대기실에서 바글대는 탑승객들과 해질녘까지 대기해야 했다. 그러는 동안 항구에 붙어있는 식당에서 밥도 공짜로 주어 배는 안 고팠으니 다행이었다.

해질 무렵, 여권에 출국 도장을 받으러 사람들이 우르르 나가기에 따라가니, 누가 사무실 앞에서 여권을 걷어간다. 내 것도 같이 해서 한꺼번에 도장을 받아 왔는데 이것도 한 시간 이상이 걸린다. 해가 떨어지고 저녁 7시가 넘어서야 배에 탑승할 수 있었다. 바이크는 나 혼자. 자동차가 열 대쯤 있고, 나머지는 거의 다 화물운송 트럭이다. 트럭들이 주차된 옆 구석에 바이크를 주차한 후 승객 라운지로 올라갔다.

대부분이 터키, 이집트, 시리아 사람들이다. 그 외에는 유럽인 배낭여행자 세 사람과 유일한 동양인 나. 관광객들이 타는 배가 아니라서 나 같은 아시아인이 신기한지 어딜 가든 시선집중이다. 아마 우리 시골 5일장쯤에 금발의 푸른 눈 서양 사람이 돌아다닐 때 느끼는 기분이 이렇지 않을까.

1.페리선 내부 주차장 2.이스켄데룬 항구의 불빛 3.승객용 라운지의 긴 소파

이들에게 나 같은 동양남자는 무조건 재키 찬Jackie Chan이다. 여기저기서 '재키 찬, 재키 찬' 하며 수근 댄다. 중동 지방에서 성룡 형님 인기가 참 대단한가 보다.

라운지에 의자는 많고 게스트는 별로 없어서 의자가 남아돌았다. 에어컨도 추울 정도로 잘 가동되고, 나름 편하게 취침할 수 있었다. 긴 소파 의자에 누워 자고 있는데 12시쯤 되어서야 출항을 한다. 드디어 터키를 떠난다. 터키여 안녕히. 다음에 다시 보자.

2012년 9월 23일

지루한 항해. 시간을 때우기 위해 이스켄데룬에서 영어책도 사왔는데 별 도움이 안 된다. 역시 영어책은 눈에 잘 들어오질 않네. 19시간을 항해하니 저녁 8시쯤 포트사이드 앞바다에 도착했다. 항구의 불빛이 보이기 시작하고 이집트 전화 신호가 잡혀서 이제 배에서 내리나 했더니, 항구 업무가 모두 끝났다고 내일 아침까지 해상에서 대기해야 한다며 오늘 밤도 배 안에서 하루 더 자야 한다. 이런 것이 이집트 스타일!

과자 나눠 먹다가 친해진 꼬마 아가씨

페리 갑판에서 바라본 이집트의 첫인상, 포트사이드

2012년 9월 24일

아침 7시에 일어나 보니, 이미 배는 항구에 도착해서 정박해 있었다. 드디어 이집트 도착. 8시쯤 배 안에서 아침을 먹은 뒤, 입국 수속을 위해 여권과 바이크 서류를 걷어갔다. 비자 발급을 위해(이집트는 도착비자가 가능) 비자 발급비 15달러와 수수료 2달러를 지불했다. 바이크를 내리려면 항만 이용료도 83달러를 추가 지불해야 한다. 그리고 낮 12시경 이집트 비자가 부착된 여권과 바이크 서류를 돌려받고, 바이크를 몰고서 하선했다. 결국 배에서 내리기까지 36시간 정도 걸린 셈이다.

바이크 통관 일지

시장바닥 같은 하선장에서 바이크를 세워놓고 이제 가도 되나, 아니면 기다려야 하나 우왕좌왕 하고 있는데 근처에 경찰인지 선원인지 제복 입은 사람이 보인다. 그에게 어떻게 해야 하냐고 물어보니 기다리라며 누굴 불러다 준다. 카드마르 쉬핑 오피스 Kadmar Shipping Office 직원 이슬람이라는 친구였는데, 항만이용료를 걷어가고 처리해주었던 친구였다. 이슬람을 따라서 바이크를 몰고 도착한 곳은 통관을 기다리는 차량들을 임시 보관하는 허름한 항만 주차장이었다. 바이크를 옮긴 후엔 이슬람과 택시를 타고 카드마르 쉬핑 오피스로 향했다. 낮 2시 반쯤이었는데, 이미 세관 사무소는 문을 닫았다며 내일부터 바이크 통관 작업을 진행해야 한다고 했다.

그렇게 다음날이 되어 카드마르 쉬핑 오피스에서 배송주문 Shipping Order 서류와 통관 작업을 대행해주었고, 에이전트 수수료로 150달러를 지불했다. 돈을 주면서는 좀 비싼 거 아닌가 하는 불만도 있었지만, 지나고 나서 보니 전혀 비싼 게 아니란 생각이 든다. 그 복잡하고 짜증나는 작업들을 이리저리 뛰어다니면서 작업하는걸 보니, 수고비를 더 주고 싶은 마음이 들 정도였다. 통관을 마치고 숙소를 잡기 위해 오피스 직원들에게 근처 싼 호텔 가르쳐달라고 하니, 데 라스포테De Laposte 호텔이 제일 저렴하다며 소개해주었다. ATM에서 이집트 화폐로 2,000파운드를 인출한 후, 호텔에 찾아가서 체크인을 했다.

2012년 9월 25일

아침 9시쯤 카드마르 쉬핑 오피스로 다시 찾아갔다. 9시 반쯤 카림이라는 직원과 사우디아라비아, 터키에서 온 고객들과 함께 카림의 차를 타고 항구로 이동했다. 항구 안의 세관 사무소에 도착하자 카림이 우리의 까르네(여기선 트레픽이라 부른다)와 여권, 바이크 서류, 운전면허증 들을 몽땅 걷어갔다. 그가 서류뭉치들을 들고서 이 건물, 저 건물로 발바닥에 땀나게 뛰어다니는 것을 함께 따라다니는 동안 몇 시간이 지났다. 대부분 무슨 건물인지도 모른 채 한참을 왔다 갔다 하는데, 도대체 뭐 그리 필요한 것이 많은지. 훨씬 더 간편하고 빠르게 진행할 수 있을 텐데 어찌 이리 복잡하게 되었는지, 러시아보다 이집트가 한 수 위다. 서류작업은 정말이지 대행하지 않고는 절대 못할 짓이란 생각이 든다. 혹시 오늘 하루만에 바이크를 통관할 수 있지 않을까 기대도 했지만 역시나 안 되는 거였다. 한참을 카림 따라서 항구 여기저기 돌아다니다 보니 어느덧 3시가 넘어간다. 다음날 아침, 카림이 다시 호텔로 찾아오면 함께 나머지 통관 서류 작업을 하기로 했다.

2012년 9월 26일

어제와 마찬가지로 하루 종일 카림을 따라서 이리저리 돌아다녀야 했다. 세관 사무소에서 600파운드, 주차료로 100파운드를 내고 이집트 번호판 2개를 받아 바이크를 찾아왔다. 바이크를 타고 드디어 항구를 벗어나 밖으로 한참을 달려 차량등록사업소쯤 되어 보이는 곳에서 번호판을 부착했다. 이집트는 외국 차량들도 정식으로 차량등록을 하고 번호판을 받아 차량에 부착한 후에만 운행이 가능

이집트에서 발급받은 차량 번호판

하다. 바이크용으로 작은 것을 줄줄 알았더니 차량용과 똑같다. 그 커다란 걸 한국 번호판 위에 덧붙이고, 나머지 하나는 앞바퀴에 달아야 하지만 부착할 데가 없어 그냥 가지고 다니라고 한다. 그러더니 남은 번호판을 절반으로 접어서 주기에 부러질 것 같은데 이래도 되냐 물으니 "It's Egyptian"이란다. 러시아에서 들었던 "This is Russia!"와 비슷한 느낌이 재미있다. 까르네, 면허증, 서류들을 돌려받고 3시 반쯤 되어 드디어 모든 절차가 끝났다. 번호판 좌측의 PTS는 포트사이드, 1400은 차량에 부여된 번호를 의미한다. 우측에 더 크게 아랍어가 쓰인 이유는 이집트를 비롯한 이슬람권 국가들이 아라비아 숫자 대신 아랍어 숫자를 사용하기 때문이다. 사실 우리가 아라비아 숫자라고 부르는 것은 인도에서 만들어진 것으로, 아라비아를 통해 유럽으로 전파된 것이다. 중동 지역을 여행할 계획이라면 아랍어 숫자를 배워두는 것이 좋다.

이제 바로 카이로로 떠나도 되지만 카이로까지 200km가 넘고 2시간 후면 해가 저물기 때문에 출발한다면 카이로 시내에는 밤이 되어야 도착할 것 같았다. 이 복잡한 이집트 시내를 야간에 운전하고 싶지는 않아 하루 더 포트사이드에 머물기로 했다.

페리 티켓(바이크, 승객 운임, 세금) 390USD
이집트 비자 17USD, 항만이용료 83USD
배송주문대행 150USD, 바이크 세관 600EGP
바이크 주차비 100EGP

이집트 간단 정보

- **비자** 관광비자 30일, 도착비자 가능(15USD)
- **출입국** 이스라엘, 리비아 국경으로 육로 출입국 가능. 유럽에서 페리를 타고 지중해의 항구도시 알렉산드리아와 포트사이드로 입국 가능. 수단으로 넘어가려면 아스완~나세르 호수 루트만 가능. 까르네 필수
- **환전** 달러, 유로 등 주요 통화는 환전이 어렵지 않다. 나일 강변을 따라 이어져 있는 도시에서 은행과 ATM을 쉽게 이용할 수 있고, 국제현금카드 사용도 가능하다.
- **도로** 시내에서의 운전 난이도는 인도만큼은 아니지만 러시아보다 높다. 잠시도 늦출 수 없는 긴장과 푹푹 찌는 더위 때문에 잠시만 바이크를 타고 있어도 금방 땀이 줄줄 흐른다. 한편 나일 강을 따라가는 길은 거의 잘 포장돼 있으나 마을을 잇는 국도와 같아서 고속으로 달리기 어렵다. 과속방지턱과 검문소가 많고 도로의 관리상태도 그리 만족할 만한 수준은 아니다.
- **주유소** 사막으로 깊숙이 들어가 보진 않았지만, 나일 강을 따라 가는 길은 마을 간 거리가 가까워 주유소 걱정은 안 해도 된다. 기름은 옥탄가 80, 90이 주로 있다. 가격은 리터당 1,7~1,9EGP(1EGP = 180~190원, 2012년)로 리터당 400원도 안 되는 셈.
- **숙박** 관광으로 먹고 사는 나라답게 최고급호텔부터 저렴한 호스텔까지 어디에나 숙소가 많다. 흥정은 언제나 필수. 알렉산드리아, 카이로, 룩소르, 아스완, 다합 등 관광객들이 많이 찾는 주요 도시에서도 숙소를 찾는 것이 어렵지 않다.
- **말라리아** 약국에서 말라리아 약 라리암Lariam을 쉽게 구매할 수 있다. 진단서가 없어도 시내 약국에서 1세트 8알에 315EGP.
- **물가** 물가는 무척 싸지만 대부분의 이집트인들은 외국인들에게 기본 가격의 두세 배는 더 받으려 한다. 그렇기 때문에 무엇이든 몇 번씩 물어보고 흥정해 어느 정도 가격을 파악한 후에 거래해야 한다.
(물 1.5리터 1.5EGP, 음료수 1.5~2리터 7~10EGP, 맥도날드 햄버거 세트 30~40EGP, 식사 한 끼 30~50EGP, 멜론 2~3EGP, 카이로 지하철 1EGP, 미니봉고버스 0.5~1 EGP)

아랍어 숫자

0	1	2	3	4	5	6	7	8	9
٠	١	٢	٣	٤	٥	٦	٧	٨	٩
씨프르	와히드	이뜨닌	딸래따	아르바아	캄사	씻타	싸바아	따마니아	티싸아

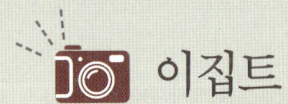 이집트

문명의 발상지. 헤아릴 수 없을 만큼 깊은 역사와 찬란한 유물들. 나일 강의 젖줄을 따라 아프리카의 내륙으로 달렸다. 이집트의 과거는 찬란하였고 그 유물들은 깊은 감동을 주었다.

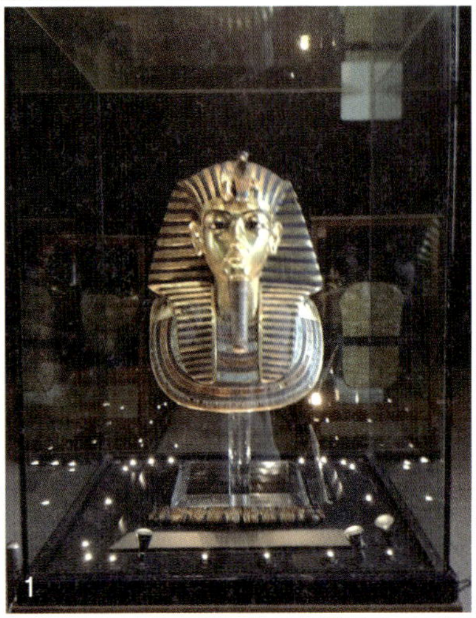

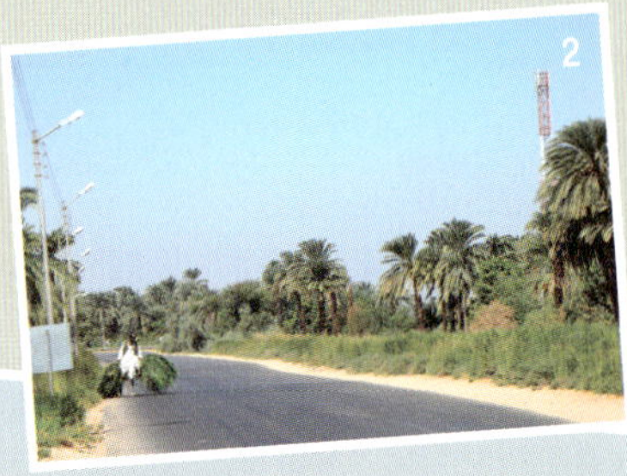

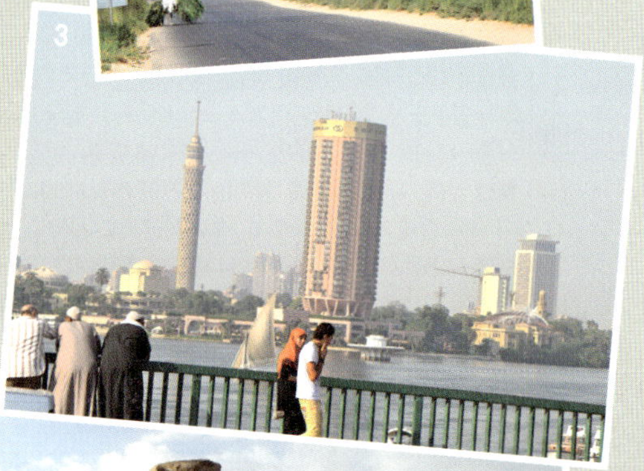

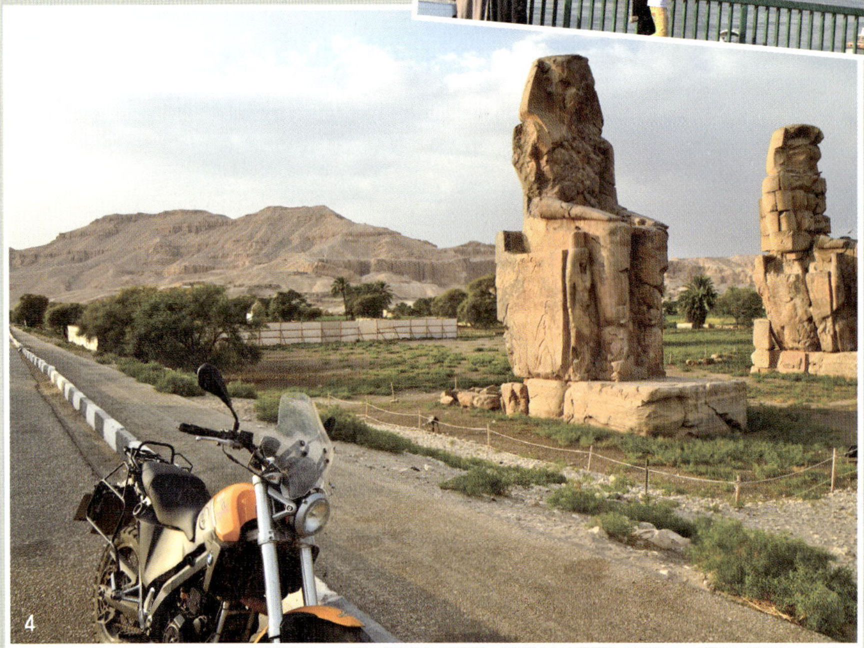

1. 투탕카멘의 황금 마스크 2. 나일 강을 따라 남쪽으로 달리던 길 3. 이집트의 젖줄 나일 강 4. 아가멤논의 거상 5. 펠루카 6. 카르나크 신전 7. 룩소르 신전 8. 기자 피라미드와 스핑크스

아프리카 종단 231

기자 피라미드

이집트에 오면 누구나 반드시 들르는 기자의 피라미드와 스핑크스. 이곳에선 정신 바짝 차려야 된다. 입구로 들어가려는 찰나 "마이 프렌드"를 외치며 우르르 달려드는 사람들이 여행자의 정신을 쏙 빼놓는다. 그들이 제안하는 거의 모든 것들은 정상가 대비 5배 10배 가격이기 때문에 아무리 끈덕지게 달라붙어도 상대하지 않는 것이 좋다.

말이나 낙타를 타고 기자 지구를 돌아보는 투어는 1시간에 20~30EGP로 충분한데 240EGP를 부르는가 하면, 처음에 이야기한 사항과 달라지기도 한다. 입장료와 가이드 비용 포함이라는 말을 듣고 투어 가격을 지불했음에도 불구하고, 입구에 도착하면 티켓 요금을 내라 하고, 투어가 끝날 쯤엔 가이드비도 따로 달라는 식이다. 그러니 애초에 티켓박스로 직접 가서 표를 구입하고 혼자 돌아다니는 것이 정답이다. 조금 걷기는 해야 하지만 충분히 걸어서 다닐만한 곳이기도 하고, 여유 있게 피라미드를 즐기기엔 쭉 지나가기만 하는 라이딩 투어는 절대 추천하고 싶지 않다.

바이크나 차량을 타고 왔다면 티켓박스까지 운전해 올라갈 수 있다. 중간에 더는 못 올라가라니 주차하라며 몰려드는 이들은 무시해도 좋다. 입장료 외에 요금을 더 내면 차량을 타고 기자 지구를 돌아볼 수도 있다고 한다.

Cost 입장료 60EGP, 국제학생증 50% 할인

이집트 사람들은 모두 부엉이일까?

카이로에서 왕들의 계곡, 카르나크 신전 등이 있는 룩소르까지 나일 강을 따라 남쪽으로 거슬러 올라가면 700km가 조금 안 되는 거리다. 러시아에서 달렸던 것을 생각하니 그 정도면 좀 힘들긴 해도 하루 코스로 달릴 만 하겠다 싶어 카이로를 출발했다. 하지만 그것은 오판이었다. 이집트는 도로 상태도 꽤나 엉망이지만, 그보다는 나일 강을 따라가는 길이 강변을 따라서 쭉 형성돼있는 마을들을 이어주는 국도였기 때문에 과속방지턱이 너무나 많았다. 마을을 통과하다보니 마냥 속도를 낼 수도 없고, 마을에 들어서고 벗어날 때마다 속도를 줄였다 높였다 하다 보니 금방 해가 저물어 갔다.

10월에 들어선 까닭인지, 아니면 위도가 낮아서인지 이곳은 오후 5시만 넘어가도 하늘이 불그스름해졌다. 게다가 경찰 검문소는 왜 그리 많은지 마을 하나가 나올 때마다 검문소가 나타났고, 두세 곳 중 한 번씩은 검문을 받았다. 이런저런 이유로 룩소르까지 300km정도 남았을 때부터 이미 날이 어두워졌고, 야간 라이딩을 하게 됐다. 그런데 희한하게도 이집트에서는 운전자들이 밤에 라이트를 켜지 않고 주행하는 것이 아닌가. 유럽이나 러시아에선 낮에도 라이트를 꼭 켜고 다니는 게 교통법인데, 이집트에서는 낮에도 켜져 있는 내 전조등을 보는 사람마다 라이트를 끄라고 한다. 가로등도 없이 껌껌한 도로에서조차 라이트를 켜고 달리면, 마주 오는 차들로부터 상향등 플래시 세례와 짜증이 묻어나는 경적 세례를 무더기로 받는다. 눈에 아무것도 뵈는 것 없는 한밤의 도로에서도 전조등 하나 없이 달빛, 별빛에 의지해 달리는 것이 좀처럼 이해되지 않는 상황. 아마 이집트 운전자들은 모두 부엉이의 눈을 가지고 있나 보다.

무장 군인들과 나일 강변을 달리다

플래시와 경적 세례를 받아가며 언제 어디서 튀어나올지 모를 과속방지턱에 잔뜩 긴장한 채 느릿느릿 달리다보니, 밤 9시쯤 되어서야 룩소르 북쪽 110km 지점 소하그에 도착했다. 이미 온몸이 땀과 피로에 절어 있었는데, 소하그의 검문소에서 또 검문에 잡혔다. 그 전까지는 검문을 마치면 바로 보내주었었는데, 이번에는 룩소르까지 경찰의 호송을 받아 이동해야 한다고 한다. 혼자서는 달릴 수 없다는 이야기다. 이유를 물으니 몇 년 전인가 이 구간에서 누비아인 반정부단체에 의한 외국인 관광객 납치사건도 있었고, 또 그전에는 관광객을 태운 버스에 총질을 해서 수십 명이 사망했던 사건도 있었다는 것이다. 마침 피곤한데다 이것도 재미있겠다 싶기도 하고, 경찰이랑 달리면 좀 편하겠지 하는 생각이 들었다. 사실 내가 무얼 어찌할 수 있겠는가. 선택의 여지가 없었다. 검문소의 경찰들이 어디론가 전화를 하더니 나를 데려다 줄 사람을 불렀고, 그들을 기다리는 동안 앉아서 차도 한 잔 하고 경찰들과 이야기도 하며 잠시 달콤한 휴식시간을 가질 수 있었다. 30~40분 정도 후, 사이렌이 달린 경찰차 한 대와 소총으로 무장한 군인인지 경찰인지 모를 여러 명을 태운 지프차가 검문소로 달려왔다.

출동한 이들의 면면을 대략 살펴보니 피곤한 기색이 역력하다. 한참 내무반에서 자려고 쉬고 있는데, 위에서 이상한 코리안 하나 데려다 줘야 한다고 출동 명령이 떨어졌을 테고, 투덜투덜 튀어나왔을 그들 상황이 안 봐도 비디오였다. 이 밤중에 나 하나 데려다 주자고 앞차에 3명, 뒤차에 4~5명이 나오다니, 좀 많이 미안한 마음이 들었다. 검문소의 인계 절차가 끝나자 형사들이 앞의 경찰차에 타고 출발하며 나에게 바이크를 타고 따라오라 한다. 경찰차를 따라 출발하니, 바이크 뒤로 군인들을 태운 무장 지프차가 따라온다. 앞에는 사이렌 울리는 경찰차가 서고, 뒤에는 무장 트럭을 달고서 나일 강변을 따라 달리고 있으니 왠지 내가 굉장히 중요한 사람이라도 된 느낌이다. 내 평생 언제 이렇게 과분한 호위를 받으며 달려볼 것인가. 이거 참 재미있는 경험이네 하는 생각에 피곤한 줄도 모르고 신나게 달렸다.

경찰들이 앞에서 로드를 서주니 확실히 편하다. 꺾이는 곳 나올 때 마다 방향지시등을 켜서 방향을 알려주고, 과속방지턱 나올 때마다 비상등을 켜서 뒤를 따르는 나에게 경고해준다. 앞에 경찰차가 있어서인지 플래시, 경적 세례도 덜 받았다. 한 10분쯤 달렸을까, 다음 마을의 검문소에 도착했다. 경찰차가 검문소 앞에서 멈춘다. 형사가 시동을 끄고 내려서 하는 말이, 이곳까지가 자신들의 관할구역이니 여기서부터는 다른 팀이 다음 마을까지 나를 데려다 줄 거라고 한다. 새로운 검문소의 경찰들에게 형사가 상황을 설명해준다. 저기 바이크 타고 있는 코리안이 룩소르까지 가는데 어쩌고저쩌고… 검문소 앞에 앉아 다시 나를 호송해 줄 팀을 기다리고 있자니, 늘 그렇듯이 내 주위로 사람들이 우르르 몰려든다. 경찰이라고 예외가 아니다. 호기심과 신기함에 나와 바이크 구경에 정신이 없다. 어디서 왔냐… 이름이 뭐냐… 이 바이크 얼마짜리냐… 내 것과 바꾸자… 이거 속도 얼마까지 나오냐… 여기저기서 튀어나오는 질문들에 늘 하던 상투적인 대답을 하나하나 해준다. 피곤해 죽겠는데 대꾸해 주고 웃어주고 하는 것도 꽤나 지치고 힘들다.

한 시간 정도가 지나서야 겨우 앞에 경찰차, 뒤에 지프차를 달고서 출발할 수 있었다. 이번에는 경찰차 드라이버가 거의 레이서다. 처음 팀은 시속 80km 정도로 안전하게 달렸는데, 이 녀석은 시속 100km을 넘어 120km, 130km… 쭉쭉 속도를 올렸다. 처음엔 좀 빨리 달리네 하면서 따라가 주었는데, 뒤쪽 지프차가 뒤쳐져 시야에서 사라진 뒤에도 속도를 줄이지 않는다. 오호라… 한번 해보자는 건가?… 까짓것 달려주지! 어디 한번 내게서 도망가 봐라 하면서 나도 속도를 내며 쫓아가주니 시속 150km까지 올리다가 더는 속도를 안 올린다. 깜깜한 밤. 가로등도 없는 나일 강변을 전조등도 켜지 않고, 구불구불 빠르게 달리니 오랜만에 심장이 쫄깃해졌더랬다. 도망가는 앞차를 놓치지 않고 쫓아가니 이윽고 다음 검문소에 도착

레이싱 하던 호송대의 형사들

했다. 검문소에 멈춘 앞차를 따라 바이크를 멈추자 앞차의 레이서 형사가 나를 향해 엄지손가락을 치켜세운다. 마음 같아선 가운데 손가락을 올려주고 싶었지만, 나도 그 친구에게 미소와 함께 엄지를 쭉 올려주었다.

경찰에게 인수되고, 호송 받기를 이날 밤만 7번을 했다. 나 하나 데려다 주려고 총 7팀이 움직인 셈이다. 한 번에 6~8명씩 움직였으니 총 50명 넘는 이집트 경찰, 군인들이 나 하나 때문에 한밤에 출동한 셈이다. 뒹굴 거리다가 나 때문에 출동했을 그들에게 미안하기도 했지만, 나중엔 나도 상당히 지쳤다. 만약 그냥 혼자 달렸으면 밤 11시쯤엔 룩소르에 도착했을 텐데, 이렇게 기다리고 어쩌고 하느라 새벽 4시가 넘어서 룩소르에 도착할 수 있었다. 숙소의 방안에 짐을 던져 놓고, 땀에 전 라이딩기어를 벗고, 세수를 했다. 세면대위로 붉은 코피가 뚝뚝 떨어진다. 여행 시작한 후 처음 터진 코피였다.

사하라의 새벽을 달리다
아부심벨 사원

룩소르에서 수단으로 넘어가기 위해 아스완까지 달려갔다. 아스완에서 남쪽으로 280km 정도 내려가 수단 국경에서 40km 북쪽에 있는 아부심벨 사원Abu Simbel Temple을 다녀왔다. 아부심벨을 다녀오는 보통의 관광객들은 투어버스를 이용해 새벽 3시 반 정도에 아스완을 출발, 경찰의 호위를 받으며 달려서 오전에 아부심벨에 다다른다. 그리고 두어 시간 관광 후 바로 아스완으로 돌아가면 2~4시쯤 도착한다. 비용은 흥정하기 나름인데, 가장 낮은 단체 투어 가격이 65EGP였다. 경찰이나 호텔에 물어보면 단체 투어만 가능하고 개인적으로 아부심벨에 가는 건 불가능하다고 했지만, 바이크를 타고서는 혼자 다녀오는 것이 가능했다. 왕복 600km거리라서 하루사이 다녀오기 힘들 것 같아 투어를 이용할까 고민도 했지만, 새벽에 별을 보며 사막 길을 달리는 기분은 어떨까 궁금해졌다. 그리고는 바

아부심벨 사원

이크에 올라 새벽 3시 반에 호텔을 나섰다. 중간에 검문소의 경찰이 잡으면 투어버스들 틈에 끼어서라도 같이 달리려고 했는데, 새벽이리선지 검문하는 경찰도 없었고 아무도 내게 신경 쓰지 않았다. 불빛 하나 없는 깜깜한 사막의 새벽을 수많은 별들을 벗 삼아 찬 공기를 맞으며 달렸다. 낮에 더울 것만 생각하고 얇게 입고 출발했더니 새벽의 사막은 꽤나 쌀쌀했다. 아부심벨을 향해 달리는 새벽 내내 덜덜 떨긴 했지만, 사하라 사막을 가로지르는 도로, 불빛 하나 볼 수 없었던 칠흑 같은 어둠 속을 별과 함께 달리면서 사막의 모래를 뚫고 떠오르는 태양을 맞이했던 경험은 오래도록 기억에 남을 것 같다.

나일 강을 가로막는 댐이 건설되면서 생겨난 나세르 호수 속에 수몰될 위기에 처한 이집트 최고의 유물 중 하나인 아부심벨. 아부심벨 따위는 그냥 나세르 호수에 수몰되도록 방치하

수단 비자 발급

아프리카 종단 루트에서 가장 걱정되었던 것은 바로 수단 비자를 어떻게 받을 수 있는가 하는 것이었다. 카이로에서 며칠을 머물면서 이리저리 많이 알아보았다. 각국을 돌아다니며 많이 시도했지만 실패했었고 비자 발급이 까다롭기로 소문난 터라 많이 걱정했었는데, 의외로 아스완에서 쉽게 발급받을 수 있었다.

• 아스완의 수단 영사관에서 발급

수단 비자를 가장 빠르고 편하게 받을 수 있는 곳이다. 자국 대사관 레터나 에티오피아 비자도 요구하지 않는다. 비용도 카이로 절반밖에 안 하는데다, 비자 발급까지 1시간도 안 걸린다. 방문 목적과 숙소, 머무는 기간 정도만 간단히 조사한 후 바로 비자를 발급해준다. 아스완 기차역에서 북쪽으로 걸어서 5분 거리쯤에 있고, 사람들에게 물어보면 어딘지 다들 알고 있어 찾기 쉽다.

수단 비자 50USD (사진 2장, 여권 사본)

• 카이로의 수단 대사관에서 발급

카이로의 수단 대사관에서는 자국의 대사관 레터를 요구하기 때문에 절차가 다소 복잡하다. 대신 대사관 레터 없이 수단 비자를 발급을 받으려면 대사관에 방문하기 전, 미리 에티오피아 비자를 발급받아야 한다. 그 후 수단 대사관에 단순 트랜짓Transit을 신청하면 자국 대사관 레터가 없어도 수단 비자를 발급해준다.

수단 비자 100USD (익일 발급)
에티오피아 비자 30USD (사진 1장, 익일 발급)

• 한국의 수단 대사관에서 미리 발급

가장 편해 보이지만 바이크 여행자에게는 실효성이 떨어진다. 장기여행인 경우 언제쯤 수단에 도착하게 될지 불분명하기도 하며, 비자의 유효기간이 발급일로부터 두 달밖에 안되기 때문이다.

수단 비자 50,000원 (사진 3장, 여권 사본)

대사관 레터란?
대사관에서 발급해주는 소개장이다. "대한민국 국민인 홍길동(Passport No. M12345678)이 0월 0일부터 0월 0일까지 수단을 여행하고자 하니, 비자발급을 승인해주면 감사하겠다." 정도의 내용으로 대사관의 직인과 서명이 날인된 영문편지를 말한다.

겠다는 이집트 정부의 태도에 아연실색한 것은 서구 유럽의 사람들이었다. 세계적인 유물의 구조에 무관심한 이집트 정부를 대신해 아부심벨을 구하고자 세계 각국의 지원이 몰려들었다. 그리고 이렇게 자발적으로 모인 순수한 자본으로 낮은 지대의 아부심벨 유적들을 분해해 위쪽으로 옮겨 원형 그대로 다시 조립하였다. 그토록 거대한 석상들을 포함해 작은 산을 통째로 분해해서 옮겨 놓은 것이다. 사람들의 힘이란 참 대단하다. 자세히 살펴보면 아부심벨의 모든 석상과 유물들엔 잘라서 옮긴 흔적이 실선처럼 남아있다. 하지만 워낙 정교하게 재조립해놓은 덕에 자세히 살피지 않거나 이러한 역사를 모르는 이들은 이 모든 유물이 저 아래의 호수 밑에 있었다는 사실을 상상하지 못한다.

나세르 호수를 달려 수단으로 입국하다
아스완 – 와디할파

이집트 아스완에서 배를 타고 나세르 호수를 건너 수단의 와디할파Wadi Halfa에 도착했다. 일주일을 아스완에 머물러서야, 드디어 수단으로 떠나는 배를 탔다. 섬나라도 아닌 이집트인데, 배를 타고 입국해서 배를 타고 출국하게 되었다. 이집트 참 어려운 나라다.

2012년 10월
여행자들이 이집트에서 수단으로 넘어가는 유일한 길은 아스완에서 배를 타고 나세르 호수를 달려서 와디할파로 가는 길 뿐이었다. 물론 나세르 호수를 빙 둘러서 아부심벨 쪽으로 돌아가는 길과, 홍해 해안선을 따라서 내려가는 육로도 길은 있지만, 카고 트럭만 통과할 수 있고 일반인들에겐 열려있지 않았다. 혹시나 하는 마음으로 아스완에서 아부심벨 다녀오는 길에 와디할파로 가는 길 쪽으로도 가보았었는데, 도로는 뚫려있지만 역시나 검문소로 막혀있고 경찰들의 통제가 삼엄했다. 육로 국경이 어떤 이유로 차단된 것인지는 모르지만 참 답답할 뿐이었다.
아스완에서 와디할파로 가는 정기 배편은 일주일에 한 편, 월요일 저녁에 출발한다. 비정기적으로 금요일에 출발하기도 하지만 정확한 일정은 현지에서 확인해야 한다. 주의할 점은 승객 전용 배편이라 자전거까지는 실을 수 있지만 차량은 다른 화물전용 배편으로 운송해야 한다는 점이다. 만약 승선하려는 시기에 마땅한 화물편이 없으면 큰 비용을 들여 따로 전용 배편을 구하거나 배편이 생길 때까지 기다려야 한다. 특히 비교적 부피가 작은 모터사이클과는 달리 4WD 차량으로 여행하는 경우엔 화물칸 상황에 따라 승선 여부가 좌우되기도 한다.

수단으로 향하는 페리 티켓

10월 8일 월요일

수단 비자 발급을 위해 수단영사관을 방문했다. 수단 비자 없이는 와디할파로 가는 페리 티켓을 살 수 없기 때문에 티켓 구매 전에 비자 먼저 받아야 한다. 수단 비자를 받고 페리 티켓을 구매하기 위해 페리 예약사무소로 바로 찾아갔으나, 배가 출발하는 월요일에는 문을 닫는단다.

예약사무소

아스완 ⇨ 와디할파 페리 예약사무소 Ferry Booking Office
N 24°05.949'
E 32°53.982'
Open 08:00~14:00/15:00
위치 아스완 기차역 근처, 관광경찰서 Tourism Police Office 바로 뒤편

10월 9일 화요일

아침 일찍 일어나 8시에 페리 티켓을 사기 위해 페리 예약 사무소로 갔다. 페리 티켓은 정원이 정해져 있어서 늦은 날에 가서 순서를 놓치게 되면, 일주일 넘게 더 기다려야 하는 수도 생기니 미리미리 구매하는 것이 현명하다. 이른 시간임에도 사무실 앞엔 이미 한 무리의 수단과 이집트 사람들이 매표소 문 열리기만을 기다리고 있었다. 사무소의 이집트인 직원에게 티켓을 사러 왔다고 물어보니, 살라 Salar 씨(이곳에서 유일하게 영어가 되는 분이라 외국인은 모두 이 분이 전담해서 일 처리를 해준다)가 한 시간 후에 오니, 그때까지 기다리라고 한다. 기다리던 중 수단으로 넘어가기 위해 페리 티켓을 사러 온 여행자 일행들을 만났다.

일본인 하무 아시아 전역을 돌고 아프리카를 종단하는 여행 16개월 차
터키인 이브라힘 자전거를 타고 터키에서 남아공까지 종단 중
한국인 DH 이집트를 시작으로 아프리카 종단 시작한 여행 2주 차

이들과 함께 서로의 여행 정보를 공유하며 함께 기다렸고, 이후 이들이 묵고 있는 호텔로 옮겨 와디할파까지 함께 움직였다.

한 시간 이상 지나자 살라 씨가 사무소에 왔고, 기다리고 있던 우리들에게 대기명단에 이름을 적고 기다리라 했다. 밖에서 명단에 이름을 적어 내고(대기번호 216번) 계속 기다렸다. 전쟁통, 시장통처럼 소란스럽고 혼잡스런 가운데서 두세 시간 쪼그려 앉은 채로 무료하게 기다려도, 일 처리 진행이 너무 느려 도무지 사람들이 줄지 않는다. 2시가 넘으면 문을 닫을 시간이라 오늘 안에 안 끝나겠구나 하는 차에, 살라 씨가 표 끊으러 온 외국인들을 한꺼번에 사무실 안으로 불러서 2등실 티켓을 발권해 주었다.

1등실 캐빈 1st Class Cabin 501EGP
2등실 데크 2nd Class Deck 285EGP
이집트 파운드로만 지불 가능

그런데 다들 몸만 실으면 되는 사람들이라 티켓을 받고 돈을 내면 발권이 끝나지만, 나는 바이크를 함께 이동해야 하는 상황이라 절차가 다르단다. 바로 발권이 어려우니 대기명단에 등록만 해놓고 토요일 9시 반까지 사무소로 오라고 한다. 다시 방문하면 교통 관련 관청에서 서류를 정리하고, 번호판 반납 등을 마무리한 후에야 티켓 구매가 가능하다고 한다. 그래도 아무 문제없겠냐고 다시 물어보니, 괜찮으니 걱정 말라고 한다. 토요일에 다시 오기로 하고 사무실을 나섰다.

10월 13일 토요일

아침 9시에 페리 예약 사무소로 다시 찾아갔다. 살라 씨가 교통법원에 가서 바라트자마 Barraat Zama(일시 수출입 세관 서류인 것 같은데 정확하게는 잘 모르겠다) 서류를 떼어서 가져오라고 했다. 말이 잘 통하지 않을 것이 뻔히 예상되기에 교통법원에 가서 보여줄 편지를 한 통 적어달라고 살라 씨에게 부탁해 편지를 받아들고 교통법원으로 찾아갔다.

교통법원 Traffic Court
N 24°03.693'
E 32°53.153'

교통법원은 아스완 시내에서 한참 떨어져 있어 걸어가기엔 무리다. 10EGP정도, 어렵지만 흥정만 잘 하면 5EGP에 택시를 탈 수 있다. 택시 기사에게 살라 씨가 적어준 편지를 보여주고 교통법원에 도착, 문 앞에 보이는 직원을 아무나 붙잡고 살라 씨가 써준 편지를 보여주니 담당자에게 나를 데려다 주었다. 다시 또 담당 공무원에게 살라 씨의 편지를 보여주니 알아서 편지를 읽고 서류 작업을 시작한다. 말 한마디 할 필요가 없었다. 담당자가 달라는 대로 여권사본, 국제면허사본, 이집트에서 바이크를 반입할 때 받은 등록서류사본을 제출하고 구석에서 기다리니 알아서 서류를 만들어준다. 비용은 5EGP. 30분 정도 걸렸다.

바라트자마 서류를 받아 다시 페리 예약 사무소를 찾아가 살라 씨에게 서류를 전해주니 그제야 티켓을 발권해 준다. 승객 페리 2등실 데크 티켓 283EGP. 가격이 조금 내렸는데, 환율 변동에 따라 티켓 가격이 바뀌는 걸까? 살라 씨가 티켓을 전해주면서 바이크는 내일 선적하라고 하며 절차와 방법을 가르쳐 주었다. 내일 돌아다니면서 보여줄 편지를 적어 달라고 부탁하니, 편지도 다시 적어 주었다. 살라 씨가 가르쳐 주길, 먼저 교통경찰서로 가서 무사고 증명 서류를 받고, 하이댐에 있는 항구로 찾아가 세관 서류를 정리하고 바이크 번호판을 반납한 다음, 거기서 바이크 운송료를 내고 배에 선적하면 된다고 했다.

사실 이 구간의 정보를 검색하면서 다른 오버랜더들의 여행기를 많이 찾아보았고, 그 안에서 살라 씨에 대한 좋지 않은 평들을 이미 많이 봐온 터였다. 불친절하다, 퉁명스럽다 등등… 하지만 "Hello my friend"를 외치며 친한 척 웃으며 다가와서 여행자들을 속이는 이집트 사람들보다, 귀찮고 무심한 듯 툭툭 말을 던지지만 잘 못 알아들어 몇 번을 질문하고 귀찮게 해도 천천히 다시 설명해주고, 편지도 적어주는 살라 씨 같은 사람이 백배는 더 좋다.

10월 14일 일요일

아침 9시. 살라 씨가 가르쳐준 대로 바이크를 몰고 교통경찰서에 찾아가 한 시간 정도 기다리니 경찰들이 알아서 서류를 만들어준다. 벤치에 앉아 기다리며 나오는 반대로 남아공에서부터 이집트로 거꾸로 올라온 여행자들 두 팀을 만났다. 네덜란드 인들 한 팀은 바이크 세 대. 또 다른 한 팀은 4WD 랜드로버 두 대였다. 와디할파에서 이집트 아스완으로 입국해 차량등록을 하기 위해 포트사이드에서 했던 것처럼, 이들도 에이전트와 함께 돌아다니고 있었다. 앞으로 달려가야 할 아프리카 종단에 대해 궁금했던 이런 저런 것들을 물어보고 서로의 여정에 행운을 빌며 연락처를 교환하고 헤어졌다.

교통경찰서 Traffic Police
N 24°05.043'
E 32°54.502'

서류작업이 대충 마무리되고, 경찰들 세 명이 나오더니 나에게 따라오라고 한다. 경찰들은 차에 타고, 나는 그 차를 따라 바이크를 몰고서 하이댐 선착장으로 이동했다. 하이댐 항구 입구에서 15EGP(아마도 항만 이용료)를 내고 항구 안으로 진입했다. 바이크를 운송할 배편을 찾기 위해 경찰들과 함께 항만사무실로 갔다. 바이크 운송료(260EGP)를 내고, 세금인지 수수료인지 뭔지 모를 5EGP를 내래서 또 내고 나서야 와디할파까지의 바이크 운송티켓을 구입할 수 있었다. 항만사무실을 나와 항구 안의 세관사무소로 가서 까르네에 반출도장을 받았다. 통관수수료(?)로 30EGP를 내고, 세관사무소에서 같이 따라온 교통경찰관들에게 이집트 번호판도 반납했다.

하이댐 선착장 High Dam Port
N 23°58.223'
E 32°53.755'

바이크를 배에 실어야 하는데 다들 어딘가로 가버렸다. 이제 어디로 가야 하나 멀뚱해 있는데 어디선가 카말 Kamal씨가 나타나 도와주었다. 카말 씨가 우왕좌왕하는 나를 도와 이리저리 다니며 바이크를 실을 배편을 알아봐주었다. 바이크를 실어야 하는데 배가 제대로 정박돼있지 않아서 선장에게 이야기해 배를 이동하게 해주었고, 한참 걸려서 겨우 상당히 허접해 보이는 배에 바이크를 올려 싣고 줄로 단단히 고정할 수 있었다.

카말 Kamal
Tel 01225111968

세관에 책상이 있는 걸로 봐서 세관 직원인 것 같다. 아스완에서 바이크를 몰고 수단으로 간다고 하니, 여기저기서 다들 카말 씨에게 맡기면 알아서 다 해준다고 이야기해 주었다. 인터넷으로 관련 정보를 검색하다보니 몇 번 보았던 이름이기도 했다. 영어도 잘하고 꽤 친절해 여러 후기를 봐도 평이 좋다. 알아서 빠르게 일처리를 해주었다는 이야기를 많이 들었다. 이런저런 일처리를 직접 하는 것이 귀찮다면, 숙소에 부탁해 카말 씨에게 연락해 봐도 좋다. 카말 씨가 티켓 구매서부터 세관 관계까지 모두 알아서 처리해준다고 하니, 얼마의 수고비를 주고 일처리를 일임하는 것도 나쁘지 않다.

저렇게 대충 싣고 과연 무사히 수단으로 올 수 있을지 의심스럽지만, 무사하기만을 빌 뿐. 바이크 선적을 도와준 선장과 선원들에게 30EGP의 사례를 했다. 배는 내일 출발해서 나보다 좀 더 늦게 와디할파에 도착할 거라서 아마 와디할파 도착한 다음날, 혹은 모레 찾을 수 있을 거라고 한다. 하이댐 항구를 나와서 카말 씨 차를 타고 다시 아스완으로 이동했다. 이것저것 도와준 수고비로 얼마를 줘야 할지 카말 씨에게 물으니 40EGP를 달라고 했다. 깎으려 들면 깎을 순 있겠지만, 그 정도면 적당하지 싶었다. 와디할파에 도착하면 바이크를 찾을 수 있도록 도와줄 수단 사람을 알아봐서 항구에서 만날 수 있도록 미리 연락도 해준다고 한다. 환전은 하이댐 항구에서 미리 하고 가는 게 좋다든지, 내일 배를 탈 때 준비할 것이 무언지 등 주의사항을 가르쳐줘서 새겨들었다. 역시 감사하다.

항만이용료 15EGP
바이크 운송료 260EGP + 5EGP
세관 사무소 30EGP
바이크 선적 수고비 30EGP
카말 씨 수고비 40EGP

1.아스완 하이댐 항구 2.바이크를 선적한 화물선

이집트를 떠나 수단으로

10월 15일 월요일

이브라힘, 하무, DH와 함께 짐을 챙겨 아침 7시 반에 호텔에서 체크아웃을 하고 기차역으로 갔다. 기차를 타기 전에 배 안에서 먹을 물과 과일 등을 구입하고, 기차역에서 함께 배를 타고 수단으로 갈 일본인 여행자 요시를 만나서 함께 이동했다. 아스완 역에서 8시에 기차가 출발해 30분 후 하이댐 항구 역에 도착했다. 항구 입구로 가보니 이미 그곳은 배를 타려는 사람들과 그들의 짐으로 아수라장이다.

입구에는 항만이용료를 내려는 사람들이 긴 줄을 이루고 있어 한 시간 이상 넘게 기다려야 했다. 40EGP의 이용료를 내고 표를 받아 항구 안으로 진입하니, 짐 검사하는 곳에서 또 한 시간. 10년 쯤 전에 인도에서 헤매고 다녔을 때 이후로 정말 오랜만에 진정한 무질서와 아수라장을 체험했다. 그리고는 인지대로 사용할 2EGP를 제외하고 남은 돈은 근처의 환전상을 통해 수단 화폐로 바꿨다. 환율은 대충 1EGP = 1SDP(2012) 정도.

출국 심사대에서 인지를 구입해 서류에 붙이고, 출국 서류를 작성해 제출했다. 여권에 출국 도장을 받고 배로 이동하려니, 커다란 가방들을 들이밀며 먼저 들어가려고 싸워대는 아수라장을 또 헤쳐가야 한다. 배에 탑승하는 것만으로 온몸이 벌써 땀범벅이다. 이때가 11시 반 쯤. 하룻밤을 편히 갈 수 있는 좋은 자리를 잡기 위해 제일 위층 갑판으로 올라갔으나, 이미 구명정 아래 로얄석은 다른 사람들이 모두 차지한 후다. 아쉬운 대로 구명정 앞에 자리를 잡고 준비해온 캠핑용 방수시트로 그늘막을 만들어 DH와 함께 우리의 자리를 준비했다. 가지고 다니던 에어매트에 공기를 넣어 깔고 앉을 자리도 만들었다.

이브라힘은 내 자리 바로 앞쪽에 자전거와 함께 자리를 잡고, 하무와 요시는 에어컨이 시원하다며 아래층 선실 의자에 자리를 잡았다. 하루 종일 좁은 의자에 앉아있으려면 힘들 텐데도 더위에 지쳐 그 자리가 좋다고 한다. 낮에는 선내가 시원하지만, 밤에는 밖이 훨씬 시원하고 좋다. 가능하면 일찍 가서 바깥의 좋은 자리를 잡는 것이 좋다. 그늘막에 의지해 한낮의 땡볕을 겨우 피하며 출항만을 기다렸다.

하이댐 항구

도대체 이 배는 승선 정원이라는 게 있기는 한 건지… 대충 보아도 규정 인원의 두세 배는 넘을 것 같이 사람들이 올라탄다. 쌓인 짐들과 함께 구석구석에 앉거나 누워있는 사람들… 통로에도 구명정 위에도 사람들과 짐들이 쌓여있어 화장실 한번 다녀오기도 힘들 정도다. 어떻게든 편한 자리를 찾아서 이리저리 밀어대고 그늘을 찾아서 비집고 들어온다.
미리 사온 물과 토마토를 먹어가며 기다리고 또 기다렸다. 빵 같은 요깃거리를 좀 더 준비해왔으면 좋았을 걸 살짝 후회가 된다. 배 안에서 물은 공짜로 받아먹을 수 있고, 얼마인지 모르지만 음료수도 판매했다. 뭐 그리 준비할 것이 많은지 5시 출항 예정이었던 배는 해가 지고 저녁 7시가 되어서야 겨우 하이댐 항구를 떠났다. 하루 종일 물과 토마토만 먹은 터라 배가 고팠다. 티켓에 붙어있던 분홍색 식사권을 가지고 1층 식당에 가서 저녁 식사를 했다. 빵 두 개, 닭 1/4마리, 아주 간단한 샐러드의 이집트 음식. 그냥 먹을 만한 정도였다.
겨우 누워있을 만한 내 공간에서 별을 보며 쪼그리고 자다가 깨다가… 나세르 호수를 달리는 배 위에서 보이는 별들은 참 맘에 들었다. 티벳 고원에서 보았던 밤하늘의 은하수에 비할 수는 없겠지만, 오랜만에 그와 비슷한 느낌이 들었다. 해가 지고 바람도 선선히 불어오니 별빛 아래서 시원하게 잠을 청할 수 있었다.

항만이용료 40EGP
출국심사료 2EGP

하룻밤을 보낸 자리

와디할파로 향하는
페리선 갑판

수단

10월 16일 화요일

밤중에 와디할파로 가는 배 안에서 수단 입국카드를 작성하고, 여권에 도장을 받고, 또 뭔지 모를 문서(아마 여행허가서)를 하나 더 작성했다. 중요하니 가지고 다니라며 작성한 문서에 도장도 찍어주었다. 나세르 호수를 지나 아침나절엔 아부심벨 사원도 스쳐 지나고, 오후 2시 반쯤 드디어 와디할파 항구에 도착했다. 탈 때만큼이나 내릴 때도 아수라장이었다. 짐과 사람들 사이를 헤치고 헤쳐 겨우 뚫고 나오니 이미 오후 3시가 넘었다. 세관을 통과하는데, 카말 씨가 연락해둔 푸근한 할아버지 인상의 하이다르 씨가 인사를 건넨다. 바이크 통관 절차를 대행해주기로 하고 까르네와 서류를 챙겨주었다. 바이크를 실은 배는 내일 오전에 도착할 테니, 내일 아침에 같이 항구로 와서 함께 세관통과 작업을 하기로 하고 전화번호를 받았다.

하이다르Haidar
Tel 0122274877

이브라힘은 자전거를 타고 와야 하므로 따로 움직이고 DH, 하무, 요시와 함께 인력거를 타고 와디할파 마을로 이동했다. 도시라기엔 한참 미안한 작은 읍내 정도의 마을이었다. 10SDP짜리 호텔(이라기엔 너무 미안하지만…)에 체크인.
동네를 한 바퀴 돌고 나서 하무, 요시, DH는 다음날 아침 6시 반에 동골라Donggola로 출발하는 버스를 예약하고, 허름한 식당에서 수단 음식으로 함께 식사를 했다. 그리고 거리에 돌아다니는 환전상에게 50USD를 295SDP로 환전했다(1USD = 5.9SDP, 2012)

1. 수단 와디할파
2. 와디할파 숙소의 야외 침대

숙소에서는 간이침대를 밖에 내어놓고 별을 보며 잠이 들었다. 밤바람이 선선하니 시원하다. 모기도 없어서 더욱 좋은 밤. 수단 사람들은 순박하고 친절한 것이, 참 맘에 든다. 극성맞은 이집션들에 치이고 치여서 그럴지도 모르겠다.

와디할파에서의 하루 - 외국인등록

10월 17일 수요일

아침 일찍 하무와 요시, DH는 버스를 타고 동골라로 떠났다. 아스완에서부터 일주일 넘게 함께 다녀서인지 헤어짐이 아쉬웠다. 어디선가 다시 만날 수 있기를, 긴 여정을 다들 무사히 마무리하기를 바랐는데, 놀랍게도 5개월이 지나 볼리비아 우유니의 호스텔에서 하무를 다시 만났다. 하무 역시 남아공까지 아프리카를 종단한 후 남미로 건너와 북상하고 있던 중이었다. 다른 대륙, 다른 나라에서 아무런 약속 없이 우연히 다시 만나다니 무언가 인연이 있는 것인가… 만약 다시 한 번 어디선가 우연히 만나게 된다면, 의형제라도 맺어야겠다.
호텔로 찾아오기로 했던 하이다르 씨를 기다렸으나 약속 시간이 지나도 오지 않았다. 전화해보니 바이크를 실은 배가 늦어져서 오늘 저녁에나 와디할파에 도착하게 되었다 한다. 오늘은 세관작업이 불가하니 내일 아침부터 하기로 했다. 결국 하루 더 와디할파에 머물게 된 셈이다.
수단은 입국 3일 안에 외국인 등록Registration을 해야 한다. 여기저기서 검문할 때마다 여권의 외국인 등록사항을 체크하니 꼭 잊지 말자. 외국인등록을 위해서는 와디할파 경찰서로 찾아가야 하는데, 동네 자체가 워낙 작아서 금방 찾을 수 있다. 경찰서 입구에서 경찰 아무나 붙잡고 "Registration"을 외치니, 알아서 나를 담당 경찰에게 데려다 준다.
담당 경찰이 달라는 여권, 서류, 사진을 주고 여권의 비자를 복사해오라 하니 다녀오고, 여기저기로 사인도 받아 오고, 시키는 대로 한 시간가량 이리저리 다니다보니 다시 한 번 느끼는 것이지만 참 비효율적이다. 아무리 생각해도 이해하기 힘든 시스템이랄까. 213SDP로 인지를 사 붙이고, 여권에 Registration 스티커를 붙여주니 등록이 완료됐다. 짜증은 좀 나는 과정이지만, 크게 어렵진 않으니 얼마든지 혼자서 할 수 있다. 하르툼이나 다른 데보다 와디할파가 훨씬 간편한 듯하다.
식당에서 밥 사먹고, 물 사먹고, 콜라 사먹고, 시장에서 바나나도 좀 샀다. 할 일이 없어 호텔 근처의 수단 사람들과 놀면서 말도 배웠다. 숙소로 돌아와 또 다시 별을 보며 취침. 어제보다 별이 더 많다. 좋다. 황량하고 아무 것도 없지만, 조용하고 깨끗(?)하고, 순박한 사람들의 와디할파. 참 맘에 든다.

외국인 등록 213SDP

댄 Dann & 미르얌 Mirjam
1982년 네덜란드 생. 북미에서 남미를 거쳐 아프리카로 건너 왔으며, 남아공에서부터 북쪽 이집트까지 올라와 고향 네덜란드로 가는 여정. 20개월의 여행을 마치고 현재 네덜란드에 거주.
블로그 www.farawayfromflakkee.nl

Q1. 여행 루트와 기간, 라이딩 거리

처음엔 유럽에서 러시아로 출발하기로 계획했었다. 그러나 어쩌다가 캐나다로의 거의 무료운송을 지원받게 되어 계획을 수정. 캐나다에서 출발하는 것으로 여정을 변경하였다. 캐나다에서 아르헨티나까지 달렸다. 아르헨티나에서 남아프리카공화국으로 바이크와 함께 날아갔고 남아공에서 유럽을 향해 북쪽으로 달렸다. 총 74,300km를 혼다 아프리카 트윈으로 달렸고 20개월 동안 31개 나라를 통과했다.

Q2. 여행에 사용한 바이크 소개

우리는 모두 혼다의 아프리카 트윈을 탔다. 1993년식 RD07과 1996년식 RD07A이다. 이미 주행거리가 꽤 나가던 녀석들을 중고로 구매했지만 여행하는 동안 별 문제는 없었다. 현재 두 바이크는 165,000km와 189,000km의 주행거리를 기록하고 있다. 하지만 엔진과 기어박스, 클러치와 서스펜션 등은 모두 처음의 것 그대로다. 이것이 혼다의 품질! 연료펌프 등에 작은 문제는 있었지만, 예비 부품을 지니고 다니기 쉽다. 사막 등 오프로드를 달리는 것을 좋아하므로 우리는 항상 셀프 정비를 했다. 바이크와 GPS는 오지에서의 생명줄. 항상 안정적으로 준비되어야 한다. 오프로드를 달리는 것을 워낙 좋아해서 바이크에 꽤나 무리가 되었을 것이다. 하지만 우리는 수많은 모래와 강들을 넘나들었다! 우리의 바이크들이 이 모든 것들을 가능하게 해주었다.

Q3. 자신의 여행 스타일

좋은 질문! 잘 준비된 여행을 좋아하지만 모두를 계획하진 않는다. 가장 기본적인 사항들(체력, 바이크, 장비 등)은 미리 충실히 준비해야 한다. 그리고 앞날에 무엇이 펼쳐질지 지켜보면 된다. 느린 여행이 좋다. 맘에 드는 장소를 만나면 며칠 동안 머물며 휴식을 취한다. 캠핑장 아닌 야외에서의 와일드 캠핑은 가장 좋다. 관광객들이 모여 드는 관광지는 피한다. 관광지 이면의 현지인들과 자연이 더욱 좋다.

Q4. 대략적인 여행 경비

보험료, 비행기티켓, 운송비 등을 모두 포함해서 대략 3,000USD 정도를 우리 두 명의 한 달 경비로 사용했다.

Q5. 모터사이클 여행의 장단점

바이크 여행은 환상적이다. 바이크는 보호막이 없고 완전히 열려있기 때문에 방문하는 모든 나라의 사람들과 항상 소통해야 한다. 당신이 허락하기만 한다면, 아이들은 언제나 바이크에 앉는 것을 좋아한다. 작은 마을에 도착해서 동네의 아이들과 친해지면 온 마을 전체의 사람들이 당신의 친구가 된다. 바이크는 현지인들에게 다가가는 가장 좋은 방법이다. 하지만 비 오는 날, 하루 종일 비가 오는 날은 정말 싫다!

Q6. 가장 추천하고 싶은 여행지와 그 이유

수단. 사람들이 많이 찾는 보통의 관광지는 아니지만 수단의 사람들을 사랑할 수밖에 없다. 단 한마디의 아랍어도 할 줄 모르더라도 수단인들과 함께 차를 한 잔 하면서 대화를 나누는 것은 매우 즐거운 일이다. 친절과 배려가 넘치는 수단 사람들. 수단은 그 어느 곳보다 안전하다. 이슬람 세계에서 전해지는 온갖 부정적인 뉴스는 잊어버리자. 수단에서 이슬람 세계의 아름다움을 배우게 될 것이다.

Q7. 바이크 여행 중 가장 기억에 남는 일

4,800m의 고원에서 캠핑을 했다. 다음날 아침 바이크 커버 위에 눈이 쌓여 있었고, 얼어붙은 손을 녹이며 캠핑 장비를 바이크에 싣고 바이크에 올라 따뜻한 열기가 느껴지는 열선그립을 감싸 쥐었다. 차가운 공기. 황량한 고원에 쌓인 눈밭 속을 출발할 때의 그 느낌.

Q8. 모터사이클 세계여행을 떠나는 이들에게 한마디

그냥 가라! 당신 생각만큼 무서운 일이 아니다. 하루하루 달릴 뿐이다. 출발할 때, 보통은 여행의 거대한 그림을 그리지만 사실은 하루하루 당신이 방문하길 원했던 나라들을 즐길 뿐이다. 웃으며 매일을 즐기다보면 무엇이든 이뤄질 것이다.

바이크 수단 도착

10월 18일 목요일

아침 8시에 숙소로 찾아온 하이다르 씨와 함께 항구로 이동했다. 바이크를 실은 배는 이미 정박해 있었고, 싣고 온 짐들을 내리려고 준비 중이었다. 바이크가 무사한지 확인하는데, 돌연 스로틀 어시스트가 사라진 것을 발견했다. 누가 슬쩍한 것이다. 젠장, 도둑놈들 같으니. 하여간 이집션들 끝까지 맘에 안 든다. 6개월 넘게 아무 문제없이 잘 달고 왔는데, 결국 여기서 도둑맞았네. 떼어 놓을까 하다가 별것도 아닌데 하며 그냥 놔둔 것이 엄청 후회되었다. 유럽에서 페리에 바이크를 실을 때 늘 그랬듯이, 큰 가방도 그냥 바이크에 묶어놓을까 잠시 생각했었는데 안 그러길 정말 잘했다. 가방도 함께 두었으면 가방까지 통째로 없어졌을지도 모를 일이다.

1. 동골라로 향하던 길에서 다시 만난 이브라힘
2. 하르툼의 시장 풍경
3. 하르툼으로 가는 길, 길을 막는 낙타 무리
4. 나일 강변. 수단의 수도 하르툼

바이크를 배에서 내려 세관으로 이동했다. 세관에서 하이다르 씨가 세관 수수료 35SDP, 관세 35SDP를 내주어 나중에 수고비 70SDP와 함께 정산했다. 결국 바이크를 찾기까지 140SDP를 지출한 셈이다. 오전10시에 세관 작업을 모두 마무리하고 하이다르 씨와 인사한 후 바이크를 타고 항구 밖으로 나와 숙소로 이동했다. 남쪽으로 떠나기 위해 숙소에서 짐 정리를 하고 출발하려는데, 숙소의 아저씨들이 늦은 아침 식사를 하신다. 이리 와서 먹고 가라고 불러 주셔서 이른 점심 식사를 얻어먹고 체크아웃을 했다.

추가 환전 50USD = 295SDP
세관 수수료 35SDP
관세 35SDP
하이다르 씨 수고비 70SDP

하르툼으로 가는 길

와디할파를 출발해 동골라를 향해 남쪽으로 길을 달렸다. 사하라 사막 길을 종단하는 중에 배에서 내리고 헤어졌던, 자전거를 타고 달려가는 이브라힘을 길에서 만났다. 나보다 이틀 먼저 와디할파를 출발했지만 금세 내가 따라잡은 것이다. 터키를 출발해서 이집트와 수단을 지나 남아프리카공화국까지 자전거로 종단할 것이라 했다. 반갑게 인사하고 서로의 안전을 빌며 헤어졌다. 그리고 5개월에 걸친 대장정 끝에 이브라힘은 남아공 희망봉에 도착해 자신의 아프리카 종단여행을 무사히 마무리 했다.

길은 모두 포장공사가 끝난 지 얼마 안 된 달리기 좋은 길이었다. 강렬한 태양 빛을 받으며 사하라 사막을 지나, 나일 강을 따라서 달렸다. 동골라의 허름한 숙소에서 별빛 아래 야외 침대에서 하루를 보낸 후, 수단의 수도 하르툼을 향해 길을 재촉했다.

하르툼은 제법 현대적이고 늘 사람들로 북적이는 중부 아프리카의 최대 도시였다. 서로 물 색깔이 다르다는 블루 나일Blue Nile과 화이트 나일White Nile이 만나 나일 강으로 합쳐지는 곳이 바로 하르툼이다.

건조한 사하라에서는 길에서 죽은 동물들이 그대로 박제가 된다.

수단에서 인디아나 존스가 되어보자

수단에 대한 아무 정보도 없는 상태로 온지라, 수단 사람들에게 꼭 보고 가야 할 것이 어떤 것인지 물어보곤 했다. 이것저것 많은 곳들을 이야기 해줬지만, 꼭 빠지지 않는 곳이 바로 메로에 피라미드 유적이었다. 정식 명칭은 베그라위야Begrawiya인데, 다들 메로에 피라미드라고 부른다. 찾아보니 하르툼에서 북동쪽으로 200km 좀 넘는 거리여서 바이크를 타고 하루 날 잡아 다녀오기도 좋다.

메로에 피라미드 유적 Meroe Pyramid
N 16°56.2531'
E 33°44.9974'

수단의 어디나 그렇듯 관광객 하나 보이지 않는 황량한 메로에 피라미드. 모래에 반쯤 파묻힌 듯 아무도 없는 피라미드 유적지를 인디아나 존스라도 된 것처럼 혼자서 돌아다녔다. 아무도 모르게 잊힌 고대유적을 처음 발견한 탐험가의 느낌이 이렇지 않을까. 세차게 불어대는 사막의 모래바람을 실감하며 강렬한 땡볕에 피부는 타 들어 가는 듯했다. 하지만 지나치게 개발된 탓에 혼자 차분하게 생각에 잠길 여유조차 허락되지 않는 거대한 관광지보다는 어찌 보면 이렇게 방치돼있는 것도 같은 곳이 백배 천배 더 좋았다. 먼 거리였지만 달려오길 잘했다는 생각이 들었다. 수단에 오게 된다면 꼭 들러보길.

1. 메로에 피라미드 유적지 2. 천년 동안 모래 속에 묻혀 있던 메로에 피라미드 3. 수단의 가시덤불 황무지

수단의 양가죽 물통 & 이집트의 진흙 항아리

건조하고 뜨거운 사하라 지방에서는 어떤 방법으로 물을 시원하게 보관할까? 답은 양가죽과 진흙 항아리에 있다. 미세한 구멍이 뚫린 양가죽과 진흙 항아리에 물을 담아놓으면 물기가 조금씩 새어나오면서 물통의 표면이 촉촉이 젖게 된다. 그러면 건조한 날씨에 물기가 증발하면서 주변의 열을 빼앗아가기 때문에, 물통 안의 물은 시원하게 유지될 수 있다.

내가 만난 수단 사람들

믿기 힘들지 모르지만, 그동안 여행한 모든 나라들 중에 가장 친절하고 순수한 사람들을 만난 곳이 바로 수단이다. 물론 어디에나 좋은 사람과 나쁜 사람들이 있겠지만, 전반적으로 비교했을 때 수단 사람들이 유럽의 어느 나라들보다도 친절하고, 우리 나라 시골 인심보다도 더 좋다고 느꼈다. 어딜 가든 밝게 웃으며 손을

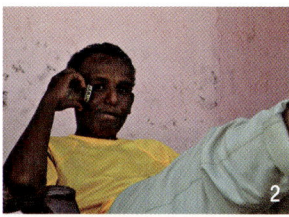

1. 반갑게 손을 흔들어주는 수단 사람들
2.3.4. 사진 찍히는 것을 좋아하는 수단 사람들

흔들어주고, 어떤 질문이나 도움 요청에도 대가를 바라지 않고 자기 일처럼 나서서 챙겨주고 도와준다. 외국인의 등장 자체를 신기해하는 뜨거운 시선들과 호기심에 다가와서 말을 거는 사람들은 늘 많았지만, 수단 사람들의 시선은 조금 달랐다. 상당히 따뜻하면서 순수한 호기심과 신기함이 깃든, 기분 좋은 여행의 느낌을 준다. 수단에서는 가게에서 물건을 사거나 음식을 주문할 때도 대부분 정직하게 가격을 부른다. 이집트에서 경험했던 바가지도 거의 없다. 아마도 오래된 내전 등으로 인해 관광객이 거의 없고, 지금까지 거의 폐쇄된 채 지내온 터라 때가 덜 묻은 덕분일 것이다. 부디 수단인들의 순수함과 정직함, 친절함이 오래가기를, 자본주의의 때가 덜 묻기를 바랄 뿐이다.

사진 속 수단 사람들의 공통점을 눈치 챘는가? 바로 휴대폰이다. 자연스레 통화하고 있는 모습을 찍은 것처럼 보이겠지만, 사실은 연출된 사진이다. 사진 속의 수단 사람들은 모두 내게 사진 촬영을 부탁한 다음 스스로 자연스레 휴대폰을 꺼내어 포즈를 취한 것이다. 처음에는 왜 사진을 찍어달라고 하며 휴대폰을 꺼내는지 이해하지 못했지만 곧 그 이유를 알 수 있었다. 수단 사람들에게 휴대폰은 곧 부의 상징인 것이다.

촬영 후에는 블루투스 사진 전송도 부탁 받았다. 카메라를 찾기 힘든 수단에서 내가 가지고 다니던 DSLR 카메라는 자신의 사진을 찍을 수 있는 좋은 기회이기 때문이다. 그러나 내 카메라에는 블루투스 기능이 없었고, 이들은 이메일 주소가 없었다. 아쉬운 마음에 블루투스 기능이 있는 나의 아이폰으로 사진을 찍어 전송해 주려고 몇 번이나 시도해 보았지만, 이마저도 아이폰이 이들의 휴대폰을 인식하지 못해 사진 전송을 할 수 없었다. 미안한 마음이 가득했지만 내가 해줄 수 있는 일은 없고… 다음에 다시 수단을 찾게 된다면 블루투스 기능이 탑재된 카메라나 즉석 인화 기기를 챙겨와야겠다고 다짐할 뿐이었다.

내전과 전쟁으로 얼룩진 수단

대부분의 아프리카 나라들이 그러하듯 수단 역시 제2차 세계대전 이후 1956년 영국과 이집트의 공동관리로부터 독립했다. 독립은 하였으나 진정한 평화까지는 갈 길이 멀었다. 북부의 아랍계 무슬림들과 남부의 기독교, 또는 토착신앙을 믿는 흑인들은 민족 구성부터 종교까지 너무나 달랐다. 사하라의 척박한 땅에 사는 북부 아랍인들에 권력이 집중된 반면 석유와 같은 지하자원이 풍부하고 상대적으로 기름진 남부의 흑인 민족들은 권력에서 배제되면서 결국 갈등은 남부 수단의 무력투쟁과 내전으로 치닫고 말았다. 17년간의 1차 수단내전과 22년간의 2차 수단내전을 거치며 수백만 명이 죽었고, 그 몇 배에 달하는 수단인들이 피난을 떠나야 했다. 다행스럽게도 극단으로 치닫던 내전은 2005년 평화협정으로 종결되었고, 2011년 분리 독립을 결정하는 주민투표를 거쳐 수단과 남수단으로 공식 분리되었다.

수단에 방문했던 2012년만 해도 이미 내전은 먼 과거의 일인 듯 전쟁의 기운은 거의 느껴지지 않았다. 물론 수단 서부의 다르푸르 지방과 남수단은 아직 평화롭다 말하긴 이르다. 지역의 작은 민족들 간 분쟁이 해결되지 않아 전쟁과 테러가 심심찮게 일어나고 있기 때문이다. 하지만 적어도 북쪽 수단에서 하르툼, 에티오피아로 이어지는 도시 지역들은 밤에 돌아다녀도 위협적이지 않을 정도로 안전하다는 느낌이었다. 아마 척박한 환경에서조차 밝게 웃어주는 수단 사람들의 상냥함이 재난의 상황을 잊게 해주었는지도 모른다.

수단 여행에 필요한 서류들

- **외국인 등록** Registration

외국인은 입국한지 3일 안에 관청 Aliens Registration Office에 가서 외국인 등록을 하고 여권에 등록 스티커를 받아야 한다. 수도인 하르툼에서도 할 수 있고, 국경도시인 와디할파, 포트수단 Port Sudan, 갈라바트 Gallabat에서도 할 수 있다.

- **여행허가증** Travel Permit

공식적으론 외국인이 수단을 여행하려면 관청 Ministry of Humanitarian Affairs에 가서 여행허가증을 받아야 한다(사진 2장, 여권사본, 8,700SDP). 하지만 실제로는 거의 유명무실한 규정이라 대부분 발급받지 않고도 여행을 다니는데, 운에 따라서는 여행허가증 제시를 요구받기도 한다. 실제로 와디할파에서 하르툼을 지나 에티오피아 국경으로 내려가는 길에서 몇 번이나 검문을 받았지만 비자와 외국인등록을 제외하고는 다른 서류를 요구하지 않았다. 다만 딱 한 번 메로에 피라미드 유적으로 가면서 여행허가증을 제시해야 했기 때문에 메로에 유적을 비롯해 기타 유적지들을 방문할 계획이라면 여행허가증을 받아두는 것이 좋다.

- **사진촬영허가** Photo Permit

공식적으론 관청 Ministry of Tourism&Wildlife에서 사진촬영허가를 받아야 한다. 이것 역시 유명무실한 규정이라 없어도 별다른 문제는 없다. 다만 수단이 상당히 폐쇄적인 나라인 탓에, 사진 촬영 시 몇 가지 주의할 점이 있다. 군 관련시설, 검문소, 나일 강의 다리나 다리 위에서의 촬영이 불가하며 슬럼가나 걸인을 비롯해 수단의 어두운 부분을 촬영하는 것도 금지돼있다. 또한 이슬람 국가이기 때문에 수단 여성의 사진을 함부로 찍지 않도록 주의해야 한다.

에티오피아

하르툼에서 며칠을 보낸 후 에티오피아를 향해 다시 스로틀을 당겼다. 수단 국경 검문소 바로 앞에서 통관료 283SDP를 내고 직원이 서류를 작성해주면 30분 만에 통관 작업 끝. 아주 간단하다. 이제 사하라 사막 지대를 벗어나면 고도가 높아진다. 에티오피아의 고원지대가 가까워질수록 푸른 초목이 나타나기 시작했다.

에티오피아는 태양은 강렬하지만 공기가 쌀쌀했다. 아프리카에서 그것도 적도 근처까지 거의 다 와서 추위를 느낄 거라곤 상상도 못했다. 고원지대로 올라와서인지 정말 오랜만에 구름이 떠있는 하늘도 볼 수 있었다. 대지는 푸르고 땅은 기름져 보여, 농사를 짓기에 좋아 보였다. 밀이나 옥수수 밭들이 보이고 양과 소, 노새들을 치고 있는 에티오피아인들이 늘 주위에 있다.

새벽에 하르툼에서 출발, 580km를 달려 오후 4시 반쯤, 에티오피아 국경 메테마Metema에 도착했다. 마을에 들어서 일단 국경으로 진입하려는데, 여기저기서 "헬로 마이 프렌드"를 외치며 사람들이 몰려든다. 언제나 그렇듯 국경 부근에는 환전상들이 있고 일처리를 도와주고 수고료를 받아 생활하는 사람들이 있다. 그들 중 한 사람의 안내를 받아서 출입국 과정을 진행했다. 아무 정보도 없는 상태에선 어디부터 가야 할지 우왕좌왕하기 마련이라 이들의 도움을 받았지만, 막상 지켜보니 크게 어려울 것 없는 과정이라 혼자 해도 그리 힘들진 않을 것 같다. 그래도 가야 할 이곳저곳을 알려주고, 몰려드는 사람들 때문에 바이크에 짐을 그대로 실어두기 불안하던 차에 바이크 주차한 것도 지켜봐주는 등의 도움을 받을 수 있

소들이 점령한 에티오피아의 새벽도로

었다. 대신 나중에 얼토당토 않는 금액을 요구할 수 있으니 처음부터 가격을 협상하거나 혼자 진행하는 것이 좋다.

국경선 바로 코앞에 있는 출입국사무소로 가서 신속한 입국 절차를 밟았다. 에티오피아 비자는 이집트에서 미리 받아놓은 데다 필요한 서류도 직원이 알아서 작성해준다. 한편 에티오피아는 바이크 외에도 노트북, 카메라 등 값비싼 물건들은 세관 서류에 기재해야 한다. 출국 검사 시 기재되어있지 않은 고가 물품은 세금을 추가로 내는 경우도 있으니 중요하다고 한다(하지만 실제론 출국할 때 따로 검사하지 않았다). 바이크 차대번호를 확인하고 짐 검사만 마치면 입국 절차가 간단히 마무리 된다. 총 1시간 반 정도 소요되며, 24시간 근무라 밤중에도 출입국 수속이 가능하다. 아프리카에서 국경을 넘을 때는 특히 조심해야 한다. 여행자들에게 바가지를 씌워 한몫 해보려는 이들이 언제나 진을 치고 있기 때문이다. 수단이라고 해서 예외는 아니다. 수단-에티오피아 국경에서도 환전 비율이나, 호텔 가격 등으로 바가지를 씌우려는 속내가 훤히 들여다보였다. 출입국 수속을 도와주었던 현지인은 출입국 과정이 끝나고 수고비로 100SDP를 달라고 했다. 실랑이 끝에 20SDP를 주었지만, 처음 일을 시작할 때 협상하고 시작했으면 10SDP 정도면 충분하지 않았을까 하는 생각도 든다. 어쨌든 틈날 때마다 경찰이나 세관원에게 환전 비율이나 음식 가격, 숙박료, 환전하기 좋은 곳 등을 미리 물어보는 것이 좋다. 국경을 넘는 외국인은 당장 환율과 물가에 무지하기 때문에 속이기 딱 좋은 먹잇감이다. 어디나 마찬가지지만 특히나 국경 근처에선 늘 정신을 바짝 차려야 한다.

에티오피아 간단 정보

- **비자** 비자 필요, 도착비자 가능(90일, 30USD)
- **출입국** 수단, 에리트레아, 케냐에서 육로 출입국 가능. 까르네 불필요
- **환전** 국도를 따라 만나게 되는 주요 도시에서 은행과 ATM을 찾을 수 있으니 달러와 유로 등의 주요 통화 환전이 어렵지 않다. 국제현금카드 사용 가능.
- **도로** 전반적으로 그리 좋진 않지만 새로 닦아 깨끗하고 편한 길도 많은 편이다. 차도와 인도가 따로 구별 돼있지 않아 사람은 물론 소와 양떼, 노새, 낙타들까지 차량과 섞여 이동해야 하니 늘 조심해야 한다. 이런 상황이니 도로에 소똥이나 쓰레기 같은 것도 많아 항상 도로 상태를 살피는 것이 필요하다.
- **주유소** 지나는 모든 마을마다 주유소가 있다. 다만 주요 운송수단이 디젤 엔진의 4WD나 트럭이다 보니 주유소에 휘발유가 없는 경우도 종종 있다. 또한 휘발유가 있더라도 주유기 대신 기름통에 보관하며 리터 단위로 한 번씩 덜어 주유해야 하는 경우도 많다. 기계식 주유에서는 리터당 19ETB가 조금 넘던 데 비해, 이런 경우 부르는 게 값이라 22ETB까지도 나간다(1USD=18ETB, 2012).
- **숙박** 수도 아디스아바바와 주요 관광도시인 바히르다르, 아와사 등에서는 다양한 형태의 숙소를 쉽게 찾을 수 있다. 그 외에도 길가의 작은 마을들마다 어김없이 적당한 규모의 호텔들이 영업하고 있다.

에티오피아의 거리 풍경

메테마를 떠나 남쪽으로 내려갈수록 풍요로운 초원이 나타나 그동안의 헐벗은 사막과 번잡했던 마음을 덮어주는 듯하다. 하지만 실상은 기근으로 수많은 이들이 굶어 죽는다 하니, 눈에 보이는 모습만으로는 상상할 수 없는 노릇이다. 돌이켜보면 푸른 들판과 어울리지 않게 헐벗고 가난해 보이는 사람들, 길가에서 노숙하는 사람들, 먹을 것을 달라고 손짓하거나 돈을 달라며 먼 곳에서부터 달려오는 사람들까지 무언가를 애타게 갈구하는 이들이었다.

길을 가다가도 신발도 신지 않은 채 땔감용 나뭇짐을 한 아름 지고 가는 여자들을 수없이 많이 보았다. 조그맣고 가냘픈 체구의 이들이 30kg는 될 나뭇짐을 지고 20~30km의 거리를 맨발로 걸어 운반하는 일을 한다. 그렇게 일을 해서 한 달에 버는 돈이 우리들 하룻밤 숙박비 정도. 그마저도 가족의 생계를 책임지는 유일한 수입인 경우가 많다. 길에서 만난 이들의 눈빛, 미소와 여유는 찾아볼 수 없는 그 얼굴들. 삶의 무게에 짓눌려 가까스로 맨발로 버텨내는 모습들을 보며 이들의 얼굴을 좀 더 가까이 카메라에 담고 싶다는 마음이 간절히 들었다. 하지만 한가하게 유람이나 다니는 나로서는 감히 그들의 얼굴을 마주볼 용기가 나지 않았다.

이집트나 수단에서도 매일 겪었던 일들이라 낯선 풍경은 아니었지만, 에티오피아에서부터는 삶의 곤궁함과 빈부 격차가 지금까지 보아왔던 것들보다 훨씬 깊고도 짙어지고 있었다. 에티오피아는 사하라 사막과 같은 척박한 지역도 아니고 기후가 온난해 초목이 비교적 잘 자라는 곳이다. 관개시설만 제대로 갖추면 얼마든지 농경지로 활용할 수 있는데도, 이러한 노력은 식량 생산이 아니라 수출작물을 생산하기 위한 토지에만 집중되고 있다.

땔감용 나무를 운반하는 에티오피아 여인들

거기에 더해 과거 이들을 지배했던 식민종주국 이탈리아에 의해 아무런 민족적 고려 없이 제멋대로 그어진 국경선은 인접국 소말리아와 분쟁을 야기하게 되었다. 군사적 긴장 상황에서 에티오피아 정부는 막대한 예산을 군비로 투입하게 되었고, 무기 수입을 위해 빌린 외채의 이자를 갚기 위해 수출작물에 주력할 수밖에 없었던 탓도 있다. 농사를 지어야 할 젊은이들이 군인으로 징발되었고, 농업생산량은 감소했다. 아슬아슬하게 버텨내던 외줄타기 상황에서 몇 년에 한 번씩 자연재해가 찾아오면 속수무책으로 당하는 수밖에 없다.

한 번씩 역병처럼 이들을 쓸고 가는 대규모 기아사태는 결국 인재인 셈이다. 식민시대가 저물어간 후에는 더욱 교묘해진 거대 자본의 수탈까지 더해져, 과연 이들의 희망은 어디 있는 것인지 묻게 된다. 어디서부터 무엇이 잘못된 것일까. 어떻게 해결할 수 있는가. 전쟁 직후의 우리들의 모습도 또한 저렇지 않았을까. 에티오피아를 지나는 내내 머릿속을 맴돌던 의문이었다.

타이어, 처음으로 펑크 나다

웨레타Wereta라는 마을에서 간단한 점심 식사를 하고 아디스아바바Addis Ababa로 출발한지 얼마 지나지 않아 퍽 하는 이상한 소리가 났다. 느낌이 좋지 않아 멈춰 서서 바퀴를 확인하니 커다란 못이 뒷바퀴에 박혀있다. 여행 7개월 만에 처음으로 펑크가 났다. 멍하니 바퀴를 보고 있으니 에티오피아 사람  들이 여기저기서 몰려들어 나를 둘러싼다. 이들 중 한 사람이 도와주어 바퀴에 박힌 못을 겨우 빼냈다. 다행히 바로 옆에 자동차 타이어 펑크 수리점이 있어 바이크를 맡길 수 있었다. 도대체 왜 이런 못이 아스팔트 도로 한가운데 있었던 걸까? 펑크 수리점이 가까이 있어 참 다행이긴 한데, 너무나도 가까워서 이놈들이 도로에 못을 뿌려놓은 것은 아닌지 의심될 정도였다. 의심스럽기는 하지만 에티오피아의 지저분한 도로를 보면 그럴 수도 있을 것 같기도 하고. 어떻게 증명할 길도 없는데, 낑낑대며 열심히 수리하는 사람들을 보며 의심만 하는 것도 할 짓은 아닌듯했다. 도로를 제대로 살피지 않은 내 탓을 하는 수밖에.

수리점에서 한 시간 정도 걸려 뒷바퀴를 떼어 내고, 튜브를 꺼내서 땜질하고 다시 장착했다. 직원에게 수리비를 물으니 50ETB를 달라고 해서 주었다. 못을 빼내고 수리점까지 바이크를 끌고 가는 내내 옆에서 도와준 다른 녀석에게도 50ETB를 주고 인사한 후 다시 길을 나섰다. 다시는 펑크가 나지 말아야 할 텐데. 수리한 부분에 다시 말썽이 없기를. 그 이후로는 도로를 유심히 살펴보며 달렸고, 이날의 펑크가 내 여행의 유일한 펑크였.

러시아나 아프리카의 길을 달리다 보면, 타이어를 빼서 수리하고 있는 트럭들, 차량들이 수도 없이 보인다. 그만큼 도로 상태가 엉망이고, 길가에 위험요소들이 굴러다닌다는 뜻이다. 에티오피아에서는 특히 그 정도가 심했다. 그렇게나 타이어 펑크가 많다 보니, 에티오피아의 아무리 작은 마을에도 타이어 수리점이 있었을 정도다.

경험에 의하면 펑크는 대부분 갓길 운행 때문에 생긴다. 공사 중이거나 누가 길에 못이라도 뿌려 놓지 않는 이상, 차도 안에서만 운행하면 펑크는 나지 않는다. 정체된 도로에서 추월을 할 땐 갓길 대신에 중앙선이나 일차선 도로 쪽으로 가야 한다. 그 편이 상대 운전자의 시야에도 더 잘 보이고 훨씬 안전하다.

최초의 인류 루시를 만나러

그렇게 에티오피아의 수도 아디스아바바에 도착했다. 최초의 호미니드(직립 보행 영장류)인 루시의 화석이 발견된 곳이 이곳 에티오피아 북부였고, 현재 루시는 에티오피아의 수도 아디스아바바의 국립박물관에 잠들어 있다.

사하라 이남 아프리카는 인류의 요람이며 근원지이다. 최초의 인류가 나타난 것으로 알려졌으며 처음 인간 공동체가 생성되고 자라나 전 세계로 퍼져나간 곳이다. 아프리카를 떠난 우리의 조상들이 중동지역을 지나 유럽으로, 또 아시아로 이동해 유라시아의 동쪽 끝 한반도에 이르러 한민족의 조상이 된 셈이다. 모든 인류는 모두 아프리카인이라 해도 그리 틀린 말은 아닐 것이다. 아프리카는 결국 모든 인류의 고향인 셈이다. 얼마나 먼 조상이었을지 상상 할 수도 없지만, 그때의 누군가가 이곳을 떠나 먼 여정을 시작하지 않았다면 세상은 지금과 다른 모습일 것이다. 우리 모두 아직 아프리카의 초원 어딘가에서 살고 있었을지도 모를 일이다. 먼 길 떠났던 알 수 없는 그들의 여정을 되짚어 하루하루를 달려본다. 그리고 마침내 나는 이곳, 우리 모두의 고향에 돌아왔다.

1. 에티오피아의 수도 아디스아바바
2. 최초의 인류 루시, 아디스아바바 국립박물관

케냐 비자 발급

아디스아바바에서 케냐 비자를 받기 위해 케냐 대사관을 방문했다. 케냐는 도착비자가 가능하기 때문에 사실 미리 대사관에서 비자를 받지 않아도 된다. 하지만 아프리카에서는 언제 어떤 일이 벌어질지 모르기 때문에 가능하면 미리미리 준비해두는 것이 좋다. 만에 하나라도 입국심사관의 기분이 별로라 국경에서 비자 발급을 거부당할 수도 있고, 정해진 비자 발급비와 별개로 뒷돈을 요구하는 경우도 있다고 한다.

에티오피아 주재 케냐대사관
N 9° 1.9657'
E 38° 46.9879'
사진 1장, 50USD, 익일 발급

벌레와의 전쟁

아프리카에서 여행 중 가장 신경이 쓰이고 짜증나는 것은 바로 벌레다. 특히 에티오피아는 말라리아 위험지역이기 때문에 모기를 각별히 주의해야 한다. 이집트에서부터 말라리아 예방약 라리암을 복용했지만, 이것만으로는 사실 말라리아 예방에 별 효과가 없다. 지역마다 말라리아균의 종류가 다른데다, 라리암만으로 예방되는 것은 매우 제한적이기 때문에 약을 복용했다 하더라도 다른 종류의 말라리아에 감염되는

침대를 덮은 모기장. 케냐 마사비트

것은 얼마든지 가능한 일이다. 그렇기 때문에 모기에 물리지 않도록 하는 것이 가장 중요하다. 워낙 모기나 벌레 문제가 많으니 숙소마다 모기장을 준비해놓은 곳도 많다.
하지만 가장 신경 쓰이고 짜증나게 했던 것은 다른 녀석들이었다. 빈대? 벼룩? 정확하게는 모르지만 두 종류의 벌레들 때문에 상당한 곤욕을 치렀다. 에티오피아에 들어와 묵었던 귀신 나올 것 같은 숙소에서부터 불안하더니, 결국 어디서부터인지는 몰라도 두 종류의 벌레가 몸 구석구석에 들러붙게 된 것이다. 옷 안 어딘가에 숨어 있다가 몸 여기저기 돌아다니며 온몸을 물어대는 통에 가렵고 피부가 부어오르니 짜증이 치솟을 수밖에. 결국 입었던 옷들 몽땅 세탁을 맡기고도 불안해서 약국에서 벌레퇴치용 스프레이를 진창 뿌리는가 하면 틈날 때마다 햇볕에 소독을 해야 했다. 그런데 정말 알 수 없는 것은 바로 이곳에 살고 있는 현지인들이다. 길에서 또 풀밭에서 노숙하는 사람들, 그냥 봐도 몇 년은 빨지도 않았을 천을 몸에 휘휘 두르고 다니는 사람들은 이런 벌레들을 그냥 견디고 사는 것인가. 아니면 그들은 벌레들에게 물리지 않는 것인가. 잘 모르겠다.

내가 만난 에티오피아 사람들

아디스아바바를 중심으로 북쪽과 남쪽의 느낌이 판이하게 달랐는데, 민족이 달라서인지 경제적인 수준 차이인지는 잘 모르겠지만, 북쪽 에티오피아 사람들이 좀 더 곤궁하고 빈곤해 얼굴에서 여유와 미소를 찾기가 힘들었다. 아디스아바바를 지나 남쪽으로 내려가는 길에 만났던 사람들은 상대적으로 여유로워 보이고 손을 흔들며 웃어주고 하는 일이 많아져서 좀 더 마음이 편했다. 이곳에도 지역에 따라 민족에 따라서 빈부와 계층의 차이가 존재하는 듯하다. 물건을 살 때면 정가보다 더 비싸게 받기도 하고, 속임수도 많아 보였으나 이집트에 비해서는 양호한 편이다.

에티오피아에선 총이나 나무막대기를 들고 다니는 사람들이 많다. 외국인을 대상으로 하는 강력 사건은 거의 없다지만, 길을 지날 때 느껴지는 사람들의 시선이나 곤궁한 분위기는 그리 안전한 느낌을 주지 않았다. 길에서 잠시 쉬어갈 때면 무언가를 바라고 몰려오는 이들도 있었지만, 다행히 위협적인 일은 겪지 않았다. 하지만 에티오피아 역시 항상 조심해야 하는 곳이다. 어두워진 후에는 밖에 돌아다니지 말라고 하고, 또 호텔이나 숙소에서도 언제나 항상 문단속 잘 하라고 주의를 주는 것을 보면 작은 사건 사고들이 끊이지 않는가 보다.

아디스아바바에서 길을 가는데 온통 흙투성이인 어떤 청년을 지나치게 되었다. 그런데 그가 갑자기 뒷걸음질 치더니 내게 몸을 부딪쳐 왔다. 미처 피하지 못해 내 옷에 흙이 조금 묻어 툭툭 털고 그냥 지나가려는데 미안하다며 악수를 청한다. 미안하다며 열정적으로 팔을 흔들어대더니 마치 때리는 것 아닌가 싶을 만큼 과하게 흙이 묻지도 않은 무릎을 털어주려 한다. 전형적인 소매치기 수법이었다. 이렇게 정신을 쏙 빼놓고 어느 샌가 지갑을 슬쩍 하는 것이다. 가이드북에서 이런 소매치기 수법을 조심하라는 경고 글도 보았는데, 이 녀석… 어떻게나 책에 쓰여 있던 대로 똑같이 하시는지… 보면서도 기가 찼다. 바로 "Don't touch me!" 외치면서 뒤로 물러나 경계하니 어깨를 으슥하고 웃으며 물러난다. 순박하고 착한 사람들은 한없이 좋지만, 범죄자들은 어디에나 있기 마련이다. 언제나 조심하자.

장총을 매고 길을 가는 에티오피아인

에티오피아 시간제 Ethiopian Time

특이하게도 에티오피아는 24시간제가 아니라 12시간제를 사용한다. 우리 기준으로 태양이 떠오르는 오전 6시가 에티오피아에서는 0시. 그리고 12시간이 지나 해가 지는 오후 6시가 되면 에티오피아 시간으로는 다시 0시가 된다. 영업시간이나 버스시간 등을 확인할 때 보통은 24시간제로도 이야기해주지만, 좀 이상하거나 헷갈린다 싶으면 정확하게 다시 확인해봐야 한다.

에티오피아

곡식이 영글어가는 가을의 에티오피아는 풍요로웠다. 북부 고지대에 비해 고도가 낮기 때문인지 날은 더 따뜻했고, 사람들의 표정도 한결 여유로웠다. 그렇게 아프리카의 자존심 에티오피아를 벗어나 마사이족의 나라 케냐를 향해 달려갔다.

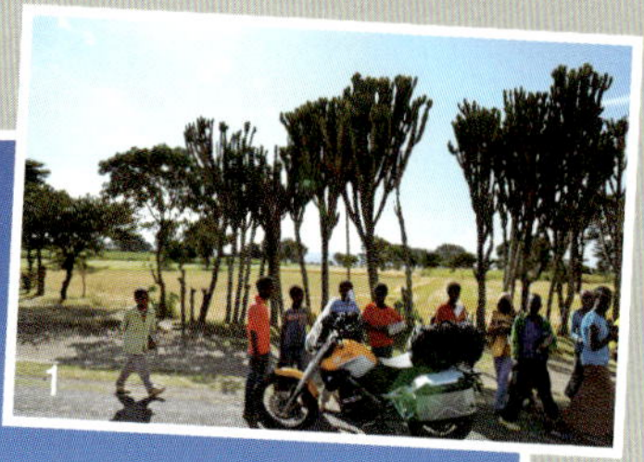

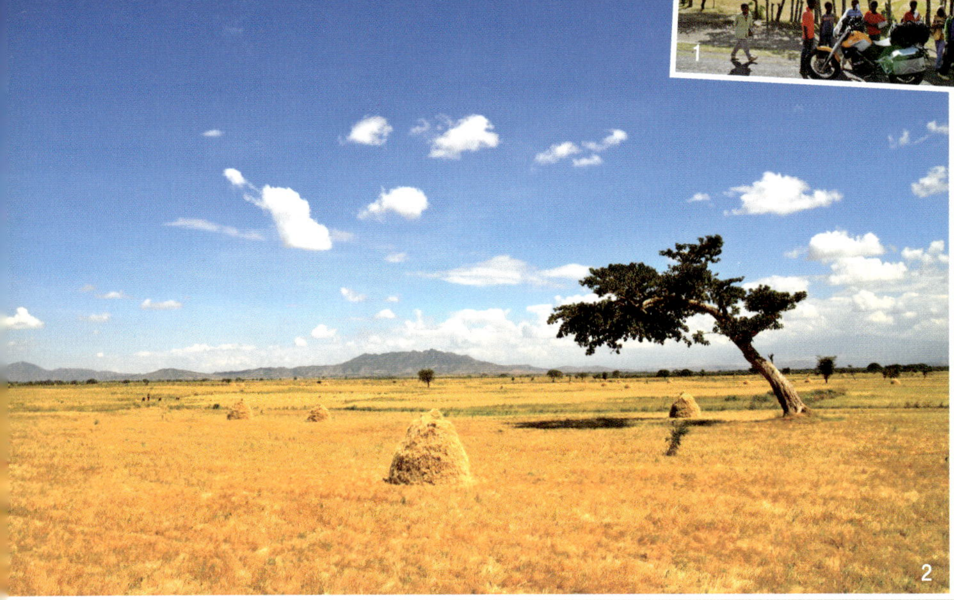

1. 선인장 나무그늘에서 잠시 쉬는 사이 몰려든 사람들 2. 수확철의 에티오피아 3. 호숫가 마을 아와사 4. 케냐 국경 근처의 마을 5. 원숭이들은 조심해야 한다. 이놈들 손버릇이 고약하다. 널어놓은 빨래라도 집어 들고 나무위로 도망 가버리면 어떻게 할 수 있는 방법이 없다. 6. 케냐 국경 모얄레로 향하는 길

13월 김영식
평범한 회사원. 바이크 경력 20년. 충북 증평 거주.
블로그 jigoo.kr

Q1. 여행 루트와 기간, 라이딩 거리

1차(9개월) 러시아-몽골-러시아-카자흐스탄-키르기즈스탄-타지키스탄-우즈베키스탄-투르크메니스탄-아제르바이잔-그루지아-아르메니아-그루지아-터키-이란-(항공이동)-인도(현지 바이크 구입)-스리랑카(도보 여행)-인도-네팔(도보 여행)-이란-한국
2차(2개월) 러시아-몽골-러시아-핀란드-노르웨이-스웨덴-덴마크-독일-스위스-오스트리아-이탈리아-프랑스-스페인-모로코-한국
3차(1개월) 북인도

Q2. 여행에 사용한 바이크의 소개

스즈키 DR650. 잔 고장 없는 단기통 카뷰레터Carburetor 방식의 심플한 구조. 단기통 특유의 진동으로 공도 고속 주행은 약간 불편하나, 동일 배기량 듀얼 바이크 중 가장 가볍고 험로 주행에 탁월하다. 18리터 옵션 기름 탱크와 투러텍의 패니어 시스템 Zega Case 장착. 평균 연비 리터당 20km.

Q3. 자신의 여행 스타일

미친 듯이 달리다가 경치 좋은 곳에서 캠핑하기.

Q4. 대략적인 여행 경비

식대 + 주유비(1일 평균 30리터, 600km) = 10,000원 + 45,000원. 잠은 주로 캠핑.

Q5. 모터사이클 여행의 장단점

원하는 곳이라면 어디든지 갈 수 있고, 달리고 싶을 때 달리고 멈추고 싶을 때 멈출 수 있는 자유. 캠핑 장비가 있으므로 온 지구가 다 내 집. 비바람 까지는 OK. 하지만 눈에는 취약.

Q6. 가장 추천하고 싶은 여행지와 그 이유

몽골 초원에서 쏟아지는 별 보기. 막막함 속에서 희망 발견하기. 몽골을 통과한 후에는 세상 어떤 길도 그저 껌일 뿐이다. 그리고 인도는 세계여행의 축소판이다. 슈퍼 다이내믹 익스트림 하드코어 판타스틱 어드벤처랄까. 초보자에겐 위험할지도.

Q7. 바이크 여행 중 가장 기억에 남는 일

몽골 초원에서 잦은 타이어 펑크로 이틀간 고립된 적이 있다. 지나는 차량에 구조를 요청하니 새벽 2시에 버스기사가 새 타이어 튜브를 갖다 주었다.

Q8. 모터사이클 세계여행을 떠나는 이들에게 한마디

지금이 바로 떠나야 할 시간! 두려워 말고 떠나시길. 짐은 최소한만. 단 방어운전이 가능한 운전 실력은 필수!!

Q9. 여행을 마친 후 바이크의 국내운송 과정과 방법

1차(이란~부산) 주 이란 한국대사관에서 주선해주어 나무상자에 포장해 부산까지 해상 운송했다. 이란은 혼적이 불가능해 20ft 컨테이너를 통째로 빌려 달랑 바이크 한 대를 실었다.
2차(모로코~인천) 나무상자에 포장 후 인천까지 항공 운송. 주 모로코 코트라지 사에서 주선해주었다.
운송비는 각 200만 원 정도 소요. 현지에서 바이크를 팔고 올 것을 강력 추천한다.

Q10. 여행을 마친 후의 소감, 자신에게 달라진 점

지구가 그리 넓지 않다. 세상에 내 맘대로 되는 건 없다. 하지만 어떻게든 다 된다.

에티오피아의 푸른 초원

케냐

케냐의 국경도시 모얄레Moyale로 들어왔다. 남은 에티오피아 돈으로 모두 기름을 넣었는데, 국경도시라선지 무척 비싸게 받는다. 보통 리터당 19~20ETB하는 기름 값을 24ETB이나 받다니! 늘 그렇듯이 국경에 도착하면 여기저기서 사람들이 몰려든다. 거의 모두가 환전상, 출입국 절차를 도와주고 수고비를 받는 사람들이다. 에티오피아 입국할 때의 경험도 있고 해서 이번엔 이들을 모두 뿌리치고 혼자서 출입국 과정을 진행했다. 에티오피아와 케냐의 출입국사무소에서 각각 1시간도 안 걸리게 출입국 절차를 밟은 후 환전상들을 피해 은행을 찾아갔다.

지옥의 380km 비포장도로

"너무 험해서 모터사이클은 이 길로 갈 수 없어. 내 트럭에 싣고 이동해야 해."
케냐 국경을 넘고 나서 처음 들었던 말이다. 모얄레에서 나이로비까지 오는 길에 380km의 비포장도로를 지났다. 17개월여의 여행 중 단연 최악의 길이었다. 2012년 당시에는 모얄레에서 마사비트Marsabit까지 250km, 마사비트부터 이시올로Isiolo까지 260km 거리 중에서 이시올로로 가는 130km 정도만 포장이 돼 있었다. 중국 건설업체에서는 남은 구간의 공사를 계속 진행하는 중이었다.
목적지를 마사비트로 정하고 떠날 채비를 하자 국경에서 여러 사람들이 나를 붙잡고 말린다. 너무 험한 오프로드라서 4륜 구동 4WD차량이나 트럭이 아니고서는 통과하기 어려우니 자기 트럭에 바이크를 싣고 운송하라고 한다. 모든 바이크 라이더들이 그렇게 한다며 트럭도 보여주었다. 국경에서 만나는 사람들을 신뢰하지 않는 편이라 그들의 말을 무시한 채 바로 출발해버렸다. 어차피 거친 오프로드라는 것을 알고 왔기 때문에 어느 정도 각오도 하고 있었고, 나중에 어찌되다라도 먼저 지레 겁을 먹고 싶지는 않았다.
모얄레를 출발하고, 바로 시작되는 울퉁불퉁 자갈밭을 시작으로 지겹게 이어지는 거친 길들. 맑은 날이어서 대부분의 길은 마른 상태여서 그나마 다행이라고 달리는 내내 정말 이건 하늘이 돕고 있는 거라고 얼마나 생각했는지 모른다. 하루 종일 맑은 날이었음에도, 전날 내린 비 때문에, 혹은 간간히 쏟아진 소나기 때문에 문득문득 나오는 진흙 길들. 그런 길들을 달릴 때마다 1단기어로 기어가듯 조심조심. 양 발은 언제든 미끄러져도 넘어지지 않고 중심을 잡을 수 있도록 펼친 상태. 긴장에 비 오듯 쏟아지는 땀으로 온몸이 샤워한 듯 젖고, 튀어나가는 진흙덩이들에 더러워지는 것은 이미 안중에도 없이 어떻게든 넘어지지 않으려, 이리저리 미끄러져 흔들거리는 핸들을 잡고 힘을 쓰다 보면 오만 가지 생각이 다 들으면서 자신도 모르게 인생에 대한 고찰을 하게 된다.

내가 여기서 왜 이 짓을 하고 있는 건가.
도대체 이 길은 언제나 끝나는가.
자갈밭, 덜덜덜 짜증나는 가로줄무늬 길이어도 좋으니 어서 마른 길이 나오기를.
점심 무렵이 지나고 몇 시간의 분투로 온몸은 땀범벅이 되었을 때, 결국 지칠 대로 지친 상태에서 진흙 바닥에 뒹굴고 말았다. 러시아에서 예카테린부르크로 가던 중 빗길에 한번 슬립을 했었고, 그 후로 한 번도 넘어지지 않고 달려왔는데, 6개월 만에 두 번째 슬립이었다. 다행히 천천히 기어가던 길이라 다친 곳은 하나도 없었고, 온통 진흙 범벅 된 것 말고는 큰 문제가 없었다. 나뒹구는 바이크를 보며 한숨짓고 있다가, 걸어오던 케냐 사람들의 도움을 받아 바이크를 다시 일으켜 세웠다. 바이크 상태를 정신없이 확인하며 떨어져나간 패니어 케이스도 다시 장착하고, 잠시 한숨을 돌린 후에야 다시 출발했다.
그 후로도 주먹만 한 크기의 돌들이 굴러다니는 자갈길에서 달릴 땐 제발 바퀴가 버텨주기를, 펑크만 나지 말기를, 어찌나 속으로 빌고 또 빌었는지. 심한 진흙길이 더 이상 나오지 않는 것만으로도 정말 다행이었다. 그런 길만 계속 이어졌으면, 어쩌면 다 포기하고 길가에 주저앉아서 지나가는 트럭이나 기다렸을지도 모른다.
지나고 나서 생각해보니, 트럭에 싣고 가야 한다는 말이 그리 틀린 말은 아니었다. 그곳을 지나던 당시엔 다행히 날씨가 좋아서 길 상태가 그나마 괜찮았지만, 만약 비라도 내리는 날씨였다면 길이 어떻게 변할지 생각만 해도 끔찍하다. 포장이 완료되었다면 이야기가 달라지겠지만, 만약 아직 포장되지 않은 상태에서 이 길을 지나게 됐는데 비라도 내린다면, 또는 전날 비가 왔다면 그냥 트럭에 싣고 가길 바란다. 비에 젖어 질퍽한 진흙 지옥을 380km나 바이크로 달리는 것은 사람이 할 짓이 아니다.

모얄레에서 케냐 마사비트로 가는 비포장도로

Are you OK? Any Problem?

달리다 보니 어느덧 해가 저물었다. 거의 10시간을 달렸는데 모얄레에서부터 180km밖에 못 왔다니. 마사비트까지는 앞으로 70km의 오프로드가 남았고, 붉은 하늘에 이윽고 어둠이 찾아왔다. 그때부터 야간 오프로드 라이딩이다. 가끔 모래구덩이가 나온 것만 빼면 길이 나쁘지 않았다. 하지만 달도 감춘 시간, 바로 코앞까지만 비추는 헤드라이트에 의지해 암흑 속 자갈을 튕겨내며 달리는 것이 쉽지 않았다.

게다가 어둠에 묻힌 밤길은 한낮의 상쾌한 라이딩과 전혀 다른 느낌이다. 컴컴한 앞만 보고 구불구불 길을 달리다가, 어디선가 흰 천을 둘둘 감고 길가에 멀뚱히 서서 쳐다보는 케냐 목동들을 보게 되면 등골이 서늘해지는 경험을 하게 된다. 차라리 사자나 하이에나였다면 그보단 덜 놀랐을지도. 밤중에 잠시 주행을 멈추고 헤드라이트를 조절하고 있는데 갑자기 스윽 나타나 "Are you Ok? Any problem?"이라고 물어보면, 안 그래도 시커먼 사람이 검은 천을 둘둘 감고 허리춤에 큰 칼까지 차고 있어 화들짝 놀라지 않을 수가 없다.

정말 심장 멎는 줄 알았다. 바로 네가 문제라고 말해주고 싶은 걸 꾹 참고 괜찮다는 인사를 전한다. 워낙 은폐엄폐에 능한 사람들이라 가끔 놀라게는 해도 대부분은 순박한 시골 사람들이다. 물론 언제 어디서나 사람에 대한 지나친 낙관과 과신은 금물이다. 실제 케냐 북부의 모얄레-마사비트-이시올로 구간은 도로뿐 아니라 치안도 위험하다고 경고되는 구간이다. 여행자 대상의 강도 살인사건이 보고된 적도 있어 항상 긴장하고 조심해야 한다.

다음날, 아침 마사비트에서 이시올로를 향해 출발했다. 이시올로까지 260km 구간에도 역시 주유소가 없어 미리 기름을 가득 채우고 출발해야 한다. 도로는 다행스럽게도 절반가량 아스콘으로 포장돼 있었다. 구간 초입의 오프로드도 모얄레-마사비트 구간보다 괜찮았다. 전날 그 고생을 한 터라, 이 정도 길쯤이야 하는 생각으로 달려 130km가 지났을 무렵, 드디어 다시 만난 아스팔트 도로! 내가 느낀 기쁨과 환희를 어떻게 표현할 수 있을까! 한참을 아스팔트를 매만지며 감격해 하고 있는데, 저 멀리 초가집에서 물을 뜨러 나온듯한 동네 꼬맹이들이 나를 보고 달려왔다. 마치 '이 인간은 뭐 하는 인간인데, 저기서 땅바닥에 절을 하고 있나'하는 표정이다.

아스팔트 도로다!

Are You Masai?

보통 화창한 날이지만, 달리다가 보면 날씨가 갑자기 달라지며 소나기가 쏟아질 때가 많다. 이런 게 열대지방의 스콜인가. 뒤로는 화창한 날씨, 바로 앞에서는 소나기가 퍼붓는 경계지점을 지나며 비에 흠뻑 젖었다가도 비가 금방 그치면 이내 옷이 마른다.

케냐에는 전통방식을 유지하며 살아가는 부족들이 많다. 남자들은 허리춤에 큰 칼을 차고 여자들은 알록달록한 장신구들 주렁주렁 달고 한껏 멋을 냈다. 타이어를 잘라 만든 샌들을 신거나 아니면 맨발이다. 잠시 쉬면서 물을 마시고 있는데 이 친구들이 신기한 듯 다가왔다. 왠지 말 한마디 정도는 붙여봐야 할듯해서 말을 걸었다.

"Are you Masai?"

"Yes."

1. 비구름의 경계에서. 케냐 2. 길을 가다 마주친 케냐의 마사이족 청년들과 함께 3. 적도 경계선에서. 케냐

케냐, 탄자니아 쪽엔 아직 현대문명에 거리를 두고 살아가는 마사이족들이 많다. 인터넷, 통신은 말할 것도 없고, 전기나 수도 등의 혜택에도 소외되어있는 사람들이 대다수다. 무엇보다 깨끗한 식수가 이들에겐 가장 중요한 문제다. 비 오는 날 아스팔트 도로를 달릴 때, 도로가로 나와서 아스팔트 위에 고인 물을 떠가는 여자들을 많이 보았다. 흙바닥에 웅덩이진 흙탕물보다는 그나마 아스팔트 위의 고인 빗물이 더 깨끗하기 때문이다. 수도꼭지만 틀면 깨끗한 물이 얼마든지 나오는 나라에서 산다는 것. 행복한 일이다.

케냐에서 적도를 지났다. 드디어 남반구다. 적도를 지나면 남쪽에서부터 올라오는 오버랜더들. 자동차들. 외국인 관광객들도 참 많이 볼 수 있다. 무언가 분위기가 달라진 것을 느낄 수 있다. 야생의 척박한 느낌은 사라지고, 한결 잘 정비된 인프라와 건물들, 현대문명에 조금 더 가까워진 듯 했다.

케냐 나이로비의 정글 정션

케냐의 수도 나이로비에서는 바이크, 4WD, 트럭 오버랜더들의 집합소 정글 정션Jungle Junction에서 묵었다. 오버랜더들에겐 워낙 유명한 곳이라 오버랜더라면 누구나 여기 묵어가는 듯하다. 나이로비는 워낙 대도시라 숙소는 길가에 수도 없이 많았다. 묵을 곳을 찾기는 어렵지 않다. 하지만 우리 같은 바이크 오버랜더들에겐 최고의 숙소가 바로 정글 정션이라 생각한다. 수많은 오버랜더들이 쌓아놓은 정보들도 물론 중요하지만, 무엇보다도 정글 정션엔 독일출신 바이크 마이스터 크리스가 경영하는 바이크 정비소가 함께 있어서 숙소에서 바이크 정비점검이 가능하기 때문이다.

리셉션에서 사파리 투어도 신청 가능하다. 사파리 투어로 유명한 탄자니아의 세렝게티 국립공원과 케냐의 마사이마라 국립공원은 국경선으로 나누어지기는 했지만, 이어져 있는 하나의 국립공원이다. 실제로 세렝게티에 살고 있는 동물들은 국경에 상관없이 먹이를 따라 세렝게티와 마사이마라를 자유로이 오간다. 마사이마라 사파리 투어가 세렝게티 사파리보다 저렴해서 정글 정션에서 마사이마라 국립공원으로 투어를 다녀오는 여행자들

1.정글 정션 2.바이크 마이스터 크리스 3.각종 정보가 살아있는 오버랜더들의 흔적들

도 많다. 척박한 북부를 종단해서 내려오다 처음 만나는 안락한 쉼터이기 때문에, 일단 정글 정션에 오게 되면 너무 편하고 좋아서 떠나기 힘들어질 것이다.

터키 앙카라에서 바이크 엔진오일과 필터 교체 점검 후 나이로비까지 8,000km 정도를 달린 터라 나이로비의 정글 정션에서 다시 엔진오일, 필터를 교체하고 바이크의 상태를 전체적으로 점검 받았다. 에어필터도 교체하고 싶었지만 재고가 없어서 클리닝만 해야 했다. 오프로드에서 슬립 할 때 휘어진 기어 풋 레버도 수리했다. 정글 정션은 오버랜더들의 천국이다. 특히 바이크 라이더들에겐 더욱. 아프리카 들어온 후 그리 험한 길들을 달려왔는데, 중간지점에 이렇게 제대로 바이크를 점검할 곳이 있다는 건 축복이다.

무척 친절한 독일인 바이크 마이스터 크리스. 그동안 달리면서 불안했던 것들. 바이크의 상태가 불안했던 것들을 모두 물어보고 점검해 달라 귀찮게 했었는데, 하나하나 꼼꼼하게 잘 봐주었다. BMW를 포함해서 거의 모든 바이크 정비가 가능하다. 정글 정션에 오면 만날 수 있다.

정글 정션엔 그 동안 이곳을 거쳐 간 수많은 오버랜더들의 흔적과 정보들이 가득했다. 나도 붙일 수 있는 스티커를 가지고 있었으면, 저기다가 한 장 붙여놓는 건데… 무척 아쉬웠다. 혹시나 하고 꼼꼼히 찾아봤는데 한국인의 흔적은 찾을 수 없었다. 그래도 한 가지 뿌듯했던 건, 저 안에서 아무리 찾아도 나보다 더 먼 곳, 더 긴 거리를 달려온 오버랜더는 없었다는 것이다.

케냐 간단 정보

- **비자** 비자 필요, 도착비자 가능(50USD)
- **출입국** 에티오피아, 우간다, 탄자니아로 육로 출입국 가능. 까르네 필수
- **통화** 1USD=81~83KES
- **환전** ATM이나 은행은 많이 있고, 비자나 마스터카드도 웬만하면 잘 통했다. 시티은행 카드도 잘 되었지만 만일을 대비해 항상 충분한 달러를 준비하는 것이 현명하다. 탄자니아에서도 마찬가지.
- **도로** 모얄레-이시올로 구간을 제외하면 주요 도로는 모두 포장 완료되었고, 그럭저럭 괜찮다. 영국 식민지였던 영향인지 모르겠지만, 케냐에서부터는 좌측통행이다. 그래서인지 도요타를 비롯한 일본산 차들이 거의 대부분이었다. 운전 매너는 꽤나 엉망이었다. 차량도 많은데다 까딱 잘못하면 사고 나기 딱 좋게 밀고 들어오는 통에 위험했던 경우가 꽤 많다. 도로변에는 구멍가게가 많이 있어 간단한 먹거리와 물 등을 쉽게 구할 수 있다.
- **주유소** 모얄레에서부터 380km 오프로드 구간을 제외하면 마을마다 주유소가 있다. 휘발유 가격은 리터당 115~125KES(1USD=81~83KES, 2012). 오프로드 구간에서도 작은 가게에서 기름을 구할 수 있지만 2배 가격을 지불해야 한다.
- **숙박** 케냐 북부의 모얄레, 마사비트, 이시올로로 이어지는 루트에서 이 세 마을을 제외하면 숙박할만한 마을이 거의 없었다. 나이로비로 향하는 루트의 적도 이남 지역에는 큰 도시들이 많아 호텔 등 숙소를 찾는 것은 그리 어렵지 않다.

탄자니아 비자 발급

케냐의 수도 나이로비에서 탄자니아 비자를 받기 위해 탄자니아 대사관을 방문했다. 탄자니아 역시 도착비자가 가능하기 때문에 대사관에서 비자를 미리 받을 필요는 없었지만, 웬만하면 미리미리 비자를 받는 것이 좋다고 생각해, 시내도 구경할 겸 바이크를 몰고 탄자니아 대사관에 다녀왔다. 탄자니아 대사관은 우리나라로 치면 서울 세종로쯤 되는 시내 중심가의 큰 빌딩 9층에 위치해 있었다. 비자 발급은 까다롭지 않았다. 오후 1시쯤 대사관에 방문했는데, 원래는 다음날 발급이라 내일 다시 와서 비자를 받아가라고 했다. 그런데 나는 바로 다음 날 탄자니아로 떠날 예정이어서 그날 바로 발급 안 되면 그냥 국경 가서 받겠다고 했다. 접수창구의 아가씨가 잠시 안에 들어가서 물어보더니, 특별히 당일 발급을 해주겠다고 한다. 고맙게도 두 시간 후에 다시 와서 여권을 받아가라고 하니 밖에서 볼 일보고 시내 구경하며 돌아다니다가 다시 가서 탄자니아 비자가 부착된 여권을 받아 나왔다.

케냐 주재 탄자니아 대사관
S 1°17.2402'
E 36°49.4801'
사진 1장, 50USD

케냐 출국

나이로비에서 남쪽으로 달려 탄자니아 국경도시 나망가Namanga에 도착했다. 남은 케냐 실링으로 음료수를 사고, 동전까지 탈탈 털어서 주유를 했다. 국경에서 주유하는 것은 내가 잔돈이 남았을 때, 잔돈을 처리하기 위해 자주 사용하는 방법이다. 남는 동전은 환전하기도 힘들고, 그렇다고 버리기는 아까우니 국경근처에서 주유소를 들어가 가지고 있는 돈을 전부 던져주고 그만큼 휘발유를 넣어 달라고 한다. 출입국사무소로 이동하니 역시나 국경도시라 여기저기서 탄자니아에 가려면 바이크보험을 만들어야 한다며 달려들어 나를 잡아끈다. 모두 무시하고 혼자서 출입국사무소와 세관에 찾아가서 출국 수속을 진행했다.
케냐 세관에서 까르네와 여권을 제출하니, 케냐 체류기간이 7일을 넘었다며 벌금을 내야 한다고 한다. 7일까지는 보험인지 세금인지가 필요 없는데, 체류일 7일 이후로는 보험이 있어야 한다나 뭐라나. 케냐 입국할 때 아무도 그런 이야기 해준 사람 없었다고 따졌다. 법이 그렇다면서 벽에 붙어있는 안내문까지 떼어 와서 보라며 보여준다. 헐… 이렇게 돈을 뜯어가나? 그래서 벌금이 얼마냐니까 잠시 계산하더니 22USD라고 한다. 젠장, 한두 시간 버티면서 깎으면 어떻게 될 것 같기는 하지만, 저 정도 금액이면 한두 시간 싸우느니 그냥 내버리고 얼른 출발하는 것이 낫겠다 싶다. 투덜대면서 20USD 지폐를 꺼내주고 1달러짜리는 없다고 버텼다. 세관원, 그 정도면 됐다면서 까르네에 스탬프를 찍어준다. 돈 뜯어내는 방법도 가지가지다. 세관을 나와 바로 옆 출입국사무소로 갔다. 여권을 심사관에게 주고 스탬프를 받고 간단하게 케냐 출국과정 마무리했다.

탄자니아

바로 국경을 건너 탄자니아 측으로 이동했다. 국경에 앉아있는 군인에게 물어 바로 코앞에 있는 출입국사무소 건물로 갔다. 비자는 전날 나이로비에서 받은 터라 서류작성, 지문날인만 하고 여권에 스탬프를 받았다. 바로 옆에 세관으로 가서 담당자에게 까르네를 던져주니 알아서 서류작성하고 스탬프를 찍어준다. 추가 지출 없이 간단하게 입국과정이 끝났다. 케냐에서 나와 탄자니아에 입국하기까지 총 한 시간 정도 걸렸다. 케냐 사람들이 탄자니아 들어가려면 황열병 예방증명서Yellow Card, 바이크 보험이 필요하다고 그러더니, 아무도 보험이나 증명서를 요구하지 않는다. 비자가 있어서인가? 잘 모르겠다. 역시 국경에 진치고 있는 인간들은 믿을게 못 된다. 그리고 나서 바로 아루샤 Arusha를 향해 달렸다. 가는 길에 킬리만자로 산도 왼편으로 보인다. 탄자니아는 케냐와 그리 달라 보이지 않았다. 뭔가 좀 더 사바나 같은 느낌은 들지만, 전체적으로는 케냐와 비슷한 느낌이다.

탄자니아 국경

탄자니아 간단 정보

- **비자** 비자 필요, 도착비자 가능(50USD)
- **출입국** 케냐, 우간다, 르완다, 부룬디, 말라위, 잠비아, 모잠비크로 육로 출입국 가능. 까르네 필수
- **통화** 1USD=1,500~1,600TZS
- **환전** 이시올로의 어느 은행을 방문해 미국 달러를 탄자니아 실링으로 환전하려고 하니, 소액지폐는 환율 대비 적은 금액으로 환전해준다고 한다. 은행에 따라 지폐의 단위별로 환율을 다르게 적용하는 경우가 있으니 현장에서 확인해야 한다.
- **도로** 주요 도로는 거의 모두 포장되어 있지만 마을 내에서는 여전히 비포장인 경우가 많다. 미쿠미 국립공원은 탄자니아에서 유일하게 바이크로 통과해 달릴 수 있는 국립공원으로 강력 추천.
- **주유소** 도도마-이링가 250km 오프로드 구간을 제외하면, 마을마다 주유소가 많이 있다. 휘발유 가격은 리터당 2,100~2,200TZS(1USD=1600TZS, 2012). 케냐와 마찬가지로 오프로드에서 기름통에 휘발유를 담아 파는 가게들이 있다.
- **숙박** 국립공원과 사파리 투어 등 관광 인프라가 풍부한 나라이기 때문에 어디에 가더라도 적당한 숙소가 있다. 특히 관광객들이 많이 모여드는 아루샤, 다르에스살람과 남부의 이링가, 음베야 등지의 큰 도시에서는 길가에서 호텔과 호스텔, 캠핑장 등을 쉽게 만날 수 있다.

탄자니아의 국립공원들

케냐와 탄자니아에는 수도 없이 많은 국립공원들이 있다. 그 중에서 가장 유명한 것은 단연 탄자니아의 세렝게티 국립공원, 킬리만자로 국립공원. 어렸을 때 저녁이면 TV에서 늘 보았던 〈동물의 왕국〉 촬영지가 바로 세렝게티 국립공원이다. 아프리카 최고봉, 만년설로 덮여있는 킬리만자로 산도 바로 탄자니아에 있다.

1. 세렝게티를 향해 달리는 길 2. 킬리만자로 국립공원

아프리카에 건너온 이상 사자와 코끼리 코빼기 정도는 보고 가야 하지 않나 하는 생각에 국립공원 사파리를 적어도 한 번은 가봐야지 하고 생각하고 있었다. 케냐 나이로비에 머물 때, 케냐에도 수많은 사파리 공원들이 있고 나이로비 숙소 정글 정션에서도 사파리 투어 신청을 할 수 있었다. 가격, 프로그램 등을 알아보니 케냐에서 가장 유명한 마사이마라 국립공원 사파리 투어가 하루 100USD 정도 비용이었다. 또 킬리만자로 정상까지 등반하는 5일짜리 투어를 900USD에 다녀온 일본인 친구도 보았었다. 무엇보다 가격이 참 맘에 안 들고, 가능하면 안에까지 바이크를 몰고서 들어가서 바이크와 함께 다니고 싶었던 지라(마사이마라는 바이크 출입 불가였다.) 케냐에선 사파리 투어를 포기하고 탄자니아로 건너갔다.

탄자니아 북부의 도시 아루샤는 동쪽의 킬리만자로와 서쪽의 세렝게티 사이 중간에 위치한 곳이다. 아루샤에 도착한 후, 일단 동쪽으로 킬리만자로 국립공원을 보러 다녀왔다. 가격이 어떤지는 잘 알고 있어서 정상등반까지는 할 생각은 아니었고, 멀리서나마 킬리만자로 산을 한번은 제대로 보고 가려 했었다. 한참을 달려서 킬리만자로 국립공원 입구까지 올라가 보았는데, 간간히 비가 날리는 흐리고 구름 낀 날이어서 킬리만자로의 위용을 제대로 보진 못하고 돌아왔다. 하지만 공원 입구까지 작은 마을들을 지나며 구불구불 이어지는 길을 따라 달리는 것만도 꽤 괜찮았다. 한번쯤 가볼만하다고 생각한다.

세렝게티 국립공원Serengeti National Park은 응고롱고로 보존지역Ngorongoro Conservation Area과 이어져 있다. 아루샤에서 세렝게티를 가려면 응고롱고로를 통해서 들어가야 한다.

아루샤에 도착해서 숙소에서 투어에 관해서 이것저것 알아보았는데, 일단 공원 내로는 바이크 진입 불가. 이해는 간다. 사자, 치타 돌아다니는 곳에 바이크 몰고 다니는 건 너무 위험하겠지. 투어로만 공원 입장이 가능한데, 드라이버 겸 가이드가 동행하는 4WD 차량투어 가격이 500USD 정도. 이걸 혼자서 가려면 하루 500USD를 내야 하고, 둘이 가면 250USD, 다섯이면 100USD 정도가 된다. 게다가 공원입장료 24시간 티켓 50USD, 주차료 하루 50USD, 세렝게티 입장료와 주차료가 별도로 추가되는 데다 숙박비까지 고려하니 가격이 안드로메다로 날아간다.

그래서 다른 사람들은 처음부터 팀으로 오지 않은 이상, 아루샤나 응고롱고로 근처의 베이스캠프가 되는 카루타 등지에서 함께 투어를 갈 팀을 찾아 합류하는 방법을 쓴다. 혼자서 그 가격을 감당할 수는 없기 때문이다. 그래서 아루샤나 카루타 등지에는 숙소에서 팀을 연결해주기도 하고, 사파리 투어 에이전시와 호객하는 사람들도 많다. 아루샤에 도착해 숙소에서 혹시 합류할 수 있는 팀이 있는지 알아보았는데 비수기라서인지 마땅한 팀을 찾을 수 없었다. 다음날 킬리만자로에 들렀다가 방향을 돌려서 세렝게티 쪽으로 향해서 카루타에서 또 하루 묵으면서, 혹시 조인할 적당한 팀이 있나 알아보았지만 역시 실패. 뭐 며칠정도 기다리면서 천천히 찾으면 조인할 팀을 찾을 수는 있었겠지만, 그렇게까지 하고 싶진 않았다. 가격도 그렇고. 이모저모 세렝게티는 나와 인연이 아닌가보다 하면서 카루타에서 응고롱고로 입구까지만 달려가서 입구 구경만 하고 나왔다. 응고롱고로로 가는 길도 사파리의 느낌이 물씬 풍기는 것이, 꽤나 아름답고 좋았다. 달려볼 만한 길이었다.

탄자니아 북부를 떠나 남쪽으로 내려와 이링가에 도착했다. 이링가에서 묵었던 캠프사이트에서도 근처의 루아하 국립공원 Ruaha National Park 사파리 투어 신청이 가능했다. 여기는 가격도 착해서 입장료 20USD, 숙박비 20USD, 4WD 드라이버 겸 가이드 차량 한 대에 400USD 정도였다. 캠프사이트에서 캠프장 스태프 케리에게 동행할 팀을 찾아달라고 부탁했다. 비수기라 바로 찾지는 못하고, 이틀 정도를 기다려 독일에서 온 부부와 함께 셋이서 1박2일로 사파리 투어에 다녀왔다.

루아하 국립공원 24시간 입장권 20USD
숙박비 20USD
투어 요금 134USD(400USD/3)

루아하 국립공원

오전 9시쯤 드라이버 겸 가이드인 노라스코가 4WD 랜드로버를 타고 캠프장으로 나를 픽업하러 왔다. 바이크와 텐트는 캠프장에 무료로 세워 두었다. 이링가 시내에 들러서 사파리 내에서 마실 물과 음료수, 먹거리 등 장을 보았다. 투어 오피스에 들러서는 134USD를 지불했다(탄자니아 실링으로도 지불가능, 카드불가). 시내의 호텔에 들러서 독일인 부부 알프레드 아저씨, 릴리 아주머니를 픽업해서 루아하 국립공원으로 출발했다. 루아하 국립공원까지는 100km이상의 오프로드. 한참을 달려 입구에 도착해 24시간 입장권과 숙박비 40USD를 카드로 결제한 후 12시쯤 공원 안으로 들어갔다.

노라스코가 차를 몰고 국립공원 안의 이곳저곳을 다니면서 하마, 기린, 치타, 사자, 코끼리, 임팔라 등을 찾아 보여주고 설명을 해준다. 예전에 용인 에버랜드에서 해본 사파리 투어와 별로 다르지 않았다. 다만 차이가 있다면 사파리의 넓이가 우리나라 전라도 경상도만큼 넓다는 것. 길들여진 동물들이 아니라 야생이기 때문에 근처까지 가서 조용히 지켜보고 사진촬영만 할 뿐 먹이를 준다든가 놀라게 하는 등, 야생동물들의 생활에 영향을 주는 일들을 하지 않는 다는 것. 최대한 자연과 야생의 생태계에 영향을 주지 않으려는 노력이 대단했다.

임팔라나 기린, 코끼리 같은 녀석들은 굉장히 흔해서 어디에서나 볼 수 있지만, 사자나 치타 같은 녀석들은 흔하지도 않고 찾기도 힘들어서 이 녀석들을 보려면 구석구석 뒤지면서 찾아다녀야 겨우 볼 수 있다. 사바나의 숲 속에서 찾기 힘든 동물들을 찾아다니는 게임 드라이브 Game Drive를 한참 하다 보니 점심시간이 되었다. 공원 내의 작은 마을, 식당에 들러서 점심을 먹고, 하루 묵어갈 숙소에 가서 잠시 짐 정리하고 한숨을 돌렸다. 잠시 앉았다가 다시 게임 드라이브 출발. 저녁 해가 기울고 노을이 붉어질 무렵 다시 식당으로 되돌아가서 저녁식사를 했다. 알프레드 아저씨가 맥주나 한잔 하자고 해서 마을내의 작은 식당 겸 바에서 같

루아하 국립공원

이 맥주 한잔 하면서 이야기했다. 해가 지니 사방이 암흑으로 뒤덮였다. 야생의 밤은 동물들의 시간이다. 사람들의 시간은 이제 끝났다. 밤길을 되돌아와 숙소로 이동 후 취침했다.

루아하 국립공원 내 숙소

숙소엔 모기장이 있었지만 모기가 많아 밤중 내내 왱왱거리고, 밖에서 코끼리랑 뭔지 모를 것들이 돌아다니며 부스럭거려서 잠들기 힘들었다. 다음날 새벽 6시. 일찍 일어나 짐을 챙겨 들고 숙소를 출발했다. 오전에 게임 드라이브를 시작해 잠시 식당에 들러 아침 식사도 하고 다시 게임 드라이브를 했다. 24시간이 거의 다 되어가는 12시쯤, 1박2일의 사파리 투어를 마무리하고 공원 출구로 나왔다. 이링가로 돌아오는 길에 길가의 가게에 들러서 음료수를 한잔씩 하며 사파리 투어를 자축했다. 이링가에서 알프레드 아저씨 부부와 헤어지고, 노라스코가 나를 캠프사이트로 다시 데려다 주었다. 캠프에 도착해서 노라스코에게 팁을 좀 챙겨주고 헤어졌다.

공원 안에서도 사파리 투어를 온 여러 팀들을 만났는데, 5일째 투어 중이라는 사람들도 있었고, 2일째라는 팀도 있었다. 얼마나 길게 어디까지 가볼 건지는 정하기 나름이다. 나는 너무 덥기도 하고, 처음엔 신기하지만 둘째 날이 되니 보는 것들도 다 비슷비슷하니 흥미가 떨어졌다. 굳이 비용 때문이 아니더라도 그리 오래 사파리 투어를 할 필요는 없어 보였다. 신기하고 흥미로운 것도 한두 시간이지 똑같은 동물들만 하루 종일 보는 것도 꽤나 지겨운 일인지라, 사파리 투어는 1박2일 정도가 적당하지 싶다.

루아하 국립공원 사파리 투어

케냐 & 탄자니아 사람들

에티오피아 사람들이나 케냐, 탄자니아 사람들이나 민족적으로는 크게 다르지 않아 보였다. 길을 가다가 지나치는 거의 모든 사람들은 바이크를 몰고 가는 나를 보면 신기해했다. 무표정한 얼굴로 나에게 시선이 집중되는 것을 느낄 수 있다. 비록 표정은 무뚝뚝해도 내가 손을 흔들어 주면 거의 모든 케냐사람들은 같이 손을 흔들어 주었다. 열정적으로 웃으며 손을 흔들어대는

이링가 근교의 장터

동네 꼬맹이들도 늘 그렇듯이 많이 보이고, 무언가를 달라고 손짓하는 사람들도 많이 보였다. 하지만 에티오피아보다는 그 수가 적어졌다. 케냐, 탄자니아도 역시 빈부의 격차, 시골과 도시와의 격차가 상당히 큰 나라 같았다. 적도를 기준으로 모든 것이 달라졌다. 적도 위쪽에는 전반적으로 시골스러움, 곤궁함, 아프리카 전통 생활양식의 색채가 강했었는데, 적도를 지나며 남반구로 내려오니 도시화된 모습들, 북적이는 사람들, 좀 더 세련되고 현대화된 모습들로 한꺼번에 모든 것이 확 바뀐 느낌이었다. 적도를 지나 나이로비에 들어오면서부터는 금발의 외국인들도 상당히 많이 보여 더 이상 나에게 시선이 집중되는 일도 많이 없어졌다. 탄자니아도 역시 남쪽에서부터 올라오는 관광객들이 많은 나라라서 여기저기에서 외국인들 보는 것이 그리 어렵지 않았다. 적도를 기준으로 아래쪽의 여행은 상당히 쉽고 편안하고 여러모로 잘 준비되어있었다.

에티오피아에서는 총을 들고 다니는 사람들이 그리 많이 보이더니, 케냐에서부터는 칼을 들고 다니는 사람들이 상당히 많이 보였다. 모얄레에서 국경을 통과하며 물어보았을 때, 위험한 동네가 많으니까 웬만하면 중간에 멈추지 말고 큰 마을들까지 쭉 달려가라고 한다든가, 달리는 길들 위에서 보이는 사람들의 곤궁한 모습들은 그리 안전하다는 느낌을 주지는 않았다. 나이로비 같은 대도시에서도 모든 은행들, ATM에 총을 들고 있는 무장 경찰들이 상주하며 경비하고 있고, 조금 큰 마트에 들어가려 하면 경찰들이 입구에서 짐 검사를 한다. 차량의 경우 트렁크 검사까지 거친다. 하지만 어디나 그렇듯이 좋은 사람들도 있고, 나쁜 사람들도 있게 마련이라 생각한다. 외국인들 대상으론 좀도둑이나 소매치기 같은 작은 사건들은 꽤 있지만 심각한 큰 사고들은 거의 일어나지 않는다고 하고, 또 내가 돌아다니면서 길에서 만났던 사람들은 대부분 선량한 보통 사람들이었다. 밤에 돌아다니지 않는다든지, 슬럼가 분위기는 가급적 피해 다니고, 짐에서 눈을 떼지 않고, 숙소에서 문단속 잘 하는 등 어디에서나 기본적으로 지켜야 할 안전수칙들만 지키면 큰 문제는 생기지 않는다.

탄자니아 출국

2012년 11월 18일

음베야Mbeya에서 하룻밤을 보내고, 다음날 한 시간여 말라위를 향해 달려 탄자니아 측 국경도시 키엘라Kyela에 도착했다. 언제나 그렇듯 국경에 도착하면 여기저기서 우르르 몰려드는 사람들이 많다. 말라위 화폐를 흔들어대며 돈을 바꿔가라고 달려드는 환전상들, 키엘라는 유난히 더 극성이다. 가지고 있던 탄자니아 실링은 10,000실링 지폐 한 장만 남겨두고 바로 입구 주유소에서 잔돈까지 탈탈 털어서 주유하고 온 터라 내게 달려드는 환전상들을 무시하고 바로 출입국사무소로 향했다. 출입국사무소에서 여권에 도장을 받고, 출국심사와 세관을 거쳐 까르네에 도장을 받고 출국 과정을 마무리했다. 20분도 채 안 걸렸을 만큼 빠르고 간편했다. 바로 바이크를 타고 다리를 건너서 말라위의 송웨Songwe로 이동했다.

탄자니아 중부. 황량한 바오밥 나무 평야

말라위

다리를 건너서 바로 보이는 출입국사무소 건물로 갔다. 바이크를 건물 옆에 주차하고 건물 내로 들어가 입국심사 진행. 입국 심사관에게 입국신청서를 작성해 여권과 같이 제출하니, 여권을 뒤적이다가 나에게 비자를 안 받았냐고 물어본다. 안 받았고 이곳에서 받을 거라고 하니, 도착비자는 발급이 안 되니 탄자니아의 다르에스살람으로 가서 받아오라고 한다. 검색해서 알아봤을 때, 말라위는 도착비자 가능하다고 나온 것만 믿고 그냥 국경으로 달려 온 건데. 변경추진 중이니 가능하면 미리 받아 가라는 말도 있기는 했지만 설마 하며 달려왔었다. 그런데 비자가 없다고 정말로 돌아가라니. 난감할 뿐이었다. 이럴 줄 알았으면 다르에스살람 들렀을 것을. 하지만 후회해도 이미 늦은 일. 정말로 안 돼서 안 된다고 하는 건지, 이놈들이 일부러 그러는 건지는 모르겠지만, 어쨌든 말라위의 입국심사관은 도착비자 발급이 안 된다고 했다. 다르에스살람이나 다른 곳에서 미리미리 받아서 가는 게 좋겠다. 그때까지 다른 나라의 비자들은 미리미리 잘만 받고 다니다가 처음으로 도착비자를 믿고 그냥 와봤는데 바로 이런 일이라니. 재수도 지지리도 없지 싶었다.

새하얀 모래사장이 아름다운 말라위 호수

Are You Flexible?

500km에 가까운 길을 그냥 돌아갈 수는 없어 입국심사관을 붙잡고 어떻게든 해달라고 떼를 썼다. 거들먹거리는 눈빛으로 나를 스윽 바라보더니, 앉아서 좀 기다려보라고 말한다. 잠시 여권과 입국신청서를 살펴보더니 서류를 들고서 안쪽의 사무실로 들어갔다 나온다. 그러더니 줄에 서있는 다른 사람들의 입국심사를 일 처리하고 자기들끼리 잡담하는 등. 맘이 급해서 조급해하는 나는 본체만체 딴 짓에 열중이다. 부스 앞 의자에 앉아서 이 상황을 어떻게 해야 할까, 머리를 굴리며 별별 생각을 다했다. 기다려보라고 하는 것을 보니, 뭐 어떻게 될 거 같기는 한데, 여기서 안 되면, 다르에스살람까지 다시 가느니 그냥 잠비아로 가는 게 낫겠네, 그럼 다시 탄자니아로 돌아가야 할 텐데. 50USD들여서 탄자니아 비자 다시 받아야 하나. 젠장, 한 300km쯤 돌아야 하는 건가. 이럴 줄 알았으면 다르에스살람으로 돌아서 오면서 비자도 받아서 오는 것이 훨씬 좋았을 텐데, 다른 오버랜더들이 다들 다르에스살람으로 돌아서 내려오는 것이 다 이유가 있는 거였구나.

한참을 기다리고 있어도 나를 부를 기미가 없어서 줄에 서있는 사람들을 뚫고 다시 입국심사관 앞에 가서 어떻게 해야 하냐고 재차 물어봤다. 가지고 있던 내 여권을 만지작거리더니 나를 마주보고 뜬금없이 물어본다.

"Are you flexible?"

뭐야, 갑자기 이게 뭔 소리야? 유연하냐고? 매일 아침 스트레칭을 하니까 비교적 유연하긴 한데. 근데 그건 왜 물어? 변태냐?

"What? What's mean flexible?"

"If you are flexible, I'm flexible…"

말라위 간단 정보

- **비자** 비자 필요(70USD), 도착비자 불가
- **출입국** 탄자니아, 잠비아, 모잠비크로 육로 출입국 가능. 까르네 필요
- **환전** 음주주와 릴롱위, 블랜타이어 등의 큰 도시에서 은행과 자동현금인출기를 찾는 것은 어렵지 않다. 국제현금카드도 사용 가능했다.
- **도로** 말라위의 주요도로는 거의 모두 포장되어 있었고, 그 상태도 꽤 괜찮았다. 도로에는 자동차나 트럭들이 거의 다니지 않아서 달리기에 참 좋았다. 말라위 사람들은 거의 대부분 자전거를 타고 다니고 도시를 벗어나면 차나 모터사이클은 구경하기 힘들었다.
- **주유소** 큰 마을마다 있어 거리가 멀지 않지만, 기름 수급이 원활하지 못해 주유소에 종종 기름이 없다. 이 때문에 길에서 기름을 구해 주유해야 하는 경우도 발생한다.
- **숙박** 음주주, 릴롱위, 블랜타이어 등의 대도시에는 호텔 등의 숙박업소가 많다. 말라위호수를 따라서 이어지는 호숫가의 해변은 각종 리조트와 캠핑장, 호텔 등이 상당히 잘 준비되어있고, 그 수준도 높은 편이다. 말라위 호숫가에서의 캠핑도 추천.

그러더니 별말 없이 지그시 내 눈을 쳐다본다. 이게 무슨 소린가. 입국심사관의 눈빛을 쳐다보니, 바로 무슨 뜻인지 이해가 되었다. 아하, 그런 뜻이군. 유연하냐가 아니라 융통성이 있느냐를 물은 것이다. 바로 하하 웃으며 "Yes, I'm flexible~"하고 손을 내밀어 악수를 했다. 젠장. 역시 아프리카. 말로만 듣던 일, 여기서 또 겪고 가네. 그래. 짜증은 좀 나지만, 잠비아나 다르에스살람으로 몇 백 킬로미터를 돌아가느니, 차라리 약간 융통성을 발휘하는 게 낫다 싶었다.

그리고 나니 바로 일사천리다. 서류를 하나 꺼내서 이것저것을 작성한다. 임시 입국허가증 같은 서류였는데 국경에서 비자를 받지 못하니 이 서류를 들고서 남쪽으로 270km정도 떨어진 음주주Mzuzu에 있는 지역 출입국사무소Regional Immigration Office에 가서 비자를 받으라고 한다. 그러더니 서류에 스탬프 찍고 사인해서 여권과 함께 내게 돌려주었다. "It's finish."라고 하더니 지그시 내 눈을 바라본다. 눈빛은 내게 '이제 네 차례야'라고 말하고 있었다. 여권과 서류를 챙기고, 뒤돌아서 지갑을 꺼내보니, 탄자니아에서 남은 10,000실링짜리 지폐와 20USD, 50USD 지폐들이 있었다. 20USD씩이나 주고 싶지는 않아서, 10,000실링 지폐를 꺼내서 손안에 쥐고 "Thank you~" 하면서 지폐와 함께 입국심사관과 악수를 했다. 악수와 함께 지폐를 건네주고 옆의 세관부스로 건너갔다. 우리 돈으로 치면 6,000원쯤 하려나. 아마 액수 확인하고 실망했을 것이다. 이거나 먹고 떨어져라. 어쨌든 무사히 통과했으니 다행이다.

세관 부스로 가서 까르네를 제출하고 기다리니 잠시 안에서 서류작성하고 간단하게 스탬프 찍어서 까르네를 돌려준다. 세관을 통과하고 말라위 입국을 마칠 때까지 2시간 정도 걸렸다. 바로 밖에 세워둔 바이크로 가서 국경도시 송웨를 출발해 남쪽 음주주로 향했다. 음주주는 다행히 원래 가려는 루트 상에 있는 곳이라 그곳에서 하루 묵고 비자를 받기로 했다.

말라위 비자 발급

말라위 호수를 따라 남쪽으로 진행하니 맑고 청명해 달리기 좋은 날씨, 강렬한 태양이 이어진다. 저지대로 내려와서인지 갑자기 날이 확 더워졌다. 달리던 중간에 작은 마을에 들러 ATM으로 40,000MWK를 인출했다(1USD=300~330MWK). 주유소, ATM, 캠핑사이트, 가게들. 말라위의 첫인상은 그럭저럭 여행하기에 불편하지 않아 보였다.

달리고 달려서 오후 3시쯤 음주주 도착. 사람들에게 물어서 지역 출입국사무소의 위치를 확인했다. 일요일이라 사무소가 열려있지는 않았다. 출입국사무소 바로 옆에 있는 롯지 Lodge에 숙소를 잡았다. 짐을 풀고 먹거리를 찾아 마을 산책을 나갔다. 인도 사람들, 중국인들이 많이 보였다. 이런 곳에도 차이나타운 비슷한 게 있었다. 세계 어디나 중국인들은 없는 곳이 없다. 인도인이 하는 식당이 보이기에 오랜만에 인도 음식으로 저녁을 먹었다.

1. 말라위의 한적한 시골마을
2. 호숫가의 작은 초가집

날이 어두워지고 전등을 켰더니 불이 들어오지 않았다. 숙소 매니저에게 물어보니, 당연하다는 듯이 이곳 전기는 밤이 되어야 들어온다고 한다. 전기가 들어오질 않으니 수돗물도 나오지 않았다. 원래 그러냐고 물어보니, 말라위는 원래 그렇단다. 전기가 부족한 탓에 이곳에서 정전은 일상적인 일이었다.

다음날 아침 8시에 지역 출입국사무소로 찾아가 비자를 신청했다. 한참을 기다려서 신청서를 작성하고 제출했다. 발급비 70USD를 내고, 1시간 반 정도 걸려서 여권에 비자를 받고 스탬프를 찍었다. 기다림이 지루하지만 발급이 어렵지는 않다.

음주주 지역 출입국사무소
S 11°27.5644'
E 34°0.9883'

말라위는 꼭 타임머신을 타고 우리나라의 과거로 돌아온 느낌이었다. 길에서 만나는 사람들의 모습들도 정겨운 느낌, 편안한 느낌이라 드라마틱한 절경이나 환상적인 드라이브 코스 같은 것은 없지만, 달리기 편하고 마음이 푸근했었다. 다만 사람들과 강산은 편안한 반면, 아프리카 여러 나라들의 고질적인 문제들, 부패하고 무능력한 정부와 실패한 정책들이 사람들의 생활을 힘들게 하는 모습들을 보다 선명하게 느낄 수 있었다.

까다로운 모잠비크 비자 발급

말라위에서 모잠비크 비자를 발급받을 수 있는 곳은 두 군데다. 말라위의 수도 릴롱위 Lilongwe에 있는 모잠비크 대사관, 블랜타이어Blantyre에 있는 모잠비크 영사관이다. 모잠비크도 도착비자가 가능하다고는 하지만, 말라위 입국할 때의 경험도 있고 해서 블랜타이어의 모잠비크 영사관에서 모잠비크 비자를 미리 받았다.

블랜타이어 모잠비크 영사관 Mozambique Consulate
S 11°27.5644'
E 34°0.9883'

모잠비크 비자는 발급이 까다로운 편이었다. 영사관은 평일 오전 8시부터 오후 3시까지 열기 때문에 목요일 오후에 블랜타이어에 도착해 금요일 오전에 비자 신청을 하러 모잠비크 영사관으로 갔다. 영사관에 도착해서 접수창구 직원 아가씨에게 비자신청을 하러 왔다고 하니, 직원 아가씨가 금요일엔 비자발급을 하지 않는다고 월요일에 다시 오라고 한다. 그럼 주말을 몽땅 블랜타이어에서 보내야 한다는 이야기인데, 그럴 바엔 바로 국경으로 가서 도착비자를 받는 게 낫다. 돌다리도 두들겨보고 건너야 하는 법. 확인을 위해 직원 아가씨에게 도착비자 발급이 가능한지 물어보았다. 대답하기를, 될 수도 있고 안 될 수도 있다고 한다. 이건 무슨 소리인가. 도착비자 발급이 되면 되는 거고, 안되면 안 되는 거지. 모른다는 것도 아니고 될 수도 안 될 수도 있다니. 대답이 이상해서 재차 다시 물어봐도 대답이 똑같았다. 될 수도 있고, 안될 수도 있다.

이걸 어떻게 해석해야 하는가. 곰곰 생각해보니 대충 짐작은 갔다. 될 수도 있다는 것을 보니 원래는 비자 발급이 되긴 된다는 이야기인 거고, 안될 수도 있다는 것은 아마도 입국심사관 마음대로라는 뜻일 게다. 그냥 국경으로 향했을 때, 어떤 일이 벌어질지 대충 그려졌다. 운이 좋아서 정직하고 괜찮은 입국심사관이 걸리면 무사히 비자를 받을 수 있을 것이고, 아마 대부분의 경우엔 얼마쯤 찔러주길 바라고 까다롭게 굴다가 눈치껏 적당히 찔러주고 하면 선심 쓰듯 비자 발급을 해주겠지. 원래는 블랜타이어에 그리 오래 머물고 싶은 생각은 없어서 금요일에 바로 비자 받고, 토요일엔 모잠비크로 떠날 계획이었는데, 그렇게 불확실하게 국경으로 향하고 싶지도 않고 해서 월요일까지 기다렸다가 블랜타이어에서 확실히 비자를 받고 떠나기로 결정했다. 그리고 비자 발급에 필요한 것들을 다시 물어보았다.

비자 발급비 14,220MWK (1USD = 300~330MWK, 2012)
서류 접수비 100MWK
오전 8시~오후 12시 접수, 오후 2시~3시 발급
은행잔고 증명서

그런데 은행잔고 증명서라니! 정말 까다롭게 구네. 3월 한국에서 출발하기 전에 영국 입국을 대비해 준비했던 시티은행 잔고증명서가 있어서(막상 영국에선 그냥 통과되어 써먹지 못하고) 가져다 보여주고 이거면 되냐고 물으니, 너무 오래된 것이라 안 된다고 한다. 하긴 7개월 넘게 지났으니까 그럴만하다. 그럼 새로 잔고증명서 받아야 한다는 이야기인데, 이 동네에 시티은행 지점 같은 건 당연히 있을 리가 없고, 어떻게 하냐고 다시 물어보니 인터넷에서 은행 잔고 화면 출력해오면 된다고 했다. 주말에 시내 인터넷 카페에서 은행잔고화면(영문버전)을 캡쳐해 출력하고, 월요일 오전 8시에 다시 모잠비크 영사관을 방문하였다. 사진 2장과 뽑아온 잔고증명서 그리고 접수비용 100MWK를 내고 서류 작성해서 접수했다. 잔고증명서에 잔고가 원화로만 표시되어 있어서, 창구직원이 이게 USD로 얼마쯤 하냐고 나에게 물어봤다. 한 열 배쯤 뻥튀기해서 말해줬다. 바로 옆 건물의 은행으로 가서 발급비용 14,220MWK를 내고 영수증을 받아서 여권과 함께 제출했다. 오후에 찾으러 오면 되냐고 물어보니, 오늘은 영사가 어디 가서 자리에 없다 한다. 영사부재로 오늘은 발급은 안 된다고 내일 다시 오란다. 헐, 젠장! 또 하루 더 여기서 기다리란 건가! 접수증과 여권을 돌려주며 내일 오전에 다시 와서 여권을 접수하라고 한다. 아… 모잠비크… 참 콧대가 높기도 하구나. 처음부터 참 맘에 안 드네…

다음날 오전 8시. 다시 모잠비크 영사관을 찾아가서 여권을 제출하고 비자신청을 접수했다. 오후 2시에 영사관에 가서 비자가 부착된 여권을 수령했다. 이미 너무 늦은 시간이라 또 하루를 블랜타이어에서 묵었다. 오래 머물 생각도 없었던 블랜타이어, 비자 때문에 결국 블랜타이어에서만 6일이나 보냈다. 다른 사람들이 괜히 잠비아-나미비아 루트로 가는 게 아닌가 보다. 다 이유가 있는 거였어.

말라위의 오일 블랙마켓

큰 마을마다 주유소들은 있고, 많지는 않지만 거리가 멀지는 않다. 문제는 주유소에 기름이 없는 경우가 많다는 것. 말라위 국경을 통과해 270km를 달려 음주주에서 풀 탱크로 주유한 것이, 말라위에서 처음이자 마지막으로 만난 제대로 된 주유소였다. 친테체Chintheche에서 센가Senga를 향해 남쪽으로 달리던 중이었다. 주유 경고등이 들어와 주유소를 찾아 들렀으나 기름이 없다고 한다. 그러고 있는데 옆에서 어슬렁거리던 다른 녀석이 나에게 다가와서 자기가 휘발유를 가지고 있으니 자기에게 사라고 이야기한다. 이것이 블랙마켓. 말라위는 전기사정도 별로 안 좋아서 일상적으로 정전이 일어나지만, 기름 공급도 원활하지 않아서 주유소에 기름이 금방 떨어지는 모양이었다. 아마도 기름이 부족하다 보니, 이렇게 미리 기름을 사서 챙겨 놓고는 보통 주유소의 기름 가격보다 훨씬 비싸게 되파는 녀석들이 활개를 치는 듯했다. 그래서 얼마인지 물으니 리터당 1,000MWK를 달라고 한다. 음주주에서 리터당 606MWK에 주유했었는데, 칼만 안 들었지 날강도 같은 순 도둑놈들이었다. 그 가격엔 안 산다고 버티니, 900MWK까지 해준다고 한다. 700MWK에 사겠다고 하니, 안 된다고 해서 그럼 안 산다고 하며 떠났다. 그 가격에라도 여기서 샀어야 했었다.

이미 주유 경고등이 들어 왔지만, 남은 기름으로 70km 정도는 더 달릴 수 있었고, 예비 기름통에 2리터 정도 가지고 다니고 있었기 때문에 그것까지 사용하면, 140km정도까지 더 달릴 수 있었다. 거기서 다음 큰 도시인 살리마Salima까지가 대충 140km정도 거리였다. 살리마에 도착하면 분명히 주유소가 있을 테고, 그 전에라도 분명 주유소가 있을 테니 문제가 없을 거라 생각했다. 하지만 이후 살리마를 향해 달리면서 몇 번인가 주유소에 들렀지만, 역시 기름은 없었다. 블랙마켓을 찾아가라는 똑같은 이야기들뿐이었다. 그래서 길가의 사람들에게 물어 기름을 파는 곳을 찾아 가면 역시 리터당 1,000MWK, 1,200MWK를 달

오랜만에 기름이 들어온 날의 주유소 풍경

라고 한다. 젠장… 그러다 보니 결국 예비 기름통까지 사용해서 겨우 살리마에 도착했다. 이제 달릴 수 있는 거리가 간당간당한 터라 조마조마한 마음을 다잡고 살리마 입구의 바로 보이는 주유소로 들어갔으나, 여기서도 기름은 없다 한다. 따로 기름을 판다는 녀석도 없어서 다음 주유소가 어디 있는지 물어보니 3km쯤 더 가면 주유소들 있지만, 거기도 기름은 없을 테고 블랙마켓에서 구할 수는 있을 거라고 했다.

3km만 더 버텨라 하면서 다시 출발했지만, 1km쯤 달리다가 푸르르 소리와 함께 결국 시동이 꺼져 버렸다. 제길… 길가에 시동 꺼진 바이크를 세워두고 한참을 고민했다. 2km를 앞으로 밀고 갈까, 1km를 되돌아가서 아까 주유소에서 방법을 찾아볼까. 3km 달릴 만큼의 기름 정도는 어떻게든 거기서도 구할 수 있지 않을까? 결국 바이크를 밀어 1km를 되돌아갔다. 땡볕에 무거운 바이크를 끌고 가려니 온몸은 금세 땀범벅… 주유소에서 휘발유 반 리터만이라도 어떻게든 구해보려 이리저리 물어보고 돌아다녔지만 결국 실패. 이젠 기름을 찾으러 떠나는 수밖에 없었다. 바이크는 주유소에 세워두고, 자전거 택시를 불러 2리터짜리 예비 기름통을 들고 기름을 찾으러 갈 채비를 했다. 택시는 물론 버스도 구경하기 힘든 말라위에서는 보통 자전거가 보편적인 교통수단이다. 지금 생각해보면 기름을 구하기 어려운 여건 때문에 차량이 많지 않았던 걸까 싶다. 자전거 택시의 뒷자리에 올라타 3km 가량을 달려 다음 주유소에 도착하니 이번에도 역시 기름이 없다. 그래도 다행히 근처에서 기름 파는 녀석을 찾아 휘발유 2리터를 구매할 수 있었다. 리터당 1,200MWK… 젠장, 도둑놈들 같으니. 두 배나 받네. 다시 자전거 택시를 타고서 바이크를 세워두었던 주유소로 돌아와서 2리터를 주유했다. 바이크의 시동을 켜고 주유소를 나와 다시 3km를 달려서 또 다른 주유소를 찾아 다시 물어봤지만, 역시 휘발유는 없다. 주유소 앞에 진을 치고 있는 다른 기름 파는 녀석에게 휘발유 얼마냐고 물어보니 이놈은 리터당 1000MWK라고 한다. 다음 도시까지 달릴 수 있을 만큼 5리터를 구매했다.

말라위의 제2도시, 상공업의 중심도시라는 블랜타이어에도 주유소는 꽤 많이 있었다. 블랜타이어에 도착해서도 거의 모든 주유소들을 돌아다니며 휘발유를 구해보려 했지만, 모든 주유소에 휘발유는 없었다. 디젤유 있는 곳은 몇 군데 있었는데, 휘발유는 단 한 군데도 없었다. 휘발유를 구하려면 오직 블랙마켓밖엔 방법이 없었다. 어느 날 비자를 기다리면서 블랜타이어 시내를 구경하다가 주유소를 옆으로 지나고 있었다. 평소엔 한산하게 파리만 날리던 주유소가 웬일인지 사람들과 차량들로 아수라장이었다. 사람들에게 물어보니, 오늘 기름이 들어온다고 한다. 워낙 기름 공급이 원활치 못하다 보니, 기름이 들어오는 날엔 주유소에 기름을 구하려는 사람들, 사재기해놓았다가 되팔려는 녀석들, 도시의 모든 사람들이 자동차, 모터사이클을 몰고, 기름통을 들고 몽땅 주유소로 몰려든다. 이렇게 달려들어서 전쟁 치르듯이 기름을 뽑아가기 때문에, 새로운 기름이 들어와도 채 하루를 넘기지 못하고 금방 동이 나버린다.

아수라장 같은 주유소의 풍경을 구경하면서, 나도 바이크를 몰고 와서 주유를 해야 하는데 하는 생각은 굴뚝같았지만, 몇 시간 동안이나 저 아수라장 속에서 죽치고 있을 엄두가 도저히 나지 않았다. 또 한편으로는 저 고생을 해서 기름을 받아놓았으니, 그리 비싸게 팔려고 하는구나 하는 생각도 들었다. 하긴 지금 좀 고생해서 리터당 606MWK에 휘발유를 사놓으면, 하루 이틀 만에 거의 두 배 가격까지도 받고 되팔 수 있으니 다들 기름만 들어오면 저리 달려드는구나, 얼마나 남는 장사인가. 나라도 그럴 테지 하는 생각도 든다. 너무나 익숙하게 일상화 된 정전(그래서 낮에 태양광 발전패널을 밖에 내놓고 전기를 사용하는 사람들을 많이 봤다), 부족한 기름 공급, 무능력한 정부, 실패한 정책이 사람들을 이리 살도록 만드는구나. 말라위를 지나는 내내 이런저런 생각이 많이 들었다.

내가 만난 말라위 사람들

아프리카의 어느 나라나 다 비슷하지만, 케냐나 탄자니아의 사람들에 비해 말라위 사람들은 좀 더 시골사람 같은 느낌이 들었다. 좀 더 순하고 편하고 친절한 느낌이랄까. 길을 달리다 보면 반갑게 손을 흔들어주는 사람들도 많고, 가게나 길가에서 무언가를 사거나 할 때, 식당에서 음식을 먹을 때에도 속이거나 하는 경우를 거의 겪지 않았다. 달리다가 멈추었을 때, 신기함과 호기심에 이목이 집중되거나 무언가를 달라고 하는 꼬맹이들은 물론 많았지만. 정도는 확실히 줄었고, 이집트나 에티오피아에서처럼 심하지도 않았다.

말라위에서는 칼이나 총을 들고 다니는 사람들도 거의 보지 못했다. 길을 다니면서 딱히 위험하다는 느낌을 받지는 않았다. 외국인들 대상으로 하는 큰 사건은 거의 일어나지 않지만 좀도둑, 소매치기 같은 일들은 꽤나 많다고 한다. 아프리카의 어느 나라나 마찬가지로 밤에 돌아다니지 않고, 분위기 안 좋은 곳에 가지 않고… 등등 기본적인 안전규칙들만 지키고 다니면 별 문제는 생기지 않는다고 생각한다.

말라위 출국

말라위 블랜타이어에서 모잠비크 비자를 받고 블랜타이어를 떠나 말라위의 국경도시 조브위Zobwe에서 모잠비크로 입국했다. 오전 8시쯤 블랜타이어를 출발해 9시 반쯤 조브위에 도착해 출국 수속을 진행했다. 국경은 언제나 그렇듯 여기저기서 달려드는 환전상들로 꽤나 극성이었다. 달려드는 사람들을 모두 무시하고 출입국사무소로 향했다. 바이크를 사무소 앞에 세워두고 출입국사무소의 출국 심사관 부스로 가서 심사관에게 여권을 제출했다. 늘 그렇듯 출국은 간단히 통과될 줄 알았는데, 여권의 비자를 살펴보던 심사관이 뜬금없이 비자에 문제가 있다고 했다. 비자에 비자번호인지 뭔지가 적혀있어야 하는데, 그것이 안 적혀 있다고 통과시켜줄 수 없다며 여권을 돌려주었다. 나에게 비자를 받은 음주주로 다시 돌아가서 비자에 그 번호를 다시 적어서 오라고 한다. 순간 잠시 멍해졌었다. 나보고 지금 다시 음주주까지 몇 백 km를 되돌아가라는 건가…

여권을 받아들고 줄에 서있는 사람들 뒤로 가서 비자를 다시 꼼꼼히 살펴봤다. 문제가 된다면 유효기간 적혀 있는 부분에 문제가 있을 순 있겠다 싶었다. 비자를 받은 날이 11월 19일이었고 30일짜리 비자이니 유효기간 종료일에는 12월 19일로 적혀 있어야 할 텐데, 웬일인지 19. 02. 2012라고, 그러니까 2012년 2월 19일이라고 적혀있었다. 처음 음주주에서 비자를 받을 때는 잘 살펴보질 않아서 그런 줄 몰랐고, 나중에 여권을 다시 살펴보다가 발견 했었지만, 그때는 '말라위는 12월을 02로 적는 건가?'하고 말았었다. 다시 되돌아가서 확인할 수는 없어서 그냥 뭐 어떻게든 되겠지 하고 쭉 왔었다. 트집을 잡으려면 그걸 가지고 뭐라고 할 순 있을 거 같지만, 그 외에는 아무리 봐도 별 문제는 없어 보였다. 다시 천천히 생각을 해봤다. 그러고 나니 대충 감이 왔다.

아… 이 녀석들… 들어올 때도 그러더니, 나갈 때도 마찬가지인 건가. 말라위 참 여러모로 대단하다. 입국할 때는 처음에 다르에스살람까지 돌아가서 비지 받아오라고 겁을 주더니, 이번엔 음주주로 돌아가라고 겁을 주는 구나. 젠장, 결국은 어떻게든 트집 잡고 겁줘서 돈을 뜯어낼 생각뿐인 거야. 그렇게 생각이 정리되고 나니 짜증이 날 뿐, 이젠 걱정은 별로 안 된다. 어떻게든 통과는 될 거라 생각하니 마음이 편해졌다. 이놈들이 어떻게 나올지 훤히 보이는 듯 했다. 이런 자리에선 짜증내고 심각하게 굴어서 좋을 것 하나도 없다. 최대한 능글맞게, 장사꾼들하고 흥정하듯이… 항상 웃으면서 대화해야 한다. 바로 다시 줄을 서서, 순서를 기다려 다시 심사관에게 갔다. 생글생글 웃으면서 다시 여권을 보여주며 떼를 썼다. "이거 음주주에서 저번 주에 받은 비자다. 그때 돈도 다 냈고, 아무 문제없이 스탬프랑 사인도 받고 통과 했었는데, 뭐가 문제인지 이해할 수가 없네. 여기서 다시 음주주까지 돌아가기엔 너무 멀잖아. 나 오늘 모잠비크로 들어가서 바로 남아공까지 쭉쭉 가야 하는데 되돌아 갈 수는 없다고~ 좀 봐줘."

앞에서 계속 징징거리니까 처음엔 안 된다며 무엇, 무엇이 없으니 다시 음주주 돌아가라고 몇 번을 그런다. 한 10분 앞에서 그렇게 떼를 쓰니 결국 안에 들어가서 보스에게 물어봐 주겠다고 한다. 그러더니 여권과 출국신고서를 들고 안쪽 방으로 들어갔다가 나온다. 역시… 내가 그럴 줄 알았어. 어쩌면 입국할 때 하는 짓하고 그리 똑같은지! 돌아가라고 겁을 주고… 기다리면서 시간 끌며 지치게 하고… 그리고 나선 편의를 봐주는 듯, 큰 선심이라도 쓰는 것처럼 거들먹거리고… 결국 처리해주면서 돈을 바라겠지. 방에 들어가서 정말 보스와 의논을 했는지 그러는 시늉만 한 건진 모르겠지만, 어쨌든 방에 들어갔다 나와서는 역시

말라위 시골마을의 불꽃나무 Flame Tree

나 예상대로다. "음주주는 여기서 너무 머니까 특별히 이번엔 그냥 통과시켜 주겠다. 이건 너무 먼 거리라서 특별히 봐주는 배려다. 어쩌고저쩌고…" 그러면서 출국신청서에 뭐 이것 저것 적더니 스탬프를 찍고, 여권에도 스탬프 찍어주면서 일하느라 힘드니 뭘 좀 먹어야겠다느니 어쩌니… 결국 돈 달라는 얘기를 빙빙 돌려서 뭐라 뭐라 한다. 스탬프가 찍힌 여권을 얼른 받아 챙기면서 그냥 그런 얘기는 못 알아들은 척 했다. 그러고는 "Thank you~" 하고는 악수하고 그냥 돌아서 세관으로 갔다. 뭐 돈 안줘서 실망은 좀 했겠지만, 별말 없이 보내준다. 이미 스탬프 찍은걸 어쩔 수 없겠지. 세관에서 까르네 던져주니 별말 없이 금방 스탬프를 찍어서 돌려준다. 바이크 검사도 안하고 금방이었다. 짜증은 좀 났지만, 어쨌든 추가 지출 없이 30분정도 걸려서 말라위 출국과정도 마무리 되었다.

 # 모잠비크

바로 바이크를 몰고 말라위 출국 게이트를 지나서 모잠비크 출입국사무소로 가려고 앞에 사람 아무나 붙잡고 물어보니, 출입국사무소는 여기서 6km를 더 가야 한단다. 바이크를 타고 6km정도 달려서 모잠비크 입국 게이트에 도착했다. 바로 출입국사무소 창구로 가서 입국신청서를 쓰고 여권과 함께 제출했다. 비자는 블랜타이어에서 그리 고생을 하며 받은 터라 별문제 없을 줄 알았는데 역시나… 모잠비크도 말라위와 크게 다르지 않았다. 처음엔 황열병 예방증명서Yellow Card가 있냐고 물어본다. 출발할 때 한국에서 준비해 왔기에 모잠비크에서 처음 꺼내보았다. 그랬더니 꺼내준 황열병 예방증명서는 쳐다보지도 않고, 이번엔 비자 유효기간을 가지고 딴죽을 건다.

말라위 비자처럼 모잠비크 비자도 유효기간 적어놓은 것이 이상했다. 내가 모잠비크 비자를 받은 것이 2012년 11월 27일. 이것도 30일짜리 비자니까 유효기간은 12월27일까지다. 그런데 비자 유효기간 칸에는 27. 01. 2012 라고 적혀있었다. 이것도 모잠비크 영사관에서 비자 받을 때는 확인을 안 했다가, 숙소에 돌아와서 밤에 발견했었다. 역시 다시 영사관에 가서 확인할 수는 없어서 어떻게든 되겠지 하고 그냥 온 거였는데, 입국심사관이 말하길 "이 비자 유효기간 만료되었다. 2012년 1월 27까지잖아. 블랜타이어로 돌아가서 다시 비자 받아와라."

하지만 여기서 짜증내고 성질부릴 수는 없다. 성질낼수록 나만 손해다. 최대한 생글생글 웃으면서, 이거 알만 한 사람들끼리 왜이래~ 능글맞게 떼를 쓴다. "봐라. 이 비자 이거 내가 어제 블랜타이어 영사관에서 발급받은 비자다. 발급일이 2012년 11월 27일이잖아. 유효기간이 2012년 1월 27일이라는 게 말이 되냐? 뭔가 실수한 거겠지. 좀 봐줘. 나 오늘 모잠비크 들어가서 얼른 남아공까지 가야 돼." 역시나, 좀 실랑이를 하고 났더니 보스에게 가서 물어봐 주겠다고 했다. 그러더니 뒤쪽 큰 책상에 앉아있는 보스에게 내 여권을 들고 가서 뭐라 뭐라 하더니 돌아와선 큰 선심 쓰듯 통과시켜 주겠다고 한다. 그러더니 스탬프를 찍어서 여권을 돌려준다. 여권을 돌려주면서 뭔가 바라는 강렬한 눈빛을 느꼈지만, 역시나 "Thank you~"하고는 무시해 버리고 밖으로 얼른 나왔다.

인도양 해안가 야자수길. 모잠비크 빌란쿨로스

말라위 비자 유효기간도 그렇고 이번엔 모잠비크 비자 유효기간까지… 똑같은 일이 연속으로 발생이다. 이게 과연 우연일까? 우연히 비자발급 해준 녀석들이 동일한 실수로 유효기간 날짜를 틀리게 적은 걸까? 진실은 알 길이 없지만, 심적으로는 우연이 아닌 것 같다는 생각이 강하게 들었다. 다들 끼리끼리 한통속이라서 일부러 이렇게 조금씩 틀리게 적어놓곤 그걸 빌미로 돈을 뜯어내고 하는 것은 아닌지… 어쨌든 비자를 받고 할 때는 그 자리에서 꼼꼼히 확인 해야겠다는 교훈을 얻었다.

그리고 세관으로 이동해 까르네를 던져주니 심사관이 까르네 뒷면의 까르네 유효국 명단을 쭉 훑어본다. 그러더니 모잠비크가 없다면서, 이 까르네는 못 쓴다고 되돌려준다.

헐… 이번엔 까르네로 트집인 거냐? 하면서 다시 까르네 뒷면을 꼼꼼히 살펴봤다.

헐… 정말 없었다. 모잠비크. 몰랐었다. 당연히 될 거라 생각하고 한번 찾아볼 생각도 안 했었는데… 어… 그런데 에티오피아도 없네? 근데 에티오피아에선 별문제 없이 잘도 썼었는데? "이거 가지고 에티오피아에서도 아무 문제없이 잘 썼었는데, 여긴 뭐가 문제냐?" 물으니 그건 자기 알 바 아니란다. 어쨌든 모잠비크에선 사용 못하니, 바이크를 통관하려면 모잠비크의 보험을 만들어야 한다고 한다. 그러고 있는데 창구 앞 바로 옆에 있던 녀석이 기다렸다는 듯이 얼른 나에게 다가와서 보험 만들어주겠다며 까르네를 낚아채더니 쓱쓱 일사천리로 보험 서류를 작성한다.

뭔가 사기 당하는 거 같은 느낌도 드는 게… 영 기분은 찜찜하지만, 까르네에 모잠비크가 없는 건 또 사실이니 뭐라 할 수는 없고. 그래서 보험이 얼마냐 물어보니 30일짜리가 30USD란다. 에휴, 그래. 그냥 세금 냈다고 생각하자. 그리고 체념 반 귀찮음 반으로 옆에서 지켜보니, 그 녀석 내 까르네를 보면서 알아서 보험서류를 작성하고 자기가 알아서 다시 세관에 제출힌다. 옆에서 보고 있으려니, 이 녀석 말릴 사이도 없이, 입국할 때 세관에 뜯어서 제출

모잠비크 간단 정보

- **비자** 비자 필요(14,220MWK). 사진, 은행잔고증명서 필요
- **출입국** 말라위, 잠비아, 짐바브웨, 남아프리카공화국, 스와질란드에서 육로 출입국 가능. 탄자니아 육로 국경 폐쇄. 까르네 불필요.
- **환전** 웬만한 마을에는 모두 은행이 있고, 거의 대부분 ATM이 있었다. 비자카드, 마스터카드는 물론 시티은행 카드도 잘 되었다. 은행에서 달러를 환전하는 것도 어렵지 않고, 길가에서 조금만 물어보면 달러 환전상 찾는 것도 어렵지 않다.
- **도로** 거의 모든 주요 도로는 포장되어있고, 그 상태도 그럭저럭 괜찮다. 해안가 마을로 깊숙이 들어가면 모랫길도 많고, 주요 도로를 벗어나면 당연히 비포장이지만, 그 정도면 훌륭한 편.
- **주유소** 아주 많지는 않지만 큰 마을에는 거의 모두 주유소가 있고, 주유소간 거리도 적당해서 주유 때문에 고생할 일은 없었다. 길가에 기름통을 내어놓고 기름(주로 디젤)을 파는 사람들도 많이 있다. 휘발유 가격은 리터당 48~53MT 정도(1USD=30~31MT, 2012).
- **숙박** 마푸토와 베이라 등 주요 도시들에는 호텔 등 숙박업소가 충분히 준비되어 있고, 인도양을 따라 이어지는 해변으로는 각종 리조트, 호텔, 캠핑장등이 관광객들을 대상으로 성업 중이다. 인도양 해변에서의 캠핑도 추천.

하는 바우처를 부욱 뜯는다. 뜯어선 세관원에게 주면서 스탬프를 찍어 달라고 하니 세관원이 "여기 까르네 명단에 모잠비크도 없는데, 우리가 이걸 왜 찍어 주냐?"라고 묻는다.

이미 뜯은 바우처는 다시 붙일 수도 없고, 까르네는 각 장마다 번호가 붙어 있어서 한 장이라도 없어지면 나중에 스위스 협회에서 보증금 돌려받는 것도 안 된다. 그렇기 때문에 명단에 있든 없든, 일단 뜯은 까르네는 스탬프를 찍어야 한다. 마음이 급해져서 바로 세관원한테 여기, 여기 통관 스탬프를 찍어달라고 떼를 쓰니 귀찮은 듯 투덜대면서도 그냥 찍어달란 대로 찍어주었다. 그리고 위쪽 바우처에 통관국, 통관일, 통관국경 이름, 세관원 사인까지… 귀찮아하는 기색 역력하면서도 써달라는 대로 써주니 다행이다.

하긴, 까르네가 통하지 않는 나라이니 아예 처음부터 바우처를 뜯지 않았으면 보험증만으로 끝났을 텐데. 이 바보 녀석이 미리 뜯어버리는 바람에 귀찮아졌다. 이러면 모잠비크 나갈 때도 다시 스탬프 찍고 싸인 받고… 안 해도 되는 일을 부탁해야 되잖아… 젠장. 그리고 나서 지갑을 꺼내서 30USD를 그 녀석에게 주니, 그걸 또 세관원에게 나눠준다. 그래, 니들 알아서 다 해먹어라. 더 이상 신경 쓰고 싶지도 않았다. 결국 한 시간 정도 걸려서 모잠비크 입국 과정이 마무리 됐다.

모잠비크… 비자 받는 것도 짜증나고, 입국에서도 까다롭게 굴고, 까르네는 통하지도 않아서 돈 들여서 보험증 만들어야 하고, 이모저모로 처음부터 지치게 하는 나라다. 에휴… 이러고 보니. 그래서 다른 오버랜더들이 모잠비크 루트가 아닌 잠비아-나미비아 루트로 가는구나 싶었다.

까르네 회원국 (발급 가능)	까르네 사용국 (발급 불가)
나미비아	감비아
남아프리카공화국	기니
레소토	나이지리아
말라위	라이베리아
보츠와나	르완다
보푸타츠와나	브룬디
수단	소말리아
스와질란드	잠비아
시스케이	적도기니
이집트	탄자니아
짐바브웨	

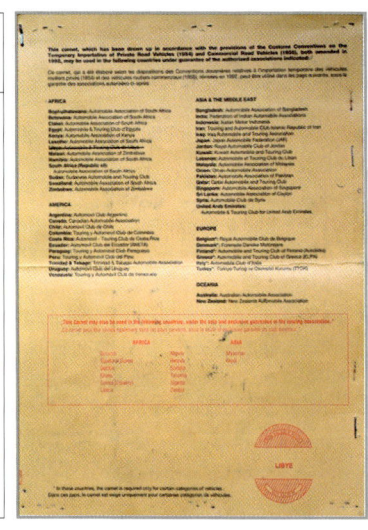

# 모잠비크

모잠비크는 말라위보다 전반적인 상황이 괜찮았고, 남쪽 남아공에서 올라오는 여행자들이 많기 때문에 여행에 필요한 시설이나 정보, 즐길 거리도 많아서 길을 다니기가 전혀 불편하지 않았다.

1. 호스텔 앞의 전통 조각 2. 모잠비크의 인도양 3. 모잠비크 시골 마을의 전통 초가집 4. 야자수 나무가 우거진 길. 모잠비크 남부

인도양 해변에서 뛰어노는 사람들

내가 만난 모잠비크 사람들

어디나 마찬가지로 좋은 사람들, 나쁜 사람들이 있겠지만, 전반적으로 모잠비크 보통 사람들은 느낌이 참 좋았다. 길에서 웃으며 손을 흔들어 주는 사람들, 엄지손가락을 치켜 올려주는 사람들도 많고, 대부분 친절하고, 가게나 식당에서도 속이거나 바가지를 씌운다는 느낌은 거의 받질 않았다.

하지만 가이드북에서도 조심하라며 항상 경고를 하고, 현지인들에게 물어보아도 다들 언제나 주의를 주는 것을 볼 때, 모잠비크도 역시 안전한 곳이라고 말하기는 어려울 것 같다. 여느 아프리카와 마찬가지로 도둑, 강도에 의한 사건 사고는 늘 있기 때문에, 밤에 돌아다니거나 분위기 안 좋은 곳을 돌아다니는 행동은 삼가야 한다.

아프리카의 우기를 달리다

모잠비크의 수도 마푸토를 떠나서 남아프리카공화국과의 국경 르사노 가르시아Ressano Garcia를 통해 남아공으로 입국했다. 마푸토를 출발할 때부터 비가 쏟아지기 시작하더니 출발한지 10분도 지나지 않아 온몸이 물에 빠진 생쥐마냥 젖었다. 그래도 폭우를 뚫으며 국경을 향해 달릴 수밖에. 이전까지 아프리카에서 경험했던 비는 잠시 퍼부어 대다가도 언제 내렸냐는 듯이 금방 그치고 금방 마르는 소나기 느낌이었다. 더위에 지쳐 달리다가 비를 만나면 시원해지곤 해서 비가 내리면 반가운 마음이 들기까지 했었다.

12월부터는 이 동네의 우기가 시작 된다는 것을 알고 있었고, 또 이쪽 루트가 비를 맞으며 달릴 일이 많다는 이야기도 들어서 알고는 있었지만, 더워서 쪄죽는 것 보다는 시원하고 좋겠거니 생각했다. 그런데 마푸토에서 시작해 남아공 북부지방에서까지 만났던 비는 상상했던 것보다 더 심한 폭우였다. 우리나라에 태풍이 몰아칠 때 폭우가 쏟아지듯 미친 듯이 쏟아져서 금세 젖어버리고, 도로는 흙탕물로 뒤덮여 어디가 길이고 어디가 흙바닥인지 구분하기가 힘들었다. 내내 건조하다가도 내릴 때는 미친 듯이 퍼붓는 이런 것이 아프리카의 스콜. 이후 며칠 동안 아프리카의 우기를 온몸으로 느끼며 달렸었다.

마푸토에서 처음 출발할 때는 원래 스와질란드 국경으로 가서 스와질란드를 횡단한 후 남아공으로 향할 생각으로 달렸지만, 쏟아지는 빗속에서 제정신이 아닌 채로 달리다 보니 중간에 어디에선가 길을 잘못 들었나 보다. 도착해보니 스와질란드국경이 아니라, 남아공과 맞닿은 모잠비크의 국경도시 르사노 가르시아였다. 얼떨결에 남아공에 들어와 버린 것이다. 출입국사무소에서 간단하게 출국심사를 받았다. 비자 유효기간으로 딴죽을 걸지는 않을지 걱정했는데, 전혀 신경도 안 쓴다. 세관에서도 까르네를 내밀며 스탬프를 찍어달라고 하니 해달라는 대로 스탬프, 사인까지 다 해줬다. 들어올 땐 짜증나게 굴더니 나갈 때는 별말 없이 간단하게 출국과정 마무리. 30분도 안 걸렸다.

마푸토를 향해 내려가는 길.
모잠비크 N1번국도

남아프리카공화국

남아공 측 국경 마을 코마티포트Komatipoort로 이동. 남아공 입국심사는 사람들이 많아서 한참 동안 줄을 서야 했다. 심사과정은 금방이지만, 줄 서서 기다리는데 거의 한 시간 정도 걸렸다. 한참을 줄 서서 기다린 끝에, 출입국사무소에서 간단하게 입국 스탬프를 받았다. 남아공, 스와질란드, 레소토, 보츠와나… 이쪽 남쪽 나라들은 90일간 무비자. 덕분에 비자 걱정 없이 그냥 국경으로 향했다. 여권을 돌려받고 찍힌 스탬프를 확인하다가 보니까, South Africa라고 쓰여 있다.

"어라… 여기 스와질란드 아니에요?" 그때까지 몰랐다. 내가 남아공 국경으로 왔다는 것을. 어디서 길을 잘못 들었는지도 모르고 홀딱 젖은 채 덜덜 떨면서 정신 줄을 놓고 달려온 터라, 그냥 스와질란드로 왔다고 생각하고 있었던 것이다. 황당한 눈빛으로 나를 쳐다보던 입국심사관. 그렇다고 거기서 다시 스와질란드로 돌아갈 수도 없는 일. 이왕 남아공으로 들어온 것 다시 스와질란드 국경으로 넘어가기도 별로 마음이 내키지 않았다. 그냥 스와질란드는 나하고 인연이 없나 보다… 하고 넘어가기로 했다. 세관에서도 까르네를 던져주니 알아서 서류를 작성해 스탬프를 찍어줬다. 간단하게 입국과정 마무리. 줄 서서 기다린 시간까지 해서 한 시간 좀 더 걸린 거 같다. 별 어려움 없이 입국할 수 있었다.

남아프리카공화국 간단 정보

- **비자** 무비자(30일)
- **출입국** 국경을 맞댄 나미비아, 보츠와나, 짐바브웨, 모잠비크, 스와질란드, 레소토에서 육로 출입국이 가능. 주요 도로상에서 출입국하려면 입국 대기자가 많아 시간이 많이 소요되니 시간적 여유가 필요. 까르네 필요
- **환전** 은행도 ATM도 많다. 은행에서 환전과 국제현금카드 사용도 큰 문제가 없다.
- **도로** 거의 모든 도로는 포장되어 있고, 그 상태도 매우 훌륭했다. 우리나라 도로보다 좋다. 운전 매너가 엉망이라는 글들을 몇 번 보았지만, 막상 경험해보니 매너가 좋기만 했다. 어쩌면 그동안 지나온 나라들에서 워낙 험한 경우를 많이 겪고 와서인지도 모르겠다.
- **주유소** 마을마다 많이 있으니 주유 걱정은 전혀 할 필요가 없다. 옥탄가 95짜리 휘발유 가격은 리터당 11.6~11.9ZAR 정도(환율 1ZAR = 122원, 2012)
- **숙소** 남아공은 아프리카라기보다 유럽, 영국과 비슷하다. 큰 도시뿐 아니라 작은 규모의 마을에서도 숙박업소를 찾기 어렵지 않다. 호텔과 호스텔, 게스트하우스, B&B, 캠핑장까지 선택의 폭이 넓다. 남쪽 해안을 따라 이어지는 해변의 관광지 어디에서나 상당히 많은 리조트와 캠핑장, 호스텔을 볼 수 있다.

국경을 벗어나 달려간 남아프리카공화국은 정말이지 유럽 같았다. 지금까지 내려오면서 만났던 아프리카의 나라들과는 너무나도 분위기가 달라서 이제 진짜 아프리카는 다 지났구나 하는 생각이 절로 들었다. 원래 해안선을 따라서 내려가려고 했었지만, 여러 사람들이 해안선 따라가는 길은 별로 볼 것 없고, 그보다는 북쪽으로 고지대를 통과해서 가는 길이 더 예쁘다고 추천해주었다. 그래서 내륙 쪽 스와질란드 쪽으로 방향을 돌려서 케이프타운으로 향하는 길로 지나왔다. 들은 대로 남아공 북부 고원지대는 마치 유럽의 알프스를 한 10배쯤 뻥튀기 해놓은 듯. 아름다운 산과 평야, 초원이 펼쳐진 환상적인 길이었다. 내내 무척 즐겁고 신나게 달렸었다.

'폭풍의 곶Cape of Storm'은 희망봉을 처음 '발견'한 포르투갈의 바르톨로뮤 디아스가 지어준 이름이다. 이 명칭이 공포심을 줄 수 있다는 이유로 포르투갈의 왕은 '희망봉'으로 이름을 바꿨다. 공포심을 주는지 희망을 주는지는 잘 모르겠지만, 바르톨로뮤 디아스가 폭풍의 곶이라는 이름을 지어준 이유는 확실히 알 수 있었다. 모든 세상의 끝엔 폭풍과 같은 바람이 분다.

1.남아프리카공화국 국경을 넘어 나를 반겨준 불꽃나무 2.잘 정비된 도로

남아프리카공화국

2012년 12월 9일. 인도양과 대서양의 경계 지점이면서 아프리카대륙의 최남단 케이프 아굴라스에 도착했다.

케이프 아굴라스 Cape Agulhas
S 34°50.0083'
E 19°59.9831'

1. 인도양(왼쪽)과 대서양(오른쪽)의 경계 지점 2. 케이프 아굴라스 등대 3. 도로를 건너가는 거북이

케이프 타운 Cape Town

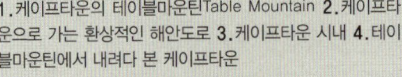

1. 케이프타운의 테이블마운틴Table Mountain 2. 케이프타운으로 가는 환상적인 해안도로 3. 케이프타운 시내 4. 테이블마운틴에서 내려다 본 케이프타운

아프리카 대륙에서 가장 화려하고 현대적이며 살기 좋은 도시를 고르라면 아마도 케이프타운을 꼽아야 할 것이다. 아프리카의 최고 부국인 남아공, 그중에서도 가장 발전된 도시이자 유럽인들의 오랜 정착 역사를 품고 있는 도시가 케이프타운이다. 그리고 아프리카를 돌아 인도를 향해 항해했던 모든 유럽 뱃사람들의 전환점, 희망봉. 그 이름만으로도 마음을 설레게 하는 울림이 있다.

희망봉 Cape of Good Hope
S 34°21.4166'
E 18°28.4333'
입장료 90ZAR

1.희망봉 풍경들 2.희망봉으로 달리는 해안 루트 3.아름다운 드라이브 코스 희망봉으로 가는 길 4.희망봉으로 달리던 중에 만났던 아프리카의 황제펭귄들

51,920km를 달려서 희망봉에 도착하다

4월 1일 동쪽 끄트머리 동해항 출발
5월 5일 시베리아 횡단 끝, 모스크바 도착
5월 22일 북쪽 끝, 노르카프(노르웨이)
8월 21일 서쪽 끝, 로카 곶(포르투갈)
12월 12일 남쪽 끝. 희망봉(남아프리카공화국)

희망봉까지 달린 거리 53,275km… 동해항에서 출발할 때가 1,355km였으니 한국을 떠나 258일 동안 51,920km를 달린 후에야 희망봉에 도착한 셈이다. 참 멀리도 왔네… 지금까지 무사히 잘 달려준 바이크가 정말 고마웠다. 그 동안 좋지 않은 기름도 많이 먹었는지 좀 골골거리는 게 마음이 아프고 걱정도 되었다. 그래서 케이프타운에 도착하자마자, 희망봉도 가기 전에 BMW 바이크 숍부터 다녀왔다. 바이크 숍에 가서 바이크를 점검, 정비하고 엔진오일, 필터, 에어필터 등의 소모품을 몽땅 교체하고 수리하니 엔진이 다시 팔팔해졌다. 힘든 길을 함께 견뎌준 소중한 파트너의 바퀴도 전부 교체해주고 깨끗하게 닦아주니 바이크가 새것처럼 말끔해졌다.

희망봉에 도착해서 바이크를 한참 동안 토닥여 주었다.
"그 동안 정말 수고했어. 결국 우리가 해냈구나. 고마워."
남쪽 끝만 바라보고 달려왔는데, 이제 어디로 어떻게 갈지 다시 고민을 시작했다. 여행을 떠난 지 벌써 9개월. 이제 그만 여행을 끝내고, 집으로 돌아가도 괜찮지 않을까? 여기서 더 어디로 갈 수 있을까?

새로운 대륙으로 떠나자!
그런데 바이크는 어떻게 보내지?

케이프타운을 떠나 동남쪽 해안선을 따라 이스트런던East London, 포트엘리자베스Port Elizabeth, 포트에드워드Port Edward를 지나 더반Durban으로 목적지를 정했다. 더는 남쪽으로 내려갈 수 없으니 대서양 너머의 남아메리카로 건너가서 다시 남쪽 끝까지 가보기로 결정했다.
케이프타운에서 서쪽으로 쭉 선을 그어 대서양을 건너가면 아르헨티나 부에노스아이레스가 나온다. 바이크를 운송할 방법을 이리저리 알아보기 위해 HU에서도 자료를 찾아보고, 구글로도 여러 여행기들을 찾아봤다. 중간에 만났던 다른 오버랜더들에게도 묻고, 케이프타운 공항의 카고 터미널에도 가서 여러 운송회사들을 찾아다니며 운송 방법을 물었다. 최대한 이리저리 알아봤지만 늘 그렇듯이 빠르고 간단하면서도 저렴한 비용으로 해결할 방법을 찾는 것은 어렵기만 했다.

HU에서는 항공운송과 선박운송 중 간단하게 항공운송을 더 추천한다. 운송 가격만 생각하면 당연히 선박이 훨씬 저렴하겠지만, 항구에서 바이크를 찾기까지 필요한 추가 지출이 운송비보다 더 큰 경우가 많기 때문이다. 게다가 엄청나게 긴 운송기간과 일상적인 지연운송으로 인한 추가지출까지 발생할 수 있다. 공항에서의 바이크 반입은 상당히 빠르고 간단하지만, 항구에서의 바이크 반입은 절차가 까다로운 경우가 많아서 결국 이모저모 따져보면 항공운송이 더 현명한 선택이라고 한다.

일단 가장 빠르고 간편한 것은 당연히 항공운송이다. 하지만 늘 그렇듯 문제는 비용이다. 중간에 만났던 바이크 오버랜더가 마침 부에노스아이레스에서 케이프타운으로 비행기를 타고 건너온 친구가 있어서 물어보았는데, 바이크 운송비만 한 대당 2,400USD 넘게 들었다고 알려주었다. 헉 소리가 절로 나는 액수였다. 그 외에 따로 알아 본 항공운송 비용 역시 그보다 더 비싸면 비쌌지 더 싼 곳은 찾을 수 없었다. 거기에 케이프타운에서 부에노스아이레스까지 내가 타고 갈 항공비용도 찾아보니, 가장 저렴한 것도 거의 1,900USD. 아마 크리스마스와 연말연시 성수기가 겹친 탓이었으리라. 우와… 아메리카로 건너가는 데만 이 정도 지출이라.

매일 밤 컴퓨터를 붙잡고 어떻게든 좀 더 저렴한 방법을 찾느라 며칠을 고생했다. 케이프타운에서 이리저리 고민하고 결정한 운송은 선박운송이었다.

인터스페드 케이프 INTERSPED CAPE (PTY) LTD
S 33°52.5233'
E 18°31.0605'
Add Spearhead Business Park Units S5 & S6, Cnr Freedom Way & Montague Drive Montague Gardens 7441, South Africa **Tel** +27 215517126
E-mail alan@intersped-ct.co.za **Web** www.intersped.co.za

인터스페드 케이프는 여기 저기 검색을 해서 찾은 운송업체인데, 메일로 문의하고 케이프타운의 사무실로 직접 찾아가서 상담도 하였다. 이곳에선 부에노스아이레스까지 바이크 운송할 수 있는 두 가지 배편이 있었다. 케이프타운에서 출발해 독일 함부르크를 들러서 부에노스아이레스로 가는 52일 경로와, 더반에서 출발해 부에노스아이레스까지 직항으로 가는 19일 경로. 이 경우엔 더반까지 직접 바이크를 몰고 가서 선적하거나, 케이프타운에서 추가 운송비를 내고 트럭에 실어서 더반으로 보내야 한다고 했다.

두 경우 모두 5,000ZAR 이하의 비용(약 60만원)으로 운송이 가능하다고 하고, 컨테이너에 실어서 운송하기 때문에 나무상자(크레이트Crate)로 포장할 필요도 없다. 문제는 부에노스아이레스에서 바이크를 되찾기까지 과연 얼마나 비용이 들게 될지. 또 얼마나 짜증나는 일 처리 과정들을 겪어야 할지. 과연 예정된 일정 안에 제대로 운송될 수 있을지 가늠하기가 힘들다는 것이다. 19일, 52일이라는 기간과 발생할 수 있는 모든 나쁜 경우들을 생각하면서 많이 고민했지만, 너무나 확연하게 차이 나는 비용 앞에선 일단 감수해 보자고 결론 내릴 수밖에 없었다. 별 탈 없이 진행될 수 있기만을 바랄 뿐… 뭐… 운에 맡기는 수밖에.

52일이나 걸리는 경로를 선택할 수는 없어서 더반으로 직접 바이크 몰고 가서 19일짜리 선박 운송에 몸을 맡기기로 하고 다시 동쪽 더반을 향해 달려갔다.

케이프타운에서 더반으로

2012년 12월 20일 목요일

점심 무렵 더반에 도착해 바로 숙소를 찾아 짐을 풀고, 케이프타운 인터스페드 케이프에서 소개해주었던 더반의 운송회사 제트스트림을 찾아갔다.

제트스트림 운송 JETSTREAM FREIGHT FORWARDERS
Add Suite 30A, Ground Floor, One Victoria Embankment, Durban, 4001, Kwa Zulu Natal, South Africa **E-mail** amritha.jetstream@imaginet.co.za
Tel +27 313379473/4/5

그동안 메일로 연락을 주고받으며 상담했던 암리타Amritha(더반엔 인도에서 건너온 사람들이 참 많았다. 암리타도 인도 아가씨였다.)를 만나서 바이크 운송 일정을 확인했다. 그리고 부에노스아이레스에서 도와줄 에이전트 정보와 비용은 메일로 확인 받기로 했다. 다음날 다시 와서 비용을 결재하고 정리하기로 하고 까르네를 챙겨주고 나왔다.

인도양 해안선을 따라서 이어지는 모래사장

12월 24일 컨테이너 선적
12월 28일 더반 출발
1월 14일 부에노스아이레스 도착

숙소로 돌아와 인터넷으로 항공권 검색 사이트 익스피디아닷컴www.expedia.com에서 내가 타고 갈 항공편을 검색하였다. 찾아보니 더반에서 부에노스아이레스까지 바로 가는 티켓 가장 싼 것이 대략 1,900USD 정도. 이리저리 생각해보니 바이크 운송 일정이 19일이나 되는데 그리 빠르게 부에노스아이레스에 갈 필요가 없기도 하고, 찾아보니 더반에서 바로 부에노스아이레스로 가는 비행기보다 오히려 유럽을 들렀다 가는 경로가 더 싸게 나온 것이 많았다. 이것저것 여러 경로를 검색해보니 가장 저렴하면서도 적당하다 싶은 루트는 더반에서 로마로 갔다가 10일 정도 로마에 머물고, 로마에서 부에노스아이레스로 가는 경로였다.
땀이 줄줄 흐르는 더위와 모기떼도 이제 너무 지겨웠다. 시원한 겨울의 로마에서 며칠 쉬고 싶었고, 피렌체나 베네치아 등의 겨울 풍경이 보고 싶기도 했다. 이탈리아에서 며칠 구경하고 나서 바이크가 도착하기 전에 부에노스아이레스로 들어가면 되겠다는 생각에 바로 더반에서 로마까지 다시 로마에서 부에노스아이레스로 이어지는 항공권을 예약했다.

더반 → 요하네스버그, 아디스아바바 경유 → 로마 (608.5USD)
로마 → 부에노스아이레스 (867.9USD)
총 1476.4USD

남아공 남부 도시, 더반

더반에서 바로 부에노스아이레스 가는 노선보다 400USD 이상 저렴한 셈이었다. 예상대로 계획한대로 모든 것이 톱니가 맞물려 돌아가듯 진행된다면, 다른 어떤 오버랜더들보다도 저렴한 비용으로 대륙을 건너가는 셈이었다. 하지만 세상은 그리 호락호락하지 않았고, 모든 계획은 틀어지기 위해 존재한다는 듯이 어긋나기만 했다. 모든 계획을 완성해 놓은 그 날 밤. 뿌듯한 마음으로 가볍게 잠자리에 들었다. 다음 날부터 나에게 어떤 일들이 일어날지도 모른 채.

안녕! 다시 만나서 반가워~

2012년 12월 21일 금요일

칼을 들고 있었고 두 녀석이었다. 비쩍 마른 녀석들이었는데, 하나는 나보다 키가 조금 더 큰 듯 했고, 하나는 좀 작은 녀석이었다. 흑인들의 신체조건은 보통의 우리들과는 좀 다른 것이 있나 보다. 비쩍 마른 녀석들임에도 힘의 세기가 장난이 아니었다. 나 역시 죽기 살기로 칼을 막으면서 버텼지만, 그 놈들이 조금만 더 덩치가 컸더라면 힘을 감당하지 못하고 칼에 찔렸을지도 모르겠다.

오전 9시 반쯤. 제트스트림의 암리타와 약속을 잡은 터라 숙소를 나와서 길을 걷고 있었다. 숙소에서 제트스트림 사무실까지는 걸어서 15분 정도. 태양은 뜨겁고 날은 화창해서 더운 날이었다. 항구 옆 대로변, 드문드문 사람들이 어슬렁대고 가끔 차가 지나가는 한산한 길이었다. 카메라 가방에 카메라와 지갑, 열쇠, 각종 서류 등을 넣어두고, 아이폰만 주머니 속에 넣은 채 아무 생각 없이 터덜터덜 걸어가고 있었다.

그런데 갑자기 뒤쪽에서 비쩍 마른 흑인 두 녀석이 스윽 나타나더니 옆과 뒤에서 덮쳐온다. 한 녀석은 과도만한 칼을 들고 앞쪽에서 위협하고 다른 녀석은 뒤쪽에서 가방을 낚아채려 한다. 순간 당황해서 일단 칼부터 막아야겠다는 생각에 앞쪽 녀석의 칼을 든 오른손 손목을 붙잡았다. 다른 한 손으로는 가방 끈을 움켜쥔 채 두 녀석과 몸싸움을 시작했다. 한 손으로 칼을 저지하고, 또 한 손으로는 가방을 움켜쥐고 버티고 있으니, 뒤쪽 녀석이 가방을 낚아채려다 포기하고 순식간에 주머니를 뒤진다. 그리고는 주머니 속에 있던 아이폰을 챙겨 들고 줄행랑을 친다. 앞쪽 녀석도 손을 뿌리치곤 함께 달려 도망가기 시작했다.

부리나케 가방을 챙겨 매고 녀석들을 쫓아가기 시작했다. 하지만 운동화도 아닌 슬리퍼를 신은 데다 가방이 거치적거려 한참을 쫓아가도 거리가 점점 멀어질 뿐이었다. 놓치겠다 싶어 소리를 지르기 시작했다.

"Catch them! Robber!"

쫓아가며 그렇게 고래고래 소리 지르니, 길가의 사람들이 쳐다보고 녀석들을 향해 같이 소리를 질러준다. 지나가던 어떤 사람은 같이 쫓아가주고. 그럼에도 거리는 점점 멀어져서 녀석들은 이내 골목 안쪽으로 사라져 버렸다. 젠장, 놓치는 건가… 헉헉대면서 골목 안으로 꺾어서 따라 들어갔다. 웬걸, 골목 안쪽에 사람들이 잔뜩 모여 있다. 두 녀석 중 좀 작은 한 녀석이 격투기 선수처럼 생긴 어떤 덩치 좋은 아저씨 손에 잡혀서 두들겨 맞고 있는 중이었다. 아저씨들이 아마도 내가 소리치는 것을 듣고, 달려가던 녀석들을 덮쳐서 그 중 한 녀석은 붙잡은 듯했다. 한 놈은 도망간 모양이지만 한 놈 잡았으면 되었다 싶어서, 아저씨들한테 얻어맞고 있는 녀석의 주머니를 뒤졌으나 아이폰은 찾을 수 없었다. 어디 있냐고 물어보니 딴 놈이 가지고 갔다고 한다.

그러고 있던 중, 누가 신고한 건지 근처에서 순찰 중이었던 건지, 사이렌을 울리며 경찰차가 도착했다. 이렇게 빨리 오다니! 아마 가까이에 있었나 보다. 경찰관이 오자마자 잡힌 녀석의 뺨을 몇 대 짝짝 두들기더니 수갑을 채우고 경찰차에 태웠다. 경찰한테 상황을 설명하고, 다른 한 녀석을 찾아야 한다 하니, 경찰차 안에서 잡힌 녀석 싸대기를 날리면서 다른 녀석 어디 있는지 불라고 심문한다. 속이 다 시원하네… 이 녀석 몇 대 얻어맞더니 어디 있을 거라며 주절주절 불어댄다. 그 녀석과 경찰차에 함께 타고 다른 한 놈을 찾으러 30분 넘게 돌아다니다가 결국 길가의 어떤 가게 안에 있던 다른 녀석을 발견. 잡힌 녀석이 저 녀석이라고 가르쳐줬다. 경찰이 가서 체포. 의외로 순순히 반항을 안 하고 잡혀왔다.

잡힌 놈 덩치를 보니 이 녀석이 칼을 들고 있던 녀석이었던 듯하다. 경찰에게 끌려오는 녀석을 보고선 반갑게 "Hi! Nice to meet you again!" 하고 인사해 주었다. 먼저 잡힌 놈은 저 녀석이 같이 강도짓한 놈이라고 말하는데 늦게 잡힌 놈은 자긴 아니라며 발뺌을 한다. 경찰아저씨도 내게 이놈이 맞는지 묻지만 너무 경황이 없던 와중이고, 이 동네 까만 친구들은 그 얼굴이 그 얼굴 같아서 긴가민가 잘 모르겠다고 했다. 경찰도 이해한단다. 끝까지 지긴 이니라고 발뺌하던 녀석, 경찰한테 시원하게 몇 대 얻어맞고 나니 조용해졌다.

그 놈 몸을 뒤져도 아이폰은 없었다. 하긴 시간이 많이 지났으니 아직 몸에 지니고 있진 않겠지. 어디 있냐고 물어보니 도망가던 중에 길가에 던져 버렸는데, 다른 어떤 놈이 주워갔다고 했다. 헐… 젠장!

주워 갔다는 놈은 또 어떻게 생겼는지 불라고 해서 또 주워간 놈을 찾아서 경찰차를 타고서 주변을 이리저리 한참 동안 돌아다녔지만 찾지 못하였다. 이미 너무 늦은 건가… 경찰이 내 아이폰을 GPS로 추적할 수 있다고 하며, 휴대폰을 추적해 줄 다른 경찰에게 데려다 주었다. 어떻게 하는 것인지 모르겠지만, 아이폰에서 사용하던 이메일과 비밀번호를 알면 GPS 신호를 추적할 수 있다고 해서 가르쳐주었다. 그런데 녀석들을 경찰서 유치장에 집어넣으러 가던 중에 제트스트림에서 보기로 한 약속이 번뜩 생각났다. 시간을 보니 이미 한참 늦은 시간. 나중에 경찰서로 찾아가기로 하고, 경찰이 제트스트림 사무실에 데려다 주었다.

제트스트림에 가서 늦어서 미안하다며 있었던 일들 이야기하고, 바이크 운송 일정, 비용 등을 다시 확인 상담했다. 전날 확인했던 것에서 일정이 며칠 더 연기되었다고 한다. 이런 지연이 늘 있는 일이란 이야길 듣긴 했지만, 막상 직접 듣고 나니 이거 어쩌 상당히 불안하다.

12월 27일 컨테이너 선적
12월 31일 더반 출발
1월 17일 부에노스아이레스 도착

비행기 티켓을 여유 있게 잡은 것이 참 다행이지 싶었다. 부에노스아이레스에 도착해서 바이크를 찾기 위해 필요한 비용도 전달받았는데, 헉… 이것저것 무슨 항목이 그리 많은지 필요비용을 다 합치니 1,000USD가 넘는다. 여기서 보내는 운송비의 거의 두 배다. 이것저것 다하면 거의 200만원 돈 들게 생겼다. 이럴 거면 항공운송으로 보내는 게 더 낫지 않을까… 바꿔야 하나… 하지만, 이미 늦은 일… 여기까지 온 이상, 그냥 가는 수밖엔…

24일 월요일에 다시 만나서 비용계산을 하기로 하고 제트스트림 사무실을 나와 시내로 나갔다. 옷 가게에 들러서 바지도 새로 구입했다. 독일 함부르크에서 구입해 그동안 내내 입고 다녔던 바지, 안 그래도 다 헐어서 너덜너덜하던 바지가 강도 녀석들하고 싸운 통에 허벅지 쪽이 크게 찢겨져버렸기 때문이다. 버스를 타고 숙소로 일단 귀가해 잠시 앉아서 상황을 파악해본다. 어떻게 할지 생각하며 머릿속을 정리했.

앞에서 칼을 휘둘러대는 녀석을 만났음에도 그나마 한 군데도 다친 곳이 없으니 천만다행이란 생각도 들었다. 아마 그 녀석들도 겁만 줄 생각이었지 정말 다치게 할 생각은 없었던 모양이다. 곰곰 생각해보니 대충 상황이 그려졌다. 보아하니 놈들은 동네에서 좀 껄렁하게 돌아다니는 녀석들. 길에 할일 없이 돌아다니던 중에 아무 생각 없이 길을 걷던 외국인, 돈 많아 보이는 나를 보고 겁줘서 지갑이나 빼앗자 생각하고 덤벼든 거겠지. 아무리 그래도 대낮에 대로변에서! 깡도 좋다. 그러니 그리 잡히지, 바보 같은 녀석들.

잠시 쉬고 나니 경찰서에 다시 가봐야겠다는 생각이 들었다. 걸어서 다시 밖에 돌아다니고 싶은 생각은 들지 않아서 바이크를 몰고 나왔다. 묻고 물어서 경찰서를 찾아갔다. 헤어질 때 경찰 칼슨Karsen이 적어준 쪽지를 경찰에게 보여주니, 무전을 쳐서 순찰 중이던 칼슨을 불러 주었다. 칼슨과 다시 만나서 좋은 소식이 있는지 물어보니, 한참 주변을 돌아다녔지만 아이폰 주워갔다는 녀석은 못 찾았고, 두 녀석은 일단 유치장에 집어넣어 놨다고 했다. 아이폰 추적하고 있는 다른 경찰은 아이폰이 전원이 꺼진 상태라 지금은 추적 못하고 있다고 한다.

아… 아마 찾기 힘들겠구나. 어쩌나, 새로 사야 하나… 어쩔까나. 일단 한국에 분실신고라도 해야 하나. 지금은 전원이 꺼져있으니, 다시 전원을 켜도 유심 비밀번호를 모르니 전화기로 쓸 순 없겠지. 흠… 다시 찾을 수 있을 수도 있으니, 일단 분실신고는 하지 말아야겠네. 지금은 별 수가 없으니 일단 숙소에 가서 기다리라고 했다. 아마 주워간 녀석이 다른 놈에게 아이폰을 팔거나 할 테고, 그럼 누군가는 결국 아이폰 전원을 켜게 될 테니 그럼 바로 추적해서 되찾아올 수 있을 거라고 한다. 안심하고 기다리고 있으라곤 하는데, 과연 그렇게 될지. 찾을 수 있길 바랄 뿐이었다.

젠장… 결국 이런 일도 겪고 가게 되는 구나… 아프리카… 아프리카… 그 동안 그리 조심조심 긴장하면서 다녔었는데… 마지막에 긴장이 풀렸던 탓이겠지. 어쨌든 다친 곳은 하나도 없으니 다행이네. 지갑이나 카메라가 아니라 아이폰 뿐이니 그나마 괜찮은 건가… 못 찾게 되면 어쩌지… 어떻게 해야 하나… 생각! 생각을 좀 하자…

어쨌든 메리크리스마스!

12월 24일 월요일

한여름의 크리스마스이브 아침. 이대로 아무 생각 없이 기다리기만 하는 것보다는 아무래도 대사관에 강도사건을 보고하고. 조언을 구하는 것이 좋겠다 싶어서 프레토리아에 있는 우리 대사관의 연락처를 찾았다. 사건사고를 담당하신다는 영사님께 전화와 메일로 자세한 강도사건 발생 상황을 전하고 조언을 구했다. 역시 사건접수부터 하는 것이 순서일거라고 하셨다. 여하튼 원활한 사건 해결을 위해 경찰서에 협조공문을 보내고 필요한 지원을 해주겠다고 했다.

오전에 제트스트림에 방문하니, 예정된 일정보다 더 늦어져 배가 더반에서 12월 31일보다 늦게 출발하고, 부에노스아이레스에는 18~19일에나, 어쩌면 더 늦게 도착할 거라고 한다. 점점 일정이 지연되는 것이 불안하여 항공편으로 운송하는 방법은 어떠한지 다시 알아보았다. 항공운송을 하려면 바이크를 포장할 크레이트가 필요하다고 해서, 크레이트를 구할 방법을 찾아 더반의 BMW Motorrad 숍을 방문했다. 크레이트를 구할 수 있을지 물어보니 친절하게도 기꺼이 도와주겠다고 한다. 크레이트는 남는 것이 있으니, 가져다가 그냥 쓰면 되고, 바이크를 가져오면 크레이트 포장하는 것도 도와주겠다고 했다. 감사할 뿐이다.

하지만 다시 제트스트림에 돌아와서 문의해 두었던 항공운송 비용을 확인해보니 추산 비용이 무려 3,300USD가 넘어간다. 헐… 아무리 급해도 이런 비용은 도저히 감당할 수 없어서 다시 선박운송으로 진행해 보기로 하고, 27일에 다시 와서 선박운송 일정과 비용을 확정해 바이크를 싣기로 했다. 이런 것이 선박운송이구나 싶다. 역시 비용을 생각하지 않는다면 항공운송이 정답일 듯하다. 과연 잘한 결정일까? 의심되기 시작했다. 하지만 이미 결정하고 여기까지 온 이상, 앞으로 나아갈 뿐.

경찰서를 방문해 칼슨을 다시 만났다. 여전히 별 소식은 없고, 계속 추적 중이라고 한다. 낮에 아이폰 전원이 켜져서 추적하던 친구가 연락을 했었는데, 칼슨이 그때 근무 중이 아니어서 연락되지 않았다고 그런다. 뭐 이런 거지같은… 이 녀석… 그냥 믿고 있어도 되는 것인가… 심히 의심스럽다. 오늘밤, 새벽까지 근무하면 크리스마스 이틀 연휴… 그럼 그 동안엔 찾을 수 없다는 건가? 오늘 중으로 찾으면 새벽에라도 가져다준다고 했지만, 역시 연락 없다. 괜한 희망고문인 건가 싶다.

밤. 천둥 번개. 비가 펑펑 내리는 크리스마스 이브. 묵고 있던 숙소의 건너 건넛방, 독일인들이 묵고 있던 방 창문으로 도둑이 들어와 이것저것 몽땅 털어갔다고 한다. 경찰들이 왔다 갔다 숙소 분위기가 어수선했다. 역시 이 동네도 안전한 곳은 아니네. 다른 곳으로 옮겨가야겠다.
어쨌든 메리 크리스마스!

12월 25일 화요일
숙소를 옮겼다. 주택가 작은 가정집 같은 분위기라 훨씬 아늑하고 편안한 느낌이다. 이전 숙소보다 그나마 동네 분위기가 좋아 보였다. 크리스마스의 더반 분위기를 볼까 하고 바이크를 타고서 시내와 해변가 주변을 산책했다. 서구권의 크리스마스는 마치 우리의 설날처럼 도시를 떠나 가족과 함께 보내는 명절이다. 역시나 우리나라와는 달리 도시가 한산하다. 음산한 더반 시내. 거의 모든 가게들은 문을 닫고, 사람들, 차량들도 별로 없다. 크리스마스는 가족과 함께. 조용하고 한산한, 흐린 날, 빗방울이 흩날리는 텅 빈 더반 시내에서, 또 해수욕장에서 서핑하는 사람들을 구경하며 크리스마스를 보냈다.
"고국에 계신 나를 아는 모든 이들 잘들 계신가요? 모두들 메리 크리스마스."

에헤라디야~ 될 대로 돼라

12월 27일 목요일
욕이 절로 나오는 하루.
더반. 카이로와 함께 최악의 도시 중의 하나로 기억될 그 곳…
아침 9시. 약속시간에 맞춰 제트스트림에 방문했다. 오늘 출항 일정을 확인하고 바이크 선적까지 하기로 했건만, 또 일정이 변경되었다고 한다. 1월 중순도 넘어서 1월 20일경에나 배가 출발해서 아마 부에노스아이레스엔 2월 9일이나 되어야 도착할거라고 한다. 허허… 그냥 웃지요. 정말 선박운송은 할 것이 못 되는구나 싶다. 진즉에 이리 될 줄 알았다면 케이프타운에서 더반까지 올 일도 없었을 테고, 그럼 강도 만날 일도 없었을 거고, 로마까지 돌아서 이동하는 스케줄로 잡을 일도 없었을 테고… 도대체 이것 때문에 깨져나간 돈과 시간이 얼마 만큼인지 생각하기도 싫었다. 그 자리에서 책상 뒤집고 욕을 한바탕 하고 싶은 것을 겨우 참았다. 목구멍까지 올라온 욕을 간신히 누르면서 웃으면서 이야기 하려니 정말 힘들다. 이렇게 연기된 것 자체도 미칠 문제지만, 더 심한 건 여기서 또 얼마만큼 연기되고 더 얼마나 짜증나는 일들이 생길지 가늠할 수가 없다는 것.
결국 최종적으로 항공운송으로 할 수 밖엔 없겠다 싶어서, 항공운송으로 방법을 찾기로 하고 어떻게든 저렴한 방법을 찾아내 달라고 요청했다. 이 사람들도 미안한 건 아는지, 암리타의 보스가 직접 나서서 이리저리 연락하며 한참동안 방법을 모색했다. 그렇게 한두 시간 바쁘게 알아보고 찾은 방법은 결국 저렴하게 요하네스버그에서 부에노스아이레스로 가는 항공편이었다. 그나마 가능한 방법. 직접 바이크를 몰고서 요하네스버그까지 가서 직접 수속을 처리하는 것. 더반에서 요하네스버그까지 대충 600km 거리. 결국 요하네스버그까지 달려가게 생겼다. 제트스트림에서 요하네스버그 지점에 연락해서 내가 요하네스버그 도착하면 바로 일 처리를 할 수 있도록 준비해 준다고 했다. 요하네스버그에서 일 처리 해줄 사무소 주소, 연락처, 대략적인 가격을 전달받고 사무실을 나왔다. 바이크를 크레이트 포장 해봐야 정확하게 알 수 있겠지만, 대충 2,500USD 정도쯤 일거라 한다. 그나마 저번에 이야기하던 것보단 좀 낫다.

제트스트림을 나와서 아이폰 추적은 어찌되고 있는지 알아보러 중앙경찰국Central Police Station으로 칼슨을 찾아갔으나, 비번이라 오늘 안 나온다고 한다. 다음날 바로 요하네스버그로 떠나야 하기 때문에 더는 기다릴 수 없어 사건을 접수하고 경찰의 사건 보고서를 받아 가려고 하니, 관할구역이 아니라며 포인트 경찰서Point Police Station로 가보라고 한다. 막상 도착해 사건을 접수하려고 하니 아무래도 칼슨이 직접 접수 경찰에게 설명하는 게 나을 것 같아 그에게 전화를 걸어 상황설명을 부탁했다. 하지만 그 와중에 알게 된 것인즉, 칼슨이 잡힌 녀석들을 이미 풀어줘 버렸다는 것이다. 어째서 그리 되었냐 물어보니, 잡혔을 때 내가 그들을 강도라고 확인해주지 않아서란다. 헐… 그때는 별 말 없었고, 이후에는 유치장 안에 잡아두었다고 말했으면서 몽땅 거짓말이었던 거냐. 그러면서 아이폰은 여전히 추적 중이지만, 전원이 꺼져 있어서 잡을 수 없다고 계속 기다려보라는 말만 되풀이한다. 더이상 칼슨 이 녀석 말도 믿을 수 없게 되었다. 역시 아이폰 되찾는 건 포기하는 게 현명하지 싶다. 더는 칼슨 녀석과도 상대하기 싫었다.

경찰서에서 몇 시간 동안 서류를 작성했다 이 사람 저 사람한테 안 되는 영어로 더듬대며 설명하고, 종일 아무것도 못 먹어 배는 고프다. 잡혀있다던 녀석은 풀려났다니 열 받아서 짜증은 짜증대로 머리끝까지 나는데, 성질을 부리고 싶지만 꾹꾹 참으면서 일일이 영작까지 해 일 처리를 하려니 화병이라는 게 정말 이런 거구나 싶다. 겨우겨우 참으며 서류작성을 마무리하고 경찰의 사건 보고서를 받으려니, 지금은 컴퓨터가 전부 다운되어서 마무리가 안 된단다. 몇 시간 후에 다시 오거나 전화로 사건번호를 확인하라고 한다. 숙소로 돌아와 몇 시간 후 다시 전화해보니, 컴퓨터 문제가 아직 해결 안 되었으니 내일 다시 확인하란다. 아… 짜증난다.

숙소에서 요하네스버그로 가서 비행기를 타기 위해 익스피디아닷컴에 항공권 예약을 확인 했다. 원래 29일에 타기로 되어있는 비행 예약은 '더반 → 요하네스버그 → 아디스아바바 → 로마.' 이렇게 세 번의 비행기를 타는 것이어서, 간단히 첫 번째 것만 취소하거나, 원래 일정에서 첫 번째 것은 타지 않고 요하네스버그로 바로 가서 두 번째, 세 번째 비행기만 그냥 타면 되겠지 생각하고 별 문제는 없는지 문의했다. 웬걸! 첫 번째 것을 안타면, 자동으로 두 번째 세 번째 비행기도 탑승이 취소되기 때문에, 유일한 방법은 전체 예약을 취소하고 다시 일정 변경하는 방법뿐이라고 한다. 허허… 다 좋은데, 문제는 예약변경 비용 120USD를 추가 지불해야 한다는 것. 정말 욕이 절로 나오네. 인내심의 한계는 어디까지인가. 거의 한 시간 동안을 한참 전화통화하면서 다른 방법은 없는지, 묻고 또 확인하고 했지만, 같은 대답만 되풀이될 뿐. 그래. 포기하면 편해. 결국 120USD를 추가 지불하고 예약을 변경했다. 에헤라디야~ 될 대로 되라지~ 더반… 더반… 남아공… 얼른 떠나고 싶다. 지긋지긋 하다.

아프리카에서의 마지막 밤

12월 28일 금요일

점심까지 요하네스버그에 도착하기 위해 아침 6시쯤 일찍 더반을 출발했다. 조금이라도 더 일찍 더반을 떠나고 싶었다. 요하네스버그로 가는 N3 고속도로를 타기 위해 더반 시내를 지났다. 길옆에 ICC건물이 보였다. 아… 저기가 얼마 전에 평창 동계올림픽 유치가 확정된 곳이지. 김연아 선수가 나와서 연설했던 곳. 평창동계올림픽 유치단에게 이곳 더반은 어떤 느낌이었을까? 아마도 약속과 환희의 땅이었겠지… 하지만 나에게는 전혀 다른 느낌이다. 여행을 다니며 만나는 도시, 장소마다 어떤 궁합이라는 게 있는 것 같다. 어떤 곳을 가면 모든 것이 편안하고 잘 풀리고 즐거운 일만 생기는 곳이 있는가 하면 반대로 좋지 않은 느낌, 불편하고 무언가 어긋나기만 하는 곳도 있었다. 나에겐 더반도 그런 곳 중 한 곳이 되었다. N3 고속도로를 따라서 열심히 달려 1시쯤 요하네스버그 도착했다. 바로 공항의 화물 터미널 근처의 인터스페드 사무소를 찾아갔다. 미리 더반의 인터스페드 지점에서 연락을 받고서 기다리고 있던, 존존JonJon과 일정, 절차, 가격 등 바이크 운송의 제반 사항을 상담하고 바로 크레이트 포장을 할 곳으로 이동했다. 바이크 짐 정리를 하며 부피를 줄이기 위해 윈드실드와 사이드미러를 떼어낸 후 바이크를 나무 상자에 포장했다. 운송비를 확인하니 21,597ZAR(2,505USD). 역시나 상당한 액수… 1월 7일까지 계좌로 송금해주기로 했다.

1월 11일 또는 12일에 요하네스버그 출발해서, 13일 또는 14일에 부에노스아이레스에서 찾을 수 있을 것이라 한다. 운송 일정과 비용을 확인하고, 포장한 바이크도 확인했다. 여행 시작 이래 처음으로 꽤 길게 바이크와 헤어져 있게 되었다. 부디 무사히 부에노스아이레스에서 만날 수 있기를…

궁금했던 것들을 다 물어보고 확인했다.

꽁꽁 감싸 나무 상자에 포장한 바이크

비싼 비용은 참 아쉽지만 일이 착착 진행되는 것을 보니, 항공운송이 역시나 정답이구나 하는 생각이 들었다. 모든 일처리를 마무리하고, 공항 바로 앞에 예약해둔 숙소 슈스트링 공항 롯지Shoestrings Airport Lodge로 나를 데려다주어 숙소에서 휴식을 취했다. 포인트 경찰서에 다시 전화했었지만 웬일인지 전화가 안 된다. 하여간 끝까지 맘에 안 들어.

인터스페드INTER-SPED (PTY) LTD
Add The Warehouse. Units 4&5 C/O Constantia&Deodar road, Pomona, Ext 127, Kempton Park **Tel** +27 113938300 **Fax** +27 113938331/32 **Cell** +27 725833309
E-Mail jennifer@jhb.intersped.co.za **Web** www.intersped.co.za

밤에 대사관 영사님에게 중간 상황 보고를 메일로 전하고 조언을 부탁드렸다. 답장이 왔는데, 이상한 점들을 최대한 확인해보고 아이폰을 찾게 되면 연락을 주시겠다고 했다. 될 대로 되라지. 더 이상 신경 쓰지 않는 것이 속 편하지 싶다. 그나저나… 이탈리아에서라도 아이폰을 새로 사야 하는 건가.

아프리카의 마지막 밤.
여전히 덥고, 모기는 귀찮게 하는구나.
로마는 좀 시원하겠지.
이집트 포트사이드에서 아프리카로 건너온 지 거의 100일 만에, 이제 아프리카를 떠난다.

남아프리카에서 숙소찾기

모잠비크나 남아공에서 대부분의 배낭여행자들 많이 찾는 숙소에는 〈Coast to Coast〉 또는 〈Alternative Route〉라는 손바닥만 한 크기의 여행 가이드북을 찾을 수 있다. 배낭여행자들을 위한 무료 책자이니 꼭 한 권 챙기기 바란다. 남아프리카공화국과 그 주변지역(모잠비크, 말라위, 잠비아, 나미비아)의 여행 정보가 가득하다. 특히 배낭여행자들을 위한 숙소, 백패커, 롯지 등 저렴한 숙소 정보는 아주 요긴하다. 남아공에서는 이 책 한 권만으로도 숙소 걱정 없이 다닐 수 있다.

내가 만난 남아공 사람들

여느 아프리카 나라들과 다르게 흑인과 백인이 함께 사는 곳이라서 거의 유럽이나 미국 같은 분위기지만 느낌은 조금 다르다. 미국 같은 경우 흑인, 백인, 아시안들이 모두 섞여서 함께 살아가는 느낌이 그나마 있었는데, 이곳 남아공은 백인들과 흑인들이 물과 기름처럼 분리되어 있는 것만 같다. 넬슨 만델라의 등장으로 인종분리 정책이 폐지되면서 공식적으로는 인종간의 분리장벽은 사라졌지만, 아직까지 그 잔재들은 뿌리 깊게 남아있어 남아공의 어느 곳을 가더라도 알게 모르게 보이지 않는 경계가 존재함을 느낄 수 있었다. 예전처럼 인종별 거주구역이 따로 정해져 있어서 흑인이 백인 거주지로 '불법 침입' 하면 총으로 쏴 죽여 버린다든지 하는 일들은 없어졌지만, 백인들의 고급스럽고 깨끗한 주거지와 디스트릭트 6 같은 흑인 밀집 거주지가 극명한 대비를 이루며 케이프타운 안에 공존하고 있다. 그냥 보아도 여기는 흑인들 마을이구나… 여기는 백인들 마을이구나… 하고 느낌만으로도 확연히 구분이 되었다.

식당, 숙소 등 남아공 어느 곳을 가더라도 만나게 되는 일상적인 풍경들. 지배하고 명령하는 백인들과 그 밑에서 명령 받고 일을 하는 흑인들. 마치 옛 조선의 양반과 상놈들의 관계가 이랬을까 싶은 느낌이었다. 물론 어디에나 빈부의 격차, 계층 간의 격차는 있는 법이고, 유럽이든 우리나라든 그런 문제가 어느 정도씩은 사회문제가 되게 마련이지만, 이곳 남아공에선 그것이 흑백간의 피부색으로 확연히 드러나고, 또 뿌리 깊게 남아있는 인종분리정책의 잔재들로 인해 더 선명하게 드러난다. 분명 이곳은 본래 흑인 원주민들의 땅이고, 그동안 이곳을 강압적으로 지배했던 백인들은 유럽에서 온 이주민들인데… 오랜 세월 자신들의 땅을 빼앗기고 지배당하며 살아온 흑인들의 모습. 결국 현재에도 사회의 아래계층을 지탱하며 살아가는 모습들. 물론 만델라 이후 흑백간의 융화가 조금씩 일어나면서 피부색 간의 격차도 점점 줄어들고는 있겠지만 아직은 요원해 보였다.

자신들의 언어와 문화는 점차 사라져가고 지배자들의 글, 언어와 문화를 사용하며 살아가는 사람들. 우리도 일제 36년 동안의 모습이 저랬겠지. 겨우 36년만으로도 그 잔재가 아직도 가시지 않아서 사회 곳곳에 그 흔적이 남아있는데, 아직도 해방이 되지 않고 지금까지 일제의 지배가 이어져왔다면 우리들의 모습도 여기 이들과 별로 다를 것이 없었을 테지. 일본어를 사용하며 사회 곳곳에서 지배계층으로 군림하는 일본인들과 그 밑에서 하층민으로 살아가는 우리 한국인들… 남아공을 다니는 내내 이런저런 생각들이 많이 든다.

아무리 잘 정비되어 있고 유럽 같은 분위기의 남아공이지만, 아프리카는 아프리카다. 게다가 어찌 보면 흑백간의 갈등도 여전히 뿌리 깊게 남아있고 빈부격차도 다른 나라들에 비해 너무 크기 때문에 사회적인 문제들은 오히려 다른 아프리카 나라들보다 더 심각해 보이기도 했다. 비록 현대적인 모습의 남아공이지만 길가에서 구걸하는 사람들이나 노숙하는 사람들은 어디에나 많았다. 사람들이 많고 북적이는 곳은 상대적으로 안전하지만, 소매치기는 늘 조심해야 하고, 도시의 한적한 곳은 내가 겪은 것처럼 강도나 도둑의 위험이 늘 존재한다. 오히려 시골의 작은 마을들이 훨씬 안전하고 편안한 느낌을 주었다.

하지만 아프리카 여느 나라들처럼 경찰들도 상당히 많이 돌아다니고, 강력사건들도 끊이지 않는 곳이기 때문에 늘 조심해야 한다. 칼슨이 바로 얼마 전에 자기가 잡은 은행 강도 사진이라며 휴대폰으로 찍은 사진을 나에게 보여주었는데, 권총 든 흑인 강도들이 총에 맞아 죽은 사진이었다. 가급적 밤에는 돌아다니지 말고, 분위기 안 좋은 곳은 피하되 가능하면 여럿이서 다녀야 한다.

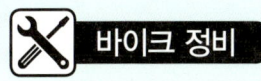 **바이크 정비**

남아프리카 케이프타운 BMW Atlantic Motorrad
S 33°55.2178'
E 18°25.9101'

50,000km 정기 점검을 위해 케이프타운에 도착하자마자 찾아갔던 꽤 큰 숍. 앞뒤 타이어, 엔진오일과 필터, 에어필터를 교체했다.

남아프리카 케이프타운 Adventure Rider Bike Accessories
S 33°54.9458'
E 18°29.1120'

바이크 여행에 필요한 거의 모든 물품을 구할 수 있는 곳. 커다란 창고형 가게에 구석구석 쌓아놓은 바이크 용품들. 정말 필요한 건 거의 다 구할 수 있다. 강력 추천.

TIP

한국 음식점 소주 Soju **(케이프타운)**
S 33°54.9523'
E 18°23.3615'

걸어서 산책하던 중에 우연히 만난 한국 음식점. 케이프타운엔 한식당이 세 군데 있는데 그 중 한곳이라고 한다. 반가운 마음에 들어가 보니, 스페인에서부터 그리도 먹고 싶었던 냉면이 메뉴에 있어서 정말 시원하고 맛있게 먹었다. 남아공으로 건너 온지 9년째라는 가족들이 운영하는 작은 식당 겸 고기 집. 그리 싸지는 않지만 집에서 만든 제대로 된 한식에 감동받아 몇 번 찾아가서 식사했다. 추천.

아프리카 종단 요약

번호	경로	거리
120923	이스켄데룬 → 포트사이드	
120924	포트사이드	
120925	포트사이드	
120926	포트사이드	
120927	포트사이드 → 카이로	210km
120928	카이로	40km
120929	카이로	5km
120930	카이로	
121001	카이로	
121002	카이로	
121003	카이로 → 룩소르	690km
121004	룩소르	
121005	룩소르	85km
121006	룩소르	
121007	룩소르 → 아스완	220km
121008	아스완	
121009	아스완	
121010	아스완	50km
121011	아스완	
121012	아스완 → 아부심벨 사원(왕복)	580km
121013	아스완	
121014	아스완	20km
121015	아스완 → 와디할파	
121016	아스완 → 와디할파	
121017	와디할파	
121018	와디할파 → 동골라	420km
121019	동골라 → 하르툼	520km
121020	하르툼	
121021	하르툼	
121022	하르툼 → 메로에 피라미드(왕복)	460km
121023	하르툼 → 메테마	580km
121024	메테마 → 바히르다르	360km
121025	바히르다르	
121026	바히르다르 → 데브레시키	470km
121027	데브레시키 → 아디스아바바	100km
121028	아디스아바바	
121029	아디스아바바	
121030	아디스아바바 → 아와사	290km
121031	아와사 → 보쿠	450km
121101	보쿠 → 마사비트	310km
121102	마사비트 → 이시올로	260km
121103	이시올로 → 나이로비	290km
121104	나이로비	
121105	나이로비	
121106	나이로비	
121107	나이로비	
121108	나이로비	30km
121109	나이로비 → 아루샤	375km
121110	아루샤 → 카라투	340km
121111	카라투 → 마니요니	490km
121112	마니요니 → 이링가	390km
121113	이링가	30km
121114	이링가	30km
121115	이링가 → 루아하 국립공원	
121116	루아하 국립공원 → 이링가	
121117	이링가 → 음베야	350km
121118	음베야 → 음주주	390km
121119	음주주 → 친테체	100km
121120	친테체	
121121	친테체 → 센가	290km
121122	센가 → 블랜타이어	310km
121123	블랜타이어	

121124	블랜타이어		121212	케이프타운	200km
121125	블랜타이어		121213	케이프타운	60km
121126	블랜타이어	10km	121214	케이프타운	25km
121127	블랜타이어		121215	케이프타운	40km
121128	블랜타이어 → 카탄디카	490km	121216	케이프타운 → 플레텐버그베이	540km
121129	카탄디카 → 빌란쿨로스	620km	121217	플레텐버그베이 → 이스트런던	555km
121130	빌란쿨로스 → 토포	355km	121218	이스트런던 → 포트에드워드	520km
121201	토포		121219	포트에드워드	10km
121202	토포 → 마푸토	515km	121220	포트에드워드 → 더반	170km
121203	마푸토		121221	더반	10km
121204	마푸토 → 넬스프루트	250km	121222	더반	
121205	넬스프루트 → 해리스미스	520km	121223	더반	
121206	해리스미스 → 알리왈노스	470km	121224	더반	100km
121207	알리왈노스 → 오쇼른	670km	121225	더반	25km
121208	오쇼른		121226	더반	90km
121209	오쇼른 → 케이프아굴라스	410km	121227	더반	20km
121210	케이프아굴라스 → 케이프타운	330km	121228	더반 → 요하네스버그	600km
121211	케이프타운	130km	121229	요하네스버그 → 로마	

아프리카 종단 여행 경비

기간 2012년 9월 23일 ~ 2012년 12월 29일
97박 98일(주행 45일 / 휴식 및 정비 52일)
주행거리 17,300km

하루 평균 주행거리 380km
하루 평균 주유비 7.0 USD
하루 평균 숙박비 11 USD
하루 평균 식비 8 USD

❶ 주유비 678 USD
❷ 숙박비 1,045 USD
❸ 식비 824 USD
❹ 바이크 관련 비용 4,105 USD
❺ 기타 2,773 USD

총 여행 경비 9,425 USD

아프리카 숙소

이집트 Egypt
1EGP 이집트파운드
= 0.14USD

포트사이드 Port Said
De Laposte Hotel
N 31°15.7712'
E 32°18.6271
95 EGP

화장실, 샤워부스 있는 침대 두 개짜리 방을 혼자 썼음. 바이크 통관 대행해준 Kadmar Shipping Office(N 31°15.7712' E32°18.6872')에서 근처에 싸게 묵을 곳 가르쳐 달랬더니 가르쳐준 곳. 그리 깨끗하진 않지만 우리나라 허름한 여인숙 정도로 지낼만 함. 인터넷 안 됨. 항구 쪽으로 걷다 보면 근처에 이집션이 하는 한국음식점이 있는데, 좀 비싸지만 그럭저럭 우리 음식 맛은 나고, 와이파이도 가능. 근처에서 와이파이 되는 레스토랑과 바를 찾기 쉬움. 주차장이 따로 없어 통관 마치고 떠나기 전날 하루를 호텔 문 앞 구석자리에 주차.

카이로 Cairo
Bedouin Hostel
N 30°2.8446'
E 31°14.4896'
100 EGP

도미토리(50EGP)에 자리가 없어서 화장실, 샤워부스, 에어컨 있는 침대 두 개짜리 방을 혼자 사용. hostelworld.com에서 검색. 시내 중심가에 위치해서 구경 다니기는 좋지만 조용히 지낼만하진 않음. 그럭저럭 친절하고 깨끗함. 방 안에서 와이파이 가능. 바로 코앞에 커다란 공용 주차장이 있어서 하루 10EGP에 주차.

Brothers Hostel
N 30°3.0635'
E 31°14.4418'
50 EGP

hostelworld.com에서 베두인 호스텔보다 좀 더 싼 곳을 찾아 옮긴 곳. 침대 5개짜리 에어컨 있는 도미토리 룸. 공용 샤워부스와 화장실. 방 안에서 와이파이 가능. 무척 친절하고 깨끗해서 좋았음. 추천! 주차장은 따로 없어서 호스텔 매니저와 함께 근처 다른 빌딩들을 찾아다니며 100m쯤 떨어진 다른 빌딩(N30°3.1923' E 31°14.3986') 지하 주차장에 하루 10EGP으로 주차.

룩소르 Luxor
Boomerang Hotel
N 25°41.6458'
E 32°38.5762'
33 EGP

에어컨 있는 침대 3개짜리 도미토리 룸. 공용 샤워부스와 화장실. 간단한 아침 포함. 방 안에서 와이파이 가능. 가격 흥정하면 잘하면 더 싸게도 가능. 주차장 따로 없어서 호텔 정문 앞에 주차. 무척 깨끗하고 친절. 추천!

아스완 Aswan
Nubian Oasis Hotel
N 24°5.7689'
E 32°54.0080'
50 EGP

화장실, 샤워부스, 에어컨 있는 침대 2개짜리 방을 혼자 사용. 천장에 선풍기가 달려있는 방은 30EGP에도 가능. 리셉션에서 와이파이 가능. 엄청 빠른 속도. 싸고 친절하지만 상당히 지저분함. 우리네 남대문시장 같은 시장통에 위치한데다 주차장이 따로 없어서 사람들 바글대는 호텔 앞 길가에 디스크락/커버 씌워서 주차.

New Abu Simbel Hotel
N 24°6.2710'
E 32°54.1008'
60 EGP

수단영사관 근처의 좀 한적한 곳에 위치. 수단으로 가는 페리 티켓 사러 갔다가 만난 여행자들(하무, 이브라힘, DH)이 묵고 있다고 해서 따라가서 옮김. 도미토리 룸이 따로 없어서 화장실, 샤워부스, 에어컨 있는 침대 2개짜리 방을 혼자 사용. 이브라힘네는 셋이서 침대 세 개짜리 방을 100EGP에 사용. 깨끗함. 추천! 리셉션에서 와이파이 가능. 불안정하지만 방 안에서도 가능하기도… 주차장은 따로 없지만, 바이크는 담장 안쪽 마당 한편에 안전하게 주차가능(하루 10EGP).

수단 Sudan
1SDP 수단파운드
= 0.14USD

와디할파 Wadi Halfa
Hotel
N 21°47.9439'
E 31°20.9449'
10 SDP

바이크 통관을 기다리며 이틀 묵음. 호텔이라기보다는 Lokandas(이곳 말로 여인숙쯤 되는 저렴한 숙소)에 더 가까움. 담장만 둘러친 지붕 없는 마당에 매트리스 없는(매트리스+베개=15SDP) 간이침대. 공용 재래식 화장실, 드럼통에 받아놓은 그리 깨끗해 보이진 않는 물로 샤워 가능. 이

가격에 너무 많은 것을 바라지 말아야 함. 낮엔 그늘에 간이침대 놓고 누워도 땀이 줄줄 흐르지만, 밤에는 뻥 뚫린 마당에서 별을 보며 잠이 드는 것도 꽤나 좋음. 다들 친절하고 이것저것 잘 챙겨줘서 무척 편하고 즐겁게 있었음. 그 외에도 동네에 호텔들 몇 개 더 있으니 묵을 곳 찾기는 어렵지 않음.

동골라 Donggola

Binna Tourist Hotel
N 19°10.5694'
E 30°28.5963'
10 SDP

역시 호텔이라기 보단 Lokandas. 하르툼으로 달리다가 중간에 하루 쉬어간 곳. 동골라에 도착해 저렴한 숙소를 물어보니 장사하던 가게 문을 닫고 자기 돈으로 인력거까지 잡아타고 한참을 달려서 데려다 준 곳. 정말 친절한 수단 사람들! 와디할파에서처럼 간이침내를 마당에 놓고 별을 보면서 취침. 마당 한 편에 바이크 주차(주차료 5SDP). 동골라는 와디할파와 달리 모래먼지가 많고 하늘에 별도 별로 안 보임. 게다가 바람도 별로 안 불어서 밤에도 시원하지 않은데다 모기까지 많아서 잠들기 힘들었던 곳.

하르툼 Khartum

Khartoum Youth Hostel
N 15°35.4872'
E 32°32.3875'
50 SDP

대사관 근처. 한적한 주택가 분위기. hihostels.com에서 검색해 찾아간 곳. 에어컨에 침대 세 개 있는 싱글룸 70SDP, 도미토리 50SDP. 도마뱀이 돌아다니긴 해도 그럭저럭 깨끗함. 담장 안쪽으로 마당 주차장이 있어서 안전하게 무료주차. 와이파이 안 됨. 근처에 Corner라는 꽤나 세련된 맥도날드 비슷한 피자&커피 전문점이 있고 와이파이 가능. 좀 비쌈. 시내 쪽에 Legency Hotel(N 15°35.9705' E 32°31.7151') 앞에서 무료 와이파이 신호 잡힘. 시내 중심가인 시장 쪽에는 더 저렴한 호텔들도 많음. 강가에는 BlueNile Sailing Club(N 15°36.7039' E 32°32.1162')이라는 캠핑장도 있음.

에티오피아 Ethiopia
1ETB 에티오피아 비르 = 0.055USD

메테마 Metema

Hotel
N 12° 57.3050'
E 36° 9.2251'
50 ETB

에티오피아 입국을 도와준 수단인이 데려다 줘서 묵었던 곳. 처음엔 말도 안 되는 가격을 불러 깎음. 귀신 나올 것 같은 방 분위기. 동굴처럼 어두컴컴한 수용소 같은 방안에 도대체 언제 빨았는지 모르겠는 침대보. 벌레를 옮긴 것으로 의심되는 곳. 그나마 모기장이 있어서 모기엔 안 물림. 널찍한 마당 안에 차량들 주차하는 사이에 바이크 안전하게 주차. 재래식 화장실. 공용 샤워장이 있기는 했지만 도저히 샤워할 만한 기분이 들지 않아 그냥 세수.

바히르다르 Bahir Dar
Bahir Dar Hotel
N 11° 35.7433'
E 37° 23.1492'
81 ETB

〈론리플래닛〉을 보고 찾아간 곳. 공용 화장실, 샤워부스. 모기장 친 침대 하나. 싱글룸. 비교적 깨끗하고 지낼 만함. 레스토랑도 겸하는데 꽤 괜찮음. 마을 중심에 위치해서 구경 다니기도 좋고 근처에 인터넷 카페나 가게도 있음. 추천. 담장 안쪽 마당 한쪽에 안전하게 주차.

데브레시키 Debresiki

Asnigus Hotel
N 9° 37.6654'
E 38° 50.0799'
55 ETB

바히르다르에서 아디스아바바로 가던 길에 날이 저물어 도착 직전 작은 마을에서 하루 묵어감. 리셉션의 아가씨가 꽤 친절하고 잘 챙겨줘서 좋았음. 호텔에서 에티오피아식 저녁 시켜먹고… 리셉션 아가씨가 진짜 에티오피아식으로 커피를 볶아 에티오피아 마키아또를 만들어줘서 먹음. 화장실 겸 샤워부스 포함한 싱글룸. 모기장이 없어서 모기약 엄청 뿌려대고 취침. 거미, 벌레들 좀 돌아다니고 그리 깨끗하지 않아서 불안. 여기서도 벌레 옮았는지도… 담장 안마당에 안전하게 주차.

아디스아바바 Addis Ababa

Debre Damo Hotel
N 9° 0.9472'
E 38° 47.1067'
180 ETB

숙소 물가가 전반적으로 비쌈. 〈론리플래닛〉에서 나온 곳. 관광객들이 몰려있는 복잡한 곳은 피하고 싶어 케냐 대사관과 가까운 외곽에 묵음. 침대 하나의 싱글룸. 공용 화장실, 샤워부스. 깨끗함. 담장 안마당에 주차. 근처에 인터넷 카페, 약국, 은행, 슈퍼마켓 등 필요한 것들은 다 있음. 시내로 나가긴 좀 불편. 동네 분위기 그럭저럭 괜찮음. 모기 없음. 친절한 직원들. 유럽식 아침 포함. 저렴하게 손빨래 서비스 가능. 벌레 때문에 가지고 있던 옷들 몽땅 세탁. 추천.

아와사 Awassa
Progress International Camp
N 7° 2.9212'
E 38° 27.6049'
100 ETB

호수가 아름다운 휴양도시다보니 아와사의 숙소 가격은 아무래도 안드로메다… 중간에 들른 호숫가 리조트에서 캠핑이 가능하다고 해서 150ETB에서 깎음. 가끔 하마가 나와 위험하다고 해 호숫가 안쪽에서 캠핑. 원숭이들이 돌아다녀 비에 젖은 옷들은 말릴 수 없었음(집어갈 만한 것들은 주의가 필요). 야외 샤워, 공용 화장실. 그럭저럭 깨끗함. 추천.

보쿠 Boku
Hotel
N 3° 52.0682'
E 38° 41.4465'
40 ETB

모얄레 도착 전에 해가 저물어 60km 앞의 작은 마을에서 하루 묵어감. 중간에 와일드 캠핑하기 딱 좋은 곳들도 많았음. 길에서 하이에나 무리와 전갈만 안 보였어도 그냥 길가에 깊이 들어가서 캠핑했을지도… 친절하고 정직한 주인. 처음엔 방은 있지만 깨끗하지 못해 에티오피아인들만 있을 곳이지 외국인 묵을 곳은 아니라며 안 된다고 함. 대충 보니 메테마에서 묵었던 귀신 나올 분위기이긴 하지만 뭐 하루 지낼 만 하겠네 하고 묵기로 함. 재래식 화장실. 샤워부스 없음. 안마당에 안전하게 주차. 방에 거미가 많고 침대는 100% 벌레 옮겠다 싶어 캠핑해도 되는지 묻고 마당에서 취침. 에티오피아식의 저녁과 순박하고 착한 사람들은 좋았음.

케냐 Kenya
1KES 케냐 실링
= 0.012USD

마사비트 Marsabit
Jey Jey Center
N 2°19.9442'
E 37°59.4084'
800 KES

모얄레에서부터 250km 비포장 오프로드를 달린 후 밤 10시 넘어 도착한 곳. 마을에 도착해서 사람들 붙잡고 저렴한 숙소 물어서 찾아감. 이곳까지 오는 구간에 적당한 마을이 없어서 대부분의 여행자들은 마사비트에서 쉬어감. 숙소가 꽤 많음. 싱글룸은 자리가 없어, 더블룸에 혼자 묵음. 공용 샤워부스와 화장실. 모기장. 적당히 깨끗하고 친절. 하루 묵어가기 좋음. 추천. 담장 안마당에 주차. 바로 옆 잔디밭에서 캠핑도 가능(400KES). 마을에 주유소, 은행, 식당 등 필요한 것은 다 있음.

이시올로 Isiolo
Gadissa Lodge & Camp
N 0°21.6805'
E 37°36.2209'
500 KES

마사비트 이후 260km만에 나오는 그나마 큰 마을이라 숙소가 많은 편. 마을의 한적한 외곽에 위치. 쉬기 편하고 아름다움. 캐빈의 룸도 있으나 너무 비싸서(3,000KES) 마당의 수영장 옆 잔디밭에 주차하고 캠핑. 공용 화장실, 샤워부스는 따로 없는지 캐빈에 딸린 샤워부스를 쓰라고 키를 줘서 편하게 샤워. 네덜란드 사람, 아주머니 보단 할머니에 좀 더 가까우신 Mama(남편은 케냐인)가 케냐인들과 함께 경영하는 곳이라서 분위기는 유럽 어딘가의 캠프장 분위기. 깨끗하고 친절. 안전. 추천. 캠프 내 식사가능. Mama가 직접 음식을 만들어서 완전 유럽식 음식. 좀 비싸지만 상당히 먹을 만하고 맛있음.

나이로비 Nairobi
Jungle Junction
S 1°17.3367'
E 36°45.6200'
1,200 KES

워낙 유명한 곳이라 오버랜더 누구나 묵어가는 듯. 6인실 도미토리 룸. 공용 샤워부스와 화장실. 주방에서 취사 가능. 마당 안 잔디밭에서 600KES에 캠핑 가능. 담장 안마당에 안전하게 주차. Wi-Fi 가능. 좀 걸어가면 근처에 Junction이라는 큰 몰도 있어서 쇼핑 가능. 독일 출신 바이크 마이스터 크리스가 경영하는 바이크 정비소가 함께 있어서 숙소에서 바이크 정비 가능. 바이크, 4WD, 트럭 오버랜더들의 천국. 강력 추천! 친절, 리셉션에서 사파리 투어 신청 가능. 일단 오게 되면 너무 편하고 좋아서 떠나기 힘들어짐.

탄자니아 Tanzania
1TZS 탄자니아 실링
= 0.000625USD

아루샤 Arusha

Meserani Snake Park Camp
S 3°24.5692'
E 36°28.9963'
6 USD

오버랜더들 사이에 유명한 곳이라 거의 모든 캠퍼들이 묵어가는 곳. 시내에서 20km이상 떨어져 있어서 아루샤 시내에서 환전, 먹거리 쇼핑 등 볼일 보고 찾아가면 좋을 듯. 쉬어가기 좋은 잔디밭 캠핑장에 캠핑. 캐빈도 있음. 레스토랑 겸 바가 있어 식사 가능. 떠들썩해서 조용히 쉴 분위기는 아닌 듯. 탄자니아에서 세 번째로 큰 도시 아루샤는 세렝게티 국립공원과 킬리만자로 산 등으로 가는 베이스캠프라 시내에 숙소가 아주 많고, 시내 외곽에서 다른 캠프사이트 찾는 것도 어렵지 않음.

카라투 Karatu

Kudu Lodge & Camp
S 3°20.9388'
E 35°40.1628'
15 USD

세렝게티와 응고롱고로 국립공원으로 가는 베이스캠프가 바로 카라투. 관광객들로 넘쳐나는 곳이라 호텔, 캠프사이트가 길가에 널려 있으니 이곳에서 사파리 투어에 합류할 팀을 찾으면 됨. 상당히 깨끗하고 시설도 훌륭함. 쉬어가기 좋은 잔디밭에서 캠핑.

레스토랑, 바, 인터넷 카페, 수영장 시설. 비싼 가격만 빼고 나머진 다 괜찮음.

만요니 Manyoni

Mikumu Guesthouse
S 5°45.3208'
E 34°49.8474'
10,000 TZS

카라투에서 응고롱고로 국립공원에 잠시 들렀다가 도도마에 도착하기 100km 전 길가에 있던 게스트하우스. 화장실, 샤워부스 달린 싱글룸. 모기장. 깨끗함. 위성 TV. 관광도시도 아닌데다 그냥 지나던 길가에 보이는 곳에 들어간 터라 외국인들은 전혀 올 것 같지 않은 현지인 숙소. 그래서인지 싼 가격에 상당히 만족스런 수준. 추천. 담장 안쪽에 안전하게 주차. 바로 근처 식당에서 동네사람들 틈에 껴서 식사. 아프리카 음식들은 영…

이링가 Iringa

Ereto Lodge
S 7°44.6552'
E 35°42.9872'
20,000 TZS

이링가에 도착하자마자 길가에 보이는 숙소. 25,000TZS 달라는 것을 20,000TZS으로 깎음. 화장실, 샤워부스 달린 싱글룸. 모기장. 위성 TV. 매우 깨끗하고 친절. 간단한 서양식 아침 포함. 담장 안 주차장에 안전하게 주차. 바로 길 건너 식당 겸 바에서 고기안주에 맥주 곁들여서 배불리 먹고 푹 쉼. 좀 비싸긴 했지만 그 만큼의 값어치는 하는 숙소.

Rivervalley Campsite
S 7°47.9144'
E 35°47.8905'

10,000 TZS

이링가 시내에서 15km정도 북동쪽으로 떨어진 한적한 곳에 위치한 캠프사이트. 〈론리플래닛〉에서 추천. 아이들도 캠핑하며 뛰어 놀기 좋은 곳. 스와힐리어 코스 어학당도 겸하고 있어 이를 배우러 온 서양인 가족들이 상당히 많이 장기 투숙하고 있음. 화장실, 샤워부스 등 사용하기 편리하고 나름 깨끗함. 바람이 시원한 나무 그늘에 텐트치고 캠핑. 오버랜더들도 많이 찾아오는 곳. 안전. 추천. 식당에서 세끼 모두 식사 가능. 서양식 요리. 맛있음. 상당히 비싼 것만 빼면 꽤 괜찮은 식사. 롯지와 캐빈 있음. 캠프장 스태프 케리(캠프장 주인집 딸)에게 사파리 투어 신청 가능. 아프리카 바이크 투어 프로그램을 계획하고 진행하는 스태프 제프에게 아프리카 남쪽 경로와 도로, 날씨 등 필요한 정보를 많이 전해 들음.

루아하 국립공원
Ruaha National Park

Tourist Bands
S 7°41.0389'
E 34°56.1326'
20 USD

루아하 국립공원 투어에서 가이드가 데려다 준 숙소. 침대 두 개짜리 캐빈을 혼자 씀. 공용 화장실, 샤워부스. 모기장. 국립공원 내에 더 비싸고 좋은 숙소, 캠프사이트 들도 많고 공원 밖에도 널려 있음. 모기가 많아서 모기장 없었으면 큰일 날 뻔. 밤에 코끼리를 비롯해 야생동물들이 돌아다니면서 부스럭거리는 통에 잠들기 힘들었음.

음베야 Mbeya

Karibuni Center
S 8°54.5676'
E 33°26.6263'
5,000 TZS

말라위로 내려가는 길에 하루 묵어간 곳. 〈론리플래닛〉 보고 찾아가서 마당 주차장 옆 잔디밭에서 캠핑. 방도 있음. 공용 화장실, 샤워부스 그럭저럭 괜찮음. 식당 음식이 싸고 맛있음. 추천.

말라위 Malawi
1MWK 말라위 콰차
= 0.003USD

음주주 Mzuzu

Zikomo Lodge
S 11°27.5969'
E 34°0.9585'
4,000 MWK

출입국관리 사무소 바로 앞에 있는 롯지. 화장실, 샤워부스 달린 싱글룸. 모기장. 적당히 깨끗함. 말라위에서는 밤늦게 전기가 들어오기 때문에 촛불 켜고 있다가 밤이 돼서야 겨우 샤워하고 충전도 함. 음주주는 큰 도시라기엔 미안하고 마을이라기엔 좀 큰 동네. 슈퍼마켓, 식당 등 필요한 건 다 있음. 중국인, 인도인들이 많이 사는지 그와 관련한 가게들이 많이 보임. 이 동네에서 장을 보고 남쪽으로 내려가는 것이 좋을 듯.

친테체 Chintheche

Chintheche Inn
S 11°52.9820'
E 34°10.1197'
10 USD

오버랜더들이 많이들 쉬어 가는 곳. 최고의 캠핑장! 강력 추천! 친테체 마을을 지나 몇 km쯤 남쪽으로 달리면 길가에 들어가는 입구 간판이 보임. 말라위 호숫가 한적한 해변 모래사장. 수영도 하고 편안하게 쉬어가기 좋은 리조트. 샤워부스, 화장실 무척 깨끗하고 굉장히 훌륭한 시설. 친절. 안전. 호수 바로 앞 해변 모래사장 위에 캠핑. 싸지는 않지만 식당, 바도 있어서 식사 가능. 강렬한 태양에 상당히 더운 날에 나무그늘 아래에서 시원하게 불어주는 선선한 바람을 맞으며 푹 쉬어갈 수 있음. 모기별로 많지 않아 좋은 밤. 반짝이는 반딧불이도 돌아다니는 해변 모래사장 위에 앉아서 파도소리 새소리와 함께 시원한 바람 맞으며, 마치 바다 같은 호수와 별들을 보고 있노라니 혼자의 시간이 아쉬움. 이런 데는 신혼여행 같은 걸로 좋은 사람과 함께 와야 하는 건데…

센가 Senga

Cool Runnings
S 13°43.8339'
E 34°37.1450'
5 USD

오버랜더 여행기에서 보고 찾아간 곳. 역시 최고의 캠핑장! 추천! 캠핑 5USD, 도미토리 룸 10USD. Chintheche Inn이 좀 럭셔리한 리조트라면, 이곳은 백패커에게 친화적인 분위기에 작은 규모. 좀 더 자유롭고 편안한 느낌. 시설도 상당히 괜찮고 깨끗함. 잘 관리된 잔디밭 캠핑장. 호숫가 모래사장 바로 앞. 수영하고 의자에 누워서 시원한 바람 맞으며 한가로이 쉬어가기 좋은 곳. 친절. 안전. 식당도 있고, 음식 조리도 가능. 캠핑했던 안쪽 잔디밭엔 바람이 잘 불지 않아 더워서 밤에 잠들기 힘들었음. 개미, 모기도 많음.

블랜타이어 Blantyre

Doogles Lodge
S 15°47.0185'
E 35°0.8824'
10 USD

〈론리플래닛〉에서 보고 찾아간 곳. 뒷마당에서 캠핑 가능(5USD). 비도 올 것 같고, 좀 편하게 지내고 싶어서 6인실 도미토리 룸에서 묵음. 공용 화장실, 샤워부스. 모기장. 깨끗하고 친절. 안전. 담장 안마당 주차장에 안전하게 주차. 여기도 꽤나 유명해서 많은 오버랜더들이 묵어가는 곳. 추천! 숙소도 꽤 좋지만, 풀장 앞에 있는 식당 겸, 바가 더 유명한 듯. 저녁 시간이 되자 사람들이 북적대며 흡사 클럽 같은 분위기… 흥겨운 분위기에 취해 맥주 한 잔 하기도 좋고, 음식도 상당히 괜찮아서 지내기 좋음. 선불카드 구입하면 Wi-Fi 가능. 시내에 인터넷 카페도 몇 군데 있음.

모잠비크 Mozambique
1MT 모잠비크 메티칼
= 0.033USD

카탄디카 Catandica

Amilcar Hussein Hotel
S 18°3.3360'
E 33°10.4749'
600 MT

남쪽을 향해 달리던 중, 해가 저물어갈 때 만난 마을. 동네 사람에게 물어서 숙소 잡음. 더블룸에 혼자 묵음. 공용 샤워부스, 화장실. 깨끗함. 개미 많음.

빌란쿨로스 Vilanculos
Zombie Cucumber
S 21°59.9029'
E 35°19.4109'
350 MT
도미토리. 캠핑 불가. 스쿠버다이빙, 열대바다 보트투어 등으로 워낙 유명한 관광지라서 빌란쿨로 마을엔 숙소가 넘쳐남. 론리플래닛에 소개. 백패커들이 많이 묵어가는 유명한 곳. 해변 바로 앞에 위치. 시설 훌륭함. 잘 관리된 리조트&펜션 분위기. 모기가 너무 많음.

토포 Tofo
Tofo Camping&Beach Backpackers
S 23°51.1921'
E 35°32.6971'
350 MT(비수기), 500 MT(성수기)
워낙 비치, 스쿠버다이빙, 서핑 등으로 유명한 관광지라서 마을엔 다양한 종류의 숙소가 아주 많음. 8인실 도미토리, 모기장, 캠핑 가능. 해안가 모래사장 바로 앞이라 해수욕장서 수영하고 놀기 좋음. 식당도 겸하고 있어서 좀 비싼 감은 있지만 꽤 괜찮은 식사 가능. 유료 Wi-Fi. 마당 안에 주차. 추천.

마푸토 Maputo
Fatima's Backpackers
S 25°57.7099'
E 32°35.1621'
500 MT
10인실 도미토리. 다소 좁지만 그럭저럭 괜찮음. 백패커들 넘쳐나는 전형적인 호스텔. 그럭저럭 깨끗함. 모기장. 400MT에 캠핑 가능. 밤엔 많은 백패커들이 바에서 떠들썩한 분위기 형성. 조용히 쉴 분위기는 아닌 듯. 담장 안 주차장에 안전하게 주차. 유료 Wi-Fi. 추천.

남아프리카공화국
Republic of South Africa
1ZAR 남아공 랜드
= 0.099USD

넬스프루트 Nelspruit
Nelspruit Backpackers
S 25°28.8373'
E 30°58.4303'
130 ZAR
가이드북 〈Coast to Coast〉에서 보고 찾아간 곳. 근처에 B&B나 롯지, 백패커스도 많음. 6인실 도미토리 룸. 간단한 아침 포함. 유료 Wi-Fi. 담장 안마당 주차장에 안전하게 주차. 크뤼에르 국립공원Kruger National Park 사파리 투어 가능. 15년 넘게 백패커스를 운영해온 꽤 유명한 곳. 민박집처럼 작은 규모의 가정집에서 함께 운영. 아이들이 뒷마당 풀장에서 수영하고 뛰어놀아 홈스테이에 온 느낌. 친절. 깨끗함. 며칠 푹 쉬면서 사파리에 다녀오기 좋을 듯. 추천.

해리스미스 Harrismith
B&B
S 28°16.6418'
E 29°8.0217'
350 ZAR
폭우를 만나 원래 목적지였던 클라렌스Clarens의 백패커스에 이르지 못하고 중간에 만난 마을에서 하루 쉬어간 곳. 화장실, 샤워부스, 간단한 조리시설 달린 싱글룸. 깨끗하고 무척 훌륭한 시설. 담장 안 주차 공간에 안전하게 주차. 가격만 빼면 아주 좋음. 근처에 다른 B&B들도 많아서 숙소 잡기는 어렵지 않음.

알리왈 노스 Aliwal North
Lord Somerset Guesthouse
S 30°41.5347'
E 26°42.5269'
300 ZAR
레소토를 돌아서 남서쪽 포트엘리자베스를 향해 달리던 중, 지나던 마을 길가에 게스트하우스가 보여 하루 묵어간 곳. 200ZAR짜리 싼 방은 모두 나가서 300ZAR에 화장실, 샤워장 달린 더블룸에 혼자 묵음. 깨끗함. 꽤 역사와 전통이 있어 보이는 고전적인 가구와 시설, 정갈하고 잘 관리된 분위기. 담장 안 주차장에 안전하게 주차. 하루 푹 쉬어가기 좋았음. 추천. 꽤 큰 동네라서 숙소 잡기 어렵지 않음.

오쇼른 Oudtshoorn
Backpackers Paradise
S 33°34.7833'
E 22°12.3403'
120 ZAR
〈Coast to Coast〉에서 보고 찾아간 곳. 10인실 도미토리 룸. 캠핑&취사 가능. 백패커들이 많이 찾는 전형적인 호스텔. 깨끗하고 친절. 한국에서 왔다고 하니 부산에서 1년 정도 원어민 교사로 있었다는 스태프가 반갑게 맞아줘서 재미있었음. 무료 Wi-Fi. 담장 안 주차장에 안전하게 주차. 시내 중심에선 좀 떨어진 한적한 주택가에 위치. 걸어서 산책하기 좋았던 아름다운 거리. 강력 추천.

케이프 아굴라스
Cape Agulhas

Agulhas Backpackers
S 34°47.9059'
E 20°2.7719'

130 ZAR
〈Coast to Coast〉에서 보고 찾아간 곳. 아굴라스 마을 직전의 Struisbaai 마을에 위치. 케이프 아굴라스에도 게스트하우스, 롯지 많음. 4인실 도미토리. 무료 Wi-Fi. 취사, 캠팽 가능. 깨끗하고 맑은 환경. 백패커들 많이 찾는 전형적인 호스텔. 바로 앞 길 건너 해변에 커다란 캠핑장 있음. 깨끗하고 친절. 좋은 시설. 아름다운 어촌 마을. 14km의 환상적인 백사장, 산책로 강력 추천.

케이프타운 Cape Town

Cape Town Backpackers
S 33°55.7167'
E 18°24.5599'
170 ZAR
hostelworld.com과 〈Coast to Coast〉에서 보고 찾아간 곳. 전반적으로 케이프타운 숙소 물가가 비싼 편. 7인실 도미토리. 무료 Wi-Fi. 건물 옆 담장 안 주차장에 안전하게 주차. 걸어서 구경 다니기 괜찮은 적당한 중심가. 떠들썩한 분위기. 밤마다 1층 바에서 흥겹고 떠들썩한 사람들. 조용히 쉴 분위기는 아님. 깨끗하고 친절.

Atlantic Point Lodge
S 33°54.5785'
E 18°24.7005'
145 ZAR
Cape Town Backpackers는 너무 시끄럽고 비싼듯해서 옮긴 곳. 8인실 도미토리. 무료 Wi-Fi. 취사 가능. 우와… 진작 옮길 걸… 깨끗하고 친절. 환상적인 시설. 담장 안 주차장에 안전하게 주차. 한국 여행자들이 다녀간 흔적도 꽤 많음. 정말 맘에 들었단 곳. 며칠 더 푹 묵고 싶었는데 예약이 꽉 차서 하루만 묵어야 하는 것이 아쉬웠던 곳. 강력 추천!

Ashanti Lodge Green Point
S 33°54.5501'
E 18°24.0300'
140 ZAR
6인실 도미토리. 유료 Wi-Fi. 취사 가능. 담장 밖 마당 주차장에 주차. 깨끗함. 훌륭한 시설.

플레튼버그 베이
Plettenberg Bay

Albergo for Backpackers
S 34°3.2096'
E 23°22.2860'
90 ZAR
포트엘리자베스를 향하여 달리던 중에 날이 저물어와 〈Coast to Coast〉에서 찾아서 하루 쉬어간 곳. 한적하고 고급스런 분위기의 아름다운 해변 마을. 마당 안 잔디밭에서 캠핑. 도미토리 룸 160ZAR. 유료 Wi-Fi. 취사 가능. 고기 구워먹고 놀기 좋음. 그럭저럭 깨끗함. 마당 안 주차장에 주차. 추천.

이스트런던 East London

Sugar Shack
S 33°0.6025'
E 27°55.3640'
100 ZAR
더반을 향하여 해안선을 따라 달리던 중에 〈Coast to Coast〉에서 찾아 하루 쉬어간 곳. 시끌벅적하고 사람들 북적이는 해변 관광지. 인천 월미도 같은 느낌. 해안가 코앞이라 해수욕, 서핑하고 놀기 딱 좋음. 12인실 도미토리. 취사, 캠핑 가능. 정갈하고 깨끗한 분위기는 아님. 2층 테라스에서 바닷가 바라보고 쉬기 좋음. 주차장이 따로 없어서 문 앞 길가에 주차. 밤새 가드가 지키고 있어 별일은 없지만, 좀 불안해서 커버 씌워서 주차.

포트에드워드 Port Edward

Ku-Boboyi River Lodge&Backpackers
S 31°1.5120'
E 30°13.692'
130 ZAR
더반을 향하여 해안선을 따라 달리던 중에 Coast to Coast에서 찾아 하루 쉬어간 곳. 언덕 위에서 내려다보는 환상적인 바닷가 풍경과 함께 잘 관리되고 편안한 펜션 같은 분위기의 작은 숙소. 10인실 도미토리. 사람이 없어서 혼자 묵음. 친절. 깨끗함. 풀장. 유료 Wi-Fi. 취사, 캠핑가능. 시내에서 5km쯤 떨어진 곳에 위치해서 한적하고 조용. 편히 쉬어가기 좋음. 마당에 안전하게 주차. 강력 추천.

더반 Durban

Happy-Hippo Accommodation
S 29°52.14'
E 31°2.55'
130 ZAR
제트스트림과 가까움. 〈Coast to Coast〉에서 보고 찾아간 항구 근처의 숙소. 6인실 도미토리. 큰 창고 건물을 개조해 넓은 공간. 꽤 훌륭한 시설. 친절. 깨끗함. 유료 Wi-Fi. 취사 가능. 창고에 안전하게 주차. 항구 쪽에 치우쳐있어서 시내에 다니긴 좀 불편하나 비교적 저렴한 가격에 괜찮은 곳. 다만 항구 근처라 좀 황량하고 삭막해 보여 불안함. 이 동네에서 강도도 만나고, 다른 방에 도둑도 들어 여행자들의 짐들을 싹 털어감.

Surf&the City Backpackers
130 ZAR
Hostelworld.com에서 검색. 6인실 도미토리. 작은 가정집 민박 분위기. 시내에선 좀 떨어진 주택가. 조용하고 편히 쉬어가기 좋음. 친절. 깨끗함. 취사 가능. 담장 안 마당에 주차. 추천.

요하네스버그 Johannesburg

Shoestrings Airport Lodge
170 ZAR
공항에서 가장 가까운 위치의 숙소를 찾아 hostelworld.com에서 검색. 8인실 도미토리. 친절. 공항 바로 코앞. 취사 가능. 마당 안 주차 가능. 공항에서 정말 가까운 위치에다 공항 무료 픽업이 가능한 곳이라 요하네스버그를 떠나기 전 하루 묵어간 곳.

남미 종단

South America

마르틴 발트제뮐러Martin Waldseemuller는 1507년도에 제작한 그의 유명한 세계지도에서 콜럼버스가 새로 찾아낸 땅들을 아메리고 베스푸치Amerigo Vespucci의 이름을 따서 '아메리카'라고 명명했다. 아메리카는 그저 단순한 하나의 세계가 아니었다. 그곳은 새로운 세계였다.

조이스 채플린, 〈세계일주의 역사〉, 레디셋고

이구아수 폭포

바이크를 아프리카 남아공에서 부에노스아이레스로 운송한 후 이탈리아를 거쳐 새해를 맞아 새 대륙, 남미에 도착했다. 남미 여행의 출발지로 부에노스아이레스를 선택했던 것은 케이프타운에서 서쪽으로 대서양을 건너면 남미에서 만나는 도시가 바로 부에노스아이레스였기 때문이다. 잠시 이구아수 폭포를 다녀온 후, 바이크와 함께 다시 남쪽으로의 여정을 시작했다. 우수아이아, 세상의 끝Fin Del Mundo. 남극으로 향하는 이들의 출발점이자, 아메리카 대륙 최남단으로 아메리카대륙을 종단하는 오버랜더들의 순례지다. 부에노스아이레스를 떠난 지 일주일 만에 세상의 끝, 우수아이아에 도착했다. 세상의 남쪽 끝에서 바이크를 돌려 북쪽 끝, 알래스카를 향했다. 알래스카를 향해 북진하는 루트는 고민할 것이 없다. 안데스 산맥이 이끌어주는 대로 따라가면 안데스가 품고 있는 수많은 절경들과 그 속에서 살아가는 사람들의 숨결을 느끼게 된다. 남미를 여행하는 수많은 여행자들과 함께 안데스의 안내를 따라 판 아메리칸 하이웨이Pan American Highway의 루트를 달렸다.

이스터 섬과 갈라파고스 제도로의 즐거운 일탈과 이미 정형화 되어있는 판 아메리칸 하이웨이의 남미 종단 루트를 달려 5월에 이르러 남미의 마지막 도시 콜롬비아 카르타헤나에 도착. 인디펜던스 호를 타고 다리엔 갭을 건너 중앙아메리카의 파나마로 건너갔다. 남미에 건너온 지 113일, 1,8000km 넘는 거리를 달린 후였다.

남미 종단 추천 루트

남아메리카는 거대한 대륙이다. 한두 달의 짧은 일정으로 남아메리카를
둘러보는 것은 수박 겉핥기 여행이 될 수밖에 없으므로 최소 3개월,
가능하다면 4~5개월의 시간을 투자해 여유 있게 여행하는 것이 좋다.

1. 안데스 산맥 루트

남미로의 바이크 여행은 단순해서 루트를 고민할 여지가 별로 없다. 남미 종단을 계획한다면 안데스 산맥을 따라가는 길이 거의 유일한 선택이다. 잉카문명의 유적을 비롯해 남미 대륙의 보석이라 불릴만한 수많은 도시와 다양한 자연의 풍광들이 안데스 산맥을 따라 분포해있기 때문이다. 또한 칠레의 이스터 섬, 에콰도르의 갈라파고스 제도, 브라질의 아마존 밀림과 베네수엘라의 앙헬 폭포 등 루트에서 약간 벗어나 있지만 그냥 지나치기 아까운 곳들도 너무나 많다. 이런 곳들은 바이크를 적당한 숙소에 세워두고 며칠 혹은 1~2주의 투어를 이용해 다녀오는 것도 좋은 선택이다.

2. 아마존 종단 루트

남미의 중심부 안데스 산맥의 동쪽은 아마존 밀림지대다. 안데스 산맥과 함께 남미를 대표하는 아마존 밀림을 가로지르는 루트도 매력적이다. 베네수엘라와 아마존의 중심도시 마나우스-브라질리아로 이어지는 브라질 중부를 관통하여 아마존 밀림을 가로지른다. 안데스 산맥 루트에서 아쉽게 지나쳐야하는 베네수엘라의 앙헬 폭포, 브라질의 리우데자네이루 등을 둘러볼 수 있다는 것도 장점.

남미의 나라들

아르헨티나 Argentina

세상의 끝. 아메리카 대륙 최남단 우수아이아에서 남쪽으로 향했던 여정의 종지부를 찍었다. 노르카프, 로카곶, 희망봉. 내가 달려갔던 모든 세상 끝의 공통점은 바람이다. 언제나 몰아치는 바람만이 나를 환영해 주었다.

칠레 Chile

혼Horn과 피오르Fiord 등 오랜 세월 동안 빙하가 만들어낸 빙하 침식지형은 언제 봐도 감동적이다. 선계의 풍경과도 같았던 토레스델파이네 국립공원에서의 라이딩으로 속세를 벗어난 아름다움이 무엇인지 알게 되었다.

볼리비아 Bolivia

4,000m가 넘어가는 안데스 고원지대를 넘나들며 우유니를 향해 달렸다. 산소 부족으로 몇 발자국만 움직여도 숨이 차오르고, 고산병 때문에 머리는 지끈거렸다. 볼리비아의 청명한 파란 하늘과 황량한 대지를 지나 끝없이 이어지던 새하얀 우유니 소금사막을 향해 달렸다.

페루 Peru

첩첩산중을 지그재그로 돌고 돌아 마추픽추에 홀렸나. 신 빛 새벽에서 올려다보았을 때는 전혀 상상할 수도 없었던, 하늘에 맞닿은 공중도시가 거짓말처럼 눈앞에 펼쳐졌다. 구름에 휩싸여 수줍게 살짝 보이던 잉카인들의 고대도시. 홀연 사라져 버린 잉카인들은 어디로 갔을까?

에콰도르 Ecuador

찰스 다윈의 종의 기원. 전 인류의 패러다임을 바꿔버린 혁명의 시작점 갈라파고스. 인간과 자연이 어우러진 마지막 유토피아 갈라파고스. 다윈은 어떻게 이곳에서 연구에 집중할 수 있었을까? 이토록 아름다운 해변과 동물들, 천혜의 자연을 즐길 감성이 그에겐 없었던 걸까?

콜롬비아 Colombia

남미를 여행하는 거의 모든 이들이 동의하는 말이 있다. 남미에서 미인들이 가장 많은 나라는 콜롬비아라는 것이다. 콜롬비아에 도착하기 전까지 과연 그 말이 사실일지 상당히 궁금했다. 보고타와 메데인을 지난 후에 나도 그 말에 동의하게 되었다. 보고타 보테로 미술관에서 만났던 꼬마 아가씨들… 눈망울이 초롱초롱 했던 이 아이들도 몇 년이 지나면 감히 말 붙이기 어려울 미녀들이 될 것이다.

아르헨티나 & 칠레

2013년 1월

로마에서 부에노스아이레스로 날아왔다. 꽁꽁 싸매어진 채로 요하네스버그에서 날아온 바이크를 공항에 가서 되찾았다. 정말 오랜만에 바이크와 달리니 후덥지근하게만 느껴지던 아르헨티나의 공기가 순식간에 시원한 바람으로 변했다. 부에노스아이레스에 먼저 도착해 혼자 돌아다닐 때는 왼쪽 가슴에 심장이 있다는 것도 잊고 있었는데, 바이크와 함께 달리기 시작하니 두근두근… 내 심장이 나 여기 있다고 소리를 지른다. 블라디보스토크에서 매서운 바람이 불던 러시아의 거리로 처음 나섰을 때도 내 심장은 이렇게 두근거렸었다. 그때는 캄캄한 어둠 속에 혼자 팽개쳐진 아이처럼 앞에 무엇이 나타날지 모른다는 두려움이 절반, 내가 과연 저 어둠을 뚫고 갈 수 있을까 하는 걱정이 절반이었다. 부에노스아이레스의 두근거림은 두려움과 걱정보다는 앞으로 달리게 될 새로운 세상에 대한 기대감이 훨씬 더 컸다. 생각보다 나는 더 많이 변해 있었다.

부에노스아이레스에 머물며 한국에서 보내온 아이폰과 국제운전면허증을 수령했다. 남아공에서 아이폰을 잃어버린 후에 폰 없이 그냥 다닐까도 생각했었다. 하지만 무엇보다 GPS 없이는 여행을 다니기가 너무 힘들어 다시 아이폰을 구매했다.

새것을 다시 사기에는 부담스러워서 한국의 지인에게 부탁해 중고품을 구해 국제택배로 배송을 받았다. 배송비와 세관에서 낸 세금 등등… 전체 비용을 계산해보니 이곳에서 새것으로 사는 비용과 별 차이도 안 났다. 덕분에 통장이 좀 더 가벼워 졌다. 한국에서 출발할 때 가지고 온 국제운전면허증의 유효기간(1년)이 얼마 남지 않았다. 한국에 연락해 면허시험장에서 위임 발급을 받았고, 역시 국제우편으로 부에노스아이레스 우체국에서 배송을 받았다. 동해항을 떠날 때는 이렇게 1년이 넘어가는 긴 여정이 될 줄 몰랐는데, 어쩌다 보니 이리 되었다.

페론과 에비타가 살았던 대통령궁

여행 중 국제 우편 배송 받기

필요한 서류 등은 대부분 이메일로 해결할 수 있지만, 구하기 힘든 바이크의 부품이나 면허증 등을 배송 받아야 할 때는 어떻게 해야 할까?

1. 거쳐 가는 도시의 지인에게 부탁한다. 가장 간단하며 확실한 방법이지만 원하는 도시에 지인이 없다면 쓸 수 없는 방법.
2. 머물기로 예약한 숙소로 배송한 후 우편물을 수령한다. 숙소에 미리 우편물 수령이 가능한지 확인해야 한다. 신뢰할 수 있는 호텔에 머물 계획이라면 추천하지만, 저렴한 호스텔에서는 우편물 수령 서비스를 제공하지 않는 경우가 많다.
3. G.P.O.General Post Office 서비스를 이용한다. 고정된 주소지가 없는 여행자들이 도시마다 있는 중앙우체국에서 쉽게 이용할 수 있는 방법. 동네의 작은 우체국에서는 이용할 수 없다. 일종의 사서함 제도처럼 여행 중인 나라의 중앙우체국 사서함으로 우편물을 보내고, 중앙우체국에 찾아가 여권을 제시하면 우편물을 받을 수 있다. EMS 운송번호를 알면 더 신속하게 찾을 수 있다. 우편물 보관은 나라마다 다르며 짧게는 열흘에서 1개월, 반년에 이르기도 한다.

수신인 작성 예시
To. Name (이름)
Poste Restante. G.P.O.
Buenos Aires. Argentina (도시, 국가)

부에노스아이레스

새로운 대륙의 시작은 부에노스아이레스였다. 구대륙과는 완전히 다른 세상이었다. 거리 곳곳마다 생소함과 활기가 넘치는 부에노스아이레스에 도착한 첫날부터 나는 남미에 반해버렸다. 에비타, 탱고, 체 게바라… 부에노스아이레스 어디에서나 만날 수 있었던 아르헨티나의 상징들. 그들 모두가 새로운 대륙의 도전 정신과 건강함의 발현이 아닌가.

1. 전통음악을 들려주는 인디오 원주민들 2. 대통령궁 광장의 기마상 3. 관광객들로 북적이는 보카 지구 4. 부에노스아이레스의 상징, 오벨리스크 5. 아르헨티나 독립 선언을 기념한 5월의 탑 6. 어디에서나 볼 수 있는 탱고 공연

대서양을 건너 바이크를 다시 만나다
바이크 통관

요하네스버그에서 바이크를 운송하기로 계약했던 대로 로마에 머물면서 인터스페드 계좌로 운송비 2,505USD를 송금해 주었다. 이제 부에노스아이레스에서 운송된 바이크를 되찾기만 하면 되었다. 인터스페드와의 계약은 부에노스아이레스 공항까지 바이크를 운송해주는 것이었고, 부에노스아이레스에서 바이크를 되찾는 것은 내가 알아서 해야 했다. 대신 부에노스아이레스에서 거래를 하는 통관 대행업체의 연락처를 받았다. 하지만 메일로 연락하니 그곳은 원래 기업 간 물류만 담당하는 회사라서 개인물품 통관은 도와줄 수 없다고 한다. 부에노스아이레스의 바이크 통관을 도와줄 에이전트를 찾아 로마에서부터 계속 검색했다. 혹시 혼자 진행이 가능할지, 그렇게 했던 바이커가 있는지를 먼저 찾아보았는데, 아르헨티나는 워낙 영어가 안 통하는데다 통관이 굉장히 까다로운 나라라는 이야기만 찾을 수 있을 뿐이었다. 그래도 그동안 만났던 많은 라이더들에게 이리저리 알아보니 몇몇 통관 에이전트들을 찾을 수는 있었다. 부에노스아이레스에서 가장 많이 알려진 바이크 에이전트는 다카르 모터스였다.

다카르 모터스 Dakar Motos
S 34° 32.4706'
W 58° 31.0002'
Web www.dakarmotos.com
Tel +54 911-4067-4268
E-mail dakarmotos@hotmail.com

수르 카르가스 Sur Cargas
Web www.surcargas.com
Tel +54 911-15-6397-0523
E-mail pablo.salvo@surcargas.com

이외에도 몇 군데 에이전트들을 더 찾을 수 있었고, 이들 모두에게 메일로 연락해보고 상담도 해보았다. 여행 중간에 만났던 네덜란드 오버랜더는 다카르 모터스를 이용했는데 그다지 좋지 않았다고 했고, 다른 영국 오버랜더는 수르 카르가스에 맡겼는데 꽤 좋았다고 했다. 직접 상담을 받으며 에이전트 수수료와 절차 등을 물어보니, 수수료는 비슷비슷한데 다카르 모터스 쪽이 좀 더 노련해 보이고 일처리가 빨라 다카르 모터스와 함께 세관 통관 작업을 진행했다. 필요한 서류를 이메일로 미리 보낸 뒤, 약속을 잡고 직접 방문했다.

여권사본
영문 이륜차등록증서
국제운전면허증
항공운송서류 Air Way Bill

아르헨티나 간단 정보

- **비자** 무비자(90일)
- **출입국** 칠레, 볼리비아, 파라과이, 브라질, 우루과이에서 육로 출입국이 가능. 까르네 불필요
- **환전** 아르헨티나에서는 신용카드나 은행을 이용하는 것보다 달러 현금을 블랙마켓에서 환전해 사용하는 것이 훨씬 이득이다. 시티은행 카드로 현지에서 돈을 인출하거나, 아르헨티나에서 신용카드를 사용하게 되면 공식 환율로 결제가 되는데, 공식 환율과 블랙마켓의 환율 차가 크기 때문에 현금 환전보다 손해를 보게 된다(환율 1USD = 4.95ARS, 블랙마켓 1USD = 7ARS, 2013). 다만 길거리 블랙마켓은 환율 흥정도 마뜩찮고 위폐로 속이는 경우도 있어서 조심해야 한다. 한편 USD를 인출할 수 있는 ATM를 찾아보았지만 찾지 못했다. 가능하면 미리 충분한 USD를 준비해 아르헨티나에 입국하도록 하자.
- **남북 종단 도로**
  3번국도: 브라질 쪽에서 부에노스아이레스를 거쳐 우수아이아로 향하는 남미 동쪽 해안. 팜파스 평야를 남북으로 가로지르는 쭉 뻗은 직선 도로다.
  40번국도: 안데스 산맥 자락을 따라 종단. 포장도로와 비포장도로, 평야와 산기슭이 섞여 있어 다이내믹한 길이다. 남쪽 파타고니아 지방의 40번국도는 포장과 비포장이 반반 정도였지만, 포장공사를 계속하고 있다.
- **톨게이트** 고속도로는 일부 구간을 제외하곤 기본적으로 무료였다. 부에노스아이레스 공항에서 시내로 들어오는 길에 2ARS~3ARS(바이크 요금) 정도 유료 구간을 제외하면 3번국도와 40번국도 모두 무료이다. 3번국도에 톨게이트가 있긴 하지만 톨게이트 진입 직전에 바이크 전용 차선이 있으니 무료로 통과하면 된다.
- **주유소** 파타고니아 지방의 3번국도나 40번국도 모두 마을 간 거리가 기본 100km 이상이다. 마을마다 웬만하면 주유소가 있지만, 거리가 상당하고 간혹 200km 넘는 구간도 있다(최장 340km). 게다가 주유소에 휘발유가 없는 경우도 있으니 예비 기름통은 필수. 기름이 여유 있더라도 주유소가 보일 때 자주 주유하는 것이 현명하다. 기름 값은 북쪽 지방이 비싸고(리터당 7~8ARS), 남쪽 지방은 좀 저렴한 편이었다(리터당 5~7ARS).
- **숙소** 호스텔은 주요 관광도시들(부에노스아이레스, 우수아이아, 이구아수, 엘 칼라파테, 엘 찰튼, 멘도사 등)에 많이 분포돼 있다. 우리의 읍면 규모의 작은 마을에서도 호텔을 찾는 것은 그리 어렵지 않다.

40번국도 Ruta Nacional 40

2013년 1월 15일

다카르 모터스는 부에노스아이레스 시내에서 한참 떨어진 외곽지역에 있다. 시내의 숙소를 나와 지하철과 기차를 갈아타고서 다카르 모터스를 방문했다. 필요하다는 서류를 전달하고, 통관 일정을 확인했다. 아르헨티나는 바이크 보험가입이 필수라고 한다. 남미 전역이 커버된다는 보험이 한 달에 84ARS. 보험료도 그리 비싸지 않고 남미 거의 전역에서 적용된다하니 3개월 기한으로 보험을 들기로 했다. 다음날 바이크가 도착하면 모레 아침에 공항에 가서 바이크 수속을 진행하기로 했다. 다카르 모터스에서 기다리는 도중 러시아에서 건너온 4명의 바이커 팀을 만났다. 바이크를 배로 운송한 타라 한참 동안 부에노스아이레스에서 바이크를 기다리고 있다고 했다. 그럼에도 항공운송과 가격 차이가 별로 안 난다고 투덜거린다. 역시 대륙 간 이동에는 항공 운송이 정답인가 보다.

2013년 1월 16일

부에노스아이레스 공항으로 바이크가 도착했다. 드디어 도착했구나. 원래 요하네스버그에서 이야기할 때는 13~14일에 도착하는 것으로 예정했었는데 며칠 더 걸린 셈이다. 뭐 이 정도면 양호한 거라 생각해야겠지. 시간이 늦어 오늘은 통관 작업을 못하고 다음날 아침부터 공항에서 시작하기로 했다.

2013년 1월 17일

아침 일찍 숙소를 나서 버스를 타고 공항으로 이동했다. 오전 9시 카고 터미널 앞에서 산드라Sandra와 만나 에이전트 수수료로 250USD를 지불했다. 비싸다. 과연 그 정도의 가치가 있는 걸까? 다음엔 터미널 내의 운송회사 창구에 들러서 항공운송 서류를 수령했다. 802ARS 지불. 무슨 서류 하나 떼는데 이리 비싸게 받는 건지 모르겠다. 에퀴도르 키토 공항으로 바이크를 보냈다던 다른 오버랜더는 공항에서 바이크를 찾는데 단돈 7USD(700달러나 70달러가 아니라 단돈 7달러!!)밖엔 안 들었다고 했다. 미리 알았었다면 나도 볼리비아 키토로 보냈을 텐데… 아쉬울 뿐이다. 발급받은 서류를 들고 산드라와 함께 카고 터미널로 이동해 세관사무소에서 바이크 수령 작업을 시작했다.

항공화물 터미널은 두 번째 방문이었다. 한국에서 보내주었던 아이폰을 찾기 위해 며칠 전에 방문해서 아이폰 통관을 했었다. 커다란 바이크라서 뭐 다른 게 있을 줄 알았더니 아이폰을 찾을 때 세관 통관 작업을 혼자 했던 것과 별반 다를 게 없다. 이집트에서처럼 엄청 복잡하고 짜증나는 과정일 줄 알았더니, 무언가 속는 느낌. 아르헨티나 통관이 까다롭고 어렵다던 이야기들은 다 뭐였던 건가. 아니… 유럽 사람들 입장에선 충분히 엄청 까다롭게 느껴질 수도 있겠다. 유럽에서는 바이크, 차량 통관이란 절차가 거의 없으니까… 말도 잘 안 통하는 곳에서 서너 시간 동안 이정도 작업을 해야 하는 것 자체가 꽤 까다롭게 비춰질 수 있을 것이다. 하지만 러시아 블라디보스토크에서 또 에스토니아, 이집트, 수단 등지에서 3~4일씩 걸리는 진짜 짜증나고 까다로운 통관 작업을 겪었던 나에게는 겨우 서너 시간 기다리며 여기저기 돌아다니는 통관 작업은 하나도 힘들지 않았다. 이럴 줄 알았으면 그냥 혼자서 통관 작업을 진행해도 될 것을 그랬다. 아무리 생각해도 에이전트 수수료 250USD는 너무 과한 수고비다. 아무리 잘 쳐줘도 100USD 정도면 적정한 수수료가 아닐까 싶은데… 에휴… 이미 늦은 일은 돌아보지 말자. 쓸데없는 에너지 낭비일 뿐.

12시가 넘어서 세관 작업이 마무리되었다. 창고 보관료Storage Fee 840ARG를 내야해서 카드로 결제하고, 임시통관 서류 등을 챙겼다(바보짓이었다. 아르헨티나에서 카드를 쓰다니… 길거리에서 환전해서 현금으로 결제했어야 이득인 것을…). 요하네스버그에서 포장할 때 연료를 거의 비웠던 터라, 터미널 입구 바로 앞 주유소에서 기름통으로 휘발유 5리터를 구입해 바이크에 주유했다. 통관을 도와준 산드라와 인사하고 카고 터미널을 출발했다.

부에노스아이레스 항공 화물 터미널 Air-Cargo Terminal
S 34° 48.5127'
W 58° 32.4042'

요하네스버그 ~ 부에노스아이레스
바이크 운송비(나무박스 포장비 포함) 2,505USD
보험료(3개월) 252ARS
에이전트 수수료 250USD
항공운송서류 802ARS
창고 보관료 840ARS

공항을 나와 부에노스아이레스 시내를 향해 달리던 중, 고속도로 톨게이트에서 냉각수 호스의 엔진 연결부분이 빠지며 냉각수가 사방으로 튀었다. 운송하는 와중에 어딘가 헐거워졌던 걸까? 급히 갓길로 옮겨 허둥대고 있는데 톨게이트 직원 아저씨가 다가와서 빠져버린 냉각수의 연결부분을 임시로 고쳐주셨다. 친절한 아저씨. 감사할 뿐. 동전 수집이 취미인지, 한국 동전 있으면 하나 달라고 하시는데 가진 게 없어서 드리지 못한 게 미안할 뿐이었다. 다시 도로를 달리는데 냉각수 과열경고등이 들어오고 엔진 열기가 식지 않는다. 아마도 냉각수 호스가 분리되며 냉각계통에 무언가 문제가 생긴 듯했다. 길가에 세우고 커버를 벗겨 살펴보니 냉각수 부족이다. 하긴, 호스가 빠지며 그리 흘러 넘쳐 버렸으니 당연하겠지. 근처 주유소에 들러 냉각수를 한 통 사서 보충하고 다시 달렸으나 과열경고등이 꺼지지 않고 별 변화가 없다. 아마도 바이크 숍에 가서 제대로 점검을 해야 할 듯하다. 젠장, 또 돈 깨지겠네.

조마조마한 마음을 다잡고 겨우 숙소로 돌아왔다. 숙소 옆의 주차장에 바이크를 주차 후 지하철을 타고 시내로 나갔다. 산드라가 가르쳐준 보험회사로 찾아가서 산드라가 가입해준 보험의 오리지널 보험증을 수령했다. 남미 전역을 커버한다는 보험이다. 종이가 녹색이다. 이것도 그럼 그린카드인 건가? 내일은 BMW Motorrad 바이크 숍에 찾아가 봐야겠다.

보험회사 꼼빠니아 데 세구로스 Compania De Seguros
S 34° 35.8038'
W 58° 22.4489'

2013년 1월 18일

오전에 바이크를 몰고서 검색해서 찾아두었던 BMW Motorrad 바이크 숍을 방문했다. 과열 경고등이 너무 걱정되어서 가다서다 하며 조심스레 달리니 한참 걸렸다. 그런데 도착해 보니 부품이 없다며 다른 곳을 가르쳐준다. 알려준 곳으로 다시 이동했다.
숍 매니저에게 바이크의 점검을 부탁했다. 냉각수 문제는 큰 문제없이 수리 가능하다고 해서 수리를 맡기고, 하는 김에 전체 체크도 해달라고 했다. 2시간쯤 걸려 수리와 점검 완료. 비용은 860ARS. 비싸다. 좀 더 가벼워진 내 통장… 이제 부에노스아이레스를 떠나 달릴 준비가 완료 되었다. 아메리카 대륙의 남쪽 끝까지, 우수아이아를 향해 다시 한 번 신나게 달려가자.

BMW 모토라드 코르다스코 모토하우스 BMW Motorrad Cordasco Motohaus
S 34° 34.1793'
W 58° 23.9536'

우수아이아로 가는 길, 루타 3

부에노스아이레스에서 이구아수 폭포를 다녀온 후, 3번국도를 따라 남쪽으로 아메리카 최남단 도시, 판 아메리칸 하이웨이의 남쪽 끝 우수아이아까지 달려갔다. 부에노스아이레스에서 아르헨티나의 최남단 우수아이아까지 직통으로 연결되는 도로는 3번국도인 Ruta Nacional 3(줄여서 RN 3)이다. 3번국도는 팜파스 평야를 남북으로 가로질러 달리는 쭉 뻗은 길이었다. 지평선 끝까지 끝없이 뻗어있는 직선 도로… 달리고 또 달려도 도무지 끝날 것 같지 않은 평야… 시베리아 횡단할 때 생각이 많이 났다. 자작나무 숲으로 뒤덮여있던 시베리아의 끝없는 평야와도 비슷한 느낌이지만 아르헨티나 파타고니아 지방의 팜파스 평야에서는 나무들을 찾아보기 힘들었다. 거친 풀들, 강한 바람…
가끔씩 길가에서 멍하니 쳐다 보는 야마 무리가 색다른 느낌을 준다. 겁이 많은 녀석들인지 도로가에 나와서 풀을 뜯다가도 사진이라도 찍어보려고 바이크를 멈추면 금세 뛰어서 도망가 버리더니, 멀찍이 떨어져서 유심히 지켜본다. 가까이서 사진 한번 찍어보려고 몇 번이나 달리다가 멈추고 했었는데, 결국 근접사진은 성공하지 못했다.

파타고니아의 야마들

1.주유소 곳곳에 붙어있는 오버랜더의 흔적들 2.황량한 파타고니아 평야를 가로지르는 3번국도

달리고 달려도 계속 이어지는 파타고니아의 팜파스 평야… 3번국도는 그리 재미있는 길은 아니었다. 주유소 여기저기에 붙어있는 다른 오버랜더들의 흔적들. 부에노스아이레스에서 또는 더 멀리 브라질에서부터 우수아이아를 목표로 달리는 거의 모든 오버랜더들이 선택하는 3번국도이기 때문에 달리던 중에 다른 바이크 오버랜더들도 많이 만났다.

파타고니아의 팜파스 지역은 아무 거칠 것이 없는 평야지대다. 황량한 벌판에 바람이 무지하게 불었다. 지금까지 달렸던 지역 중 가장 바람이 강하게 불었던 곳이기도 하다. 옆에서 불어대는 바람에 휩쓸리어 가지 않기 위해 직선 도로임에도 항상 비스듬한 자세로 코너를 돌듯 운전해야만 했었다.

파타고니아 Patagonia

아르헨티나와 칠레 남부의 서부 안데스 산맥에서 동쪽 팜파스 평야 지역을 파타고니아 지방이라고 부른다. 마젤란이 그 유명한 세계일주에서 이 지역을 처음 발견 했을 때, 그들은 이 지역의 원주민들을 파타곤Patagon 이라 불렀다. 파타곤은 거인족 혹은 큰 발톱을 가진 동물을 뜻하는 다소 경멸적인 말이었다. 우월함에 도취된 그들의 눈에 비친 원주민들은 큰 키에 경제개념도 뚜렷하지 않고 교역 능력과 항해술도 보잘것없어 하등 도움이 되지 않는 덩치 큰 동물일 뿐이었다. 이처럼 경멸을 내포한 이름, 파타고니아는 서구인들과 원주민들이 수백 년 간 허물지 못한 관계의 벽을 단적으로 보여준다.

📷 이구아수 폭포

'거대한 물'을 뜻하는 이구아수는 말 그대로 세계 최대의 폭포다. 아르헨티나와 브라질의 국경에 위치해, 아르헨티나의 '푸에르토 이구아수Puerto Iguazú'와 브라질의 '포스 두 이구아수Foz do Iguaçu' 두 곳에서 관광할 수 있다. 브라질 쪽은 폭포의 전체 경관을 바라보기에 적합하고 아르헨티나 쪽에서는 폭포의 웅장함을 더 가까이서 느낄 수 있다. 브라질과 아르헨티나 국경을 넘나드는 것이 용이하므로 시간의 여유를 갖고 양국의 이구아수를 모두 느껴보도록 하자.

1. 이구아수 폭포의 전경을 조망할 수 있는 전망대. 브라질 2. 아르헨티나 전망대에서 바라본 이구아수 폭포 3. 이구아수 폭포의 백미, 악마의 목구멍 보트투어

마젤란 해협을 건너 불의 땅, 티에라델푸에고로 달리다

2013년 1월 29일

오전 10시쯤 리오 갈레고스Rio Gallegos 숙소를 출발했다. 흐린 날이다. 비가 오락가락한다. 파타고니아가 늘 그렇듯이 세차게 불어대는 강한 바람 때문에 오랜만에 우비까지 챙겨입고 달렸다. 구름 속인지 안개 속인지 잔뜩 흐려서 비바람이 몰아치는 몽롱한 길을 달리려니 스코틀랜드에서 달릴 때 생각이 많이 났다. 지루하게 이어지는 3번국도를 따라 아르헨티나와 칠레의 국경을 향해 달려갔다.

아르헨티나에서 칠레 땅을 지나지 않고는 우수아이아로 달려갈 수 없다. 원래 전체가 칠레의 땅이었던 티에라델푸에고Tierra del Fuego 섬을 아르헨티나가 전쟁으로 강탈해버린 덕분이다. 섬의 절반을 강제로 빼앗겨버린 칠레 사람들은 물론이겠지만, 이렇게 육로로 여행하는 여행자의 입장에서도 우수아이아를 가기 위해 국경을 넘는 수고를 더 해야 하니 반가운 일은 아니다. 어쨌든 우수아이아에 가기 위해서는 아르헨티나에서 먼저 칠레로 입국한 후에 배를 타고 마젤란 해협을 건너가 티에라델푸에고로 이동, 다시 칠레에서 아르헨티나로 국경을 넘어 들어가야 한다.

리오 갈레고스에서 3번국도를 따라 달리다 보면 아르헨티나와 칠레의 국경을 만나게 된다. 국경에는 아르헨티나와 칠레의 출입국사무소와 세관이 한 건물 안에 있었다. 게다가 은행에 부스가 쭉 붙어있는 것처럼 1~4번으로 나란히 붙어있어 옆으로 옮겨가면서 바로 바로 입출국 수속을 받을 수 있었다. 지금까지 수많은 나라들을 다녔지만 이런 경우는 또 처음이었다. 이렇게 한 건물 안에서 함께 업무를 보다니. 아마 칠레와 아르헨티나는 사이가 좋은가 보다. 예전 전쟁의 기억은 다 아물어진 것일까? 국경을 통과하는 입장에선 굉장히 빠르고 편리한 일이라 감사할 뿐이다.

국경에 진입해 앞서가는 차량들을 따라가다 보면 입국심사 건물 앞에 버스와 차량들이 정차해 있다. 차량들 한 편에 바이크를 주차하고 여권, 서류들을 챙겨 들고 건물 안으로 들어가니 사람들이 줄을 서있다. 사람들과 함께 부스 앞에 쓰여 있는 번호를 따라 순서대로 진행하면, 아르헨티나 출입국사무소 → 아르헨티나 세관 → 칠레 출입국사무소 → 칠레 세관을 차례대로 지나게 된다. 아르헨티나 출입국사무소 부스에서 간단히 여권에 출국 도장을 받고, 아르헨티나 세관 부스에서 바이크 서류를 제출하려는데 세관원이 내가 들고 있던 까르네를 보더니 달라고 했다. 까르네를 보고서 서류를 작성하려나 보다 싶어서 주었더니 말릴 새도 없이 까르네 입국 바우처를 뜯고 스탬프를 쾅하고 찍어서 돌려준다. 헐…

남미에는 까르네가 필수적인 나라가 없다. 몇몇 나라에서 쓰이기도 한다지만, 있으면 좋고 없어도 상관없는 정도다. 아르헨티나도 당연히 까르네 없이도 차량 반입과 운행이 가능하고, 그래서 부에노스아이레스에서 바이크 반입할 때에도 까르네는 사용하지 않았다. 까르네 서류를 가지고 있으면 좀 더 편리하고 빠르게 일 처리를 진행할 수는 있다. 세관에서 차량 반입신고 서류들을 작성하거나 할 때 일일이 차량 정보들, 차대번호 등 바이크 관련 정보들, 여권번호 등 소유주 관련 정보 등을 옮겨 적고 할 필요가 없이 그냥 까르네 바우처 하나만 뜯어주는 것으로 간단히 처리할 수 있기 때문이다.

아무튼… 들어올 때 까르네를 사용하지 않았으니 나갈 때도 쓸 일이 없겠거니 했는데, 이 세관원이 바우처를 뜯고(그것도 입국용 바우처를 출국 심사에서 뜯어버렸다) 스탬프까지 찍어 버렸으니 이대로 그냥 나갈 수는 없게 되었다. 당황스런 마음에 영어도 잘 안 통하는 세관원을 붙잡고 이야기를 했다. "스탬프 하나만 받으면 나중에 문제 생긴다. 여기는 출국 심사인데, 네가 입국란에 스탬프 찍었잖아… 이쪽 출국란에도 찍어야 나중에 보증금 돌려 받을 수 있어. 그러니까 여기 여기에 스탬프 찍고 사인도 해줘." 세관원… 대충 내 이야길 듣더니 알아들었는지 군말 없이 출국란에 스탬프를 한 번 더 찍어주고 사인도 해주었다. 별 말없이 해달라는 대로 해주니 다행이었다. 나중에 스위스 협회에서 별말 없어야 할 텐데. 뭐 괜찮겠지. 부에노스아이레스 공항에서 받았던 일시 반입서류도 제출하고 아르헨티나 출국 과정을 마무리했다.

바로 옆 부스 칠레 출입국사무소로 가서 입국심사관이 주는 입국신고서를 작성해 제출하니 별 말 없이 여권에 스탬프를 찍어 주었다. 또 바로 옆 부스 칠레 세관으로 가서 바이크 타고 왔다고 하니, 내가 들고 있는 까르네를 보곤 달라고 한다. 그래 뭐… 이미 가지고 있는 거 써먹는 게 편하고 좋겠다 싶어 건네주니, 알아서 바우처를 뜯고 스탬프 찍어서 일시반입 서류와 함께 돌려주었다. 만약 까르네가 없다면 영문 바이크 등록서류를 주면 된다. 빠르고 간단하게 아르헨티나 출국과 칠레 입국 과정을 마무리했다. 기다리는 줄이 길어 한 시간 정도 걸렸다.

아르헨티나 - 칠레 국경

스페인어 필수 어휘&회화

브라질을 제외한 중남미의 모든 나라는 스페인어를 사용하기 때문에, 스페인어를 알면 중남미 여행이 한결 수월해진다. 출국 전 국내에서 한두 달 정도의 스페인어 초급수업을 수강하기를 강력 추천한다. 남미 여행의 질과 현지인들과의 소통이 달라질 것이다. 장기 남미 여행자들 중에는 여행 초반 한 달 정도의 시간을 투자해 현지에서 어학 수업을 받는 이들도 많다. 과테말라, 볼리비아 등 비교적 물가가 저렴한 나라의 관광도시에는 여행자들을 위한 스페인어 학원이 성업하고 있다.

필수 어휘

주유소	gasolinera	가솔리네라
모터사이클	motocicleta	모토시끌레따
호텔	hotel	오뗄
상점(슈퍼)	mercado	메르까도
환전	cambio	깜비오
식당	restaurante	레스따우란떼
전화	llamada	야마다
약국	farmacia	파르마씨아
병원	hospital	오스삐딸
경찰	la policía	라 뽈리씨아

숫자

1	uno	우노
2	dos	도스
3	tres	뜨게스
4	cuatro	꾸아뜨로
5	cinco	씽꼬
6	seis	세이스
7	siete	시에떼
8	ocho	오초
9	nueve	누에베
10	diez	디에쓰
20	veinte	베인떼
30	treinta	뜨레인따
40	cuarenta	꾸아렌따
50	cuarenta	씽꾸엔따
60	sesenta	세센따
70	setenta	세뗀따
80	ochenta	오첸따
90	noventa	노벤따

기본 회화

- 네 Sí 씨
- 아니오 No 노
- 안녕하세요 Hola 올라
- 죄송합니다 Perdón 빼르돈
- 실례합니다 Disculpe 디스꿀뻬
- 부탁합니다 Por favor 뽀르 파보르
- 감사합니다 Gracias 그라씨아스
- 제 이름은 홍길동입니다
  Mi nombre es 홍길동
  미 놈브레 에스 홍길동
- 한국에서 왔습니다
  Yo soy de corea 요 소이 데 꼬레아
- 이건 얼마인가요?
  ¿Cuánto cuesta esto?
  꾸안또 꾸에스따 에스또?
- 비싸네요 Es caro 에스 까로
- 주유소가 어디 있나요?
  ¿Dónde está la gasolinera?
  돈데 에스따 라 가솔리네라?
- 몇 킬로미터 먼가요?
  Cuántos kilómetros de aquí?
  꾸안또 킬로메트로스 데 아키?
- 화장실 어디 있나요?
  ¿Dónde están los baños?
  돈데 에스딴 로스 바뇨스?
- 호텔이 어디 있나요?
  ¿Dónde está el hotel?
  돈데 에스따 엘 오뗄?
- 하룻밤에 얼마예요?
  ¿Cuánto cuesta una noche?
  꾸안또 꾸에스따 우나 노체?
- 더 싼 가격은 없나요?
  ¿No hay tarifas más baratas?
  노 아이 따리파스 마스 바라따스?
- 도와주세요 ¡Ayuda 아유다
- 구급차를 불러 주세요
  ¡Llame a una ambulancia
  야메 아 우나 암불란씨아
- 경찰을 불러 주세요
  Llame a la policía 야메 아 라 뽈리씨아

칠레 입국, 푼타아레나스

바로 우수아이아로 향할까 했으나 바이크에서 이상한 소리가 들리는 것이 바이크 상태가 심상치 않은 느낌이 들었다. 방향을 돌려 푼타아레나스Punta Arenas로 향했다. 바로 국경을 통과한 터라 칠레 돈이 없는 상태에서 기름도 거의 떨어져갔다. 길가에 보이는 작은 주유소에 들렀으나 카드는 안 되고, 아르헨티나 돈도 받지 않는다고 했다. 푼타아레나스 근처에 있다는 다음 주유소까지 달리기엔 기름이 모자라서 그곳에서 기름을 넣어야 했다. 어찌해야 하나 고민하고 있는데 옆에서 주유하던 칠레 아저씨가 나를 대신해 돈을 내주고 주유할 수 있게 해주었다. 아… 처음 보는 사람, 아마도 다시 볼일 없을 여행자에게 베풀어주는 친절함… 칠레 사람들. 칠레의 첫 인상은 100점이다.

우수아이아는 티에라델푸에고 섬에 있는 도시이기 때문에, 육로로 이어지는 실제 아메리카 대륙의 최남단 도시는 푼타아레나스다. 그래서인지 푼타아레나스 역시 꽤 유명한 관광도시이며, 많은 오버랜더들의 목적지가 되기도 한다. 흐리고 쌀쌀한 날씨에 약간 을씨년스럽기는 했지만, 도시 자체는 꽤 매력적이었다. 푼타아레나스에 도착하자마자 시내의 은행에서 200,000CLP를 인출했다(1USD = 470CLP, 2013).

사람들에게 묻고 물어 바이크 숍을 찾아가 바이크 상태를 점검했다. 사람 좋아 보이던 정비공 아저씨가 체인 수명이 다한 것이 원인이라 했다. 하긴 베를린에서 체인 교체하고 그 동안 유럽, 아프리카… 40,000km를 타고 돌아다녔으니 수명이 다했을 만도 하다. 다행히도 체인만 갈면 문제없을 거라고 한다. 그런데 한국에서 여기까지 왔다고 하니 정비공 아저씨가 공임비도 받지 않고 체인 값만 받겠다고 한다. 칠레의 느낌은 무척 따뜻하다. 이미 오후 5시가 가까워 와서 우수아이아로 향하는 것은 무리였다. 푼타아레나스에서 하루 묵기로 하고 정비소 아저씨가 알려준 숙소로 이동해 체크인 했다.

프로 크로스 모터스 Pro Cross Motos
S 53° 09.8919'
W 70° 54.9498'
체인 교체 50,000CLP

바이크와 함께 마젤란 해협을 건너다

2013년 1월 30일

우수아이아는 육지가 아닌 티에라델푸에고 섬 안에 위치해 있기 때문에 우수아이아로 가기 위해선 배를 타고서 마젤란 해협을 건너가야만 한다. 스페인에서 출발해 대서양을 건너온 마젤란이 남미를 돌아 태평양으로 건너간 곳이 바로 여기 마젤란 해협이다. 최초의 세계일주 여행을 떠난 270명 중 18명만이 살아서 스페인에 돌아갈 수 있었다. 마젤란 역시 태평양 건너 필리핀 원주민들과의 전투에서 사망했으니, 당시의 세계일주라는 것은 진정 목숨을 걸고 떠난 여행이었던 것이다.

육지에서 마젤란 해협을 건너가는 배는 두 가지 경로가 있다. 남쪽의 푼타아레나스에서 포르베니르Porvenir로 건너가는 경로(2시간 30분, 70,000CLP), 그리고 북쪽의 아르헨티나 3번국도와 연결된 칠레 257번국도로 이어지는 경로(30분, 바이크무료)다. 먼 거리를 돌아 푼타아레나스에 들르지 않는다면 북쪽 257번국도 경로를 이용하는 것이 편리하다.

오전 10시. 푼타아레나스에서 바로 배를 타고 포르베니르를 향해 마젤란 해협을 건너가려 항구 터미널에 가보았지만, 푼타아레나스에서 마젤란 해협을 건너는 배는 하루 한 대. 이미 오전 9시에 출발했다고 한다. 건너가려면 미리 예약을 하고 내일 다시 오라고 한다. 바로 바이크를 돌려 257번국도를 타고 북쪽 항로를 통해 마젤란 해협을 건너기 위해 달려갔다.

마젤란 해협 & 티에라델푸에고

아메리카(그들은 인도라고 생각했지만) 대륙 어딘가에 숨어있는 향신료의 땅, 인도 혹은 중국으로 가는 길을 찾기 위해 브라질에서부터 남아메리카를 더듬으며 내려가던 마젤란 함대는 태평양(물론 태평양이라는 것도 알지 못했지만…)으로 들어가는 남아메리카 최남단의 해협을 드디어 발견했다. 10월 말. 트리니다드 호, 빅토리아 호, 콘셉시온 호는 마젤란 해협으로 불리는 해협에 처음 들어갔다. 수심이 깊고 거센 물결의 해협에서 가장자리 육지에 배가 부딪힐까 잔뜩 겁먹은 세 척의 배는 한 줄로 조심스레 나아갔다. 밤이 되자 해협의 남쪽 어둠 속에서 불빛을 발견했고, 이는 육지에 원주민들이 살고 있다는 뜻이었다. 마젤란은 이 불길을 보고 '불의 땅'이라는 뜻의 '티에라델푸에고'라는 이름을 붙였다. 1520년 11월. 37일간의 조심스런 항해 끝에 마젤란의 함대는 드디어 잔잔한 바다를 다시 만났다. 그로부터 서쪽으로 그 커다란 바다를 지나는 동안 한 번도 폭풍우를 만나지 않았다. 그들은 그 잔잔한 바다를 '태평양'이라고 불렀다.

257번국도에는 30분에 한 대씩 티에라델푸에고 섬으로 건너가는 정기 페리가 운행된다. 항구에 도착해보니 배를 타기 위해 많은 차량들이 기다리고 있었다. 바로 줄 서서 기다린 후에 페리를 타고 마젤란 해협을 건넜다.

누군가가 승선료를 받아갈 줄 알았는데 아무도 돈 달라는 사람이 없어 그냥 승선했다. 이래도 되는 건가… 아니면 타기 전에 미리 표를 끊어야 하는 건가… 타기 전에 돈을 안 받으니 배 안에서 돈을 내라고 할 줄 알았더니 아무도 나에게 신경 쓰지 않더니, 내리고 나서도 아무도 돈을 받지 않았다. 배에서 내려서 거칠 것 없이 쭉 달려가니 결국 공짜로 마젤란 해협을 건너온 셈이다. 다들 아무도 표 끊는 사람이 없었는데… 어찌 된 일인지 모르겠다. 티에라델푸에고 섬은 흐리더니 종일 비바람이 몰아치는 전형적인 땅 끝 날씨였다. 우비를 꺼내 입고서도 추위에 덜덜 떨면서 우수아이아를 향해 달렸다.

노르웨이의 노르카프, 포르투갈의 로카 곶, 남아프리카공화국의 희망봉, 그리고 여기 아르헨티나의 우수아이아. 내가 가본 모든 세상 끝들의 공통점은 바람이다. 여기가 세상의 끝이라고 소리치기라도 하는 듯. 미친 듯이 불어대는 바람. 세상 끝의 주인은 바람이다.

배에서 내린 후 다시 아르헨티나 국경을 넘기까지 120km 정도가 비포장도로였다. 비바람 몰아치는 와중에 비포장도로라니. 젠장. 욕이 절로 나왔다. 그래도 케냐에서보단 도로 상태가 훨씬 좋네. 뭐, 이 정도면 달릴 만 하지 싶었다.

우수아이아에서 다시 육지로 돌아올 때도 같은 경로로 달려왔다. 배타기 전에도 역시 아무도 티켓을 끊지 않고 돈 달라는 사람도 없어서 배 안에 주차하고선 이번에는 배 삯이 어떻게 되는지 확실히 알아보려 배 안에서 이리저리 물어보았다. 물어보니 배 안에 운임을 내는 창구가 따로 있었다. 자동차를 타고 온 사람들이 창구에 가서 돈을 내고 표를 끊는 것을 보고 나도 줄을 서서 기다렸다. 내 차례가 되어 운임을 내려고 모터사이클이라고 말하니 모터사이클은 돈을 내지 않아도 된다고 한다. 어라. 모터사이클은 원래 공짜였던 건가? 아무튼 기분 좋은 일이다.

마젤란의 세계일주

마젤란의 업적으로 알려진 최초의 세계일주. 그러나 사실 마젤란은 세계일주를 계획하지도 않았고, 할 생각도 없었으며, 실제로 세계일주에 성공하지도 못했다. 고통스럽기만 했던 그의 항해는 마젤란 자신을 포함해 대부분의 선원들의 죽음으로 이어졌다. 다섯 척의 배와 270명의 선원으로 호기롭게 스페인을 출발했던 마젤란 함대는 목표로 했던 향신료의 땅을 찾지 못했고, 18명의 선원을 태운 단 한 척의 배만이 스페인으로 귀환할 수 있었다. 생존율 6.7%의 이 첫 번째 세계일주는 서구인들에게는 충분히 영웅적인 모험이었지만, 평화롭게 살고 있던 아메리카 원주인들에게는 재앙의 시작이었다.

다시 아르헨티나,
남쪽의 끝 우수아이아를 향해

마젤란 해협을 배를 타고 건너 257번국도를 따라 달리면 다시 칠레-아르헨티나 국경을 만나게 된다. 칠레 측 국경 검문소에서 먼저 출입국사무소와 세관 수속을 진행했다. 간단하게 여권에 스탬프 받고, 세관원에게 까르네를 던져주니 알아서 바우처를 뜯고 스탬프도 찍어주었다. 30분도 안 걸려 간단하게 출국 과정 마무리.

칠레 측 출입국사무소를 나와 14km 정도를 한참 달려가 아르헨티나 입국심사관으로 이동했다. 모잠비크 입국할 때 달렸던 6km보다 더 먼 거리였다. 국경사무소 사이의 거리가 이렇게 멀면 그 사이의 땅은 어느 나라 땅인 걸까? 아르헨티나 측 출입국사무소에서 간단하게 입국 스탬프를 받고, 세관에서 까르네를 던져주니 알아서 스탬프를 찍어주었다. 줄 서서 기다린 시간이 꽤 길긴 했지만, 간단하게 아르헨티나 입국과정을 마무리할 수 있었다.

아르헨티나 측 국경을 넘어서니 도로가 비포장도로다. 게다가 아침에 출발할 때부터 잔뜩 흐리더니 국경선을 넘어 잠시 달리니 비바람이 몰아치기 시작한다. 늘 그렇듯 세상의 끝으로 가는 길은 그리 쉽지 않다. 참 신기한 일이다. 인간 세상과는 상관없이 그저 존재하는 자연일 뿐인데, 땅 위에 그어진 선을 넘어가면 그때부터 풍광과 사람들뿐만 아니라, 기후와 온도 날씨까지 갑자기 달라져 버리는 일이 드물지 않다. 대부분의 경우에는 산맥이나 강줄기 등 지형지물이 국경이라는 경계로 고착되는 일도 많지만, 이곳 티에라델푸에고처럼 지형과는 전혀 상관없이 정치적 고려에 의해 경도선을 따라 직선으로 그어진 국경에서도 이렇게 갑자기 모든 것이 달라지다니 기이할 뿐이다.

푼타아레나스에서 우수아이아까지는 600km 정도의 거리다. 별로 먼 길이 아니라서 그리 오래 걸리지 않을 거라 생각했는데, 비바람에 비포장도로까지 겹쳐지니 마음껏 달릴 수가 없었다. 결국 우수아이아에 도착하기까지 예상 외로 오랜 시간 걸렸다. 극지방에 가까워 밤 10시가 넘어서야 어두워짐에도 불구하고 해가 떨어진 시간, 야간 라이딩을 하게 되었다. 온통 젖은 채로 덜덜 떨면서 우수아이아를 향해 달리니, 깜깜해진 한밤 중 11시도 훨씬 넘어 겨우 세상의 끝 우수아이아에 도착했다.

1. 우수아이아의 이정표
2. 숙소에 붙어 있었던 남극 투어 광고지

세상의 남쪽 끝 우수아이아는 남극으로 향하는 관문도시이기도 하다. 시내의 각종 여행사에서 남극 대륙을 다녀오는 투어 프로그램도 쉽게 찾을 수 있다. 묵었던 호스텔에서도 남극투어를 다녀왔다는 사람들도 볼 수 있었다. 우수아이아까지 온 김에 남극 구경이나 한번 다녀올까 잠시 생각도 했는데, 가격을 확인해보곤 바로 포기… 다음을 기약하기로 했다.

남극 투어 9박10일 4,900USD, 12박13일 5,500USD

칠레 남부 루트

칠레 남부, 우수아이아의 바로 위쪽은 전형적인 빙하침식지형이다. 남아메리카로 건너오면서 가장 기대했던 부분이 바로 이곳의 경치였다. 가능하다면 칠레 해안선을 따라 북쪽으로 쭉 올라가며 환상적인 경치들을 즐겨보려고 생각했다. 그래서 푼타아레나스에서 푸에르토 나탈레스를 지나 북쪽으로 올라가면서 최대한 해안가 루트를 타면서 달려가 보았는데, 중간에 길이 끊기고 지나갈 수 없다고 했다. 하긴… 섬들과 피오르, 빙하로 뒤덮인 산들… 차량이 지날만한 길이 없는 것이 이해되긴 한다. 칠레 해안을 따라 가려면 푸에르토 나탈레스에서 배를 타고 해협 사이를 요리조리 헤치며 올라가던지(비용이 문제일 뿐, 가능하다) 전문 산악인들처럼 장비들 준비 완전히 하고선 트레킹 하는 수밖에는 없었다. 아쉬운 마음을 뒤로 하고 바이크로 들어갈 수 있는 가장 깊은 곳, 토레스델파이네 국립공원까지 들어가 보았다. 그리곤 동쪽으로 방향을 돌려 안데스 산맥 남쪽 끝부분을 넘어 다시 아르헨티나로 건너와 아르헨티나의 40번국도Ruta 40를 타고 북진했다.

칠레에서 다시 아르헨티나로

남부 파타고니아에서만 아르헨티나와 칠레에 몇 번을 입출국 하는지 모르겠다. 여권에 아르헨티나와 칠레 스탬프만 해도 여럿이 수두룩 찍혔다. 다행히 매번 별 어려움 없이 수속할 수 있었다. 몇 번이나 반복해서 까르네를 사용하는 것이 신경 쓰이기도 해서 까르네를 사용하지 않고 출입국을 해보려 하니 이 역시 별 어려움 없이 세관을 지날 수 있었다. 아르헨티나-칠레 국경의 다른 곳들은 짐 검사도 거의 없

칠레 - 아르헨티나 국경

고 특이사항이 없었는데, 안토니오 사모레 패스 국경Paso Internacional Cardenal Antonio Samore에서는 짐 검사를 비교적 철저히 한다. 농산물 병충해 예방 때문이겠지만 가지고 있던 과일 등을 몽땅 버려야 해서 참 아까웠다.

📷 우수아이아

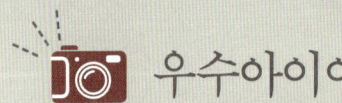

세상의 남쪽 끝. 우수아이아는 참 먼 곳에 있었다. 북쪽 끝이었던 노르웨이 노르카프에서부터 시작된 남쪽으로의 여정이 아프리카 대륙을 지나 남미로까지 이어졌다. 남극으로의 관문으로도 우수아이아는 유명하지만, 높게 솟은 산과 거친 바다로 둘러싸인 우수아이아는 그 자체로도 충분히 아름다운 곳이다. 우수아이아에서 다시 북쪽으로 방향을 돌렸다. 알래스카까지 내 앞에 어떤 일들이 기다리고 있을까?

1. 남극으로의 이정표 2. 우수아이아의 풍경들 3. 우수아이아 외곽

346 모터사이클 세계일주

페리토 모레노 빙하 & 피츠로이 산

파타고니아엔 거대한 빙하와 경이로운 안데스 산맥의 절경, 아르헨티나의 푸른색이 상징하는 환상적인 호수들이 사방에 분포한다. 그중에서도 절대 놓치고 지날 수 없는 곳을 고르라면 단연 엘 칼라파테El Calafate의 페리토 모레노 빙하Glaciar Perito Moreno와 엘 찰튼El Chalten의 피츠로이Fitz Roy 산(3,375m)이다. 토레스델파이네를 지나 안데스 산줄기의 40번국도를 종단하며 파타고니아의 진수를 찾아 다녔다.

페리토 모레노 빙하
투명한 옥빛 빙하가 끝없이 펼쳐진 페리토 모레노 빙하. 폭 5km, 길이 35km, 표면적 195㎢의 거대한 빙하가 전해주는 감동에 누구나 할 말을 잃는다. 100m 높이의 빙벽이 무너지며 천둥 같은 굉음과 함께 호수로 낙하하는 모습은 자연이 만들어낸 장엄한 볼거리다

1. 페리토 모레노 빙하 2. 끝없이 펼쳐진 모레노 빙하 3. 모레노 빙하에서 떨어져 나온 거대한 유빙

피츠로이 산
아르헨티나 남서부 안데스 산맥엔 좋은 트레킹 루트가 많다. 매년 여름이면 전 세계의 수많은 젊은이들이 안데스의 절경에 트레킹을 즐기러 모여든다. 특히 파타고니아 지방엔 각종 캠핑, 등산장비들을 챙겨 다니는 젊은이들이 많았다. 그들은 수개월의 긴 여름을 이용해 파타고니아의 봉우리와 계곡을 찾아 헤맨다. 까맣게 그을린 얼굴과 힘차 보이는 팔뚝, 며칠 혹은 몇 주간의 산속 캠핑으로 수염은 까칠하고 머리는 덥수룩해 보였지만, 건강하게 젊음을 발산하는 이들의 맑은 웃음은 언제 보아도 싱그럽다.

 ## 토레스델파이네 국립공원

남미에서 가장 환상적인 라이딩 루트를 추천해 달라고 한다면, 나는 한 치의 망설임도 없이 토레스델파이네 국립공원을 추천하겠다. 무릉도원이 있다면 이런 모습이 아닐까? 입장료가 18,000CLP로 무척 비싸긴 하지만 그만큼의 값어치를 한다. 공원 내에는 호텔도 있지만, 저렴한 가격의 캠핑장을 이용할 수도 있다.

1

2

1. 토레스델파이네 국립공원
2. 빙하가 녹아 형성된 호수
3. 호숫가의 캠핑장

3

대부분의 관광객들은 푸에르토 나탈레스에서 당일 투어를 이용하고, 트레킹을 좋아하는 사람들은 며칠 동안 트레킹을 한다. 바이크를 타고 트레킹 코스를 달릴 수는 없지만, 내부의 주요 길들은 비포장이기는 해도 잘 닦여있어서 라이딩을 하기에 불편함이 없다. 잘 관리된 공원과 속세를 벗어난 듯 환상적인 경치. 이번 바이크 여행에서 가장 행복했던 라이딩 루트였다.

1. 공원의 야생 야마들 2. 토레스델파이네 휴게소의 바이크들 3. 호수를 가로지른 구름다리 4. 빙하에서 떨어져 나온 유빙 조각들 5. 공원 내 비포장도로

이상한 하루

2013년 2월 9일

오전10시에 페리토 모레노Perito Moreno를 출발했다. 저녁이 되어 잠시 비가 내리기도 했지만 전반적으로 무더운 여름 날씨였다. 출발하자마자 비포장도로가 시작되었다. 아무래도 오래된 스프로킷 때문인지, 체인이 다시 늘어나서 걱정스러웠는데 터덜거리며 비포장 길을 달리던 중 체인이 이탈해 버렸다. 길옆에 잠시 멈춰서 체인을 스프로킷에 올려 걸고 재차 달렸지만 잠시 달리고 나서는 다시 체인 이탈. 아무래도 이대로는 안 될 듯해 바이크를 멈추고 고민하고 있던 중이었다. 바이크 몇 대가 지평선 저쪽에서 나를 향해 달려왔다. 흙먼지와 함께 점차 내게 가까워져 오던 바이크 라이더들이 길가에 서있는 나를 보더니 옆에 멈추어 선다. 선두를 서던 40대쯤으로 보이는 라이더 아저씨, 무슨 문제 있냐고 내게 물어본다. 바이크에 문제가 있어 잠시 서있는 중이라고 이야기 하고, 서로 인사를 주고받았다. 브라질에서 여행 온 라이더들 이었다. 칠레 산티아고에서 바이크를 빌려 우수아이아로 달리는 중이라고 했다. 렌트 가격을 물어보니 하루 180USD란다. 헐… 아무리 BMW 대배기량 바이크라지만 너무 비싸다. 그런 비용으로 한 달 정도 렌트를 했다고 한다. 돈이 많으신 분들인가 보다.

도와줄 일이 있느냐고 묻기에 체인 유격 조절을 위해 공구가 필요한데 혹시 가지고 있는지 물어보았다. 브라질 라이더들, 내 바이크의 규격에 맞는 공구를 가지고 있나 각자의 짐을 풀고 찾아보았지만 맞는 것이 없다. 한참을 같이 고민하더니 임시방편으로 가지고 있던 파이프, 덕 테이프 등으로 낑낑대며 체인을 당겨 고정해주었다. 다음 마을까지 30km 정도니 거기까지만 천천히 달려가서 정비소를 찾아보라고 조언해 주었다. 감사의 마음을 담아 인사하고 행운을 빌어주며 헤어졌다. 반대 방향으로 가던 와중에 한 시간 정도나 길가에 머물며 성심껏 도와주다니… 그저 감사할 뿐이다.

다시 출발해서 천천히 조심조심 자갈들을 요리조리 피해가면서 달렸지만, 잠시 달린 후에 체인이 이탈했다. 임시로 만들어 달았던 고정 장치는 금세 떨어져 나갔다. 아무래도 엔진의 힘을 버텨내기에는 강도가 약했나 보다. 혼자서 철사와 근처에서 주운 타이어 조각으로 한참

1.체인 수리를 도와주었던 브라질 라이더들 2.트럭 드라이버 페르난도 아저씨

아르헨티나 바릴로체

을 고군분투하며 임시로나마 달릴 수 있게 고정 작업을 했다. 고정 장치를 대충 만들어 놓곤 이제 다시 달려가려는데 지나가던 트럭이 옆에 와서 멈추더니, 트럭 드라이버가 내렸다. 옆으로 다가온 드라이버 페르난도Fernando 아저씨. 영어는 통하지 않았지만 몸짓과 표정만으로도 충분히 의사소통을 할 수 있었다. 걱정스런 얼굴로 무슨 문제 있냐고 하셨다. 체인 상태를 보여주었더니, 아무 말 없이 트럭에 싣고 다니는 공구함을 꺼내 뒤적인다. 마침 필요한 규격의 공구들을 가지고 있었다. 페르난도 아저씨와 함께 힘써 가며 체인 유격 조절을 마쳤다. 만들어 놓았던 체인 고정장치는 풀어버리고 마음 편안하게 달려갈 수 있었다. 페르난도 아저씨께 감사의 인사를 전하며 포옹을 해드렸다. 체인 문제를 완전히 해결하고 나니 몸과 마음이 가볍다. 즐거운 기분으로 비포장 루타40을 다시 달렸다.

50km 정도의 비포장도로 이후로는 편안한 포장길 이었다. 점점이 떨어져 있는 마을들 외엔 아무것도 없는 팜파스 평야. 주유소 간 거리도 기본이 100km 이상이다. 이날 주유소 간 최고 거리는 240km. 겨우 도착한 마을에서 유일한 주유소를 찾아 들어갔지만 주유소 직원은 나프타(아르헨티나에선 휘발유를 나프타라고 한다)가 다 떨어졌다고 한다. 북쪽 다음 마을까진 190km 거리였다. 예비 연료까지 모두 사용해도 달릴 수 있을지 없을지 알 수 없는 거리였다. 그냥 떠날 것인가 말 것인가 고민하던 중에 옆에서 트렁크에 가지고 다니던 예비 연료통을 꺼내 차량에 주유하고 있는 아저씨를 발견했다. 혹 남는 기름이 있다면 구할 수 있겠다 싶어 아저씨에게 다가가서 2리터만 나에게 팔아달라고 했다. 아저씨, 잠시 기다리라고 하더니 자신의 차량에 주유하고 남는 기름을 모두, 3리터 가량 내 바이크에 채워 준다. 주유를 마치고 돈을 드리려고 지갑을 꺼내니 아저씨는 괜찮다며 "아미고Amigo" 하면서 포옹과 함께 볼 인사를 해주셨다. 따뜻한 마음씨가 느껴진다. 그저 감사할 뿐…

주유를 마치고 바릴로체Bariloche를 향해 40번국도를 다시 달렸다. 스위스에서 건너온 이민자들이 정착해 만들어진 안데스 자락의 마을 바릴로체는 작은 스위스라는 별칭답게 스위스가 떠오르는 건물과 작은 호수가 가득한 아름다운 관광도시다. 그런데 다음 도시를 향해 달려가는 차에 해가 저물기 시작한다. 하는 수 없이 중간에 나타난 도시 에스쿠엘Esquel에서 쉬어가기로 하고, 숙소에 대한 정보도 없어 길가의 호스텔 안내판을 보고 달려가 체크인을 했다. 바이크를 주차하자마자 침대에 짐을 풀고 휴게실로 나갔다. 종일 아무것도 못 먹고 달려온 터라 휴게실에 앉아 지금 가지고 있는 음식이 뭔지 생각하고 있었다. 휴게실 옆 부엌에서는 아르헨티노 가족들이 저녁을 먹고 있었다. 아이들과 함께 파스타를 드시던 아저씨가 내게 파스타 한 접시를 푸짐하게 덜어준다. 서로 간 말은 통하지 않았지만 눈빛만으로 아저씨의 함께 나누어 먹자는 호의가 느껴진다. 우와~ 배고픈 와중에 정말 맛있게 먹고 감사인사로 설거지를 해드렸다.
오늘 무슨 날인가… 다들 나한테 왜이래? 왜 이렇게 친절한 거야? 왜 이리 고마운 사람들이 많은 거지? 아… 오늘 설날. 설날이구나. 지구 반대편에서 이렇게 새해 선물을 받네.

칠레에서 볼리비아 비자 발급

우리나라 국민들의 경우 아메리카의 거의 모든 나라들이 무사증입국이 가능하다. 하지만 몇 개국의 예외가 있는데 남미에서 거의 유일하게 입국 비자가 필요한 곳이 바로 볼리비아다. 국경비자 발급이 가능하다고 하지만 주변국에서 비자를 받으면 무료이기 때문에 가능하면 볼리비아 입국 전 주변국에서 미리 발급받는 것이 좋다. 어느 곳에서나 까다롭지 않지만 가장 빠르고 간편한 곳이 칠레 산티아고다. 비자 발급을 위해 사진 1장, 황열병 예방증명, 신용카드, 여권을 챙겨 볼리비아 대사관으로 갔다. 볼리비아는 뭐 하러 가냐는 정도의 간단한 인터뷰를 하고 서류 작성을 한 뒤, 30일짜리 관광 비자를 받았다. 기다리는 시간을 포함해도 30분 정도밖에 걸리지 않았다.

볼리비아 대사관
S 33° 24.9397'
W 70° 36.5073'

📷 산티아고

안데스 산맥을 넘어 칠레의 수도 산티아고에 도착했다. 부에노스아이레스보다 더 현대적으로 보이던 거대한 도시 산티아고에서, 바이크 부품을 기다리며 오랜 시간 휴식을 취했다. 잠시 신호대기하고 있는 찰나의 시간, 멈춰있는 차들 앞에서 공연을 보여주고 팁을 받아 돈을 버는 사람들이 참 많았다. 단순한 저글링, 팬터마임뿐 아니라 심지어 발레 공연도 한다. 1분도 채 되지 않는 그 짧은 시간에 아스팔트 도로 위에서 발레라니…

1. 안데스 산맥을 넘어 산티아고를 향해 달리는 길 2. 산티아고 전경 3. 도로 위의 예술가들 4. 산티아고의 풍경들

환상의 섬. 이스터 섬에 다녀오다

바이크는 산티아고의 숙소에 잠시 세워두고, 비행기로 이스터 섬에 다녀왔다. 이스터 섬은 칠레의 란 에어Lan Air에서 독점 운항하며, 항공사 홈페이지에서 티켓을 구매할 수 있다. 다만 저렴한 가격으로 구입하려면 홈페이지 언어 선택을 칠레어로 하는 것이 좋다. 영어나 다른 국가의 언어로 항공권을 검색할 때와 가격 차이가 많이 난다. 일종의 이중가격인 셈이다. 구글로 란 에어의 티켓 예매 방법을 검색해보면 스페인어로 구매하는 방법을 설명을 쉽게 찾을 수 있다. 그대로 따라하면 되니 어렵지 않다. 이스터 섬에 갈 생각이 없었기 때문에 미리 티켓을 구매하지 않았던 차에, 급하게 티켓을 구매하느라 그리 싸지 않은 가격(왕복 411,700CLP)을 지불했지만, 한두 달 이라도 먼저 티켓을 예매한다면 절반 정도의 상당히 저렴한 가격으로 티켓을 구매할 수 있다. 이스터 섬 방문을 계획한다면 미리 항공권부터 구매하도록 하자.

란 에어 www.Lan.com

이스터 섬에서는 스쿠터나 모터사이클을 대여해 타고 다니고 싶었지만, 주머니 사정을 생각해서 참아야 했다. 대신 섬에서 만난 다른 한국인 여행자 친구와 함께 아쉬운 대로 자전거를 대여해 신나게 타고 다녔다. 일 년 만에 처음으로 라이딩 샷을 찍었다. 첫 라이딩 샷이 자전거라니…

1.이스터 섬에서의 자전거 라이딩 2.관광 온 미국인 커플의 원주민 전통혼례

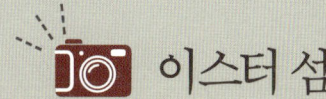 이스터 섬

1722년 네덜란드의 탐험가가 부활절에 상륙했다는 이유로 이스터 섬Easter Island이라 불리지만 큰 섬이라는 뜻의 현지어 라파누이Rapa Nui가 더 잘 어울리는 섬. 이 작은 섬에 전 세계 여행객들의 방문이 끊이지 않는 이유는 거대한 모아이 석상 때문이다. 폴리네시아 원주민들의 삶과 사라져버린 역사를 품은 모아이의 굳게 다문 입술은 몽환적인 신비를 느끼게 한다.

1

1. 이스터 섬의 거상 모아이 2. 칠레 산디아이고에서 여행 온 아가씨들 4. 이스터섬에서의 자전거 라이딩

화산분출로 생겨난 이스터 섬은 제주도의 1/10 정도 되는 아담한 크기로, 스쿠터나 자전거를 타면 하루 만에도 둘러볼 수 있다. 연중 평균 20℃의 온화한 기후에 전체 식생은 제주와 상당히 유사하다.

2

3

태평양 연안의 해변 도시
발파라이소 & 비냐델마르

파타고니아를 달리는 동안 계속 문제가 되었던 체인과 스프로킷을 교체하기 위해 BMW Motorrad 숍을 찾아가 부품을 주문했다. 내 바이크가 그리 흔하지 않은 모델인 탓에 칠레 내에서는 부품을 찾을 수가 없었다. 독일 본사로 부품을 주문했으나 칠레에 배송되기까지 3주 정도를 기다려야 한다고 하니, 덕분에 오랜만에 푹 쉬면서 여유롭게 산티아고와 그 주변 도시들을 구경함은 물론 멀리 이스터 섬까지 짧은 여행도 다녀올 수 있었다.

산티아고 근교의 노천 온천

먼저 안데스 산맥 자락에 괜찮은 노천온천이 있다는 이야기를 듣고 구경을 다녀왔다. 숙소에서 만난 교민 삼촌이 추천해주셔서 다녀왔던 곳으로, 깊숙이 들어가야 만날 수 있는 노천온천이다. 석회질 성분의 온천이라 하얀 침전물이 생기는데, 꽤 유명한 곳이라고 들었다. 하지만 터키에서 파묵칼레를 보고 온 나에겐 그리 큰 감흥을 주지는 못했다. 큰일이다. 너무 좋은 경치만 보고 다녔는지 눈이 너무 높아졌다. 이젠 웬만한 경치나 풍경은 별 감흥이 생기지 않는다.

칠레 간단 정보

- **비자** 무비자(90일)
- **출입국** 페루와 볼리비아, 아르헨티나로의 육로 출입국 가능. 까르네 불필요
- **환전** 웬만한 마을에는 은행이 있고, ATM도 많다. 사설 환전소(깜비오Cambio)가 있어서 환전은 쉽게 할 수 있었다(1USD = 470CLP, 2013).
- **물가** 남미 국가들 중에서 물가가 가장 높은 나라가 아닐까 싶다. 돈 낼 때마다 가슴이 아픈 나라였다.
- **도로** 마을 내 작은 길들은 비포장이 많지만 주요 도로는 잘 포장되어 있고 관리도 잘 된다.
  5번고속도로: 칠레 남북을 종단하는 유료 도로(300CLP~800CLP). 남북을 종단하는 국도는 다소 불편하기 때문에 조금이라도 편히 달리려면 5번고속도로를 이용해야 한다.
- **주유소** 마을마다 주유소도 많고 남부 쪽을 제외하면 그 거리도 짧아서 주유 걱정은 별로 할 필요가 없었다. 옥탄가 93, 95, 97 정도의 기름이 있는데 아르헨티나에 비해 가격은 꽤 비쌌다(리터당 840 ~ 880CLP, 2013).
- **숙소** 남쪽의 푼타아레나스, 수도 산티아고, 태평양 연안의 비냐델마르, 북부의 산 페드로 데 아타카마 등 주요 관광도시에서 저렴한 호스텔이 성업 중이다. 중소규모 도시는 물론 작은 마을들에 이르기까지 여행자를 위한 길가의 호텔 등이 충실히 준비돼 있다. 다만 비용이 천차만별이고 물가가 높으므로 미리 검색해보는 것이 좋다.

다음엔 태평양 연안의 휴양도시 발파라이소Valparaiso, 비냐델마르Viña del Mar에도 구경 다녀왔다. 스페인의 식민 시절, 대항해시대 때부터 남미의 보물들을 유럽으로 실어 날랐던 무역항 발파라이소와 비냐델마르. 비록 옛 영화는 빛을 바랜 듯하지만, 이젠 칠레의 수도 산티아고 사람들의 휴양도시, 관광도시로 되살아나고 있는 듯했다. 마치 이탈리아의 베네치아처럼 옛 영광을 뒤로한 채 멋스럽게 나이든 귀부인을 보는 느낌이랄까.

산티아고의 민박집에 머물며 모처럼 장기여행자의 여유를 즐겼다. 민박집 어머님께서 해주시는 맛난 한국음식 먹으면서 체력도 보충했다. 지난 일여 년 여행 동안 이렇게 맘 편히 쉬어가기는 처음이었다. 비록 부품을 기다리기 위한 어쩔 수 없는 선택이기도 했지만, 줄기차게 달리기만 하던 여행에서 잠시 쉼표를 찍고 몸과 마음을 추스를 수 있는 시간을 가지는 것은 중요하다. 이런 재충전을 통해 다시 달려나갈 힘을 얻는다. 장기 여행의 가장 어려운 점은 팽팽하게 당겨져 있는 긴장을 유지하는 일이다. 하루 이틀이 아닌 몇 개월 동안 긴장을 유지하는 것은 무척 힘들다. 그래서 가끔씩 긴장을 풀고 풀어지는 시간은 장기 여행의 지속을 위해 필수적이다.

1. 콘셉시온 언덕의 벽화마을, 발파라이소
2. 소토마요르 광장의 이키케 영웅기념탑, 발파라이소

3. 예술의 향기가 어우러진 발파라이소의 벽화
4. 노을이 아름다운 항구도시 비냐델마르

달의 계곡, 산 페드로 데 아타카마

산티아고에서 너무 오랫동안 시간을 보낸 터라 아타카마까지 최대한 빠르게 이동했다. 산티아고에서 산 페드로 데 아타카마까지 1,800km 거리를 이틀에 걸쳐 밤새서 달렸다. 새벽쯤 피곤한 나머지 졸음에 겨워 운전하다가 몇 번이나 사고가 날 뻔 했다. 너무 졸려서 도저히 달릴 수 없다고 생각될 때쯤, 길가에 바이크를 세워 놓고 버스정류장 벤치에 누워 한숨 자기도 했고, 새벽 여명이 떠오를 때쯤에는 달리던 길가 옆으로 지나치던 공원 구석에 누워서 잠깐 눈을 붙이기도 했다. 그렇게 밤샘하며 달려보니 그런 짓 다신 하지 말아야 하는 생각이 든다. 사고가 안 나 천만다행이었다. 첫날에만 새벽까지 1,200km 정도를 달렸고, 둘째 날엔 쉬엄쉬엄 600km 정도를 달려서 점심 무렵 산 페드로 데 아타카마에 도착했다. 하루 밤샘 라이딩으로 달린 거리가 1,800km. 하루에 1,000km 넘는 거리를 달리는 건 여러모로 할 짓이 못 된다.

산 페드로 데 아타카마는 소금사막에 위치해 있다. 하얗게 보이는 것들 쌓인 눈처럼 보이지만 눈이 아니다. 소금이었다. 아타카마 소금사막을 건너가면 바로 볼리비아다. 남아메리카의 필수 방문 코스 우유니. 과연 어떤 모습을 보여줄지… 환상적인 모습에 대한 기대감이 반, 척박하고 거친 환경이라는 이야기들에 걱정이 반이었다.

1. 멀리 보이는 산 페드로 데 아타카마 달의 계곡
2. 달의 계곡의 거대한 바위산 원형극장 Amphi theatre
3. 모래바람의 풍화작용으로 만들어진 세 명의 마리아 바위 Tres Marias

볼리비아

칠레의 산 페드로 데 아타카마에서 볼리비아로 입국해 우유니Uyuni를 향해 달려갔다. 특이하게도 칠레 측 출입국사무소와 세관은 국경이 아닌 산 페드로 데 아타카마의 마을 외곽, 볼리비아를 향해 나가는 27번국도 입구에 있었다. 아타카마에서 볼리비아 국경을 향해 출발할 때 마을 외곽의 출입국사무소, 세관에 들러 스탬프를 받고 국경으로 향해야 한

다. 간단하게 칠레 출국절차 마무리 후 27번국도를 따라 46km를 더 달려 칠레-볼리비아 국경에 도착했다.

산 페드로 데 아타카마의 출입국사무소
S 22° 54.6494'
W 68° 11.6323'

허허벌판에 저렇게 건물 하나 달랑 있는 볼리비아 국경의 출입국사무소에서 입국심사를 했다. 비자는 미리 산티아고에서 받아온 터라 간단한 입국 서류를 작성하고 별 문제없이 10분 만에 여권에 입국 스탬프를 받았다. 다음 절차로 바이크 통관을 위해 세관은 어디 있냐고 입국심사관에게 물어보니 그런 거 없다고 그냥 가면 된다고 한다. 헐… 이건 또 무슨 경우인가… 볼리비아는 세관이 없는 건가? 너무 이상해서 정말 그냥 가도 되냐고 재차 물어보니 끝났다고 하며 잘 가라고 손을 휘젓는다. 믿을 수가 없어서 세관 사무소는 어디 있냐고 다시 또 물으니 그건 뭐 하러 묻느냐는 듯, 우유니 시내로 가면 아마 세관이 있을 거라며 그곳에서 다시 알아보라고 한다. 이런 경우는 또 처음이다. 정말 볼리비아는 바이크나 차량의 통행에 세관 절차를 밟지 않는 건가? 볼리비아가 주변국들과 FTA라도 체결한 걸까? 아무리 그렇더라도 세관 확인도 필요 없다는 이야기는 도무지 이해할 수 없는 일이다. 어찌되었든 우유니에 가서 세관사무소를 찾아가는 것이 좋겠다. 뭔가 찜찜한 마음을 뒤로하고 바이크를 몰고 우유니를 향해 출발했다.

소금사막 가는 길

국경에서 9km 정도를 더 달려서 국립보호구 입구에 도착했다. 산 페드로 데 아타카마에서 우유니로 향하는 길은 에두아르도 아바로아 안데스 동물보호구역Reserva nacional de Fauna Andina Eduardo Avaroa을 통과해야 하기 때문에 입장권을 사야 한다. 볼리비아 돈은 가진 것이 없었고, ATM 따위 없는 허허벌판에서 입장권을 사기 위해 매표소 바로 앞 호텔에서 30USD를 180BOB로 환전했다. 역시 국경의 환율은 별로 안 좋다. 150BOB를 내고 입장권을 구매해 국립공원으로 진입, 우유니를 향해 달렸다.

우유니로 달려가는 길은 케냐에서 겪은 것 못지않은 비포장도로였다. 이곳은 해발고도 4,500m 이상의 고원지대여서 숨쉬기가 상당히 힘들다. 10년 전쯤 배낭여행 다니던 시절에 네팔에서 티베트로 히말라야 산맥을 넘어간 적이 있었다. 그때는 5,000m 고개도 넘어갔던지라 고산병을 크게 걱정하진 않았다. 하지만 지금은 10년 전의 나와 또 다른 사람이 된 건지, 며칠 동안 머리도 흐리고 숨쉬기 힘들었다. 고산병 증상이었다. 잠시 바이크에서 내려 한걸음 내딛을 때마다 숨이 차고 움직이기가 힘들었다. 그럼에도 우유니를 향해 가는 고원지대의 환상적인 풍경들은 자꾸만 나를 멈춰 세워 볼리비아의 자연에 감탄하게 만들었고, 안데스 고원지대에서 바라보는 하늘은 푸르다 못해 눈이 부셨다. 힘들지만 달려볼 가치가 있는 길… 달리는 내내 바이크로 오길 잘했다는 생각이 들었다.

볼리비아 간단 정보

- **비자** 비자 필요
- **출입국** 칠레, 아르헨티나, 페루, 파라과이, 브라질로 육로 출입국 가능. 까르네 불필요
- **환전** 주요 도시에서 환전소나 은행, ATM을 찾기는 어렵지 않다. 시티은행 현금카드도 잘 통했다.
- **도로** 산 페드로 데 아타카마 국경에서 우유니까지 대략 400km 정도 꽤나 험난한 비포장도로였다. 마을 내 작은 길들은 당연히 비포장이지만, 그 외의 나머지 주요 도로들은 그럭저럭 포장이 잘 되어 있었다. 도시와 도시를 연결하는 포장도로들은 대부분 유료도로였다. 입구 톨게이트에서 2~5BOB를 내고 달리면 된다.
- **숙소** 대표 관광도시 라파스, 우유니, 수크레, 포토시, 산타크루즈, 코파카바나에는 숙소가 다양하게 준비되어 있다. 그 외의 작은 마을에서도 소규모 호텔을 어렵지 않게 찾을 수 있다.
- **주유소** 아타카마에서 우유니로 들어오는 길에는 산 크리스토발San Christobal까지 300km 정도 주유소 없는 구간이 있었고, 그 외의 내륙에선 웬만한 마을마다 주유소가 있다. 다만 주유소에 휘발유가 떨어진 적이 많아 가급적 자주 주유하는 것이 좋다. 한편 내국인과 외국인의 기름 값이 다르게 책정된다. 외국인용 가격이 3배 가까이 비싸기 때문에 주유소에서 흥정하는 요령이 필요하다. 또는 번거롭지만 외국 차량임을 밝히지 않고 저렴하게 주유하는 방법도 있다. 주유소 근처에 바이크를 세워두고 예비 기름통만 들고 주유소로 들어가 '가솔리나'라고만 말하면 알아서 기름통에 휘발유를 채워주고 내국인 가격을 받는다. 물론 헬멧도 벗지 않아야 한다.

1. 내국인 주유가격 2. 외국인 주유가격

볼리비아로 넘어오니 이 동네 야마들은 남쪽 파타고니아의 야마들과 뭔가 다르다. 야마의 품종이 다른 것인지, 이제 우리가 익숙하게 봐왔던 털로 뒤 덮인 야마의 모습이 보이기 시작했다. 복슬복슬한 것이 참 귀엽다.

우유니를 향해 가다보면 작은 냇물, 강물을 자주 지나게 되는데, 바이크를 타고 있으니 울퉁불퉁 돌덩이가 깔려있는 냇물 하나 건너는 것도 꽤 신경이 쓰인다. 물살을 헤치며 지나는 것도 재밌고 신나는 라이딩일 수 있지만, 물속에 숨어있는 돌덩이를 헤집어가며 달리는 것이 만만치는 않았다. 덕분에 신발, 바지가 흠뻑 젖기 일쑤… 더군다나 전형적인 고산지대 날씨라서 낮엔 강렬한 태양빛에 따뜻하지만 해가 저물면 기온이 급격하게 떨어진다. 수차례 냇물을 건너면서 젖어버린 신발과 옷들로 인해 발가락에 감각이 없어질 만큼 추위가 엄습해왔다. 어디선가 하루를 쉬어갈 곳이 필요했다. 덜덜 떨리는 몸을 바이크에 싣고 황량한 벌판의 어디 한 구석에 들어가 야영이라도 할 곳이 있는지 두리번거리면서 달렸다. 적당한 곳이 보이지 않아 계속 달려가는데 이내 해가 지고 깜깜해졌다. 어찌할까 망설이는 사이 작은 마을 빌라마르Vila Mar가 나타났다. 깜깜한 밤에 텐트 치는 것도 꽤 고생이겠구나 싶었는데 다행이다. 빌라마르 입구에 보이는 호텔로 찾아가 하룻밤을 묵고, 다음날 다시 길을 재촉해 우유니에 도착했다.

1.안데스 고원지대 우유니로 향하는 길 2.길가의 텅 빈 마을 3.고원지대 황야의 야외 노천온천 4.소금물에서 먹이를 찾는 플라밍고 5.길가에서 풀을 뜯던 야마들

📷 우유니 소금사막

우유니 소금사막의 백미는 바로 거울반사다. 우기가 되어 소금사막에 비가 내리면, 소금사막의 빗물이 고여 있는 지역엔 세상 어디에서도 보기 힘든 반사상을 볼 수 있다. 거대한 소금호수가 지구상 가장 거대한 거울이 된다. 지평선 끝까지 펼쳐진 거대한 반사상 앞에 서면 누구나 놀라운 풍경에 입을 다물지 못한다. 어디까지가 하늘이고, 어디까지가 지상인가.

Quiz!
다음의 사진 중 위아래를 뒤집은 사진 한 장이 숨어있다. 정답은 470쪽!

가짜 같은 진짜 소금사막, 우유니

우유니 소금사막의 소금호텔

우유니 마을에 도착해 숙소에 체크인 후, 바로 숙소 옆 출입국사무소를 찾아가 바이크 세관 작업을 문의했다. 출입국사무소의 직원들, 따로 세관이 없다고 이야기 한다. 그럼 통관 없이 바이크를 그냥 타고 다녀도 문제가 없냐고 물어보니 No problem이란다. 허… 이거 믿어도 되는 건지 모르겠다. 볼리비아는 다른 나라들과는 좀 다른 건가? 출입국사무소를 나와서 바이크를 몰고 우유니 소금사막Sala de Uyuni를 향해 달렸다.

광활하게 펼쳐져 있는 우유니 소금사막은 물이 고여 있는 몇몇 곳을 빼고는 말라붙은 소금 바닥이라서 신나게 달리기 좋았다. 길도 없는 소금 벌판을 시속 140~150km로 맘껏 달릴 수 있다니. 거치적거리는 것 하나 없이 허허벌판을 맘껏 달릴 수 있는 곳이 어디 또 있을까. 소금호텔 앞에서 잠시 쉬고 있는데, 이곳에 묵으러 온 일본인 여행자들이 바이크 번호판의 한글을 알아보고 무척 신기해한다. 한국에서부터 타고 여기까지 여행을 왔다고 이야기해주니 "스고이, 스고이!"를 연발하며 바이크와 나를 향해 셔터를 눌러댄다. 기왕 찍는 거 내 라이딩 샷도 좀 찍어달라고 부탁해, 드디어 출발한지 1년 만에 처음으로 바이크 라이딩 샷을 찍었다. 그렇게 신나게 달리고 나니 바이크는 온통 소금으로 코팅이 되었다. 소금사막에 들어가기 전에 우유니 마을에서 보호 스프레이를 사서 바이크에 꼼꼼히 뿌렸고, 라이딩을 마친 후에는 마을로 돌아가 세차장에서 정성껏 소금기를 닦아내었다. 부디 바이크에 별 탈이 없기를…

다음날. 이번에는 바이크 없이, 마을 내의 여행사에 투어를 신청해서 다시 소금사막에 다녀왔다. 소금물 속으로 다시 바이크를 끌고 들어가고 싶진 않았다. 우유니 마을엔 투어 에이전트 사무실이 무척 많은데, 몇 군데 돌아다니면서 적당한 가격과 시간을 찾아 투어를 신청하면 된다. 가이드 겸 드라이버가 4WD 차량에 한 팀을 꾸려 우유니 소금사막 투어를 진행하며, 차량 한 대에 대한 투어 비용은 팀원들이 나누어 지불한다.

1. 1년 만에 처음 찍은 바이크 라이딩 샷 2. 우유니 소금으로 코팅된 바이크

우유니의 숙소에 들어가 짐 정리를 마치고 마당에 바람이나 쐴 겸 나왔다. 마당 한 편에서 일본 장기여행자들 여럿이 펑퍼짐하고 알록달록한 줄무늬 볼리비안 바지를 입은 채 떠들썩하게 놀고 있었다. 간단히 눈인사만 하고 지나치려는데 그 중 한 명 익숙한 얼굴이 보인다. 누구지 하고 가만히 살펴보니 수단 와디할파에서 헤어졌던 하무다. 아스완에서 와디할파까지 일주일여 함께 동행 했던 하무를 대서양 건너 남미 볼리비아에서 다시 만난 것이다. 이야기를 들어보니 하무도 아프리카를 종단해서 남아공까지 내려온 다음 남미로 건너와 북쪽으로 올라가고 있는 중이란다. 내가 달려온 루트와 비슷한 셈이다. 아무리 그렇더라도 이렇게 약속 없이 우연히 다시 만나다니. 신기한 인연이다. 역시 지구는 좁다.

우유니 숙소에서 만난 미국인 바이크 라이더 엘리자Eliza 아주머니. 50대 후반의 나이가 무색하게 혼자 미국에서 출발해 남쪽의 우수아이아를 향해 달리는 중이었다. 남미에서 남아공으로 건너가 북쪽으로 아프리카를 종단할 계획이라 했다. 완전히 내가 달려온 루트와 반대로 가고 계셨다. 이것저것 묻는 질문에 아는 대로 가르쳐드리고, 나도 북쪽으로 올라가는 길의 여러 궁금했던 점을 물어보았다. 케냐 모얄레에서 마사비트-이시올로 구간의 오프로드 상태 등을 상당히 궁금해 했다. 그곳을 달려올 때 고생했던 이야기들 해드리니, 거길 달려서 왔냐면서 "You are crazy~"라고 했다. 자기는 그 구간은 트럭에 싣고 갈 예정이라고 한다. 서양 라이더들에게도 그 구간이 참 악명 높은가 보다. 엘리자 아주머니는 아프리카 종단 후 인도까지의 여정을 무사히 마쳤다. 총 18개월의 여정이었다.

엘리자 마세이 *Eliza Massei*
사진가, 여행자, 세 아이의 어머니이자 한 아이의 할머니.
그녀에게 사진과 모터사이클은 곧 열정과 소통, 그리고 자유다.
나이는 57세로 현재 미국 메인 주에 살고 있다.

홈페이지 www.Elizamassey.com
페이스북 www.Facebook.com/Elizamassey

Q1. 여행 루트와 기간, 라이딩 거리

몇 년 전에는 혼다 Win 110과 함께 5개월간의 베트남-캄보디아-라오스 여행을 다녀왔고, 최근에 BMW G650GS와 함께 18개월간의 북미 → 중미 → 남미 → 아프리카 → 인도 여행을 다녀왔다. 모두 홀로 떠난 바이크 여행이었고 31,000마일(약 50,000km), 23개국을 통과했다.

Q2. 여행에 사용한 바이크 소개

여행에 함께한 바이크는 BMW G650GS다. 작은 키인 나에게 딱 맞는 사이즈였고, 온오프로드를 모두 달릴 수 있는 훌륭한 바이크였다. 여행을 출발할 때, 새 바이크였기 때문인지 여행하는 동안 바이크의 문제는 전혀 발생하지 않았다. 매 3천~4천 마일마다 들렀던 주요 도시에서 점검을 받았으며, 여행 기간 동안 타이어 교환을 두 번 했다. 비록 제3세계 국가들에서 부품을 구하기 어렵다는 단점이 있기도 하지만 바이크 세계여행을 위한 기종으로 내 바이크를 강력히 추천한다.

Q3. 자신의 여행 스타일

대략적으로 방문할 나라만 정하고 여행을 출발했다. 세세한 일정과 여행 루트는 현지에서 만나는 이들에게서 얻는 정보를 토대로 그때그때 유동적으로 변경하며 여행한다. 도시보다는 지방의 작은 마을들을 더 좋아한다. 호스텔 혹은 가족들이 경영하는 작은 규모의 숙소에서 주로 숙박했다. 그 편이 현지인들의 생활과 문화를 경험하기 좋다.

Q4. 대략적인 여행 경비

나라에 따라 여행 경비의 차이가 매우 크다. 주유비를 제외하고, 인도에서는 하루 25달러, 남미에서는 하루 70달러 정도를 사용했다.

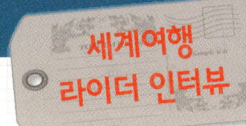

Q5. 모터사이클 여행의 장단점

모터사이클 여행은 나에게 자유와 모험 그리고 흥분을 선사해준다. 모터사이클을 타고 달리며 만나는 자연의 경이와 아름다움은 언제나 나를 들뜨게 만든다. 바이크는 사람들에게 보다 쉽게 다가갈 수 있도록 해준다. 여행하는 매 순간마다 모든 것이 새롭다. 예측할 수 있는 것은 아무것도 없다. 길 위에서 만나는 모든 인연들이 즐겁다. 하지만 모터사이클을 타고 있는 동안에는 항상 긴장하고 방어적이어야 한다. 다른 차량들의 운전자들에게 모터사이클은 잘 보이지 않는 경우가 많으므로 항상 주의해야 한다.

Q6. 가장 추천하고 싶은 여행지와 그 이유

코끼리, 기린, 얼룩말 등이 사방에 뛰어 노는 동물의 왕국, 아프리카! 아프리카의 부족들과 함께 지내며 그들의 전통을 배우는 것은 정말 놀라운 경험이다. 한 곳을 더 꼽자면, 숨 막히게 멋진 경치와 길을 가진 페루다. 해안에서 시작된 길은 안데스를 따라 세크리드 밸리Sacred Valley를 지나 마추픽추에 이른다. 마추픽추는 남미의 유네스코 유산 중 가장 스펙터클한 풍광 중 하나로, 절대 지나칠 수 없는 곳이다. 인도는 정말 위험하고 제정신이 아닌 운전자들이 많지만 그들의 문화, 전통, 건축 등은 당신을 기분 좋게 할 것이다.

Q7. 바이크 여행 중 가장 기억에 남는 일

탄자니아의 마사이족 마을에서 지낸 경험이 가장 기억에 남는다. 지푸라기와 흙으로 지어진 전통가옥 보마 Boma(집을 뜻하는 스와힐리어)에서 지내며, 소가죽 침대에서 잤었다. 또한 인도의 'Bike Week'에 참여한 적이 있는데, 인도 전역에서 7천여 명의 라이더가 참여한 행사였다. 인도 라자스탄의 사막에서 이틀 간 낙타 투어를 한 것도 잊을 수 없는 경험이다.

Q8. 모터사이클 세계여행을 떠나는 이들에게 한마디

망설이지 말고 무조건 질러요! 절대 후회 안 합니다!

Q9. 모터사이클 세계여행을 꿈꾸는 여성들에게 하고픈 말

홀로 모터사이클 여행을 한다는 것에 대해 절대 두려워하지 마세요. 두려움은 현실이 아니라 상상의 결과에요. 누구나 안 좋은 상황에 처할 수 있어요. 본인의 동네에서도 말이지요. 내가 자신감과 존경심을 가지고 친절한 태도로 그들의 문화와 생활방식에 대한 흥미를 가지고 다가서면, 좋은 기회들은 많이 생깁니다. 혼자 여행하는 여성 라이더였기 때문에 나는 현지인들의 집으로 차나 식사 초대를 받을 수 있었고, 그들은 가던 길을 되돌아 와서 나를 도와주었어요. 하지만 직관적이고 상식적인 상황 판단은 항상 필요합니다. 무언가 잘못되어간다고 느낀다면, 당장 그것으로부터 벗어나세요. 위험한 상황에 이르기보단 조금 당황스럽더라도 안전한 것이 낫지요. 나는 혼자 여행하는 것을 좋아하고, 대부분의 사람들은 이런 저에게 굉장히 호의적이랍니다. 나라에 따라 정치적 상황이 위험할 수는 있지만, 나를 대하는 그 나라 사람들은 친절한 경우가 많지요.

볼리비아 수도, 라파스를 향해

우유니를 지나 포토시Potosi, 수크레Sucre를 들러 볼리비아의 수도 라파스La Paz를 향해 달렸다. 볼리비아의 안데스 산맥을 종단하는 루트다.

프란시스코 피사로Francisco Pizarro가 잉카제국을 멸망시킨 후, 스페인 정복자들은 이 지역에 풍부한 은의 출처를 찾기 위해 탐험을 계속했다. 결국 그들은 이곳 볼리비아의 고산지대에서 그들이 원하던 것을 드디어 찾아냈다. 남미 최대의 은광,

세계에서 가장 높은 곳에 위치한 도시, 포토시

그곳이 바로 포토시였다. 포토시는 산 하나가 통째로 은광인 지역이었고, 한 때 세계 최대의 은광이 있던 곳이다. 스페인 정복자들은 산 주위를 빙 둘러 광산촌을 만들었고, 인디오 노동자들의 피를 어두운 막장 안에 갈아 넣어 매년 수 톤의 은을 채굴했다. 한창 은이 채굴되던 스페인 식민시절엔 포토시의 모든 거리를 은으로 깔았다는 전설적인 이야기가 전해지기도 하고, 포토시로부터 유입된 은 때문에 전 세계의 은값이 폭락했다고도 한다.

은의 매장량이 다해가는 탓인지 지금은 은광의 위세가 예전만 못하지만 아직도 포토시의 곳곳엔 영광의 시절을 기억하는 흔적들이 남아있고, 여전히 이곳의 주민들은 갱도 안에서 땀을 흘리고 있다. 제국주의 시대의 폭력에 의해 강제로 끌려와 땅속 깊은 갱도 안 막장에서 인생을 보내고 죽어갔던 많은 볼리비아 원주민들의 아픔도 어느덧 지나간 시절이 되었다. 하지만 가족을 부양하기 위해 지하의 삶을 선택할 수밖에 없었던 이곳의 광부들은 지금도 갱도 안에서 먼지를 들이마시며 곡괭이질을 하고 있다. 포토시의 시내 여행사 곳곳에서는 광산의 일상을 경험할 수 있는 관광객 체험 프로그램을 많이 찾아볼 수 있다. 누군가에겐 생계를 위해 힘들게 땀을 흘리는 장소가 누군가에겐 일상에서 벗어난 일탈로 잠시 경험해보는 즐거운 관광투어가 될 수 있는 것이다. 아이러니 하다는 게 바로 이런 걸까.

초코향이 향기로운 도시 수크레

세상에서 가장 위험한 길, 데스 로드

라파스에서 북동쪽으로 뻗어있는 3번국도를 타고 달리다 보면, 세상에서 가장 위험한 도로 데스 로드Death Road라고 알려져 있는 융가스 로드Yungas Road를 만날 수 있다. 입구에서 3번국도를 벗어나 융가스 로드로 들어서면 그곳부터 산허리를 빙빙 돌아 산지에 깊숙이 위치한 마을 코로이코Coroico까지 이어지는 61km 정도의 비포장 길이 바로 데스 로드다.

융가스 로드 입구 Yungas Road Entrance
S 16° 17.3459'
W 67° 49.7303'

코로이코Coroico
S 16° 11.3006'
W 67° 43.6707'

시내의 여행사나 숙소를 통해 데스 로드 투어를 신청하면, 데스 로드까지 차량으로 이동한 후 데스 로드 입구에서부터 산악자전거를 타고 출발한다. 이어지는 내리막길을 신나게 달려 코로이코 마을 아래의 계곡에 도착하면 다시 버스를 타고 라파스로 돌아가는 한나절 투어다. 나는 라파스에서 바이크를 타고 달려가 자전거 투어와 반대 방향인 오르막으로 돌아보았다. 웅장한 돌산들을 휘감아 돌아가는 데스 로드로 상당히 아름답고 달리는 재미가 있는 길이었다.

도대체 얼마나 위험한 길이기에 세상에서 가장 위험한 길, 죽음의 길이라고 불리는지 궁금하기도 하고 바이크로 달리기 너무 위험하면 어쩌지… 살짝 걱정도 하면서 달려가 보았지만, 달리고 나서 보니 죽음의 길이라고 알려진 이름에 비해 매우 위험하다고 생각되진 않았다. 위험한 길이기는 하지만 나 역시 지금껏 수많은 나라, 긴 거리를 달려오면서 이정도 위험한 길, 험한 길들은 수도 없이 만났다고 생각되었다.

1.안개 속인지 구름 속인지 모를 몽롱한 길 2.죽은 이를 기리기 위한 십자가 3.폭포수 아래를 지나는 길

비포장 흙길은 그냥 보통 비포장도로 정도의 느낌이었고, 딱히 달리기 두려울 정도로 험하지도, 좁다고 느껴지지도 않았다. 좀 위험하다는 건, 산허리를 빙빙 돌아가는 길인데 반대편 한쪽은 가드레일도 없는 완전 낭떠러지 절벽이라 잠시라도 한눈팔아 실수라도 하면 그냥 절벽으로 굴러 떨어져 살아남기 힘들다는 정도… 뭐 그런 위험이 있기 때문에 가끔 추락사하는 사고도 일어나고, 데스 로드라고 불리는 것이겠지만 나는 그 정도의 위험으로는 별로 긴장이 되질 않았다. 그냥 재미있고 약간 스릴 있게, 신나게 달려 보기엔 좋은 정도의 길인 것 같기는 했다. 라파스에 오게 된다면 한번 달려 보는 것도 재미있는 경험일 것이다.

라파스의 숙소에서 97년산 베스파를 타고 남미를 여행 중인 프란시스코Francisco를 만났다(facebook.com/travesiavespa). 20대 후반의 에콰도르 의사인 프란시스코는 남미의 여러 나라들을 여행하며 의료 봉사도 하는 중이었다. 의사인데다 바이크 여행 루트 또한 체 게바라의 경로와 유사했다. 프란시스코에게 너는 체 게바라가 되고 싶은 거냐고 물으니 아쉽지만 자기는 정치에 관심이 별로 없다 했다. 하지만 혹시 모를 일이다. 내가 미래의 혁명가를 만났을지도.

베스파 여행자 프란시스코

잉카 제국의 성지, 티티카카 호수

라파스에서 페루를 향해 올라가던 중, 하늘아래 첫 호수 티티카카Titicaca 호수를 보기 위해 코파카바나Copacabana에 들렀다.

티티카카 호수의 갈대배

3월 23일 토요일

코파카바나에서 페루 국경까진 9km 정도의 가까운 거리였다. 마을에서 남은 볼리비아 논 85BOB를 모두 페루 돈 31PEN으로 환전하고 코파카바나를 출발했다. 조금 달리니 볼리비아 국경 도착. 출입국사무소로 가서 여권에 간단히 스탬프를 받았다. 앞서 이야기한 대로 볼리비아에 들어올 때 세관을 거치지 않았기에 출입국사무소를 나와 바로 페루로 넘어가려 했으나 국경 앞에서 세관 직원에게 붙잡혔다. 아두아나를 거쳐야 한다고 이야기한다. 처음 듣는 단어였다. 무엇을 하는 곳인가 물어보니 바이크 관련 서류를 처리하는 곳이란다. 아마도 세관을 아두아나라고 하는가 보다. 나중에 단어를 확인해보니 내 예상이 맞았다. 세관 Customs을 스페인어로 아두아나Aduanas라고 했다.

우유니에서 볼리비아 입국할 때, 바이크의 통관절차가 필요 없다는 이야기가 미심쩍어 몇 번이나 확인했을 때는 아무 문제없을 거라 그러더니… 결국 다 뻥이었던 거냐… 아니면 아두아나라는 말을 제대로 이야기하지 않아서 그랬던 것일까? 글쎄 되돌아가서 따져 물어보지 않는 이상 모를 일이다. 하지만 다른 이들의 여행기에서 이렇게 볼리비아 국경에서 세관이나 여권 스탬프 등을 제대로 받지 못해서 출국할 때 문제가 생겼다는 이야기들이 많은 것을 보면, 국경관리들의 단순한 실수일

티티카카 호수와 코파카바나 마을 전경

거라는 생각은 들지 않는다. 아마도 국경을 통과하는 이들에게 어떻게든 하자를 만들어 쉽게 돈을 뜯어내려는 국경 관리들의 꼼수가 아닐까 하는 생각이 강하게 든다. 아프리카 모잠비크, 말라위 등의 나라에서 겪었던 일들과도 비슷한 경우라 크게 낯설지는 않지만, 언제나 이런 함정에 걸려들 때면 기분이 나빠진다.

출입국사무소 근처의 아두아나 사무실에 들어갔다. 세관원이 바이크 서류를 보여 달라기에 바이크 영문등록서와 까르네를 보여주니, 까르네 바우처를 가리키며 입국할 때 여기에 입국스탬프를 받았어야 한다고 뭐라 뭐라 그런다. 젠장… 그런 거야 나도 다 아는 거라고. 누가 몰라서 안 받았나. 그런데 우유니의 출입국사무소에서 그런 거 필요 없다며 "No problem"이라고 해서 그냥 들어왔다. 아무 문제없다고 몇 번이나 확인했었다. 그러니까 페루로 가겠다. 세관원을 붙잡고 이렇게 옥신각신해도 절대 안 보내준다. 그러면서 하는 말이 세금인지 벌금인지를 내고서 나가야 한다는 것이다. 젠장… 역시나 결국 그런 거였냐. 어쩐지 세관이 없다는 거 자체가 무지 찜찜하더니만. 그럴 리가 없지. 끼리끼리 한통속인 건가… 아프리카에서도 몇 번이나 국경에서 그러더니, 남미에선 볼리비아가 이 모양이로구만. 결국 돈 뜯어내려는 수작이네.

일단 물어보았다. "그래서 얼마나 내라는 건데?" 계산기를 두들기더니 나에게 보여줬다. 1,800BOB가 넘었다. 250달러가 넘는 금액이다. 와우!! 이게 미쳤나 싶었다. 뭐 일단 한 번 찔러보는 거지만… 그 정도에 넘어갈 내가 아니지. 이런 일들은 이미 숱하게 겪었다고! "나 지금 돈 없다. 그런 돈 못 낸다." 그러자 세관원, 코파카바나로 돌아가 은행에서 찾아오라고 한다. 헐… 내가 미쳤냐. 어차피 너희들 주머니로 들어갈 거 뻔히 보이는데 그런 짓을 내가 왜 하냐… 우유니 국경의 녀석들을 생각하니 화도 나고 짜증이 팍팍 났지만, 늘 그렇듯 겉으론 생글생글 웃으며 능글맞게 대해야 한다. 결국 돈 내면 보내준단 얘기니 어떻게든 지나가게 되어 있다. 문제는 과연 얼마까지 흥정할 것인가? 얼마나 시간을 잡아먹을 것인가? 코파카바나까지 돌아가서 돈 찾다가 바칠 생각은 아예 없었고, 지갑 속에 있던 돈을 대충 셈해보니 100달러, 20달러가 몇 장 있고, 마을에서 환전해온 31PEN 정도… 어떻게든 이걸로 때워야겠네.

그때부터 한 시간 정도, 세관원들을 붙잡고 시장에서 물건 값 깎듯 흥정했다.

"아미고Amigo~ 우유니에서 아무 문제없다고 그랬단 말이야. 그래서 그냥 온 건데 그냥 보내줘. 나 돈 없다고."

"안 돼. 마을에 가서 돈 찾아와. 돈 내면 보내줄게."

어깨도 툭툭 치고… 미치겠다는 듯이 앉아서 한숨도 푹푹 쉬고… 너무 비싸다고 깎아달라고 졸라대고… 시간을 끌었다.

역시나 앞에서 계속 징징대니 벌금이라며 불러대는 액수가 점점 낮아진다. 어차피 자기들 주머니 속으로 들어갈 거 당연한 거겠지. 한 시간여를 흥정한 끝에 결국 가지고 있던 페루 지폐 30PEN을 던져주고 볼리비아를 출국할 수 있었다. 제길… 역시 국경 놈들은 믿을 수가 없다. 세관이 없다는 것부터가 너무 이상했었어. 그럼 도대체 우유니의 그 놈들은 뭐였던 거야? 잘 모르겠다.

바로 페루로 넘어가서 입국심사를 받았다. 페루 역시 무비자협정국이라 비자 없이 간단히 입국할 수 있었다. 국경 바로 앞 출입국사무소에 가서 입국서류를 작성하고 간단히 90일 비자를 받았다. 옆의 경찰서에서 뭔지 모를 확인 스탬프를 받고, 또 옆 건물 세관으로 가서 까르네를 주니 바이크 일시반출입 서류를 작성하고 입국과정이 간단히 마무리됐다. 한 30분 정도 걸렸다. 그리곤 바로 국경을 떠나 쿠스코Cusco를 향해 달렸다

1. 볼리비아 전통의상을 입은 원주민 2. 티티카카 호수를 건너는 작은 화물선

페루

쿠스코에서 잉카제국의 마추픽추를 다녀왔다. 마추픽추까지 가능하면 바이크를 타고서 다녀오고 싶었지만, 알아보니 워낙 산속 깊숙이 숨어있는 오지라서 도로가 연결되어 있지 않다고 했다. 보통은 쿠스코에서 기차를 타고 마추픽추 바로 아래의 마을 아구아스 칼리엔테 Aguas Caliente(따뜻한 물이라는 뜻의 아름다운 온천지역이다)까지 이동해야 한다. 아구아스 칼리엔테에서 하루 이틀 숙박하며 마추픽추에 올라갔다 오거나, 당일에 구경한 후 밤에 쿠스코로 돌아올 수 있는데 이 방법은 기차표가 꽤나 비싸다. 조금 저렴하게 여행하려면 쿠스코에서 버스로 갈 수 있는 곳까지 간 다음, 산타 테레사 Santa Teresa를 지나 히드로일렉트리카 Hidroelectrica 역까지 이동해 그곳에서 아구아스 칼리엔테 역까지 2시간여를 기찻길 따라 걸어갈 수 있다.

나 역시 쿠스코에서 히드로일렉트리카까지 버스를 타고, 아구아스 칼리엔테까지 기찻길을 따라 걸어 들어갔다. 버스를 타고 이동하면서 길을 살펴보니, 바이크를 타도 참 재미있겠다는 생각이 많이 들었다. 구불구불 계곡을 따라서 달리는 비포장 길들이 상당히 스릴 넘쳐보였다. 아마 볼리비아의 데스 로드보다 마추픽추로 들어가는 이 길이 훨씬 더 위험하고 힘들지 않을까 싶었다.

만약 다시 가게 된다면 쿠스코에서 산타 테레사까지 바이크를 타고 이동한 다음, 마을 숙소 어딘가에 바이크를 세워두고 버스로 갈아타 히드로일렉트리카까지 가서 아구아스 칼리엔테

1. 쿠스코의 식민시대 작은 골목길 2. 라 콤파니아 데 헤수스 교회. 아르마스 광장

까지 걸어가도 좋을 것이다. 히드로일렉트리카까지도 바이크를 타고 갈수는 있지만(만만찮게 힘기기도 하지만), 바이크를 세워두기는 마땅치 않아 보인다. 다만 워낙 험난한 비포장 길이라 비가 많이 오거나 날씨가 좋지 않으면 달리기 어려울 정도로 나빠지고, 산사태나 불어난 유수 등으로 도로가 끊어져 길이 막히는 경우도 많으니 어느 정도 날씨를 봐가면서 결정해야 할 것이다. 다시 버스를 타고 마추픽추에서 돌아올 때 비가 많이 왔었는데, 중간 중간 길이 끊겨서 몇 시간을 기다리기도 하고, 불어난 강물로 돌덩이들이 굴러 떨어지는 것을 헤치며 달려야 했다. 바이크를 타고 왔으면 절대 못 돌아갔겠구나 싶었을 정도였다.

페루 간단 정보

- **비자** 무비자(90일)
- **출입국** 칠레, 볼리비아, 에콰도르로 육로 출입국이 가능하나 콜롬비아, 브라질은 아마존 밀림으로 가로막혀 있다. 바이크를 배에 싣고 콜롬비아 동쪽 끝의 레티시아 Loticia로 들어갈 수 있지만 바이크 여행에 적당한 방법은 아니며, 브라질로는 페루 국경 남쪽의 이냐파리 Iñapari에서 브라질로 이어지는 길이 유일한 육로다. 브라질 아마존 강을 따라 밀림을 횡단하고자 한다면, 아마존 강을 따라 이동하는 선박이 유일한 방법이다. 페루의 이키토스에서 아마존 밀림으로 출발하는 보트를 탈 수 있다. 이키토스에서 브라질의 타바팅가Tabatinga로 이동해 브라질로 입국한다. 타바팅가에서 마나우스Manaus까지 아마존 강을 따라가는 3,000km의 보트 여행을 떠날 수 있다. 물론 바이크의 운송도 가능하다.
- **환전** 적당히 큰 마을에는 은행과 ATM이 있고, 시티은행 현금카드도 사용 가능하다.
- **도로** 페루의 주요 도로 역시 웬만큼 잘 포장 되어있고, 그 상태도 그리 나쁘지 않았다. 도로 중간 중간 톨게이트가 많이 있지만 모터사이클은 무료 통과. 톨게이트 진입로엔 항상 옆으로 바이크가 지나가는 샛길이 있고, 실수로 톨게이트에 들어서더라도 직원들이 옆으로 빠져나가라며 손짓해 준다.
- **주유소** 길을 지나는 웬만한 마을마다 주유소가 있고, 거리도 그리 멀지 않다. 단위는 리터 대신 갤런Galon을 사용하며(1갤런 = 3.78리터), 휘발유는 옥탄가 84, 90, 95 정도가 있다. 84짜리(갤런당 약 13PEN) 휘발유는 어디서나 쉽게 구할 수 있었지만, 90짜리(갤런당 약 15PEN)는 찾기 힘들었고, 95짜리(갤런당 약 17PEN)는 구경하기 힘들었다.
- **숙소** 페루의 어느 곳이든 숙소를 찾는 것은 그리 어렵지 않다. 티티카카 호수의 푸노, 고대 잉카의 수도 쿠스코, 나스카와 사막투어로 유명한 이카, 페루의 수도 리마, 안데스 산맥의 와라스 등 유명한 관광도시에는 호스텔, 호텔 등이 성업 중이다. 그 외의 작은 마을, 태평양 연안을 따라 이어지는 해변 도시들 역시 태평양의 바다를 즐기기 위한 리조트와 해안 관광지가 분포되어 있다.

마추픽추

구름 속에 숨어있는 마추픽추. 밀림 속 산 위에 이런 공중도시가 있다는 것을 누가 상상할 수 있었을까? 마추픽추에 살던 잉카인들은 과연 어디로 사라졌을까? 마추픽추의 모든 것들은 안개 속에 가린 듯 신비롭기만 하다.

 나스카

땅을 밟고 서서는 인식조차 할 수 없는 나스카의 거대한 그림들, 무슨 뜻인지 알 수 없는 각종 형이상학적인 표시들이 마치 고대의 신비를 감추고 있는 듯하다. 과연 누가, 왜, 어떻게 이러한 나스카 지상화를 남긴 것일까? 가까이에서 나스카 라인을 보면 자동차 바퀴 자국과도 잘 구분되지 않고, 전체적으로 어떤 모양을 하고 있는지 확인하기 어렵기 때문에 비행기를 타고 공중에서 내려다보는 투어(30분, 100USD)를 많이 이용한다.

1. 전망대에서 내려다본 나스카 지상화
2. 천년이 넘은 캐리커처. 나스카 지상화
3. 나스카 사막을 가로지르는 판 아메리칸 하이웨이 4. 미라도르 전망대

나스카 그림
나스카의 그림들은 1939년 판 아메리칸 하이웨이를 건설하기 위해 일대를 비행하던 파일럿에 의해 세상에 모습을 드러내게 되었다. 그림의 규모가 워낙 큰 탓에 땅 위에서는 그 전모를 파악할 수 없었기 때문이다. 나스카 그림이 발견된 지 100년에 가까운 시간이 지났지만, 아직 우리는(어쩌면 영원히) 나스카 그림의 존재 의미를 알지 못한다.

미라도르 Mirador
평생 나스카 라인을 연구했던 독일학자 마리아 라이헤 Maria Reiche 박사가 세운 높이 20m의 전망대. 나스카 라인의 중심부를 뚫고 지나는 판 아메리칸 하이웨이의 한 편에 설치되어 있다.

라마 & 와라스

여느 도시 못지않게 변화한 신시가지와 세월의 켜가 쌓여있는 구시가지가 공존하는 페루의 중심 리마. 식민지 시절 남미의 재화들을 스페인 본국으로 실어 나르던 주요 항구였던 리마는 아직 페루의 수도로서 건재하다.

페루의 수도 리마 Lima

남미의 모든 나라가 그렇듯 페루 역시 빈부의 격차는 큰 사회 문제다. 고급스런 신시가지 미라플로레스 지구의 화려함을 뒤로한 채 리마 강 건너 산크리스토발 언덕Cerro San Cristóbal에 빈민가 달동네가 자리 잡고 있다.

1. 키스하는 연인상. 사랑의 공원 2. 산크리스토발 언덕의 달동네 3. 리마의 구시가 거리

1. 와라스의 69호수 2. 안데스 자락의 꽃이 만발한 초원 3. 안데스 계곡의 동굴 터널 4. 안데스 계곡 급류를 건너가는 위험천만 나무다리

안데스 계곡의 동굴 터널

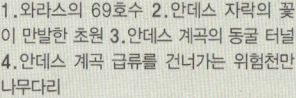

안데스 산자락을 넘나들며 치클라요Chuclayo로 가는 길은 참 다이내믹 했다. 계곡을 따라 굽이굽이 이어지는 비포장도로의 황량한 아름다움과 계곡을 따라 끊임없이 나타나는 동굴 터널들이 안데스 라이딩의 즐거움을 더해준다.

페루 안데스 자락의 작은 마을 와라스는 소박한 아름다움이 있었다. 투명한 옥빛이 유명한 69호수와 굽이치는 안데스 계곡으로 수많은 관광객들이 찾는 휴양지지만, 마을 곳곳에 숨어있는 현지인들의 삶을 가까이에서 느낄 수 있어 더욱 좋다.

에콰도르

페루 치클라요Chiclayo에서 태평양 연안을 따라 이어지는 해안 길을 달려 페루-에콰도르의 국경도시 와킬라스Huaquillas에서 에콰도르로 입국했다. 도로 표지를 따라 달리면 국경을 지나 에콰도르로 진입하게 되고, 잠시 달리면 페루-에콰도르의 공동 출입국사무소를 만나게 된다. 입구에서 먼저 페루 세관Aduanas을 들러 바이크 까르네에 스탬프를 받고, 바로 옆의 출입국사무소

페루 → 에콰도르 국경에서

Migracion로 이동해 페루를 출국, 에콰도르 입국 심사를 받았다. 수속 과정은 간단하게 30분 정도 걸렸다. 5km정도를 더 달려가 페루 세관으로 이동, 역시 세관원에게 까르네를 던져주니 알아서 스탬프를 찍어주었다. 에콰도르 입국도 30분만에 간단히 마무리 되었다.

에콰도르 간단 정보

- **비자** 무비자(90일)
- **출입국** 페루, 콜롬비아로 육로 출입국 가능. 까르네 불필요
- **환전** 에콰도르는 자신들의 통화가 아닌 달러(USD)를 사용하기 때문에 은행이나 ATM에서 돈을 찾으면 미국달러가 바로 인출된다. 100달러짜리 고액권은 거의 사용되지 않고 1, 5, 10, 20달러의 소액권이 주로 사용되며, 미국의 동전들도 그대로 통용된다. 에콰도르 자체 통화는 동전들뿐이며 이 역시 달러와 센트로 표시되어 미국 동전들과 동등하게 사용된다.
- **도로** 주요 도로들은 거의 포장되어 있었고 그 상태도 그리 나쁘지 않았다. 특히 아메리카를 남북으로 관통하는 판 아메리칸 하이웨이는 달리기 전혀 어렵지 않았다. 중간 중간 톨게이트가 있지만 남쪽 키토까지는 바이크 무료 통과였고, 키토에서부터 툴칸까지 새로 지은 도로에서는 통행료 0.2달러를 받았다.
- **주유소** 지나는 마을마다 주유소가 많이 있고, 그 거리도 멀지 않다. 갤런 단위를 사용하며(1갤런 = 3.78리터), 가격은 갤런당 2달러 정도.
- **숙소** 갈라파고스, 키토, 과야킬에는 크고 작은 각종 숙소가 많이 있다. 그 외의 작은 마을에서도 숙소는 쉽게 찾아 볼 수 있다.

또 다른 천국, 갈라파고스로의 여행

에콰도르 과야킬에서 비행기를 타고 갈라파고스 제도에 다녀왔다. 사실 남미에 오기 전까지는 갈라파고스에 가볼 생각이 없었다. 바이크를 타고 갈 수도 없는데다가 비행기 티켓이나 크루즈 페리 투어의 비용이 꽤 부담되기 때문이었다. 하지만 그동안 만나본 많은 여행자들에게서 최고라는 강력한 추천을 워낙 많이 듣다 보니 마음이 바뀌었다. 좀 부담이 되더라도 지금 다녀오는 게 나중에 후회하지 않을 듯싶어 과야킬에서 열흘 정도 일정으로 눈 딱 감고 다녀왔다. 지금 생각해 보니 다녀오길 정말 잘 했다 싶다. 아름다운 풍경도 환상적이지만, 그보다도 수많은 동물들과 어우러져 살아가는 모습들이 참 인상 깊었다.

갈라파고스는 보통 에콰도르의 키토Quito나 과야킬에서 비행기를 타고 입도한다. 산크리스토발이나 이슬라 산타크루즈 마을은 한집 건너 호스텔, 호텔, 여행사이기 때문에 숙소를 찾거나 투어 프로그램을 알아보는 것은 전혀 어렵지 않았다. 수많은 여행사들은 일일 투어, 3~8일 크루즈 투어, 스쿠버 다이빙 등 다양한 프로그램을 가지고 있었다. 여기저기 돌아다니면서 조사해보고, 일정과 예산에 따라 원하는 프로그램을 신청해서 참가하면 된다. 나는 2박3일짜리 이슬라 이사벨라 투어와 4박5일짜리 크루즈 투어를 다녀왔다. 두 프로그램 합쳐 900USD 정도. 투어 가격은 프로그램의 종류에 따라, 이동하는 배의 조건에 따라, 협상하기에 따라 천차만별이니 여유를 두고 천천히 알아보고 정하는 것이 좋다.

이사벨라 섬 해변의 작은 집. 갈라파고스 제도

갈라파고스에선 야생동물에게 가까이 다가가거나 접촉하는 것은 금지되어있다. 1m 정도는 늘 떨어져 있어야 하기 때문에 멀찌감치 앉아서 물개들을 보고 있었는데, 한 녀석이 움찔움찔 기어오더니만 내 앞에서 철퍼덕 엎어졌다. 뭔가 호기심이 일었나 보다. 이렇게 가만히 있을 때, 녀석들이 다가오는 경우는 괜찮다고 책에서 보았었는데 확실한진 모르겠다. 물개는 바다 속에서 스노클링을 할 때도 헤엄쳐 와서 주변을 맴돌며 장난을 친다. 부딪칠 것처럼 코 앞까지 빠르게 헤엄쳐왔다가 휙 스쳐 지나가기도 하고, 다가와 냄새도 맡고… 발에 신은 핀을 물기도하고… 어째서 이름이 물에 사는 '개'라고 불리는지 확실히 알 수 있었다. 진짜 하는 짓이 강아지 같았다. 물개들과 장난치며 헤엄치고 놀았던 것이 갈라파고스에서 가장 재미있었던 경험이었다.

1. 낮잠에 빠진 모래사장의 물개들
2. 움찔움찔 기어와 냄새 맡던 물개
3. 스노클링 중 다가와 장난치는 물개

갈라파고스 제도 국립공원

이슬라 발트라Isla Baltra, 이슬라 산타크루즈Isla Santa Cruz, 이슬라 이사벨라Isla Isabela, 이슬라 산타페Isla SantaFe, 이슬라 데 산크리스토발Isla de San Cristobal 등 19개의 크고 작은 화산섬과 주변 암초들로 이루어진 섬 무리이다. 에콰도르의 영토로 남미 대륙에서 1,000km 떨어져 있다. 갈라파고스의 각 섬마다 동식물들의 여러 고유종이 분포하며, 1835년 찰스 다윈이 비글호를 타고 방문해 진화론을 연구함으로써 진화 생물학의 성지가 되었다.

1. 갈라파고스 화산 투어 2. 갈라파고스를 세상에 알린 찰스 다윈 3. 마을 어시장에 먹이를 찾아 몰려온 동물들 4. 갈라파고스 풍경들 5. 갈라파고스의 동물들 6. 갈라파고스의 해변 풍경

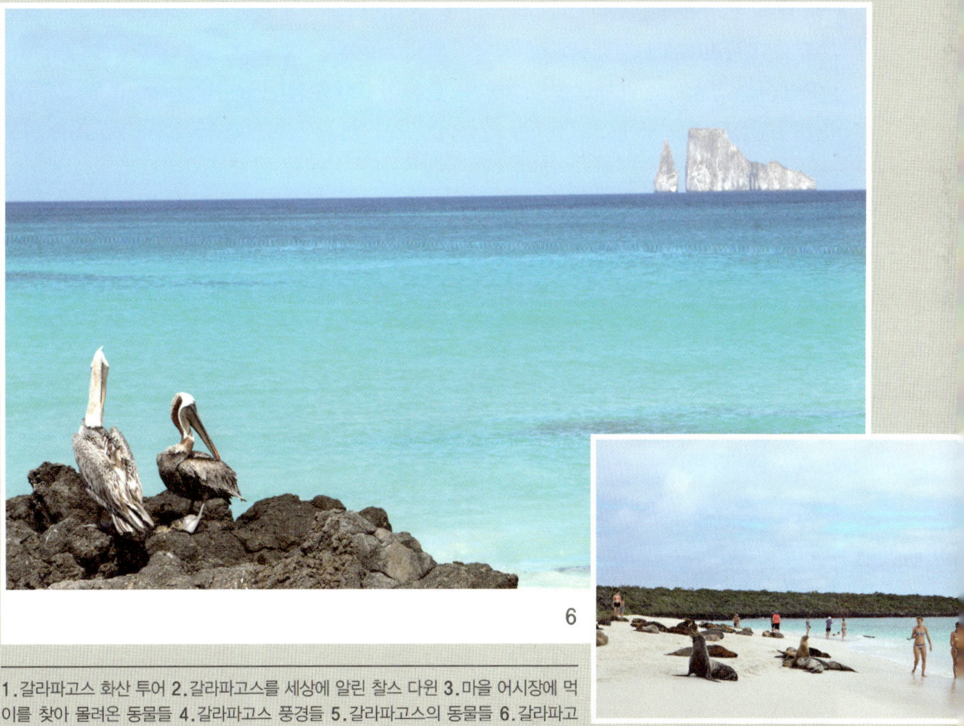

콜롬비아

4월 22일 월요일

아침 8시반경 키토를 출발했다. 키토에서 출발할 때부터 비가 주룩주룩 내렸다. 비가 내리다 그치기를 반복하는 전형적인 안데스 고원지대의 날씨였다. 단단히 껴입은 탓에 춥진 않아 그리 달리기 어렵지는 않았다. 비를 맞아 젖었다 말랐다 반복하며 콜롬비아 국경을 향해 달려 오후 1시경 에콰도르-콜롬비아의 국경도시 툴칸Tulcan에 도착했다. 이어진 도로를 따라 국경으로 진입한 후 출입국사무소에서 출입국 카드를 작성해 제출하고 여권에 출국 도장을 받았다. 세관에서 까르네에 스탬프까지 받으니 간단히 출국 과정이 끝났다.

다리를 건너 콜롬비아 측으로 건너가서는 출입국사무소에서 여권에 90일짜리 비자를 받고, 바로 옆 세관에서 바이크를 통관했다. 까르네에 스탬프를 받고 일시반입 서류도 받고 한 시간여 만에 입국 과정을 마무리했다. 그동안 남미의 여러 나라들은 바이크 서류만 볼 뿐 바이크 자체는 쳐다보지도 않는데, 콜롬비아는 세관원이 바이크 차대번호 확인까지 나와서 직접 꼼꼼하게 했다. 나름 까다로운 건가? 마약상이 기승을 부리는 나라라서 검사가 더 철저한지도 모르겠다.

세관에서 콜롬비아는 바이크 보험 가입이 필수라며 바로 앞마을 이피알레스Ipiales의 슈퍼마켓에 있는 보험회사에서 보험증을 만들어가라고 했다. 얼마인지 물어보니 20USD 정도라고 한다. 입국 과정을 마무리하고 바로 이피알레스 마을로 가서 가르쳐준 슈퍼마켓을 한참 찾아 헤맸지만 찾지 못했다. 시간이 너무 지체되는 듯해서 보험 가입은 일단 포기하고 보고타를 향해 달렸다. 보고타에서 다시 보험가입을 알아보려고 생각했다. 일단은 보험 없이 그냥 달려 본다. 괜찮으려나…

에콰도르 수도 키토Quito

1. 키토의 적도선 2. 콜롬비아 국경

콜롬비아 간단 정보

- **비자** 무비자(90일)
- **출입국** 에콰도르, 베네수엘라로 육로 출입국 가능. 브라질, 페루는 아마존 밀림지역으로 육로 이동이 불가하며 파나마로 이어지는 다리엔 지역 역시 밀림지역. 까르네 불필요
- **환전** 어느 정도 큰 마을들에는 은행과 ATM이 있었고, 시티은행 카드 사용도 문제 없었다.
- **도로** 주요 도로들은 거의 대부분 포장이 잘 되어서 달리기 불편하지 않았다. 시분도이Sibundoy에서 에스피날Espinal로 이어지는 안데스 산맥 자락을 구불구불 달리는 도로에서만 90km 정도의 비포장도로를 만났었는데, 볼리비아 데스 로드 못지않게 험난하다. 비까지 맞으며 90km를 4시간여 달렸는데 고생은 좀 했지만, 꽤나 재미있는 오프로드 코스였다.
- **주유소** 마을마다 주유소가 있고 거리도 가깝다. 갤런 단위를 사용하며(1갤런 = 3.78리터) 휘발유 가격은 갤런당 8,800~8,900COP 정도.
- **숙소** 에콰도르와의 국경도시 이피알레스, 수도 보고타, 제2의 도시 메데인 등 여행자들이 많이 찾는 도시에는 숙소가 많다. 작은 마을에서도 숙박업소는 흔히 보인다.

콜롬비아를 종단해서 카리브 해로 달리다

에콰도르와의 국경도시 콜롬비아의 이피알레스에서 콜롬비아의 수도 보고타Bogota를 향해 달렸다. 보고타를 떠나 메데인Medellin, 카르타헤나Cartagena로 콜롬비아를 종단했다. 밀림으로 뒤 덮인 다리엔 갭Darien Gap을 피해 중미의 파나마로 건너가기 위해 카르타헤나에서 인디펜던스호를 타고 콜롬비아를 출국했다.

보고타로 가는 길

콜롬비아는 도로 중간마다 톨게이트와 검문소가 참 많았다. 게릴라들이나 테러 단체들은 이제 많이 사라져 길을 다니기 안전하다고 하는 이야기도 들었지만, 아직은 불안 요소가 꽤 나 많은지 검문소에서 무장군인들을 많이 보았다. 하지만 주로 차량을 대상으로 검문하고, 바이크는 거의 신경 쓰지 않았다. 딱 한 번 여권과 일시통관 서류, 면허증만 검사하고 별 문제없이 검문소를 지날 수 있었다. 보험을 들지 못한 채 달려서 좀 찜찜했었는데, 검문에서도 보험증을 요구하지 않았고 아무 문제도 없었다. 톨게이트에서 바이크는 무료 통과이므로 진입로 옆의 샛길로 나가면 된다.

콜롬비아의 수도 보고타

다리엔 갭을 건너자!

콜롬비아에서 파나마로 이어지는 육로엔 바이크를 타고 다닐 수 있을 만큼 제대로 된 길이 없다. 콜롬비아와 국경을 맞댄 파나마의 최남단 지방 이름이 다리엔Darien이기도 하고 정글로 뒤덮인 그곳 국립공원이 다리엔 국립공원Parque Nacional Darien이기도 해서 남미와 중미를 넘나들고자 하는 오버랜더들은 판 아메리칸 하이웨이가 끊기는 그 지점을 다리엔 갭 Darien Gap이라 부른다. 구글에서 'Darien Gap'을 검색해보면 밀림과 습지를 헤쳐가며 정글을 통과해 내륙으로 올라가는 모험가들의 동영상도 볼 수 있고, 육로로 어찌어찌 지나왔다는 이야기나 배를 타고 카리브 해로 건너갔다는 이야기 등의 수많은 정보들을 찾을 수 있다. 지도를 찾아보면 파나마 측 최남단 마을 야비사Yaviza에서 콜롬비아로 이어지는 작은 길 같은 것도 있기는 했다. 하지만 정보를 종합해 볼 때 육로로 다리엔 갭을 통과하는 것은 그리 현명한 선택이 아니다. 일단 동네 자체가 완전 정글이라 제대로 된 길이 없는데다가, 밀림을 헤쳐나가더라도 종종 한 번씩 나타나는 강을 건너려면 원주민들의 작은 카누에 바이크를 싣고 건너가는 수밖에 없다. 밀림은 마약상과 게릴라들이 활개 치는 곳이기도 하다. 무엇보다 육로 루트에는 출입국사무소가 없다고 한다. 결국 우여곡절 끝에 다리엔 갭을 건너간다 해도 밀입국자 신세라 경찰이나 군인에게 적발되면 엄청난 벌금을 내고 강제 추방당하기 쉽다. 태평양과 대서양을 연결하는 파나마 운하도 만들고, 해저터널도 뚫었다 하는 요즘 세상에 어째서 이런 끊어진 길이 남아있는 것인지. 경제적인 이유인지 정치적인 이유인지는 잘 모르겠지만, 속히 끊겨있는 길이 연결되어 판 아메리칸 하이웨이가 완성되길 바랄 뿐이다.

현재로서는 다리엔 갭을 건너기 위해 비행기나 배를 타고 카리브 해를 건너는 방법뿐이다. 항공은 비용 때문에 아예 알아보지도 않았고, 주로 배를 타고 건너가는 방법을 이리저리 알아보았다. 4박5일 투어 일정으로 콜롬비아 카르타헤나와 파나마의 산블라스 제도 카르티Carti 사이를 운항하는 배편이 몇 가지 있는데, 그 중 오버랜더들에게 가장 인기 있는 배는 스타흘라트호였다. 홈페이지에서 자세한 항해 일정과 운임, 항로 등을 확인할 수 있다.

스타흘라트 Stahlratte
Web www.stahlratte.de

우유니에서 만났던 엘리자 아주머니도 이 배를 타고 파나마에서 콜롬비아로 건너왔다. 아주 재미있었다고 나에게 적극 추천해주어서 나도 이 배를 타고 파나마로 올라가려 생각했다. 그래서 항해일정 등을 확인해보았는데, 당시 스타흘라트호는 쿠바 등 카리브 해 국가들을 돌아다니는 장기 항해 중이었다. 그래도 혹시나 하는 마음에 연락은 해보았더니, 카르타헤나로 돌아와 다시 파나마로 떠나는 것은 7월에나 가능하다고 했다. 두 달이나 배를 기다릴 순 없어, 아쉽지만 다른 배편을 알아보아야 했다.

스타흘라트호 다음으로 오버랜더들이 많이 이용하는 배는 인디펜던스호였다. 인디펜던스호는 호불호가 갈리는 편이다. 최악이었다는 평가도 있고, 괜찮았다는 이야기도 있고… 객관적으로 보면 스타흘라트호보다 만족도가 떨어지는 것이 사실인 것 같다. 그 외에도 바이크 운송이 가능한 야키라인Jaqueline(평판이 가상 안 좋았나)노 있고, 한 딜에 두 빈 징도 콜롬비아와 파나마 사이를 운항한다는 화물선 이야기도 들었다. 이 화물선은 화물 전용이라 승객은 비행기나 다른 편으로 따로 이동해야 한다는 단점이 있었다. 또 카르타헤나에서 더 남쪽의 해안 도시로 가면 콜롬비아와 파나마의 해안선을 따라서 작은 배로 이동시켜주는 투어 프로그램도 있었다. 섬이나 해변에서 캠핑 등을 하면서 4박5일 정도 일정의 카리브해안 투어를 시켜주고 파나마로 이동하는 프로그램이었다. 이것도 메일로 문의해 보았는데, 워낙 작은 배라서 승객만 이용 가능하고 바이크 운송은 불가하다고 했다. 이리저리 알아본 결과, 인디펜던스호가 마침 5월 2일에 카르타헤나를 출발한다고 하고, 빈자리가 있어서 바이크와 승객 모두 탑승 가능하다는 답변을 받았다. 결국 인디펜던스호를 이용하기로 결정했다. 당시엔 그리 성수기가 아니라 늦게 연락을 했음에도 쉽게 승선이 가능했지만, 성수기라면 최소 2~3주 전에 미리 예약해두는 것이 현명하다.

인디펜던스 Independence
Web www.independence-ms.com
Facebook Yacht Independence, independenceteam@hotmail.com
E-mail indeteam@gmail.com, majoplajz@hotmail.com
Cell 카르타헤나 (57) 316-555-6924, 파나마 (507) 6743-6542

콜롬비아 ⇨ 파나마 출입국

카르타헤나에 도착하기 며칠 전부터 인디펜던스호의 갑판장 마호Majo와 메일을 주고받으며 승선 절차와 콜롬비아-파나마 출입국, 바이크 통관에 필요한 준비를 알아보았다. 다행히 인디펜던스호에 빈자리가 있다고 해 승선 예약을 했고, 바이크 통관 작업을 대행해 줄 에이전트 만프레드Manfred도 마호에게 소개 받았다.

출입국 에이전트 만프레드CA Manfred H.H. ALWARDT, Ing
Add Calle 29E #20-141, Apt 101 CARTAGENA de Indias, Bolivar - COLOMBIA
E-mail manfred.al@gmx.net **Cell** (57) 311-400-6394

2013년 5월 1일 수요일

아침에 세관 서류 작업을 대행해줄 만프레드를 찾아가서 여권과 필요한 서류들을 복사해주고 까르네를 맡겼다. 내일 D.I.A.N(세관)에서 서류 작업을 하고 돌려받기로 하고, 낮이 되어 시내 구경에 나섰다. 카르타헤나의 분위기는 스페인 지중해 도시들하고 굉장히 비슷했다. 땀이 줄줄 흘러내리는 뜨거운 태양도 그렇고 스페인풍의 건물들, 거리 풍경까지. 인디펜턴스호의 운임을 계산하기 위해 자동현금인출기에서 1,900,000COP를 인출했다.
오후 5시, 메일로 마호와 약속한대로 바이크를 배에 싣기 위해 선착장으로 나갔다. 선착장에서 그동안 연락해왔던 갑판장 마호를 만나 인사했다. 뱃사람이니 당연히 우락부락한 아저씨를 상상했었는데, 여려 보이는 아가씨였다. 인디펜던스 선장 미쉘과 함께 작은 보트에 바이크를 옮겨 싣고 인디펜던스 호로 이동했다.

클럽 나우티코 망가 선착장 Club Nautico Manga Dock
N 10° 24.6953'
W 75° 32.4165'

1. 작은 보트에 바이크를 옮겨 싣고 인디펜던스호로 이동
2. 인디펜던스호에 바이크를 올리는 후버트 아저씨

배 위로 바이크를 올리면서 떨어지진 않을까 조심조심. 정말 간이 콩알만 해졌다. 저 가느다란 밧줄에 무거운 바이크를 대충 묶어 들어올린다. 혹시나 줄이 풀리기라도 하면 깊은 바다 속으로 그대로 풍덩이니 손바닥에 땀이 절로 흥건해졌다. 그러다가 바이크를 들어 올리고 밧줄 묶고 하느라 정신이 없던 차에, 미끄러지며 발이 바닷물에 풍덩 빠졌다. 아주 상큼한 기분이다. 젠장.

이번 파나마로의 항해에는 바이크가 두 대였다. 나와 독일인 후버트Hubert 아저씨. 2년 11개월째 여행 중이라고 했다. 90년산 1000cc BMW 올드 바이크다. 짐이 한 가득. 장기 여행자의 포스가 대단했다. 얼마나 돌아다녔는지 물어보니 130,000km쯤이라 한다. 유럽-러시아-몽골-중동-네팔-인도-동남아-호주-뉴질랜드-남미… 현재는 나처럼 알래스카를 목표로 북진 중이라고 했다. 나보다 여행 누적거리가 긴 바이크 라이더는 정말 오랜만에 만났다. 이스탄불에서 만났던 5년째 여행을 하는 호주 바이크 라이더 이후 처음이었다.

인디펜던스호 항해일지 – 첫째 날

2013년 5월 2일 목요일

오전 7시. 아침 일찍 일어나 짐을 정리해 바로 체크아웃하고 호텔을 나섰다. 선착장으로 가서 마호, 미셸, 후버트 아저씨와 함께 고무보트를 타고 인디펜던스호로 함께 이동했다. 전날 올려놓기만 했던 바이크를 스트랩으로 단단히 고정하는 작업을 했다. 5일간의 항해 동안 잘 고정되어 있기를… 커버도 씌워 주려나 했으나 그런 거 없다. 내 커버를 씌울까 하다가 귀찮아서 패스.

오전 8시. 마호, 후버트 아저씨와 함께 인디펜던스호를 나와 다시 육지로 이동했다. 택시를 타고 선착장에서 그리 멀지 않은 출입국사무소로 이동했다. 마호가 후버트 아저씨와 내 여권을 받아 인디펜던스호를 타고 떠날 다른 승객들과 함께 한꺼번에 출국절차를 받았다. 절차가 진행되는 동안 출입국사무소에서 한 시간 넘게 기다렸다.

카르타헤나 출입국사무소 Migracion Office
N 10° 25.1243'
W 75° 31.9704'

오전 10시. 출국확인을 모두 마치고 선착장으로 다시 이동했다. 다른 일반 승객들은 출국절차가 모두 마무리 되었으므로 바로 인디펜던스호로 승선했고, 후버트 아저씨와 나는 바이크 통관 작업을 마무리하고 서류를 돌려받기 위해 만프레드를 기다렸다.

1. 멀리 보이는 콜롬비아 카르타헤나의 전경
2. 남미여 안녕! 언젠가 다시 볼 수 있기를

오전 12시. 만프레드가 바이크 통관 작업을 마치고 우리를 찾아왔다. 까르네 등 우리의 서류들을 돌려받고 바이크의 통관 작업을 마무리하면서 만프레드에게 에이전트 수수료 35달러를 지불했다. 모든 과정이 마무리 된 후, 바로 고무보트를 타고 인디펜던스호로 이동했다. 오후 1시. 조타실 앞의 라운지에 승객들을 모두 모아놓고 미쉘이 잠시 우리의 항해에 대해 브리핑을 한 후 카르타헤나를 출발했다. 이제 파나마를 향해 출발이다.
콜롬비아여 안녕! 남미여 안녕! 언젠가 다시 볼 수 있기를…
산블라스 제도를 향해 항해를 시작했다. 선내에 준비된 음식은 그럭저럭 먹을 만했다. 마호가 커플 승객부터 우선 방 배치를 해주었다. 나는 후버트 아저씨와 4인실 캐빈을 둘이 사용하게 되었다. 인디펜던스호는 27명까지 태울 수 있다고 하는데, 보통은 20명 정도의 승객을 받는다고 한다. 바이크 운송은 4대까지 가능하다고. 이번 항해에서 승객은 나까지 총 15명. 바이크는 두 대였다. 선장 미쉘(슬로베니아 출신), 갑판장 마호(미쉘의 부인), 주방 담당 안젤리카 아주머니, 선원 오스칼까지 네 명을 더하면 모두 19명. 승객에 여유가 좀 있어서인지 공간에 그나마 여유가 있는 듯했다. 만약 승객을 꽉꽉 채웠다면 상당히 비좁고 불편했을 듯하다.

1.인디펜던스호 갑판위에 고정된 바이크들 2.인디펜던스호의 선원들 3.인디펜던스호 선실

밤을 새서 파나마를 향해 항해했다. 점심을 먹은 지 얼마 지나지 않아 속이 울렁거리고 뱃멀미에 시달렸다. 약도 먹었지만 별 효과가 없다. 심한 뱃멀미. 아무래도 나하고 바다는 궁합이 잘 맞지 않는가 보다. 바이크 세계일주가 끝나면 나중에 요트를 타고서 다시 세계일주를 해야지 결심하고 있었는데, 아무래도 다시 생각해봐야겠다. 이렇게 뱃멀미가 심해서 과연 끝없는 바다를 달릴 수가 있을까? 점심으로 먹었던 것들을 다 토하고, 저녁은 아예 먹지도 못했다.
밤이 되어도 캐빈의 침대는 너무 더워 가만히 있어도 땀이 줄줄 흘렀다. 작은 선풍기가 달려 있었지만 역부족이다. 바닷바람이 솔솔 불어오는 밖이 훨씬 시원하고 좋아서 다들 밖에 나와 여기저기 널브러져 잠을 청한다. 나 역시 뱃머리 쪽에 깔려 있는 매트리스 위로 올라가 바닷바람을 맞으며 하늘의 별을 보다 겨우 잠이 들었다. 불빛 하나 찾기 힘든 망망대해 위에서 보는 은하수는 언제 보아도 감동적이다. 인디펜던스호는 밤새 쉼 없이 카리브 해를 달려갔다. 산블라스 제도, 파나마를 향해…

인디펜던스호 항해일지 – 둘째 날

2013년 5월 3일 금요일

새벽까지 밖의 갑판 위 매트리스에서 자다가 새벽바람이 추워 선실로 들어와 침대 위에서 다시 잠을 청했다. 좁은 선실. 낮에는 더위에 찌는 듯하더니 새벽녘의 캐빈은 따뜻한 느낌이다. 인디펜던스호는 아침이 되어도 계속 망망대해 어딘가를 항해 중이었다. 파나마까지는 꽤 멀었구나. 중간에 잠시 돌고래 녀석들이 뱃머리에 나타나더니 함께 바다를 달렸다. 힘차고 빠르게 헤엄쳐 나가는 돌고래들은 언제 봐도 멋지다. 뱃멀미는 여전했다. 울렁울렁 속을 뒤집어놓고, 머리를 아프게 했다. 덕분에 아침 식사도 생략했다. 안 먹는 게 나을 듯. 굶주림 덕분인지, 나름 적응한 덕분인지 점심으로 나온 식사는 어찌어찌 겨우 먹을 수 있었다. 오후 내내 항해 후, 점심 무렵을 지나 파나마의 영해로 들어섰다.

오후 4시. 드디어 작은 섬들, 산블라스 제도가 보였다. 점점이 보이는 야자수 우거진 작은 섬들… 정박해 있는 요트들. 평화롭고 아름다운 카리브 해의 풍경이다. 이름 모를 작은 섬들 근처에 정박했다. 드디어 파나마 영해에 닻을 내렸다.

긴 항해에 지친 승객들 실내로 들어가 후다닥 수영복으로 갈아입더니 풍덩풍덩 바다 속으로 뛰어들었다. 나도 옷을 갈아입고 바다로 풍덩! 누가 먼저랄 것도 없이 다들 근처에 보이는 농구장만한 섬을 향해 수영해갔다. 스노클 장비도 없이 그냥 맨몸으로 깊은 바다로 뛰어든 건 처음이라 섬까지 갔다가 돌아오느라 힘들어 죽는 줄 알았다. 남자애들이나 여자애들 모두 어찌 저리들 수영을 잘 하는지… 체력도 좋아… 한두 시간 바닷물에서 놀다가 배로 다시 올라와 씻고 휴식을 취했다.

1. 배를 따라 헤엄치던 돌고래들 2. 카리브 해의 산블라스 제도 3. 바다로 뛰어든 승객들

저녁 메뉴는 랍스타였다. 섬들에서 잠시 머물 때 어부들이 작은 카누를 타고 와서 마호, 안젤리카 아주머니와 무언가 사고 팔고 하더니 이거였구나. 그냥 커다란 새우 같아서 난 별로 맛있는 줄도 모르겠던데, 이건 왜 그리 비싼 걸까.

저녁을 먹고 나니 다들 맥주와 와인을 어디선가 꺼내온다. 먹고 떠들고, 떠들썩한 선상파티가 벌어졌다. 역시 젊은 애들은 혈기가 왕성해서 언제나 시끄럽다. 잠시 같이 놀다가 밑으로 내려와 쉬다가 밤이 깊어 다시 뱃머리 갑판 위 매트리스에서 별을 보며 취침을 했다.

저녁 식사로 나온 랍스타 요리

파도소리.
반짝이는 별들.
시원한 바람.
멀리 실루엣으로 보이는 야자수가 우거진 작은 섬.
가끔씩 들리는 물고기들 수면위로 뛰어올라 첨벙대는 소리.
카리브 해의 어느 밤.
위층 갑판 술자리의 소란스러움이 잦아들 때쯤 슬며시 잠에 빠졌다.

인디펜던스호 항해일지 – 셋째 날

2013년 5월 4일 토요일

일어나서 아침도 먹기 전에 다른 승객들은 풍덩 풍덩 바다에 뛰어들어 수영하고 놀고 있었다. 누구는 갑판 위 그늘에 누워 책에 빠져 있고, 여자애들은 비키니 차림으로 햇볕 아래 누워 선탠하고 있다. 환하게 비춰오는 태양빛에 자연스레 눈을 뜨고 일어나 씻고, 잠시 쉬다가 과일, 토스트 등으로 준비된 아침을 먹었다. 나도 수영이나 할까 하다가 다시 씻고, 옷 갈아입고, 선크림 바르고 하는 게 귀찮아 그냥 갑판 위에서 바람 쐬며 배 안에 있는 책들을 읽으며 한가로운 캐리비안 바다의 운치를 즐겼다.

오전 11시. 마호에게 승선 운임을 지불했다. 카르타헤나에서 뽑아온 콜롬비아 페소로 환산해 지불했다. 승객 가격이야 그렇다 해도 가만히 세워두기만 하는 바이크 운임은 뭐 이리 비싼지 모르겠다. 승객하고 같은 가격이라는 게 도무지 이해가 안 된다… 쳇.

운임 승객 550USD, 바이크 550USD

점심을 먹은 뒤, 인디펜던스호는 닻을 올려 다시 항해를 떠났다. 2시간여를 더 달려 산블라스 제도의 다른 위치로 이동했다. 어제 머물렀던 곳과 비슷한 풍경. 좀 더 큰 섬이 있고 산호초가 좀 더 가까이 있어 수영하고 놀기는 더 좋았다. 다시 닻을 내리고, 선장 미쉘이 오늘은 이곳에서 정박한다고 선포했다. 배 안에서는 선장이 곧 법이다.

마호에게 스노클, 물안경을 빌려 바닷물에 뛰어들어 수영을 했다. 지난번에 너무 멀리 갔다가 돌아오느라 너무 힘들었기에 이번엔 멀리까지 가진 않았다. 그냥 배 근처에서 수영하다가 다시 올라와 잠시 쉬었다. 다른 승객들, 진짜 체력들 좋다. 스노클 장비도 없이 맨몸으로 멀리 멀리 수영하고 오질 않나, 산호초들 보겠다고 꽤 먼 섬까지 갔다가 오질 않나. 수영도 제대로 배워둘걸… 후회가 되었다.

인디펜던스호의 갑판

밤. 승객들을 두 팀으로 나눠서 인디펜던스호가 정박한 근처의 섬으로 고무보트를 타고 이동했다. 섬 안에서 모닥불을 피워 캠프파이어도 했다. 미쉘이 미리 섬 주민들에게 돈을 내고 준비를 부탁해 놓은 것이겠지만 섬에 상륙하니 바닷가에 야자수 잎들, 코코넛 열매, 나무 등으로 캠프파이어 준비가 되어있었다. 활활 타오르는 모닥불을 보니 감자나 고구마를 구워먹으면 참 맛있을 텐데 싶다. 다른 승객들은 맥주, 와인 등을 가져와 마시며 노래 부르고 파티에 열심이다. 후버트 아저씨와 나를 빼면 다들 20대 인듯하다. 젊음은 좋은 것이다. 맥주나 콜라라도 좀 사올 걸 그랬다. 후버트 아저씨와 나는 거의 운송수단으로써 인디펜던스호를 탔기 때문에 먹고 마시고 놀만한 준비를 하나도 하지 않았지만, 다른 승객들은 산블라스 제도의 섬들을 돌며 즐기는 투어를 목적으로 승선했기 때문에 준비가 철저했다. 바리바리 싸들고 온 짐들이 다들 묵직묵직했다. 다들 쌍쌍 커플들이라 재미있게들 노는데 혼자서 멀뚱대다 역시나 혼자서 멀뚱거리고 있던 후버트 아저씨와 이런저런 이야기꽃을 피웠다. 바이크 여행이야기는 언제 나누어도 재미있다.

한참 재미있게 불놀이를 하고 있는데 갑자기 폭우가 쏟아졌다. 섬 주민들이 살고 있는 건물 안으로 또 야자수 밑으로 잠시 피신해서 밖에서 쏟아지는 비를 피하고 나니 언제 비가 쏟아졌냐는 듯 금세 그친다. 열대지방의 스콜이라는 게 이런 거다. 그런 빗줄기를 맞고도 아직 꺼지지 않은 모닥불을 다시 키우고 좀 더 놀다가 인디펜던스호로 귀가했다. 역시 선실은 너무 더워서 갑판 위에서 또 밤하늘을 보면서 취침했다. 차가운 새벽바람이 잠을 깨울 때 일어나서 다시 선실로 들어가 잠이 들었다.

산블라스 제도의 작은 섬들

인디펜던스호 항해일지 – 넷째 날

2013년 5월 5일 일요일

아침을 먹으라고 깨우는 소리에 일어났다. 과일과 토스트, 오믈렛으로 차려준 아침을 먹고 책을 보며 휴식했다. 다른 승객들은 아침부터 일어나서 바다로 풍덩풍덩 뛰어들어 수영 중이다. 정말 체력들도 좋아… 역시 젊은 친구들 체력은 당해낼 수가 없다. 20대엔 나도 그랬던가. 그래도 어제보단 물에 뛰어드는 친구들 수가 줄고 절반 정도는 갑판 위 그늘막 아래에 뒹굴거리며 책을 보거나 선탠을 하는 걸보니 그나마 위안이 되었다.

갑판 위에 묶여 있던 카약을 풀어 몇 명이 타고 노는 것을 보니 재미있어 보였다. 카약을 타고 조금 떨어진 작은 섬들과 산호초들도 왔다 갔다 한다. 잠시 쉬다가 재미있어 보여 잠깐 타보았다. 역시 수영하는 것보단 힘이 덜 드는군…

점심 식사 후 닻을 올리고 다시 항해를 시작했다. 두 시간 정도 지났을 무렵, 다른 섬들 사이에 닻을 내리고 다시 정박. 휴식… 태양이 너무 강렬하고 더워서 잠시 바다에 뛰어들어 수영했다. 다시 배로 올라와 샤워하고 옷 말리고… 귀찮다. 수영은 하루에 한 번 정도만 해야지. 밤이 되어 승객들은 모두 작은 보트로 옮겨 타고 바로 근처의 섬에 상륙했다. 마지막 밤이라고 저녁 만찬 겸 파티를 한다고 한다. 섬 안 작은 식당에서 준비된 음식으로 식사를 했다. 팔뚝만큼 커다란 물고기 통구이에 밥, 샐러드가 저녁 만찬 요리다. 다들 가지고 온 맥주, 와인, 콜라 등을 꺼내 신나게 먹으면서 떠들고 놀았다. 도대체 술을 얼마나 많이들 챙겨온 건지 모르겠다. 쳇… 진짜 콜라라도 큰 거 하나 사오는 건데. 열심히 챙겨먹고 잠시 섬 산책. 워낙 작은 섬이라 10분정도 둘러보니 더 볼 것도 없었다.

인디펜던스호로 돌아오니 다들 마지막 밤을 불태우려는 건지 밤늦게까지 먹고 마시고 떠들썩하다. 화장실을 다녀오려 했더니 어떤 녀석이 취해서 변기에 이상한 걸 버렸는지, 몇 개있는 변기가 몽땅 고장이 났다고 한다. 소변이면 그냥 갑판 위에서 바다로 보라고 하네. 나야 별 상관은 없지만 여자애들은 어쩌나. 뭐 알아서들 하겠지. 역시 더위에 지쳐 갑판 위에서 새벽까지 취침하다가 추위에 일어나 다시 침대로 들어갔다.

1. 카약을 타고 노는 승객들 2. 잠시 모여서 기념촬영

인디펜던스호 항해일지 - 마지막 날

2013년 5월 6일 월요일

오전 6시. 닻을 올리는 소리에 잠에서 깨어 밖에 나가 살펴보니 항해 준비를 하고 있었다. 한 시간 정도 잠시 항해 후 다른 커다란 섬 앞에 닻을 내린 뒤, 미쉘과 마호가 고무보트를 타고 섬 쪽으로 상륙했다가 금세 되돌아왔다. 섬에 다녀온 건지 아님 육지 항구까지 다녀온 건지 모르겠지만, 승객들 여권에 파나마의 입국 스탬프를 받아왔다.

1. 배에서 내리고 있는 Xcountry 2. 배에서 내린 바이크를 보트로 싣고 이동

오전 9시. 방안 여기저기 널브러진 짐들을 다시 챙기고, 라이딩기어를 챙겨 입었다. 위층 갑판에 고정해 두었던 바이크 스트랩을 풀고 인디펜던스호에서 내릴 준비를 했다. 오랜만에 두꺼운 라이딩기어를 챙겨 입고 부산하게 움직였더니 이것만으로도 벌써 땀에 흠뻑 젖었다. 인디펜던스호에서 파나마 육지로 바이크를 옮기려면 파나마 선박을 이용해야 하기 때문에, 9시 반쯤 작은 보트가 와서 후버트 아저씨 바이크부터 차례대로 들어 내렸다. 보트에 바이크와 짐들을 싣고, 다른 승객들과 선원들에게 손을 흔들어 인사한 후 파나마의 육지 선착장으로 향했다.

오전 10시. 바다에서 내륙으로 들어가 아마존 밀림 같은 수로를 잠시 헤쳐 올라가 선착장에 도착했다. 이 바이크를 배에서 육지까지 어떻게 끌어내리나 걱정스러웠다. 역시나 뭐 하나 쉬운 게 없다. 후버트 아저씨와 선착장 근처에 있던 사람들까지 5~6명이 바이크에 달라붙어서야 겨우 육지로 내려놓을 수 있었다. 210kg가 넘는 후버트 아저씨 바이크를 내리는 데 한참 진땀을 빼고 나니, 180kg도 안 되는 내 바이크는 그나마 쉽게 옮겨진다. 땡볕 아래서 바이크와 짐들을 모두 옮기고 나니 온몸이 이미 땀범벅이었다. 헉헉대면서 무거운 재킷부터 벗어 던지고, 바로 옆에 보이는 가게로 달려가 콜라를 시원하게 벌컥벌컥 마셨다.

바이크 운반, 선착장 이용료 15USD

오전 11시. 잠시 숨 좀 돌리고, 천천히 바이크 상태를 점검했다. 오랜만에 시동도 걸어보았다. 다행이다. 시동도 잘 걸리고, 일단 별 문제없어 보였다. 페니어케이스를 장착하고 짐도 결속하고 출발 준비를 완료했다. 여권에 파나마 입국 스탬프는 받았고, 이제 세관에 가서 바이크 임시통관 서류를 받아야 했다. 그나저나 세관은 어디 있는 건가… 선착장 근처의 이 사람 저 사람을 붙잡고 물어봐도 영어는 도통 통하지가 않는다. 겨우겨우 더듬더듬 스페인어로 물어보니 어쨌든 여기엔 없고 한참 파나마시티 쪽으로 달리다 나오는 작은 마을 체포Chepo에 있을 거라 한다. GPS 지도를 확인해보니 대충 60~70km 정도 거리였다. 후버트 아저씨와 함께 일단 출발했다. 구불구불 오르락내리락 밀림을 통과하는 길들을 헤치며 달리고 달려 체포에 도착했다. 경찰 검문소에서 세관Aduanas이 어디 있냐고 물어보니, 잘 알아들은 건지 어떤 건지, 그런 거 없다고 그냥 파나마시티로 가면 된다고 한다. 그럴 리가 없지. 우유니로 볼리비아 들어갈 때, 설마 하면서 그 말만 믿고서 달렸다가 겪었던 일들이 머리를 스쳤다. 다시 똑같은 바보짓을 할 순 없지. 다시 한참을 경찰들 붙잡고 묻고 물어 영어가 좀 통하는 사람을 찾아서 다른 곳에 전화도 해보는 등 제대로 다시 물어보았다. 어찌어찌 알아보니 파나마시티 가까이 있는 토쿠멘 국제공항Tocumen International Airport에 세관이 있으니 거기서 바이크통관 서류를 받으면 된다는 이야기를 들었다. 그래… 일단 국제공항이니까 당연히 세관이 있을 거야… 결국 파나마시티 근처까진 가야 하는 거네. 그리고서 후버트 아저씨와 함께 공항까지 110km 정도를 달려갔다. 공항에 도착해 다시 세관을 묻고 물어서 겨우 화물 터미널에 도착할 수 있었다.

오후 2시. 말도 안 통하는 사람들을 붙잡고 이리저리 묻고, 땡볕 아래 바이크를 몰고서 3시간을 헤매고 다닌 끝에 겨우 세관에 도착할 수 있었다. 항공 화물을 통관하는 세관의 사무실 앞에 바이크 세우고 세관의 직원 아줌마를 찾았다. 콜롬비아에서 만프레드에게 받은 콜롬비아 바이크 반출 서류와 바이크 영문등록서류, 여권을 챙겨주면서 사정을 설명했다. 콜롬비아에서 배를 타고 건너왔는데… 어쩌고저쩌고… 손짓발짓 섞어가며 설명하니 세관 직원 아줌마들, 그럭저럭 알아들은 모양인지 한참 시간이 걸렸지만 다행히 바이크 통관 서류를 만들어 주었다. 하하… 결국 성공했다! 온몸은 땀범벅이지만 무사히 파나마 입국 절차를 마무리했다. 후버트 아저씨와 함께 세관을 나와 콜라 한 잔 마시며 무사히 다리엔 갭을 건넜음을 자축했다. 꽤 오래 걸렸네. 아니지… 이 정도쯤인 것에 감사해야 하는 거겠지.

토쿠멘 국제공항 세관(화물 터미널) Aeropuerto Internacional de Tocumen Aduana(Cargo Terminal)
N 9° 05.0797'
W 79° 22.3377'

여의도 빌딩숲 같은
파나마시티의 고층빌딩들

오후 3시. 이제 남은 건 숙소를 찾는 일. 주린 배를 움켜쥐고 공항을 나와 파나마시티를 향했다. 나름 빨리 가보겠다고 고속도로를 탔다. 에콰도르나 콜롬비아처럼 바이크는 무료통과일 것을 기대하고 고속도로로 진입했으나, 파나마는 무료통과가 아닌가보다. 톨게이트에서 현금도 안 받고 충전카드를 사서 결재하고 지나가야 한다고 잡혔다. 얼마나 하나 물어보니 시내 진입하는데 8USD라고 한다. 조금 빨리 가자고 그런 돈을 쓸 순 없다. 바이크를 돌려 국도로 빠져 나와 시내로 구불구불 달리는 수밖에. 막힌 도로, 공사 중 도로, 일방통행… 검색해 두었던 숙소를 찾아 시내를 돌고 돌아 헤매어 다녔다.

오후 5시. 저렴하고 주차가 가능한 숙소를 찾아 돌아다닌 끝에 겨우겨우 호스텔을 찾아 체크인 할 수 있었다. 오랜만에 제대로 된 샤워를 마치고, 근처 미니마켓에서 장 본 것으로 식사를 했다. 휴우… 살 것 같다.

인디펜던스호 평가

- **음식** 하루 세끼 식사가 제공되며 대체로 먹을 만하다. 물과 커피, 차는 무료. 음료수, 간식거리, 주류 등은 각자 준비해야 한다.
- **선박** 꽤 낡은데다 고급스런 수준의 배는 아니라 선실이나 화장실 등이 비좁고 답답하다. 승객이 적어서 그나마 지낼 만했지만 정원을 다 채운다면 상당히 힘들지도. 수압도 약하고 수도관이 녹슬었는지 녹물이 나와서 씻기가 싫었다. 공용 화장실이 3개 있는데 발전기를 켜놓았을 때만 사용이 가능하다.
- **투어 프로그램** 크게 신경 써서 투어프로그램을 진행하진 않고, 섬 근처에 배를 정박하면 수영하고 쉬기도 하는 정도다.

인디펜던스호와 갑판장 마호

- **선원들** 선장 미쉘은 모든 일에 능숙하고 항해나 여러 가지를 책임감 있게 진행했지만 그리 친절하게 느껴지진 않았다. 그 외 마호, 오스칼, 안젤리카 등은 다들 친절하고 좋았다. 슬로베니아 출신이라는 선장 미쉘은 상당히 능숙한 뱃사람으로 보였다. 50대 정도로 보였는데, 실제 나이는 70이 넘었다고 한다. 잠시 이야기를 들은 것만으로도 미쉘이 참 파란만장한 인생을 살았다는 것을 대충 짐작할 수 있었다. 그러나 그보다 나를 더 놀라게 했던 것은 갑판장 마호였다. 어려 보이는 아가씨라 결혼한 줄도 몰랐는데, 알고 보니 미쉘의 부인인데다 둘의 나이차는 무려 50살 이상. 50년 세월이 차이 나는 사람들끼리의 결혼이라…하하…
- **총평** 점수를 굳이 주자면 B 정도를 주겠다. 가격에 비해 그리 훌륭한 가치를 가진다고 생각되진 않았다. 아무리 생각해도 550USD + 550USD는 너무 비싸다.

🔧 바이크 정비

칠레 산티아고 BMW WB Motos
S 33° 23.9523'
W 70° 33.1200'
Add Av. Las Condes 7.991 Santiago Chile
Tel +56 2 342 2289
E-mail prieloff@inchcape.cl

칠레 산티아고에서 3주 정도 머물렀다. 볼리비아의 도로가 험하다는 이야기를 많이 들었기 때문에 칠레에서 볼리비아로 올라가기 전에 산티아고의 BMW Motorrad 딜러 숍에서 바이크 정비 및 부품 교환을 마무리하고 출발했다.
숍에 바이크 부품이 없지 않을까 걱정됐기에 아르헨티나에서 미리 메일을 보내 필요한 부품을 주문해달라고 부탁했다. 하지만 연락이 제대로 되질 않았는지 딜러 숍에 찾아갔을 때 부품이 준비되어있지 않았다. 그래서 산티아고에서 부품 주문 후 교체까지 꽤나 오랫동안 기다리게 되었다.
3주의 오랜 기다림 후 부품이 도착했다는 연락을 받을 수 있었다. BMW 숍에 가서 바이크를 점검 받고 부품을 교환했다. BMW숍 근처에 혼다, KTM, 스즈키 등 웬만한 바이크 숍들이 거의 모여 있었다. 남미에서 최고 잘사는 나라답게 칠레는 바이크를 타는 사람들도 많고, 유럽 같은 바이크 문화가 정착되어 있었다. 정비를 마친 후에는 바로 태평양 연안을 따라 북쪽으로 내달리는 5번국도를 타고 북쪽으로 이동해 산 페드로 데 아타카마San Pedro de Atacama로 달려갔다.

엔진오일, 오일필터, 스파크플러그 2개, 에어필터, 체인&스프로킷 2개
누적거리 65,000km 정기 점검 / 총 468,000CLP

남미 종단 여행 경비

기간 2013년 1월 11일 ~ 2013년 5월 5일
114박 115일(주행 41일 / 휴식 및 정비 74일)
주행거리 19,080km

하루 평균 주행거리 465km
하루 평균 주유비 6.6 USD
하루 평균 숙박비 14 USD
하루 평균 식비 9 USD

❶ 주유비 756 USD
❷ 숙박비 1,566 USD
❸ 식비 1,017 USD
❹ 바이크 관련 비용 2,467 USD
❺ 기타 4,056 USD

총 여행 경비 9,861 USD

남미 종단 요약

번호	구간	거리
130111	부에노스아이레스	
130112	부에노스아이레스	
130113	부에노스아이레스	
130114	부에노스아이레스	
130115	부에노스아이레스	
130116	부에노스아이레스	
130117	부에노스아이레스	40km
130118	부에노스아이레스	40km
130119	부에노스아이레스	
130120	부에노스아이레스	10km
130121	부에노스아이레스 → 이구아수	
130122	이구아수	
130123	이구아수 → 부에노스아이레스	
130124	부에노스아이레스	
130125	부에노스아이레스 → 트레스아로요스	510km
130126	트레스아로요스 → 산 안토니오 오에스테	670km
130127	산 안토니오 오에스테 → 코모도로리바다비아	725km
130128	코모도로리바다비아 → 리오갈레고스	810km
130129	리오갈레고스 → 푼타아레나스	280km
130130	푼타아레나스 → 우수아이아	650km
130131	우수아이아	
130201	우수아이아	120km
130202	우수아이아 → 푼타아레나스	640km
130203	푼타아레나스	
130204	푼타아레나스 → 토레스델파이네	360km
130205	토레스델파이네 → 엘 칼라파테	355km
130206	엘 칼라파테	160km
130207	엘 칼라파테 → 엘 찰튼	220km
130208	엘 찰튼 → 페리토모레노	610km
130209	페리토모레노 → 에스쿠엘	580km
130210	에스쿠엘 → 바릴로체	290km
130211	바릴로체	65km
130212	바릴로체 → 란코	405km
130213	란코 → 산페르난도	660km
130214	산페르난도 → 산티아고	180km
130215	산티아고	
130216	산티아고	
130217	산티아고	
130218	산티아고	
130219	산티아고 → 이스터 섬	
130220	이스터 섬	
130221	이스터 섬	
130222	이스터 섬	
130223	이스터 섬 → 산티아고	
130224	산티아고	
130225	산티아고	230km
130226	산티아고	
130227	산티아고	
130228	산티아고	
130301	산티아고	
130302	산티아고	
130303	산티아고	
130304	산티아고	
130305	산티아고	
130306	산티아고	100km
130307	산티아고	
130308	산티아고	10km
130309	산티아고	
130310	산티아고	
130311	산티아고 → 5번국도	1,200km

130312	5번국도 → 산 페드로 데 아타카마	620km
130313	산 페드로 데 아타카마	150km
130314	산 페드로 데 아타카마 → 빌라마르	250km
130315	빌라마르 → 우유니	345km
130316	우유니	
130317	우유니 → 수크레	380km
130318	수크레	
130319	수크레 → 라파스	720km
130320	라파스	205km
130321	라파스 → 코파카바나	170km
130322	코파카바나	
130323	코파카바나 → 쿠스코	550km
130324	쿠스코	
130325	쿠스코 → 마추픽추	
130326	마추픽추	
130327	마추픽추 → 쿠스코	
120328	쿠스코	
130329	쿠스코 → 나스카	675km
130330	나스카 → 리마	455km
130331	리마	
130401	리마	
130402	리마 → 와라스	435km
130403	와라스	
130404	와라스	
130405	와라스 → 치클라요	605km
130406	치클라요 → 과야킬	805km
130407	과야킬	
130408	과야킬	
130409	과야킬 → 갈라파고스(이슬라 산타크루스)	
130410	이슬라 산타크루스 → 이슬라 이사벨라	
140411	이슬라 이사벨라	
130412	이슬라 이사벨라	
130413	이슬라 이사벨라 → 이슬라 산타크루스	
130414	이슬라 산타크루스 → 이슬라 산크리스토발	
130415	이슬라 산크리스토발 → 이슬라 에스파뇰라	
130416	이슬라 에스파뇰라 → 이슬라 산타페	
130417	이슬라 산타페 → 이슬라 산타크루스	
130418	이슬라 산타크루스	
130419	이슬라 산타크루스 → 과야킬	
130420	과야킬 → 키토	430km
130421	키토	
130422	키토 → 시분도이	410km
130423	시분도이 → 에스피날	570km
130424	에스피날 → 보고타	185km
130425	보고타	
130426	보고타	30km
130427	보고타	
130428	보고타 → 메데인	455km
130429	메데인	
130430	메데인 → 카르타헤나	675km
130501	카르타헤나	20km
130502	카르타헤나 → 카리브 해	
130503	카리브 해 → 산블라스 제도	
130504	산블라스 제도	
130505	산블라스 제도	

남미 숙소

아르헨티나 Argentina
1USD = 8.502ARS

부에노스아이레스
Buenos Aires

Hostel Estoril
S 34° 36.5614'
W 58° 23.1590'
90ARS

hostelworld.com에서 검색. 시내 중심가에서 너무 멀지도 너무 가깝지도 않은 위치. 배낭여행자들 많이 찾는 전형적인 호스텔. 4인실 도미토리. 깨끗하고 친절. 훌륭한 시설. 꽤 괜찮은 아침. 무료 Wi-Fi. 취사 가능. 추천. 주차장 따로 없음.

Casa Do Tio(삼촌네 한인민박)
S 34° 37.5306'
W 58° 25.0129'
10USD

아르헨티나 정보들 얻고 하려면 아무래도 한인민박이 나을듯해 옮겨간 곳. 8인실 도미토리. 가족 같은 정겨운 분위기. 장기 여행자들이 많은 남미라서 오랫동안 머무는 한국 배낭여행자들 많음. 오랜만에 한국 여행자들과 재밌게 놀고 쉬고… 집에 온 듯 편안한 분위기. 친구 자취방 혹은 친척 사랑방에 놀러 온 느낌. 매니저나 장기 여행자들로부터 전해 듣는 생생한 정보들. 무료 Wi-Fi. 쌀 기본제공. 취사 가능. 매일 저녁 같이 모여서 재료 사다가 음식 해먹고 한 잔 하는 재미. 바로 옆 건물 주차장에 하루 36ARS로 주차. 강력 추천!!

푸에르토 이구아수
Puerto Iguazu

Iguazu Falls Hostel
S 25° 35.8990'
W 54° 34.1532'
80ARS

hostelworld.com에서 검색. 부에노스아이레스에서 이구아수 폭포를 보러 가서 묵었던 곳. 버스 터미널 바로 근처에 위치. 4인실 도미토리. 친절. 무료 Wi-Fi. 취사 가능. 추천.

트레스 아로요스
Tres Arroyos

Petit Hotel
S 38° 21.9441'
W 60° 17.5327'
100ARS

우수아이아를 향해 3번국도를 따라서 달리던 중 날이 저물어 들어간 곳. 영어 안 통하는 현지인들 숙소. 더블룸에 혼자 묵음. 무료 Wi-Fi. 1층 식당에서 식사 가능. 여관 정도쯤 되어 보이는 허름한 시설이지만 저렴한 가격에 적당히 하루 묵어 갈만함. 바로 근처에 300~400ARS 하는 꽤 괜찮은 시설도 있었지만 조금이라도 저렴한 가격을 찾아 돌아다녀 묵음. 추천. 호텔 문 앞에 디스크락, 커버 씌워서 주차.

산 안토니오 오에스테
San Antonio Oeste

Hospedaje Iberia
S 40° 43.8268'
W 64° 56.5602'
140ARS

우수아이아를 향해 3번국도를 따라 달리던 중 하루 묵어간 곳. 싱글룸 160ARS 달라는 것을 깎아서 140ARS에 묵음. 영어 안 통함. 무료 Wi-Fi. 저렴한 가격에 하루 묵어 갈만한 곳. 추천. 문 안쪽 통로 구석에 주차.

코모도로 리바다비아
Comodoro Rivadavia

Hotel Luque
S 45° 52.7037'
W 67° 32.1224'
200ARS

우수아이아를 향해 3번국도를 따라 달리던 중 하루 묵음. 시내에 호텔들이 많지만 저렴한 곳을 찾던 중 바이크 타던 동네 아저씨가 데려다줘서 도착. 더블룸 300ARS에서 깎아 200ARS. 영어 안 통함. 무료 Wi-Fi. 깨끗하고 훌륭한 시설. 주차장에 안전하게 주차.

리오 갈레고스 Rio Gallegos

Oviedo Hotel
S 51° 37.1078'
W 69° 13.6760'
150ARS

검색해둔 숙소가 이미 만실이라 리셉션에서 가르쳐준 저렴한 호텔. 싱글룸 185ARS에서 깎아 150ARS. 시설은 좀 낡았지만 하루 쉬어가기 불편하진 않음. 무료 Wi-Fi. 문 안쪽 통로 한편에 주차.

우수아이아 Ushuaia

Antarctica Hostel
S 54° 48.2344'
W 68° 18.0409'
100ARS

hostelworld.com에서 검색. 6인실 도미토리. 착한 가격. 훌륭한 시설. 친절. 리셉션과 휴게실을 가로질러 건물 안쪽 마당 정원에 주차. 바이크 들락거리긴 좀 불편. 무료 Wi-Fi. 취사 가능. 서양식 아침 포함. 전형적인 백패커들을 위한 호스텔. 추천.

엘 칼라파테 El Calafate

America del Sur Hostel
S 50° 20.0551'
W 72° 15.3591'
102ARS

4인실 도미토리. hostelworld.com에서 검색. 무료 Wi-Fi. 취사 가능. 간단한 서양식 아침 포함. 전형적인 백패커들을 위한 호스텔. 깨끗함. 훌륭한 시설. 친절. 정문 앞 길가 주차장에 디스크락 걸고 주차. 중심가에선 살짝 벗어난 곳이지만 칼라파테가 워낙 작은 동네라 걸어서 구경 다니기 그리 불편하진 않음. 워낙 여행객들 많이 찾는 마을이라 숙소가 매우 많고 캠핑장도 근처에 있음.

엘 찰튼 El Chalten

Hostel Del Lago
S 49° 19.9352'
W 72° 53.2620'
60ARS

4인실 도미토리. 마을 한 바퀴 돌아보고 적당해보여 들어간 호스텔. 가격이 착한 만큼 훌륭한 시설은 아니지만 필요한 것은 다 준비되어 있어서 불편하진 않을 듯. 캠핑, 취사 가능. 무료 Wi-Fi. 앞마당에 주차.

페리토 모레노 Perito Moreno

Las Formosenas Hospedaje
S 46° 35.3579'
W 70° 55.5025'
100ARS

마을 인포메이션 센터에서 저렴한 숙소를 물으니 가르쳐준 곳. 6인실 도미토리에 100ARS. 와이파이 안 됨. 담장 안 주차장 이용.

에스쿠엘 Esquel

Hostel Sol Azul
S 42° 53.9851'
W 71° 18.0543'
80ARS

북쪽을 향해 40번국도를 달리고 달려서 해질녘에 에스쿠엘에 도착. 길가에 보이는 호스텔 안내판을 보고 달려가서 숙박. 6인실 도미토리. 무료 Wi-Fi. 취사 가능. 마당 안 주차. 추천.

바릴로체 Bariloche

Hostel Lodinia
S 41° 08.2128'
W 71° 18.6452'
90ARS

안데스 산맥을 따라 경치를 감상하며 천천히 북상하던 중 며칠 묵어갈 관광도시. 스위스의 알프스를 연상시키는 호숫가 마을. 8인실 도미토리. 무료 Wi-Fi. 취사 가능. 서양식 아침 포함. 마당 안 주차. 그럭저럭 깨끗하고 친절. 전형적인 호스텔. 추천.

칠레 Chile

1USD = 582.598CLP

푼타아레나스 Punta Arenas

Hostal
S 53° 09.9347'
W 70° 55.1739'
15,000CLP

우수아이아로 향하던 중 푼타아레나스에서 들른 호스텔. 정비소 아저씨가 알려준 숙소로 잘 준비된 펜션 분위기. 럭셔리한 트윈룸. 무료 Wi-Fi. 취사 가능. 비싼 가격만큼 제 값을 했던 곳. 마당 안 주차장에 안전하게 주차.

Hostal Dona Anita
S 53° 09.8714'
W 70° 54.9022'
8,000CLP

체인 점검을 다시 할 겸 우수아이아에서 돌아와 칠레로 북상하던 중에 묵어간 곳. 바이크 숍 근처 길가에 보이는 저렴한 숙소. 5인실 도미토리. 깨끗함. 무료 Wi-Fi. 친절. 영어 안 통함. 담장 안 주차장에 주차.

토레스델파이네 국립공원 Torres del Paine National Park

Lago Camping Pehoe
S 51° 06.4554'
W 72° 59.2532'
6,000CLP

토레스델파이네 국립공원에 캠핑장이 몇 군데 잘 준비되어 있음. 오랜만에 경치 좋은 곳에서 캠핑하니 이것도 꽤 괜찮음. 8,000CLP에서 깎아 6,000CLP으로 캠핑. 화장실, 샤워실에 온수도 잘 나오고 대피소, 식당, 매점도 있어서 캠핑하기 전혀 불편하지 않음. 다만 비싼 가격이 문제. 미리 먹거리를 준비해오면 좋을 듯. 강력 추천.

란코 Lanco

Comidas Hospedaje
S 39° 27.0957'
W 72° 46.9914'
8,000CLP

산티아고를 향해 북상하던 중에 날이 저물어 들른 작은 마을의 길가 숙소. 10,000CLP에서 깎아 8,000CLP에 묵음. 화장실, 샤워부스 공용. 싱글룸. Wi-Fi 안 됨. 안마당에 주차. 1층 식당에서 식사. 칠레음식 맛있게 먹음.

산 페르난도 San Fernando
Hostal O'Higgins
S 34° 35.3245'
W 70° 59.1534'
10,000CLP
산티아고에 도착하기 150km 전쯤 해가 저물어 들어간 길가 숙소. 15,000CLP에서 10,000CLP으로 깎음. 샤워부스, 화장실 공용. 싱글룸. Wi-Fi 안 됨. 주차장이 따로 없어 맞은편 주유소에 500CLP 내고 주차.

산티아고 Santiago
Newen Kara Hostal
S 33° 25.8667'
W 70° 36.9998'
10,500CLP
산티아고 도착 첫날. hostelworld.com에서 검색. 전형적인 호스텔. 4인실 도미토리. 무료 Wi-Fi. 아침 포함. 깨끗하고 친절. 길가 문 앞 주차부스에 주차. 추천.

고려민박
S 33° 25.9050'
W 70° 38.4499'
12,000CLP
한인민박. 오래 있을 거라 말씀 드리니 살짝 깎아주심. 부에노스아이레스에서 만났던 한국 여행자들에게 추천을 많이 받았고, 바이크 때문에 산티아고에 꽤 오래 머물듯해서 푸짐한 한식 먹으며 체력보충도 하려고 찾아감. 3인실 도미토리. 무료 Wi-Fi. 자식같이 챙겨주시는 어머니. 정말 푸짐하고 환상적인 우리 음식들. 마당 안 주차장에 안전주차. 추천.

이스터 섬 Easter island
Camping Tipanie Moana
S 27° 09.3531'
W 109° 25.5282'
5,000CLP
텐트, 침낭, 매트리스 대여가격 포함. 공항 픽업, Wi-Fi 무료. 친절. 추천. 이스터 섬은 워낙 유명한 관광지라 비행기에서 내려 공항 라운지로 나가면 라운지에 숙박업소들 부스도 많이 있고, 호객꾼도 많음. 적당히 둘러보고 가격 물어보고 협상해서 따라가면 됨.

산 페드로 데 아타카마
San Pedro de Atacama
Hostal La Ruca
S 22° 54.7804'
W 68° 11.9648'
12,000CLP
유명한 관광지라 마을 전체가 거의 한 집 건너 숙박업소. 6인실 도미토리. 13,000CLP에서 12,000CLP로 흥정. 무료 Wi-Fi. 아침 포함. 친절. 깨끗함. 취사 가능. 마당 안 무료 주차. 추천.

볼리비아 Bolivia
1USD = 6.86BOB

빌라 마르 Vila Mar
Hostal Las Piedritas
S 21° 45.5162'
W 67° 28.8020'
15USD(100BOB)
우유니 소금사막으로 가던 길에 머문 마을. 더블룸. 100BOB인데 볼리비아 화폐가 없어 20달러 달라는 것을 깎아 15달러에 묵음. Wi-Fi, 취사 안 됨. 식당도 겸하고 있어서 식사 가능. 영어 안 통함. 마당 안 무료 주차.

우유니 Uyuni
Hotel Avenida
S 20° 27.7845'
W 66° 49.3652'
35BOB
우유니로 향하던 중 만난 한국인 여행자가 가르쳐준 곳. 저렴한 가격에 그럭저럭 괜찮은 시설로 배낭여행자들에게 상당히 유명함. 우유니 자체가 워낙 작은 마을이지만 기차역 앞 중심가 최고의 위치. 공용 샤워부스. 싱글룸. Wi-Fi, 취사 안 됨. 마당 안쪽에 무료 주차. 추천.

수크레 Sucre
Hostal Colon220
S 19° 02.9306'
W 65° 15.7868'
40BOB
시내 중심가 전체가 거의 한 집 건너 숙소일 정도로 유명한 관광지. 더블룸 혼자 사용. 일과 시간에만 가능한 무료 Wi-Fi. 아침 포함. 취사 가능. 건물 내부 마당에 5BOB 내고 주차.

라파스 La Paz
Wild Rover Backpackers
S 16° 29.8610'
W 68° 07.8745'
60BOB
hostelworld.com에서 검색. 근처에 숙박시설 많음. 6인실 도미토리. 무료 Wi-Fi. 아침 포함. 마당 안에 주차. 떠들썩한 분위기의 전형적인 배낭여행자 호스텔.

코파카바나 Copacabana
Hotel Perla del Lago
S 16° 09.8752'
W 69° 05.2090'
50BOB

hostelworld.com에서 검색한 호스텔. 유명한 관광지라 마을에 숙소 많음. 3인실 도미토리 혼자 사용. 무료 Wi-Fi. 마당 안 주차장에 안전하게 주차. 깨끗하고 친절한 고급스런 호텔. 추천.

페루 Peru
1USD = 2.911PEN

쿠스코 Cusco
La Posada del Viajero
S 13° 31.0467'
W 71° 58.5851'
50PEN

아르마스 광장 근처에 싼 호스텔도 많지만 대부분 주차 불가능. 바이크 주차가 가능한 곳을 찾다 보니 비교적 비싼 곳에 묵게 됨. 시간만 좀 많고 비에 젖어 피곤하지만 않았어도 좀 더 찾아다녔을 텐데… 싱글룸. 무료 Wi-Fi. 깨끗함. 아르마스 광장 바로 근처로 걸어서 시내 구경하기 좋음. 마당 안에 안전하게 주차.

아구아스 칼리엔테스 Aguas Calientes
Hospedaje Choquequirao
S 13° 09.2442'
W 72° 31.5982'
15PEN

3인실. 쿠스코에서 마추픽추 투어에 함께 갔던 친구들과 묵음. 워낙 관광객들 많이 오는 동네라 숙소가 많음. 무료 Wi-Fi. 그럭저럭 묵을 만함.

나스카 Nazca
Hospedaje Juan Mata
S 14° 49.5545'
W 74° 56.2930'
30PEN

싱글룸. 쿠스코에서 리마를 향해 달리다가 밤늦게 나스카 도착. Wi-Fi 안 됨. 마당 안 주차.

리마 Lima
포비네 게스트하우스(한인민박)
S 12° 09.3882'
W 77° 01.4348'
30PEN

다른 한국 여행자에게 추천 받아서 찾아간 곳. 5인실 도미토리. 무료 Wi-Fi. 깨끗하고 친절. 무뚝뚝한 것 같지만 정감 있는 사장님. 바닷가 바로 앞 고급 주택가에 위치. 시내 중심에서 떨어져 있음. 마당 앞 주차.

와라스 Huaraz
Hostal Alfredo
S 9° 31.3501'
W 77° 31.7268'
35PEN

싱글룸. 깨끗하고 친절. 무료 Wi-Fi. 마당 안 무료 주차. 외국인들이 많이 찾는 호스텔은 아니라 영어가 잘 통하진 않지만 이것저것 친절하게 챙겨주는 맘씨 좋은 주인아저씨 덕분에 기분 좋게 머물렀던 곳. 추천.

치클라요 Chiclayo
Hostal La Posada
S 6° 42.6961'
W 79° 54.0591'
30PEN

에콰도르를 향해 판 아메리칸 하이웨이를 달리던 중, 날이 저물어 들어간 길가 호스텔. 싱글룸. 무료 Wi-Fi. 그럭저럭 깨끗함. 모기는 좀 많았음. 마당 안 주차장에 주차.

에콰도르 Ecuador

과야킬 Guayaquil
Hostel Nucapacha
S 2° 10.4710'
W 79° 54.5200'
20USD

hostelworld.com에서 검색. 시내 중심에선 좀 떨어진 한적한 고급 주택가. 시내 구경하려면 버스 타고 나가야 함. 싱글룸. 무료 Wi-Fi. 그럭저럭 깨끗. 수영장. 아침 포함. 마당 안 주차장에 주차. 추천. 바이크는 갈라파고스에 다녀오는 열흘 동안 마당 안쪽 지붕 아래에 보관.

이슬라 산타크루스(갈라파고스)
Isla Santa Cruz
Hostel Darwin
S 0° 44.7944'
W 90° 18.8465'
15USD

다른 여행기에서 보고 찾아간 곳. 마을 중심가에 위치. 마을이 워낙 작아 걸어서 구경다니기 좋음. 더블룸. 무료 Wi-Fi. 그럭저럭 깨끗함. 선풍기.

이슬라 이사벨라(갈라파고스)
Isla Isabela
Hotel San Vincente
S 0° 57.3009'
W 90° 57.8662'
15USD

이사벨라 섬 투어를 마치고 섬에서 하루 더 머물렀던 곳. 투어를 진행했던 여행사에서 겸하고 있는 호텔이라 싸게 묵음. 마을 중심가에 위치. 마을이 워낙 작아 구경 다니기 좋음. 더블룸. 무료 Wi-Fi. 깨끗함. 에어컨.

키토 Quito

Travelers Inn
S 0° 11.9250'
W 78° 29.3918'
20USD
hostelworld.com에서 검색. 구 시가지에선 좀 떨어진 곳, 상업지구, 스페인 대사관 바로 맞은편에 위치. Double en suite. 무료 Wi-Fi. 깨끗. 아침 포함. 마당 안 주차장에 주차. 추천.

콜롬비아 Colombia
1USD = 2,057COP

시분도이 Sibundoy

Hotel Turista
N 1° 12.2872'
W 76° 55.1526'
20,000COP
에콰도르에서 콜롬비아로 입국해 보고타를 향해 달리던 중 들른 읍내 크기의 시골 마을. 싱글룸. Wi-Fi 안 됨. 깨끗함. 마당 안 주차장에 주차.

에스피날 Espinal

Hotel Norma
N 4° 09.1426'
W 74° 53.1612'
17,000COP
보고타에 200km 정도 못 미쳐 들어간 호텔. 싱글룸. Wi-Fi 안 됨. 그리 깨끗하진 않음. 마당 한쪽에 주차.

보고타 Bogota

Sayta Hostel
N 4° 35.7857'
W 74° 04.1508'
20,000COP
여행기에서 추천해 찾아간 곳. hostelworld.com에도 나옴. 구시가지에서 가까워 걸어서 구경 다니기 좋음. 5인실 도미토리. 무료 Wi-Fi. 깨끗함. 작은 규모지만 한국인들이 많이 찾는 호스텔. 친절한 주인. 주차장 따로 없음. 주변에 사설 주차장 많음. 근처 주차장에 하루 7,000COP으로 주차. 추천.

메데인 Medellin

Wandering Paisa Backpackers Hostel
N 6° 14.9767'
W 75° 35.2403'
23,000COP
hostelworld.com에서 검색. 구시가지에서 좀 떨어졌지만 걸어서 구경 다닐만한 거리. 6인실 도미토리. 무료 Wi-Fi. 깨끗함. 차고 안에 주차. 추천.

카르타헤나 Cartagena

Hotel La Muralla
N 10° 25.3381'
W 75° 32.6824'
23,000COP
구시가지 바로 앞에 위치. 걸어서 구경 다니기 좋음. 싱글룸. 무료 Wi-Fi. 취사 가능. 마당 안 한쪽에 주차.

북중미 종단
North & Central America

북미의 자연은 시베리아와는 또 다른 광활함을 느끼게 해주었다.
무한한 자연 앞에 그저 스쳐가는 인간은 얼마나 왜소한가.

북중미 종단 루트

파나마시티 → 샌프란시스코 25,780km

- 파나마시티 → 칸쿤 3,665km
- 칸쿤 → 멕시코시티 2,285km
- 멕시코시티 → 오션사이드 3,025km
- 오션사이드 → 솔트레이크시티 2,295km
- 솔트레이크시티 → 프린스조지 2,955km
- 프린스조지 → 프루도 만 3,965km
- 프루도 만 → 앵커리지 975km
- 앵커리지 → 밴쿠버 4,455km
- 밴쿠버 → 샌프란시스코 2,160km

인디펜던스호를 타고 다리엔 갭을 지나쳐 카리브 해를 건넌 것은 5월 6일이었다. 바이크로 달려갈 수 있는 최북단 프루도 만을 바라보며 북쪽으로 판 아메리칸 하이웨이를 달렸다. 7월 16일 프루도 만에 도착해 북쪽 길의 끝을 만나니 이제 더는 올라갈 곳이 없다.

본격적인 추위가 시작되기 전에 알래스카에 가야 한다는 마음뿐이었다. 시베리아에서 겪었던 추위를 다시 겪으며 달리고 싶진 않았다. 시간의 여유를 가지고 구석구석을 좀 더 돌아보며 달렸으면 하는 아쉬움을 남긴 채 중앙아메리카의 여러 나라들을 빠르게 지나쳐야만 했다. 그래도 놓칠 수 없었던 나라, 쿠바에 잠시 다녀온 것은 잘한 일이라 생각한다. 조금 더 여유로운 일정이었다면 일주일이 아니라 열흘, 혹은 한 달이라도 머물렀다면 더 좋았을 테다.

중미를 지나 서부 해안을 따라 올라갈지 로키 산맥을 따라 올라갈지 고민하다가, 결국 로키 산맥의 줄기를 따라 올라가 해안으로 내려오는 루트를 결정했다. 덕분에 미서부의 수많은 국립공원들과 캐내디언 로키의 대부분을 둘러볼 수 있었다. 자연의 경이를 몸소 체험할 수 있었던 잊을 수 없는 순간들이었다.

알래스카에서의 루트는 단순하다. 다른 곳으로 돌아가는 루트는 거의 존재하지 않고 모든 도로가 그저 건설되어 있음에 감사해야 하는 외길이다. 목표로 했던 프루도 만까지 뒤돌아보지 않고 달렸다. 북극권에 발을 디딘 후 되돌아 남쪽으로 내려오는 길은 여행의 마지막 후식과 같았다. 이제 더는 달릴 곳이 보이지 않았고, 처음 목표로 했던 세상의 끝까지 달려보겠다는 포부도 이미 이뤄낸 터라 마치 어미를 잃은 오리새끼처럼 그저 집으로 돌아가기 위해 달릴 뿐이었다. 처음 출발할 때의 설렘과 두근거림이 조금 더 남아있었다면 동부로 달려가 뉴욕과 동부 해안의 여러 도시들까지 달려냈을지도 모르겠다. 하지만 일상이 된 오랜 여행에 꽤 지쳐있었고, 동부의 빛나는 보석들은 다음을 기약하며 남겨두기로 했다.

알래스카 달튼 하이웨이. 프루도 만 가는 길

북미 종단 추천 루트

먼저 알래스카까지 달려갈 것인가부터 정하자. 알래스카 최북단 프루도 만까지는 캐나다 북부 유콘 준주에서부터 거의 외길 코스이므로 고민할 여지가 거의 없고, 미국 종단 루트만 결정하면 된다.

1. 로키 산맥 종주 루트

북미의 광활한 자연을 느낄 수 있는 다이내믹 루트. 그랜드캐니언을 비롯해 수많은 국립공원들이 밀집돼있는 미서부는 캠핑과 모터사이클 여행에 최적지다. 로키 산맥의 안내를 따라 캐나다로 넘어가면 세계 최고의 라이딩 코스라는 캐내디언 로키 산맥의 국립공원들을 달려야 한다. 믿을 수 없을 만큼 아름다운 밴프와 재스퍼 국립공원 속을 달리는 감동은 절대 놓쳐서는 안 된다.

2. 태평양 해안 루트

멕시코의 바하칼리포르니아 반도 Baja California Peninsula에서 시작해 LA, 샌프란시스코, 시애틀, 밴쿠버로 이어지는 태평양 해안도로 종주 루트. 미국 내에서도 손꼽히는 라이딩 코스인 해안 1번 국도와 태평양 연안을 따라 이어지는 해안 절경들, 세계 최대의 나무들이 즐비한 레드우드 국립공원을 즐길 수 있다.

3. 대서양 해안 루트

멕시코 만의 해안을 따라 미국 남부 해안도시 뉴올리언스, 플로리다의 마이애미 등을 거쳐 세계 최대의 도시 뉴욕을 방문한다. 그리고 미국 북부에서 캐나다 토론토를 거쳐 밴프와 제스퍼 국립공원까지 가는 것을 추천.

북중미 종단

북중미의 도시들

파나마시티 Panama City
건설 당시 세계 최대의 토목공사였던 파나마 운하. 1km당 300명이 넘는 사상자가 발생했을 정도의 악전고투로 완성된 파나마 운하는 길이가 총 82km다. 인간의 끊임없는 도전이 무모함을 가능으로 완성시킨 셈이다.

안티구아 Antigua
당장 내일이라도 분화할 것처럼 모락모락 연기를 피워 올리는 '물의 화산', 강도와 테러 사고가 끊이지 않는 불안정한 치안. 정상적인 상황이라면 불안함에 걱정이 앞서야 할 텐데도 안티구아의 모든 것에는 이를 모두 상쇄시켜주는 무언가가 있다.

칸쿤 Cancun
멕시코 칸쿤에서 바라보는 캐리비안의 바다는 사이렌의 유혹이었다. 환상적인 바다색에 이끌려 들어갔다가 파도에 휩쓸려서 하마터면 다시는 빠져 나오지 못할 뻔 했다. 안전요원이 없었다면, 신문 부고란에 내 이름이 올랐을 것이다.

아바나 Havana
쿠바만큼 열정 넘치고 정이 많은 나라를 찾을 수 있을까? 시간이 멈춰 버린 듯한 올드카들의 향연과 거리마다 흐르던 음악의 선율. 강렬한 태양 아래 눈부시던 캐리비안의 바다까지. 쿠바의 모든 것이 완벽했다.

테오티우아칸 Teotihuacan
아메리카 대륙 최대의 유적지인 멕시코시티의 테오티우아칸 유적은 너무나 거대했다. 태양의 피라미드와 달의 피라미드에 올라 그 옛날 이곳에 살며 번성했을 고대인들의 모습을 상상한다. 과연 그들은 어디로 사라졌을까?

그랜드캐니언 국립공원 Grand Canyon National Park
까마득히 펼쳐진 광활한 계곡과 보일 듯 말 듯 굽이치며 흘러가는 콜로라도 강. 영겁의 세월이 만들어낸 자연의 작품 앞에 인간은 얼마나 작고 우리의 삶은 또 얼마나 찰나의 순간인가?

라스베이거스 Las Vegas
도박과 환락의 도시. 모든 것이 가능한 환상의 나라. 라스베이거스는 도시 전체가 놀이동산이었다. 이곳을 찾아온 모든 이들은 현실을 떠나 잠시의 환각에 취하기 위해서 기꺼이 거짓된 연출에 마음을 맡긴다.

솔트레이크시티 Salt Lake City
인간 이성의 자유로운 사유를 방해하는 종교를 나는 혐오한다. 하지만 나약한 인간의 정신을 지탱해주는 종교의 역할을 부정할 생각은 없다. 모든 것이 경건했던 종교 도시 솔트레이크시티의 차분함에 마음이 편했던 것도 사실이다.

페어뱅크스 Fairbanks
페어뱅크스 광장 한편의 알려지지 않은 최초의 가족 동상. 수만 년 전 빙하기에, 어느 가족이 당시엔 육지였을 지금의 베링해협을 건너 신대륙으로 넘어왔다. 최초의 아메리칸. 그들이 바로 모든 아메리카 원주민들의 조상이다.

달튼 하이웨이
Dalton Highway

알래스카에서 북극해로 이어지는 척박한 길. 비바람이 몰아치던 비포장도로를 달리다 보면, 어느 샌가 비가 그치고 먹구름 사이로 수줍게 얼굴을 내민 태양은 무지개를 선물로 내려주곤 했다.

데날리 국립공원
Denali National Park

6,194m의 북미 최고봉 매킨리 산. 대통령의 이름에서 가져온 매킨리라는 이름보다는 원주민이 '위대한 것'이라 부르던 이름 데날리 산이 더욱 어울린다.

캐내디언 로키
Rocky Mountains

로키 산맥의 정수를 마음껏 즐기며 달릴 수 있는 아이스필드 파크웨이는 세계 최고의 드라이브 루트로 불린다. 캐나다의 모든 곳들을 다 지나치더라도 이곳 만큼은 놓칠 수 없다.

밴쿠버 Vancouver

인종과 문화의 다양성과 천혜의 자연환경도 물론이지만, 안전하고 깨끗하며 모든 것에 부족함이 없는 가장 진보된 도시의 전형이 바로 밴쿠버 아닐까? 언젠가는 정말 밴쿠버에 살게 될지도 모르겠다.

시애틀 Seattle

전 세계를 사로잡은 스타벅스 커피가 시작된 곳. 최초의 스타벅스 갈색 로고 앞에선 오늘도 거리의 악사들이 이방인들에게 음악을 팔고 있다. 하지만 놓치지 말자. 시애틀엔 스타벅스보다 몇 배는 훌륭한 커피가 거리마다 넘쳐난다는 것을.

샌프란시스코 San Francisco

미서부의 많은 도시들과는 무엇인가 달랐다. 여유와 위트가 넘쳤고, 구석구석 숨어있는 작은 보석들이 반짝거렸다. 세계 각지에서 온 다양한 사람들이 자유로이 뒤섞여 하나의 조화를 만들어내는 용광로. 오래된 도시임에도 샌프란시스코는 젊음의 열기가 넘친다.

중미 파나마, 코스타리카, 니카라과, 온두라스, 엘살바도르, 과테말라, 벨리즈

때는 5월이었다. 파나마에서 출발해 멕시코까지 중미의 여러 나라들을 빠르게 지나쳤다. 북진의 목적지로 삼고 있는 알래스카는 9월만 되어도 눈이 내리고 겨울이 시작된다. 중미와 카리브 해의 여러 매력적인 해변을 즐기자면 몇 개월의 시간이 필요할지 가늠할 수 가 없었다. 추워지기 전에 미국, 캐나다를 지나 알래스카까지 올라가기 위해선 속도를 좀 더 내야겠다고 생각했다. 중미의 아름다운 나라들이 아쉽지만 다음을 기약하는 수밖에. 코스타리카의 수도 산호세San Jose까지 후버트 아저씨와 함께 달렸다.

파나마운하

파나마시티에서 파나마 운하를 보러 다녀왔다. 1881년 착공된 파나마 운하는 수에즈 운하를 만든 프랑스 건축가 페르디낭 드 레셉스가 감독을 맡았다. 하지만 건조한 사막 기후의 중동과 열대 밀림의 중미는 달랐다. 고온다습한 기후는 노동자들에게 혹독한 시련이었고 말라리아, 황열병 등의 풍토병, 전염병으로 노동자들은 계속 쓰러져나갔다. 끝내 공사가 중단되어 1894년 다른 프랑스 회사로 인계되었지만 이곳 역시 굴착 단계를 마치지 못하고 무너져버렸다. 수년간 방치되었던 공사는 1902년 루스벨트 대통령에 의해 마지막으로 재개되었고, 결국 미국의 손으로 완공되었다. 길이 82km의 파나마 운하를 건설하기 위해 약 6억3,900만 달러의 공사비가 사용되었다고 하는데, 이는 수에즈 운하의 네 배에 달하는 액수다. 개통하기까지 발생한 사상자는 2만5천명에 이르렀다. 1km당 300명이 넘는 사람들의 희생이 따른 것이다. 가히 피와 땀으로 지어낸 운하라 할만하다.

1. 파나마 운하 전망대에서 2. 파나마 운하로 들어오는 컨테이너선

파나마 운하의 개통으로 인해 대서양과 태평양을 잇는 항로의 지도가 바뀌었다. 멀리 남아메리카의 끝 혼 곶Cape Horn과 드레이크 해협Drake Passage, 마젤란 해협을 돌아가는 항로가 쇠퇴하고 태평양-대서양 항로의 중간 기착 항구로 번성하던 푼타아레나스 등 최남단의 도시들은 큰 타격을 받게 되었다. 과거의 영광을 기억하던 지금의 푼타아레나스는 파나마 운하가 만들어낸 풍경이었던 셈이다. 이 파나마 운하를 자국의 통제 하에 두기 위해 미국은 콜롬비아에서 파나마를 독립시키고자 정치 공작을 펼쳤으며, 결국 파나마 운하를 영구히 미국의 소유로 하는 조약을 성립시키고야 말았다. 파나마 운하를 지배하기 위해 파나마라는 나라를 만들어낸 것이다. 하지만 결국 1999년 미국은 파나마 정부에 파나마 운하의 소유권을 반환해야 했다.

중미 간단 정보

- **비자** 무비자(90일) 과테말라, 니카라과, 엘살바도르, 온두라스, 코스타리카, 파나마
  비자 필요 벨리즈(도착비자 가능, 50USD)
- **출입국** 파나마 코스타리카로 육로출입국 가능. 까르네 불필요
  과테말라, 니카라과, 벨리즈, 엘살바도르, 온두라스, 코스타리카 국경을 마주하고 있는 모든 나라들로의 육로 출입국이 가능하다. 남미나 북미지역에 비해 출입국 절차와 세관 검사가 까다롭다. 거의 모든 중미의 나라들은 각종 서류마다 사본을 요구하므로 충분히 준비해두면 좋다. 출입국사무소에서 복사 가게가 함께 영업하고 있으므로 큰 문제는 되지 않는다. 중미의 모든 나라는 바이크 보험 가입이 의무다. 까르네 불필요
- **환전** 중미의 나라들도 큰 마을마다 은행과 ATM이 있고, 현금 인출이 어렵지 않다. 국경 근처에 환전상들이 꽤 많지만 환율은 좋지 않으니 미리미리 환율 정보를 파악해야 한다.
  파나마, 에콰도르, 엘살바도르 미국 달러를 공용화폐로 사용하며 ATM에서도 달러가 인출된다.
  코스타리카 1USD = 500CRC, 니카라과 1USD = 25NIO, 온두라스 1USD = 19HNL
  과테말라 1USD = 7.5~8GTQ, 벨리즈 1USD = 2BZD. 미국 달러와 2:1로 간단히 교환되며, 주유소나 보험사 등에서도 미 달러와 벨리즈 달러가 함께 사용되므로 굳이 환전하지 않아도 된다.
- **도로** 주요 도로들은 거의 포장되어 있고, 상태도 그리 나쁘지 않았다. 온두라스와 과테말라가 비교적 도로 상태가 좋지 않지만, 그래도 아스팔트는 깔려 있다는 것에 감사할 뿐.
  파나마 파나마시티로 들어가는 고속도로에서 바이크도 요금을 받으며 충전카드로만 결제 가능
  코스타리카 도로 중간마다 톨게이트가 있어 300~600콜론을 내야 한다. 현금 지불
  니카라과 톨게이트 없음, 온두라스 무료, 엘살바도르 무료
  과테말라 무료. 중남미에서 도로 상태가 가장 좋지 않았다. 안티구아에서 티칼로 가는 길에 벨리즈쪽으로 빙 돌아가기가 싫어서 산악지역을 가로질러 통과해 달렸는데, 거의 절반 정도는 오프로드 자갈밭이었다. 오프로드도 문제지만, 아스팔트가 깔린 길들도 느닷없이 나타나는 과속방지턱이라던가, 제대로 표시되지 않은 안내판 등… 달릴 때 조심해야 한다.
  벨리즈 고속도로라고 부를만한 도로가 없었다. 당연히 무료. 한가한 시골길을 달리는 느낌이었다.
- **주유소** 주유소가 많아 거리 걱정은 안 해도 되었다.
  과테말라 갤런당 33~36GTQ, 니카라과 리터당 33~34NIO, 벨리즈 갤런당 12BZD
  엘살바도르 갤런당 4.4~4.6USD, 온두라스 리터당 25HNL
  코스타리카 리터당 739CRC, 파나마 리터당 1.1USD *2013년 기준
- **숙소** 각 나라의 수도를 제외하면 그리 큰 대도시는 없지만, 작은 마을에도 숙소는 충실히 준비되어 있다. 대도시에는 호텔 등 숙소가 다양하니 인터넷으로 미리 검색해보자.

인간의 역사가 이루어낸 장관은 언제 보아도 그 자체로 감동적이다. 몇 개의 수문을 열고 닫으며 수위를 조절해, 대서양과 태평양 사이를 이동하는 거대한 배들의 향연. 파나마 운하의 전망대에서 그 모든 모습을 관람할 수 있다. 야구장의 관람석 같은 전망대에서 좁은 수로를 따라 서서히 끌려가는 컨테이너선들과 그 아래 분주하게 움직이며 한 치의 오차도 없이 배를 이끌어가는 직원들이 파노라마처럼 눈앞에 펼쳐진다. 자연을 극복하려는 인간의 상상력과 이를 현실화 시켜내는 공학도들의 열정이 감동적이다. 이미 100년도 넘은 파나마 운하는 현대적 규모에 맞게 확장하는 공사가 한창이었다. 새로운 파나마 운하의 공사가 마무리되면, 그 역시 인류 토목공학의 새로운 개가로 기록될 것이다.

파나마 ⇨ 코스타리카 국경

2013년 5월 9일

아침. 다비드David를 출발해서 오전 10시쯤 파나마 → 코스타리카 국경도시 파소 카노아스 Paso Canoas에 도착했다. 파나마 측 출입국사무소와 세관에서 간단하게 출국 절차를 받았다. 바로 코스타리카 측으로 이동해 출입국사무소에서 입국 스탬프를 받았다. 그런데 입국심사관이 황열병 접종 카드를 요구한다. 아메리카로 건너온 후 황열병 카드를 검사한 건 처음이었다. 한국에서 받았던 옐로카드를 보여주니 간단히 통과되었다. 옐로카드를 가지고 있지 않더라도 큰 문제는 없다. 바로 근처의 병원 혹은 보건소에서 간단하게 예방접종을 받을 수 있기 때문이다. 접종비가 약간 들기는 하지만 국경 통과는 할 수 있다. 다음엔 근처의 세관 사무실로 이동했다. 남미의 다른 나라들에 비해 엄청나게 까다로운 절차를 거친다. 여권 앞면과 입국란을 복사하고 바이크 영문서류와 바이크 보험 서류도 복사해 제출해야 했는데, 출입국사무소 바로 근처에 복사해주는 가게가 있다. 보험도 들어야 한다고 해서 바로 옆에 있는 보험사 부스에서 30달러로 보험을 들었다. 통관 서류를 작성한 후에는 바이크의 차대번호도 확인하고 세관 절차를 모두 마무리했다. 한 시간 반 정도 걸려서 코스타리카 입국절차를 마쳤다. 며칠 있지도 않을 텐데 30달러짜리 보험이라니… 쳇. 중미는 까다롭다.

바이크 보험 30USD

1. 바나나가 주렁주렁 달린 바나나 나무와 야자수 천국, 산호세 가는 길 2. 오랜만에 다시 만난 불꽃나무, 산호세에서 니카라과 가는 길

코스타리카 ⇨ 니카라과 국경

2013년 5월 11일

숙소에서 아침을 먹고 산호세를 출발했다. 맑고 더워 달리기 좋은 날이었다.
12시 넘어 니카라과 국경마을 사포아Sapoa에 도착. 출입국사무소에서 여권에 스탬프를 받고, 근처 세관에서 임시통관 서류 사본을 제출하니 간단하게 코스타리카 출국 작업 완료다. 바로 니카라과 측으로 이동하는 중간에 차량 방역 직원에게 붙잡혔다. 3USD를 내고 바이크를 소독해야 했다. 바이크에 타고 있는데 그 위에 그냥 소독약을 뿌려댄다. 자동차 방역하는 것과 똑같다. 바이크뿐만이 아니라 라이딩기어와 헬멧은 물론 온몸에 소독약을 뒤집어썼다. 이래도 괜찮은 건가 모르겠다. 몸에 안 좋을 텐데… 하지만 어쩌랴 그래야 입국을 시켜준다니 그저 참고 따를 수밖에… 출입국사무소에서 여권에 스탬프를 받았다.
입국세Entrance Tax 1USD, 입국 수수료Immigration Fee 3USD를 냈다. 세관에서 바이크 보험 12USD, 바이크 세금 5USD를 추가로 납부했다. 바이크 임시 통관 서류를 받고 경찰 스탬프까지 받은 후에야 드디어 입국 절차가 마무리되었다. 제출해야 한다는 서류들을 복사하고, 이리 저리 다니느라 2시간이 넘게 걸렸다. 코스타리카나, 니카라과… 좀 짜증나는 국경이다.

방역료 3USD
입국세 1USD
입국 수수료 3USD
바이크 보험 12USD
바이크 세금 5USD

니카라과 ⇨ 온두라스 국경

2013년 5월 12일

마나구아의 숙소에서 아침을 먹고 9시경 니카라과의 수도 마나구아를 출발, 온두라스를 향해 달렸다. 온두라스와의 국경마을 사모티요Samotillo 도착해서 근처의 환전상들에게 남은 니카라과 돈을 환전했다. 그 다음 출입국사무소에서 출국세 2USD를 지불하고 세관에서 바이크 서류 제출 후 출국 절차를 마무리했다.
바로 온두라스 측으로 이동, 출입국사무소에서 입국세 3USD를 내고 여권에 스탬프를 받았다. 세관에서는 바이크 보험 35USD, 여권 사본 3장, 면허증 사본 3장, 바이크 서류 사본 3장을 근처 복사가게에서 복사해서 제출하고 바이크 통관 서류를 받았다. 도대체 무엇에 쓰려고 복사본이 3장씩이나 필요한 걸까? 도무지 이해가 안 된다. 두 시간여 걸려 온두라스의 입국 절차를 마무리하면서 여기도 꽤나 까다롭구나 싶었다. 전반적으로 중미는 꽤 성가시게 군다. 엘살바도르까지 겨우 몇 시간 지나가는 것뿐인데 뭐 이리 귀찮게 굴어. 쳇.

니카라과 출국세 2USD
온두라스 입국세 3USD
온두라스 바이크 보험 35USD

바로 국경을 지나 엘살바도르를 향해, 온두라스의 판 아메리칸 하이웨이를 달렸다. 온두라스는 오전에 입국해서 오후에 출국하는 셈이다.

엘살바도르 국경

온두라스 ⇨ 엘살바도르 국경

2013년 5월 12일

니카라과에서 온두라스로 입국해서 몇 시간을 달려 오후 4시반경 엘살바도르 국경마을 엘 아마티요 El Amatillo에 도착했다. 온두라스 출입국사무소에서 여권에 출국 스탬프를 받고, 세관에서 바이크 서류를 제출하고 간단히 출국 절차를 마무리했다. 들어올 때는 까다롭게 굴더니 나갈 때는 그리 귀찮게 하지 않았다. 국경을 넘어 엘살바도르 측으로 이동했다. 출입국사무소에서 여권을 제출했으나 웬일인지 여권에 스탬프를 안 찍어준다. 컴퓨터에 몇 가지 여권 정보들을 입력만 하더니 스탬프도 찍지 않고 나에게 여권을 되돌려 주었다. 여권에 왜 스탬프를 안 찍는지 입국심사관에게 물었다. 과연 제대로 알아들은 건지 모르겠지만, 입국심사관이 말하길 엘살바도르는 원래 안 찍는다고 그냥 가라고 한다. 과연 사실인가 미심쩍지만 찍어주지 않는다니 그냥 여권 받아서 돌아 나오는 수밖에.

세관이 어디 있냐고 주위 사람들에게 물어보니 3km정도 달려가야 있다고 한다. 바이크를 몰고 잠시 달려서 세관에 도착했다. 세관에서 엘살바도르의 바이크 보험을 10USD에 만들고 여권 사본 1장, 면허증 사본 1장, 바이크 서류 사본 1장을 제출했다. 3시간 넘게 걸려 겨우 임시통관 서류를 받았다. 이곳 세관원의 일 처리는 만사가 여유로워 대한민국의 속도 감각에 적응해 살던 나로서는 참고 인내하기가 꽤나 힘들었다.

바이크 보험 10USD

중미의 경로를 고민할 때, 엘살바도르를 건너뛰고 온두라스에서 바로 과테말라로 넘어 갈까 고민했었다. 정보를 검색하다가 보니 엘살바도르 입국은 무척 간단하며 돈을 내야 하는 것도 없다고 HU에 누가 써놓은 글을 보고 이리 온 건데 젠장… 입국 쉽고 간단하다고 한 놈 도대체 누구야? 만나면 한대 때려주고 싶었다. 바이크 통관 서류까지 받고 입국 절차를 마무리하고 나니 이미 해가 지고 어두워졌다. 원래 엘살바도르 수도 산살바도르까지 달려가 하루를 묶으려 했었는데, 어두운 산길을 야간 라이딩 하다 보니 산살바도르까지 달려가는 것은 무리라 판단되었다. 달리던 중 지나던 도시, 산미구엘의 길가에 보이는 호텔에 체크인을 했다. 하루에 국경통과 두 번씩 하는 건 좀 무리인 것 같다.

엘살바도르 ⇨ 과테말라 국경

2013년 5월 13일

숙소에서 아침을 먹고 산미구엘을 출발했다. 점심 무렵 엘살바도르와 과테말라의 국경마을 라스 치나마스Las Chinamas에 도착했다. 출입국사무소, 세관에서 엘살바도르를 출국했다. 20분정도 걸렸다. 들어올 땐 그리 오래 걸리더니 나갈 땐 매우 간단했다. 이곳 과테말라-엘살바도르 국경은 강을 사이에 두고 있었다. 다리를 건너 과테말라로 넘어가 출입국사무소에서 입국 스탬프를 받고, 바로 옆 세관에서 바이크 통관 작업을 진행했다. 바이크 보험을 들어야 한다고 해서 미국 달러로 내려고 했더니 과테말라 화폐 케찰GTQ로만 받는다고 한다. 바로 근처에 돌아다니는 환전상에게 40USD = 300GTQ로 환전을 했다. 국경의 환전상들이 늘 그렇듯 형편없는 환율을 들이밀기 때문에 한참을 옥신각신하다가 겨우 환전할 수 있었다. 멍하니 있다간 눈 뜨고 코 베이기 십상이니 국경을 넘기 전에 늘 환율을 미리 확인해 두어야 한다. 환전한 돈으로 160GTQ를 지불해 바이크 보험을 들고 바이크 통관 작업을 마무리하는 데 한 시간 정도 걸렸다. 뭐 이 정도면 양호한 편이라고 해야겠다.

바이크 보험 160GTQ

자비의 성모 마리아 성당La Merced, 과테말라 안티구아

안티구아

1541년 화산 분출로 옛 도시를 잿더미로 만들었던 '물의 화산' 분화구는 오늘도 수증기를 내뿜고 있다. 하지만 화산 폭발과 1717, 1773년의 대지진의 폐허 더미 속에서도 안티구아는 여전히 살아남았다. 스페인 식민 시절의 향기를 간직하고 있는 안티구아는 유네스코 문화유산으로 지정되는 등 과테말라 여행자들의 성지로 그 자리를 지키고 있다.

1. 안티구아를 내려다보고 있는 물의 화산 2. 300년 전의 지진으로 무너져 내린 안티구아 대성당 메트로폴리티나 3. 미국 스쿨버스를 개조한 과테말라의 시내버스 4. 안티구아 시내 풍경들

추락 – 이렇게 여행이 끝나는 건가?

2013년 5월 16일

아침 8시 안티구아를 출발했다. 마야의 티칼 유적을 볼 수 있는 플로레스를 향해 최단 경로를 따라서 달렸다. 당시엔 몰랐지만 잘못된 선택이었다. 최단 경로는 산 넘고 물 넘는 비포장도로의 향연이었다. 오히려 벨리즈 쪽으로 돌아가는 길이 포장도 잘 되어있어 거리는 더 길지만 빠르고 쉽게 달릴 수 있는 길이었다. 날은 맑고 화창. 강렬한 태양. 달리지 않고 정지해 있으면 땀이 줄줄 흐르는 무더운 날이었다. 포장도로, 비포장도로가 섞인 험난하고 구불구불 거리는 산악길이었다.

1. 과테말라 내륙 산맥을 넘어가는 비포장도로 2. 플로레스를 향하는 길의 저녁놀

자갈밭 오프로드, 구불구불 산길을 달리다 보니 속도를 낼 수 없어 시간이 지체되었다. 플로레스까지 200km 전부터 해가 졌고 그 때부터 야간 라이딩을 시작했다. 배를 타고 강도 건너가면서 국립공원을 가로질러 달려간다. 마음이 급해져 속도를 내며 달렸지만 저녁 8시가 되었어도 플로레스까지는 앞으로 남은 길이 70km. 게다가 헤드라이트 전구 박스가 잘 고정되지 않았는지 바이크 진동에 따라 헤드라이트 불빛이 흔들린다. 여기저기 긁히고 떨어뜨려 지저분해진 헬멧의 실드를 미러실드로 교체했기 때문에 시야도 무척 어두웠고, 가로등 하나 없는 산길이라 더 어둡고 외로웠다. 흔들리는 불빛. 밤이 되어 급해진 마음. 답답한 시야. 아침에 출발한 후 12시간이 넘게 쉬지 않고 달린 후의 피로감… 지금 생각해보니 이 모든 게 원인이 되었지 싶다.

빠른 속도로 달리고 있는 와중에 느닷없이 도로가 끊어졌다. 작은 강에 다리를 놓기 위해 직진 도로는 강물 앞에서 낭떠러지로 달리게끔 끊어버리고 도로 옆으로 우회로를 만들어 놓았던 것 같다. 직진 도로가 끊긴 표시도 보이지 않았고, 그렇다고 도로를 막아놓은 것도 아니었다. 낮이었다면 미리 상황을 파악하고 대처할 수 있었을 테지만 시야가 극단적으로 짧아진 야간에 전방을 확인하기엔 너무 늦은 것이다. 에휴… 정신없이 코앞만 주시하며 달리다 보니 아마도 옆의 경고 표시를 못 보았던 거겠지. 어쩌면 보았는데도 어차피 까막눈이라 인식하지 못한 건지도 모르겠다.

플로레스로 가는 길, 저녁 안개 속의 목장

갑자기 끊어진 도로. 그렇게 3미터쯤 되는 절벽 밑으로 바이크와 함께 점프 후 추락을 했다. 바로 옆에 커다란 바위덩이들도 널려 있었는데 그나마 자갈밭이어서 다행이었다. 바이크는 처박히며 중심을 잃고 오른쪽 옆으로 고꾸라지고, 나는 앞으로 튀어나가 한두 바퀴 공중제비 후 등판으로 떨어졌다. 척추보호대가 없었다면 허리가 부러졌을지도 모르겠다. 공중에서 바닥으로 자유 낙하하는 순간… 이제 여행 끝나는가, 여기가 마지막 나라인 건가… 이런 생각이 머릿속에 스쳤다. 인생의 마지막 순간 시간이 느려지며 평생의 기억이 파노라마처럼 펼쳐진다더니 이게 그런 건가 싶다.

자갈밭에 퍼져 누운 채로 잠시 멍하니 상황파악을 했다. 왠지 현실감이 떨어져서 당시의 상황을 인지하기까지 잠시 시간이 필요했다. 그래 나는 낭떠러지로 추락한 거다. 떨어질 때, 어디 뼈가 부러지는 소리는 안 들렸는데, 괜찮은 건가… 일단 숨은 잘 쉬어지고… 심하게 아프거나 그런 곳은 없는 것 같고… 손가락, 팔 다리가 움직여지나? 꼼지락꼼지락… 움직여진다. 다행이네. 일단 일어나봐야지. 다행히 멀쩡히 일어나졌다. 헬멧을 벗고 팔다리를 확인해보니 잘 움직여진다. 그 높이에서 처박혔는데도 몸이 너무 멀쩡해 보여서 내가 다 놀랐다. 일단 몸은 괜찮은 것 같아서 바이크로 다가가 바이크의 상태를 확인해봤다. 그 높이에서 점프해 앞바퀴로 처박혔으니 앞바퀴, 스포크 다 박살났을 줄 알았는데 의외로 멀쩡하다. 대신 오른쪽 핸들이 휘어지고 오른쪽 패니어케이스와 사이드미러가 부서졌다. 아이폰 역시 거치대 채로 박살나 앞쪽으로 날아갔고, 가방을 고정했던 끈도 찢어져서 덜렁거린다. 주변을 뒤적이며 날아간 것들을 주섬주섬 주웠다. 바이크를 멍하니 바라보며, 이걸 이제 어찌해야 하나… 정신없어 하는데, 다리 건너 앞쪽 마을에서 손전등을 들고 마을 사람들 십여 명이 우르르 몰려와 나를 붙잡고 괜찮은지 물어본다. 괜찮다고 하니 오히려 사람들이 더 놀란다. 진짜 괜찮은 거냐며… 응 진짜 괜찮은 거 같아…

사람들의 도움으로 바이크를 일으켜 세웠다. 바이크 시동을 다시 걸어보았지만 걸리지 않는다. 당연한 건가… 일단 몸이 멀쩡한 것 같으니 그나마 다행인데 이제 어찌 해야 하나… 지나가다가 과테말라시티에서 BMW 바이크 숍을 보았었는데, 싣고서 다시 과테말라시티로 되돌아가야 하나? 이 동네에 바이크 정비소가 있을까? 아니면 플로레스까지 일단 싣고 가는 게 나으려나? 과테말라시티까지는 너무 멀고, 그나마 얼마 안 남은 큰 도시가 플로레스니까 일단 그곳까지 싣고 가서 바이크 정비소를 찾는 게 나을 듯 했다. 지나가던 트럭이 와서 멈춰

선다. 무슨 일 있느냐며 괜찮은지 묻기에 트럭 기사에게 어디로 가는지 물었더니, 마침 플로레스로 가는 길이라 한다. 트럭 기사에게 부탁해 바이크를 트럭에 싣고 플로레스까지 이동하기로 했다. 마을 사람들 도움으로 바이크를 트럭 위 짐칸에 올려 싣고, 짐들도 챙겨 실었다. 바로 플로레스를 향해 달리며 짐칸에 앉아 바이크를 토닥토닥 다독여 주었다.

젠장… 일 년 넘는 여행 동안 사고 한번 없이 잘 달렸었는데, 기어이 여기서 한 번 사고를 내는구나. 그나저나 얼마나 고쳐야 되려나. 고칠 수는 있으려나. 부품도 없을 텐데, 부품 기다리는데 또 몇 주 잡아먹는 것 아닌가? 돈은 또 얼마나 더 들까? 젠장… 좀 천천히 달릴걸. 그래, 그동안 너무 별일 없이 잘 달려와서 긴장이 풀렸던 게지. 안전운행… 안전운행… 이제 다시 좀 조심조심 달려야지. 요즘 너무 막 달렸어.

한 시간여 달려 검색해 두었던 플로레스의 숙소에 도착했다. 바이크와 짐들을 내리고 감사의 표시로 트럭 기사에게 바이크 운반비용을 지불했다. 숙소 앞에서 바이크를 세워놓고 밝은 가로등 불빛 아래에서 천천히 바이크를 다시 점검했다. 다시 한 번 시동을 걸어보니 시동이 걸린다. 후우… 다행이다. 내 바이크 진짜 튼튼하구나. 살아나줘서 고마워. 정말 고마워.

검색해 두었던 호텔은 바이크 주차할 곳이 마땅치 않다고 해서 근처 다른 호텔로 이동했다. 다시 짐을 싣고 살살 달려보니 그럭저럭 달려진다. 내일 날이 밝고 다시 제대로 살펴봐야지. 제발 큰 문제가 없기를 바랄 뿐이다. 일단 주차장에 바이크를 세워놓고, 호텔 체크인 후 방에 들어가 라이딩기어를 벗어 던지고 씻었다. 다시 한 번 몸 상태를 천천히 확인해보니 어디 부러진 곳은 확실히 없는 것 같다. 여기저기 뻐근하고 은근한 통증은 있는데 크게 문제는 없어 보인다. 가지고 있던 약을 바르고 밴드를 붙이자마자 침대에 철퍼덕, 일단 살아있음에 감사와 안도의 한숨이 나온다. 헬멧과 라이딩기어가 여기저기 긁히고 부서진 덕분에 내 몸이 멀쩡한 게지. 바이크도 어떻게든 굴러간다는 것에 다시 또 감사. 날이 밝으면 다시 제대로 살펴봐야지. 오늘은 일단 쉬자.

달릴 수 있음에 감사한 하루

2013년 5월 17일

침대에서 뭉그적대다가 늦게 일어나보니 온몸이 쑤셨다. 허벅지, 왼쪽 팔, 목, 허리, 엉덩이, 오른쪽 갈비뼈… 온몸이 쑤시고 뻐근하다. 그래, 이 정도쯤이야 당연한 거다. 적어도 어디 부러지진 않았잖아.

주차장에 세워둔 바이크로 내려가 다시 한 번 바이크를 점검했다. 시동을 걸어보니 잘 걸렸다. 휘어진 윈드실드는 다시 풀어서 제자리에 고정하고, 헤드라이트 위치도 조정해주고, 왼쪽 사이드 미러도 다시 조정. 돌아가 버린 오른쪽 브레이크 레버 위치도 풀어서 다시 조정. 휘어져 버린 핸들, 부러진 사이드 미러는 어떻게 할 수 없으니 나중에 바이크 정비소에 가서 방법을 찾아봐야겠다. 충격으로 휘어졌는지 뻑뻑해진 바이크 스탠드도 손봐야 하고… 부서진 오른쪽 패니어 케이스 플라스틱 부분도 갖고 있던 실리콘으로 붙였다. 찢어진 짐 고정 끈은 버리고 다른 것으로 교체했다.

검색해 보았지만, 역시나 플로레스에 BMW 바이크 숍은 없었다. 과테말라시티에는 있지만 거기까지 갈 수는 없는 일이고, 가까운 벨리즈에도 없는 모양이다. 아마 멕시코시티 정도에나 가야지 BMW 바이크 숍을 찾아 갈 수 있겠지. 거기까지 잘 달려갈 수 있으려나? 플로레스도 나름 큰 마을이라, 마을에 야마하, 혼다, 스즈끼 바이크 매장들은 있었다. BMW는 아니더라도 그런데 대충 찾아가서 수리 가능한지 알아보고 간단한 거라면 수리할 수 있겠지. 대충 내가 할 수 있는 것들은 해 놓고 나서 바이크를 몰고 정비소를 찾아갔다. 약간 덜덜거리는 느낌도 드는 것이 스포크가 약간 휘어지거나 한 건 아닌지 걱정되지만, 일단 달리는 데는 크게 지장은 없어 보인다. 다행, 다행…

길가에 보이는 정비소에 도착했다. 하지만 영어가 통하지 않으니 온갖 보디랭귀지로 이렇게 저렇게 떨어져서 사고가 났고, 여기저기가 휘어졌다, 고칠 수 있냐 물어봤다. 그랬더니 휘어진 핸들을 긴 쇠파이프로 낑낑대며 억지로 다시 펴주었다. 충격을 받은 스탠드도 휘어진 부분을 다시 꺾고, 흔들거리던 핸들 고정나사도 공구로 조여 주었다. 역시 완전 복원은 무리겠지. 그래도 이 정도라도 얼마나 다행인가 싶다. 아마 제대로 점검하고 교체하는 건 BMW 매장에서나 가능할 테니, 직접 가봐야겠지. 일단 이 정도로 달릴 수 있게 된 것으로 만족하고 달려야겠다.

숙소로 돌아와 휴식. 잠시 플로레스 섬을 산책했다. 일단 어떻게든 될 것 같으니, 한시름 놓아도 되겠다 싶어 버스를 타고 티칼Tikal 유적을 보러 다녀왔다. 남미의 잉카문명을 지나 이제 마야문명의 유적지로 접어든 것이다.

정글에 숨어있던 마야 유적 티칼

과테말라 ⇨ 벨리즈 국경

2013년 5월 19일

오늘은 국경도 두 번 통과해야 하고, 거리도 멀다. 새벽 5시. 일찍 일어나 플로레스 숙소를 출발했다. 한 시간 정도 과테말라의 새벽 공기를 맞으며 벨리즈 국경을 향해 달렸다. 오전 6시경 과테말라-벨리즈 국경의 멜초 데 멘코스Melchor de Mencos에 도착했다. 출입국사무소에서 출국세 20GTQ를 내고 여권에 스탬프를 받은 뒤 세관에 바이크 서류를 내고 과테말라를 나왔다.

벨리즈 측으로 이동해서는 출입국사무소에서 50USD를 내고 비자를 받았다. 여권에 스탬프를 받고, 세관에서 바이크 통관 스탬프도 여권에 받았다. 벨리즈는 따로 통관 서류를 만들어 주지도 않았다. 보험 가입이 필수라고 해서 바로 앞 보험회사로 이동해 24시간짜리 임시통관용 트랜짓Transit 보험을 6USD에 가입했다. 벨리즈 입국 절차 마무리에는 한 시간 정도 걸렸다. 이것저것 돈이 들긴 하였지만 그리 어렵지 않게 통과할 수 있었다.

과테말라 출국세 20GTQ
벨리즈 비자 50USD
벨리즈 바이크 보험 6USD

벨리즈 내륙을 달려 멕시코 국경으로 향했다. 벨리즈는 꼭 아프리카의 말라위를 달릴 때의 느낌이 들었다. 한산한 시골마을. 보통 중남미 나라들과 다르게 거의 모든 벨리즈 사람들은 흑인들이었다. 아프리카에 다시 온 것 같은 기분이었다.

다시 만난 카리브 해

멕시코

2013년 5월 19일

오후 2시경 벨리즈와 멕시코 국경마을 스타 엘레나 Sta Elena에 도착했다. 벨리즈 출입국사무소에서 출국세 15USD를 내고 여권에 스탬프를 받은 후, 세관에서 여권 확인을 받고 벨리즈 출국 마무리.
다리 건너 멕시코 측으로 이동했다. 출입국사무소에서 여권에 스탬프를 받고, 세관Banjercito, Aduanas으로 이동했다. 멕시코 입국세 25USD, 바이크 허가

멕시코 국경으로 가는 길. 벨리즈

료 48.84USD를 냈고, 추가로 바이크 보증금 400USD를 카드로 결제했다. 400USD는 바이크 보증금이다. 나중에 미국으로 출국하고 나서 자동 환불되었다. 그나저나 더럽게 비싸다. 중미 나라들은 하나같이 다들 왜 이런 걸까? 한 시간 정도 걸려 출입국 절차를 모두 마무리 했다. 그리고 바로 307번 국도를 따라 칸쿤을 향해 달리니 밤 8시쯤 칸쿤의 검색해 두었던 호스텔에 도착했다.

벨리즈 출국세 15USD
멕시코 입국세 25USD
멕시코 바이크 허가료 48.84USD
멕시코 바이크 보증금 400USD

멕시코가 위험하다는 이야기를 많이 들어서 상당히 걱정했는데, 지나고 나서 생각하니 그리 위험하진 않았던 것 같다. 오히려 중남미의 여러 나라들보다 더 안전하고 여행하기 좋은 나라가 아닌가 싶다. 물론 항상 기본적인 주의는 해야 하지만, 멕시코시티 아래의 남쪽 지방은 여느 유럽 나라들 못지않게 안전해 보인다.

물론 뉴스에도 가끔 나오듯이 멕시코의 마약 갱들은 멕시코의 커다란 사회 문제 중 하나이고, 이로 인해 수많은 부정부패와 전쟁 수준의 사건들이 많이 발생한다. 하지만 이점이 우리 같은 가난한 여행자들에게까지 큰 위험을 안기진 않는다. 오히려 소매치기나 좀도둑 같은 녀석들이 보다 현실적인 위협거리기 때문에 기본적인 안전수칙을 지키고 늘 조심해야 한다.

황량한 멕시코 북부

멕시코 북부는 치안이 좋지 않기로 소문나 있는 지역이다. 멕시코의 골칫거리인 마약 갱들이 미국 국경과 가까운 멕시코 북부를 주요 기반으로 하기 때문이다. 마약 갱들의 활동지 중에서도 가장 위험한 곳으로 소문난 곳은 미국의 엘 파소El Paso와 국경을 맞대고 있는 시우다드 후아레스Ciudád Juarez. 뉴스에서 봐온 멕시코 마약 테러 사건의 주요 발생지가 바로 이곳이다.

멕시코 북부 황량한 벌판에서 회오리 모래바람을 참 많이 만났다. 미국 애리조나 사막지형으로 이어지는 멕시코 북부는 척박하고 황량했다. 넓은 땅덩어리에 쏟아져 내리는 강렬한 태양광선 때문에 한낮의 대지는 뜨겁게 달구어진다. 대지의 열기는 드넓은 벌판 여기저기에 회오리바람을 만들어 땅에서 하늘로 솟구쳐 오른다. 가끔 모래먼지의 회오리바람을 뚫고 달릴 때면 바이크가 좌우로 휘청거리곤 했다.

1. 태양이 뜨겁게 내리쬐던 멕시코 북부 평야 2. 멕시코 북부 미국 애리조나로 향하는 길

멕시코 간단 정보

- **비자** 무비자(90일)
- **출입국** 벨리즈, 과테말라, 미국으로 육로출입국 가능. 차량 일시 반입을 위해 입국 시 보증금 400USD 예치(현금, 카드결제 가능. 출국 시 반환). 까르네 불필요
- **환전** 적당한 규모의 마을에서 은행과 ATM 이용이 가능하며, 시티은행 현금카드도 잘 통했다. 1USD = 12.3MXN
- **도로** 중미나 남미의 여러 나라들에 비해 도로 포장이 잘 되어있고, 그럭저럭 잘 관리되어 전혀 불편하지 않다. 다만 고속도로 중간에 계속 톨게이트가 나와 바이크 통행료를 받는다. 10~60MXN 정도로 그리 싸지도 않은데다 좀 달릴만하면 자꾸만 톨게이트가 나와서 상당히 짜증났었다.
- **주유소** 주유소 간 거리 걱정은 하지 않아도 될 만큼이다. 휘발유는 리터당 12MXN 정도(2013).
- **숙소** 유카탄 반도의 칸쿤과 메리다는 물론, 와하까, 산크리스토발, 멕시코시티, 과달라하라 등의 주요 관광도시들에는 호텔과 호스텔 등이 성업 중 이므로 숙소를 찾는 것은 전혀 어렵지 않다. 주요 도시 외에 국도상의 작은 도시에서도 숙소를 쉽게 찾을 수 있다.

📷 멕시코

칸쿤 Cancún
1.마야 유적 치첸잇사Chichen Itza와 팔렝케Palenque 2.칸쿤의 캐리비안 베이 3.수십 미터 깊이의 싱크홀에 지하수가 고여 만들어진 천혜의 수영장 익킬Ik Kil 4.최고의 신혼여행지 중 하나로 떠오르는 멕시코 휴양도시 칸쿤

산크리스토발 San Cristobal
1.산크리스토발 대성당
2.아기자기한 풍경의 산크리스토발 거리

와하까 Oaxaca
1. 산토도밍고 성당 2. 와하까 중앙광장 소칼로로 이어지는 거리 3. 식민지 시대의 석조건물 과달루페 성당 4. 노래하는 거리의 악사들

중미에서 북미로 넘어가는 관문 멕시코는 중남미와 확연히 다른 분위기다. 도시에는 관광객들이 넘치고 도로는 깨끗하게 잘 관리되어 있으며 다양한 자연환경과 고대 문명 유적들까지, 멕시코를 여행하는 이들은 모두 멕시코에 푹 빠지게 된다.

멕시코시티 Mexico City
1. 독립기념탑, 레포르마 거리 2. 국립문화예술궁전 3. 라틴 아메리카 타워 4. 아즈텍 달력 '태양의 돌'. 인류학박물관

쿠바

멕시코 칸쿤Cancun에서 바이크는 호스텔에 세워두고 비행기를 타고 쿠바에 다녀왔다. 일주일의 짧은 쿠바 여행 후 칸쿤으로 돌아와 다시 바이크를 타고 멕시코를 종단했다. 비용이나 시간 등을 고려해서 바이크를 가지고 쿠바를 들어갈 생각은 아예 하지 않았었기 때문에 쿠바에 바이크의 반출입이 가능한지 어떤지 알아보지도 않았지만, 쿠바를 돌아다니  는 내내 바이크를 가지고 왔으면 참 좋았겠다 싶은 생각이 많이 들었다. 한산한 시골 풍경의 평화로운 쿠바 내륙을 바이크로 돌아다녔다면 정말 재미있었을 텐데 아쉬울 뿐이다. 쿠바에도 많은 사람들이 바이크를 타고 있었고, 아마도 소련의 영향 때문인지 특이하게도 사이드카를 달고 다니는 우랄 스타일의 바이크가 참 많았다.

음악 하면 쿠바… 길가 레스토랑의 악단의 연주에 맞춰서 흥겹게 춤을 추던 사람들… 휠체어에 탄 아저씨는 다리가 하나 없었음에도 음악이 흐르자 벌떡 일어나서 지나가던 분과 춤을 추었다. 흥겨운 음악에 맞춰 리듬을 타고, 인생을 즐기는 데에는 가난과 장애가 아무런 걸림돌이 되지 않는다. 살사, 재즈… 매일 저녁 바와 거리에서 공연을 보며 지냈다.

쿠바 간단 정보

- **비자** 비자 필요. 공항에서 항공권 발권 시 항공사로부터 여행자카드 구입 가능 (250MXN, 비자세 포함)
- **출입국** 칸쿤에서 쿠바항공을 이용할 수 있으며, 여권과 여행자카드가 있어야 쿠바 행 비행기를 탈 수 있다. 쿠바는 여권에 스탬프를 찍어주지 않는 대신 공항에서 판매하는 여행자카드에 입출국 기록을 남기기 때문인데, 항공권 체크인을 위해 공항에 가면 직원이 판매 부스를 가르쳐준다. 칸쿤에서 비행기로 한 시간 반 정도면 쿠바 아바나에 도착한다. 입국 심사대에서 여권과 여행자카드를 제출하면 여행자카드의 입국 바우처를 뜯어가며, 나머지 절반의 카드에만 스탬프를 찍어준다. 절반의 여행자카드는 잘 가지고 있다가 출국심사에 제출하면 된다.
- **환전** 외국인용 화폐 쿡CUC과 내국인용 화폐 모네다MN가 통용된다. 미국 달러보다는 환전에 유리한 캐나다 달러CND가 더 많이 사용되며, 달러를 쿡으로 환전해 쿡을 다시 모네다로 환전할 수 있다. 은행과 ATM은 많지만 미국계 은행 카드와 시티은행 현금카드는 사용할 수 없고, Visa나 Mastercard 마크가 붙어있는 우리나라 은행 카드는 사용 가능하다. 1USD = 0.9CUC, 1CND = 0.94CUC, 1CUC = 24MN(2013).
- **숙소** 대부분의 도시에 다양한 숙소가 많지만 배낭 여행자에게는 저렴한 현지인 민박 까사Casa를 추천한다. 호객꾼이 많으므로 찾기 쉽다.

1. 아바나 대극장 2. 아바나 산 프란시스코 교회 3. 사이드카를 옆에 단 우랄바이크 4. 쿠바 트리니다드Trinidad 5. 헤밍웨이의 모히또 단골집 '라보데기타' 6. 올드카의 천국 쿠바

미국

멕시코시티를 떠나 미국 국경을 향해 북쪽으로 이동. 사카테카스Zacatecas와 치와와Chihuahua를 지나 미국-멕시코의 국경도시 애리조나 주의 더글러스Douglas에서 미국으로 입국했다.

2013년 6월 11일
미국 국경으로 가는 길. 숙소에서 아침을 먹고 치와와에서 출발했다. 건조하고 황량한 사막, 강렬한 태양, 찌는 듯한 더위… 550km를 달려 오

멕시코 - 미국 국경도시 더글러스

후 4시경 미국 국경 멕시코 측 도시 아구아 프리에타Agua Prieta에 도착했다. 도심에 접어들자 국경으로 진입하는 차량들을 따라 검문소로 진입해 여권을 제출했다. 그런데 입국심사관의 복장이 좀 이상하다. 미국 성조기가 달린 제복과 유창한 영어. 뭔가 이상하다. 이상한 마음에 확인 차 어디 소속인지 물어보았다. 당연히 멕시코 측 출입국사무소일 줄 알았는데, 미국 입국 심사라고 한다. 헐… 멕시코 출국도 안하고 바로 미국 입국이라니… 무슨 진입로를 이따위로 만들어 둔건지… 아니, 멕시코에서 미국으로 입국할 때에는 멕시코 출국심사는 생략되는 건지도 모르겠다.

미국 간단 정보

- **비자** 관광·상용 목적에 한해 비자 면제(단 전자여권을 소지하고 사전에 전자여행허가ESTA를 승인 받아야 함)
- **출입국** 캐나다, 멕시코로 육로출입국 가능. 육로 입국한 외국국적 차량은 등록 없이 1년 동안 미국 내 운행 가능. 까르네 불필요
- **환전** 은행도 많고, ATM도 여기저기 많아서 돈 찾는 데에 아무 어려움이 없다.
- **도로** 도로상태 한국보다 좋다. 차선도 넓고 표지판도 잘 정리되어 있어서 달리는데 아무 어려움이 없었다.
- **주유소** 주유소가 많고 거리도 멀지 않았다. 갤런 단위를 사용하며(1갤런=3.78리터) 가격은 갤런당 3.7~4.6USD(2013). 미국에서는 주유소를 가스 스테이션Gas Station이라 부르는데, Gas는 가솔린의 약자다. 미국 주유소의 대부분은 셀프이며 선불이므로 계산대 점원에게 주유량을 말하고 현금으로 결제한 후 주유하면 된다. 만일 결제한 금액보다 덜 주유하게 되면, 계산대로 가서 돈을 거슬러 받으면 된다.
- **숙소** 도시와 고속도로, 국도 휴게소까지 어딜 가나 숙소와 캠핑장이 많다. 다만 숙박비를 절약하기 위해 미리 검색하고 발품을 팔며 적당한 곳을 찾는 것이 현명하다. 미국은 저렴한 호스텔보다 호텔이나 모텔, 캠핑장이 훨씬 발달되어있다. 숙소 검색도 그동안 주로 사용했던 hostelworld.com보다는 hotels.com이나 hotwire.com 등의 사이트를 많이 이용했다.

생각해보면 미국에서 캐나다로 또 알래스카로 출입국을 할 때에도 출국심사는 생략한 채 입국심사만을 받고 국경을 넘나들었다. 하지만 다시 멕시코로 돌아올 일이 없었던 나는 바이크의 보증금 반환 때문에라도 멕시코의 출국심사를 받았어야 했다. 심사관에게 사정을 이야기하고 다시 멕시코로 바이크를 돌렸다. 멕시코로 넘어가 경찰에게 물어서 바로 옆쪽의 멕시코 출입국사무소, 세관으로 갔다. 출입국사무소 건물로 들어가 여권을 제출하고 간단히 멕시코 출국 스탬프를 받았다. 바로 옆 세관에서 입국할 때 받았던 바이크 허가증을 제출하고 입국할 때 카드로 결제했던 바이크 보증금을 환불 받았다. 30분 정도 걸려 멕시코 출국 절차가 마무리 되었다.

바로 미국 국경 검문소로 다시 이동해서 여권을 제출했다. 예전에 한국에서 전자여권에 전자여행허가(ESTA) 승인을 받아두었기 때문에 미국 입국에 따로 비자를 받을 필요가 없었다. 2008년부터 시행된 비자면제 프로그램 덕분이다. 육로 입국 시 입국세 6USD(공항 입국 시 면제)를 내고 여권에 스탬프를 받아 미국 입국 절차를 마무리했다. 바이크 통관 서류는 없었다. 검문소에서 바이크 번호판의 숫자만 슬쩍 보고 컴퓨터에 입력하더니, 바이크 서류 따윈 요구하지도 않고 일시반출입 서류라든가 하는 것도 하나 없이 그냥 통과시켜주었다. 너무나 간단히 보내 주는 것이 이상해서 그냥 가도 괜찮은지 다시 물어봐도, 전산 기록만 하고 그냥 가도 된다고 한다. 줄 서서 이동하던 다른 멕시코 차량들도 그냥 휙휙 지나갔기에 반신반의하며 국경을 지났다. 미국 입국이 이리도 간단할 줄이야!

비자 면제 프로그램
2008년 말부터 관광 목적의 한국인들은 비자 없이 미국을 방문할 수 있으며, 적용 조건은 다음과 같다.
① 단기출장, 관광 목적으로 방문하는 자
② 유효한 전자 여권을 소지할 것
③ 등록된 항공이나 선박을 이용하고 왕복항공권, 혹은 미국 경유 시 최종 목적지의 항공권을 소지하고 있을 것
④ 미국 입국일로부터 90일 내에 미국에서 출국할 것
⑤ 전자여행허가(ESTA) 승인을 미리 받을 것

Tip. 멕시코에서 육로 입국할 경우, 출국 항공권을 가지고 있지 않더라도 문제없이 입국 가능하다.

전자여행허가 ESTA
홈페이지에서 온라인으로 신청서를 작성한 후 승인을 받아야 한다. 미국 여행 최소 3일 전까지는 신청할 것. 유효기간 2년.
Web esta.cbp.dhs.gov

오션사이드 사오정님댁

더글러스에서 미국으로 입국한 후 LA와 샌디에이고San Diego 사이에 위치한 작은 도시 오션사이드Oceanside 방향으로 향했다. 바로 북진해 그랜드캐니언Grand Canyon으로 올라갈 수도 있었지만, 이 방향을 택한 데에는 몇 가지 이유가 있었다. 이타세 카페 회원이신 사오정님(헌권 아버님)께서 미국에 들어오면 댁에 들러 쉬었다 가라며 초대해 주셨고, 비행기를 타고 LA로 날아온 여자 친구를 만나기로 했기 때문이었다. 그래서 투손에서 바로 오션사이드의 사오정님 댁으로 달려가서 여자 친구와 함께 며칠을 푹 쉬다가 다시 출발했다.
헌권 아버님, 어머님, 그리고 가족 분들의 따뜻한 환대와 보살핌을 받았다. 일주일 동안 편하게 머물며 바이크도 점검하고 여행 정보도 알아보며 내 집처럼 편안하게 푹 쉴 수 있었음에 다시 한 번 감사드린다.

1. 샌디에이고, 캘리포니아
2. 사오정님과 함께. 혼다 Shadow와 Xcountry

미국에서 알래스카까지는 여자 친구와 함께 길을 달려가기로 했다. 오션사이드에서 여자 친구를 만나 함께 알래스카까지의 여행 준비를 했다. 여자 친구도 바이크를 타고 함께 달린다면 금상첨화였겠지만, 불행히도 당시 여자 친구는 바이크 운전을 하지 못했다(한국에 돌아온 후 2종 소형면허를 취득해 함께 바이크 여행을 떠날 수 있게 되었다). 그렇다면 다른 방법은 바이크 한 대에 함께 탠덤해서 달리는 것일 텐데, 그 많은 짐을 싣고 장거리의 험한 길을 두 명이 달리는 것은 바이크나 내가 감당하기 어려운 일이었다. 결국 가장 간단하게 함께 여행하는 방법은 바이크를 한국으로 보내고 LA에서 차를 렌트해 함께 여행하는 방법일 테지만, 그동안 함께 달려온 바이크를 이제 와서 포기한다는 것은 도저히 생각할 수도 없었다. 시작을 함께 했으니 끝까지 내 바이크와 함께 마무리 하고 싶었다.

그래서 사오정님 댁에 머물며 어떤 방법이 좋을까 이리저리 고민하고 방법을 찾아보았다. 고민 끝에 결국 차량을 렌트해서 여자 친구가 혼자 운전해서 내 바이크를 따라 함께 달리기로 했다. 미국에서 알래스카까지는 바이크와 차량으로 함께 달리게 되었다. 여자 친구가 해외에서는 처음 운전하는 터라 과연 잘 해낼 수 있을지 걱정이 많이 되었는데, 조금 힘들어 하기는 했지만 알래스카까지의 먼 길을 잘 따라와 줘서 고마울 뿐이었다.

로키산맥을 따라 미국을 종단하다

전 세계에 미국에 대한 환상을 심어주는 할리우드의 도시 로스앤젤레스. 이곳의 첫인상은 그리 좋지 않았다. 어딘지도 모르고 길을 걷다 노숙자들이 모여 있는 슬럼가를 지났고, 어디선가 건장한 흑인이 달려들어 총을 들이대지는 않을까 잔뜩 긴장되기도 했다. 아프리카를 떠난 이후 그렇게 신경이 곤두서서 다니기는 처음이었다. 미국 최대의 카운티인 LA카운티는 거대한 미국, 극단적인 미국사회의 축소판이다. 부자와 가난한 자, 오랜 정착민들과 신규 이민자들, 가장 화려한 스타들과 슬럼가의 노숙자들, 고층빌딩 안 박식한 사람들과 약에 절어 자기 이름도 쓸 줄 모르는 사람들… 화려한 할리우드, 압도적인 높이의 빌딩들과 관광객들이 붐비는 명소보다 좋았던 것은, 어딘지 80년대 거리 같은 코리아 타운의 정겨운 한글 간판들과 고기 집에서 먹었던 삼겹살, 냉면이었다.

로스앤젤레스

네바다의 라스베이거스는 모든 것이 거짓이고 환상이다. 죄악의 도시 Sin City라는 별명처럼 이곳을 잘 나타내는 말이 또 있을까? 합법적인 매춘, 일확천금을 꿈꾸는 카지노, 새하얀 드레스를 입은 화려한 쇼걸들, '블랙잭'을 외치며 소리치는 하얀 머리 할아버지까지… 하지만 맘에 들었던 것은 아드레날린이 솟구치게 만드는 라스베이거스의 공기 그리고 엄청나게 저렴한 숙박비였다.

라스베이거스를 떠나 동쪽 그랜드캐니언을 향해 달렸다. 네바다에서 애리조나로 이어지는 황량한 길은 예전 서부개척시대의 개척로 66번국도Route 66다. 본격적으로 66번국도에 접어들기 전에 먼저 사회시간에 배웠던 뉴딜정책의 산물,

1. 애리조나 그랜드캐니언 2. 미국 최초의 대륙횡단로 Route 66

후버 댐Hoover Dam을 만났다. 1936년에 완공되어 거의 80년이 넘는 세월이 지났음에도 그 당당하고 거대한 후버 댐은 보는 이들을 압도하기에 충분했다.

시카고에서 로스앤젤레스까지 이어지는 66번국도는 8개의 주를 지나며 작고 수많은 마을과 시골길을 연결한다. 대평원을 횡단해 서부로 이주하는 농부들이 주로 달렸던 이 길은 '어머니의 길Mother Road'라고도 불린다. 제2차 세계대전이 끝나고 풍요의 시대에 이르러 연방정부에 의해 수많은 고속도로가 건설되었고 '마더 로드'의 열기는 식었지만, 옛 시대의 운치와 역사를 간직한 66번국도는 여전히 그 자리에서 과거를 추억한다. 광활한 황무지, 굴러가는 건초더미와 함께 서부 영화에서 보았음직한 옛 서부의 풍경들은 이방인의 눈에도 향수를 자아낸다.

그랜드캐니언의 전망대 앞에서 끝없는 협곡을 내려다보면 누구라도 헤아릴 수 없는 자연의 장대함과 인간의 왜소함을, 찰나에 불과한 인생의 덧없음을 느끼게 된다. 그랜드캐니언을 깎아낸 것은 바로 콜로라도 강이다. 콜로라도 강의 물살이 1년을 흘러야 겨우 5mm 정도 깊어진다고 한다. 깊이가 1.6km, 길이가 446km가 넘는다는 이 장대한 규모의 그랜드캐니언을 만들기 위해 얼마나 긴 시간이 흐른 것인지 감히 상상 할 수가 없다.

애리조나 앤털로프캐니언

유타 브라이스캐니언

애리조나 주 페이지Page시 근치의 앤털로프캐니언은 나바호Navajo 원주민 보호구역 안에 있다. 연방정부의 국립공원이 아닌 나바호 원주민에 의해 관리되는 공원이라 국립공원 연간자유이용권을 사용할 수 없다. 이 황량한 사막에도 이따금 비가 내리는데, 딱딱하게 말라 있던 땅은 갑작스레 내린 폭우를 흡수하지 못해 홍수가 난다. 이런 돌발홍수Flash Flood가 단단한 암석을 깎아 만들어낸 협곡은 세찬 물살의 곡선을 그대로 드러낸다. 강렬한 태양빛의 마법에 걸려 온통 붉게 물든 협곡의 모습은 그 자체로 이 세상에 존재하지 않는 환상의 세계로 우리를 이끈다.

하지만 사실 앤털로프캐니언의 마법보다 내게 더 인상적이었던 것은 나바호 원주민들 삶의 모습이었다. 침입자들에게 땅을 빼앗기고 쫓겨나 이 황량한 곳에서야 겨우 보호구역이라는 미명아래 자신들의 땅을 가질 수 있게 된 아메리카 원주민 나바호족. 기름지고 광대한 땅을 모두 내어주고 이렇게 척박한 땅에서 관광수입에 의존해서만 겨우 명맥을 이어가는 원주민들. 그 역사를 측은해해야 하는 것인가, 아니면 주류사회의 하층민으로라도 살아남아 이렇게 존재할 수 있음에 감사해야 하는가.

브라이스캐니언 국립공원의 절벽 아래 자연이 만들어낸 원형극장에서는 광대하게 펼쳐진 후두Hoodoo들이 미국적 규모를 실감하게 만들었다. 오랜 시간 침식작용에 의해 만들어진 돌기둥 후두들. 후두. 후두… 정감이 가는 이름이다. 터키 카파도키아의 기기괴괴했던 돌기둥들이 외계행성 같은 느낌이었다면 이곳 브라이스캐니언의 후두들은 지평선 끝까지 탁 트인 시야 속에 붉은 파도가 솟구치는 바다 같았다.

유타 솔트레이크시티

워새치 산맥에 기대어 자리 잡은 솔트레이크시티는 모르몬교의 성지다. 모르몬교의 본부가 이곳에 있으며 대부분의 볼거리들도 모두 교회와 관련된 곳이다. 어딘지 시대착오적인 종교관에 얽매인 듯한 솔트레이크시티. 템플 스퀘어 Temple Square의 솔트레이크 성전Salt Lake Temple. 이곳저곳에서 검은 이름표를 달고 관광객들을 안내하는 '형제, 자매'들. 과도하게 친절한 미소는 어딘지 불편했다.

1.그랜드티턴 국립공원 2.3.옐로스톤 국립공원

옐로스톤 국립공원과 맞닿아있는 그랜드티턴 국립공원은 옐로스톤의 명성에 가려진 비운의 국립공원이다. 옐로스톤을 찾아가는 길에 그저 지나가는 이들이 대다수이기 때문이다. 사실 나 역시 그랬다. 그랜드티턴 국립공원의 존재 자체도 옐로스톤으로 가는 지도를 살피던 중에 처음 알았다. 옐로스톤과 붙어있음에도 그랜드티턴은 옐로스톤과는 전혀 다른 매력을 지니고 있다. 평평한 대지 위에 느닷없이 솟아난 그랜드티턴의 봉우리들은 시원한 풍광과 함께 경외감을 주기에 충분하다. 최고봉이 4,198m로 한라산의 두 배 이상 높은 영봉이다.

옐로스톤은 분화구 지름이 64km에 달하는 초대형 화산이다. 분화구의 지름이 이정도 규모다보니 지상에선 화산의 전모를 볼 수 없고 항공사진으로만 겨우 분화구를 찾을 수 있다.

이렇게 초대형 분화구를 가진 옐로스톤 산은 200만 년 동안 60만 년의 주기로 대폭발 했다. 그리고 지난번 마지막 폭발로부터 약 63만년이 지나 오늘에 이르렀다. 오늘 내일 당장 옐로스톤 화산이 다시 폭발한다고 해도 이상하지 않을 일이다.

수많은 관광객들은 오늘도 옐로스톤 화산의 분화구 위를 걸어 다니며 펄펄 끓는 온천과 시간에 맞춰 증기를 뿜어내는 간헐천에 감탄하며 태평하게 돌아다닌다. 뜨거운 온천과 분출하는 수증기의 에너지가 어디에서 오는지 생각해본다면 아무 걱정 없이 그렇게 밝은 얼굴로만 돌아다니기는 쉽지 않은 일이다. 옐로스톤이 다시 폭발한다면 북미의 대부분은 폐허로 변할 텐데, 쏟아지는 화산재에 묻혀 쓰러지느니 차라리 옐로스톤의 중심에서 한방에 가는 것이 더 편할지도 모르겠다.

글래시어 국립공원

몬태나 주 북부, 캐나다 국경에 맞닿아 있는 글래시어(빙하) 국립공원은 어딘지 기품이 넘치는 모습이었다. 과거 빙하기의 흔적이 곳곳에 남아있는 첨예한 산봉우리와 빙하가 밀려가며 형성된 U자곡들은 날카로운 외면과 청명한 호수, 끝없이 깊은 계곡으로 감히 범접하기 어려운 아름다움을 뽐냈다. 다만 아쉬운 점은 빙하공원에서 빙하를 볼 수 없었다는 것이다. 20세기 중반만 해도 150개가 넘는 빙하가 있었다는 이곳엔 이제 겨우 25개의 빙하만이 남아있었고 이마저도 2020년이면 완전히 사라질 것이라 한다. 온난화와 기후변화는 이곳에서도 어김없이 위력을 발휘하고 있었다.

미서부 국립공원 입장료

그랜드캐니언 Grand Canyon
Web www.nps.gov/grca
Cost 차량 25USD, 모터사이클 12USD

앤털로프캐니언
Antelope Canyon Navajo Park & Recreation
Web www.navajonationparks.org/htm/antelopecanyon
Cost 성인입장료 6USD, 가이드투어 40USD

브라이스캐니언 Bryce Canyon
Web www.nps.gov/brca
Cost 차량 25USD, 모터사이클 12USD

그랜드티턴 Grand Teton
Web www.nps.gov/grte
Cost 차량 25USD, 모터사이클 20USD

옐로스톤 Yellowstone
Web www.nps.gov/yell
Cost 차량 25USD, 모터사이클 20USD

글래시어 Glacier
Web www.nps.gov/glac
Cost 차량 25USD, 모터사이클 12USD

데날리 Denali
Web www.nps.gov/dena
Cost 어른 10USD

레드우드 Redwood
Web www.nps.gov/redw
Cost 무료

요세미티 Yosemite
Web www.nps.gov/yose
Cost 차량 20USD, 모터사이클 10USD

데스밸리 Death Valley
Web www.nps.gov/deva
Cost 차량 20USD, 모터사이클 10USD

자이언 Zion
Web www.nps.gov/zion
Cost 차량 25USD, 모터사이클 12USD

조슈아 트리 Joshua Tree
Web www.nps.gov/jotr
Cost 차량 15USD, 모터사이클 5USD

국립공원 연간 회원권 America the Beautiful Interagency Annual Pass
Cost 80USD
Web store.usgs.gov/pass

한 장으로 성인 4명과 16세 이하의 모든 어린이들이 1년간 미국 내 모든 국립공원과 연방 휴양지를 무료로 입장할 수 있는 연간회원권이다. 차량이나 모터사이클로 입장하는 경우엔 차량 한 대 또는 모터사이클 두 대가 커버된다. 만일 바이크 한 대로 국립공원 7군데 이상 방문하거나 자동차 한 대, 또는 바이크 두 대로 4군데 이상의 국립공원을 방문할 계획이라면 연간회원권을 구매하는 것이 더 유리하다. 인터넷이나 각 국립공원 입구 관리소에서 구입 가능하다.

캐나다

2013년 7월 2일

샌드위치로 간단하게 아침을 먹고, 캠핑장을 출발했다. 오전 10시쯤 캐나다-미국 국경 치프 산Chief mountain 국경에 도착했다. 길을 따라 국경으로 진입하니 미국 측 출국 심사도 없이 바로 캐나다 입국심사 부스가 나왔다. 미국에서 출국할 때는 여권에 스탬프도 없고, 아무런 확인도 없이 그냥 통과시켜준 셈이다. 신기하네… 그럼 일단 입국한 다음에 몇 년이고 불법 체류하다가 캐나다로 출국해도 아무런 문제없이 나갈 수 있다는 건가? 게다가 입국할 때도 그러더니 나갈 때도 역시 바이크나 차는 아무도 신경 쓰지 않았다. 간단하게 아무런 출국심사도 없이 바로 미국을 나왔다.

바로 캐나다 게이트에서 입국심사관의 간단한 질문 몇 가지에 대답해주고 나니 별 말없이 여권에 스탬프를 찍어 주었다. 바이크는 앉은 자리에서 카메라에 찍힌 번호

1. 미국-캐나다 국경에서
2. 캐나다 앨버타 주, 캘거리

판만 화면으로 확인하고는 바이크 관련 서류는 일절 요구하지 않는다. 미국 들어올 때와 별로 다르지 않다. 보험도 없고 일시반출입 서류라던가 하는 것들은 하나도 없었다. 이렇게 간단하게 통과할 수도 있다니 감사할 뿐이나. 중남미의 많은 나라들을 통과할 때 일일이 보험 들고 서류 작성하느라 고생했던 기억이 났다. 소통과 교류를 쉽고 자유롭게 하는 것. 문화와 경제가 발전하고 성숙하기 위한 필수조건이 아닐까. 국경을 넘어 바로 캘거리Calgary를 향해서 달렸다.

캐나다 간단 정보

- **비자** 무비자(6개월)
- **출입국** 미국으로 육로출입국 가능. 차량을 이용한 출입국이 매우 활발해 절차가 간편. 까르네 불필요
- **환전** 은행도 ATM도 많다. 1USD = 1.03CAD(2013).
- **도로** 도로상태가 매우 좋다. 차선도 넓고 표지판도 잘 정리되어 있다.
- **주유소** 주유소가 많고 거리도 멀지 않다. 휘발유 가격은 리터당 1.4~1.8CAD(2013) 정도. 미국과 마찬가지로 셀프 주유이기 때문에 카드로 계산한 후 주유하거나, 카운터에 가서 현금 결제한 후에 주유하면 된다.
- **숙소** 숙소가 매우 발달해 있고, 캠핑카와 트레일러 등을 이용해 여행하는 관광객들도 많아 캠핑 문화가 발달해 있다. 도심을 벗어난 외곽지역에서 저렴한 가격과 훌륭한 시설의 캠핑장을 쉽게 찾을 수 있다.

# 밴프 & 재스퍼 국립공원

캐내디언 로키Canadian Rocky는 캐나다인들뿐만 아니라 전 세계인들이 꿈꾸는 지구상 가장 완벽한 국립공원이다. 캠핑과 트레킹, 드라이빙과 각종 레포츠 등 캐내디언 로키에서는 즐길 것들이 무궁무진하다. 그런 캐내디언 로키의 정수라 할 수 있는 밴프와 재스퍼는 어떠한 루트를 선택하더라도 절대 빼놓지 말자.

밴프 & 재스퍼 국립공원 Banff & Jasper National Park
Cost 어른 1일 9.8CAD, 캐나다 국립공원 연간이용권 67.7CAD
Web www.pc.gc.ca

1. 밴프의 다운타운 2.3. 밴프와 재스퍼에서 만났던 야생동물들(마못, 곰) 4. 120년 역사의 중후한 멋을 자랑하는 Fairmont Banff Spring Hotel

아이스필드 파크웨이 Ice field Parkway
Alberta Highway 93
140miles(240km)

밴프에서 재스퍼 국립공원으로 이어지는 93번 국도에는 아이스필드 파크웨이라는 이름이 붙어있다. 밴프나 재스퍼 국립공원의 각종 안내지에는 '전 세계에서 가장 아름다운 드라이빙 루트'라고 자랑스럽게 홍보되어있는데, 그 칭호에 부족함이 없을 정도. 국립공원 곳곳에 숨어있는 여러 비경들도 그 가치를 높여주지만 잘 정비된 도로를 따라서 로키 산맥의 진수를 음미하며 달리는 길은 아름답다는 말로는 형언하기 부족할 만큼 감동적이다. 캐나다 북부, 알래스카로의 바이크 여행을 떠나온다면 아이스필드 파크웨이 여행을 절대 놓치지 말자.

1. 아이스필드 파크웨이 2. 캐내디언 로키의 여왕, 레이크 루이스 Lake Louise 3. 숲 속의 에메랄드 보석, 모레인 호수 Moraine Lake 4. 컬럼비아 아이스필드 투어를 오고 가는 설상차 5. 프린스 조지 Prince George로 가는 길 6. 옥빛 호수와 캐내디언 로키의 시원한 전망, 페이토 호수 Pyeto Lake

알래스카

북쪽으로 올라갈수록 많은 것들이 달라졌다. 점점 공기는 차가워져서 옷을 한 겹 두 겹씩 다시 꺼내 입고 다녔다. 낮의 길이가 길어져 프린스조지에선 밤 11시나 되어야 해가 지는 걸 보니, 이제 드디어 알래스카가 코앞인가 싶었다.

2013년 7월 12일
아침에 화이트호스White Horse의 숙소를 출발했다. 캐나다의 1번국도 알래스카 하이웨이 Alaska Highway를 달려 점심 무렵에 캐나다-미국의 국경 도시 포트 알칸Port Alcan에 도착했다. 미국에서 캐나다 넘어올 때처럼, 길을 달리다 보니 아무런 검사도 없이 어느새 국경을 넘어 캐나다를 빠져나왔다. 캐나다도 역시 출국 검사 따위는 하지 않는다. 톨게이트처럼 생긴 알래스카 입국심사대에서만 여권 검사를 받았다. 입국 게이트로 진입해 바이크를 세워 잠시 걸터앉은 채 입국심사관에게 여권을 제출했다. 기계로 여권 정보를 확인하고 총기류는 가지고 있는지, 알코올이나 마약류는 가지고 있는지만 간단히 물어본다. 당연히 그런 거 없다고 대답해주니 별말 없이 여권을 돌려주고 잘 가라고 한다. 여권에 스탬프도 하나 안 찍어준다. 빠르고 간단하게… 10분도 안 걸렸다. 그렇게 바로 바이크를 몰아 북극해의 관문도시 페어뱅크스로 향했다.
골드러시의 기억은 아직 알래스카 곳곳에 남아있다. 과거의 영광은 옛 추억을 상기시키는 관광 상품으로 명맥을 잇고 있을 뿐이지만, 여전히 깊은 산골의 강가 곳곳에선 접시 가득 모래를 담아 흐르는 물에 접시를 돌리며 흙 속 노다지를 캐는 사람들이 있다. 노란 황금의 시대는 가고 검은 황금의 시대가 왔다고 하지만, 누가 알겠는가? 꿈처럼 지난 영광의 시대가 다시 돌아올지.

1. 페어뱅크스로 가는 길. 알래스카 하이웨이 2. 황금광 시대의 기억. 사금채취를 체험하는 사람들

1. 알려지지 않은 최초의 가족 동상 2. 칼 선배님과 함께

페어뱅크스의 중심 골든 하트 플라자Golden Heart Plaza에는 '알려지지 않은 최초의 가족 Unknown First Family'이라는 동상이 있다. 수만 년 전 빙하기 어느 때, 낮아진 해수면으로 인해 유라시아와 알래스카가 육지로 연결되었을 그 시기. 베링 해협을 통해 최초의 어떤 가족이 알래스카를 통해 '신대륙'으로 건너왔을 것이다. 모든 아메리카 원주민들의 조상, 어쩌면 우리 한민족의 먼 친척일지도 모를 그들. 그들은 자신들이 발견한 이 신대륙의 광대함을 짐작이나 할 수 있었을까?

시애틀에서 알래스카로 올라오신 이타세 카페의 칼Karl 선배님을 페어뱅크스에서 뵈었다. 20여 년 전 미국으로 이민 와서 현재 시애틀에 거주하시는 칼 선배님은 이미 바이크 BMW 1150GS로 알래스카에 올라갔다 내려오시는 중이었다. 우리가 출발하기 바로 전날 프루도만을 다녀오신 터라 이런저런 궁금했던 것들을 많이 여쭤보았다. 곰 퇴치 스프레이와 모기장 옷 등이 필요할 거라며 선물해 주셨나. 맥주도 한잔 사주셔서 맛있게 잘 얻어먹었다. 칼 선배님 다시 한번 감사드립니다.

마일포스트 The Milepost −1949년부터 시작된 북쪽 여행의 바이블

Web www.milepost.com

캐나다 북서부의 노스웨스트 준주, 유콘 준주, 브리티시컬럼비아 주와 미국의 알래스카를 포함하는 아메리카 북서 지역의 차량 여행 정보를 가장 충실하게 담고 있는 사이트가 바로 마일포스트다. 홈페이지 뿐 아니라 주유소나 서점 등에서 마일포스트 안내책자도 구매할 수 있으며, 각 도로들의 주유소, 숙박시설, 도로상태, 정비시설 등 북서부아메리카 지역의 자동차 여행에 대한 모든 정보를 얻을 수 있다. 알래스카로의 바이크여행을 계획하고 있다면 필히 마일포스트 사이트에 찾아가서 정보를 찾아보자.

북서부 아메리카의 고속도로

알래스카와 유콘 준주 등 북서부 아메리카의 도로들은 상당히 단순하다. 중부 내륙의 거미줄 도로와는 달리 마을을 이어주는 단 하나뿐인 지방도로 정도로 생각하는 것이 좋다. 대부분 양방향 2차선의 단순한 도로이며, 북방으로 올라가면 달튼 하이웨이나 뎀스터 하이웨이 등도 비포장도로임에도 하이웨이로 불린다.

❶ 달튼 하이웨이 Dalton Highway
도로연결 Elliott Hwy ↔ Deadhorse(Alaska)
루트넘버 Alaska Route 11
길이 415 miles
도로상태 25% 포장도로, 75% 비포장도로
최고 고도 고개 Antigun Pass(4,800ft)

❷ 파크스 하이웨이 Parks Highway
도로연결 Anchorage ↔ Fairbanks(Alaska)
루트넘버 Alaska 1 and 3
길이 362 miles
도로상태 포장도로
최고 고도 고개 Broad Pass(2,400 ft)

❸ 글렌 하이웨이 Glenn Highway
도로연결 Tok ↔ Anchorage(Alaska)
루트넘버 Alaska Route 1
길이 328 miles
도로상태 포장도로
최고 고도 고개 Eureka Summit(3,322 ft)

❹ 캐시어 하이웨이 Cassiar Highway
도로연결 Yellowhead Hwy ↔ Alaska Hwy
루트넘버 BC Highway 37
길이 450 miles
도로상태 포장도로

❺ 뎀스터 하이웨이 Dempster Highway
도로연결 Klondike Highway ↔ Inuvik(Northwest Territories)
루트넘버 Yukon Highway 5, NWT Highway 8
길이 456 miles
도로상태 비포장도로
최고 고도 고개 North Fork Pass Summit(4,229ft)

❻ 알래스카 하이웨이 Alaska Highway
도로연결 Dawson Creek(British Columbia) ↔ Delta Junction(Alaska)
루트넘버 BC Highway 97, Yukon Highway 1, Alaska Route 2
길이 1,387 miles
도로상태 포장도로
최고 고도 고개 Summit Lake(4,250 ft)

❼ 옐로헤드 하이웨이 Yellowhead Highway
도로연결 Edmonton(Alberta) ↔ Prince Rupert(British Columbia)
루트넘버 16
길이 902 miles
도로상태 포장도로
최고 고도 고개 Yellowhead Pass(3,760 ft)

프루도 만,
판 아메리칸 하이웨이의 최북단

남북으로 길게 쭉 뻗은 아메리카 대륙을 남미에서부터 북미까지 남북으로 관통하는 도로가 바로 판 아메리칸 하이웨이다. 파나마의 다리엔 갭에서 잠시 끊어지기는 하지만 나를 포함해 아메리카 대륙의 남북을 종단하는 모든 오버랜더들이 달리는 길이다. 그 판 아메리칸 하이웨이의 남쪽 끝이 남극해로 이어지는 아르헨티나의 우수아이아라면, 북극해와 만나게 되는 판 아메리칸 하이웨이의 북쪽 끝은 바로 알래스카의 프루도 만Prudhoe Bay이다. 그래서 우수아이아와 프루도 만이 바로 아메리카 대륙을 종단하는 오버랜더들의 순례지가 된다. 아메리카 대륙으로 건너와 남북으로 종단할 계획을 세우면서 나 역시 남쪽 우수아이아에서 북쪽 프루도 만까지의 길들을 마음속에 그렸다.

사실 내가 달려간 프루도 만이 알래스카의 최북단은 아니다. 실제 알래스카의 최북단 마을은 프루도 만 북서쪽에 위치한 배로우Barrow다. 다른 오버랜더들처럼 나 역시 가능하다면 배로우까지 달려가고 싶어서 방법을 이리저리 알아보았었다. 겨울이 되면 배로우까지 개썰매나 스노모빌 등을 이용해 육로로 달려갈 수도 있다는 이야기도 듣긴 했지만 불행하게도 배로우까지는 비행기나 배를 이용하는 것 외에, 바이크나 차량으로 달려갈 수 있는 길은 존재하지 않았다. 적어도 현재까지는 프루도 만이 바이크나 차량을 이용해서 오버랜더들이 올라갈 수 있는 최북단 마을이다.

달튼 하이웨이

페어뱅크스에서 프루도 만으로 이어지는 단 하나뿐인 길이 바로 달튼 하이웨이Dalton Highway다. 다른 알래스카의 길들과 마찬가지로 달튼 하이웨이 역시 비교적 최근(1974년)에 건설된 길이다. 북극해에서 뽑아낸 원유를 보다 쉽게 수송하기 위해 프루도 만에서 태평양과 맞닿은 밸디즈Valdez까지 알래스카를 남북으로 1,300km 가량 종단하는 원유수송 파이프라인이 건설되었다. 이 파이프라인의 건설과 유지관리를 위해 만들어진 길이 바로 달튼 하이웨이라고 하니, 북극해의 프루도 만까지 달튼 하이웨이를 달리는 내내 원유가 흐르는 파이프라인을 따라 달리는 셈이다. 극한의 추위를 견디며, 여름과 겨울의 90℃ 가까운 기온 차에 의한 금속의 수축과 팽창에도 견딜 수 있도록 송유관은 지그재그로 설계되어있고 연결 부위마다 방열판이 달려있다. 달튼 하이웨이는 이렇게 굽이굽이 이어

1. 달튼 하이웨이 표지판 2. 달튼 하이웨이의 원유 송유관

지는 원유 수송 파이프라인을 따라서 달리게 된다. 그렇게 달튼 하이웨이에 진입해 얼마간 달리다 보면 북극권인 아틱 서클Arctic Circle에 진입하게 된다. 이곳에서부터 해가 지지 않는 백야 현상이 시작된다. 북유럽 이후 일 년 만에 또다시 만난 아틱 서클. 처음도 아닌데 백야현상은 여전히 신기하기만 했다. 이렇게 프루도 만 자체가 원유를 뽑아내기 위해 인위적으로 만들어진 원유 생산기지 같은 곳이기 때문에 프루도 만까지는 개별적인 접근도 자유롭지 않고, 우리 같은 여행자들이 좋아할 만한 분위기의 장소는 아니다. 게다가 일반인은 마음대로 프루도 만에 들어갈 수도 없어 프루도 만의 바로 직전 10마일 정도 남쪽으로 떨어진 데드호스Dead Horse라는 마을까지 들어가거나, 데드호스에서 북극해 셔틀 투어(49USD)를 이용해 프루도 만 안으로 들어가야 한다.

> **북극해 셔틀 투어** Arctic Ocean Shuttle Tour
> **Web** www.arcticoceanshuttle.com
>
> 24시간 전에(성수기라면 더 일찍) 미리 예약해야 한다. 예약 시간까지 예약번호와 신분증을 챙겨 데드호스 캠프에 도착하면, 셔틀버스를 타고 프루도 만으로 들어가 2시간 정도의 투어를 통해 원유 생산 기지들과 북극해를 차분히 둘러보게 된다(오전 9시, 오후 3시 출발).
>
> **데드호스 캠프** Dead Horse Camp
> N 70°11.3135'
> W 148°26.1966'

페어뱅크스를 떠나 달튼 하이웨이를 500km 정도 달려가면 브룩스 산맥Brooks Range의 고개 마루 안티건 패스Antigun Pass를 만난다. 높이 1,444m의 안티건 패스는 알래스카 최고도의 고갯길이다. 브룩스 산맥을 경계로 수목한계선이 그어지며 대지의 식생이 타이가 숲과 툰드라 대지로 나누어지는 만큼 안티건 패스를 지나며 주변 풍광이 일순 변하는 것을 느낄 수 있다. 척박한 땅에 그나마 뿌리를 내리고 살아가던 나무들도 사라져버리고 얼어버린 땅을 뚫고 나와 3~4개월의 짧은 여름 동안 금세 피었다 사라질 잡초들만 무성한 대지가 눈앞에 펼쳐진다.

페어뱅크스에서 만났던 칼 선배님이 필요할 것이라며 모기장 옷을 선물해주셨다. 별로 써먹을 일이 없으리라 생각했었는데 잘못된 생각이었다. 알래스카까지 올라오면서 캠핑을 할 때마다 꽤나 많은 모기떼에 시달렸기 때문에 모기가 많다는 것은 익히 경험하고 있었지만, 달튼 하이웨이의 모기떼는 그 규모와 집요함이 지금껏 지나쳐온 모기와 차원이 달랐다. 여름철

> **달튼 하이웨이 간단정보**
> - **도로** 페어뱅크스에서 데드호스까지 이어지는 대략 500마일 거리. 절반 정도는 아스팔트 포장이 되어있었고, 절반 정도는 작은 자갈이나 흙으로 잘 다져진 비포장 도로였다.
> - **주유소** 주유소는 많지 않고 그 거리도 멀어 미리 페어뱅크스에서 채워 출발해야 하며, 달튼 하이웨이의 유콘 강 캠프 사이트와 콜드풋Cold Foot, 데드호스에 주유소가 있으니 이곳들에서 꼭 주유를 해야 한다. 특히 콜드풋에서 데드호스까지의 240마일의 긴 구간에는 주유소가 없다. 주유 한 번으로 이동이 힘들다면 예비 기름통을 준비하는 것이 현명할 것이다.
> - **숙소** 중간 중간 적당한 위치에 숙박시설들은 있어서 묵을 곳을 찾기는 어렵지 않았지만 물가가 너무 비싸나는 캠프사이트를 주로 찾았다.

안티건 패스를 넘어 진입한 툰드라 지대

알래스카 여행의 필수품을 딱 하나만 고르라면 무조건 모기장 옷을 추천! 달리고 있을 땐 괜찮다가도 잠시라도 멈추면 10초도 안되어 주변으로 모기들이 바글바글 모여든다. 평생에 이렇게 많은 모기떼는 처음 봤다. 진즉에 알래스카 주를 상징하는 새가 모기라는 우스갯소리를 듣고 웃어넘겼지만, 이제는 당연히 알래스카의 상징 새가 모기여야만 한다고 생각할 정도. 모기가 아니라면 도대체 어떤 새가 알래스카를 상징할 수 있단 말인가.

데날리 국립공원

알래스카 페어뱅크스에서 앵커리지로 내려가는 길에 북미 최고봉 매킨리 산(6,194m)이 있는 데날리 국립공원Denali National Park에 들렀다. 공원 깊은 곳으로는 개인 차량의 진입이 불가하며 정기적으로 운행되는 셔틀버스 이용권을 구입해야만 공원 내 이동이 가능했다. 바이크와 차량은 공원 입구 근처의 공원안내소 주차장에 주차할 수 있다. 셔틀버스를 타고 공원 안을 달리다 보면 무스Moose와 카리부Caribou 같은 사슴이나 그리즐리, 블랙베어 같은 곰들도 볼 수 있었다.

화창하고 맑은 날의 전경을 보기 위해 찾아간 매킨리 산. 하지만 내가 본 매킨리 산은 실상 구름 뒤에 숨어 있었다. 이 동네는 맑은 날이 한 달에 겨우 3~4일 될까 말까 해서 전체 방문객의 10% 정도쯤 아주 운이 좋은 사람들만이 맑은 날의 선명한 매킨리 산을 볼 수 있다고 했다. 간간히 빗방울이 날리는 잔뜩 구름 낀 날, 불행하게도 나는 90%에 속했다. 그나마 잠

1. 앵커리지 가는 길에 보인 매킨리 산의 전경 2. 카리부

시 구름이 살짝 걷힐 듯 말 듯 할 때 구름 사이로 수줍게 언뜻 보인 매킨리 산. 이것으로 만족하는 수밖엔 없었다. 맑은 날이었다면 정말 환상적인 경관이었을 텐데 아쉬울 뿐. 자연의 심술을 어찌하겠는가?
불행인지 다행인지 공원을 나와서 앵커리지로 향하는 길에 멀리 떨어진 도로가의 전망대에서 그나마 구름이 좀 걷힌 매킨리 산의 위용을 볼 수 있었다. 가까이 갔을 때 볼 수 있었으면 정말 좋았을 텐데. 아쉬웠다.

앵커리지 & 수어드

수어드의 풍경

알래스카 주 전체 인구는 약 70만 명이다. 그 중 40%가 알래스카의 중심 도시 앵커리지Anchorage에 살고 있다(하지만 알래스카의 주도는 앵커리지가 아니라 더 남쪽의 주노Juneau다). 1778년 캡틴 쿡이 처음 닻을 내린 황량한 들판이 골드러시 시대 이후 알래스카 철도의 중심 사령부가 되면서, 앵커리지는 알래스카 최대 도시가 되었다. 바둑판 형태의 잘 정돈된 길과 도심의 고층 빌딩들은 전형적인 미국 도시의 모습이다. 그러나 서쪽 쿡 만Cook Inlet과 동쪽 추가치 산맥Chugach Mountains에 둘러싸여 시리도록 청명한 공기가 머무는 앵커리지는 도시와 청정 대자연이 조화를 이루고 있는 아름다운 도시였다.
키나이 반도 동부해안의 조용한 항구마을 수어드Seward는 알래스카 철도의 개통과 함께 만들어진 아담한 마을이다. 도보로도 둘러볼 수 있을 만큼 작은 규모지만 키나이 피오르드 국립공원의 육지대 빙하Exit Glacier, 크루즈 투어, 낚시 등 다양한 액티비티를 즐길 수 있다.

 # 캐나다

알래스카의 치킨Chicken에서 캐나다의 도슨시티Dawson City로 이어지는 길목의 리틀 골드 크릭Little Gold Creek 국경에서 알래스카를 떠나 다시 캐나다로 넘어왔다. 미국과 캐나다는 국경이 그리 삼엄하지도 않고 출입국도 별로 어렵지 않았다. 출국은 아무런 검사도 없이 그냥 지나가면 되고, 입국할 때만 간단하게 여권 검사하고, 간단한 질문으로 쉽게 통과된다. 바이크 위에 올라탄 채로 10분도 채 걸리지 않았다. 치킨에서 도슨시티로 이어지는 도로의 이름이 "Top of the World Highway"다. 왜 그런 이름이 붙었는지, 달려보니 알 것 같았다.

7월말에서 8월이면 바다를 향해 떠났던 연어들이 다시 알래스카로 돌아오는 시기다. 강물을 따라 거슬러 올라오는 연어들을 강가에서 볼 수 있고, 또 혹독하고 긴 겨울을 나야 하는 알래스카의 곰이 영양을 비축하기 위해 강가에서 연어를 잡는 시기이기도 하다. 이를 보기 위해 차량으로 접근할 수 있는 거의 유일한 곳이 바로 알래스카 남단의 하이더Hyder. 마침 7월 말이 되어 고향을 찾아오는 연어들과 그들을 기다리는 곰들의 모습을 기대하면서 하이더로 달려갔다.

탑 오브 더 월드 하이웨이

하이더에는 길게 전망대가 만들어져 있고, 아래쪽 강에선 연어들이 떼를 지어 헤엄쳐 올라오는 모습들을 볼 수 있었다. 내가 방문한 2013년에는 첫 연어가 올라온 것이 7월 25일이라고 했다. 내가 갔던 7월 말에는 본격적인 연어 철이 아직 시작되지 않은 셈이었다. 당연히 곰들도 본격적인 사냥을 시작하지 않았을 때였고, 꽤 오래 전망대에서 기다렸지만 결국 연어를 사냥하는 곰들은 볼 수 없었다.

길가에서 어기적거리면서 돌아다니는 곰들은 보았는데, 이 녀석들 아직 배가 덜 고팠는지 사냥할 생각이 없다. 〈내셔널지오그래픽〉이나 다큐멘터리에서처럼 개울가에서 튀어 오르는 연어를 사냥하는 곰들을 직접 보고 싶었었는데, 아쉽지만 다음을 기약해야겠다. 혹시 다음에 다시 보러 오려면 8월에 와야겠다.

하이더로 가는 길

 # 미국

밴쿠버를 떠나서 캐나다에서 미국 워싱턴 주로 국경을 넘어 시애틀, 포틀랜드를 지났다. 포틀랜드에서부터 태평양 해안을 따라 101번 해안도로를 달려 남쪽으로 내려갔다.

2013년 8월 3일

아침 밴쿠버를 출발. 캐나다 99번 도로를 따라 시애틀로 달렸다. 국경 건너의 미국 측 5번 고속도로로 이어지는 국경 검문소에 도착했다. 국경 검문소 한참 전부터 차량들이 몇 킬로미터나 되는 긴 줄을 서고 있었다. 강렬한 태양이 내리 쬐는 아스팔트 도로 위에서 차량들 사이에 갇혀 조금씩 가다 서다를 반복하며 진행하다 보니 12시도 넘어서야 겨우 미국 측 국경 검문소 입국심사관 앞에 도착했다. 다른 곳들과 마찬가지로 역시나 캐나다 출국은 검사조차도 없이 언제 지났는지도 모르게 출국하게 되었다.

긴 차량들의 줄에서 기다리며 가다 서다 하느라 많이 지치기는 했지만, 미국 입국심사 자체는 매우 간단했다. 바이크에 앉은 채 입국 심사관에게 여권을 제출하니 여권검사 간단히 하고는 몇 가지 간단한 질문만으로 국경통과는 쉽게 마무리할 수 있었다. 밀려 있는 차들 사이에서 줄 서서 진행한 게 거의 두 시간여 걸렸는데 막상 입국심사는 10분도 걸리지 않았다. 그리고 다시 미국 본토로 입국 후, 5번 프리웨이Freeway를 달려 시애틀로 이동했다.

시애틀을 몇 개의 단어로 표현한다면 우아함, 세련미 그리고 커피의 향기라고 하겠다. 언제나 활기차고 띠들썩한 파머스 마켓Farmers Market은 항상 에너지가 넘치고 옛 갈색 로고의 스타벅스 1호점엔 여전히 관광객들이 줄을 서있다.

1. 스타벅스 1호점 2. 분주한 파머스 마켓

알래스카 페어뱅크스에서 뵈었던 칼 선배님을 시애틀에서 다시 뵙고 인사 드렸다. 바이크를 타시는 칼 선배님의 친구 분들께 인사도 드리고, 맛난 고기도 사주셔서 배부르게 잘 먹고 즐거운 시간을 보냈다. 칼 선배님께서 도와주셔서 엔진오일, 브레이크패드도 교체하고 알래스카 이후 바이크를 다시 점검할 수 있었다.

별다른 기대 없이 들렀던 포틀랜드는 두 가지 매력으로 나를 사로잡았다. 첫째는 미국의 여타 도시와는 다르게 도심지역이 대중교통과 자전거, 도보여행에 적합하게 설계되었다는 것이었고, 두 번째 매력은 어디서도 찾아보기 힘든 길거리의 음식 노점상들이었다. 경전철을 타고 시내로 들어와 한가로이 걸어서 도심을 구경하고 거리의 다채로운 '푸드 카트'들 앞에서 전 세계의 군침 도는 음식들을 고르는 즐거움은 포틀랜드만의 매력이다.

레드우드 국립공원

캘리포니아 101번 국도를 따라 남북으로 길게 위치해 있는 레드우드 국립공원Redwood National Park의 레드우드 숲길은 환상적인 드라이브 코스다. 2천만 년 전부터 살아왔다던 레드우드 나무들의 위용은 달리는 내내 우리를 압도했고, 그 거대한 고목들이 뿜어내는 신령스러운 기운과 습한 공기는 가히 환상적이었다. 19세기 무지한 인간에 의한 고난의 시기를 견뎌내고 굳건히 서있는 레드우드들은 순식간에 우리를 작은 호빗으로 만들어 버렸다. 숲 속을 헤매는 작은 벌레가 되어 레드우드들을 올려다보기만 할 뿐이었다.

세계에서 가장 높고 오래 된 레드우드의 나무숲

레드우드 숲은 원래 200만 에이커, 그러니까 서울시 면적의 13배가 넘는 광대한 크기였다. 자연과 어우러져 살던 아메리카 원주민 땅에 등장해 이들을 말살했던 구세계 사람들은 원주민들에게 그랬던 것만큼이나 레드우드 숲에도 역시 재앙이었다. 서부개척시대 이후 19세기 중반부터 시작된 파괴와 벌목은 레드우드 숲을 황폐화시켰고, 지금 남아있는 레드우드 숲은 원래의 5% 정도인 11만 에이커뿐이다.

수백 년 동안 살아온 거목들을 베어내고 그 위에서 톱과 도끼를 든 채 자신의 남자다움을 드러내며 사진을 찍던 사람들. 몇 번의 엑스포, 박람회 등에 전시하기 위해 역시 나무를 베고, 또 다른 레드우드들을 벌목하고 조각내던 사람들. 그들은 자신들이 무슨 짓을 하고 있는 것인지 과연 알고 있었을까?

샌프란시스코

온 도시에 넘쳐나는 관광객들, 골든 브리지, 알카트라즈 섬, 구불구불 언덕길을 오르내리는 트램보다 더욱 인상적이었던 것은 샌프란시스코의 노숙인들이었다. 잠시 길가에 주차했던 우리 자동차 뒤에서 소변을 보던 흑인 아줌마는 우리가 차문을 열자 'Sorry~' 하며 미소와 함께 손을 흔들어 주었다. 밴쿠버, 시애틀, 포틀랜드, LA등 다른 도시들에 비해 유난히 노숙인들이 많다고 느껴졌던 샌프란시스코였지만, 샌프란시스코의 느낌은 어딘지 친근하고 편안했다. 살기와 분노가 어린 퀭한 눈빛이 아닌 히피스러운 유머와 미소가 어우러진 길가의 사람들은 불안 요소이기 보다 그저 조금 가난한 이웃일 뿐이었다.

1. 샌프란시스코의 상징 금문교 2. 샌프란시스코의 거리 풍경

한국으로 바이크를 어떻게 보내지?

그동안 한국으로 돌아갈 준비를 하며, 바이크 운송을 위해 이리저리 방법을 알아보았다. HU에서 정보를 찾아보고, 한인 사이트에 올라와 있는 이삿짐 운송 업체들에도 문의해보았다. 또 자동차 국제운송을 주로 담당하기 때문에 차량을 컨테이너에 싣지 않고 바로 운전해 화물선에 실을 수 있는 Roll On Roll Off 방식의 빌헬름센 로지스틱스에도 연락을 했다.

발레니우스 빌헬름센 로지스틱스 Wallenius Wilhelmsen Logistics
Web www.2wglobal.com

일단 포장 작업이 필요 없는 RO-RO로 보낼 생각으로 발레리우스에 문의했는데, 그곳은 마산항에서만 바이크 수령이 가능하다고 하는데다 운송비도 상대적으로 비싸(950USD) 이래저래 편리한 우리나라 운송업체를 이용하기로 결정했다. 이곳저곳 알아보고 결정한 운송업체는 범양해운이었다.

범양해운 USA
N 37°38.1864'
W 122°07.6000'
Add 3456 Depot Rd. Hayward. CA **Tel** 510-887-2424 **Cell** 510-415-4265
Fax 510-782-8283 **Web** www.pumyangshipping.com

미국 내 교민들의 귀국 이삿짐 등을 주로 운송하기 때문에 자동차의 운송도 가능하고, 매주 한 번씩 자주 선적한다고 했다. 자동차는 포장 작업 없이 컨테이너에 싣고 갈 수 있지만, 바이크는 나무 박스 포장 후 컨테이너에 실어야 하며, 포장비용과 인천항까지의 운송비 포함 할인 가격 800USD로 운송계약을 했다.

8월 13일에 범양해운을 방문해 운송대금을 결제했고, 미국 세관에 제출할 바이크 미국입국서류USA Entry Document가 필요하다고 해 범양해운에서 알려준 세관사무소로 찾아가 까르네에 입출국 도장을 한꺼번에 받았다.

세관 & 국경사무소 US Custom & Border Protection
2430 Mariner Square Loop. Alameda
N 37°47.2726'
W 122°16.6299'

미국에서 외국국적 바이크 운행하기

멕시코에서 애리조나 더글러스Douglas 국경으로 미국에 들어오면서 입국심사관에게 세관 서류가 필요 없는지 몇 번이나 물었던 적이 있다. 아무것도 만들 필요가 없다는 세관원의 말에 조금 이상하다는 생각만 했을 뿐, 그런가보다 하고 입국해 문제없이 잘 다니기도 했다. 캐나다와 알래스카 출입국에서, 또 중간에 도로에서 경찰에게 검문 받았을 때도 여권 확인만으로 아무런 문제가 없어서 다행히도 바이크 세관 서류가 필요 없는가보다 싶었다.

당시 상황에서 봤을 때 바이크를 타고 육로로 출입국 했을 경우 차량 관련 서류가 필요 없다는 것은 맞는 말이다. 세관에 자세히 물어 보니 바이크를 포함해 외국 차량들이 미국 내에 들어왔을 때, 1년 동안은 차량 등록이나 서류 없이 관광비자만으로도 차량 운행과 육로 출입국에 제한이 없다고 한다. 만약 육로를 이용해 멕시코에서 미국으로 들어왔다가 다시 멕시코로 빠져나가거나, 캐나다로 올라가는 것은 아무런 제약이 없다는 이야기다. 하지만 미국 내에서 지금의 경우처럼 해상이나 항공으로 차량을 반출하기 위해서는 세관에 신고할 차량의 입국서류Entry Document가 필요하고, 입국서류 없이는 운송계약을 진행할 수 없다. 그럼 이렇게 육로로 들어와 해상으로 나갈 경우 어떻게 해야 하는지 물어보니, 입국할 때 까르네에 입국 스탬프를 받거나, 멕시코에서 더글러스 국경으로 입국한 후 시내 세관사무소에서 신고하고 바이크 일시반출입 서류를 받았어야 했다고 한다. 그럼 그렇게 말을 해 주던가… 국경의 입국심사관들은 그냥 가라고만 했지 그런 얘기는 아무도 안 해주더라고 따지니, 보통은 다들 육로로만 들어왔다 나가는 터라 그들도 잘 모를 수 있다고 한다. 쳇… 아무튼 좀 이상하다 싶기는 했다. 여하튼 세관사무소에 이런 저런 사정을 설명하니, 세관원들이 아주 친절하게 도와주었다. 여권과 바이크 서류를 제출하고 여권 상 입국 날짜를 확인하면 까르네를 가지고 있으니 일시 반출입서류를 만들지 않고도 쉽게 처리해 줄 수 있다고 한다. 그리고 그 자리에서 까르네의 입국, 출국 스탬프를 함께 찍어주었다.

스탬프를 찍은 까르네와 서류들을 챙겨 들고 다시 범양해운으로 돌아와 바이크 서류와 여권 등을 범양해운 직원 분께 복사해주고 계약서를 작성한 뒤, 나무 상자에 포장할 바이크와 짐들을 맡기고 나왔다. 운송하기로 예약된 짐들이 많아서 이곳에서 크레이트 작업을 마치고 컨테이너에 싣기까지 시간이 좀 걸릴 것이라 했다. 실제 배가 이곳에서 한국으로 출항하기까진 1·2주 정도 걸리고, 2주 정도 항해 후에 인천항에 도착하게 될 것이라 했다. 그렇기 때문에 별 문제가 없다면 3~4주 후에야 인천항에서 바이크를 되찾을 수 있을 거라고 한다. 인천항에 도착하면 한국지사에서 연락이 올 테니 인천항 세관에서 바이크를 찾으면 된다고 했다. 운송계약은 인천항 세관까지이니 세관에서 바이크를 찾을 때 약간의 추가 지출이 있다. 이제 17개월여 동안 세계의 곳곳에서 나와 함께 달린 바이크와 잠시 이별이다. 무사히 한국에서 다시 조우하기를 마음속으로 빌며, 바이크와 인사를 나누었다.

귀국, 여행의 마침표를 찍다

2013년 8월 21일
샌프란시스코 공항에서 인천공항으로 향하는 비행기를 탔다.
509일. 17개월 만에 다시 한국으로 돌아간다.
한국으로 돌아가는 비행기 안에서 수첩에 이런 말을 끄적였다.
나는 과연 얼마나 달라졌을까? 17개월 전의 나와 지금의 나는 과연 같은 사람일까?

북중미 종단 요약

번호	경로	거리
130506	산블라스 제도 → 파나마시티	160km
130507	파나마시티	80km
130508	파나마시티 → 다비드	450km
130509	다비드 → 산호세	425km
130510	산호세	
130511	산호세 → 마나구아	460km
130512	마나구아 → 산미구엘	425km
130513	산미구엘 → 안티구아	462km
130514	안티구아	
130515	안티구아	
130516	안티구아 → 플로레스	490km
130517	플로레스	
130518	플로레스	10km
130519	플로레스 → 칸쿤	745km
130520	칸쿤	
130521	칸쿤 → 아바나	
130522	아바나	
130523	아바나	
130524	아바나	
130525	아바나 → 트리니다드	
130526	트리니다드	
130527	트리니다드 → 아바나	
130528	아바나 → 칸쿤	
130529	칸쿤	20km
130530	칸쿤 → 메리다	355km
130531	메리다 → 팔렝케	560km
130601	팔렝케 → 산크리스토발	220km
130602	산크리스토발 → 와하까	640km
130603	와하까	
130604	와하까	
130605	와하까 → 멕시코시티	490km
130606	멕시코시티	
130607	멕시코시티	30km
130608	멕시코시티	
130609	멕시코시티 → 사카테카스	620km
130610	사카테카스 → 치와와	910km
130611	치와와 → 투손	710km
130612	투손 → 오션사이드	755km
130613	오션사이드	
130614	오션사이드	
130615	오션사이드	
130616	오션사이드 → LA	
130617	오션사이드	
130618	오션사이드	50km
130619	오션사이드 → 라스베이거스	540km
130620	라스베이거스	
130621	라스베이거스 → 셀리그만	530km
130622	셀리그만 → 페이지	500km
130623	페이지 → 브라이스캐니언	300km
130624	브라이스캐니언 → 토레이	295km
130625	토레이 → 솔트레이크시티	380km
130626	솔트레이크시티	25km
130627	솔트레이크시티 → 그랜드티턴 국립공원	600km
130628	그랜드티턴 국립공원 → 옐로스톤 국립공원	200km
130629	옐로스톤 국립공원 → 헬레나	425km
130630	헬레나	
130701	헬레나 → 글래시어 국립공원	455km
130702	글래시어 국립공원 → 캔모어	330km
130703	캔모어	
130704	캔모어 → 캘거리	
130705	캘거리 → 밴프 국립공원	270km
130706	밴프 국립공원 → 재스퍼 국립공원	230km

번호	구간	거리
130707	재스퍼 국립공원 → 프린스조지	420km
130708	프린스조지	
130709	프린스조지 → 벨 II	740km
130710	벨 II → 란체리아	580km
130711	란체리아 → 화이트호스	370km
130712	화이트호스 → 톡	640km
130713	톡 → 페어뱅크스	335km
130714	페어뱅크스	
130715	페어뱅크스 → 갈브라이스 레이크	590km
130716	갈브라이스 레이크 → 아틱 서클	710km
130717	아틱 서클 → 페어뱅크스	360km
130718	페어뱅크스	
130719	페어뱅크스	
130720	페어뱅크스 → 데날리 국립공원	240km
130721	데날리 국립공원 → 앵커리지	375km
130722	앵커리지	
130723	앵커리지 → 수어드	205km
130724	수어드 → 글랜날렌	530km
130725	글랜날렌 → 도슨시티	525km
130726	도슨시티 → 화이트호스	530km
130727	화이트호스 → 벨 II	890km
130728	벨 II → 스튜어트	235km
130729	스튜어트 → 프린스조지	720km
130730	프린스조지 → 밴쿠버	790km
130731	밴쿠버	20km
130801	밴쿠버	10km
130802	밴쿠버	
130803	밴쿠버 → 시애틀	290km
130804	시애틀	10km
130805	시애틀	
130806	시애틀 → 포틀랜드	295km
130807	포틀랜드	
130808	포틀랜드 → 뉴포트	235km
130809	뉴포트 → 유레카	530km
130810	유레카 → 헤이워드(샌프란시스코)	560km
130811	헤이워드	
130812	헤이워드	160km
1300813	헤이워드 → 빅파인	80km
130814	빅파인 → 라스베이거스	
130815	라스베이거스	
130816	라스베이거스	
130817	라스베이거스 → 오션사이드	
130818	오션사이드 → 길로이	
130819	길로이 → 샌프란시스코	
130820	샌프란시스코	
130821	샌프란시스코 → 서울	

북중미 종단 여행 경비

기간 2013년 5월 6일 ~ 2013년 8월 21일
108박 109일(주행 55일, 휴식 및 정비 54일)
주행거리 26,080km

하루 평균 주행거리 483km
하루 평균 주유비 11.7 USD
하루 평균 숙박비 20 USD
하루 평균 식비 11 USD

❶ 주유비 1,261 USD
❷ 숙박비 2,192 USD
❸ 식비 1,143 USD
❹ 바이크 관련 비용 2,502 USD
❺ 기타 2,446 USD

총 여행 경비 9,544 USD

북중미 숙소

파나마 Panama

파나마시티 Panama City

Hostal Amador
N 8° 56.9658'
W 79° 33.3390'
17USD
구시가지에선 좀 떨어진 한적한 주택가에 위치. 6인실 도미토리. 무료 Wi-Fi. 취사 가능. 깨끗함. 추천. 마당 안 주차장에 주차.

다비드 David

Bambu Hostel
N 8° 25.6441'
W 82° 26.6289'
13USD
hostelworld.com에서 검색. 코스타리카를 향해 달리던 중에 하루 묵어감. 중심 거리에서 멀지 않아 걸어서 구경 다니기 좋음. 6인실 도미토리. 무료 Wi-Fi. 취사 가능. 추천. 마당 안 주차장에 주차.

코스타리카 Costa Rica
1USD = 500CRC

산호세 San Jose

In & Basic Hostel Lounge
N 9° 55.7735'
W 84° 03.4771'
7,000CRC
hostelworld.com에서 검색. 시내 중심에선 살짝 떨어진 주택가 위치. 4인실 도미토리. 무료 Wi-Fi. 취사 가능. 깨끗함. 친절. 강력 추천. 마당 안 주차장에 주차.

니카라과 Nicaragua
1USD = 25NIO

마나구아 Managua

Managua Backpackers Inn
N 12° 07.5118'
W 86° 15.7534'
14USD
hostelworl.com에서 검색. 구시가지에서 벗어난 주택가 위치. 8인실 도미토리. 무료 Wi-Fi. 취사 가능. 마당 한 편에 주차.

엘살바도르 El Salvador

산미구엘 San Miguel

Comfort Inn
N 13° 27.7007'
W 88° 09.7651'
39USD
온두라스에서 살바도르로 국경을 넘어 해가 저물어 길가에 보이는 호텔에 하루 묵어감. 고급스럽고 비싼 럭셔리 호텔이었지만 너무 피곤해서 그냥 체크인. 싱글룸. 무료 Wi-Fi. 뷔페식 아침 포함. 넓은 주차장에 주차.

과테말라 Guatemala
1USD = 7.5~8GTQ

안티구아 Antigua

Hotel Casa Luna
N 14° 33.6937'
W 90° 44.1457'
15USD
다른 한국인 여행기에서 보고 찾아간 곳. 안티구아는 워낙 작은 마을이라 구시가지 안을 걸어서 구경 다니기 좋음. 더블룸. 무료 Wi-Fi. 취사 가능. 친절. 주차장은 따로 없어서 건물 안 복도 한 편에 주차. 한 대 정도만 겨우 주차 가능한 공간. 근처에 호텔, 호스텔이 많고 주차 가능한 곳도 찾기 어렵진 않음.

플로레스 Flores

Hotel Mirador del Lago
N 16° 55.7950'
W 89° 53.4031'
50GTQ
플로레스 섬 자체가 워낙 작고 한 집 건너 숙소일 정도. 더블룸. 무료 Wi-Fi. 저렴한 가격. 에어컨 없음. 주차장 한 편에 주차.

쿠바 Cuba
1USD = 0.9CUC

아바나 Habana

Joacine Casa
N 23° 08.1893'
W 82° 21.6152'
10CUC
한국, 일본 여행자들에게 유명한 까사(현지인 민박). 4인실 도미토리. 에어컨. Wi-Fi 안 됨. 괜찮은 아침 포함. 쿠바의 옛 국회의사당 건물 카피톨리오 Capitolio 바로 앞. 걸어서 구경 다니기 좋은 위치. 친절한 호 아끼네 아주머니도 좋지만, 무엇보다도 그동안 여행 왔던 한국인들이 적어놓은 몇 권의 정보 노트가 최고 장점. 정보 노트에서 쿠바 여행에 필요한 모든 것을 찾을 수 있음. 강력 추천.

Casa Lhovannay Gerardo
N 23° 08.1617'
W 82° 21.7076'
10CUC
트리니다드에 다녀온 후에 호아끼네 까사에 빈 방이 없어서 아주머니가 가르쳐주는 다른 까사로 이동. 에어컨. Wi-Fi 안 됨. 아침 포함. 친절. 컴퓨터로 인터넷 사용가능(유료). 10층 아파트의 꼭대기에 위치해 베란다, 창문으로 보이는 전망이 좋았음.

트리니다드 Trinidad
Casa Enma & Ronaldo
N 21° 47.7605'
W 79° 59.0290'
25CUC
검색해서 찾아간 트리니다드의 까사. 에어컨. Wi-Fi 안 됨. 아침 포함. 친절. 중심가에선 좀 떨어진 위치. 방 하나 가격이 25CUC. 아바나에서 함께 갔던 일행 셋이서 사용.

멕시코 Mexico
1USD = 12.3MXN

칸쿤 Cancun
Hostel Mundo Joven
N 21° 09.8970'
W 86° 49.7066'
190MXN
hostelworld.com에서 검색. 꽤 큰 규모의 기업형 호스텔. 버스정류장 바로 옆. 8인실 도미토리. 무료 Wi-Fi. 아침 포함. 에어컨. 친절. 후진. 건물 뒤편 주차장에 안전하게 주차. 무료주차.

메리다 Merida
Hostal Casa Nico
N 20° 58.0329'
W 89° 37.6944'
120MXN
hostelworld.com에서 검색. 더블룸. 무료 Wi-Fi. 아침포함. 에어컨 없음. 주차장 한 편에 주차.

팔렝케 Palenque
Yaxkin Hostel
N 17° 30.5716'
W 91° 59.2008'
175MXN
hostelworld.com에서 검색. 더블룸. 무료 Wi-Fi. 에어컨. 마당 안 한 편에 주차. 추천.

산크리스토발 San Cristobal
Hostel Erni
N 16° 44.3426'
W 92° 38.4387'
150MXN
hostelworld.com에서 검색. 작은 규모의 가족적인 분위기의 호스텔. 싱글룸. 공용화장실. 무료 Wi-Fi. 저렴한 가격. 친절하고 정겨운 분위기. 주차장은 따로 없지만 문 안쪽 건물 내에 주차 가능. 강력 추천.

와하까 Oaxaca
Cielo Rojo Hostel
N 17° 03.6241'
W 96° 43.2403'
130MXN
hostelworld.com에서 검색. 중간 규모의 호스텔. 10인실 도미토리. 무료 Wi-Fi. 에어컨 없음. 아침 포함. 걸어서 구경 다니기 좋은 중심가 위치. 건물 내 마당 한 편에 주차. 추천.

멕시코시티 Mexico City
Hostal Casa Vieja
N 19°25.3386'
W 99°10.2548'
14USD
hostelworld.com에서 검색해서 찾아간 작은 규모의 호스텔. 4인실 도미토리. 무료 Wi-Fi. 에어컨 없음. 아침 포함. 친절. 추천. 주차장이 따로 없어서 호스텔 정문 앞 길가 주차장에 디스크락 걸고 주차.

사카테카스 Zacatecas
Hostal Villa Colonial
N 22° 46.4897'
W 102° 34.2895'
100MXN
hostelworld.com에서 검색. 작은 규모의 호스텔. 4인실 도미토리. 무료 Wi-Fi. 에어컨 없음. 친절. 건물 옥상에서 바라보는 마을의 전경이 꽤 괜찮았던 곳. 주차장이 따로 없어서 호스텔 정문 앞 길가 주차장에 디스크락 걸고 주차. 추천.

치와와 Chihuahua
Hostel & suite Marrod
N 28° 41.6407'
W 106° 06.9812'
475MXN
호스텔을 찾을 수 없는 도시라 저녁 늦게 도시에 도착해서 길가에 보이는 호텔들에 몇 군데 들어가 물어보고 그나마 싼 곳에 체크인. 미국 국경과 가까워서인지 숙소 물가가 꽤 비쌈. 싱글룸. 무료 Wi-Fi. 에어컨. 아침 포함. 호텔 앞 주차장에 주차.

미국 America

라스베이거스 Las Vegas
Stratosphere Hotel & Casino
N 36° 08.8803'
W 115° 09.3651'
40USD
hotels.com에서 검색. 큰 규모의 카지노 호텔. 더블룸. 유료 Wi-Fi. 에어컨. 투숙객은 호텔의 타워전망대가 공짜. 호텔 주차장에 주차.

Riviera Hotel & Casino
N 36° 08.1213'
W 115° 09.7423'
40USD
hotwire.com에서 검색. Strip Downtown에선 조금 떨어진 곳지만 걸어서 구경 다닐 만한 거리. 더블룸. 무료 Wi-Fi. 호텔 주차장 무료주차.

애리조나 투손 Tucson

Travel Inn
N 32° 07.0161'
W 110° 51.6200'
36USD
투손 입구 길가에 보이는 모텔. 무료 Wi-Fi. 에어컨. 호텔 주차장에 주차.

애리조나 셀리그만 Seligman

Supai Motel
N 35° 19.6237'
W 112° 52.6030'
57USD
라스베이거스를 떠나 그랜드캐니언으로 66번국도를 타고 가던 중 해가 저물어 길가에 보이는 모텔에서 하루 묵어감. 더블룸. 무료 Wi-Fi. 에어컨. 친절. 호텔 주차장에 주차.

애리조나 페이지 Page

America's Best Value Inn
N 36° 55.1086'
W 111° 27.4397'
80USD
브라이스캐니언으로 가던 중 하루 묵어간 길가 작은 숙소. 더블룸. 무료 Wi-Fi. 에어컨. 아침 포함. 호텔 주차장에 주차.

유타 브라이스캐니언 Bryce Canyon

Bryce Canyon North Campsite
N 37° 38.2232'
W 112° 10.0148'
15USD
브라이스캐니언 국립공원 내 캠핑장에서 캠핑. 화장실, 샤워장 잘 관리된 시설. 추천.

유타 토레이 Torrey

Capitol Reef Inn & Cafe
N 38° 17.9570'
W 111° 25.7519'
65USD
솔트레이크로 가던 중에 날이 저물어 하루 묵어간 숙소. 더블룸. 무료 Wi-Fi. 에어컨. 깨끗함. 며칠 쉬어가기 좋은 편안한 분위기. 추천. 호텔 주차장에 주차.

유타 솔트레이크시티

Salt Lake City
Extended Stay America
N 40° 38.8073'
W 111° 56.2318'
50USD
hotwire.com에서 검색. 2성급 레지던스. 더블룸. 무료 Wi-Fi. 에어컨. 아침 포함. 호텔 주차장에 주차.

와이오밍 그랜드티턴 국립공원

Grand Teton National Park
Grand Tetons Campground
N 43° 54.6136'
W 110° 38.5241'
21USD
국립공원 내 캠프그라운드에서 캠핑. 근처 General Store에서 유료 샤워. Wi-Fi 안 됨. 추천.

와이오밍 옐로스톤 국립공원

Yellowstone National Park
Mammoth Campground
N 44° 58.6361'
W 110° 41.5909'
20USD
국립공원 내 캠프그라운드에서 캠핑. 근처 호텔에서 유료 샤워. Wi-Fi 안 됨. 추천.

몬태나 헬레나 Helena

Budget Inn Express
N 46° 35.5388'
W 112° 02.2230'
55USD
헬레나 도착해서 찾아서 쉬어간 중심가 숙소. 더블룸. 무료 Wi-Fi. 에어컨. 호텔 주차장에 주차. 추천.

몬태나 글래시어 국립공원

Glacier National Park
Johnson's Campground
N 48° 45.0112'
W 113° 25.3158'
27USD
국립공원을 벗어나 바로 앞의 St. Mary 마을에 있는 캠핑장에서 캠핑. 오피스에서 Wi-Fi 가능. 샤워 가능.

워싱턴 시애틀 Seattle

Quality Inn Sea
N 47°25.8766'
W 122°17.7868'
89USD
칼 선배님의 한국인 지인이 운영하시는 곳. 시애틀 다운타운에서 한참 떨어진 Sea-Tac 공항 근처. 더블룸. 무료 Wi-Fi. 유럽식 아침 식사 제공. 호텔 주차장 무료주차.

Travel Lodge Sea-Tac Airport Hotel
N 47° 28.1627'
W 122° 17.2215'
63USD
hotwire.com에서 검색. 더블룸. 무료 Wi-Fi. 유럽식 아침 식사 제공. 호텔 주차장 무료주차.

오리건 포틀랜드 Portland
Viking Motel
N 45° 34.2806'
W 122° 40.9532'
65USD
더블룸. 시내 중심에선 조금 떨어진 주택가에 위치. 트램을 타고 시내에 구경 다니기 좋음. 무료 Wi-Fi. 호텔 주차장 무료주차.

오리건 뉴포트 Newport
Rodeway Inn
N 44° 38.2878'
W 124° 03.1608'
70USD
101번도 큰길가에 위치한 중국인이 운영하는 모텔. 더블룸. 무료 Wi-Fi. 호텔 주차장 무료주차. 친절.

캘리포니아 유레카 Eureka
Royal Inn
N 40° 48.1883'
W 124° 09.5178'
50USD/2.
더블룸. 해질 무렵 유레카에 도착해서 숙소를 찾아 돌아다니다가 적당해 보여서 묵어간 곳. 101번 국도 큰 길가 뒷골목에 위치한 인도인이 운영하는 허름한 모텔. 저렴한 가격인 만큼 그리 깨끗하고 좋은 분위기는 아님. 주변에 홈리스 분위기의 사람들이 많아서 약간 걱정되었던 곳. 무료 Wi-Fi. 호텔 주차장 무료주차.

캘리포니아 헤이워드
Hayward
Phoenix Lodge
N 37° 39.9692'
W 122° 06.5939'
52USD

물가가 비싼 샌프란시스코 시내에서 저렴하면서도 주차가 가능한 숙소를 찾기 쉽지 않아, 베이브릿지Bay Bridge 건너 샌프란시스코에서 한참 떨어진 헤이워드의 숙소를 찾아감. 더블룸. 저렴한 가격인 만큼 그리 깨끗하고 좋은 분위기는 아님. 무료 Wi-Fi. 호텔 주차장 무료주차.

캘리포니아 샌프란시스코
San Francisco
Pontiac Hotel
N 37° 46.8133'
W 122° 24.5054'
76USD
hotels.com에서 검색. 시내에서 비교적 저렴한 숙소. 더블룸. 샤워장 공용. 주변에 노숙자가 많아 깨끗하고 좋은 분위기는 아님. 위험한 동네라서 밤에는 돌아다니지 말라는 평이 많았지만, 그리 위험한 동네로 느껴지진 않았음. 무료 Wi-Fi. 주차장 없음. 유럽식 아침 식사 제공.

캘리포니아 길로이 Gilroy
Motel 6
N 36° 59.3580'
W 121° 33.5841'
72USD
샌프란시스코로 가던 길에 해가 지고 길로이에 도착해서 숙소를 찾아 돌아다니다가 적당해 보여서 묵어간 곳. 101번국도 뒷길에 위치한 대규모 체인 모텔. 더블룸. 유료 Wi-Fi. 호텔 주차장 무료주차.

알래스카 톡 Tok
Tok RV Village Campground
N 63° 20.0959'

W 142° 57.9686'
30USD
텐트에서 캠핑. 알래스카를 향해 달리던 중에 날이 저물어와 하루 묵어간 곳. 추천.

알래스카 페어뱅크스
Fairbanks
9th Ave Hostel
N 64° 50.4750'
W 147° 44.0813'
25USD
hostelworld.com에서 검색. 시내에 위치한 호스텔. 찾아가보니 한국 분이 사장님이라 참 편하게 숙박함. 6인실 도미토리. 무료 Wi-Fi. 깨끗함. 친절. 가라지에 안전하게 주차. 강력 추천.

알래스카 달튼 하이웨이
Dalton Highway
Galbraith Lake Campground
N 68° 27.2360'
W 149° 28.9160'
무료
프루도 만을 향해 달리다가 하루 쉬어간 곳. 캠핑 사이트에 간이 화장실만 있는 무료 캠핑장. 모기가 너무 많고 비가 내려서 캠핑하지 않고 차 안에서 선잠으로 잠시 쉬어감.

Rest Area on the roadside
N 66°44.8659'
W 150°41.0202'
무료
프루도 만에서 페어뱅크스로 돌아오는 길에 밤새 달리다가 길가 쉼터에서 잠시 쉬어감.

알래스카 데날리 국립공원
Denali National Park

Denali Mountain Morning Hostel
N 63° 33.9631'
W 148° 49.0412'
58.5USD
hihostels.com에서 검색. 데날리 국립공원 입구 근처에 위치한 산장 분위기의 호스텔. 도미토리, 텐트, 캐빈에서 숙박 가능. 자리가 없어 뒷마당에 있는 2인용 군용텐트에서 숙박. 취사 가능. 휴게실에서 무료 Wi-Fi. 주차장에 주차. 강력 추천.

알래스카 앵커리지
Anchorage

Spenard Hostel International
N 61° 10.9372'
W 149° 56.3376'
25USD
hostelworld.com에서 검색. 6인실 도미토리. 백패커들을 위한 전형적인 호스텔. 취사 가능. 무료 Wi-Fi. 주차장에 주차. 추천.

알래스카 수어드 Seward

MobyDick Hostel & Lodging
N 60° 06.3674'
W 149° 26.5035'
25USD
hostelworld.com에서 검색. 4인실 도미토리. 백패커들을 위한 전형적인 호스텔. 취사 가능. 무료 Wi-Fi. 주차장에 주차. 추천.

알래스카 글랜날렌
Glennallen

Northern Nights Campground
N 62° 06.4687'
W 145° 29.1765'
20USD
텐트에서 캠핑. 캐나다를 향해 달리던 중에 날이 저물어와 하루 묵어간 곳.

캐나다 Canada
1USD = 1.03CAD

앨버타 캘거리 Calgary

Calgary West Campround
N 51° 05.0027'
W 114° 14.0943'
37CAD
캘거리에서 밴프 국립공원으로 가는 길에 보이는 시내 외곽 캠핑장. 오피스 건물에서 Wi-Fi 가능. 24시간 무료 샤워. 추천.

앨버타 캔모어 Canmore

Bighorn Motel
N 51° 02.3750'
W 115° 15.8523'
75CAD
hotwire.com에서 검색해서 찾아간 밴프 국립공원 외곽의 모텔. 더블룸. 무료 Wi-Fi. 에어컨. 호텔 주차장에 주차. 추천.

앨버타 밴프 국립공원
Banff National Park

HI Mosquito Creek Hostel
N 51° 37.7699'
W 116° 19.7396'
26CAD
hihostels.com에서 검색. 밤마다 곰이 어슬렁댄다는 숲 속 호스텔. 12인실 도미토리. Wi-Fi 안 됨. 샤워 안 됨. 전기사용 불가. 세면은 근처 냇가에서 가능. 취사 가능. 주차장에 주차. 추천. 와일더네스

앨버타 재스퍼 국립공원
Jasper National Park

HI Maligne Canyon Wilderness Hostel
N 52° 55.1703'
W 117° 59.7289'
26CAD
hihostels.com에서 검색. 숲 속 호스텔. 6인실 도미토리. Wi-Fi 안 됨. 샤워 안 됨. 전기사용 가능. 세면은 근처 냇가에서 가능. 취사 가능. 주차장에 주차. 추천.

브리티시콜롬비아 프린스조지
Prince George

Downtown Motel
N 53° 54.8145'
W 122° 44.7893'
69CAD
tripadvisor.com에서 검색해서 찾아간 모텔. 더블룸. 무료 Wi-Fi. 에어컨. 주차장에 주차.

브리티시콜롬비아 벨2 Bell2

Bell2 Lodge Campground
N 56° 44.6496'
W 129° 47.7161'
22.6CAD
알래스카를 향해 달리던 중에 날이 저물어와 하루 묵어간 곳. 텐트에서 캠핑.

유콘 랜체리아 Rancheria

Rancheria Motel
N 60° 05.2551'
W 130° 36.1349'
84CAD
더블룸. 무료 Wi-Fi. 주차장에 주차.

유콘 화이트호스 Whitehorse

Beez Kneez Backpackers
N 60° 42.8122'
W 135° 03.2009'
30CAD

알래스카로 가는 길, 유콘 준주에서 가장 큰 도시. 6인실 도미토리. 작은 가정집 분위기의 호스텔. 무료 Wi-Fi. 친절. 추천. 폭스바겐 캠핑카는 40CAD.

유콘 도슨시티 Dawson City

Dawson City River Hostel
N 64° 04.0991'
W 139° 26.3008'
23CAD

hostelworld.com에서 검색. 마을에서 강 건너 숲 속에 위치. 예술적이고 독특한 분위기. 5인실 도미토리. 호스텔보다는 산장 겸 캠프장에 가까움. 취사 가능. Wi-Fi 안 됨. 전기사용 불가. 주차장에 주차. 추천.

브리티시콜롬비아 스튜어트 Stewart

Rainey Creek Campground
N 55° 56.2210'
W 130° 00.0994'
16CAD

텐트에서 캠핑. 야외 휴게실에서 무료 Wi-Fi 가능. 추천.

브리티시콜롬비아 밴쿠버 Vancouver

C&N Central Station Hostel
N 49° 16.4935'
W 123° 06.0233'
21USD

hostelworld.com에서 검색. 6인실 도미토리. 호텔을 리모델링해서 만든 것 같음. 백패커들을 위한 호스텔. 라운지에서 무료 Wi-Fi. 주차장은 따로 없어 건물 뒤편 길가에 주차 가능.

Ohkap House
N 49° 17.4529'
W 123° 07.7789'
25USD

naver.com에서 검색해서 찾아간 한인민박. 7인실 도미토리. 무료 Wi-Fi. 취사 가능. 주차료 5USD. 성수기에는 좁은 공간에 너무 많은 침대를 놓아서 불편했음.

인천항 바이크 통관

샌프란시스코의 범양해운에서 진행한 바이크 운송은 2주의 항해로 태평양을 건너 부산항에서 인천항으로 들어오는 일정이었다. 그동안 범양해운 담당 직원과 연락을 주고받으며 바이크의 운송 과정을 전해 들었고, 인천항에서 바이크를 찾기 위해 준비해야 할 서류들을 메일로 전달받아 준비해 두었다. 항만세 35,500원은 미리 계좌로 납부해야 하며, 담당자를 통해 인천세관 세관원과 바이크 통관 절차 진행 일정을 정해 바이크를 무사히 넘겨받을 수 있었다.

범양해운
서울시 강서구 염창동 240-21 우림블루9 비즈니스센터 208-9호
Tel 02-2093-2093
Fax 02-2093-2110
Web www.pumyang.com

인천본부세관
인천광역시 중구 서해대로 339 차량통관 지원과
Tel 032-452-3279

바이크 통관 비용
- 항만세 35,500원
- 화물취급 수수료(경비료, 보세운송료, 화재보험료) 26,140원

바이크 통관에 필요한 서류
- 여권사본
- 신분증
- 이륜자동차 사용신고필증
- 자동차 일시수출입 신고서(여행 출발할 때 받은 서류. 관세 면제에 필요)
- 출입국 사실 증명서(주민센터에서 출국일~입국일 기간으로 발급. 1,000원)
- 보험가입증명서(통관일에 맞춰 미리 가입)
- 이사물품신고서(세관에 비치)
- DO(Delivery Order)
- BL(Bill of Lading)
- Packing List
- 까르네(보증금 환급을 위한 귀국 증명에 필요)

Epilogue

이젠 자신 있게 말할 수 있다.

지구는 둥글고,
세상의 끝에서 끝까지
달리지 못할 곳은 없다고.

귀국 한 달 후, 배를 타고 태평양을 건너온 내 바이크를 인천항에서 되찾았다. 서울에 도착해 바이크의 누적 마일리지를 확인해 보았다. 누적 마일리지 101,363km. 동해항에서 출발할 때가 1,355km였으니 17개월의 여행 동안 나는 100,008km를 달려낸 것이다. 지구 한 바퀴가 대략 40,000km라 하니 나는 이번 여행에서 지구 두 바퀴 반을 달린 셈이다. 서울에서 여행을 나섰던 2012년 3월 31일. 17개월 만에 출발점으로 다시 돌아왔다. 그때의 애송이였던 나는 어디로 갔을까? 서울도 사람들도 변함없이 그대로인 것 같은데 나는 많이 달라져 있었다. 지구가 좁아졌고, 가슴은 더 넓어졌다. 통장 잔고가 줄어드는 만큼 가슴 떨리는 추억이 늘어났다. 많은 나라들을 달렸고, 다양한 사람들을 만났다. 떠나지 않았다면 결코 이루어질 수 없는 만남들이었다.

Hi.
볼리비아의 국경검문소에서 그녀가 처음 내게 건넨 한마디였다. 바이크를 근처에 세우고 헬멧을 벗는 나를 보고 당연히 일본인일거라 생각했다고 한다. 터키에서 이발한 후 오랫동안 제멋대로 자라버린 긴 머리와 헤지고 더러워진 라이딩기어에서 풍기는 기운이 그렇게 느껴졌나 보다. 반면에 등산재킷을 깔끔하게 입고 있던 그녀는 한눈에 봐도 나와 같은 한국인임을 알 수 있었다.

한국인임을 서로 확실히 알아보게 된 것은 입국심사대에서 서로의 녹색 여권을 보았을 때였다. 같은 국적임을 확인한 그녀는 무척 반가워해 주었다. 아타카마에서 우유니 소금사막까지 가는 투어 팀에 속해 있던 그녀는, 홀로 건조한 사막의 찬바람을 맞고 있던 나에게 빵과 커피를 나누어주었고, 아무 숙소 정보도 없던 내게 저렴한 곳이라며 호텔 이름을 하나 가르쳐주었다.

그렇게 찾아간 호텔 아베니다에서 이틀 만에 그녀를 다시 만났다. 그녀는 수년간의 적성에 맞지 않는 회사생활에 지쳐 사직을 고민하며 남미로 떠나왔다고 했다. 지구 반대편에서 우연히 처음 만난 우리는 알게 모르게 참 가까운 사이였다. 수년의 시차는 있지만 우리는 같은 학교에서 공부를 했었고, 안양과 수원이라는 가까운 도시에 살고 있었다. 여행지에서 만나는 인연들이 언제나 그렇듯 서로의 페이스북 연락처도 교환했다.

그녀가 북쪽으로 올라가려는 루트가 나와 비슷했다. 잘하면 한두 번쯤 더 우연히 만날 수 있겠다고 생각했다.

그 후로 라파스에서 다시 만나 맥주를 한잔 했고, 쿠스코에서는 일본인 친구 오가타와 함께 셋이 마추픽추에도 다녀왔다. 리마의 한인민박에서도 다시 만났다. 언젠가부터 우리는 서로의 루트와 일정을 맞춰가고 있었다. 그녀의 꼬임에 빠져 갈라파고스에도 함께 다녀왔다. 스펀지에 물이 스며들듯 어느새 우리는 연인이 되어있었다.

콜롬비아에서 그녀는 한국으로 되돌아갔다. 회사 일을 마무리하기 위해서였다. 그녀가 떠난 후 지금까지 그래왔듯 홀로 중미를 달렸다. 여행이 갑자기 재미없어졌다. 1년이 넘는 시간동안 혼자서 밥도 잘 먹고 이곳저곳 구경하며 즐겁게 여행했었거늘. 갑자기 모든 것이 심드렁하게만 느껴졌다. 그녀가 나에게 무슨 짓을 한 걸까? 퇴직절차를 확실하게 마무리한 그녀가 돌아오니, 어느새 여행이 다시 즐거워졌다. 미국에서 알래스카까지, 북극해와 만나는 프루도 만, 판 아메리칸 하이웨이의 북쪽 끝까지 함께 달렸다. 그리고 샌프란시스코에서 함께 귀국하였다.

볼리비아 국경에서 처음 만난 지 1년 후, 그녀는 나의 신부가 되었고 지금 내 곁에서 제주의 삶을 함께 하고 있다. 지구 두 바퀴를 돌아 지구 반대편에서 그녀를 만났으니 나는 그녀를 만나기 위해 지구를 두 번 돈 셈이다. 수많은 시간이 지나 머릿속 내 여행의 감동과 기억, 순간순간 느꼈던 두근거림이 희미해져 사라져 버릴지라도, 내 곁의 그녀는 항상 내 여행의 의미를 증명해 줄 것이다. 그것이면 충분하다.

지구 반대편에서 나는 파랑새를 찾았다.

퀴즈 정답 : 우측 하단